स्त्री संघर्ष का इतिहास

भारत में सन् 1800-1990 के दौरान महिला अधिकारों के लिए किये गये आन्दोलनों एवं नारीवाद का सचित्र दस्तावेज़

राधा कुमार

अनुवाद एवं सम्पादन

रमा शंकर सिंह 'दिव्यदृष्टि'

वाणी प्रकाशन

वाणी प्रकाशन

4695, 21-ए, दरियागंज, नयी दिल्ली 110 002

फ़ोन : +91 11 23273167 फ़ैक्स : +91 11 23275710

शाखाएँ

अशोक राजपथ, पटना 800 004, बिहार

कॉफ़ी हाउस कैम्पस, महात्मा गांधी मार्ग, इलाहाबाद 211 001, उत्तर प्रदेश

महात्मा गांधी अन्तरराष्ट्रीय हिन्दी विश्वविद्यालय, वर्धा 442 001, महाराष्ट्र

www.vaniprakashan.in
marketing@vaniprakashan.in
sales@vaniprakashan.in

STREE SANGHARSH KA ITIHAS
by Radha Kumar
Translated by Rama Shankar Singh 'Divyadrishti'

ISBN : 978-81-7055-978-8
Feminism

संस्करण 2002, 2005, 2009, 2011, 2017
आवृत्ति 2019

मूल्य : ₹ 695

सिटी प्रेस, दिल्ली-110 095 में मुद्रित

वाणी प्रकाशन का लोगो मक़बूल फ़िदा हुसेन की कूची से

समर्पण

यह पुस्तक राणा सेन की स्मृति को समर्पित है, जिन्होंने इसके पहले ही प्रारूप को पढ़ने के बाद आश्चर्य मिश्रित संतोष के अंदाज में कहा, "उत्तम ! तेजस्विनी राधा, मैं समझता हूँ कि तुमने एक उत्कृष्ट किताब का आधा सफर तय कर लिया है।"

राणा के साथ मेरी पहली मुलाकात ऐसी थी कि उसके बारे में शरारती अंदाज में उन्हें याद दिलाने का कोई अवसर मैं नहीं चूकी। सन् 1978 में 'भारतीय श्रमिक आंदोलन के नए चरण' पर होने वाली राजनीतिक विचार गोष्ठी में भाग लेने के लिए मुझे एक 'महिला मित्र' के रूप में आमंत्रित किया गया था। राणा एक बेड को मंच के रूप में इस्तेमाल करते हुए खंडन-मंडन कर रहे थे। जब वह कुछ पल के लिए रुके तो मैंने पूछा : 'लेकिन इस संघर्ष में महिला श्रमिक क्या भूमिका निभाती हैं या कि उनकी भूमिका को अलगाया नहीं जा सकता ? राणा ने सिर झुकाया और कहा : 'हमारे मन में आपके प्रति हमेशा जगह रही है।' मैं खामोश हो गई।

वहाँ से हमारी दोस्ती शुरू हुई। राणा ने पहले ही मेरे तसव्वुर में जगह बना ली थी। जैसे-जैसे हमने एक दूसरे को जाना, मैंने उन्हें पुराने और उदार ढर्रे का संरक्षक पाया। एक ऐसा व्यक्ति जिसकी बौद्धिक और भावात्मक जिज्ञासाएँ ऐसी थीं कि नारीवाद को लेकर हमारे बीच जो कुछ एक सतही तर्क-वितर्क के रूप में शुरू होता था, अगले दिन मेरे सामने मानवीय क्रिया के रूप में पेश कर दिया जाता। उन्होंने मेरे विचारों को स्पष्ट करने में मेरी मदद की। सबसे बड़ी बात तो यह है कि पहले नकारने और उसके बाद मेरे नजरिए को समझकर मुझे महत्ता दी।

और यही है राणा के लिए मेरे हृदय का राग।

आभार

सर्वप्रथम मैं धन्यवाद देती हूँ कमला देवी चट्टोपाध्याय को, जिन्होंने मुझे अपनी शोध सहायिका के रूप में सुझाव दिया कि जो आँकड़े मैं उनके लिए इकट्ठा कर रही हूँ, बाद में मैं उन्हें अपनी अलग पुस्तक में उपयोग कर सकती हूँ। दुःख है कि आज वह अपने सुझाव को फलीभूत होते हुए देखने के लिए जीवित नहीं हैं। मैं बेंगलूर स्थित अनौपचारिक शिक्षा एवं विकासशील सोसायटी केन्द्र की भी आभारी हूँ जिसने इस शोधकार्य को आंशिक आर्थिक सहायता प्रदान की।

इस पुस्तक के निर्माण में इतने सारे महानुभावों ने योगदान किया है कि अनजाने में अगर किसी का नाम छूट गया हो तो उनसे मैं पहले ही माफी माँग लेती हूँ। परन्तु मैं शीला रोबाथन, एडवर्ड एवं डोरोथी थाम्पसन और मैरी कालदार की विशेष रूप से आभारी हूँ जिन्होंने पुस्तक के मसौदों को पढ़कर उन पर अपनी टिप्पणियाँ कीं। मैं आभारी हूँ मधु सरीन की जिन्होंने न केवल इस पुस्तक के एक भाग को पढ़ा, बल्कि जब मैं भूमिका लिखने में व्यस्त थी तो मेरे लिए खाना बनाने से लेकर घर की देख-रेख की जिम्मेदारी भी उन्होंने ही सँभाल रखी थी। शोभा सदागोपन की जिन्होंने चली आ रही विचारधाराओं को नए परिप्रेक्ष्य में देखना सिखाया, विभूति पटेल एवं गेल ओमवेट की जिनकी सहायता के बिना मैं महत्त्वपूर्ण दस्तावेज हासिल नहीं कर सकती थी, 'स्त्री संघर्ष' और 'वीमेन एंड पॉलिटिक्स' जैसी दो संस्थाओं की जिन्हें मैं न केवल अगाध स्नेह करती हूँ बल्कि उनके प्रति गहरी कृतज्ञता का भाव है क्योंकि उन्हीं की वजह से मैं भारत में नारीवाद के विषय में राजनीतिक तथा व्यक्तिगत तौर पर जान सकी। साथ ही मैं अपने माता-पिता एवं दादा-दादी की भी आभारी हूँ अनगिनत चीजों के लिए।

और अन्त में धन्यवाद देती हूँ अपनी प्रकाशक उर्वशी बुदालिया को जिन्होंने मेरी इस कोशिश को कामयाब होने तक अभूतपूर्व संयम का परिचय दिया।

अनुक्रम

1. भूमिका

यह पुस्तक उन्नीसवीं सदी से लेकर आज तक भारत में हुए महिला आंदोलनों के संक्षिप्त व्याख्यात्मक इतिहास की दिशा में एक प्रयास है। महाद्वीप के आकार वाले इस विशाल देश में हुई दो सो वर्षों की गतिविधियों को इस आकार की पुस्तक में पर्याप्त रूप में वर्णित नहीं किया जा सकता। अतः यहाँ पर बड़े अभियानों के चुने हुए सर्वेक्षण तत्कालीन समस्याओं एव मुद्दों पर संगठनों की सोच और उसके परिणामस्वरूप किए गए संघर्ष के आँकड़े तथाा इस दौरान उपजे आंदोलनों के स्वरूप और उसके बारे में लोगों की सोच को ही यहाँ लिया गया है।

इस प्रकार के चुनौती भरे काम में सबसे बड़ी समस्या थी स्रोत के रूप में साहित्य की उपलब्धता का नितांत अभाव और जो उपलब्ध थे भी वे बेतरतीब थे। मिसाल के तौर पर कुछ जानकारी उन्नीसवीं सदी के उत्तरार्द्ध की कुछ महिला सुधारकों या 20वीं सदी की राष्ट्रवादी महिला नेताओं के बारे में ही उपलब्ध थी। बीसवीं सदी के पूर्वार्द्ध की अनेक जीवनियाँ, भाषणों के संकलन, आत्मकथाएँ एवं संस्मरण पूरी तरह उपलब्ध थे लेकिन इनमें से अधिसंख्य स्त्रीविशेष के व्यक्तिगत जीवन एवं कार्यों से संबंधित थे। महिला आंदोलनों से संबंधित सामग्री की वैसे ही बहुत कमी है और जो उपलब्ध भी हैं उसमें मध्य वर्ग और ऊँची जाति के आंदोलनों की तरफ ज्यादा झुकाव है। माना जाता है कि उन्नीसवीं सदी के अन्त और बीसवीं सदी के आरंभ में अनेक सक्रिय महिला आंदोलन हुए किन्तु हैरानी की बात यह है कि इन आंदोलनों की प्रकृति, तौर-तरीकों एवं अभियानों की रणनीति के बारे में (जो किसी भी आंदोलन का महत्त्वपूर्ण हिस्सा होते हैं) हुई बहस का खुलासा नहीं मिलता है। दुर्भाग्यवश यह किताब भी स्थान एवं समय की सीमाओं और चर्चाओं के दस्तावेज उपलब्ध नहीं हो सकने के कारण इस कमी को पूरा करने में कुछ खास नहीं कर पाई है। संभवतः कुछ मुद्दे उस समय उतना महत्त्व नहीं पा सके, जितना कि वे आज हैं और सच्चाई यह है कि जब हम किसी व्यक्तिविशेष के संस्मरणों को पढ़ते हैं तो पाते हैं कि आंदोलनों में विभिन्न पृष्ठभूमि की महिलाओं के एक साथ आजाने से जो खुशगवार माहौल बना उसने अन्य प्रश्नों को ढक लिया।

इसके विपरीत भारत में समकालीन नारी आंदोलन ने अपना ज्यादा ध्यान महिलाओं खासतौर से भूमिहीन महिला मजदूरों एवं श्रमिक वर्ग के आंदोलनों के दस्तावेज़ तैयार करने पर दिया। वास्तविकता यह है कि समकालीन आंदोलन के एक बड़े वर्ग का मानना है कि स्त्रीविशेष को अलग-थलग कर देने से न केवल समकालीन आंदोलन का भेदभावपूर्ण रवैया उजागर होता है बल्कि इस बात की पुष्टि भी होती है कि नेतृत्व में वर्चस्व कायम रखने के लिए कुछ लोग इतिहास से उन लोगों का नाम छिपा देते हैं जो किसी आंदोलन की बुनियाद तैयार करने में खास भूमिका निभाते हैं। अतः पाठक पाएँगे कि इस पुस्तक के पूर्वार्द्ध में, जो कि आजादी से पहले के समय से संबंधित हैं, शायद ही किसी व्यक्तिविशेष का जिक्र हो, जबकि पुस्तक के उत्तरार्द्ध में व्यक्तिगत लेखा-जोखा तथा आत्मवृत्त इत्यादि का भी वर्णन है।

स्वाधीनता-पश्चात जहाँ तक भारत में नारीवाद के स्वाधीनता-पूर्व के आंदोलन में भेद का प्रश्न है, यह कुछ-कुछ विवरणात्मक है और कुछ सुविधाजनक। बीसवीं सदी के आरंभ में साम्राज्यवादी शासन के अनुभव महिला आंदोलन की पृष्ठभूमि तैयार करने में एक महत्त्वपूर्ण कारक है जबकि स्वाधीन भारत के समकालीन नारीवाद पर लोकतंत्र का अनुभव ठीक उतना ही महत्त्वपूर्ण असर रखता है। इसका यह अर्थ कदापि नहीं कि स्वाधीनता पूर्व एवं स्वाधीनता-पश्चात के महिला आंदोलनों में कोई साम्य नहीं है। जहाँ तक विशिष्टता का प्रश्न है, हमारी जड़ें न केवल पूर्ववर्ती आंदोलनों से जुड़ी हुई हैं बल्कि निरंतरता के संदर्भ में भी वे निर्बाध हैं।

उन्नीसवीं सदी में एक समय ऐसा भी आया जब महिलाओं की भलाई-बुराई के मुद्दे प्रमुखता से उभरे और भारतीय महिलाओं की जीवन स्थिति में सुधार के प्रारंभिक प्रयास पुरुषों द्वारा किए गए। उन्नीसवीं सदी के उत्तरार्द्ध में इस काम को अंजाम दिया उनकी पत्नियों, बहनों, पुत्रियों और उनके संरक्षणाधीन लोगों ने क्योंकि नारी शिक्षा जैसे अभियानों से प्रभावित होकर ही ये सब आंदोलन में शामिल हुए। बीसवीं सदी के आरंभ में महिलाओं के स्वायत्त संगठन बनने शुरू हो गए तथा कुछ ही दशकों में मसलन तीस और चालीस के दशक तक **'नारी सक्रियता'** की एक विशेष श्रेणी का निर्माण हो गया। स्वाधीन भारत का संविधान 'लिंग समानता' की गारंटी देता है अतः 1970 तक नारीवादी कार्यकलापों में अपेक्षाकृत शांति रही किंतु इसी दशक में जब 'लिंग समानता' के संवैधानिक आश्वासन का पाखंड खुलने लगा तो महिला आंदोलन में भी तेजी आई। आठवें दशक तक नए महिला संगठनों की स्थापना में तेजी आई और पुराने संगठनों में नई जान फूँकी गई। समय की माँग के मुताबिक **'नारी सक्रियता'** की विशेष श्रेणी की खोज हुई और नारीवाद तथा मार्क्सवाद, नारीवाद तथा साम्प्रदायिकता विरोधी और नारीवाद तथा जातिवाद विरोधी संगठनों से तर्कसंगत तालमेल बैठाने के विशेष प्रयास किए गए।

इस दौरान स्त्रियों की दशा में सुधार लाने के अनेक अभियान उदार-लोकतांत्रिक आधार पर चलाए गए और माना गया कि मनुष्य की कुछ श्रेणियों को (परिस्थितियों के अनुसार जैसे कि जन्म पर उनका कोई अधिकार नहीं है) दूसरी श्रेणियों से हेय समझना गलत तथा अनुचित है। इस आधार पर मानवीय सम्बन्धों को लेकर लिंग-भिन्नता हमेशा अस्पष्ट रही। उदाहरण के तौर पर स्त्रियों के अधिकारों के लिए होनेवाले आंदोलनों के प्रारम्भिक वर्षों में यह माना गया कि स्त्री-पुरुष में भेद कमोबेश उनकी भूमिका, कार्य-संस्कृति, लक्ष्य और कामनाओं को लेकर है। अतः स्त्रियाँ न केवल पिछड़ गईं बल्कि आमतौर पर उनसे भिन्न व्यवहार भी किया गया। समय बीतने के साथ-साथ यह भिन्नता ही स्त्रियों की दशा में सुधार लाने के प्रयासों के पीछे एक बड़ा कारण साबित हुआ। जहाँ उन्नीसवीं सदी के सुधारकों का तर्क था कि स्त्रियों की पुरुषों से भिन्नता के कारण उन्हें हेय समझने का कोई अर्थ नहीं है, वहीं बाद के सुधारकों ने तर्क दिया कि इस भिन्नता के आधार पर ही स्त्रियों को सामाजिक तौर पर उपयोगी (माँ के रूप में) माना गया है अतः उनकी देखभाल की उचित व्यवस्था जरूरी है। महिलाएँ जब खुद भी **अभियानों** में शामिल होने लगीं और उन्होंने अपने संगठन भी खड़े कर लिए तो भिन्नता के इस बिंदु, माँ, को जोरदार तरीके से उठाया गया किंतु इस बार उनके अधिकारों—बोलने तथा शिक्षा एवं मुक्ति को लेकर बहस हुई। पहले स्त्री को घर की देखभाल करनेवाली पुराने ख्यालों की रूढ़िवादी माँ के रूप में ही देखा जाता था, परन्तु यह बहस जैसे-जैसे आगे बढ़ी इसकी दिशा एवं शर्तें बदल गईं ?

20वीं सदी के पूर्वार्द्ध में स्त्री के माँ रूप का प्रतीक उभरा। नारीशक्ति की अवधारणा के अनुसार राष्ट्रमाता के रूप में, रक्षा करनेवाली उग्र रूपधारिणी महाकाली के रूप में तथा गांधीवादी विचारधारा के अनुसार स्त्री को कष्ट सहनेवाली सहनशील माँ के रूप में देखा गया। हम यहाँ भी एक बदलाव देख सकते हैं। 20वीं सदी की शुरुआत में मैडम कामा तथा सरोजिनी नायडू ने जहाँ मातृशक्ति का बयान करते हुए चेतावनी ("याद रखो जो हाथ पालना झुलाते हैं वही दुनिया पर राज करते हैं") दी, वहीं गांधी ने मातृभाव के उद्धारक गुणों का उल्लेख करते हुए स्त्री को भोग की वस्तु समझने की खतरनाक प्रवृत्ति के प्रति भी चेताया।

नारी के प्रति **स्व-स्त्रैण** विचारों एवं राजनीति का नारीकरण करने की प्रवृत्ति के कारण उन्हें भारतीय नारी आंदोलन के जनक के रूप में ख्याति मिली। स्त्री के स्वाभाविक गुणों के बारे में उनकी राय का अनेक नारीवादियों ने स्वागत किया तथा अपनी विचारधारा को गांधी की सोच के मुताबिक और अधिक विस्तार दिया। इस सबके बावजूद स्त्री-पुरुष के सम्बन्धों को लेकर उनकी राय को नारीवादियों ने पूर्ण रूप से स्वीकार नहीं किया। उनकी नजर में स्त्री-पुरुष में भेद है और दोनों ही आदरणीय हैं, इस सवाल पर नारीवादियों में मतैक्य नहीं था। स्त्री-पुरुष के अधिकारों की बाबत

जब चर्चा चली, मिसाल के तौर पर नारीवादियों की पुरुषों से बराबरी (सम्पत्ति अधिकार, जीवनयापन और शिक्षा) की माँग, लिंग आधारित भेदभाव की समाप्ति इन सबको लेकर कहा गया कि इस मामले में हर तरह से स्त्री एवं पुरुष बराबर हैं। इस संदर्भ में आजादी से पहले के नारीवादी एक ओर लिंग-आधारित अपनी परिभाषा से चिपके रहे जबकि दूसरी ओर भिन्नता और सम्मान के बजाय बराबरी पर आधारित वजूद की कोशिश करते रहे।

स्वतंत्र भारत का समकालीन नारी आंदोलन महिलाओं की उपेक्षा, शोषण और श्रम में लिंग आधारित भेदभाव को समाप्त करने तथा बराबरी के सिद्धांत का दृढ़तापूर्वक पालन करने की नीति के साथ शुरू हुआ। स्त्री और पुरुष के बीच असमानता को बड़े पैमाने (अमल में न्यूनतम) पर उठाया गया और कहा गया कि जैविक तौर पर दोनों समान हैं अतः महिलाओं की बराबरी के अधिकारों के मामले में सार्वजनिक या निजी किसी भी क्षेत्र में असर नहीं पड़ना चाहिए। अब स्त्री की मातृ-छवि को पेश करने के बजाय उसे पुत्री और कामकाजी महिला के रूप में पेश किया जाने लगा। इससे यह हुआ कि स्त्री की माता या पत्नी की छवि से ध्यान हटा। पूर्ववर्तियों का ध्यान उसकी भूमिका की बजाए उसके स्त्रीत्व पर अधिक था जबकि बाद के नारीवादियों ने उसकी पुनरुत्पादक क्षमता के बजाय उत्पादक क्षमता को रेखांकित किया। इसके परिणामस्वरूप स्वाधीनता पूर्व का नारी आंदोलन जो खासतौर पर महिला पुरुष सम्बन्धों पर ही केंद्रित था एक झटके में दूसरी ओर मुड़ गया।

पुत्री-प्रतीक अब अधिक महत्त्वपूर्ण नज़र आने लगा क्योंकि स्त्रियों की व्यथा-कथा की खोज उसके बचपन से शुरू हुई। अनेक प्रदर्शनियों, नाटकों, इश्तहारों इत्यादि में समकालीन नारीवादियों ने लड़की के रूप में उनके पैदा होने की लाचारी एवं पीड़ा का श्रृंखलाबद्ध वर्णन किया। उनकी जवानी को लेकर पनपती यौन-उत्पीड़न की फिक्र, विवाहोपरांत 'दूर भेजे जाने' का डर, अकेलापन और विवाह के पश्चात उनकी निजता की समाप्ति और दूसरी लड़की पैदा होने के बाद इस समूची पीड़ा, भय और परित्याग के दोहराव को रेखांकित किया गया।

इस चीख-पुकार और लाचारी के बीच अब तक के अनहुए भावनात्मक पहलू की अभिव्यक्ति का एक नया आयाम भारतीय नारीवाद को मिला। उसी समय एक ओर जहाँ कामकाजी महिलाओं को पत्नी-माता-शक्ति की छवि का परित्याग कर उन्हें आर्थिक रूप से आत्मनिर्भर होने को प्रेरित किया गया, दूसरी ओर वर्ग-चैतन्य पैदा कर महिलाओं के संगठित होने और उन्हें एकजुट होने के लिए तैयार किया गया और तीसरी तरफ, उन्हें श्रमिक राजनीति में बढ़-चढ़कर भाग लेने के लिए प्रोत्साहित किया गया। स्वाधीनतापूर्व के नारीवादियों ने जहाँ श्रम के लिंग आधारित भेद को बड़े पैमाने पर स्वीकार कर लिया था वहीं सत्तर के दशक के नारीवादियों ने इस

पर उँगली उठाई और कहा कि इससे उन्हें न केवल असमान मजदूरी दी गई बल्कि उन्हें छोटे और अमहत्त्वपूर्ण कार्यों में लगाकर उन्हें श्रमिकों की सुरक्षित भीड़ में धकेल दिया गया जिसने घरेलू श्रमिक और श्रम के पुनरुत्पादन के समूचे क्षेत्र को ढक लिया ताकि महत्त्वपूर्ण कार्यों के लिए एक प्रकार से मुफ्त मजदूर मिल सकें।

उन्नीस सौ सत्तर में नारीवादियों ने वर्ग-जागरूकता के साथ-साथ भारत में स्त्री-पुरुष, स्त्री-स्त्री के बीच बढ़ती असमानताओं की असंख्य जानकारियाँ इकट्ठा कीं और इन असमानताओं का आधार जाति, कबीला, भाषा, धर्म, क्षेत्र और सबसे ऊपर वर्ग था। इस गड्डमड्ड स्थिति के कारण नारीवादियों को सम्पूर्ण परिवर्तन के लिए चलाए गए अभियानों में अनेक गंभीर समस्याओं का सामना करना पड़ा। अगर 'समानता किसके लिए' यह अनिवार्य प्रश्न नारीवादी स्वयं से करते तो इसके साथ ही एक अन्य जुड़ा हुआ सवाल था कि 'क्या समानता की माँग जो कि असमानता के 'क' ढाँचे में है वही 'ख' ढाँचे में अनजाने ही नई असमानताएँ खड़ी नहीं कर देगी ?'

अतः नारीवादियों ने महसूस किया कि समानता की अवधारणा को व्यापक बनाना होगा ताकि किसी भी ढाँचे की असमानता को चिह्नित करके उसे मिटाया जा सके। इस दौरान पुरुषों से समानता की माँग पहले से थोड़ी कम महत्त्वपूर्ण हो गई और स्त्रियों द्वारा अपने निजी जीवन पर उसके नियंत्रण के अधिकार को लेकर आवाजें उठने लगीं। आर्थिक आत्मनिर्भरता इसका सबसे सशक्त पहलू था और इसके साथ ही अन्य क्षेत्रों में भी समान अधिकारों की माँग ने जोर पकड़ा परन्तु इन सबसे ऊपर और महत्त्वपूर्ण थी महिलाओं की उनकी देह पर नियंत्रण के अधिकार की माँग। उन्नीसवीं सदी के आखिर और बीसवीं सदी के प्रारंभ के बीच के नारीवादियों में इस प्रश्न पर दिलचस्प विरोधाभास दिखाई पड़ा। उस समय नारी देह को जातीय तथा राष्ट्रीय पुनर्जीवन के नजरिए से देखा जाता था जबकि बीसवीं सदी के उत्तरार्द्ध के नारीवादियों का मत है कि किसी स्त्री के शरीर को सामाजिक नियंत्रण की वस्तु नहीं माना जाना चाहिए। जिन परिस्थितियों में यह मत व्यक्त किया गया, अगर हम उस पर यथार्थपरक दृष्टि डालें तो इसका एकदम सीधा-सादा और उचित उत्तर पाएँगे कि नारी के प्रति यौन शोषण के अपराध परिभाषा की परिधि को विस्तार देकर उमसें पारिवारिक और वेश्याओं के बलात्कार को भी शामिल किया जाए और साथ ही गर्भ-निरोधक दवाइयों के वैज्ञानिक परीक्षण के बहाने तीसरी दुनिया की गरीब स्त्रियों के यौन-शोषण की प्रवृत्ति पर अंकुश लगाया जा सके।

इस प्रकार उन्नीसवीं सदी के प्रारम्भिक वर्षों की भारतीय स्त्रियों के कष्टों और उनके सुधार की आवश्यकता की परिभाषा बीसवीं सदी के आरम्भ तक बदल गई तथा सारा ध्यान स्त्रियों को समाज का उपयोगी सदस्य समझने पर केंद्रित हो गया और बीसवीं सदी के उत्तरार्द्ध तक, महिलाओं को अपने जीवन के बारे में स्वयं निर्णय लेने के अधिकार की माँग उठाई गई। इसे अन्य प्रकार से भी समझा जा

सकता है। मसलन पिछले एक सौ अस्सी वर्षों में महिलाओं के जीवन स्तर में सुधार के लिए चलाए गए अभियानों की दिशा समय की माँग के मुताबिक उनके समानता के अधिकारों, खासतौर से आत्मनिश्चय के अधिकार की ओर मुड़ गई।

आत्मनिश्चय के मायने क्या ? यह प्रश्न भारतीय स्त्री आंदोलन में व्यापक बहस का मुद्दा बन गया। जहाँ पुरुषों के साथ स्त्रियों के कानूनी अधिकारों की समानता का मुद्दा महत्त्वपूर्ण था, वहीं यह भी माना गया कि स्त्री और पुरुष को समान समझते हुए उन्हें एक जैसा आदर दिया जाना चाहिए, नारी आंदोलन विषमता का मुद्दा महत्त्वपूर्ण बना रहा। यह बहस भी चली कि स्त्रियों के सांगठनिक ढाँचे का स्वरूप और उसकी कार्यप्रणाली परंपरागत कार्यप्रणाली से भिन्न होनी चाहिए क्योंकि पूर्ववर्ती ढाँचा सामन्ती, सत्ता आधारित और पुरुष वर्चस्ववाला था और इस आधार पर हमारे नए ढाँचे में हमारे काम करने के तौर-तरीकों में स्त्री मूल्य, शिष्टाचार और जिम्मेदारी परिलक्षित होना चाहिए। 1980 के दशक में लिंग आधारित भेद को ज्यादा सख्ती से उठाया गया। अस्सी के दशक में नारी आंदोलन में एक ऐसी धारा विकसित हुई जो नारीत्व को मूर्तिपूजक, **अन्तर्ज्ञात, अराजक,** खोजपरक मानती थी। 20वीं सदी के आरंभिक वर्षों में जहाँ पुरुषवाद एवं स्त्रीवाद को सम्मान के साथ परिभाषित किया जाता था वहीं अब स्त्रियों को गौरव तथा पुरुषों को कुछ हद तक तिरस्कार की दृष्टि से देखा जाने लगा (इसकी व्याख्या इस प्रकार भी की जा सकती है कि पुरुषों की पूरी तरह उपेक्षा का भाव था।)।

अतः इस पुस्तक में जहाँ एक ओर लिंग आधारित भेदभाव का विरोध करते हुए समानता की इच्छा के इजहार की चिंता एवं दूसरी ओर इसी आधार पर स्त्रियों को गौरवान्वित करने की सोच का तनाव दिखाई देता है जो भारत में (शायद सारी दुनिया में) नारीवाद की एक विशेषता रही है। ठीक इसी समय जिन आंदोलनों में यह चिन्ता बनावटी दिखाई नहीं पड़ती उन्हें निम्न कारणों से इसमें शामिल किया गया ! पहला, वे समकालीन नारीवादियों के अध्ययन का विषय बने और उनमें स्त्रियों की सक्रियता को 'अपनी' समझते हुए अभियानों, व्यूह रचनाओं और रणनीतियों को प्रभावित किया गया। दूसरा, इससे पता चलता है कि किस प्रकार सभी स्वातंत्र्य आंदोलनों में बड़े पैमाने पर स्त्रियाँ शामिल थीं। पुरुष-प्रधानता के विरोध का मुद्दा अनिवार्य रूप से उभरा (यह अलग बात है कि उनसे कैसे निपटा गया), तीसरा, वे नारीवादियों के लिंग-आधारित रवैये और महिला अधिकारों के गैर-स्त्री समर्थकों की अवधारणाओं को प्रतिबिम्बत करते हैं।

उपर्युक्त जिन आंदोलनों में पितृसत्ता (पुरुष-प्रधानता) के विरोध के तत्त्व दिखाई पड़ते हैं उन्हें दो खंडों में बाँटा जा सकता है। पहले भाग में 1940 के कम्युनिस्टों का अन्न अभियान तथा 1970 के चिपको, शराब-विरोधी एवं मूल्यवृद्धि विरोधी महिला

अभियानों को शामिल किया जा सकता है जबकि दूसरे भाग में उन आंदोलनों को समाहित कर सकते हैं जिनमें मूलतः पुरुषों का वर्चस्व था किंतु उनमें स्त्रियाँ भी बड़ी संख्या में शामिल थीं। ऐसे आंदोलन स्वाधीनता तिंभागा एवं तेलंगाना आंदोलन आदि पहला खंड उन स्थितियों का चित्रण करता है जिसमें 'महिला सरोकारों' मसलन उनकी भूमिका एक गृहिणी के रूप में सीमित होकर रह गई जिसे घर के लिए जल, खाना बनाने तथा गर्म करने के लिए ईंधन, भोजन, भोजन के लिए धन इत्यादि की व्यवस्था करनी थी जबकि दूसरे खंड में ये मुद्दे इससे एकदम अलग हैं। पुरुषों के वर्चस्व की समस्या ज्यादातर है क्योंकि कमोबेस यह समस्या स्त्रियों के आंदोलनों का अभिन्न अंग थी। इसमें पुरुषों की शराबखोरी, पत्नियों की पिटाई और गृहस्थी चलाने के लिए जरूरी संसाधनों पर पुरुषों का नियंत्रण इत्यादि था। इसके अलावा दोनों ही मामलों में स्त्रियों ने अर्थव्यवस्था एवं राज्य के विरोध के लिए स्वयं को समूहों या संगठनों के रूप में एकजुट करना सीखा।

इन आंदोलनों में पुरुषों के नियंत्रण या उनके द्वारा स्त्रियों के उत्पीड़न को तो चुनौती दी गई, इनमें उनसे मुकाबला या पुरुषों की बराबरी की कोई माँग नहीं उठी और न ही लिंग आधारित स्त्रियों या पुरुषों की 'भूमिका' के खिलाफ कोई संघर्ष किया गया। दोनों की भिन्न शारीरिक (जैविक) रचना के आधार पर कोई संहिता बनाए जाने की माँग भी नहीं की गई। इस धरातल पर यह बात कही जा सकती है कि जिन स्त्रैण गुणों को परिभाषित किया गया है, उनके तहत समानता या विषमता को लेकर कोई तनाव दिखाई नहीं पड़ता है। सच्चाई यह है कि प्रत्यक्ष या परोक्ष रूप से स्त्रियों तथा पुरुषों दोनों ने ही एक-दूसरे के सम्मान को स्वीकार किया किंतु महिलाओं की अपेक्षा पुरुषों को महिमामंडित किए जाने की कोशिशों का विरोध किया गया। इस अर्थ में उन्हें पुरुष-सत्ता विरोधी कहा जा सकता है।

ऊपर उल्लेख किए गए आंदोलनों का सबसे दिलचस्प पहलू यह देखना है कि उनमें से कितनों ने अपने विरोधियों को दंडित करने के लिए **शर्मसार** करने की नीति अपनाई। अन्न तथा मूल्यवृद्धि विरोधी अभियानों में महिलाओं ने सरकारी कर्मचारियों और राजनीतिज्ञों को उनकी नपुसंकता का एहसास कराने के लिए उन्हें चूड़ियाँ भेंट कीं। शराबखोरी विरोधी, पत्नी उत्पीड़न विरोधी तथा दहेज विरोधी अभियानों में स्त्रियों ने पुरुष अभियुक्तों के मुँह पर कालिख पोतकर समाज में सार्वजनिकतौर पर उन्हें प्रताड़ित किया। कर नहीं एवं किराया नहीं देने जैसे राष्ट्रीय आंदोलनों में महिलाओं ने बाह्य शिविर लगाए और अनेक मौकों पर सरकारी कर्मचारियों द्वारा जब्त किए गए सामान को खरीदनेवाले ग्राहकों को अपमानित करने के लिए घरों के अंदर भी प्रदर्शन-धरने दिए गए। श्रमिक वर्ग के आंदोलनों जैसे हड़ताल इत्यादि में स्त्रियों को अगली कतार में रखकर कायर लोगों को यह संदेश दिया गया कि उनसे अधिक हिम्मतवाली तो स्त्रियाँ हैं।

सजा देने या प्रताड़ना के लिए प्रचलित तरीकों में शर्मसारी एक बहुत ही पुराना तरीका है। पितृसत्ता-विरोधी महिला आंदोलनों में लज्जित करने की नीति ने बड़ी और उल्लेखनीय भूमिका निभाई किन्तु नारीवादी आंदोलनों में नहीं। इसका एक कारण यह भी हो सकता है कि इसका रणनीतिक इस्तेमाल पुरुषत्व एवं स्त्रीत्व के बारे में समाज में स्वीकार्य परंपरागत परिभाषाओं के आधार पर होता है। दूसरा कारण एक सुव्यवस्थित समाज में लज्जित करने के तौर-तरीकों के प्रभाव पर निर्भर करता है। मसलन अगर किसी व्यक्ति को उसके समुदाय के नियमों का उल्लंघन करने के लिए शर्मसार किया जाता है तो उसके पीछे सोच यह होती है कि अमुक व्यक्ति को इस बात का एहसास हो कि उसने गलत काम किया है तथा उसे उसका पश्चात्ताप करना है। ऐसी स्थिति में यह भी ध्यान रखने की जरूरत है कि नियमों के उल्लंघन की जो कीमत चुकानी पड़े उसमें सजा देनेवाले और सजा पानेवाले दोनों भागीदार हों। प्रसंगवश नारीवादियों के लिए ऐसी स्थितियाँ नहीं बनीं, क्योंकि उनके विराधियों में बहुधा उन मूल्यों का अभाव पाया जाता था। महिला प्रदर्शनकारियों से मुठभेड़ कराकर पुलिस को शर्मिन्दा करने की राष्ट्रवादी आंदोलन की रणनीति का बहुत मामूली असर हुआ। इस तर्क को थोड़ा आगे बढ़ाते हुए कहना चाहिए कि आधुनिक समाज के विकास के साथ ही शर्म की ताकत का ह्रास हुआ। आधुनिकता के कारण अपरिचय बढ़ा और वैसे भी यह सजा का कोई कारगर तरीका नहीं है। न केवल पुलिस पहचान छिपाने में कामयाब है बल्कि दहेज के लिए हत्या करनेवाले, बलात्कारी और छेड़खानी करनेवाले अपराधी भी अपराध करने के पश्चात सजा से बचने के लिए क्षेत्र बदलकर किसी दूसरे क्षेत्र में चले जाते हैं।

इस संदर्भ में जो बिंदु सबसे अधिक ध्यान आकर्षित करता है वह है विगत दो शताब्दियों के महिला-उत्पीड़न के खिलाफ आंदोलनों में महिलाओं के उत्पीड़न को रोकने के लिए कानून बनाने की जोरदार माँग। इससे एक ओर जहाँ सजा के सामाजिक तौर-तरीकों के स्थान पर राज्य के कानूनी नियंत्रण की जरूरत जाहिर होती है वहीं दूसरी ओर यह भी उजागर होता है कि दंड के मौजूदा सामाजिक रिवाजों से बचने के अनेक नुस्खे कानून में विद्यमान हैं। आधुनिक विश्व में कानून के जरिए अधिकारों का दायरा और अधिक व्यापक बना दिया गया। हालाँकि स्त्रियाँ **यह या वह** कानून बनाने की माँग करती रही हैं। फिर भी कानूनों की प्रकृति और राज्य की भूमिका को लेकर उनके मन में हमेशा सन्देह और डर बना रहा। यही संदेह और भय महिला अधिकारों के लिए चलाए जानेवाले आंदोलनों का अंतर्निहित आधार बना। बिना किसी खोजबीन के सीधे-सीधे यह कहा जा सकता है कि यह पुस्तक सती प्रथा के निर्मूलन और गैरकानूनी घोषित करने के आंदोलन के साथ शुरू होती है और इसी विषय पर समाप्त होती है। 19वीं सदी के आरंभ और बीसवीं सदी के अन्त में सती प्रथा की समाप्ति के लिए चलाए जानेवाले अभियानों में जो समस्या

उभरी वह चौंकानेवाली तथा समान थी। राममोहन राय तथा समकालीन नारीवादियों ने इस बात पर नाखुशी का इजहार किया उन लोगों पर कानून बनाने की माँग करने के लिए ऐसे समय में दबाव डाला जा रहा है जबकि स्त्रियों के खिलाफ हिंसा बढ़ रही है और इस प्रवृत्ति को कानूनी जामा पहनाने की कोशिश की जा रही है। दोनों ने समान रूप से यह चिन्ता ज़ाहिर की कि कानून समस्या का न केवल अपर्याप्त समाधान है बल्कि हकीकत में इससे रूढ़िवादी प्रतिक्रिया पनप सकती है। राममोहन राय तथा समकालीन नारीवादियों के बारे में रूढ़िवादियों की प्रतिक्रिया यह थी कि उन्हें न तो भारतीय समाज और न ही भारतीय नारी की इच्छाओं की सही जानकारी है। रूढ़िवादियों ने उन्हें पश्चिमी सभ्यता से प्रभावित, पथभ्रष्ट मानते हुए उनके विचारों को खारिज कर दिया।

कानूनों को अमल में लाने की समस्या से निपटने के लिए स्वाधीनता-पूर्व और स्वातंत्र्योत्तर कार्यकर्ताओं ने जिन तौर-तरीकों का प्रयोग किया उनमें भी काफी समानता देखी जा सकती है। ऐसा ही एक प्रश्न न्यायिक व्याख्या का है। मिसाल के तौर पर अनेक आंदोलनों के परिणामस्वरूप बनाए गए 1856 के विधवा पुनर्विवाह कानून का खुलकर दुरुपयोग हो रहा था। ईश्वरचन्द्र विद्यासागर स्वयं इस कानून में संशोधन की बात सोचने लगे। इसी प्रकार बहुत जद्दो-जहद के बाद 1980 में बने बलात्कार विरोधी कानून में एक 'सुरक्षा धारा' जोड़ दी गई जिस पर उच्चत्तम न्यायालय ने 1980 में अमल किया जिससे कानून की मूल भावना पर ही पानी फिर गया इसलिए समकालीन नारीवादियों ने उस धारा में संशोधन की माँग उठाई। दोनों ही मामलों में समस्या न्यायिक व्याख्या को लेकर उत्पन्न हुई और इसके समाधान के रूप में जो माँग की गई वह भी कानूनी रूप से व्याख्या पर सख्ती से रोक लगाने की थी।

इस प्रकार के अनेक खतरों के बारे में नारीवादियों ने 1970 और अस्सी में संकेत करते हुए सवाल उठाए कि क्या न्यायिक विकल्पों पर अंकुश लगाने के लिए राज्य को अपनी शक्ति के प्रयोग के लिए प्रोत्साहित किया जाना चाहिए। उन्होंने यह भी पूछा कि जो सुरक्षा धाराएँ कानून की अवधारणा को पूरा नहीं करतीं उनमें कटौती होनी चाहिए। इन दोनों बिन्दुओं को मार्क्सवादी-लेनिनवादियों ने नागरिक स्वतंत्रता एवं लोकतांत्रिक अधिकारों के लिए चलाए जानेवाले आंदोलन के दौरान दृढ़ता से उठाया और कानून का ध्यान आकर्षित किया। एक तीसरा बिन्दु जिसे समकालीन नारीवादियों ने दुराग्रहपूर्वक मंजूर किया किन्तु शायद उसका साफ जिक्र नहीं हुआ (क्योंकि उससे कोई बदलाव नहीं आया)। वह यह है कि अदालतों ने कानूनों की व्याख्या करने की अपनी आजादी का जो कौशल दिखाया उस पर संवैधानिक अंकुश की न्यूनतम संभावना है। (मिसाल के तौर पर मुस्लिम महिला विधेयक को ही ले लें। इस विधेयक को लेकर खूब हो-हल्ला मचा। इस विधेयक में मुस्लिम औरतों को गुजारा-भत्ता दिए जाने की मनाही है किंतु अदालतों द्वारा इसके विरुद्ध दिए गए

निर्णयों की बाढ़-सी आ गई और अदालतों ने उन्हें पहले की अपेक्षा ज्यादा मोटी रकम गुजारे के रूप में दिए जाने का फैसला सुनाना शुरू कर दिया)।

इस दौर के साहित्य से पता चलता है कि इस प्रकार के मुद्दे खासतौर से समकालीन नारी आंदोलन में ही उठाए गए यानि कि आजादी के पहले के समय में ये इतने महत्त्वपूर्ण नहीं थे। विद्यासागर के समय में जहाँ नियम-उपनियमों का संहिताबद्ध होना ही पर्याप्त था, बीसवीं शताब्दी के आरंभिक वर्षों के नारीवादियों के लिए दूसरे अनेक कारण थे। एक कारण शायद यह हो सकता है कि उस समय महिला आंदोलन ने अपनी सारी ऊर्जा अँग्रेजों को खदेड़ने के संघर्ष में झोंक दी। दूसरा कारण यह हो सकता है कि साम्राज्यवादी भारत में राज्य-निर्माण की बुराइयाँ शायद विदेशी शासन के कारण थीं और यह माना गया कि स्वाधीनता के पश्चात ये त्रुटियाँ स्वतः ही समाप्त हो जाएँगी।

अब राज्य द्वारा कानूनों के क्रियान्वयन के मुद्दे पर आते हैं तो हम एक बार फिर पाते हैं कि स्वाधीनता-पूर्व और स्वातंत्र्योत्तर भारत में इसमें समानता दिखाई देती है। कानून बनाए तो गए परन्तु अनेक कारणों से उन पर अमल नहीं किया गया (इस भय से कि कहीं इससे अभियुक्त की धार्मिक भावना आहत न हो जाए क्योंकि अभियुक्त उस वर्ग से ताल्लुक रखता है जो 'कानून से ऊपर'. है)। परिणामस्वरूप सुधारकों और नारीवादियों को विरोध का एक प्रबल मुद्दा मिला परन्तु छोटे या बड़े किसी पैमाने पर भी कानूनों का बेहतर क्रियान्वयन सुनिश्चित करने का कोई कारगर तंत्र निर्मित नहीं किया जा सका। जहाँ तक कानूनों की न्यायिक व्याख्या का मुद्दा है, गुलाम भारत की अपेक्षा स्वाधीन भारत में इसके क्रियान्वयन पर विस्तृत एवं व्यापक ध्यान दिया जाने लगा। मजेदार बात यह है कि इसने मौजूदा संस्थाओं में अमल के लिए सुधार अभियान का रूप ले लिया (पुलिस बल में ज्यादा महिलाएँ, महिलाओं के विरुद्ध अपराधों के लिए अलग इकाई इत्यादि) इसके साथ-ही-साथ मौजूदा ढाँचे में (नारीवादी समूहों को पुलिस के साथ काम करने का अधिकार दिया जाए, पुलिस की कार्यप्रणाली पर निगरानी और अगर पुलिस काम करने से इनकार करे तो उसकी बदली करने का अधिकार दिया जाए) सुधार की बात उठी।

मोटे तौर पर बात तो यह है कि इस समूचे दौर में महिला अधिकारों के लिए कानून बनाने के लिए चलाए अभियानों में समान समस्या और चिंता दिखाई पड़ी जो कि इस देश के विकास के साथ ही उसे विरासत में मिली। विभिन्न समूहों के निवासियों में इस मुद्दे पर आम राय न बन पाने के कारण वर्ग विशेष में सजातीयों का विशेष ध्यान रखे जाने की कोशिश की गई। आंदोलनकारियों के लिए यह हमेशा दुखदायी कारण रहा। सच्चाई यह है कि कानून बनाने के लिए होनेवाली बहस के दौरान न्यायिक सुधार को लेकर ऐसे खतरनाक विरोधाभास उभरे जो व्यावहारिक रूप से समाज का हिस्सा नहीं थे किस हद तक यह सोच उभरी कि कानून कमजोर

लोगों का आखिरी और निराशाजनक हथियार है। दूसरी ओर लोगों में इसके विपरीत यह धारणा भी बनती नजर आई कि कानूनी सुधार का इलाका सिर्फ उन उच्च-मध्यवर्गीय शहरातियों के लिए खुला है जिनकी आधुनिक राष्ट्र-राज्य, में कुछ ताकत है।

कानून पर पूर्णाधिकार, जिसका ऊपर वर्णन किया गया है, पर संक्षेप में यही कहा जा सकता है कि विकास के साथ-साथ इसमें भी बदलाव आया। उन्नीसवीं सदी के प्रारंभ से मध्य तक जहाँ बुनियादी जोर सहिंताकरण पर दिया गया वहीं बीसवीं सदी के शुरू में संहिताकरण के साथ-साथ उसके क्रियान्वयन पर भी चिन्ता जाहिर की गई। इसके साथ-ही-साथ अनेक प्रकार के कानूनों को संहिताबद्ध करने के आरंभिक खतरों से भी लोग आगाह हुए और उनके कार्यान्वयन के बारे में सरकारी तथा स्वैच्छिक परिष्कृत तंत्र स्थापित करने के प्रति भी आंदोलनकारियों में जागृति आई। इससे परिलक्षित होता है कि समय के साथ-साथ महिला अधिकारों के लिए चलाए जाने वाले आंदोलनों में समाज व्यवस्था का बिंदु अधिक स्पष्ट और महत्त्वपूर्ण होकर उभरा।

इसका एक उदाहरण दिखाई देता है प्रतिनिधित्व पर होनेवाली बहस के स्वरूप में। बीसवीं सदी के आरम्भिक वर्षों में प्रतिनिधित्व का मुद्दा जहाँ कभी-कभार ही उठा, दूसरे दशक यानी उन्नीस सौ बीस में नारीवादियों ने प्रतिनिधित्व के मुद्दे पर जो तर्क दिया वह निम्नानुसार है : यह सर्वविदित है कि स्त्रियों की प्रारंभिक भूमिका माता की हो सकती है, मातृत्व सामाजिक तौर पर उपयोगी भी था अतः इसके मद्देनजर स्त्रियों को समाज के निर्माण एवं उसे संगठित करने में लिप्त होना चाहिए। उनकी इस संलिप्तता से उन्हें न केवल संसद में महिलाओं के प्रतिनिधित्व का उत्तराधिकार प्राप्त होगा बल्कि आम आंदोलनों और संगठनों खासतौर से राष्ट्रवादी संघर्षों में शामिल होने का भी उन्हें अवसर प्राप्त होगा। बीसवीं सदी के आखिरी वर्षों में जहाँ राज्य ने समाज प्रशासन में स्त्रियों की सहभागिता को स्वीकार किया और 'गृहिणी एक सामाजिक इकाई' के रूप में चिह्नित किया, प्रतिनिधित्व पर होनेवाली समकालीन नारीवादी बहस का रुख एक झटके में स्वाधीनतापूर्ण होनेवाली चर्चाओं के विपरीत दूसरी दिशा में मुड़ गया। साहित्य दर्शाता है कि यह मुद्दा पहले की अपेक्षा अब न केवल अधिक महत्त्वपूर्ण है, बल्कि इस मुद्दे पर गहरा विरोधाभास है। एक ओर जहाँ यह विश्वास है कि स्त्रियाँ अधिक सहनशील होती हैं अतः उन्हें अधिक महत्त्व दिया जाना चाहिए वहीं दूसरी ओर यह मान्यता है कि स्त्रियाँ अपने वर्ग, जाति और अन्य विशेषताओं के कारण एक अभिन्न श्रेणी का निर्माण नहीं कर सकतीं। संसद या अन्य कम महत्त्वपूर्ण संस्थाओं में महिलाओं के प्रतिनिधित्व को लेकर भी वैसा ही रवैया अख्तियार किया गया। यह बात फिर दोहराई गई कि बुर्जुआ स्त्रियाँ सर्वहारा वर्ग की स्त्रियों का तथा सवर्ण स्त्रियाँ दलितों का प्रतिनिधित्व नहीं करतीं। इस प्रकार के अन्य अनेक तर्क दिए गए।

समकालीन नारीवादियों के लिए यह मनहूस व्यंग्य ही होगा कि प्रतिनिधित्व की बाबत उठाए गए उनके सवालों और सन्देहों को अब जाकर ठिकाना मिला। नारीवाद पर रूढ़िवादी प्रतिक्रिया या हमला पिछले कुछ वर्षों में उनमें प्रतिनिधित्व की कमी की पुष्टि के परिणामस्वरूप उन्हें हाशिए पर लाने के लिए किया गया ताकि उन्हें राममोहन राय की याद दिलाई जा सके। दिलचस्प बात यह है कि उनके दौर को साम्राज्यवादी ब्रिटिश शासन से मुठभेड़ के संकट के रूप में विश्लेषित किया गया। एक ऐसे समाज के अन्दर जो कि बढ़ते लोकतंत्रीकरण का गवाह है, उसमें विषमता को बलात् दूर करने की मौजूदा प्रतिक्रिया क्या उसी प्रकार के संकट का संकेत करती है ?

2. उन्नीसवीं सदी

उन्नीसवीं सदी को स्त्रियों की शताब्दी कहना बेहतर होगा क्योंकि इस सदी में सारी दुनिया में उनकी अच्छाई-बुराई, प्रकृति, क्षमताएँ एवं उर्वरा गर्मागर्म बहस का विषय

20वीं सदी के प्रारंभिक दिनों में बनाया गया सती का चित्र। कलाकार का नाम ज्ञात नहीं है।

थे। यूरोप में फ्रांसीसी क्रांति के दौरान और उसके बाद भी स्त्री जागरूकता का विस्तार होना शुरू हुआ और शताब्दी के अंत तक इंग्लैंड, फ्रांस तथा जर्मनी के बुद्धिजीवियों ने नारीवादी विचारों को अभिव्यक्ति दी। उन्नीसवीं सदी के मध्य तक रूसी सुधारकों के लिए 'महिला प्रश्न' एक केन्द्रीय मुद्दा बन गया था जबकि भारत में—खासतौर से बंगाल और महाराष्ट्र में समाज सुधारकों ने स्त्रियों में फैली बुराइयों पर आवाज उठाना शुरू किया। इन दोनों राज्यों से ब्रितानियों का संबंध भारत के अन्य भागों की अपेक्षा पहले बना। अट्ठारहवीं शताब्दी में बंगाल में आई ईस्ट इंडिया कंपनी के जरिए लोगों ने ब्रितानियों के बारे में जाना। व्यापारिक रिश्ते बढ़ते-बढ़ते प्रभुत्व और

शासन में तब्दील हो गए तथा ब्रितानियों और भारतीयों के बीच पनपे मतभेद स्पष्ट दिखाई देने लगे।

आमतौर पर ऐसा माना जाता है कि उन्नीसवीं सदी का भारतीय समाज सुधार आंदोलन इस मुठभेड़ की ही उपज था। उपनिवेशवादी अर्थव्यवस्था ने अपने विस्तृत प्रशासनिक ढाँचे के अंतर्गत कृषि एवं उद्योग से संबंधित नई नीतियों के अनुपालन के लिए उस समय के प्रभावशाली, समूहों (कुलीन, व्यापारियों, लेखकों, पटवारियों और अमीनों इत्यादि) को मिलाकर एक बुर्जुआ या मध्य वर्ग तैयार करना शुरू किया। पश्चिमी सभ्यता के प्रभाव में जब एक भारतीय बुर्जुआ समाज तैयार हो गया तो इस वर्ग को अपने सुधार की जरूरत महसूस हुई। जात-पाँत, बहुदेव पूजा, मूर्तिपूजा, ढोंग, पर्दा, बाल-विवाह, सती और अन्य कुरीतियों को आदिम और निकृष्ट मानते हुए उनके विरुद्ध सुधार अभियान शुरू किए गए। एक आत्मपरिभाषित प्रक्रिया का अंग होने के कारण ज्यादातर अभियानों में तीन उच्च जातियों या बुर्जुआ से संबंधित मुद्दों पर जोर दिया गया। ये अभियान सार्वजनिक एवं निजी, दुनिया और घर[1], पुरुष और स्त्री की पुनर्परिभाषा के लिए चलाए गए। इस प्रकार यह कहा जा सकता है कि तत्कालीन समाज सुधार आंदोलन में लिंग-आधारित संबंधों के आधार पर एक पुरुष प्रधान समाज तैयार कर दिया जो एक बुर्जुआ समाज की रचना के लिए अनिवार्य था।

हाल की खोजों ने इस विचार में अनेक महत्त्वपूर्ण आयाम जोड़ दिए। सबसे पहले इस बात की ओर संकेत किया गया कि समाज सुधार के सभी मुद्दे केवल ब्रितानी मुठभेड़ की वजह से ही नहीं उठ गए हालाँकि वे इसके द्वारा पोषित जरूर हुए। अठारहवीं शताब्दी में भारत परिवर्तन के दौर से गुजर रहा था। यह ऐसा समय था जब पुरानी मुगलकालीन शासन व्यवस्था और छोटे-छोटे स्वतंत्र रजवाड़े बिखर रहे थे और नए आंदोलनों के विकास की पृष्ठभूमि तैयार कर रहे थे। उदाहरणार्थ अठारहवीं शताब्दी में जो जाति-विरोधी आंदोलन विकसित हुआ, महाराष्ट्र में उसका एक लंबा इतिहास रहा है। आंशिकतौर पर सदी के आखिर में ब्राह्मणों का नियंत्रण भी पेशवा शासन के विघटन के कारण कम होने के कारण उसमें तेजी आई हालाँकि ब्राह्मणों ने बाद में अँग्रेजों की छत्रछाया में स्वयं को पुनः एक प्रभावशाली वर्ग के रूप में संगठित कर लिया।[2] इसी तरह जाने-माने समाज सुधारक राममोहन राय भी 18वीं सदी के धार्मिक सुधार के सूफी तर्कों से उतने ही प्रभावित थे जितने अँग्रेज तर्कवादियों से।[3]

दूसरे, यह तर्क दिया गया कि जो कुछ समाज सुधार आंदोलन के बारे में कहा जा सकता है वही उस दौर के अन्य आंदोलनों के बारे में भी कहा जा सकता है। बहुधा उलट भी, जैसे पुनरुत्थानवादी और राष्ट्रवादी आंदोलन था। आशीष नंदी ने इसका उल्लेख करते हुए लिखा कि राष्ट्रवादियों ने किस प्रकार आदर्श पुरुष की

परंपरागत भारतीय परिभाषा से अलग हटकर अँग्रेजों द्वारा प्रतिपादित परिभाषा के आधार पर साम्राज्यवाद-विरोधी हीरो तैयार किया। इसके पीछे उन्हें भय था कि आदर्श पुरुष की उपनिवेशवादी परिभाषा से इतर भारतीय व्याख्या को अँग्रेज पौरुषहीन समझकर उसकी उपेक्षा करते थे। दे.।[4] स्त्रियोचित स्त्री की परिभाषा के विषय में भी ऐसा ही कहा जा सकता है। सुधारकों, पुनरुत्थानवादियों और राष्ट्रवादियों ने भारतीय तथा पाश्चात्य आधार पर आदर्श 'आर्य' स्त्री की जो मिश्रित परिभाषा निरूपित की, उमा चक्रवर्ती ने उसका उल्लेख किया है।[5]

इसी का अनुसरण करते हुए कहा जा सकता है कि पुनरुत्थानवाद और राष्ट्रवाद के बारे में जो कुछ भी कहा गया वही समाज-सुधार के बारे में भी कहा जा सकता है। अरूधंती मुखोपाध्याय के अनुसार तत्कालीन पुनरुत्थानवादियों और राष्ट्रवादियों ने उपनिवेशवाद विरोधी जाति आधारित एक ऐसी महिमामंडित 'परंपरा' की खोज शुरू करने की ऐसी योजना बनाई जिसमें समाज सुधारक स्वयं भी शामिल हो गए।[6] इसे थोड़ा आगे बढ़ाते हुए पुनरुत्थानवादियों ने इस्लाम को राक्षसी प्रवृत्तिवाला एवं मुसलमानों को आक्रांता के रूप में परिभाषित किया जिससे सुधारक भी सहमत थे और उन्होंने मुगल शासन को एक ऐसा दौर बताया जिसमें हिन्दुत्व का पतन हुआ तथा हिन्दू स्त्रियों के बारे में कहा गया कि मुगलों ने उन्हें 'भ्रष्ट' कर सामाजिक-तौर पर निकृष्ट बना दिया।

यद्यपि एक प्रभावशाली विमर्श तैयार करने में सुधारकों, पुनरुत्थानवादियों और राष्ट्रवादियों, सबने हिस्सेदारी की फिर भी उनमें आपस में भी एक-दूसरे में मतभेद थे। सुधारों में समानता के आलंकारिक मुद्दे पर पुनरुत्थानवादियों के विचार अलग थे। दोनों ने अपने आपको एक-दूसरे के विरुद्ध परिभाषित किया।

समाज सुधार आंदोलन, जिसकी चर्चा से हमने इस दौर की चर्चा शुरू की, उसे भी समरूपी नहीं कहा जा सकता क्योंकि विभिन्न क्षेत्रों में विभिन्न समय पर विभिन्न अभियानों में भिन्न-भिन्न मुद्दे उठाए गए। जैसा कि पहले ही कहा जा चुका है सुधार अभियान सबसे पहले बंगाल में शुरू हुए जहाँ एक डावाँडोल 'भद्रलोक' कुलीन वर्ग बुर्जुआ में तब्दील हो रहा था जिसमें वे अपने समुदाय के ऐसे लोगों को शामिल कर रहे थे जो जातिच्युत होने के कारण निषिद्ध व्यवसायों में लगे हुए थे। अँग्रेजों द्वारा शुरू किया गया भूमि सुधार परिवर्तन (स्थायी बंदोबस्त) आंशिक-तौर पर स्थानीय कुलीनों का सहयोग लेने के उद्देश्य से किया गया। इसके तहत अँग्रेजों ने जमींदारों को स्थायी मालिकाना हक दिए जिसके परिणामस्वरूप एक ऐसी ठेकेदारी प्रथा का प्रादुर्भाव हुआ जिसने सामाजिक असर के परंपरागत आधार को तहस-नहस कर दिया। (स्थायी बंदोबस्त ने किसानों के एक बड़े वर्ग को कंगाल बनाते हुए उन्हें भूमिहीन मजदूरों की श्रेणी में धकेल दिया)। ठीक उसी समय अँग्रेजी शिक्षा का प्रसार हुआ जिसका उद्देश्य एक ऐसी नीति का निर्माण करना था जिसके

तहत एक ऐसा वर्ग तैयार किया जा सके जो अपने नए शासकों (अँग्रेजों) के प्रति वफादार हो। इसके जरिए स्थानीय कुलीनों को उन विचारों से अवगत कराना था जो ब्रिटेन में उस समय काफी उत्तेजना पैदा कर रहे थे—मसलन—वर्णवाद, उत्थानवाद और उपयोगितावाद। कलकत्ता एक विचारोत्तेजक बौद्धिक केंद्र के रूप में उभरा। सुधारों के ज्यादातर प्रारम्भिक अभियान यहीं के बुद्धिजीवियों द्वारा चलाए गए। कलकत्ता के अनेक आंदोलनकारी छात्र एच. डेरोजियो के शिष्य थे। वह ऐसे एंग्लो-इंडियन थे जो स्वाधीनता और समानता की फ्रांसीसी क्रांति की अवधारणा से प्रभावित थे। युवा बंगाल आंदोलन के नाम से मशहूर इन समूहों ने अपना ध्यान खासतौर से जाति बंधनों की परवाह किए बगैर मांस खाने, शराब पीने और स्त्रियों को सुधारने पर केंद्रित किया। उल्लेखनीय है कि दूसरे अभियानों को बंगाल की मातृपूजा संस्कृति में उपजे संकट से गति मिली। आशीष नंदी ने मातृत्व और मौखिक उपदेशों को एक मुद्दे के रूप में प्रतिपादित करते हुए उन्हें दो प्रकार के आंदोलनों का आधार बताया है।[7]

मजेदार बात यह है कि स्त्रियों के सरोकारों से संबंधित ऐसे अनेक मुद्दे जो उन्नीसवीं सदी के पूर्वार्द्ध में नारी आंदोलन का आधार बने, उनमें से प्रारंभिक दो आंदोलन समान विचारोंवाले लोगों द्वारा शुरू किए गए परन्तु वे अलग-अलग तरह से विकसित हुए। जैसा कि हमें मालूम है, स्त्रियों को शिक्षित करने के महत्त्व पर सबसे पहली सार्वजनिक बहस राममोहन राय द्वारा 1815 में स्थापित आत्मीय सभा द्वारा बंगाल में छेड़ी गई। उसी वर्ष उन्होंने एक भारतीय भाषा (बंगाली) में सती पर हमला बोलते हुए पहला लेख लिखा। हालांकि सती उन्मूलन अभियान मुख्यतया ब्रिटिश समर्थन पर आधारित और अल्पजीवी था जबकि स्त्रियों की शिक्षा के आंदोलन का 'भारतीयकरण' हो चुका था और वह सदी के अंत तक चला।

हालाँकि राय पहले भारतीय थे जिन्होंने सती प्रथा के विरुद्ध आंदोलन चलाया, अमेरिकी मिशनरियों ने इसे 18वीं सदी की हिन्दु पशुता की संज्ञा दी जबकि अँग्रेज शासकों ने इसे भारत में शासन करने का कारण माना (सभ्यता मिशन)। बहरहाल कुछ वर्षों तक ब्रिटिश संसद ने सती प्रथा के खिलाफ कानून बनाने से यह कहते हुए इनकार कर दिया कि इसे हिन्दुओं के धार्मिक मामलों में हस्तक्षेप माना जाएगा। अँग्रेजों की भारत में जागरण लाने की आत्मपरिभाषित भूमिका और समय की माँग के बीच तनाव के कारण उन्नीसवीं सदी के आरंभिक वर्षों में अँग्रेजों को कई विषयों पर समझौतावादी रुख अपनाने पर मजबूर कर दिया। उन्होंने सती प्रथा के विरुद्ध जो नियम-कानून बनाए उसमें जबरन सती किए जाने और स्वेच्छा से सती होने में भिन्नता थी। ऐसा कानून मुगलों ने कई शताब्दियों पूर्व ही बना दिया था।

सती के बारे में अँग्रेजों द्वारा किए गए इस भेद ने सती प्रथा के विरुद्ध अभियान चलानेवालों को झकझोर कर रख दिया। एडवर्ड थाम्पसन के अनुसार अनेक

आंदोलनकारियों ने अँग्रेजों के इस कदम को सती प्रथा को कानूनी जामा पहनाने की उनकी कोशिश के रूप में देखा।[8] इस मुद्दे ने अँग्रेज राजनीतिज्ञों को संघर्ष करने के लिए आमने-सामने ला खड़ा किया। टोरी (कंजर्वेटिव पार्टी के लोग) जहाँ सती के मामले में हस्तक्षेप न करने का समर्थन कर रहे थे वहीं लिबरल डेमोक्रेटिक पार्टी कानूनी कदम उठाने के लिए अभियान चला रही थी। उदारवादी स्वयं भी दो खेमों में बँटे हुए थे। इनमें एक खेमा गरम पंथियों का तथा दूसरा पादरियों का था। पादरी सती प्रथा के अनुयायियों की छवि एक क्रूर एवं निर्दयी व्यक्ति की बनाने में जुटे थे ताकि वह यह साबित कर सकें कि इस जघन्य कृत्य से बचने का उपाय ईसाइयत में ही है। इसे इस प्रकार भी कहा जा सकता है कि वे अपने धर्म के प्रचार की नीयत से भी इस अभियान में जुटे थे। हिन्दू समाज सुधारकों के सती प्रथा के खिलाफ अभियान में कूदने से उदारवादियों को कुछ राहत मिली और उन्होंने इसे अपने पक्ष में उस समुदाय के एक वर्ग का अघोषित समर्थन माना वस्तुतः उन्हें इस प्रकार के समर्थन की कमी अखर भी रही थी।

1817 मे सुप्रीम कोर्ट के मुख्य पंडित मृत्युंजय विद्यालंकार ने घोषणा की कि सती की कोई शास्त्रीय मान्यता नहीं है। इसके एक वर्ष बाद यानी 1818 में बंगाल के तत्कालीन प्रांतीय गवर्नर विलियम बैंटिंक ने प्रांत में सती प्रथा पर रोक लगा दी। सारे भारत में इस निषेध को फैलने में 11 वर्ष लगे। विलियम बैंटिंक 1829 में ज भारत के गवर्नर जनरल बने तो उन्होंने सती निर्मूलन एक्ट पास किया।[9] इस अधिनियम के पास होने के साथ-साथ रूढ़िवादियों द्वारा इसके खिलाफ विरोध-प्रदर्शन का भय भी था। श्री राय ने स्वयं भी सती के खिलाफ अँग्रेजों की बुद्धिमत्ता पर संदेह व्यक्त किया और उन्होंने महसूस किया कि विदेशी शासकों के इस कदम से हिन्दुओं में रक्षात्मक कदम उठाने की प्रवृत्ति पनपेगी और इस टकराव के परिणामस्वरूप समस्या और जटिल हो जाएगी। बहरहाल, हिन्दू रूढ़िवादियों ने इसका विरोध तो किया किन्तु जितनी आशंका व्यक्त की जा रही थी विरोध उससे काफी कम हुआ। 1830 में हिन्दू रूढ़िवादियों ने कलकत्ता में धर्म सभा की स्थापना की तथा सती प्रथा के खिलाफ बनाए गए कानून को समाप्त करने के लिए एक याचिका तैयार कर भारत के गवर्नर जनरल विलियम बैंटिंक और ब्रितानी संसद को भेज दी गई।[10] रूढ़िवादियों के विरोध के आंशिक परिणाम के तौर पर कोई 10 वर्षों बाद भारतीय दंड संहिता (इंडियन पीनल कोड) में संशोधन किया गया। इस संशोधन में एक बार फिर 'स्वैच्छिक' और जबरन सती में वैभिन्य दर्शाते हुए अपनी इच्छानुसार सती होने को कानूनी कवच प्रदान कर दिया गया।[11] इस मुद्दे पर कुछ खुदमुख्तार रियासतों में आंदोलन भड़के। इन रियासतों में बैठे अँग्रेज प्रतिनिधियों ने इन आंदोलनों को अपनी तौहीन समझते हुए सती की घटनाओं पर जबरन काबू पाने के लिए अँग्रेज सैनिकों को आदेश दे दिए।[12] राजाओं के अधिकारों को हड़प लेने के कारण अँग्रेज प्रतिनिधियों के खिलाफ

बड़े पैमाने पर हिंसा भड़की।

हाल के ऐतिहासिक अनुसंधानों से पता चलता है कि 19वीं सदी के सती निर्मूलन आंदोलनों ने शायद यह भ्रम पैदा किया कि पहले वहाँ ऐसी कोई प्रथा थी जबकि ऐसा कुछ नहीं था। न केवल सती की घटनाएँ आम नहीं थीं बल्कि इनका दायरा भी कोई बहुत बड़ा नहीं था। सती की घटनाएँ निरंतर होती हों ऐसी भी कोई बात नहीं थी। सच्चाई यह है कि ये घटनाएँ कभी-कभार ही होती थीं। अगर हम देखें तो पाएँगे कि बड़े पैमाने पर सती होने की घटनाएँ 19वीं सदी के आरंभिक दशकों में बंगाल में हुईं जहाँ लगभग हर रोज एक स्त्री सती होती थी। यह हाल तब था जबकि बंगाल के तत्कालीन गवर्नर विलियम बैंटिक ने सती को सूबे में गैरकानूनी घोषित किया हुआ था। इन आँकड़ों पर कुछ संदेह व्यक्त किया गया क्योंकि सती उन्मूलन अभियान के तहत बहुत सारे आँकड़े एकत्र किए गए और हैरानी जताई गई कि यह हाल तो उस राज्य का था जिसमें सती प्रथा के सबसे प्रबल अँग्रेज विरोधी विलियम बैंटिंक का शासन था। मिसाल के तौर पर आंदोलनकारी यह उल्लेख कर पाने में विफल रहे कि इनमें से कितने मामले सती के थे और कितने विधवाओं द्वारा आत्महत्या के। यह संभव है कि सती के प्रति घृणाभाव होने और सती की घटनाओं की गंभीरता को प्रमाणित करने के लिए शासकों ने विधवा स्त्रियों द्वारा की गई आत्महत्याओं को भी सती के रूप में पेश किया हो। आनन्द यांग ने दर्शाया है कि 19वीं सदी के पूर्वार्ध के बंगाल में जो आँकड़े एकत्र किए गए उनमें एक निश्चित अनुपात में उन औरतों की संख्या अधिक थी जिन्होंने अपने पति की मृत्यु के वर्षों बाद आत्महत्या कर ली।[13] ऐसा इसलिए हुआ होगा कि उनकी जिंदगी असहाय हो गई होगी। यह कहना ठीक नहीं कि उन्होंने आत्महत्या इसलिए की कि उनके अंदर 'सत्' का प्रवेश हो गया था।

दूसरे शब्दों में, उन्नीसवीं शताब्दी के आरंभिक वर्षों में बंगाल में होनेवाली सती की घटनाएँ यह साबित नहीं करतीं कि वहाँ सती होने की अधिक घटनाएँ इसलिए हुईं क्योंकि एक समुदाय संकट में था। इस धारणा के समर्थन में अनेक तर्क दिए जा सकते हैं। सबसे महत्त्वपूर्ण तर्क तो यह है कि कलकत्ता और उसके पास के शहरी नवधनाढ्य अनेक शादियाँ रचाया करते थे और यही हाल कमोबेश पश्चिम के सभी शहरों का था। इसके अलावा ऐसा लगता है कि अँग्रेजों में भी बहुत से लोग ऐसे थे जिन्हें यह संदेह था कि सती की यह बंगाली 'बीमारी' (आशीष नन्दी के शब्दों में) उपनिवेशी शासन का विरोध करने का एक निश्चित औजार थी। न केवल कोई अन्य अपितु वारेन हैस्टिंग्स जैसे व्यक्ति ने कहा कि बड़े पैमाने पर होनेवाली सती की त्रासदी हिन्दुओं की धर्मोन्मादी और उनकी विभक्त विचारधारा का परिणाम थी।[14]

19वीं सदी के पूर्वार्द्ध में बंगाल में सती की लोकप्रियता का आंदोलनकारियों

द्वारा एक तर्क यह दिया गया कि चूंकि उन दिनों बंगाल में विरासत का 'दायभाग' रूप प्रचलित था जिसके तहत विधवाएँ अपने पति की मृत्यु के पश्चात संपत्ति में हिस्सा माँग सकती थीं भले ही उसके कोई पुत्र न हो या कि परिवार संयुक्त हो। एक ऐसे समय में जबकि बंगाल बार-बार के अकाल और महामारियों से उजड़ रहा था, संभव है कि एक ऐसा समूह अपने जाति वर्चस्व को बरकरार रखने के लिए सती को सबसे महत्त्वपूर्ण कारण के रूप में देखता रहा हो।[15]

164. सती अधिनियम XVII बंगाल कोड 1829 ईस्वी (4 दिसम्बर, 1829)

इस अधिनियम के अंतर्गत यह घोषणा की जाती है कि किसी हिंदू विधवा स्त्री को सती बनाने, उसे जलाने या जिंदा दफन करने की कोशिश गैरकानूनी तथा आपराधिक अदालतों द्वारा दंडनीय है। यह अधिनियम कौंसिल के गवर्नर-जनरल द्वारा 4 दिसंबर, 1829 तद्नुसार 20 अगहन 1936 बंगाली वर्ष; 23 अगहन 1237 फसली; 21 अगहन 1237 विलायती; 8 अगहन 1886 संवत; और जमादि-उस-सानी 1245 हिजरी को पास किया गया।

1. सती प्रथा, या हिन्दुओं की विधवा स्त्रियों को जलाना या जिंदा दफनाना मानवीय संवेदनाओं को उद्वेलित कर रहा है। हिंदू धर्म में इसे कहीं भी अनिवार्य नहीं माना गया है। इसके विपरीत विधवा को सात्विक जीवन बिताने की बात आग्रहपूर्वक कही गई है। पूरे भारत में अधिकांश क्षेत्रों में यह प्रथा प्रचलित नहीं है और न ही इस पर अमल होता है। कुछ बड़े जिलों में यह प्रथा प्रचलित नहीं है, कुछ ऐसे बदनाम जिले हैं जहाँ सती बनाने का व्यवहार बार-बार अमल में लाया जाता है जो कि हिंदुओं के लिए स्वयं भी चौंकानेवाला और उनकी निगाह में गैरकानूनी और क्रूर कृत्य है। इस प्रथा को रोकने के लिए अब तक जो भी कदम उठाए गए वे सभी निष्फल रहे। अतः कौंसिल के गवर्नर जनरल इस बात से गहरी तरह प्रभावित हैं और उनका दृढ़ मत है कि इन बुराइयों को तब तक रोका नहीं जा सकता जब तक कि उन पर एक साथ प्रतिबंध न लगा दिया जाए। ऐसी स्थिति में कौंसिल के गवर्नर जनरल ने निम्नलिखित नियम बनाना जरूरी समझा तथा ये नियम फोर्ट विलियम की अध्यक्षतावाली सभी सीमाओं में तत्काल प्रभाव से लागू होंगे। गवर्नर जनरल भारत में अँग्रेजी हुकूमत के इस सिद्धांत से जी नहीं चुराना चाहते कि सभी वर्गों के लोग सुरक्षित रहें और उन्हें अपने धार्मिक रीति-रिवाजों को मानने की पूरी आजादी हो और जब तक भारत में ब्रिटिश सरकार रहे तब तक न्याय और मानवता के सिद्धांतों का उल्लंघन न होने पाए।

2. सती प्रथा या हिंदुओं की विधवा स्त्रियों को जलाने या जिंदा दफनाने की कोशिश को एतद् द्वारा असंवैधानिक और आपराधिक अदालतों द्वारा दंडनीय घोषित किया जाता है।

3. प्रथमः एतद् द्वारा घोषणा की जाती है कि सभी जमींदार, तालुकेदार या भूस्वामी चाहे वे मालगुजारी या लखीराज हों, सभी सदर किसान या उनके मातहत गुजारेदार, सभी आश्रित तालुकेदार, सभी नायब तथा अन्य एजेंट, सरकार की ओर से राजस्व वसूली हेतु नियुक्त किए गए स्थानीय अधिकारी, अमीन, सभी वार्डों की अदालतें, सभी मंडल या ग्रामों के मुखिया सती की उपरोक्त वर्णित परिभाषा के अंतर्गत सती होने के इरादे की किसी भी खबर को नजदीकी थाने को देने के लिए उत्तरदायी होंगे तथा उपरोक्त वर्णित धारा के अंतर्गत उपरोक्त प्रकृति के लोग जिनके ऊपर थाने को सती के बारे में सूचना देने की जवाबदेही है, अगर पाया गया कि उन्होंने घटना की जानकारी देने में जानबूझकर विलंब किया है तो मजिस्ट्रेट या संयुक्त मजिस्ट्रेट उन्हें किसी भी रकम, परंतु दो सौ रुपए से अधिक नहीं, का जुर्माना अदा करने का आदेश दे सकते हैं तथा जुर्माना अदा न किए जाने की हालत में उन्हें किसी भी अवधि किंतु—महीनों से अधिक नहीं के कारावास का दंड दिया जा सकेगा।

द्वितीय : इस विनियमन द्वारा गैरकानूनी घोषित बलिदान की घटना की सूचना पाने के पश्चात पुलिस दारोगा स्थिति से निपटने के लिए या तो घटना स्थल पर खुद जाएँगे या हिंदू धर्म के बर्कुन्दाजियों के साथ अपने मोहर्रिर या जमादार को वहाँ भेजेंगे और पुलिस अधिकारियों का यह कर्त्तव्य होगा कि वे सती के लिए होनेवाले समारोह स्थल पर एकत्र लोगों के बीच यह उद्घोष करें कि यह एक असंवैधानिक कृत्य है और अगर आप लोग इसके बावजूद गैरकानूनी काम से बाज नहीं आएँगे तो आपराधिक न्यायालयों द्वारा दंड के भागीदार होंगे, उन्हें वहाँ से तितर-बितर करने का हर संभव प्रयास करें। इन घोषणाओं के बावजूद अगर सती के लिए एकत्र लोग उन्हें अनसुना करके सती के कार्यक्रम पर अमल करते हैं तो उपस्थित पुलिस अफसरों का यह फर्ज होगा कि वे अपने अधिकार क्षेत्र के अंतर्गत सभी कानूनी उपायों का प्रयोग करते हुए सती की घटना को रोकें और इस घटना से संबद्ध मुख्य लोगों को गिरफ्तार करने की कोशिश करें। अगर पुलिस अफसर किसी कारण से उन्हें गिरफ्तार कर पाने में विफल रहते हैं तो वे घटना में शामिल खास लोगों के नाम और पते के साथ पूरा विवरण मजिस्ट्रेट या संयुक्त मजिस्ट्रेट की जानकारी में लाएँ और उनका आदेश प्राप्त करें।

4. प्रथम : उपरोक्त धारा में वर्णित प्रावधानों के अनुसार दारोगा से वांछित जानकारी मिलने के बाद, जिस क्षेत्र में बलिदान (सती) की घटना हुई है उससे संबद्ध मजिस्ट्रेट या संयुक्त मजिस्ट्रेट संबद्ध लोगों को तलब करके उनसे उन परिस्थितियों की जानकारी हासिल करें जिनके अंतर्गत सती घटना घटित हुई और घटना से संबद्ध सभी पक्षों पर मुकदमा चलाने के लिए उन्हें सर्किट अदालतों में तलब करें।

द्वितीय : एतद्द्वारा यह घोषणा की जाती है कि इस अधिनियम के लागू

होने के बाद ऐसे सभी लोग जो किसी हिंदू विधवा को सती होने के लिए दबाव डालेंगे या उसे सहायता देंगे या उसे जिंदा जलाने या दफनाने में, चाहे वह विधवा अपनी मर्जी से ही इसके लिए राजी क्यों न हो, मदद करेंगे तो नरहत्या के दंडनीय अपराध, के दोषी पाए जाएँगे तथा ऐसे लोग सर्किट न्यायालय की मर्जी के अनुसार जुर्माना या जुर्माना और जेल दोनों की सजा के भागीदार होंगे। सती की घटना के औचित्य को सिद्ध करने की ऐसी कोई दलील मंजूर नहीं की जाएगी कि अमुक स्त्री ने मुझसे सती होने के लिए सहायता माँगी थी।

तृतीय : उपरोक्त उपराध के लिए सर्किट अदालतों में पेश किए गए व्यक्तियों को जमानत दी जाए या नहीं यह मजिस्ट्रेट या संयुक्त मजिस्ट्रेट जमानत के लिए बने सामान्य नियमों के अंतर्गत अपनी मर्जी से उसे मंजूर या नामंजूर कर सकते हैं।

5. यह घोषणा करना एक बार फिर जरूरी है कि इस विनियमन में ऐसा कुछ समाहित नहीं किया गया है कि इसकी व्याख्या निजामत अदालत से अलग की जाए। मसलन अगर निजामत अदालत किसी व्यक्ति को हिंसा फैलाने, मजबूर करने या किसी हिंदू विधवा स्त्री को जलाने या जिंदा दफन करने के आरोप में चाहे वह व्यक्ति नशे में या मंदबुद्धिवाला (जड़) ही क्यों न हो, या यह साबित हो जाए कि उसने यह कृत्य अपनी मर्जी से किया है, या अमुक व्यक्ति अपराध प्रवृत्ति का है, उसे मृत्यु दंड देती है तो न्यायालय उस पुरुष या स्त्री को दया का पात्र समझने का कोई कारण नहीं देखती।

165. कोर्ट ऑफ डायरेक्टर्स के समक्ष सती पर बंगाल सरकार का नजरिया (4 दिसम्बर, 1829)

6. आपकी सम्माननीय अदालत यह जानकर गौरव महसूस करेगी कि गवर्नर जनरल ने सती प्रथा के उन्मूलन के मुद्दे पर भारत के अनेक बुद्धिमान एवं अनुभवी नागरिक तथा सैनिक अधिकारियों से विचार-विमर्श किया और उनमें से बड़ी संख्या में लोगों का विचार था कि न केवल सती उन्मूलन बल्कि स्त्रियों को पूर्ण सुरक्षा प्रदान करने के लिए स्त्रियों को सताने या दबाव डालने की कोशिशों को कुचल देना चाहिए।

7. कुछ लोगों का वास्तव में यह विचार था कि सती पर रोक लगाने का अधिकार अप्रत्यक्ष रूप से मजिस्ट्रेटों या सार्वजनिक कार्यालयों के विवेक पर छोड़ दिया जाए जिसमें यदि वे चाहें तो सती होने के लिए किसी स्त्री को सरकार की ओर से अपनी मर्जी से मौन स्वीकृति दे सकें, किंतु हमारे पास इसके विरुद्ध बहुत पुख्ता आधार हैं जिससे हम कह सकते हैं कि यदि उन्हें ऐसे संवेदनशील मामले में अपनी मर्जी का इस्तेमाल करने की इजाजत दी गई तो स्थिति बड़ी नाजुक हो सकती है। गवर्नर जनरल के शब्दों में—"हमारा दृढ़ एवं स्पष्ट मत है कि सती प्रथा पर पूरी तरह रोक लगा दी जानी चाहिए ताकि कानून का नैतिक स्वरूप भी

कायम रहे और उसे लागू करने की हमारी शक्ति भी।"

8. आपकी आदरणीय अदालत को मालूम हो कि इस अधिनियम के लागू होने से पहले हमने निजामत अदालत के सुझाव को मानते हुए इसके मूल प्रारूप में अपेक्षित संशोधन किया। निजामत अदालत ने सुझाव दिया था कि स्वैच्छिक या बलात् होनेवाली सती की घटनाओं में जो भेद किया गया है उसे समाप्त कर दिया जाना चाहिए और पुलिस अफसरों को भी इस मामले में अपनी मर्जी इस्तेमाल करते हुए हस्तक्षेप करने के सुझाव को नामंजूर कर दिया जाना चाहिए। कोर्ट द्वारा उठाई गई आपत्तियों पर गहन विचार के बाद हमने निर्णय किया कि यह उचित होगा कि सजा के प्रावधानों को सर्किट आयुक्तों के ऊपर छोड़ दिया जाए और वे प्रत्येक मामले की परिस्थिति के अनुसार सजा का निर्धारण करें। पुलिस अधिकारियों के साथ-साथ यूरोपीय अधिकारियों को भी अलग से विशेष निर्देश जारी किए जाएँ कि वे इस अधिनियम में निहित उनकी शक्तियों को नरमी से इस्तेमाल करते हुए कानून का अनुपालन सुनिश्चित करें।

9. अंततः हम निजामत अदालत के इस मशविरे से बहुत प्रभावित हुए कि इस विनियमन में ऐसा प्रावधान किया जाए कि सती के मामले में चलनेवाले मुकदमों में कोई मुसलमान कानून-अधिकारी शरीक नहीं होगा। हम यह सोचने को मजबूर थे कि ऐसे कानूनी अधिकारियों की मौजूदगी से गलत धारण पैदा होगी और हमारे सामने आपत्तियों का ऐसा सिलसिला शुरू हो जाएगा जिसे झेलने से बचा जा सकता है। इस समय यदि हम इस प्रश्न को मुकदमे की सामान्य प्रक्रिया समझकर छोड़ देते जो कि निस्संदेह काफी वजनदार था, अंततः हमने उनके इस धारा को पूरी तरह समाप्त करने के उनके निर्णय से मार्गदर्शन लेना उचित समझा।

10. हम आपकी आदरणीय अदालत को बताना चाहते हैं कि निजामत अदालत के रजिस्ट्रार ने उपरोक्त विशेष चेतावनियों से संबंधित जो पत्र (संख्या 21) हमें भेजा उसे हमने सर्किट के कमिश्नरों, मजिस्ट्रेट तथा पुलिस अधिकारियों के पास उनके मार्गदर्शन के लिए भेज दिया है।

11. अंत में हम पूरे आत्मविश्वास के साथ यह अपेक्षा करते हैं कि घृणित सती प्रथा की समाप्ति को हमने अपनी जिम्मेदारी समझकर जो महत्त्वपूर्ण कदम उठाए हैं, ईश्वर की कृपा से वे कारगर साबित होंगे। हम इस बात से पूरी तरह संतुष्ट हैं कि न केवल आपकी अदालत बल्कि इससे पूर्व की सभी सरकारें सती प्रथा की समाप्ति के लिए प्रयासरत रही हैं और हम आपको बताना चाहते हैं कि इससे पहले इस देश में परिस्थितियाँ इतनी अनुकूल नहीं थीं जितनी आज हैं अतः इस कानून पर पूरी तरह अमल करने का यह सबसे माकूल वक्त है। यह कहना अतिशयोक्ति होगा कि इस कानून के क्रियान्वयन से कोई गुल-गपाड़ा या असंतोष नहीं पनपेगा, किंतु हम इस बात से पूरी तरह संतुष्ट हैं कि ऐसी भावनाएँ अल्पजीवी

होंगी और हमें विश्वास है कि अगर इस कानून के विरोध में कोई हिंसक आंदोलन भी भड़केगा तो भी हमें किसी को गिरफ्तार करने की कोई जरूरत नहीं पड़ेगी।

स्त्री उन्मूलन के विरोध में हिंदुओं की याचिका (19 दिसंबर, 1829)

हम अधोहस्ताक्षरकर्ता महामहिम के समक्ष पूरे आदर के साथ यह याचिका प्रस्तुत करने की अनुमति चाहते हैं। मान्यवर हमें पता चला है कि आप कलकत्ता के कुछ हिंदू निवासियों के विचारों एवं भावनाओं के आधार पर सती प्रथा पर रोक लगाने के लिए कौंसिल में प्रस्ताव पास करनेवाले हैं। हम यह बताना चाहते हैं कि उन तथाकथित हिंदुओं के प्रतिनिधियों के विचार एवं भावनाएँ न केवल त्रुटिपूर्ण और तथ्य से परे हैं बल्कि अगर उनके सुझावों एवं विचारों के आधार पर ऐसा कोई प्रस्ताव पास किया गया तो इसे हिंदू धर्म और रीति-रिवाजों में हस्तक्षेप माना जाएगा। इसके बारे में हम पहले ही अपनी नाराजगी जता चुके हैं तथा हम इसे खामोशी से पास होते नहीं देख सकते।

कलकत्ता के हम अधोहस्ताक्षरकर्ता हिंदू निवासी महामहिम की कौंसिल के समक्ष प्रस्तुत होने की विनम्र प्रार्थना करते हैं ताकि हम उन परिस्थितियों के बारे में बता सकें जिन्होंने सरकार का ध्यान आकृष्ट करने के लिए हमें विवश किया है। मान्यवर यह सिर्फ हमारी ही नहीं बल्कि कंपनी सरकार की सीमाओं में रहनेवाले अधिसंख्य हिंदुओं की चिंताओं और सरोकारों का सवाल है और ये सभी लोग अपने धार्मिक मामलों में पूरी तरह दक्ष एवं जागरूक हैं।

हिंदू धर्म की स्थापना बहुत पुरानी है। उसी प्राचीनता के अनुपात में इसके अनुयायियों के मस्तिष्क पर इसका प्रभाव भी है। ऐसा कोई अन्य धर्म नहीं है जिस पर मुस्लिम आक्रांताओं के दबाव में धर्म-त्याग करने का इतना न्यूनतम असर पड़ा हो और न ही कोई दूसरा धर्म है जिसने धर्मांतरण का इतनी सख्ती और सफलता से विरोध किया हो।

यह कि अन्य धर्मों की भाँति हिंदू धर्म स्थापना भी सदियों पहले आचरण एवं मर्यादाओं के आधार पर हुई थी। हिंदू धर्म भी उतना ही पवित्र है जितने कि समकालीन अन्य धर्म। आदिकाल से ही हिंदू धर्म की मर्यादाओं के अनुसार हिंदू विधवाएँ अपनी खुशी और अपने मृत पति की आत्मा की शांति के लिए खुद को जलाकर जो बलिदान देती थीं उसे सती कहा जाता है—यह मात्र पवित्र कर्त्तव्य ही नहीं बल्कि अपने धर्म के सिद्धांतों के प्रति उस स्त्री की सद्भावना का द्योतक है—अतः हमारी विनम्र प्रार्थना है कि सती के मामले में इस प्रकार का हस्तक्षेप न केवल अनुचित है बल्कि असहनीय भी है। सती का मामला पूर्णतः अंतरात्मा की आवाज पर आधारित है और हम नहीं समझते कि इसमें हस्तक्षेप का सरकार का मकसद पूरा हो पाएगा।

हिंदुस्तान के पहले मुस्लिम विजेता या यह कहिए कि जब से भारत में मुगलों का शासन हुआ है, चाहे हमें उनका धर्मोन्माद और धर्म सहन नहीं था, तो भी उन्होंने सती प्रथा में हस्तक्षेप करने का कभी कोई प्रयास नहीं किया। उस समय से लेकर और लगभग एक शताब्दी से बिहार, बंगाल और उड़ीसा में ब्रिटिश शासनकाल में आज तक इन सूबों के किसी भी गवर्नर-जनरल ने सती या हिंदुओं के किसी धार्मिक मामले में कोई हस्तक्षेप नहीं किया। हम बड़ी विनम्रता के साथ कहना चाहते हैं कि ग्रेट ब्रिटेन की संसद, जिसके मातहत यह कंपनी सरकार चल रही है, ने अपनी अनेक कार्रवाइयों में हमारे धर्म, कानून, आचरण एवं रीति-रिवाजों की ताईद की है और चूँकि ये प्राचीन काल से चले आ रहे हैं अतः संसद ने भी बिना इनका उल्लंघन किए इन्हें हमारे लिए सुरक्षित रखा।

हमें यह जानकर बहुत दुःख एवं हैरानी हुई कि अनेक लोग सती प्रथा की समाप्ति के लिए पारित प्रस्ताव का यह कहकर बचाव कर रहे हैं कि इसके लिए कोई सकारात्मक कानून या परंपरा नहीं है। यह सिद्धांत ऐसे हिंदू प्रतिपादित कर रहे हैं जो अपने पूर्वजों के धर्म से अलग हो चुके हैं और यूरोपीय लोगों के साथ उनकी सोहबत में ऐसी त्याज्य चीजें खा-पी रहे हैं जो कि हिंदू धर्म में वर्जित हैं। महामहिम ऐसे धर्मच्युत लोग आपकी कौंसिल को यह कहकर गुमराह करने की कोशिश कर रहे हैं कि हिंदू समाज में सती प्रथा का कोई कानून नहीं है इसलिए सभी पढ़े-लिखे और बुद्धिमान हिंदू सती प्रथा की समाप्ति के लिए सहमत हैं। उनकी सहमति का आधार यह है कि सती प्रथा का कोई मौलिक नियम स्थापित नहीं है और न ही सभी हिंदू इसे पवित्र कृत्य के रूप में देखते हैं। हम पूरी विनम्रता से आपसे निवेदन करना चाहते हैं कि ऐसे संवेदनशील मामले की व्याख्या के लिए हमारी पवित्र धार्मिक पुस्तकों में जो कुछ लिखा गया है उसे हिंदू धर्म के पंडितों और ब्राह्मणों तथा धर्मोपदेशकों से बेहतर कोई नहीं जान सकता अतः आपको हिंदू धर्म के विद्वानों से सती प्रथा के विषय में विचार-विमर्श करना चाहिए। हम इस बात से पूरी तरह आश्वस्त हैं कि अगर आप धार्मिक मामलों में हिंदू विद्वानों एवं धर्मोपदेशकों से विचार-विमर्श करेंगे तो ऐसे लोगों की बातों पर विश्वास नहीं करेंगे जो अपने पूर्वजों की स्मृति और धर्म को भूल चुके हैं। उनके मन में न तो धर्म के प्रति कोई आस्था है और न ही अपने पूर्वजों के प्रति कोई सम्मान। मान्यवर अगर आप संपूर्ण हिंदू समाज को व्यवस्थित करने के काम को मुश्किल समझते हैं और यह सोचते हैं कि क्या करना चाहिए क्या नहीं तो इस ऊहापोह से निकलने का एकमात्र रास्ता यही है कि आप ऐसे कठिन काम को अंजाम देने के लिए उन लोगों से सलाह-मशविरा करें और सती प्रथा के विरुद्ध कोई कानून बनाने से पहले पूरी सख्ती और धैर्य के साथ उन लोगों से मिलकर इसकी जाँच कराएँ जो हिंदू धर्म तथा पवित्र पुस्तकों के बारे में आधिकारिक जानकारी रखते हैं। अगर

इस प्रकार की संतोषजनक जाँच होती है तो हमें पूरा विश्वास है कि आप हमारे कथन को सही पाएँगे और आप महसूस करेंगे कि आपके इस कदम से कंपनी सरकार के अंतर्गत आनेवाले क्षेत्रों में उत्तेजना और नाराजगी फैलेगी और इसे हमारी आस्था पर सरकार की चोट के रूप में देखा जाएगा।

हम आपको एक बार फिर बताना चाहते हैं कि इस मामले में कंपनी के ऐसे सेवकों द्वारा जाँच की जा चुकी है जिन्हें उन देशों में जहाँ विक्टोरिया शासन रहा है, बड़ी इज्जत की निगाह से देखा जाता है। आपसे पहले स्वर्गीय गवर्नर-जनरल श्री वारेन हेस्टिंग्स ने कोर्ट ऑफ डायरेक्टर्स के तत्कालीन अध्यक्ष श्री नैथलीन स्मिथ के अनुरोध पर (श्री हेस्टिंग्स को हिंदू धर्म के अनेक भागों की अच्छी जानकारी थी) सती से संबंधित कानूनों की मान्यता के बारे में जाँच गठित की थी और वह इससे पूरी तरह संतुष्ट थे—इसी तरह की एक अन्य जाँच के लिए श्री विल्किंसन को नियुक्त किया गया था। इस सिलसिले में वह बनारस गए और वहाँ काफी समय तक रहकर धर्म और सती के बारे में काफी जानकारी प्राप्त की। श्री विल्किंसन का मत भी वही था जो श्री वारेन हेस्टिंग्स का था और इसकी पुष्टि बनारस के तत्कालीन प्रशासक श्री जोनाथन डंकन ने की थी। उल्लेखनीय है कि श्री डंकन के कुशल एवं उत्तम प्रशासन को न केवल बनारस बल्कि हिंदुस्तान के अन्य भागों और दुनिया के अन्य देशों में एक लंबे अरसे तक आदर के साथ याद किया जाएगा।

लार्ड कार्नवालिस के शासनकाल में कुछ ईसाई मिशनरी पहली बार भारत में दिखाई पड़े। उन्होंने चुपके से कौंसिल को सती के बारे में बढ़ा-चढ़ाकर और झूठी जानकारियाँ दीं। और यह प्रचारित किया कि सती प्रथा कानूनी नहीं है। कौंसिल के लार्ड कार्नवालिस ने इसकी जाँच कराई और श्री डंकन की सहायता से सती की संवैधानिकता से संतुष्ट हुए और उन्होंने हमें अपने रिवाजों पर पहले की भाँति अमल करने की अनुमति दे दी।

लॉर्ड मुइरा और एमर्स्ट के शासनकाल में कुछ यूरोपीय मिशनरी हिंदुओं का धर्म परिवर्तन कराने के उद्देश्य से भारत आए। उन्होंने सती प्रथा पर नए सिरे से हमला किया और मनगढ़ंत और झूठी कहानियाँ प्रचारित कर दीं कि हिंदू विधवा स्त्रियों को जबरन सती बनाया जा रहा है और उन पर आग में कूद कर आत्महत्या करने के लिए दबाव डाला जा रहा है। सरकार की निगाह फौरन इन अफवाहों पर गई और मजिस्ट्रेटों को आदेश जारी कर दिए गए कि आप लोग यह सुनिश्चित करें कि सती अपनी खुशी से अपना बलिदान करे और इसके लिए किसी को उसे फुसलाने या दबाव डालने की इजाजत नहीं दी जानी चाहिए। अनेक सज्जनों ने तथ्यपरक रिपोर्ट दी कि विधवाएँ मुस्कराते हुए अपने मृत पति की चिता तक गईं और खुशी-खुशी चिता की आग में कूद पड़ीं। वे दोनों गवर्नर-जनरल इस रपट से संतुष्ट हो गए और इसके बाद हस्तक्षेप का कोई प्रयास नहीं किया गया।

अंततः (जैसा कि हमारा विनम्र निवेदन है) धार्मिक मामलों में किसी भी हद तक हस्तक्षेप न करने की नीति निर्धारित कर दी गई।

सच्चाई यह है कि इसके बाद थोड़े समय के अंदर ही बंगाल में सतियों की संख्या में उल्लेखनीय वृद्धि हुई। इसके कारणों का पता लगाने के लिए सदर दीवानी अदालत में एक मामला उठाया गया किंतु अदालत भी इसके कारणों के बारे में संतोषजनक विवरण नहीं दे सकी। हो सकता है कि कुछ अनुभव एवं विद्वान लोगों की राय में सरकार ने सती के बारे में हस्तक्षेप का निर्णय इस प्रथा की ओर भारतीय समुदाय का ध्यान आकर्षित करने के उद्देश्य से लिया हो बजाए इसके कि सती के श्रद्धालुओं की संख्या में वृद्धि के लिए।

हम महामहिम की कौंसिल के समक्ष अब सती की एक घटना से संबंधित उदाहरण पेश करने की अनुमति चाहते हैं। इस घटना का परोक्ष संकेत यह है कि एक विधवा को उसके पति के साथ जलने से यह कह कर रोका गया कि तुम्हारा पति तो जल चुका है। इसके पीछे धर्म का उल्लंघन करने या सती को निरुद्देश्य बताने का कोई मकसद नहीं था। लार्ड क्लाइव के दीवान राजा नोबकिसेन ने एक विधवा को सती होने से रोकने का प्रयास किया। उन्होंने उसे समझाया कि तुम्हारा पति तो पहले ही जलाया जा चुका है। जब उसे बताया गया कि तुम्हारे साथ धोखा किया गया है और अब तुम्हारे परिवार के लोग तुम्हारे गुजारे के लिए जरूरी कोई भी धनराशि तुम्हें न देने की नीयत से तुम्हें सती करना चाहते हैं तो भी वह अपने इरादे से टस से मस नहीं हुई और भूखे रहकर उसने अपने प्राण त्याग दिए। इसके पश्चात महामहिम लार्ड क्लाइव ने आदेश दिया कि अब किसी को भी हिंदू धर्म या उसके रस्मोरिवाज में दखलंदाजी की इजाजत नहीं दी जाएगी।

इस बयान से अलग एक स्वतंत्र मान्यता है वो महामहिम स्वयं देखेंगे कि आपके पूर्ववर्ती सारे गवर्नर-जनरल भारत में लंबे अरसे तक रहने और हिंदू धर्म तथा हिंदुओं के रीति-रिवाजों से भली-भाँति परिचित होने के बाद उनसे पूरी तरह संतुष्ट थे इसीलिए उन्होंने ऐसा कोई प्रस्ताव पारित करने की बात नहीं सोची जो हिंदुओं को ऐसी दुखद अवस्था में धकेल दे कि वे सरकार के प्रति वफादारी त्याग कर सरकारी आदेशों की अवहेलना करने पर या फिर अपनी धार्मिक परंपराओं का उल्लंघन करने पर मजबूर हो जाएँ।

अपनी बात समाप्त करने से पहले हम आपसे जार्ज तृतीय के सत्ता में आने के बाद ब्रितानी संसद द्वारा समय-समय पर पास किए गए अनेक कानूनों पर निष्पक्ष पुनर्विचार एवं उनका सख्ती से संरक्षण करने का आग्रह करते हैं। उन कानूनों की व्यापकता एवं भावना इन शब्दों में निहित है : कि कोई भी किसी भी दशा में हिंदुओं के रीति-रिवाजों और उनके धर्म में किसी प्रकार का हस्तक्षेप नहीं करेगा। ये कानून उन लोगों द्वारा पूरी सहिष्णुता, विश्वास और बुद्धिमानी की भावना से

पास किए गए जिनसे अधिक ज्ञान हमारे धर्म के बारे में किसी और को नहीं है। हमारी भाषा हमारे रस्मोरिवाज और हमारे धर्म में उन लोगों ने कभी भी कोई दखल नहीं दिया जो यहाँ शासक के रूप में सरकार की शक्तियों का प्रयोग करते रहे हैं। हमारा विश्वास है कि हमारे अपने शासकों द्वारा बनाए गए नियम-कानूनों का भविष्य में भी संरक्षण किया जाएगा और इनका संरक्षण हमारी निगाहों में संपित्त यहाँ तक कि जीवन के अधिकार से भी बढ़कर है। हमें उम्मीद है कि अगर इस अति महत्त्वपूर्ण विषय को आपकी कौंसिल पूरी परिपक्वता से वजन देगी तो सती प्रथा उन्मूलन का प्रस्ताव ध्वस्त हो जाएगा और हमें आपके बुद्धिमत्तापूर्ण शासन में स्थायी सुरक्षा हासिल हो सकेगी और यह विश्वास भी कि इस प्रकार की घटनाओं की पुनरावृत्ति नहीं होगी।

इसके अलावा इंग्लैंड की तर्ज पर भारत में भी जमींदार वर्ग तैयार करने की नीयत से अँग्रेजों द्वारा किए गए स्थायी बंदोबस्त तथा अन्य सहायक कानूनों के कारण भी संपत्ति के स्वरूप में जो बदलाव आया, हो सकता है उससे भी जायदाद में विधवाओं के दावों का ह्रास हुआ हो। अँग्रेजों ने खुद भी ब्रिटेन में विधवाओं को उनके पति की खानदानी जायदाद को विरासत के रूप में पाने की इजाजत नहीं दी। यहाँ तक कि शादीशुदा स्त्रियों के संपत्ति के अधिकारों के लिए उन्नीसवीं सदी के मध्य में संघर्ष शुरू हुआ और वह बीस वर्षों बाद ही जाकर सफल हुआ।

दिलचस्प बात यह है कि बैंटिक ने यह दिखाने के लिए कि सती होना आवश्यक नहीं और यह भी कि यह कोई मान्यताप्राप्त धार्मिक गतिविधि नहीं है, शास्त्रीय, धार्मिक उद्धरणों को क्रमबद्ध करने की रणनीति अपनाई। यही रणनीति राममोहन राय ने अपनी पुस्तक : **'ए कॉन्फ्रेंस बिटवीन एन एडवोकेट फॉर एण्ड एन अपोनेन्ट टू दि प्रैक्टिस आफ बर्निंग विडोज अलाइव'**। यह पुस्तक श्री राय ने सन् 1815 में तब लिखी जब उन्होंने देखा कि उनके भाई की मृत्य के बाद उनकी भाभी को उनके भाई की चिता में जबरन झोंक दिया गया। इस पुस्तक का अँग्रेजी अनुवाद उन्होंने तीन वर्ष बाद यानी 1818 में किया। अपनी पुस्तक में श्री राय ने यह साबित करने का प्रयास किया कि किसी भी प्राचीन हिन्दू पौराणिक ग्रंथ में यह नहीं कहा गया है कि विधवा को सती अवश्य होना चाहिए। इसकी प्रतिक्रिया स्वरूप हिंदुओं की भावनाएँ भड़क उठीं। इसकी प्रतिक्रिया में 128 पंडितों ने एक घोषणापत्र प्रकाशित किया जिसमें कहा गया कि राममोहन राय की दलीलें गलत हैं इसलिए उन्हें हिंदू विचारधारा का प्रतिनिधि नहीं माना जाना चाहिए। इस घोषणापत्र के प्रत्युत्तर में राय ने एक बार फिर तथ्यपरक साक्ष्य खासतौर से शास्त्र एकत्र किए तथा पंडितों को बताया कि शास्त्रों के अनुसार सती होना अनिवार्य नहीं है। वास्तव में यह 'न्यूनतम धार्मिक कृत्य' है जो एक विधवा कर सकती है तथा इसकी सार्थकता तभी है जब वह अपनी मर्जी से सती हो।[16]

धार्मिक नियमों के प्रतिपादन का शास्त्रों का यह नजरिया बाइबल या कुरान की तरह नहीं था। हिंदुओं के अनेक मतमतांतर होने के कारण उनके धार्मिक रीति-रिवाजों और मान्यताओं को किसी एक पुस्तक या ग्रंथावली में समाहित कर पाना संभव नहीं था। हालाँकि इससे हिन्दूवाद के प्रति अँग्रेजों का रवैया झलकता है क्योंकि अँग्रेजों ने बाद में हिंदुओं के लिए बनाए गए हिंदू व्यक्तिगत कानून को शास्त्रीय आधार पर ही संहिताबद्ध किया।

उल्लेखनीय है कि राय ने सती उन्मूलन आंदोलन के ब्रिटिश समर्थकों की तरह इसको प्रश्नित नहीं किया कि आत्महत्या एक उत्कृष्ट कार्य हो सकता है। ईसाइयों के लिए आत्महत्या एक घृणित एवं आपराधिक कृत्य था जबकि हिन्दुओं की नजर में आत्महत्या की अनेक किस्में धार्मिक थीं। एक रूढ़िवादी हिंदू तर्क यह था कि सती होने की इजाजत उन 'धार्मिक ज्ञान से अनभिज्ञ' स्त्रियों को दी गई ताकि वे सती होकर इस प्रकार के ज्ञान को प्राप्त करें और अपने परिवारों को उस ज्ञान का उपहार दें, हिंदुवादियों की इस दलील के खिलाफ राममोहन राय का मत था कि स्त्रियों को स्पष्ट रूप से धार्मिक कृत्यों का ज्ञान था क्योंकि उनका जीवन दर्शाता है कि स्त्रियाँ "अनंत रूप से पुरुषों की अपेक्षा अधिक आत्म-बलिदानी थीं।"[17] इस बात पर बल देते हुए कि वीरता महिलाओं के दैनिक जीवन का अंग है, राय ने उनकी वीरता को कभी-कभार प्रदर्शित करने के बजाय दैनिक जीवन में उतारने की कोशिश की; हालाँकि किसी हद तक इससे वीरता अवरुद्ध हुई और भारतीय (हिन्दू) स्त्रियों को अनिवार्य और निरंतर रूप से कुर्बानी देना एक बोझ नज़र आने लगा। बाद के आंदोलनों में भारत में स्त्रियों के स्वभाव और अधिकारों पर होनेवाली बहस में यह मुद्दा बार-बार उठाया जाता रहा और 'पश्चिमी' औरतों की अपेक्षा भारतीय स्त्रियों को श्रेष्ठ बताने के लिए उनके आत्मबलिदानी गुण को बार-बार उद्धृत किया जाता रहा। स्त्रियों का यह वैशिष्टय जितना महत्त्वपूर्ण पश्चिम में रहा उतना ही खुद भारत में भी रहा। एक ओर सती को जहाँ पूरब की असभ्यता के उदाहरण के रूप में प्रस्तुत किया गया वहीं दूसरी ओर पूर्वी स्त्रियों को श्रद्धालु, पतिव्रता एवं आध्यात्मिक शक्ति (भौतिक साहस समेत) के रूप में उद्धृत किया गया।[18]

यदि सती उन्मूलन आंदोलन स्त्रियों की दशा को सुधारने के एक 'कारण' के रूप में आगे बढ़ा तो स्त्रियों की शिक्षा का आंदोलन दूसरा कारण था।

लड़कियों के लिए स्कूल सबसे पहले अँग्रेज तथा ईसाई मिशनरियों द्वारा 1810 में शुरू किए गए।[19] स्त्रियों की शिक्षा से संबंधित पहली पुस्तक किसी भारतीय भाषा (बंगाली) में 1819 में एक भारतीय गुरुमोहन विद्यालंकार द्वारा लिखी गई जिसे कलकत्ता की कन्या बाल समिति ने 1820 में प्रकाशित किया।[20] 1827 तक मिशनरियों द्वारा हुगली जिले में 12 कन्या पाठशालाएँ चलाई जाने लगीं; एक वर्ष बाद 'लेडी'स सोसायटी फॉर नेटिव फीमेल एजुकेशन इन कैलकटा एण्ड इट्स विसिनिटी' ने स्कूल खोले जो

मिस कुक द्वारा चलाए गए। ऐसा देखा गया है कि गरीब इलाकों में खुले स्कूलों के बारे में जानने के लिए मुस्लिम स्त्रियाँ भी दिलचस्पी ले रही थीं।[21]

उन्नीसवीं सदी के मध्य तक बंगाल, खासतौर से कलकत्ता में स्त्रियों की शिक्षा का मुद्दा उदार हिन्दुओं, ब्राह्मणों और प्रगतिशील छात्रों के लिए आंदोलन का विषय बन गया।[22] मिशनरी स्कूलों द्वारा ईसाइयत फैलाने के खतरे से डरकर बंगाल में हिंदू एवं ब्राह्मण कन्या पाठशालाएँ खोली गईं। उन्नीसवीं सदी की शुरुआत में जहाँ मिशनरी स्कूलों में अधिकांश लड़कियाँ गरीब परिवारों की थीं[23] वहीं इन नए खुले स्कूलों में ऊँची जातियों की लड़कियाँ पढ़ने गईं।[24] बंगाल में उस समय जनाना (अंतःपुर) या अंदरमहल के नाम से जाने जानेवाले स्थानों पर भी स्त्रियों की प्रौढ़ शिक्षा के लिए इन आंदोलनकारियों ने धावा बोला। 'गृह शिक्षा' आंदोलन के नाम से मशहूर इस आंदोलन की शुरुआत अँग्रेज, स्काटलैंड तथा उत्तरी अमेरिकी मिशनरियों द्वारा की गई जिसमें कुछ वर्षों बाद सवर्ण भी शामिल हो गए। कुछ समय पश्चात सवर्णों ने पाठ्यक्रम को बंगाली आवश्यकताओं के अनुसार तैयार कर लिया।[25]

स्त्रियों की शिक्षा के आंदोलन का उल्लेख आमतौर से उभरते मध्य वर्ग द्वारा अपनी स्त्रियों को पाश्चात्य तौर-तरीकों में ढालने की आवश्यकता के रूप में किया जाता है। ब्रिटिश शिक्षा के प्रसार और पुरुषों को रोजगार के नए अवसरों के मद्देनजर सार्वजनिक तथा निजी का विचार पैदा हुआ तथा दोनों के समन्वय स्थापित करने के बजाय, घर और संसार के बीच विरोध के स्वर उभरे। सपष्ट शब्दों में कहा जाए तो घर एक पुण्य स्थान होने के बजाए परंपराओं का मुर्दा बोझ ढोता नजर आया जिसे फूहड़ और आदिम कहकर धिक्कारा गया। अतः इसे सुधारकर बाहरी दुनिया के साथ सौहार्द स्थापित करने की आवश्यकता दिखाई पड़ी। सुमन्त बनर्जी ने अंदरमहल की परंपराओं का उल्लेख करते हुए लिखा है कि किस प्रकार वे नुक्ताचीनी का विषय बनीं खासतौर से घरों के अंदर गाए-बजाने जानेवाले लोकप्रिय सांस्कृतिक, मनोरंजक गीतों और वाद्यों (कीर्तन, पांचातियाँ, कथाकाथस) का मजाक उड़ाया गया। उपनिवेशवादी प्रभाव में 'भद्रलोक' ने इन गतिविधियों को निकृष्ट एवं 'अश्लील' कृत्यों के रूप में देखना शुरू किया : 18वीं सदी के उत्तरार्द्ध और उन्नीसवीं सदी के अंत तक मिशनरी तथा शासकीय दोनों प्रकार के साहित्य में इन कृत्यों की बड़ी भयावह तस्वीर पेश की गई 'यद्यपि' इसे उच्चवर्ग के लोगों ने भी धार्मिक कृत्य और मनोरंजन मानकर इसका आनन्द लिया। हैरानी की बात नहीं कि फूहड़ किस्म के बंगाली गीतों को अँग्रेजों ने पसंद नहीं किया क्योंकि उन्होंने अपनी संस्कृति में भी गाए जानेवाले इस प्रकार के गीतों की निंदा की। भद्रलोक ने अंतःपुर या अंदरमहल में गाए-बजाए जानेवाले परंपरागत गीतों-वाद्यों को फूहड़ और अभद्र कहकर स्त्रियों को बेनकाब करना शुरू किया। उसी समय इस प्रकार के मनोरंजक कार्यक्रमों से आनंदित होने के स्त्रियों के रवैये को दुश्चरित्रता के प्रति लगाव को उनकी 'स्वाभाविक' अवधारणा

की संज्ञा दी गई।[26] (स्त्री स्वभाव की परंपरागत हिन्दू अवधारणाओं में यह नजरिया सचमुच काफी गहरा है)। इस प्रकार स्त्रियों की शिक्षा का एक उद्देश्य तो यह था कि ऊँची जाति की महिलाओं को 'असभ्य स्त्री समुदाय' से किसी भी प्रकार का संपर्क स्थापित करने से रोका जाए और दूसरा यह कि उनके अंदर निहित अशिष्टता की बुराई का इलाज किया जा सके।

स्त्री शिक्षा आंदोलन का एक असर तो यह हुआ कि स्त्रियों के मनोरंजन के लोकप्रिय तरीकों को हाशिए पर लाया गया तथा उनके पात्रों को रोजगार के दूसरे क्षेत्रों में धकेल दिया गया। इस प्रकार 'स्त्रियों की आवाज' की अभिव्यक्ति के परंपरागत दायरे सीमित हो गए।

उन्नीसवीं सदी के मध्य में बंबई प्रेसीडेंसी में सुधार आंदोलन उभरे जिसकी शुरुआत 'दकियानूसी पुजारियों' और 'जातिवादी संस्थानों' पर हमलों से हुई।[27] बंगाल में शुरूआती हमले रूढ़िवादी हिन्दू रीति-रिवाजों पर शास्त्रार्थ के रूप में हुए तथा इसके पश्चात सुधार आधारित संगठनों तथा स्कूलों एवं गृहों जैसे संस्थानों की स्थापना की गई। हालाँकि बंबई प्रेसीडेंसी और बंगाल के समाज सुधार आंदोलनों में महत्त्वपूर्ण फर्क था : बम्बई में समाज सुधार कार्यक्रम अपनी शुरुआत से ही दो अलग बिन्दुओं पर लेकिन अक्सर आपस में एक दूसरे से लड़ी के रूप में गुँथा हुआ था : जाति विरोधी आंदोलन नीची जातियों और 'अछूत' गुरों द्वारा शुरू किया गया तथा ऊँची जातियों का आंदोलन सुधार के लिए किया गया। इसके विपरीत बंगाल में समाज सुधार आंदोलनों में ऊँची जातियों का वर्चस्व था हालाँकि उनमें वैष्णवों जैसे लोकप्रिय आंदोलनों के लिए भी स्थान था किंतु ये समाज सुधार आंदोलन की मुख्य धारा में शामिल नहीं हुए और न ही उन्होंने आधुनिकता एवं प्रगति के विचारों को अपनाया जिससे यह कहा जा सके कि उन्नीसवीं सदी के समाज सुधार आंदोलन में उनकी कोई भूमिका थी। बम्बई में जाति-वर्चस्व एवं जाति आधारित शक्ति स्रोतों पर किए गए हमले बंगाल की तरह किसी धार्मिक संस्था की स्थापना में तब्दील नहीं हो पाए और न ही इन हमलों से किसी बड़े समाज सुधार आंदोलन की शुरुआत हो सकी।

बम्बई में 1830 में धर्मान्तरित हो चुके हिन्दुओं को वापस हिंदू धर्म में लाने के लिए आंदोलन शुरू हुआ। हिंदू मिशनरी सोसायटी की स्थापना की गई जिसने ईसाई या मुसलमान बन चुके हिंदुओं को वापस अपने धर्म में आने के लिए संस्कार समारोह आयोजित किए। सोसायटी ने विवाह संस्कार को भी आसान बनाया (जिसमें पहले कई दिन लगते थे) तथा विवाह कराने के लिए पुजारियों को प्रशिक्षित किया जिनमें सभी ब्राह्मण ही नहीं थे।[28]

1840 के दशक में बम्बई और पूना शहर के उग्र ब्राह्मण छात्रों ने हिंदुत्व के सुधार का बीड़ा उठाया। उन्होंने स्वयं को कलकत्ता के देरोजियाइयों की तर्ज पर ढाला और यंग पूना ग्रुप के नाम से ख्यात हुए। 1848 में बम्बई के ब्राह्मण रईस

जी.एच. देशमुख ('लोकहितवादी') ने हिंदू पुजारियों की कारगुजारियों की पोल खोलने के लिए अनेक पर्चे प्रकाशित करते हुए उन पर हमला बोला जबकि दलित ज्योतिराव फुले (जिन्हें प्यार से ज्योतिबा कहा जाता था) ने पूना में लड़कियों के लिए अपना पहला स्कूल खोला। एक वर्ष बाद बम्बई शहर में ब्राह्मणों तथा गैर-ब्राह्मणों ने मिलकर परमहंस मंडली की स्थापना की। इसके सदस्यों ने जाति-बहिष्कार के विरोध में अभियान चलाया तथा गुप्त बैठकें कर उसमें एक साथ बैठकर गो-मांस खाई तथा शराब पी। उसी वर्ष एल्फिन्सटन कॉलेज बम्बई के छात्रों ने एक कन्या पाठशाला शुरू की तथा स्त्रियों के लिए मासिक पत्रिका निकाली।[29] 1852 तक फूले ने तीन कन्या पाठशालाएँ तथा 'अछूतों' के लिए एक स्कूल खोला।[30]

इन गतिविधियों के विरोध में रूढ़िवादी हिन्दुओं की प्रतिक्रिया बड़ी तेजी से हुई तथा इनके विरोध का स्वर बंगाल की अपेक्षा बम्बई खासतौर से पूना में बहुत प्रबल था। इसका एक प्रमुख कारण यह था कि बंगाल की बनिस्बत बंबई प्रेसीडेंसी के ब्राह्मण ज्यादा शक्तिशाली थे तथा पूना ब्राह्मण संस्कृति का प्रमुख केंद्र था। कुछ अवसरों पर इन समाज सुधारकों की पिटाई भी हुई। पूना में रहनेवाले फुले को जातिवादी हिन्दुओं के हाथों असह्य यातना सहनी पड़ी क्योंकि वे अछूतों खासकर लड़कियों के स्तर को ऊँचा उठाने का प्रयास कर रहे थे। पुरातनपंथी ब्राह्मणों के दबाव में फुले के पिता ने उन्हें अपने घर से निकाल दिया और वह अपने ही समुदाय के अनेक लोगों द्वारा बहिष्कृत कर दिए गए।[31]

अठारह सौ पचास के दशक में समाज सुधार आंदोलनों के खिलाफ रूढ़िवादी हिंदुओं की प्रतिक्रिया में उल्लेखनीय तेजी आई। यह तेजी आंशिक तौर पर इन अभियानों की बढ़ती ताकत के स्वाभाविक विरोध के सिद्धांत पर और आंशिक रूप से यह प्रतिक्रिया अँग्रेजों द्वारा दी जा रही इन आंदोलनकारियों को समर्थन के कारण आई क्योंकि रूढ़िवादियों का मानना था कि यूरोपीय लोग हिंदुओं को अपमानित करने के लिए आंदोलनकारियों को ईंधन के रूप में इस्तेमाल कर रहे हैं। अन्य समाज सुधारकों की भाँति ईश्वरचंद्र विद्यासागर ने 1850 में विधवा पुनर्विवाह पर लगे प्रतिबंध को समाप्त करने के लिए अभियान चलाया और उन्होंने बांग्ला में एक पुस्तिका प्रकाशित की जिसमें कहा गया कि विधवा पुनर्विवाह शास्त्र-सम्मत है। उन्होंने इस विषय पर हिन्दू पीड़ितों के साथ संस्कृत में शास्त्रार्थ भी किया। इस बहस को स्थानीय अखबारों ने प्रमुखता दी तथा इस अभियान के नेता की प्रशस्ति एवं विरोध में गीत गाए जाते सुनाई पड़े। प्रशंसा के कुछ गीतों का उल्लेख करते हुए सुमन्त बनर्जी ने टिप्पणी की कि इनमें से अधिसंख्य 'विधवा की आवाज' में थे तथा यह बताने की कोशिश की कि विधवाएँ अपने वैधव्य से निकलकर पुनर्विवाह के लिए तैयार थीं और उनकी खुशी का इजहार इन गीतों में किया गया।[32] यहाँ तक कि शांतिपुर के जुलाहे भी इस अभियान में शामिल हो गए और उन्होंने अपने साँचों में तैयार

कन्या पाठशालाओं एवं जनाना के

नोट 1 : तालिका में नामित पाठ्य-पुस्तकों की सिफारिश मौजूदा समय के लिए है। पुस्तकों की उपलब्धता में कठिना

नोट 2 : कक्षा IV, VI एवं VII में तालिका में नामित पाठ्य-पुस्तकों के आधार पर छात्रवृत्ति के लिए विभागीय परीक्ष

	लघु प्राथमिक कक्षाओं में			
	कक्षा 1 (अ)	**कक्षा 1 (ब)**	**कक्षा 2**	**कक्षा 3**
पाठन	वर्णमाला के अक्षरों, स्वर एवं व्यंजन की पहचान	ध्वनि एवं वर्णमाला के विभिन्न स्वरों का ज्ञान पहले भाग से तथा वर्ण परिचय	दूसरी कक्षा तक की किसी भी प्रवेशिका का कुशल वाचन, त्रुटिरहित उच्चारण तथा वर्ण परिचय	कक्षा 3 की पुस्तकों का प्रतियोगी ज्ञान, वर्ण परिचय शिक्षा सोपान भाग 3 का कुशल वाचन, पद्य पाठ 1 से दस पंक्तियों की एक कविता का पाठ
लेखन	शुद्ध अक्षर लेखन	सुनकर सरल शब्दों का लेखन	प्रवेशिका से आलेख लेखन	भाषा की पुस्तक से इमला लिखना
अंकगणित	50 तक गिनती तथा दो अंकों को जोड़कर लिखी जानेवाली संख्या का ज्ञान, सरल दिमागी अंकगणित	दो अंकों की संख्याओं का लेखन, दो अंकों की संख्याओं का जोड़	चार अंक तक की संख्याओं का जोड़ एवं पाठन	पाँच अंक तक की संख्याओं का जोड़, घटाव तथा तीन से दस तक पहाड़ा
व्याकरण	...	...	...	अक्षरों, स्वर एवं व्यंजनों का वर्गीकरण
भूगोल	...	...	...	...
इतिहास	...	...	...	...
घरेलू अर्थव्यवस्था	...	...	...	...
सुई कार्य	...	गोटाकारी या दूसरी कक्षा की अंकगणित	झबला सिलाई या सीविंग या चौथी कक्षा की अंकगणित	दौड़ना एवं गिरना या कक्षा 5 की अंकगणित
ऐच्छिक विषय अँग्रेजी भाषा	...	...	...	कदम-दर-कदम

कलकत्ता, 22 मई,
1893

लिए परीक्षा के देशीय मानक

ते में स्कूल प्रबंधकों को उसी मूल्य, चरित्र एवं स्तर की दूसरी वैकल्पिक पुस्तकें पढ़ाने की छूट होगी।
त की जाएँगी।

	दीर्घ प्राथमिक कक्षाओं में		माध्यमिक कक्षा में
कक्षा 4	कक्षा 5	कक्षा 6	कक्षा 7
बोधोदय का सटीक पद्यपाठ 1 की सटीक व्याख्या तथा कंटस्थ करने की वचनबद्धता	वस्तु विचार के अर्द्धभाग से प्रश्न, चारुपाठ 2 तथा पद्यपाठ-2 की सटीक व्याख्या तथा वाचन, पद्य पाठ 2 को कंठस्थ करने का संकल्प	वस्तु विचार से प्रश्न, आख्यान मंजरी-2 तथा कविता संग्रह-1 से स्पष्टीकरण एवं वाचन, याद करने एवं मुहावरों में प्रयोग करने का संकल्प	सीता का वनवास, पद्य पाठ-III तथा रजनीकांता गुप्ता द्वारा लिखित प्रबन्ध कुसुम का पाठ
बोधोदय से आलेख प्रत्येक वाक्य का दो बार मंद वाचन तथा पांडुलिपि वाचन	चारुपाठ-2 से आलेख प्रत्येक वाक्य का दो बार मंद गति से पाठ तथा सरल बंगाली में पाठ की शिक्षा का लेखन पांडुलिपि वाचन	कक्षा में पढ़ाई जाने वाली पुस्तक से लघु निबंध लेखन	परिचित विषयों पर लघु निबंध लेखन
छह अंक तक की संख्याओं का जोड़, घटा, गुणा, भाग तथा 20X10 तक तालिका देशी तथा गंडकिया	चार साधारण तथा दो मिश्रित नियम, 12x12 तक की तालिका, रुपए का सरल घटाव-मन करना तथा सेर करना	चार साधारण तथा मिश्रित नियम, बाजार माप एवं तोल, मन करना, सेर करना, बीघा काली, काटाकाली तथा मास महीना	कक्षा छह तक की पढ़ाई में जोड़ते हुए साधारण समानुपात एंव साधारण भिन्न
पुस्तक से स्वरों की सरल संधि	स्वर एवं व्यंजनों की सरल संधि एवं सरल समास	संधि, कारक, स्त्रीत्व, समास	पाठ्य-पुस्तकों से लिए गए प्रश्न
परिभाषा, नक्शे द्वारा चित्रांकन एवं भारत का सामान्य ज्ञान	परिभाषा, एशिया का सामान्य ज्ञान, बंगाल जिले की जानकारी	विश्व के मानचित्र का ज्ञान, तथा भारत की विस्तृत जानकारी।	कक्षा छह के सामान्य ज्ञान में जोड़कर चार क्षेत्रों की जानकारी
...	...	नवोदितों के लिए बंगाल का इतिहास-लेखक राजकृष्ण मुखर्जी	रामगति न्यायरत्न द्वारा लिखित भारत का इतिहास (हिन्दु तथा मुगल काल)
चंद्रनाथ बोस लिखित गार्हस्थ्य स्वास्थ्य विधि	चंद्रनाथ बोस लिखित गार्हस्थ्य पाठ	गार्हस्थ्य पाठ	स्वास्थ्य की राह
निशानदेही, आरपार सिलाई या कुर्ता बनाना या कक्षा 6 की अंकगणित	कुर्ता कटाई, सिलाई तथा काज-बटन, या कक्षा 7वीं अंकगणित	तस्मा सिलाई, चुन्नट बनाना तथा प्राणी वृतांत	कटाई एवं फिरन निर्माण, फैन्सी कार्य या पदार्थ विधा
रायल रीडर-1, आलेख, संज्ञा एवं क्रिया	रायल रीडर-II आलेख, पार्ट्स ऑफ स्पीच।	रॉयल रीडर-III पत्र लेखन, सरल पद व्याख्या	रॉयल रीडर-IV; पत्र लेखन एवं पद व्याख्या

सी. ए. मार्टिन
जनशिक्षा के कार्यकारी निदेशक

मैरी फ्रांसिस बिलिंगटन में लगी हरबर्ट जॉनसन की पेंटिंग : 'वीमेन इन इंडिया'—दिल्ली की अमरको बुक एजेंसी ने 1973 में प्रकाशित किया।

होनेवाले कपड़ों पर इन गीतों की पंक्तियाँ बुन दीं। इसके पश्चात विद्यासागर ने अपनी पुस्तिका का अँग्रेजी में अनुवाद किया और उसकी प्रतियाँ अँग्रेज अधिकारियों को दीं। उनकी सलाह पर विद्यासागर ने 1855 में भारत के गवर्नर-जनरल को विधवा पुनर्विवाह के लिए कानून बनाने के लिए एक याचिका दी। उसी वर्ष विद्यासागर की याचिका पर आधारित एक कानून का मसौदा विधान परिषद में जे.पी. ग्रांट द्वारा पेश किया गया। हालाँकि विद्यासागर द्वारा अपनी याचिका में दिए गए तर्कों में से केवल एक पर ग्रान्ट ने ध्यान दिया। याचिका में दलील दी गई कि ऐसे अनेक हिंदू थे जिन्होंने विधवा पुनर्विवाह पर अमल किया किंतु अब वे ऐसा इसलिए नहीं कर सकते क्योंकि ईस्ट इंडिया कंपनी और ब्रितानी सरकार के अधीन अदालतों ने इसे गैरकानूनी घोषित कर दिया है। इसके अलावा विधवा पुनर्विववाह पर लगाया गया प्रतिबंध नैतिक संकट उत्पन्न करता है। अनेक इतिहासकारों ने इस बात का उल्लेख किया है कि अँग्रेजों ने हिंदू कानूनों का संहिताकरण ब्राह्मणों की मान्यताओं को सभी

हिंदुओं पर लागू करने की नीयत से किया है। ईश्वरचंद्र विद्यासागर ने अपनी याचिका में कहा कि इसी वजह से विधवा पुनर्विवाह पर प्रतिबंध लगाया गया। इस प्रकार स्थिति दो प्रकार से जटिल हो गई। ब्राह्मण वर्चस्व वाले हिन्दू रूढ़िवादियों ने दलील दी कि—अनेक हिंदू समुदायों ने विधवाओं को पुनर्विवाह की अनुमति देकर सभी हिंदू मामलों में उनके अधिकारों को चुनौती दी जा रही है तथा अनेक तरीकों से उनकी हैसियत पर हमला किया जा रहा है। तब कानून के ब्रिटिश समर्थकों ने रूढ़िवादी हिंदुओं की इस दलील को तो मान लिया कि हिंदुत्व में विधवा पुनर्विवाह की अनुमति नहीं है किंतु उन्होंने उसे हिंदुओं के लिए असुविधाजनक बना दिया। ग्रांट ने बिल (कानून) के समर्थन में विधवा पुनर्विवाह के निश्चित जैविक कारण बताते हुए तर्क दिए। इसके पश्चात उन्होंने अनुभूत साक्ष्यों के आधार पर इसके नैतिक कारण बताए :

हिंदू विधवाओं के विवाह की सभी कानूनी बाधाएँ हटाने के लिए कानून

प्रस्तावना :

जैसा कि विदित है, ईस्ट इंडिया कंपनी की सीमाओं एवं स्वामित्व के अंतर्गत नागरिक न्यायालयों में लागू कानूनों के अनुसार हिंदू विधवाएँ—कुछ अपवादों को छोड़कर, एक बार विवाहित होने के कारण कोई दूसरा वैध विवाह अनुबंध करने में अक्षम हैं तथा ऐसी विधवाओं की संतानें विधवा द्वारा दूसरा विवाह कर लिए जाने के कारण अपनी पैतृक संपत्ति को विरासत में पाने के अयोग्य एवं अक्षम हैं। जैसा कि हिंदुओं का आरोप है कि दुबारा विवाह करने के कारण विधवा की संतानें स्थापित हिंदू रीति-रिवाजों के अनुसार, हालाँकि यह उनके धर्म की वास्तविक व्याख्या नहीं है, संपत्ति में अधिकार पाने के अयोग्य हैं। उनकी इच्छा है कि अदालतों में लागू सिविल कानून उन हिंदुओं को जो कि दूसरा रीति-रिवाज मानते हैं, कानून उन्हें दूसरा विवाह करने और उनकी संतानों को संपत्ति के अधिकार से धार्मिक मान्यताओं के आधार पर अयोग्य घोषित न करे। उनकी शिकायतों को ध्यान में रखते हुए तथा हिंदू विधवाओं के पुनर्विवाह के मार्ग की सभी कानूनी बाधाओं को, यह मानकर कि यह सार्वजनिक हित में है तथा इससे उत्तम चरित्र का निर्माण होगा, हटाने के लिए अधोलिखित नियम बनाए जा रहे हैं।

हिंदू विधवाओं का विवाह कानूनी करार

I. हिंदुओं में अनुबंधित कोई भी विवाह अवैध नहीं होगा और ऐसे किसी भी विवाह को इस आधार पर कि स्त्री का पहले विवाह हो चुका है या कि उसकी किसी दूसरे व्यक्ति से सगाई हुई थी और वह व्यक्ति विवाह के समय मर गया था, ऐसी

कोई भी प्रथा या हिंदू धर्म की व्याख्या जो इसके विपरीत हो, तब भी उसे वैध माना जाएगा।

मृत पति की सम्पत्ति से विवाह के बाद विधवा का अधिकार समाप्त

II. ऐसे सभी अधिकार एवं लाभ जो कि किसी भी विधवा को उसके पति की मृत्यु के पश्चात विरासत में मिलते हैं, अगर उसके पति ने या पति के उत्तराधिकारियों ने पुनर्विवाह की मनाही की हो और उसके नाम वसीयत में जायदाद में सीमित अधिकार के साथ उसे अलग न किया गया हो, विधवा के पुनर्विवाह के पश्चात समाप्त हो जाएँगे और उसे उसी समय मृत मानकर सम्पत्ति का अधिकार उसके मृत पति के अगले वारिसों, या अन्य अधिकृत व्यक्तियों को सौंप दिया जाएगा।

विधवा के पुनर्विवाह के बाद स्वर्गवासी पति के बच्चों का अभिभावकत्व

III. हिंदू विधवा का पुनर्विवाह होने पर अगर उसके स्वर्गीय पति ने विधवा या अन्य किसी व्यक्ति के नाम अभिभावकत्व संबंधी कोई वसीयत नहीं की हो तो मृत व्यक्ति का पिता या पितामह, माता या मातामही या विधवा के स्वर्गवासी पति का कोई पुरुष रिश्तेदार उस क्षेत्र की हाईकोर्ट में, जिसके न्यायाधिकार के अंतर्गत अमुक व्यक्ति मृत्यु के समय रह रहा था, किसी उचित व्यक्ति की बच्चों के अभिभावक के रूप में नियुक्ति की याचिका दायर कर सकते हैं तथा यदि न्यायालय उचित समझे तो ऐसे व्यक्ति को, कानूनी रूप से बच्चों या उनमें से किसी एक के जब तक वे नाबालिग हैं माता के स्थान पर, अभिभावक नियुक्त कर सकता है। ऐसी नियुक्ति से पूर्व अदालत उन बच्चों, जिनके न तो पिता हैं न माता, के संरक्षण के लिए किसी को अभिभावक नियुक्त करते समय प्रचलित कानूनों का सख्ती से पालन करे। शर्त यह है कि अगर कथित बच्चों के पास उनके नाबालिग रहने तक उनके भरण-पोषण तथा शिक्षा के लिए पर्याप्त जायदाद नहीं है तो ऐसी कोई भी नियुक्ति तब तक न की जाए जब तक कि बच्चों की माँ की सहमति न हो या कि अभिभावक बनने वाला व्यक्ति बच्चों के अवयस्क रहने तक उनकी देखभाल और समुचित शिक्षा की गारंटी न दे।

यह कानून किसी शिशु-विहीन विधवा को विरासत के लिए सक्षम नहीं मानता

IV. इस कानून में किसी शिशु-विहीन विधवा को उसके स्वर्गवासी पति द्वारा छोड़ी गई किसी भी संपत्ति को विरासत में पाने के काबिल नहीं माना गया है। अगर इस कानून के पारित होने से पहले कोई विधवा शिशु-विहीन होने के कारण विरासत में कोई संपत्ति पाने के अयोग्य थी तो वह इस कानून के पारित होने तथा पुनर्विवाह के पश्चात भी अयोग्य ही रहेगी।

पूर्ववर्ती तीन धाराओं के अलावा, विवाह करनेवाली विधवा के अधिकारों का बचाव

V. पूर्ववर्ती तीन धाराओं में वर्णित कारणों को छोड़कर कोई विधवा अपने पुनर्विवाह के कारण किसी संपत्ति या दूसरे अन्य अधिकारों से वंचित नहीं होगी तथा प्रत्येक विधवा को पुनर्विवाह के पश्चात विरासत के वही अधिकार प्राप्त होंगे जो कि उसके पहले विवाह के समय थे।

वर्तमान में प्रचलित किसी भी वैध विवाह के समय होनेवाले संस्कार विधवा के विवाह के समय भी उसी प्रकार संपन्न होंगे

VI. किसी भी हिंदू अविवाहित कन्या के विवाह को वैध मानने के लिए जो भी शब्दोच्चार किया जाता है, संस्कार संपन्न किए जाते हैं या सगाई की जाती है, उसी प्रकार के सभी संस्कार हिंदू विधवा के विवाह के समय भी संपन्न होंगे तथा किसी भी विवाह को इस आधार पर अवैध घोषित नहीं किया जा सकेगा कि उपरोक्त संस्कार, शब्दोच्चार या सगाई विधवा के मामले में लागू नहीं होते।

नाबालिग विधवा के पुनर्विवाह के लिए सहमति

VII. यदि पुनर्विवाह करनेवाली विधवा नाबालिग है तथा पहला विवाह पूरी तरह संपन्न नहीं हुआ है यानी सगाई के पश्चात और विवाह के पूर्व ही वह विधवा हो गई है तो वह अपनी दूसरी शादी अपने पिता, पिता नहीं है तो पितामह, पितामह के भी न होने पर अपनी दादी, दादी भी न हो तो बड़ा भाई और इन सबके न होने पर अपने किसी नजदीकी पुरुष संबंधी की सहमति के बिना नहीं कर सकती। ऐसे सभी व्यक्ति जो इस धारा में वर्णित प्रावधानों का जानबूझ कर उल्लंघन करेंगे तथा इस कानून की भावना के विपरीत किसी विधवा को विवाह करने के लिए प्रेरित करेंगे, किसी भी अवधि तक किंतु एक वर्ष से अधिक नहीं, वे जेल की सजा या जुर्माना या कि दोनों के अधिकारी होंगे। इस धारा के प्रावधानों के विपरीत होने वाले सभी विवाह स्थानीय अदालत द्वारा अवैध करार दे दिए जाएँगे। किसी विवाह की वैधता पर अगर इस आधार पर प्रश्नचिह्न लगाया जाता है कि वह कानूनी प्रावधानों के विपरीत तथा बिना स्वीकृति के हुआ है और कानून का उल्लंघन साबित नहीं होता तो सम्पन्न होने के बाद ऐसे किसी विवाह को अवैध घोषित नहीं किया जा सकेगा। अगर कोई विधवा बालिग है या कि उसका पहला विवाह पूरी तरह संपन्न हो चुका है, तो दुबारा विवाह करने के लिए उसी की सहमति को विधिसम्मत एवं वैध पुनर्विवाह के लिए पर्याप्त माना जाएगा।

हिंदुओं की ब्रह्मचर्य की प्रथा प्रकृति के खिलाफ एक संघर्ष की कोशिश है और प्रकृति के विरुद्ध संघर्षों की अन्य कोशिशों की भाँति यह भी असफल

है...अधिसंख्य मामलों में जापान हिंदू विधवाएँ पापाचार में लिप्त हो गईं... दूसरे शब्दों में कहा जाए तो अनेक मामलों में हिंदू विधवाएँ गुप्त रूप से भोग-विलास एवं देह व्यापार में संलिप्त पाई गईं...तथा अनेक अन्य मामलों में अभागी हिंदू विधवाएँ घर छोड़ने तथा निर्वासित जीवन व्यतीत करने के लिए मजबूर कर दी गईं।

साक्ष्य के तौर पर उन्होंने दो अन्य अँग्रेज महानुभावों का उल्लेख किया : वाई का कहना था हिंदू विधवा पुनर्विवाह पर लगे प्रतिबंध ने उन्हें वेश्यावृत्ति के लिए मजबूर कर दिया; और मेजर विल्किसन ने दावा किया कि वह नागपुर में रहनेवाले एक ब्राह्मण को जानते हैं तथा विधवा पुनर्विवाह पर लगाए गए प्रतिबंध पर उसके विचारों को वे मात्र दुहरा रहे हैं। उसने कहा कि यह प्रतिबंध :

अपरिहार्य रूप से विधवाओं को नैतिक पतन एवं पापाचार की ओर उन्मुख करता है...यह अनिवार्य रूप से खतरनाक पैमाने पर अवैध सन्तानोत्पत्ति एवं गर्भपात का कारण बनता है...इन औरतों ने अपरिहार्य रूप से अपने आप को भ्रष्ट एवं दुश्चरित्र गतिविधियों में लिप्त कर लिया है। इन स्त्रियों पर लागू किए जानेवाले कठोर एवं अप्राकृतिक कानूनों से उन्हें भ्रष्ट एवं पतित होने से नहीं बचाया जा सकता। इसके साथ ही ऐसे कानूनों के कारण उन स्त्रियों की भी बदनामी होती है जिनके साथ ये विधवाएँ संबंधित होती हैं।[33]

इस कानून के विरोध में 'उच्च वर्ग' के लगभग साठ हजार हिन्दुओं की तरफ से चालीस से अधिक याचिकाएँ पेश की गईं। इन याचिकाओं में इस तर्क का कि विधवा पुनर्विवाह पर लगे प्रतिबंध से 'दुश्चरित्रता' फैलती है, कहीं भी जिक्र नहीं किया गया जिससे यह साबित करने की कोशिश की गई कि विधवा पुनर्विवाह की मनाही शास्त्रोक्त है और इसमें किसी भी प्रकार के परिवर्तन को हिन्दू रीति-रिवाजों एवं मान्यताओं में हस्तक्षेप माना जाएगा। एक याचिका में कहा गया कि इस प्रकार के 'कानूनी हस्तक्षेप' का कोई फायदा नहीं क्योंकि वह कभी भी जनता की सोच को बदलने में सफल नहीं रहा; बल्कि जितना ज्यादा हस्तक्षेप किया गया उसका उतना ही प्रबल विरोध किया गया।[134] वास्तविकता यह है कि यद्यपि 1856 में कानून पारित कर दिया गया किन्तु इसके परिणामस्वरूप बहुत कम ही पुनर्विवाह हुए। समाज सुधारकों ने खुद भी इसे एक 'मुर्दा पत्र' की संज्ञा दी।

विधवा पुनर्विवाह ब्यूरो नामक एक समिति ने इस पर अमल सुनिश्चित करने की भरपूर कोशिश की। सुधारकों ने खुद भी उपदेशों के विपरीत इस व्यवस्था में कठिनाई महसूस की। उस समय के एक युवा सुधारक की कहानी उन दिनों बहुत प्रचलित थी। उक्त सुधारक ने अपने श्रोताओं के समक्ष घोषणा

कि वह केवल विधवा से विवाह करेगा, किसी अन्य से नहीं। पुनर्विवाह ब्यूरो ने उसे गले लगा लिया और उसकी पसंद यानी विधवा से विवाह करने को मूर्त रूप देने को कहा। इससे पहले कि विवाह वास्तव में संपन्न होता, उसने अपने साथियों को एक भोज दिया। इस दौरान उसने उनसे पूछा कि विधवा से विवाह करने के पश्चात अगर मैं ऐसा ही भोज दूँगा तो आप लोगों में से 'कितने लोग' मेरा निमंत्रण स्वीकार करेंगे ? एक भी इसके लिए इच्छुक नहीं था। वह विवाह कभी नहीं हुआ।[35]

1890 के दशक में यह तथ्य सामने आया कि विधवा पुनर्विवाह कानून बनने के बाद विगत 40 वर्षों में कुल पाँच सौ विधवा पुनर्विवाह हुए। हालाँकि उस समय तक समाज सुधार संगठन कुकुरमुत्तों की भाँति सारे भारत में फैल चुके थे और प्रत्येक का प्रण था कि वे विधवा पुनर्विवाह के लिए अभियान चलाएँगे किन्तु उनकी तमाम कवायद के बावजूद वे इतना ही हासिल कर सके। इसके अलावा ऐसा लगता है कि ये पाँच सौ विधवा पुनर्विवाह भी बाल-विधवाओं या कह लीजिए 'कुँवारी विधवाओं' के थे। ऊँची जातियों की वे विधवाएँ जो कुँवारी नहीं थीं, उन्होंने न तो पुनर्विवाह किया और न ही उनका पुनर्विवाह हो सका।[36]

इस ऐक्ट की कार्यशैली को लेकर हुए ताजा अनुसंधानों से पता चलता है कि किस प्रकार उसने अनुसूचित जातियों और जनजातियों में, जहाँ कि पहले ही विधवा पुनर्विवाह पर कोई प्रतिबंध नहीं था, विधवा पुनर्विवाह को कितना कठिन बना दिया। हालाँकि कानून सभी हिंदू विधवाओं को फिर से विवाह करने का अधिकार देता है, इसमें एक धारा विधवा के पुनर्विवाह के पश्चात संपत्ति के अधिकार से संबंधित जोड़ी गई कि किस प्रकार की संपत्ति वह अपने पास रख सकती है। अगर संपत्ति उसके मूल परिवार द्वारा दी गई हो या उसे पूरी तरह दे दी गई हो तो वह पुनर्विवाह के पश्चात उस संपत्ति को अपने पास रखने की हकदार थी। दूसरी तरफ, अगर संपत्ति उसके पति या उत्तराधिकारियों द्वारा दी गई हो तो उस संपत्ति पर उसका अधिकार पुनर्विवाह के पश्चात समाप्त हो जाएगा बशर्ते कि उसे अपने पास रखने की 'आग्रहपूर्ण अनुमति' दी गई हो। कहने का मतलब यह कि अगर वह गुजारे का अधिकार रखती हो, या विरासत या वसीयतशुदा जायदाद हो तो वह उसे पुनर्विवाह के बाद खो देगी बशर्ते कि उसके पति ने अपनी मृत्यु से पूर्व ही उसे दुबारा शादी करने की घोषणा की हो, या उसकी जाति या समुदाय के नियमों में इस बात का उल्लेख हो कि वह पुनर्विवाह के पश्चात अपनी संपत्ति अपने पास रख सकती है। दोनों ही असंभाव्य रूप से संभावित घटनाएँ थीं। लकी कैरोल ने ऐसे अनेक उदाहरणों का जिक्र किया है जिनमें विधवाओं की संपत्ति के अधिकार के प्रकार को लेकर भेद व्यक्त किया गया है और उन समुदायों में भी जिनमें परंपरागत कानूनों के अनुसार

विधवाओं को पुनर्विवाह के पश्चात संपत्ति अपने पास रखने की इजाजत है, उनके रिश्तेदारों ने उन्हें जायदाद से बेदखल कर दिया। जो उदाहरण उन्होंने दिए उनमें एक बड़ा दिलचस्प किस्सा एक 'आदिवासी परिवार' का है। आदिवासी परिवार ने अपनी याचिका में दावा किया कि पुनर्विवाह के पश्चात उनकी एक विधवा को अपनी जायदाद के अधिकार से हाथ धोना पड़ा। वह मुकदमा एक जरा से सबूत के आधार पर जीत लिया गया कि आदिवासियों की कुछ शाखाओं (राजबंसी) में हिंदू रीति-रिवाज लागू हैं। अदालत ने समूची जनजाति को इस कानून की परिधि में लाने का उसे पर्याप्त साक्ष्य माना।[37] इस प्रकार विधवा पुनर्विवाह कानून ने गैर-हिंदुओं को अपने रीति-रिवाजों का हिंदूकरण करने का एक स्वार्थी कारण थमा दिया। इसलिए कई बार कानूनी परिवर्तन जन-व्यवहार यहाँ तक कि जन-धारणा पर भी असर डालते हैं चाहे वे इसके लिए कतई तैयार न हो।

1860 के दशक में समाज सुधार आंदोलन में अनेक भिन्न तत्त्व दिखाई पड़े। उदाहरणार्थ व्यापक पैमाने पर एक विचार यह उभरा कि स्त्रियों को शिक्षित क्यों किया जाना चाहिए और उनकी शिक्षा में क्या-क्या विषय होने चाहिए। एक हद तक बम्बई के एक पारसी फ्रामजी बोमनजी ने घोषणा की कि 'हम अपनी पत्नियों तथा पुत्रियों के लिए अँग्रेजी भाषा, अँग्रेजी रीति और अँग्रेजी आचरण चाहते हैं और जब तक हमें यह नहीं मिलेगा तब तक अँग्रेजों और भारतीयों के बीच की यह खाई बरकरार रहेगी।'[38] बहरहाल कुछ लोग अँग्रेजियत की इस बीमारी के शिकार हो गए। के. सी. सेन ने 'ईसाइयत से मुठभेड़' को भारतीय इतिहास का सर्वोत्तम क्षण माना। उनकी कन्या पाठशालाओं में बंगाली साहित्य और ब्राह्मो 'धर्म शिक्षा' पाठ्यक्रम में अनिवार्य रूप से शामिल किए गए।[39] ईश्वरचंद्र विद्यासागर ने हालाँकि कभी भी धार्मिक शिक्षा नहीं दी किंतु उन्होंने अपनी कन्या पाठशालाओं में संस्कृत तथा बंगाली पढ़ाया। जाने-माने मुस्लिम विद्वान एवं मुस्लिम समाज सुधार आंदोलन के प्रणेता सैयद अहमद खान का कहना था कि मुस्लिम औरतों को तालीम जरूर हासिल करनी चाहिए मगर घर में। उन्होंने मुसलमान लड़कियों को 'अँग्रेजियत' के खिलाफ आगाह किया।[40] ठीक उसी समय दयानंद सरस्वती द्वारा समाज सुधार का नया सिद्धांत प्रतिपादित किया गया; यह वैसा ही सिद्धांत था जैसा कि पहले सामान्य ज्ञान हासिल करने के लिए कलकत्ता में 1838 में स्थापित स्टूडेंट सोसायटी के सदस्यों का था। समिति जिसके कि विद्यासागर भी एक सदस्य थे, ने कहा कि हिंदुत्व और इस्लाम दोनों ही भारत में स्त्रियों की अवनति के लिए जिम्मेदार थे तथा इन्हें 'निरक्षरता एवं अज्ञानता' के इस कुंड से निकालने के लिए इन्हें 'धर्म निरपेक्षता के सिद्धांत पर' शिक्षित करने की जरूरत है; अतः उन्होंने प्राचीन भारत में स्वर्णिम युग (वैदिक काल) के सिद्धांतों का प्रतिपादन किया जिसमें विदुषी महिलाओं को विशेष स्थान प्राप्त था।[41]

इसी प्रकार के विचार रवीन्द्रनाथ टैगोर द्वारा 1839 में स्थापित तत्त्वबोधिनी

सभा के सदस्यों द्वारा भी व्यक्त किए गए। सभा हिंदुत्व को सुधारने तथा शास्त्रों विशेषतया वेदांत के ज्ञान के विस्तार के लिए कृत संकल्प थी और उसने उपनिषदों पर आधारित अद्वैतवाद के सिद्धान्त का प्रतिपादन किया। सभा की स्थापना उसी वर्ष हुई जब एलेक्जेंडर ग्रांट की पुस्तक 'इंडिया एंड इंडिया मिशन्स' प्रकाशित हुई। पुस्तक में हिंदुत्व एवं हिंदुओं की यह कहकर भयावह निंदा की गई कि 'पतित लोगों द्वारा अपने हठी चातुर्य कौशल से अब तक जितनी भी झूठी धार्मिक व्यवस्थाएँ की गई हैं हिन्दुत्व उनमें सर्वाधिक विस्मयकारी है।' 'आक्रामक ईसाइयत' के प्रतिपादक डफ ने भारत में ईसाई मिशनरियों द्वारा धर्मांतरण अभियान के प्रसार की ओर इशारा किया है जिसने न केवल रूढ़िवादी हिंदुओं वरन् सुधारकों के दिलों में भी धुकधुकी पैदा कर दी है क्योंकि धर्मांतरण को ऊँची जाति के छात्रों में सफलता मिलनी शुरू हो गई थी। 1840 के दशक को मिशनरियों और हिन्दू कट्टरपंथियों तथा सुधारकों के बीच एक घटिया बहस का दशक माना जाएगा। हालाँकि मिशनरी और सुधारक दोनों इस बात पर सहमत थे कि ब्रिटिश शासन तथा अँग्रेजी शिक्षा ने हिंदुओं में संस्कृति का प्रसार किया है तथा इससे 'अज्ञान का अँधेरा' दूर हुआ है। तत्त्वबोधिनी सभा में हिंदुत्व का विशेष रूप से बचाव करते हुए प्राचीन भारत में विकसित इस सोच को उद्धृत किया कि 'भारत शिक्षा और धर्मदर्शन के अध्ययन का महान केंद्र रहा है।' सभा ने कहा कि :

> यह सदाचार और महानता की प्रतिमूर्ति रहा है, और सभी देशवासियों में हिंदुओं को ऊँचा स्थान दिया गया...अतः हमारी महानता को जिंदा रखने के लिए यह जरूरी है कि हम भारत की प्राचीनता की खोज करें ताकि अपने देशवासियों के मन में अपने देश के प्रति आदर और प्यार की भावना भरने के लिए उन्हें प्रोत्साहित किया जा सके।[42]

आर्य संस्कृति से संबंधित अनुसंधानों के परिणामस्वरूप उन्होंने आर्य संस्कृति की महानता के बारे में अपनी उपलब्धियों को तत्त्वबोधिनी पत्रिका में प्रकाशित किया तथा अनेक हिंदू लिपियों का संस्कृत से बंगाली में अनुवाद किया।

इस कार्य में वे अकेले नहीं थे। राममोहन राय तथा मृत्युंजय विद्यालंकार दोनों को अन्य धार्मिक पुस्तकों के अतिरिक्त वेदों तथा उपनिषदों का भी अच्छा ज्ञान था। 1805 के प्रारंभिक दिनों में कोलबुक ने स्वर्णिम आर्य युग के सिद्धांत को अग्रसित किया। 19वीं शताब्दी में जब यूरोप में भारतीय संस्कृति से संबंधित खोज शुरू हुई तो मैक्समूलर जैसे विद्वानों ने स्वर्णिम युग के सिद्धांत को जनमानस में लोकप्रियता दिलाई। हालाँकि भारत की तरह यूरोप में भी अभी इस विचार को उन्नीसवीं सदी के उत्तरार्द्ध में सशक्त होना तथा विभिन्न प्रकार से अमल में लाना शेष था। कई क्षेत्रों में इस सिद्धांत के विरोध के स्वर भी उभरे।

लाला लाजपत राय की पुस्तक 'ए हिस्ट्री ऑफ द आर्य समाज' के संक्षिप्त अंश

स्त्री-पुरुष संबंध

बड़ी साफगोई से यह बात स्वीकार की जाती है कि आर्य समाज के अस्तित्व में आने के समय अधिसंख्य हिंदू स्त्रियों की दशा शोचनीय थी। कई मामलों में तो उनकी हालत पुरुषों से बदतर थी। एक अनुपात में पुरुषों (यद्यपि जनसंख्या के न्यूनतम प्रतिशत) ने सरकार, ईसाई मिशनरियों तथा अन्य संस्थाओं द्वारा खोले गए स्कूलों, कालेजों में किसी प्रकार की शिक्षा प्राप्त की थी। परंतु भारतीय स्त्रियों की शिक्षा के प्रसार के लिए बहुत कम काम हुआ था। अँग्रेजों की शासन प्रणाली की आवश्यकता को ध्यान में रखते हुए पुरुषों को प्रशासनिक कार्यों के निष्पादन के लिए शिक्षित होना जरूरी पड़ गया। इस संदर्भ में जिन संस्थाओं ने सराहनीय कार्य किया उनमें पंजाब के आर्य समाज तथा आगरा एवं अवध के संयुक्त राज्यों का ऊँचा स्थान है। यह बात बड़ी सावधानी से कही जा सकती है कि स्त्रियों के विषय में पुरुषों के दृष्टिकोण में चमत्कारिक परिवर्तन आया।

अँग्रेजी शिक्षा तथा पश्चिमी विचारों ने इस परिवर्तन में महत्त्वपूर्ण भूमिका अदा की, परंतु इससे महानतर नहीं तो लगभग इसके समान ही महान भूमिका अदा की गई। उस आह्वान द्वारा जो कि प्राचीन नारी आदर्शों तथा स्त्री-पुरुष संबंधों के बारे में प्राचीन हिंदू धार्मिक शिक्षाओं का स्मरण करने के लिए किया गया। प्राचीन हिंदू साहित्य के अध्ययन से यह बात स्पष्ट रूप से उभर कर आई कि स्त्रियों की इस दयनीय दशा का कारण उनका पुराने आदर्शों से भटक जाना है। प्राचीन भारत में सिद्धांत तथा व्यवहार दोनों ही रूपों में स्त्री को समाज में पैर की जूती समझा जाता था। बिल्कुल वैसे ही जैसे नीची जाति के लोगों को हेय दृष्टि से देखा जाता था। शिक्षा तथा विवाह के संदर्भ में दोनों की स्थिति समान थी। लड़कियाँ समान रूप से शिक्षा प्राप्त करने की हकदार थीं तथा इस मामले में उनकी महत्त्वाकांक्षा की कोई सीमा नहीं थी। लड़कियाँ लड़कों के समान शिक्षा प्राप्त कर सकती थीं। अंतर केवल इतना था कि लड़कियों की शिक्षा लड़कों की अपेक्षा शीघ्र समाप्त हो जाती थी।

विवाह की न्यूनतम उम्र जहाँ लड़कों के लिए 25 वर्ष थी, वहीं लड़कियों के विवाह की न्यूनतम आयु 16 वर्ष निर्धारित की गई। यह अंतर लैंगिक रूप से (स्त्री-पुरुष) उनकी भौतिकीय (शारीरिक बनावट) के बारे में हिंदू विचारों पर आधारित था। जहाँ तक वर या वधू चुनने की पसंद का प्रश्न है, दोनों पक्षों को समान अवसर एवं स्वतंत्रता थी। केवल एक बार विवाह करने की प्रथा थी तथा दोनों पक्षों की सहमति से यह संपन्न होता था। यद्यपि हिंदुओं में विवाह की अनेक

विदित संवैधानिक रीतियाँ हैं परंतु विशेष बात यह है कि हिंदू मर्मांतक कठिनाइयों में भी संवेदनशील होते हैं। इसलिए दोनों लिंगों (स्त्री-पुरुष) पर एक ही नियम लागू करना मुनासिब नहीं। विवाह के कुछ रूपों से पता चलता है कि हिंदू समाज में प्रेमाराधन कोई नई बात नहीं थी अतः इस पर कोई गंभीर आपत्ति नहीं की जाती थी। जहाँ तक परिवार पर माता-पिता के नियंत्रण का प्रश्न है, पतियों, पुत्रों, हिंदू माताओं, पत्नियों, बहनों और लड़कियों को ऊँचा स्थान प्राप्त था जबकि उन्नीसवीं शताब्दी से पूर्व ईसाई यूरोप में उनके समकक्षों को वह मयस्सर नहीं था। परिवार में माता का स्थान पिता से ऊँचा था। मनु के अनुसार माँ को पिता से एक हजार गुना अधिक ऊँचा दर्जा दिया गया है। घर में माँ का सर्वोच्च नियंत्रण था तथा आर्थिक सहित सभी मामलों में उसकी ही मर्जी चलती थी।

हिंदू कानून माँ, विधवा, पुत्री तथा बहन को अपने निजी नियंत्रण में संपत्ति रखने के अधिकार को मान्यता देता है चाहे ये लोग एक संयुक्त परिवार के ही सदस्य क्यों न हों। बच्चों के अभिभावकत्व के मामले में माता को पिता के समान ही अधिकार प्राप्त हैं। पिता की मृत्यु के पश्चात माता का अधिकार बरकरार रहता है। एक आदर्श हिंदू पत्नी से यह अपेक्षा कभी नहीं की जाती कि अपने जीवनयापन का प्रबंध वह स्वयं करें। उसके मातृत्व गुणों की श्रेष्ठता के आलोक में उसे इस भार से मुक्त रखा गया है। गृहस्थी का सारा भार वहन करने का दायित्व पुरुषों पर है। यही नहीं, उसके ऊपर उन अविवाहित लड़कियों या विधवाओं के भरण-पोषण का भी दायित्व है चाहे उनके (विधवाओं या लड़कियों) पास विरासत में, उपहार में मिली हुई या अपनी अर्जित की हुई सपंत्ति क्यों न हो। स्त्रियों की संपत्ति पर पुरुषों का कोई कानूनी नियंत्रण नहीं था।

हिंदू विवाह एक पवित्र बंधन है जिसे तोड़ा नहीं जा सकता। मनु के अनुसार :

''संक्षेप में पति एवं पत्नी का यह संपूर्ण कर्त्तव्य है कि वे मन, वचन तथा कर्म से एक-दूसरे के प्रति निष्ठावान रहें तथा जीवन पर्यन्त कोई भी अपनी मर्यादा का उल्लंघन नहीं करें। और यह वचन दिया जाता है कि जो लोग इस लोक में अपने कर्त्तव्यों का निष्ठापूर्वक निर्वहन करेंगे वे शरीर की मृत्यु हो जाने के बाद भी परलोक में साथ-साथ रहेंगे।''

स्वामी दयानंद ने प्राचीन ऋषियों को उद्धृत करते हुए कहा कि प्राचीन काल में पति या पत्नी की मृत्यु के पश्चात दूसरे या तीसरे विवाह की स्वीकृति नहीं थी (मनु के अनुसार यह नियम केवल विधवाओं पर लागू था)। उल्लेखनीय है कि स्वामी दयानंद ने स्त्रियों के लिए ऐसा कोई नियम नहीं बनाया जो पुरुषों पर लागू न होता हो। ऐसा उन्होंने प्राचीन विधि निर्माताओं की भावनाओं का अनुसरण करते हुए किया। ऐसी अनेक स्थितियाँ हैं जिनमें पुरुषों को अपनी विवाहिता के जीवित रहते हुए पुनर्विवाह की अनुमति दी गई। उदाहरण के तौर पर यदि पत्नी

बाँझ हो, शराबखोरी की आदी हो या चरित्रहीन हो या कि उसका व्यवहार पूर्णतया सहन करने योग्य न हो तो पुरुष को उसके जीवित रहते हुए दूसरा विवाह करने की अनुमति थी। इन्हीं परिस्थितियों में पत्नी को भी पति के जीवित रहते हुए पुनर्विवाह की अनुमति थी। उदाहरणार्थ, यदि वह नपुंसक हो, पत्नी से दूर रहता हो, अवांछनीय गतिविधियों में लिप्त हो, या कई वर्षों से लापता हो तो पत्नी को भी पुनर्विवाह की अनुमति थी।

हिंदू कानून विशेष मामलों में बहुविवाह की स्वीकृत देता है वह भी अपरिहार्य परिस्थितियों में। ऊपर जो कुछ भी कहा गया, उसका सार यह है कि आर्य समाज ने बाल विवाह का दृढ़ता से विरोध किया। आर्य समाज ने इस अप्राकृतिक प्रथा के विरुद्ध जबरदस्त अभियान चालाया। अपनी मान्यताओं के अनुरूप जनमानस के विचारों को बदलने में आर्य समाज को जो सफलता मिली उसके लिए वह बधाई का पात्र है। आर्य समाज ने विवाह के लिए लड़कियों की न्यूनतम आयु 16 वर्ष तथा लड़कों के लिए 25 वर्ष निर्धारित की। आर्य समाज 48 वर्ष की आयु तक ब्रह्मचर्य को प्रोत्साहन देता है।

यद्यपि तत्त्वबोधिनी सभा के विचार बौद्धिक रूप से प्रभावशाली थे फिर भी उन विचारों को अधिक मान्यता नहीं मिली। यह कार्य दयानंद सरस्वती तथा उनके अनुयायियों के लिए छोड़ दिया गया ताकि वे आर्य स्वर्णिम युग के सिद्धांत को चारे के रूप में इस्तेमाल करते हुए मुख्यतया भारत तथा किसी हद तक पश्चिम एशिया में व्यापक आंदोलन की पृष्ठभूमि तैयार करें। काठियावाड़ के किसान श्री सरस्वती साधु बन गए तथा समस्त भारत में घूम-घूमकर उन्होंने स्वर्णिम युग के सिद्धांत का प्रचार किया। अपने गुरु द्वारा वेदांत तथा आर्य धर्म के संदेश के प्रसार के लिए भेजे गए दयानंद सरस्वती ने संपूर्ण भारत का भ्रमण किया। इस दौरान उन्होंने जनसभाओं को संबोधित किया तथा पंडितों के साथ शास्त्रार्थ भी किया। स्वामी दयानंद ने इन सभाओं में समता एवं मानवीयता के आर्य सिद्धांतों का प्रभावी प्रतिपादन किया। उनका कहना था कि वैदिक वर्ण व्यवस्था कर्म पर आधारित थी जन्म पर नहीं, कर्म के मार्ग आर्य भारत में सभी के लिए खुले हुए हैं जबकि समकालीन हिंदुत्व में यह निषिद्ध था।[43] सरस्वती के सिद्धांतों की किसी हद तक डफ के 'आक्रामक ईसाइयत' के सिद्धांतों से समानता थी, जबकि वह तत्त्वबोधिनी सभा के विचारों से सहमत नहीं थे। उनका मत था कि वैदिक सिद्धांतों के उपेदशों में अन्य धर्मों के मिथ्याचार पर आक्रमण आवश्यक है। 1875 में लिखे अपने *'सत्यार्थ प्रकाश'* में दयानंद ने इस्लाम तथा ईसाइयत की अत्यंत तीखी आलोचना की है। आर्य-धर्म को एकमत से उचित महत्त्व न देने के लिए दयानंद ने ब्राह्मण समाज की भी आलोचना की तथा 1877 में लाहौर आर्य समाज की स्थापना के साथ ही अनेक पंजाबी सुधारक ब्राह्म समाज से अलग हो गए।[44]

'वीमेन इन इंडिया' पेंटिंग में कलकत्ता में हरबर्ट जॉनसन मिशन शिक्षकों और विद्यार्थियों के साथ।

उमा चक्रवर्ती के उल्लेख के अनुसार दयानंद सरस्वती ने स्वर्णिम युग के उन व्याख्याताओं का विरोध किया जो साम्राज्यवादी भारत (अँग्रेजी शासनकाल) में अपने अतीत पर गर्व करते थे तथा उसे श्रद्धा की दृष्टि से देखते थे।[45] ऐसा लगता है कि जब वह कलकत्ता पहुँचे तो उन्होंने स्त्रियों की दशा के बारे में भी सोचना शुरू किया। कलकत्ता में वह विद्यासागर के विचारों से बहुत प्रभावित हुए। इसके बावजूद उनका दृढ़ मत था कि केवल बाल-विहीन (शिशु विहीन) विधवाओं को ही पुनर्विवाह की अनुमति दी जानी चाहिए। इसके पीछे उनका तर्क था कि प्राचीनकाल में भी भारत में विधवाओं के *नियोग* (विवाह) की प्रथा थी परन्तु यह विवाह विधवा के मृत पति के छोटे भाई (देवर) के साथ ही किया जा सकता था।

दयानन्द सरस्वती के अनुसार आर्य भारत में बहुपत्नीत्व, बाल-विवाह तथा स्त्री-बहिष्कार जैसी कोई प्रथा विद्यमान नहीं थी। इसके विपरीत उनका मत था कि स्त्री तथा पुरुष दोनों को समान अधिकार प्राप्त हैं। अपनी पुस्तक *सत्यार्थ प्रकाश* में, जैसा कि तत्त्वबोधिनी सभा का भी मत है, कहा है कि वैदिक भारत में शिक्षित स्त्री तथा पुरुष एक समान हैं। उन्होंने लिखा कि लड़कियाँ यज्ञोपवीत (जनेऊ) पहनने

के लिए अधिकृत हैं तथा उनका भी यज्ञोपवीत संस्कार किया जा सकता है।[46] बालक तथा बालिकाएँ दोनों एक साथ पाँच वर्ष की आयु से संस्कृत, हिंदी तथा अन्य विदेशी भाषाओं की शिक्षा ग्रहण करना शुरू करेंगे तथा आठ वर्ष की आयु के पश्चात दोनों की शिक्षा अलग-अलग स्कूलों में अनिवार्य रूप से जारी रहेगी। चूँकि शिक्षा धर्म का एक महत्त्वपूर्ण अंग है अतः प्रत्येक विद्यालय दिवस का प्रारंभ संध्या तथा वैदिक यज्ञ से होना चाहिए। इसके अतिरिक्त कुछ वर्षों तक बालक तथा बालिका दोनों को ब्रह्मचर्य का पालन करना चाहिए। सरस्वती के अनुसार लड़कियों के विवाह की न्यूनतम आयु 16 वर्ष तथा लड़कों के विवाह के लिए न्यूनतम आयु 25 वर्ष होगी।[47]

एक प्रकार से सरस्वती ने चर्चा का रुख स्त्रियों की शिक्षा की ओर मोड़ दिया। उनका मत था कि शिक्षा से कर्म का मार्ग प्रशस्त होता है तथा कर्म मनुष्य को व्यक्तिगत रूप से करना होता है। उन्होंने वृत्तिवादियों के इस तर्क से असहमति जताई कि स्त्रियों को शिक्षा की आवश्यकता इसलिए है कि ताकि वे शिक्षित होकर पत्नी तथा माँ के रूप में अपने कर्त्तव्यों का सम्यक निर्वहन कर सकें। सरस्वती शिक्षा तथा कार्य में कोई संबंध स्थापित करते नजर नहीं आते, यद्यपि उनका भी यह विश्वास था कि माँ के रूप में स्त्री की भूमिका शिशु जन्म तथा उसके पश्चात बच्चों के रहन-सहन संबंधी मानदंड स्थापित करने के लिए शिक्षा बेहद जरूरी थी।

एक ओर जहाँ स्त्री शिक्षा की वकालत करनेवालों में इस बात पर सहमति थी कि शिक्षा व्यावसायिक होनी चाहिए, वहीं दूसरी ओर व्यवहार-विशेष को लेकर उनमें मतभेद नजर आए। शायद सबसे प्रभावशाली विचार यह था कि स्त्रियों को गृहस्थी पर ध्यान देना चाहिए ताकि पति तथा बच्चे दोनों को लाभ मिले। ब्राह्मण कन्या पाठशालाओं, खासतौर से केशवचंद्र सेन द्वारा चलाई जा रही कन्या पाठशालाओं में लड़कियों को खाना पकाने, सिलाई-कटाई तथा सेवा-सुश्रूषा की शिक्षा दी जाती थी तथा इन कार्यों में प्रवीणता प्राप्त करने के लिए लड़कियों को प्रोत्साहन तथा पुरस्कार भी प्रदान किए जाते थे।[48] उस समय कम प्रभावशाली परंतु कालांतर में जबर्दस्त महत्त्वपूर्ण बन कर उभरा एक विचार था–बच्चों के चरित्र निर्माण में माँ के रूप में स्त्रियों की भूमिका–क्योंकि ज्योतिबा फुले जैसे अनेक सुधारकों का मत था कि यदि स्त्री को शिक्षित किया जाए तो वह अपने बच्चों को भी शिक्षित बना सकेगी।

स्त्रियों की दशा में सुधार के लिए प्रयत्नशील तत्कालीन सुधारकों के विचारों से अगर फुले के विचारों की तुलना करें तो फुले के विचार अव्यावहारिक लगते हैं। मिसाल के तौर पर उन्होंने एक 'गृह' शुरू करने का प्रयास किया जिसमें अविवाहित स्त्रियाँ तथा विधवाएँ अपनी अवैध सन्तानों को गुप्त रूप से जन्म दे सकें तथा इस बात का वचन दें कि बाद में वे उन्हें 'गोद' ले लेंगी। उनका यह कदम निस्संदेह क्रांतिकारी था परन्तु उन दिनों स्त्रियों के दैहिक संबंधों (विषयभोग) संबंधी नियमों

का उच्च वर्गों (सवर्णों) द्वारा इतनी कठोरता से पालन किया जाता था कि इस प्रकार का 'गृह' का उपयोग सवर्ण स्त्रियाँ अधिक करतीं। हालाँकि स्त्री शिक्षा के बारे में उनका नजरिया अन्य सुधारकों के नजरिए से ज्यादा अलग नहीं था। कन्या पाठशालाओं के बारे में अपने विचार व्यक्त करते हुए ज्योतिबा फुले ने कहा : काफी परिपक्व सोच-विचार के पश्चात मैं इस नतीजे पर पहुँचा कि कन्या पाठशालाओं की स्थापना बाल विद्यालयों से भी अधिक महत्त्वपूर्ण तथा आवश्यक है क्योंकि शिक्षा की जड़ें सामान्यतया स्त्रियों में अधिक गहरी होती हैं। इसीलिए वे अपने बच्चों को दूसरे या तीसरे वर्ष से ही शिक्षित करना शुरू कर देती हैं।[49]

स्त्रियों की जीवन दशा सुधारने की आवश्यकता इसलिए नहीं महसूस हुई कि वे बहुत कठिन दौर से गुजर रही थीं, बल्कि उनकी दशा में सुधार उनके पति तथा बच्चों के लिए भी जरूरी था। कई वर्षों बाद यह विचार बड़े पैमाने पर प्रभावशाली तरीके से उभरा कि स्त्री की भूमिका माँ के रूप में अधिक स्वीकार्य है। अतः भारत में स्त्रियों की जीवन दशा सुधारने के लिए अनेक आंदोलन चलाए गए। इसके महत्त्व को रेखांकित करते हुए कहा गया : "जिन स्थितियों में स्त्रियाँ शिशुओं को जन्म देती हैं तथा जिन परिस्थितियों में बच्चे पलते हैं, वे इतनी दयनीय हैं कि 'भारतीय मूल' पूरी तरह 'विकृत' हो जाता है। रुग्ण बच्चे पैदा होते हैं तथा आगे चलकर वे जर्जर युवा के रूप में दिखाई पड़ते हैं। माताओं द्वारा बच्चों की उपेक्षा तथा कंजूसी से भारतीयों की एक पूरी पीढ़ी 'उद्यमशीलता' खो चुकी है इसीलिए भारत को अँग्रेजों का गुलाम बनना पड़ा। अतः भारतीय राष्ट्र के लिए यह आवश्यक है कि उसके बच्चे उत्तम परिस्थितियों में जन्म लेकर पले-बढ़ें।[50]

हरबर्ट जॉनसन की कृति 'वीमेन इन इंडिया' में तीन पीढ़ियाँ

जहाँ उन्नीसवीं सदी के पूर्वार्द्ध में समाज के पतन के लिए स्त्रियों को जिम्मेदार ठहराया गया वहीं उन्नीसवीं सदी के उत्तरार्द्ध में सामाजिक पतन के लिए बच्चों की ओर इशारा किया गया। वास्तव में इसके लिए स्त्रियों को ही उत्तरदायी माना गया परन्तु अब ध्यान बच्चों की ओर मुड़ गया। फिलिप ऐरीज ने बताया है कि 18वीं शताब्दी में फ्रांस में किस प्रकार बाल्यावस्था

तथा किशोरावस्था को अलग-अलग क्षेत्र मानने का विचार उभरा। उन्होंने इस बात का उल्लेख किया कि जहाँ पहले बच्चों को बाल-वयस्क मानने की अवधारणा थी वहीं अब बच्चों को व्यस्क जीवन की कठिनाइयों से सुरक्षा प्रदान करने की जरूरत महसूस की जाने लगी।[51] उन्नीसवीं सदी के प्रारंभिक वर्षों में यह विचार तेजी से उभरा कि उद्योगीकरण के परिणामस्वरूप बाल श्रमिकों की दशा इतनी दयनीय हो गई है कि बाल मजदूरों की जीवनस्थिति में सुधार लाने के लिए यूरोप सरीखे सुधार आंदोलनों की आवश्यकता है।

इसी दौरान तेजी से उभरते प्राकृतिक विज्ञान ने नूतन जैव सिद्धांतों को नया आयाम दिया जिसने न केवल व्यक्ति विशेष वरन् संपूर्ण समाज के मानव अंगों (मस्तिष्क समेत) के विकास की ओर ध्यान आकर्षित किया। एक नया मुहावरा उभरा : 'शिशु मनुष्य का पिता है।' इसी के पश्चात बच्चों को संतुलित पोषाहार, शिक्षा तथा पारिवारिक माहौल के महत्त्व का उल्लेख किया गया। 20वीं सदी में जब वंशानुगत श्रेष्ठता तथा पर्यावरणीय प्रभाव के सिद्धांतों में वास्तविक विरोधाभास उभरा तो यह

हरबर्ट जॉनसन की पेंटिंग 'वीमेन इन इंडिया' में गिरिडीह की खानों में काम करती महिला श्रमिक

और भी स्पष्ट हो गया। प्रजातिवादियों ने आनुवंशिक श्रेष्ठता के सिद्धांत का प्रतिपादन करते हुए कहा कि अँग्रेजी शासन प्रकृति प्रदत्त (न कि ईश्वर-प्रदत्त, जैसा कि क्रूसेड या जिद में कहा गया) है। दूसरे शब्दों में वंशवादियों का कहना था कि अँग्रेज आनुवांशिक रूप से शासन करने के लिए ही उपयुक्त हैं। इसीलिए वे निम्न जातियों को अपना शिकार बनाते थे।[52]

इसमें हैरानी की कोई बात नहीं कि तभी भारतीय सुधारकों ने अपना ध्यान वंश एवं जैविक परिभाषाओं के मुद्दे पर केंद्रित किया। अतः उन्होंने यह साबित करने के प्रयास शुरू कर दिए कि लघुता (हेयता) आनुवंशिक नहीं वरन् सामाजिक व्यवस्था का एक अंग है। यही सोचकर सुधारकों ने सती, बाल-विवाह, तथा परदा प्रथा पर हमले बोलने शुरू कर दिए और इसके साथ ही स्त्रियों की शिक्षा तथा विधवा पुनर्विवाह के आंदोलन तेज कर दिए गए। 1880 में भारत में इन विचारों के विकास पर दो आंदोलन रोशनी डाल सकते हैं। जो दो महत्त्वपूर्ण आंदोलन उन्नीसवीं सदी के उत्तरार्द्ध में भारत में उभरे उनमें से एक था औद्योगिक श्रमिकों की दशा में सुधार के लिए फैक्ट्री कानून बनाए जाने की मांग का आंदोलन एवं दूसरा था बाल-विवाह विरोधी आंदोलन।

हालाँकि भारत में कारखाना कानून बनाए जाने के आंदोलन की शुरुआत आंशिक तौर पर लंकाशायर (ब्रिटेन) के मिल मालिकों ने की, परंतु इसका समर्थन ब्रिटिश तथा भारतीय लोकवादियों ने भी किया। यहाँ यह बताना प्रासंगिक होगा कि अँग्रेज उद्यमी भारतीय वस्त्र उत्पादकों तथा विक्रेताओं से प्रतिस्पर्द्धा में पिछड़ जाते थे इसीलिए उन्होंने फैक्ट्री कानून बनाने के लिए आंदोलन शुरू किया। भारतीय उदारवादियों द्वारा उस आंदोलन का समर्थन किए जाने का कारण यह था कि वे भारतीय श्रमिकों की घरेलू एवं कार्मिक कठिनाइयों से अत्यधिक चिंतित थे। उन्होंने अपना ध्यान उस समय के ज्वलंत दो विषयों पर केंद्रित किया—पहला महिला तथा दूसरा बाल श्रमिक। उस समय बड़े पैमाने पर बाल मजदूरों की मृत्यु के मामले उघाड़े गए तथा उनकी मौत को अमानवीय कार्य परिस्थितियों से जोड़ दिया गया। साथ-ही-साथ इस बात का भी उल्लेख किया गया कि महिलाओं को इतनी अधिक देर तक काम करना पड़ता है कि वे अपने बच्चों की उपेक्षा करने के लिए मजबूर हो जाती हैं।

1875 में बम्बई सरकार ने कानून की आवश्यकता की जाँच करने के लिए एक श्रम आयोग गठित किया। हालाँकि आयोग के अधिकांश सदस्यों का मत था कि कारखाना कानून की कोई आवश्यकता नहीं है, परन्तु संसद तथा अखबारों में उनको (सदस्यों) अपनी राय बदलने के लिए राजी करने की गर्मागर्म बहस जारी थी। पहला भारतीय फैक्ट्री कानून 1881 में पारित किया गया जिसमें वयस्क तथा बाल श्रमिक में भेद करते हुए व्याख्या की गई कि 12 वर्ष से कम आयु का व्यक्ति

'बाल' कहलाएगा। बच्चों के लिए नौकरी की न्यूनतम आयु 7 वर्ष रखी गई तथा काम के घंटे नौ निर्धारित कर दिए गए जिसमें एक घंटे का विश्राम होगा। इसके साथ ही बच्चों को माह में चार अवकाश दिवस भी मंजूर किए गए। बहरहाल, कानून तो बना किंतु अपर्याप्त। असंतोष के अनेक छिद्र छोड़ दिए गए थे उसमें महिला कामगारों के लिए विशेष धारा इसमें शामिल नहीं की गई थी तथा बाल श्रमिकों की सुरक्षा भी असंतोषजनक पाई गई। इन मुद्दों पर कानून बनाने हेतु बंबई में फिर संघर्ष छिड़ा तथा सरकार ने श्रमिक दशाओं के अध्ययन के लिए फिर खोजबीन शुरू की। 1884 में बंबई फैक्ट्री आयोग (बाम्बे फैक्ट्री कमीशन) ने कानून के संशोधन की सिफारिश की परन्तु 1890 में बर्लिन में संपन्न हुए पहले अंतर्राष्ट्रीय श्रम सम्मेलन तक इस मामले में कोई कार्रवाई नहीं की गई। बर्लिन सम्मेलन ने स्त्रियों तथा बच्चों की कार्यदशाओं को विधिसम्मत बनाने की सिफारिश की। मैनचेस्टर चैम्बर्स ऑफ कॉमर्स ने इन सिफारिशों को भारत में लागू करने के लिए सरकार पर दबाव डालना शुरू किया, परंतु भारतीय तथा ब्रिटिश उद्योगपतियों ने भारत में इसका विरोध किया। भारत सरकार ने 1890 तथा 1891 में अन्य फैक्ट्री कमीशन का गठन किया जिसके परिणामस्वरूप इंडियन फैक्ट्रीज (अमेंडमेंट) एक्ट बना। नए कानून के अनुसार 'बाल' का अर्थ है वह व्यक्ति जिसकी आयु 14 वर्ष से कम हो उनकी नौकरी की न्यूनतम आयु सात वर्ष से बढ़ाकर नौ वर्ष कर दी गई तथा कार्य-घंटे भी नौ से घटाकर सात कर दिए गए परन्तु मध्याह्न विश्राम का समय भी एक घंटे से घटाकर आधा घंटा कर दिया गया। स्त्रियों के काम के घंटे ग्यारह निर्धारित किए गए जिसमें डेढ़ घंटे का मध्याह्न विश्राम अवकाश भी शामिल था। इसमें यह व्यवस्था भी की गई कि यदि स्त्रियाँ बिना विश्राम किए लगातार काम करती रहती हैं तो वे छुट्टी के निर्धारित समय से डेढ़ घंटे पूर्व घर जा सकती हैं। इसके अतिरिक्त बाल श्रमिकों के स्वास्थ्य तथा स्त्रियों की पारिवारिक तथा मातृत्व आवश्यकताओं का ध्यान रखते हुए स्त्रियों तथा बच्चों के कार्य का समय प्रातः 5 बजे से रात्रि 8 बजे के मध्य निश्चित कर दिया गया।[53]

कारखाना कानून की माँग का अभियान जहाँ बचपन के सही निर्धारण तथा श्रमिक-वर्ग परिवार के जीवन को संहिताबद्ध करने का पहला प्रयास नजर आया वहीं दूसरी ओर बाल-विवाह के विरुद्ध चलाए गए अभियान में सुधारकों की यह चिंता बड़े पैमाने पर परिलक्षित हुई कि 'बाल-विवाह का घुन पुरी कौम को खाए जा रहा है।'

यद्यपि सन् 1860 में विवाह के लिए रजामंदी की उम्र 10 वर्ष निर्धारित करने वाला कानून पारित कर दिया गया, परन्तु उन्नीसवीं सदी के अंतिम वर्षों में बहरम मालाबारी द्वारा इस मुद्दे को उठाए जाने से पूर्व इसके विरोध में कोई आंदोलन नहीं चलाया गया। श्री मालाबारी जो स्वयं हिंदू नहीं थे, ने अपने अभियान के समर्थन

में हिंदुओं के बड़े वर्ग की सहानुभूति प्राप्त की। जिन लोगों के विचारों को श्री मालाबारी ने उद्धृत किया उनमें से अधिसंख्य पेशेवर—वकील, डाक्टर, अध्यापक तथा सरकारी कर्मचारी—लोग थे। पर्दा प्रथा की तरह, इस अभियान के समर्थकों की दलील थी कि बाल-विवाह के कारण ही भारत का भौतिक तथा आध्यात्मिक पतन हो रहा है या कि बाल-विवाह ही भारतीय मूल की कमजोरी के लिए जिम्मेदार है। उनकी राय थी कि :

> "छोटी उम्र में विवाह होने से राष्ट्र की भौतिक शक्ति का ह्रास होता है। इसके कारण राष्ट्र की प्रगति एवं विकास तो अवरुद्ध होता ही है, बाल-विवाह लोगों के साहस एवं ऊर्जा को भी प्रभावित करता है। कम उम्र में हुआ विवाह समूची पीढ़ी को निर्बल एवं रुग्ण बना देता है। *(द जेसोर इंडियन एसोसिएशन)।"*
>
> श्री जी. एच. देशमुख ने कहा : जहाँ तक बाल-विवाह का प्रश्न है, मैं इसे बहुत खतरनाक रिवाज मानता हूँ। यह ऐसी प्रथा है जो राष्ट्र को कमजोर बनाती है। अतः यह आवश्यक है कि भारत जैसे देश में कुछ लोग बाल-ब्रह्मचारी होने चाहिए ताकि वे उद्योग, विदेश यात्रा इत्यादि के बारे में प्रयास कर सकें। आज हिंदुओं को जो कीमत चुकानी पड़ रही है उसका कारण बाल-विवाह प्रथा है। वे न तो सैनिक बन सकने की शक्ति रखते हैं और न ही कृषि कार्य कर पाते हैं। विदेश व्यापार के लिए बाहर जाना तो दूर की बात है।
>
> व्यक्ति के स्वस्थ होने से समाज का स्वास्थ्य बनता है जो कि देश के लिए लाभप्रद होता है। कच्ची उम्र में विवाह होने के कारण स्त्रियों के प्रजननांगों का ठीक प्रकार से विकास न हो पाने तथा हड्डियों के जोड़ सुदृढ़ न होने के कारण स्त्रियों को बड़े पैमाने पर शिशु जन्म के समय अनेक कठिनाइयों का सामना करना पड़ता है। कई बार तो स्त्रियों की मृत्यु तक हो जाती है। लघुवय माताओं के बच्चों के सिर को असमय दबा दिए जाने के कारण ऐसे बच्चे समय से पूर्व ही मर जाते हैं या शरीर या दिमाग से कमजोर होकर सारी उम्र असहाय मूर्खों की भाँति बिताते हैं। *(सर्जन-मेजर डी. एन. पारिख, चीफ फिजीशियन, गोकुलदास तेजपाल हास्पिटल बांबे)*[54]

मालाबारी ने बाल-विवाह की बुराइयों में कुछ और दैहिक कमजोरियों को जोड़ते हुए कहा कि लघुवय में विवाह होने के उपरांत स्त्री-पुरुष का संसर्ग शुरू हो जाता है जिसके परिणामस्वरूप लड़कियाँ शीघ्र रजस्वला हो जाती हैं। अनेक अँग्रेज डाक्टरों के हवाले से उन्होंने कहा कि अपरिपक्व रजस्वलात्मकता के कारण गर्भ धारण करने-वाली स्त्रियों की संताने अपंग तथा निर्बल पैदा होती हैं जिससे हिंदुओं का 'मूल क्षय' होता जाता है।[55] सभी समाज सुधारक मालाबारी के इस मत से सहमत नहीं

थे। मिसाल के तौर पर ब्रिटिश इंडियन एसोसिएशन ने भी जैविक तर्कों का समर्थन किया, परंतु कहा :

"यह समिति इस बात से इनकार करती है कि भारतीय मूल के पतन का मुख्य और महत्त्वपूर्ण कारण मात्र लघुवय विवाह है। वातावरण, भोजन, रोगों का तात्कालिक निदान इत्यादि की कमी तथा विवाह का अनुचित चयन भी ऐसे अनेक कारण हैं जो भारतीय मूल के विकास में बाधक हैं।"[56]

मालाबारी की दलीलों को मंजूर करते हुए जेसोर इंडियन एसोसिएशन ने आगे कहा कि बाल विवाह पर चर्चा केवल उसके भौतिक प्रभावों के परिप्रेक्ष्य में ही नहीं की जानी चाहिए। एसोसिएशन ने कहा :

"श्री मालाबारी ने बाल विवाह के केवल शारीरिक पहलू को ही ध्यान में रखा है...उन्होंने उसके नैतिक पक्ष को नहीं लिया। यह हमारे युवाओं के एकांतवास में दुर्व्यसनों में लिप्त होने से रोकने का सबसे बड़ा अंकुश है। यह केवल हिंदू ही हैं जहाँ एक राष्ट्र के रूप में (यह मेरा निजी विचार है, वैसे भारत में हिंदू राष्ट्र का विचार पहले से ही विद्यमान है) हिंदुओं में वैवाहिक घपले, पति-पत्नी के मध्य अभद्र अवमानना की बातें लेशमात्र सुनाई पड़ती हैं।[57]

विवाह की उम्र बढ़ाने के लिए दी गई अधिसंख्य दलीलों को सामाजिक तथा नैतिक आधार पर ठुकरा दिया गया। उन्होंने श्री मालाबारी के दैहिक तर्कों को भी नामंजूर कर दिया। भारतीय मूल के क्षय की जब भी चर्चा हुई, समाज ने उसे सामाजिक व्यवस्था के रूप में लिया न कि शारीरिक ह्रास के रूप में। हिंदू परिवार के स्वभाव की परिभाषा स्त्री के अपने पति तथा बच्चों के साथ रहने की दृष्टि से की गई। किसी लड़की के लिए अपने परिवार की देखभाल कर पाना तभी संभव था जब वह उनके साथ पली-बढ़ी हो। इस तर्क को आगे बढ़ाते हुए *'हिंदू पैट्रियट'* ने घोषणा की : "हिंदू समाज की रचना इस प्रकार की गई है कि उसकी समाज व्यवस्था को बनाए रखने के लिए बाल-विवाह आवश्यक है। शीघ्र विवाह की रीति को मिटाने से संयुक्त परिवार तथा जाति व्यवस्था चरमरा जाएगी।"[58] इस बहस में स्त्रियों के कूदने से यह और भी गर्म हो गई। कलकत्ता की महिला चिकित्सकों ने विवाह की उम्र बढ़ाने के समाज सुधारकों के तर्कों का समर्थन करते हुए एक हजार छह सौ 'हिंदू स्त्रियों' ने कानूनी सुधार लागू करने के लिए महारानी विक्टोरिया के सम्मुख 1890 में एक याचिका प्रस्तुत की।[59]

हालाँकि बंबई में बाल-विवाह के विरुद्ध आंदोलन शुरू हो चुका था, पूना के समाज सुधारक इसके प्रति उदासीन थे। वस्तुतः पूना इस आंदोलन के प्रबल विरोध के केंद्र के रूप में उभरा। समाज सुधार के विरोध का 1860 में शुरू हुआ अभियान

1870 तक पूना में अपने चरम पर पहुँच गया तथा अनेक प्रमुख समाज सुधारकों ने अपनी बिरादरी के दबाव के आगे हथियार डाल दिए। जी. एच. देशमुख जैसे समाज सुधारक जिन्होंने 1840 में कहा था कि, "ब्राह्मणों को अपनी मूर्खतापूर्ण नीतियों को त्यागकर यह स्वीकार कर लेना चाहिए कि सभी लोग समान हैं तथा हर एक को ज्ञान प्राप्त करने का अधिकार है"[60] ने भी 1871 में चितपावन की सामाजिक बहिष्कार की धमकी के आगे नतमस्तक होकर स्वयं को समाज पर ब्राह्मणों के नियंत्रण के विरुद्ध चलाए जा रहे अभियान से अलग कर लिया। पूना के एक प्रभावशाली समाज सुधारक एम. जी. रानाडे ने अपनी पहली पत्नी के मृत्यु के पश्चात किसी अंतरजातीय व्यक्ति के यहाँ भोजन करने या 'किसी विधवा के साथ विवाह' करने के बजाए अपने घर बाल-वधू लाना उचित समझा। 1873 में उदारवादी राजनीति संगठन—सार्वजनिक सभा के गठन के साथ ही उसके सदस्यों ने तय किया कि वे 'धार्मिक मामलों' में दखल नहीं देंगे। इस प्रकार राजनीति को समाज सुधार अभियान से अलग कर दिया गया।[61]

सन् 1870 के दशक में बंबई समाज सुधार आंदोलन का दो धड़ों में विभाजन हो गया। पहले धड़े में ब्राह्मण समाज सुधारक थे जिन्होंने अपने समुदाय के आंतरिक सुधार की ओर ध्यान केंद्रित किया तथा विधवा पुनर्विवाह जैसे मुद्दे उठाए। दूसरा धड़ा गैर-ब्राह्मण सुधारकों का था जिन्होंने सामाजिक व्यवस्था के लिए ब्राह्मणों द्वारा बनाए गए नियमों का विरोध किया। सन् 1873 में फुले ने सत्यशोधक समाज की स्थापना पहले पूना तथा बाद में बम्बई में की। यह संगठन अन्य गतिविधियों के साथ-साथ विधवा पुनर्विवाह तथा अंतर्जातीय विवाह कराने में भी व्यस्त था। इन सब कार्यों में एक विशेषता यह थी कि ऐसे विवाह बहुत सादे होते थे तथा गैर ब्राह्मण पुजारी द्वारा संपन्न कराए जाते थे।[62]

इन वर्षों में आर्य स्वर्णिम युग की अवधारणा को बड़े पैमाने पर स्वीकृति मिली। रोचक बात यह है कि इस अवधारणा के दो भिन्न रूप सामने आए जिनमें इसके समर्थकों ने एक ही समय में भिन्न-भिन्न व्याख्या प्रतिपादित की। यानी एक ही सिद्धांत के समर्थक दो परस्पर विरोधी समूहों में विभक्त हो गए। इनमें से पहला गुट दयानंद सरस्वती के विचारों के प्रचार-प्रसार में संलग्न था तो दूसरा समूह जो कि समाज सुधार का विरोधी था, ब्राह्मण व्यवस्था की निरंतरता के निहितार्थ के साथ हिंदू राष्ट्रीयता के प्रतिपादन में व्यस्त था। समाज सुधारकों द्वारा आर्य भारत का जो विचार अस्पष्ट मानकर त्याग दिया गया था वह एकाएक फिर आगे आ गया। कुछ लोगों का दृष्टिकोण था कि आर्य भारत ज्ञान प्राप्त करने का युग था तथा उसमें वर्ण व्यवस्था के आधार पर जाति अस्थिरता थी। दूसरा विचार यह उभरा कि आर्य भारत विजय काल था तथा उसकी वर्ण व्यवस्था सवर्णों की मौलिक एकजुटता को पुष्ट करती थी। दूसरे विचार के प्रतिपादन का आधार मैक्समुलर तथा अन्य जर्मन

भारतविदों द्वारा आर्य युग पर यूरोप में दिए गए उनके वक्तव्य थे जिन्हें यूरोप में व्यापक समर्थन मिल रहा था। मैक्समुलर का मत था कि संस्कृत तथा यूरोपीय भाषाएँ समान हैं तथा इनकी जड़ें भारतीय-यूरोपीय हैं। इस खोज के पश्चात 'आर्य मूल' के सिद्धांत का विकास हुआ जिसके आधार पर माना गया कि भारत के आर्य आक्रांता इंडो-यूरोपियन मूल के थे अतः मौलिक रूप से श्रेष्ठ थे तभी तो उन्होंने द्रविड़ों पर विजय प्राप्त की।[63]

सन् 1873 में अधिसंख्य मराठी ब्राह्मण समाज सुधारक वेद, शास्त्रों के लिए नवगठित समिति में शामिल हो गए। इस समिति ने आर्य भारत की सुधारवादी परिभाषाओं का प्रतिपादन किया। श्री दयानंद सरस्वती 1875 में जब बम्बई प्रेसीडेंसी पधारे तो उनकी सभाओं में रानाडे से लेकर फुले तक बड़ी संख्या में सभी समाज सुधारकों ने भाग लिया। पंडित रमाबाई ने जब पूना में आर्य महिला सभा की स्थापना की तो पूना के अनेक समाज सुधारकों ने उनकी सहायता की। ठीक इसी समय आर्य भारत की सशक्त तथा वर्णवादी व्याख्या ने जोर पकड़ा। वी. एस. चिपलंकर की 1874 से प्रकाशित 'निबंधमाला' श्रृंखला में विशेष रूप से प्रभावशाली रही जिसने न केवल ब्राह्मणों तथा मराठों, वरन् विलुप्त होते संपूर्ण हिंदू गौरव को जगाने के साथ-साथ सुधारकों तथा समाज सुधारकों दोनों पर धावा बोला। 1880 के दशक की दो घटनाओं ने रूढ़िवादियों को स्त्रियों की दशा सुधारने के लिए चलाए जा रहे अभियानों का विरोध करने के लिए पूरी ताकत से उनके विरुद्ध खड़ा कर दिया। पहली घटना 1884 की है। दादाजी भीकाजी नामक व्यक्ति ने अदालत में वैवाहिक अधिकारों के प्रतिष्ठापन का दावा दायर कर दिया। इस मामले में दादाजी भीकाजी ने अपनी पत्नी रकमाबाई पर आरोप लगाया कि बचपन में विवाह के पश्चात उसने शिक्षा प्राप्त कर ली जिसके परिणामस्वरूप अब वह उसके (दादाजी) साथ रहने को तैयार नहीं है।[64] दादाजी भीकाजी जिला अदालत में मुकदमा हार गया।[65] उसने निम्न अदालत के फैसले के विरुद्ध बंबई हाईकोर्ट में अपील की। रूढ़िवादियों ने जिला न्यायालय के निर्णय के विरुद्ध उग्र अभियान चलाते हुए कहा कि 'विदेशी शासकों' को हिंदुओं के रीति-रिवाजों में हस्तक्षेप करने का कोई अधिकार नहीं है। बाल गंगाधर तिलक ने लिखा कि स्त्री शिक्षा आंदोलन के बहाने रकमाबाई की आड़ में हमारे पुरातन धर्म पर आक्रमण करने का प्रयास किया जा रहा है। ऐसा प्रतीत होता है कि अँग्रेजों की नीयत हमारे अनंत धर्म को बाँझ बनाने की है।[66] हालाँकि दादाजी भीकाजी की अपील मंजूर हो गई तथा वह मुकदमा जीत गए परन्तु अदालत ने यह साफ कर दिया कि उसकी हमदर्दी रकमाबाई के साथ है। इस निर्णय की प्रतिक्रियास्वरूप समाज सुधारकों की मुट्ठियाँ तन गईं तथा उन्होंने इसे सरकार की 'रूढ़िवादियों की तुष्टीकरण की संज्ञा दी।' समाज सुधारकों ने कहा कि इस फैसले से अँग्रेजों का 'प्रतिक्रियावादी' रवैया बेनकाब हो गया है तथा भारत में उनके प्रशासन

की पोल खुल गई है। रकमाबाई ने स्वयं भी बम्बई उच्च न्यायालय के निर्णय को मानने से इंकार कर दिया जिसके दंड स्वरूप उन्हें जुर्माना तथा जिलाबदर की सजा दी गई। उन्होंने इंग्लैंड जाकर एम. डी. की उपाधि प्राप्त की तथा भारत लौटकर काफी दिनों तक डाक्टरी की। 91 वर्ष की आयु में उनकी मृत्यु हो गई।[67]

पंडिता रमाबाई 1858-1922

पंडिता रमाबाई का जन्म 23 अप्रैल को पश्चिमी महाराष्ट्र के गंगामल के जंगल में हुआ था। उनके पिता श्री अनंत शास्त्री एक विद्वान ब्राह्मण तथा समाज सुधारक थे। उन्होंने एक नौ वर्षीय लड़की से विवाह किया और उसे पढ़ाने का निश्चय किया। गाँव के ब्राह्मणों ने उनके निर्णय का विरोध करते हुए उन्हें बिरादरी से बहिष्कृत कर दिया। अंततः उन्होंने गाँव छोड़ने तथा जंगल में घर बनाने का निर्णय किया। उनकी पत्नी लक्ष्मीबाई को जंगल के एकाकीपन से घृणा थी परंतु मजबूरन उन्हें जंगल में रहना स्वीकार करना पड़ा। इसके फौरन बाद रमाबाई पैदा हुईं। रमाबाई अभी अबोध बालिका ही थीं कि उनके परिवार ने यायावरों की भाँति जंगल-जंगल, गाँव-गाँव तथा इस शहर से उस शहर में भटकना शुरू कर दिया। जहाँ भी संभव हो सका, अनंत शास्त्री ने मादा शिक्षा की आवश्यकता पर भाषण दिए। 1877 के अकाल में अनंत शास्त्री तथा लक्ष्मीबाई दोनों की मृत्यु हो गई। रमाबाई ने अपने प्यारे छोटे भाई के साथ अपने पिता के कार्य को आगे बढ़ाने तथा पिता सदृश जीवन जीने का निर्णय किया। एक उपदेशक के रूप में रमाबाई की ख्याति कलकत्ता के पंडितों तक पहुँची जिसके परिणामस्वरूप उन्होंने रमाबाई को आमंत्रित कर उनका प्रवचन अपने कानों से सुनने तथा उन्हें देखने का निर्णय लिया। रमाबाई ने उनके निमंत्रण को स्वीकार करते हुए उनके समक्ष उपस्थित होने का निर्णय लिया। कलकत्ता के पंडितों को उनके विचारों की स्पष्टता एवं वाक्पटुता ने आश्चर्यचकित कर दिया। उनका भाषण सुनकर वे इतने भावविह्वल हो उठे कि उन्होंने रमाबाई के सामने ही उन्हें सरस्वती की उच्चतम उपाधि दे डाली। अपने भाई की मृत्यु के पश्चात रमाबाई ने कलकत्ता के विपिन बिहारी मेधवी नामक वकील से विवाह कर लिया। इसके कुछ ही समय पश्चात उनके परिवार में एक कन्या का जन्म हुआ जिसका नाम उन्होंने मानो रखा। चूंकि मेधवी शूद्र थे अतः उनका विवाह अंतरजातीय के साथ-साथ अंतरधार्मिक भी था। पति-पत्नी ने बाल-विधवाओं के लिए एक स्कूल खोलने की योजना बनाई परंतु इसी दौरान मेधवी की 1882 में मृत्यु हो गई।

पति की मृत्यु के पश्चात रमाबाई कलकत्ता से जाकर पूना में बस गईं। पूना में उन्होंने आर्य महिला समाज की स्थापना की। 1882 में भारत सरकार ने भारतीय शिक्षा की स्थिति का अध्ययन करने के लिए एक आयोग का गठन किया तो रमाबाई

उसके सम्मुख उपस्थित हुईं। उन्होंने सुझाव दिया कि अध्यापकों को प्रशिक्षण दिया जाना चाहिए तथा महिला विद्यालय निरीक्षकों की नियुक्ति की जानी चाहिए। उन्होंने आगे कहा कि भारतीय स्त्रियों की मानसिकता को देखते हुए उनका इलाज महिला चिकित्सकों द्वारा ही किया जाए अतः भारतीय स्त्रियों को मेडिकल कालेजों में भर्ती किया जाना चाहिए। रमाबाई की गवाही ने ऐसी हलचल पैदा की कि वह महारानी विक्टोरिया के कानों तक जा पहुँची। रमाबाई के सुझाव फलित हुए लेडी डफरिन द्वारा शुरू किए गए महिला चिकित्सा आंदोलन के रूप में[2] 1883 में रमाबाई ने इंग्लैंड में खुद को एक शिक्षिका के रूप में प्रशिक्षित करने एवं ईसाई धर्मोपदेशक चर्च में शामिल होने का फैसला किया। ईसाइयों के आमन्त्रण पर वह अमेरिका गईं जहाँ 1886 में उनके द्वारा चलाए जा रहे बाल-विधवा स्कूलों के संचालन के लिए धन संग्रह करने की गरज से एक एसोसिएशन की स्थापना की गई। 10 अप्रैल, 1889 में बम्बई में उन्होंने एक गृह-सह-विद्यालय शुरू किया तथा उसका नाम रखा शारदा सदन। महाराष्ट्र में यह पहला विधवा गृह था। एक अन्य गृह कलकत्ता में कोई सेन महाशय चलाते थे। चूँकि रमाबाई ईसाई थीं तथा उनके स्कूल को मिशनरियों से आर्थिक सहायता मिलती थी अतः स्थानीय नागरिक इसके प्रति अत्यधिक सतर्क रहते थे। नागरिकों के नजरिए को भाँप कर स्कूल खुलने के समय कहा : "यह सक्रिय रूप से ईसाइयत की शिक्षा नहीं देगा और न ही विद्यालय का उपयोग धर्म परिवर्तन के लिए किया जाएगा।"[3] बहरहाल **क्रिश्चियन वीकली** नामक पत्रिका के दिसंबर, 1889 के अंक में एक रिपोर्ट प्रकाशित हुई जिसमें कहा गया कि "इस समय शारदा सदन में सात युवा विधवाएँ हैं जिनमें से दो ने ईसाइयत के प्रति अपने प्यार का इजहार किया है... ।"

उस समय के पुनरुत्थानवादी वातावरण में इस खबर से तूफान खड़ा हो गया। रमाबाई के धर्मांतरण पर इतनी तीव्र जन-प्रतिक्रिया हुई कि डाक्टर भंडारकर तथा न्यायमूर्ति रानाडे जैसे अनेक विख्यात सुधारकों ने खुद को शारदा सदन से अलग कर लिया। सदन के अमरीकी समर्थकों के समक्ष ज्ञापन दिए गए जिनमें माँग की गई कि रमाबाई को ईसाइयत का प्रचार करने से रोका जाए। इसमें हैरानी की कोई बात नहीं कि अमेरिकियों ने यह माँग ठुकरा दी। रमाबाई सदन को पूना ले गईं। चूँकि वह पूरी तरह अमेरिकी सहायता पर निर्भर रहने से चिंतित हो उठी थीं इसलिए उन्होंने एक न्यास (ट्रस्ट) स्थापित किया ताकि वह एक फार्म के लिए धन एकत्र करे जिससे शारदा सदन को आत्मनिर्भरता प्राप्त हो सके। बहरहाल अमेरिका में एक बार फिर धन संग्रह की जरूरत पड़ी। शताब्दी के अंत तक रमाबाई ने खेड़गाँव में जमीन खरीदी तथा फार्म हाउस का नाम रखा मुक्ति सदन। सन् 1900 में जब भीषण अकाल पड़ा तो रमाबाई तथा उनके सहायकों ने हजारों स्त्रियों की मदद की। मनमोहन कौर के अनुसार शताब्दी के अंत तक शारदा सदन की जनसंख्या

1900 थी। एक विद्यालय का गठन हुआ...चार सौ बच्चों को नर्सरी में दाखिला मिला। अध्यापकों के प्रशिक्षण के लिए एक प्रशिक्षण केंद्र भी खोला गया। इसके साथ ही एक औद्योगिक विद्यालय भी खोला गया जिसमें उद्यान, खेत, कोल्हू, डेरी, लांड्री तथा भट्ठियाँ लगाई गईं। इसमें सिलाई, बुनाई तथा कढ़ाई भी पढ़ाई जाती थी।

संदर्भ

1. *पंडिता रमाबाई* ***'द हाई कास्ट हिंदू वूमन'****, 1887, फ्लेमिंग एच. रिवेल कंपनी, न्यूयॉर्क। यह अंश पुस्तक के प्रस्तावना से लिया गया है।*
2. *मनमोहन कौर, उपरोक्त, पृष्ठ 87।*
3. *तथैव, पृष्ठ 88।*

समाज सुधारकों तथा रूढ़िवादियों के बीच इस मुद्दे पर बहस चल ही रही थी कि पंडिता रमाबाई ने इस दौरान ईसाई धर्म ग्रहण कर लिया तथा 1889 में स्थापित अपने शारदा सदन का इस्तेमाल हिंदू स्त्रियों के धर्मांतरण के लिए शुरू कर दिया। उनके इस कृत्य से पुरातनपंथियों के इस दावे को बल मिला कि सुधारकों पर **'अँग्रेजियत'**[68] सवार है तथा विवाह की उम्र बढ़ाने की माँग करनेवाले सुधारकों को रूढ़िवादियों ने हिन्दू विरोधी तथा उपनिवेशवादियों का भोंपू बताया। यद्यपि सन् 1889 में तिलक ने सुधारवादी संकल्प पत्र पर हस्ताक्षर करते हुए कहा कि वे अपनी पुत्रियों को शिक्षित बनाएँगे तथा जब तक वे ग्यारह वर्ष की नहीं हो जाएँगी, उनका विवाह नहीं करेंगे। सन् 1891 में उन्होंने सहमति आयु कानून (एज ऑफ कॉन्सेंट एक्ट) के विरुद्ध आंदोलन का नेतृत्व किया जिसका असर मात्र इतना ही हुआ कि विवाह की उम्र 10 वर्ष से बढ़ाकर 12 वर्ष कर दी गई।[69]

समाज सुधारकों में सत्यशोधक समाज के सदस्य कानून के समर्थन प्राप्त करने की दिशा में विशेष प्रयास करते नजर आए। इस कानून के पक्ष में बम्बई में लोखांडे ने एक याचिका तैयार की जिस पर सैकड़ों मराठों ने हस्ताक्षर किए। दीनबंधु ने युवा ब्राह्मण विधवाओं के मुंडन के विरोध का अभियान चलाया तथा नाइयों को यह काम करने से इनकार कर देने का सुझाव दिया। इसके परिणामस्वरूप बम्बई के नाइयों ने एक बैठक में प्रस्ताव पारित कर निर्णय लिया कि अब वे भविष्य में ब्राह्मण विधवाओं के सिर का मुंडन नहीं करेंगे। इस मोड़ पर समाज सुधारक अल्पमत में आ गए तथा कानून का विरोध करनेवाले पुरातनपंथियों के उच्चवर्गीय समर्थकों की संख्या पचास हजार तक पहुँच गई।[70]

यह रूढ़िवादियों, संप्रदायवादियों, राष्ट्रवादियों एवं कट्टरपंथियों के प्रति बढ़ते रुझान का दौर था। सार्वजनिक तथा निजी जिन्दगियों में ब्रिटिश मूल के वर्चस्व से व्यापक असंतोष उभरा तथा कानून, पूंजीनिवेश एवं नौकरियों में गोरों को दी जानेवाली प्राथमिकता के विरुद्ध आंदोलन शुरू हुए। स्त्रियों से संबंधित कानून पारित किए

जाने के कारण हिन्दू समाज में यह सोच पैदा हुई कि उन्हें अलग-थलग करने की नीयत से उन पर अनेक प्रकार से आक्रमण किए जा रहे हैं। उल्लेखनीय है कि इनमें से अधिसंख्य कानून हिंदू स्त्रियों की दशा सुधारने के लिए पास किए गए थे। अँग्रेजों द्वारा हिंदू तथा मुस्लिम मतदाताओं को अलग करने की दिशा में उठाए गए कदम ने आग में घी डालने का काम किया। सन् 1870 में पंजाब में गो-बध पर प्रतिबन्ध लगाने की माँग उठी तथा भारत के उत्तरी, पूर्वी एवं पश्चिमी भागों में हिंदुओं ने इसका पुरजोर समर्थन किया। यू. पी. (संयुक्त प्रांत) की अनेक नगरपालिकाओं ने गो-वध तथा कबाब की दुकानों पर प्रतिबंध लगा दिया। इसके विरोध में इस्लामी कट्टरपंथियों ने प्रतिक्रियास्वरूप बकरीद को मुस्लिम पहचान के रूप में पेश किया। दोनों संप्रदायों में इस मुद्दे पर बढ़ती नोक-झोंक की परिणति 1893 में आजमगढ़, बलिया, सारण, गया तथा पटना में दंगों के रूप में हुई। बम्बई में किसी मस्जिद के सामने से होकर गुजरनेवाले हिंदू जुलूसों में कीर्तन करने के मुद्दे पर जबरदस्त दंगा भड़का। इस दंगे से जूनागढ़ एवं रंगून भी प्रभावित हुए।[71]

तिलक ने समाज सुधारकों के साथ-साथ ईसाइयत तथा विशेष रूप से इस्लाम पर भी हमले किए। उन्होंने 1894 में शुरू किए अपने गणपति महोत्सव का प्रयोग हिंदुओं को मोहर्रम में भाग लेने से रोकने के लिए किया तथा कहा : "यह मत भूलो कि गाय हमारी माता है।" तिलक द्वारा 1896 में शुरू किए गए शिवाजी उत्सव में उन्होंने शिवाजी के आदमकद चित्र के साथ जुलूस निकाला तथा शिवाजी को गो-ब्राह्मण-प्रतिपालक के रूप में प्रस्तुत किया। गो-ब्राह्मण-प्रतिपालक यानी वह व्यक्ति जो गाय तथा ब्राह्मणों की रक्षा करता है।[72] सन् 1895 में रूढ़िवादी तिलक की अगुआई में राणाडे द्वारा आहूत राष्ट्रीय समाज सम्मेलन को कॉंग्रेस के पंडाल को इस्तेमाल करने से रोकने में सफल हो गए।[73] इसके फौरन बाद उन्होंने (रूढ़िवादियों) ने कोल्हापुर के महाराजा के क्षत्रिय दर्जे के दावे को ठुकराते हुए ब्राह्मणविरोधी आंदोलन में धकेल दिया। रूढ़िवादियों की इन हरकतों ने असहिष्णुता का ऐसा वातावरण तैयार कर दिया कि पूना के समाज सुधारक डी. डी. कार्वे ने 1908 में शहर के बाहर हिगने नामक स्थान पर विधवा आश्रम खोलने का निर्णय किया।

श्री रवीन्द्रनाथ टैगोर कलकत्ता के उन उदारवादियों में थे जो बाल-विवाह के समर्थन में इस आधार पर आगे आए क्योंकि यह हिंदू परंपराओं के प्रतिष्ठापन का राष्ट्रवादी प्रश्न था। कानून के विरोध में चलनेवाले संघर्ष को कलकत्ता स्थित 'बंगवासी' नामक अखबार हवा दे रहा था। अखबार की ओर से कलकत्ता मैदान में एक विशाल सभा तथा कालीघाट में पूजा का आयोजन किया गया। इस सभा में 'विदेशी शासकों' द्वारा हिंदुओं के सामाजिक रीति-रिवाजों में हस्तक्षेप का विरोध करते हुए अँग्रेजों के बहिष्कार तथा घरेलू उद्योगों की स्थापना का संकल्प लिया गया।[74] पुनरुत्थानवाद ने बंगाल में इससे थोड़ा अलग नजरिया अपनाया तथा उसने मूल के बजाय संस्कृति

पर अधिक बल दिया परंतु पाश्चात्य-विरोधी एवं मुस्लिम-विरोधी भावनाओं के मुद्दे पर **समान** रुख अपनाया।

'विधवा ब्याहो सिद्धांत'

विधवा पुनर्विवाह के लिए अखबार में विज्ञापन देने का चलन भारत के विभिन्न भागों में फैल चुका था। हालाँकि ये विज्ञापन आमतौर पर उन विधुरों द्वारा दिए जाते थे जो विधवाओं से विवाह करना चाहते थे परंतु विधवाओं द्वारा विवाह का कोई विज्ञापन नहीं दिया जाता था। अक्सर इन विज्ञापनों में यह बात स्पष्ट कर दी जाती थी कि विधवा उसी जाति की होनी चाहिए जिस जाति का उसका होनेवाला पति है, परंतु कई बार ऐसा नहीं हो पाता था। इसका कारण शायद विधवा के कुँवारी होने की शर्त थी। कुँवारी विधवाओं के पुनर्विवाह के लिए दक्षिण भारत में चलाए जानेवाले अभियान की एक घटना को लें जो कि प्रथम दृष्टया बहुत ओछी दिखाई पड़ती है, किंतु तत्कालीन पैतृकवाद, ब्राह्मणवादी हिंदुत्व तथा व्यक्तिगत साहस के मिश्रण दर्शाती है तथा यह उस समय के समाज सुधारकों के चरित्र को भी उजागर करती है, यह अलग बात है कि वे अल्पमत में थे। विज्ञापन देनेवाले लोग जो कि अधिसंख्य ऊँची जातियों के तथा कॉलेज-शिक्षित होते थे, कमोबेश यह बात साफ कर देते थे कि पुनर्विवाह की इच्छुक विधवा उसके संभावित पति की जाति की ही होनी चाहिए। मद्रास भी इस मामले में अलग दिखाई नहीं पड़ता क्योंकि 'एक विधवा से विवाह करो' का सिद्धांत माननेवाले ज्यादातर लोग कालेज जानेवाले युवा ब्राह्मण थे, जिनमें से कुछ ने 'ब्राह्मण विधवा' से विवाह करने के लिए 'हिंदू' अखबार में विज्ञापन दिया। बहरहाल, सन् 1905 में जब 'हिंदू' ने के. सुब्रमण्या अय्यर नामक ब्राह्मण का पत्र छापा जिसमें कहा गया था कि वह एक विधवा से विवाह करना चाहता है, अखबार को एक महिला पाठक का उत्तर मिला जिसने स्वयं को 'कुँवारी विधवा' बताते हुए हस्ताक्षर किया और पूछा कि क्या श्री सुब्रमण्या अय्यर एक शूद्र विधवा से विवाह करेंगे ? अपने जवाब में अय्यर ने कहा—हाँ ! करेंगे—'क्योंकि शास्त्र ब्राह्मण को तीन निम्न जातियों में से किसी एक से विवाह करने की अनुमति देते हैं।' परिणाम बिल्कुल स्पष्ट है कि किसी ब्राह्मण पुरुष के लिए किसी भी जाति की विधवा से विवाह करने में कोई हर्ज नहीं क्योंकि इससे वह पुरुष-विधवा स्त्री के स्तर को ऊँचा उठा रहा था जबकि विधवा भी उसके स्तर को प्रभावित नहीं कर सकती थी, यह विश्वास करना कठिन है कि ऐसा आमतौर पर होता रहा होगा। अन्य रिपोर्टों से पता चलता है कि अनेक दक्षिण भारतीय सुधारकों, जिन्होंने भी विधवा से विवाह किया, को समाज से बहिष्कृत कर दिया गया। अनेक ऐसे लोगों को अंतिम संस्कार संपन्न कराते समय काफी कठिनाइयों का सामना करना पड़ा। निश्चित है कि उस समय किसी नीची जाति की विधवा से विवाह को बड़ी तल्खी से देखा जाता था।

एक ओर यह दावे हुए कि पश्चिमी वैज्ञानिक खोजों की आधार-भूमि हमारे शास्त्र हैं, साथ ही यथार्थ एवं मिथकीय चरित्रों से निर्मिति हुई, जैसे—कृष्ण, चैतन्य, रामकृष्ण परमहंस।[75] रामकृष्ण परमहंस एक ग्रामीण कृषक-पुजारी थे जिन्होंने कलकत्ता के मध्यवर्ग खासतौर से महिलाओं में असाधारण लोकप्रियता पाई। इसका कारण शायद यह था कि उनके कथनानुसार 'वे सभी स्त्रियों की पूजा करते थे क्योंकि वे (परमहंस) स्त्रियों को देवी माँ की प्रतिनिधि मानते थे।' इसी समय मुस्लिम आक्रांताओं के प्रतिरोध की हिंदू कहानियों का समकालीन समाज में राष्ट्रवादी भावनाएँ जागृत करने के लिए औजार के रूप में प्रयोग किया जाने लगा। मुस्लिम आक्रांता का विरोध करनेवाली भारतीय राजपूत वीरांगनाओं के विषय में लिखी गई टोडरमल की पुस्तकें इतनी लोकप्रिय हुईं कि तत्कालीन नाटकों एवं उपन्यासों की विषयवस्तु इन कहानियों-घटनाओं से भरी होती थी। बाल-विवाह का सती के समान महिमामंडन किया गया। आदर्श हिंदू स्त्री की छवि निर्माण के बारे में पुनरुत्थानवादी साहित्य का दोहरा दृष्टिकोण था। कुछ ने जहाँ बाल वधू के मधुर, फूल जैसे सुकुमार गुणों को प्राथमिकता दी वहीं कुछ ने हिंदू स्त्री की महान शक्ति का वर्णन करते हुए कहा कि पत्नी तथा माँ के रूप में, विशेषतौर पर मुसलमानों के विरुद्ध अत्यंत उग्र हो जाती हैं। तत्कालीन साहित्य में राजपूतों के महिमामंडन की यह प्रमुख लय थी। सती की यह कहकर प्रशंसा की जाती थी कि उसने अपने कुल की लाज हर हाल में रख ली। बी. सी. पाल ने बाद में लिखा कि बंकिमचंद्र जी की दुर्गेशनंदिनी का उनके छात्र जीवन पर बड़ा गहरा असर पड़ा :

> "गढ़ मंदिरम के हिंदू मुखिया पर विजय प्राप्त करने के पश्चात कल्लूखान द्वारा अपने दरबार में मनाए जा रहे जश्न के दौरान उसकी (कल्लूखान की) हत्या के वृतांत का मेरी भावनाओं पर स्थायी प्रभाव पड़ा। यह देखकर कि एक ऐसी हिंदू स्त्री जो आमतौर पर घर की पवित्र चौखट के भीतर हमेशा एकांत में रही हो, वह भी जरूरत पड़ने पर अपने समाज तथा देश के दुश्मनों का वध करने का वीरतापूर्ण एवं तेजस्वी उदाहरण प्रस्तुत कर सकती है, ने मेरे बाल सुलभ मन को झकझोर कर रख दिया। बिमला, जिसकी कृपाण से कल्लूखान धराशायी हुआ, हिंदू मुखिया वीरसिंह की विधवा थी। मुस्लिम आक्रांता कल्लूखान ने उसके पति वीरसिंह की हत्या कर दी थी। बिमला की दृष्टि में उसके पति के हत्यारे का वध करना, पति एवं भगवान के प्रति उसके प्यार के औचित्य को दर्शाता है। परंतु जहाँ तक मेरी व्यक्तिगत राय का प्रश्न है, मैं इसे बहुत बड़े राष्ट्रीय तथा मौलिक मुद्दे के रूप में देखता हूँ। यह पश्चिम बंगाल के हिंदू राजा तथा मुस्लिम आक्रांता के वर्चस्व की लड़ाई थी।[76]

इसमें चकित होनेवाली कोई बात नहीं कि ग्रामीण बंगाल में हिंदू सांप्रदायिकता

के समांतर मुस्लिम कट्टरवादिता भी बढ़ रही थी जहाँ उपासना पद्धति को लेकर एक-दूसरे के विरुद्ध अभियान शुरू हुए। कलकत्ता के औद्योगिक उपनगरों में, जहाँ पूर्वी उत्तर प्रदेश तथा बिहार के प्रवासी मजदूर रहते थे, हिंदू-मुस्लिम सांप्रदायिकता इस कदर फैली कि 1896-97 में दंगे भड़क उठे।[77]

महाराष्ट्र तथा बंगाल के उदाहरणों को देखते हुए कहा जा सकता है कि स्वर्णिम युग की सांप्रदायिक तथा वर्णवादी (मौलिक) व्याख्या तेजी से बढ़ रही थी जिससे समाज सुधार के अनेक विचारों, खासतौर से स्त्रियों की शिक्षा के विषय पर विरोध दिखाई पड़ा। बहरहाल पंजाब के आर्य समाज की गतिविधियों से ऐसा लगता है कि सांप्रदायिकता तथा स्त्रियों के अधिकारों के लिए चलाए जा रहे आंदोलनों के रिश्तों में हमेशा विरोधाभास नहीं रहा। एक ओर जहाँ आर्य समाज का मध्यवर्गीय कॉलेज गुट लड़कियों की उच्चतर शिक्षा का विरोधी था, जबकि गुरुकुल गुट इसके लिए कृतसंकल्प था। वस्तुतः दोनों ही गुट हिंदू चेतना के मुद्दे पर बल दे रहे थे अतः बहस इस बात पर केंद्रित हो गई कि प्राथमिक तौर पर एक हिंदू लड़की के लिए क्या आवश्यक है।

दयानंद सरस्वती का आर्य समाज आंदोलन 1880 के बाद तेजी से आगे बढ़ा। उन्होंने आलोचना का विषय बन चुकी हिंदू रूढ़िवादी पद्धतियों/परंपराओं के स्थान पर आर्य संस्कारों का प्रतिपादन किया। सरस्वती द्वारा प्रतिपादित 'संस्कार विधि' पर धीरे-धीरे अमल शुरू हो गया था। लोगों ने दयानंद के परिष्कृत अंतिम संस्कार नियमों से लेकर विवाह के सादे संस्कारों को कार्यरूप देना प्रारंभ कर दिया। इसके परिणामस्वरूप तात्कालिक तौर पर विवाह व्यवस्था थोड़ी कठिन हो गई। आर्य समाजियों ने इसके विकल्प के रूप में 'समाचार पत्र में विज्ञापन' पद्धति का विकास किया। 1882-83 में प्रमुख आर्य समाजियों ने विधवा पुनर्विवाह की वकालत करते हुए दो नियमावलियाँ तैयार कीं। उन्हीं वर्षों में आर्य पत्र-पत्रिकाओं ने विधवा पुनर्विवाह के आँकड़े प्रकाशित करने शुरू कर दिए। अमृतसर का आर्य समाज इस कार्य में विशेष रूप से लगा हुआ था। उसने बड़ी लगन के साथ 'विधवा पुनर्विवाह' संपन्न कराए। हालाँकि आर्य समाज को केवल अक्षत यौवन विधवाओं के पुनर्विवाह में आंशिक स्वीकार्यता मिली, बाल-बच्चेदार विधवाओं के पुनर्विवाह की नहीं।[78]

सन् 1880 के मध्य से आर्य समाज स्त्री शिक्षा आंदोलन में उल्लेखनीय रूप से सक्रिय हुआ। इस मुद्दे पर आर्य समाज ने पहले भी अपनी चिंता प्रदर्शित की थी किंतु थोड़ा भिन्न रूप में। 1880 के उत्तरार्द्ध से अनेक कुलीन आर्य समाजियों ने कन्या पाठशालाएँ खोलनी शुरू कीं। उन्हें इस बदनामी का भय नहीं था कि इन दिनों ऐसे स्कूलों को धर्मांतरण का अड्डा बताकर बदनाम किया जाता था। सन् 1890 में जालंधर के आर्य समाज ने एक कन्या पाठशाला खोली तथा एक वर्ष के भीतर ही समाज ने पाठशाला में अविवाहित लड़कियों की भाँति ही विधवाओं को भी प्रवेश

देने का निर्णय ले लिया। इतना ही नहीं, जालंधर समाज ने इसके एक वर्ष बाद उच्च शिक्षा के लिए कन्या महाविद्यालय खोलने की भी घोषणा की।

लुधियाना के नवगठित आर्य स्त्री समाज ने भी, जो कि लुधियाना में कन्या वैदिक स्कूल तथा विधवाओं के लिए एक आश्रम भी चलाता है, इस प्रस्ताव का समर्थन किया। कन्या महाविद्यालय के खुलने से पूर्व ही स्त्रियों की उच्च शिक्षा के विषय पर आर्य समाजी विभाजित हो गए। उच्च शिक्षा के विरोधियों में लाजपतराय तथा लालचंद प्रमुख थे। दोनों ने ही स्त्रियों की प्राथमिक शिक्षा को स्वीकार किया परंतु उच्च शिक्षा का विरोध किया। उन्होंने अपने पूर्व उद्धरणों का स्मरण कराते हुए कहा : ''अतीत से लेकर वर्तमान तक मेरी यह दृढ़ मान्यता रही है कि पुरुषों में शिक्षा के प्रसार की सख्त तथा महत्त्वपूर्ण जरूरत है, परंतु स्त्रियों की शिक्षा उन्हीं उद्देश्यों की पूर्ति के लिए कोई सहयोग दे यह आवश्यक नहीं।

स्त्री शिक्षा की वकालत करनेवाले अनेक लोगों ने दयानंद सरस्वती के विचारों से अपने आप को यह कहते हुए अलग कर लिया कि 'लड़कियों की शिक्षा का चरित्र' लड़कों की शिक्षा से भिन्न होना चाहिए...हिंदू लड़की को हिंदू लड़कों से भिन्न प्रकृति के कार्य करने होते हैं अतः मैं उस व्यवस्था को प्रोत्साहित नहीं करूँगा जो उन्हें उनके राष्ट्रीय चारित्रिक गुणों से वंचित कर दे। हम अपनी लड़कियों को ऐसी शिक्षा नहीं देंगे जो उनकी सोच को बदल दे।[79]

यद्यपि कन्या महाविद्यालय खुला परंतु उसका पाठ्यक्रम कन्या पाठशाला के पाठ्यक्रम का विस्तारित रूप ही नजर आया। दोनों ही पाठ्यक्रम ब्राह्मण स्कूलों में प्रचलित पाठ्यक्रम के समान ही थे। प्राथमिक साक्षरता के साथ-साथ अंकगणित तथा कुछ काव्य, आर्य समाजी धार्मिक साहित्य, सिलाई, कढ़ाई, पाकशास्त्र तथा 'सफाई', कला तथा संगीत के विषय पढ़ाए जाते थे।[80]

शताब्दी के अंत तक आर्य समाजियों ने शुद्धि आंदोलन शुरू किया जिसमें धर्मांतरित हिंदुओं को वापस अपने धर्म में लाने के लिए शुद्धिकरण संस्कार संपन्न कराए गए। सभी जातियों के लोगों को यज्ञोपवीत (जनेऊ) पहनने की अनुमति देकर आर्य समाज ने जाति अवरोधकों को तोड़ दिया तथा जातिच्युत कर दिए गए लोगों को पुनः अपनी जाति में लाने के प्रयास किए गए। हालाँकि इस बिंदु पर निश्चित तनाव था : अछूतों को आर्य समाज के संस्कृत स्कूलों में प्रवेश की अनुमति तो दी जाए परंतु उन्हें जनेऊ पहनने की आज्ञा न हो। आर्य समाजी इस बात का संतोषजनक उत्तर नहीं दे सके कि आर्य अपने समक्ष आई द्रविड़ों की ऐसी समान समस्याओं से कैसे निपटते थे।[81] इसके बावजूद शुद्धिकरण आंदोलन सुसंस्कार का आधार बना तथा इसकी सदस्य संख्या 1891 में 40,000 से बढ़कर 1921 में पाँच लाख से अधिक हो गई।

सन् 1890 के दशक में मांसाहार के मुद्दे पर आर्यसमाज में फूट पड़ गई।

इसके साथ ही पश्चिमीकरण को लेकर भी दोनों गुटों में समान मतभेद थे। मध्यवर्गीय या उदारवादी गुट वह था जो दयानंद के आंग्लो-वेदिक (डीएवी) कालेज का समर्थक था। डीएवी कालेजों में विज्ञान तथा वैदिक संस्कृत साथ-साथ पढ़ाए जाते थे।[82] गुरुकुल का कट्टरपंथी गुट वह था जिसने सरकार से आर्थिक सहायता लेने से इनकार कर दिया। शिक्षा को ब्रह्मचर्य के सिद्धांतों पर आधारित करते हुए केवल संस्कृत एवं हिंदी की शिक्षा दी। गुरुकुल गुट ने ऐसे मीमांसकों की सेवाएँ भी लीं जो धर्मच्युत हो चुके लोगों को अपने प्रवचन के माध्यम से धर्मावलंबी बना सकें।[83] बहरहाल इस बीच दोनों गुट आर्य-धर्म से हटकर हिंदू चेतना की बात करने लगे। गुरुकुल गुट के संस्थापकों में से एक लेखराम ने अहम दिया मुसलमानों के साथ विवादास्पद बहस छेड़ दी जिसकी परिणति 1897 में उनकी (लेखराम) हत्या के रूप में हुई। मध्यवर्गीय उदारवादी गुट के लाला लालचंद ने काँग्रेस पर यह कहते हुए हमला किया कि "प्रत्येक हिंदू के मन में यह चेतना अवश्य जाग्रत होनी चाहिए कि वह हिंदू है, भारतीय मात्र नहीं।"[84]

हालाँकि उन्नीसवीं सदी की अंतिम चौथाई में दक्षिण भारत में समाज सुधार आंदोलनों की शुरुआत हुई किंतु वे सदी के अंत तक आमतौर पर क्षीण ही रहे। सन् 1871 में मद्रास में एक विधवा पुनर्विवाह एसोसिएशन बना किन्तु वह अल्पजीवी रहा। सन् 1880 में दीवान बहादुर रघुनाथ राव ने इसे पुनर्जीवित किया।[85] सन् 1878 में वीर सालिंगम ने राजामुंद्री समाज सुधार एसोसिएशन की स्थापना की जिसने विधवा पुनर्विवाह पर अपना ध्यान केंद्रित किया। सन् 1890 में के. एन. नटराजन ने 'इंडियन सोशल रिफॉर्मर' नामक अखबार शुरू किया जिसने सारे देश में चल रहे समाज सुधार आंदोलनों को एक सूत्र में पिरोने में महत्त्वपूर्ण भूमिका निभाई। सन् 1892 में युवा हिंदुओं ने हिंदू समाज सुधार एसोसिएशन का गठन किया। ये लोग स्वयं को 'यंग मद्रास पार्टी' के रूप में संबोधित करते थे।[86] यद्यपि ये लोग इंडियन सोशल रिफार्मर से संबद्ध थे किंतु उसके अंदर भी उन्होंने एक प्रगतिवादी चौकड़ी बना ली थी जो पुराने समाज सुधारकों के बहुविवाह, बालविवाह, वधू मूल्य तथा देवदासियों द्वारा वेश्यावृत्ति किए जाने से निपटने के उनके तरीकों की आलोचक थी। ठीक उसी समय सन् 1882 में अडयार में थियोसॉफिकल सोसायटी का गठन हुआ। समिति अपने समाज सुधार के मूल निहितार्थ (प्रयोजन) से एनी बेसेंट के प्रभाव में उदासीन हो गई। एनी बेसेंट ने 1890 के प्रारंभिक वर्षों में समाज सुधारकों पर हमला करते हुए परंपरागत हिंदुत्व का बचाव किया।[87]

सदी के अंत तक हिंदू पहचान की तलाश इस कदर बढ़ी की ब्रह्मसमाजी भी, जो कि पहले भारतीय लड़कियों की शिक्षा की बात करते थे, अब 'हिंदू लड़की' की शिक्षा की बात करने लगे।[88] यह सच है कि जब वे भारतीय स्त्री की बात करते थे तो उसकी पृष्ठभूमि में हिंदू स्त्री ही होती थी परंतु वास्तविकता यह भी है कि

उन्नीसवीं शताब्दी के समाज सुधार आंदोलन की आमतौर पर इसलिए आलोचना की गई कि तत्कालीन सुधारकों द्वारा जो मुद्दे लिए गए वे बड़े पैमाने पर उच्च जाति की हिंदू स्त्रियों के सती, विधवा पुनर्विवाह तथा बाल विवाह जैसे मुद्दे थे। हालाँकि यह आलोचना उन्नीसवीं सदी के समाज सुधार आंदोलन के उन मतभेदों को नजरअंदाज करती है जो उस दौरान उभरे। उदाहरणार्थ हिंदुओं की आर्य के रूप में पहचान तथा दोनों का सांप्रदायीकरण, जाति तथा पूजा-पद्धति के आधार पर आंदोलनों में फूट, तथा 'हिंदू समाज सुधार' आंदोलन में आश्चर्यजनक रूप से उभरते जैविक-मौलिक तर्क। अगले अध्याय में हम इसका उल्लेख करेंगे कि इन घटनाओं ने 20वीं सदी में क्या रूप धारण किया।

टिप्पणियाँ

1. परंपरागत भारतीय समाज में निजी तथा सार्वजनिक में भेद की व्याख्या के लिए इस मुहावरे का बड़े पैमाने पर प्रयोग किया जाता है। इस मुहावरे का प्रयोग कुमकुम संघारी तथा सुदेश वैद द्वारा संपादित काली फॉर वीमेन, दिल्ली द्वारा 1989 में प्रकाशित पुस्तक **'रिकास्टिंग वीमेन'** नामक पुस्तक में किया गया है। पुस्तक में समाहित लेखों की श्रृंखला में इस बात का वर्णन किया गया है कि उपनिवेशवादी मुठभेड़ के बाद विश्व तथा घर का भेद किस प्रकार प्रभावित हुआ।
2. रिचर्ड टक्कर, **'राणाडे एंड रुट्स ऑफ इंडियन नेशनलिज्म'** बंबई, पापुलर प्रकाशन 1972 पृष्ठ 18।
3. वी. सी. जोशी द्वारा संपादित तथा विकास, दिल्ली द्वारा 1975 में प्रकाशित पुस्तक **'राममोहन राय एंड द प्रोसेस ऑफ माडर्नाइजेशन इन इंडिया'** में रजत राय एवं सुमित सरकार का आलेख—'राममोहन राय एंड ब्रेक विद द पास्ट।'
4. आशीष नंदी, **'द इंटीमेट एनमी'** दिल्ली, ऑक्सफोर्ड यूनिवर्सिटी प्रेस, 1980।
5. कुमकुम संघारी एवं सुदेश वैद द्वारा संपादित **'रिकास्टिंग वीमेन'** में उमा चक्रवर्ती का आलेख—'व्हाट-एवर हैपेंड टू द वेदिक दासी ?' 'ओरिएंटलिज्म, नेशनलिज्म एंड ए स्क्रिप्ट फॉर द पास्ट।' पृष्ठ 27-87।
6. **'स्टडीज इन हिस्ट्री'** न्यू सीरिज खंड 3, नं. 1, पृष्ठ 9-28 में प्रकाशित अरुंधती मुखोपाध्याय का आलेख—'एटीट्यूड्स टुवार्ड्स रिलीजन एंड कल्चर इन नाइंटींथ सेंचुरी बेंगाल : द तत्त्वबोधिनी सभा; 183-59।
7. **'एट द एज ऑफ साइकोलॉजी'** दिल्ली, ऑक्सफोर्ड यूनिवर्सिटी प्रेस, 1980 पृष्ठ 21 में आशीष नंदी का आलेख : 'सती ए नाइंटींथ सेंचुरी टेल ऑफ वीमेन, वायलेंस एंड प्रोटेस्ट'।
8. एडवर्ड थाम्पसन, **'सती'** लंदन, जार्ज एलेन एंड अनविन, 1928 पृष्ठ 78।
9. जुआना लेडले एवं रमा जोशी, **'डाटर्स ऑफ इंडिपेंडेंस'**, दिल्ली, काली फॉर वीमेन, 1986 पृष्ठ 27।
10. एन. के. सिन्हा द्वारा संपादित **'हिस्ट्री ऑफ बेंगाल, 1757-1905'** कलकत्ता, 1967 में प्रकाशित पुस्तक में विनय घोष का आलेख—'द प्रेस इन बेंगाल' पृष्ठ 233।

11. कुमकुम संघारी तथा सुदेश वैद–भूमिका–पृष्ठ 16।
12. जुआना लेडले तथा रमा जोशी पूर्वोक्त।
13. **'मानुषी'** के अंक 42-43 में प्रकाशित आनंद यांग का आलेख, 'द मेनीफेसेज ऑफ सती इन द नाइंटींथ सेंचुरी।'
14. आशीष नंदी, 'सती' पूर्वोक्त पृष्ठ 7।
15. तथैव पृष्ठ 4-5।
16. जे. सी. घोष (सं.) **'द इंग्लिश वर्क्स ऑफ राजा राममोहन राय'**, दिल्ली, कॉस्मो, 1982 खंड 2 पृष्ठ 363।
17. तथैव।
18. उमा चक्रवर्ती, पूर्वोक्त पृष्ठ 44-46।
19. **'वेस्ट बेंगाल डिस्ट्रिक्ट गजट'** हुगली पृष्ठ 526।
20. **'हिस्ट्री ऑफ बेंगाल'** पूर्वोक्त पृष्ठ 452।
21. तथैव।
22. ब्राह्मो समाज की स्थापना राम माहनराय द्वारा 1828 में की गई।
23. **'हिस्ट्री ऑफ बेंगाल'** पूर्वोक्त पृष्ठ 452।
24. सुषमा सेन, **'मेमायर्स ऑफ एन ऑक्टोजेनारियन'** कलकत्ता, एल्म प्रेस, 1971 पृष्ठ 10-30।
25. उमा चक्रवर्ती, **'कंडीशंस ऑफ बेंगाली वीमेन एराउंड द सेकंड हाफ ऑफ द नाइंटींथ सेंचुरी'**, कलकत्ता, 1963 पृष्ठ 40-42।
26. सुमन्त बैनर्जी का आलेख–''मार्जिनिलाइजेशन ऑफ वीमेंस पापुलर कल्चर इन नाइंटींथ सेंचुरी बेंगाल–संघारी तथा वैद–पूर्वोक्त पृष्ठ 127-79।
27. गैल ओमवेट, **'कल्चरल रिवोल्ट इन ए कालोनियल सोसायटी'**, साइंटिफिक सोशल एजुकेशन ट्रस्ट, बम्बई, 1976 पृष्ठ 100।
28. एस. नटराजन, **'ए सेंचुरी ऑफ सोशल रिफॉर्म इन इंडिया'** एशिया पब्लिशिंग हाउस, 1962, पृष्ठ 53।
29. श्याम कुमारी नेहरू द्वारा संपादित पुस्तक **'आवर केस'** में कार्नेलिया सोराबजी का आलेख–'द पोजीशन ऑफ हिंदू वीमेन फिफ्टी इयर्स एगो', 1936 पृष्ठ 5।
30. गैल ओमवेट, पूर्वोक्त पृष्ठ 107।
31. तथैव पृष्ठ 106।
32. सुमंत बैनर्जी पूर्वोक्त पृष्ठ 174 पैरा 40।
33. सुबाल चंद्र मित्रा, **'ईश्वरचंद्र विद्यासागर'** कलकत्ता, न्यू बंगाल प्रेस, 1902 पृष्ठ 282-89।
34. तथैव पृष्ठ 306।
35. कार्नेलिया सोराबजी, पूर्वोक्त पृष्ठ 8-9।
36. मिसेज मारकस बी फुलर, **'द रांग्स ऑफ इंडियन वूमनहुड'**, दिल्ली, इंटर इंडिया पब्लिकेशंस, 1984 पृष्ठ 62-69, प्रथम संस्करण 1900।
37. **'इंडियन इकोनॉमिक एंड सोशल हिस्ट्री रिव्यू'** खंड बीस, अक्टूबर-दिसंबर 1983 पृष्ठ 363-88 पर प्रकाशित लकी कैरोल का आलेख–लो, कस्टम एंड स्टेट्यूटरी सोशल रिफॉर्म : 'द हिन्दू विडो'ज रिमैरिज एक्ट ऑफ 1856' (संक्षिप्त नाम : आईईएसएचआर)।
38. सी. एच. हेमसैथ, **'इंडियन नेशनलिज्म एंड हिंदू सोशल रिफॉर्म'** प्रिंसटन यूनिवर्सिटी प्रेस, 1964 पृष्ठ-14।
39. उमा चक्रवर्ती, पूर्वोक्त पृष्ठ 42।

40. के. ए. निजामी, **'सैयद अहमद खान'**, प्रकाशन विभाग, भारत सरकार, 1966 पृष्ठ-12।
41. गौतम चट्टोपाध्याय (सं.) **'एवेकनिंग इन बेंगाल'**, कलकत्ता, 1945 पृष्ठ संख्या 95-97 एवं 277-85।
42. अरुंधती मुखोपाध्याय, पूर्वोक्त।
43. लाजपत राय, **'ए हिस्ट्री ऑफ द आर्य समाज'**, दिल्ली, ओरिएंट लांगमैन 1967, पृष्ठ 45।
44. कीनेथ जोंस, **'आर्य धर्मा'**, दिल्ली, मनोहर, पृष्ठ 138।
45. उमा चक्रवर्ती पूर्वोक्त, पृष्ठ 54।
46. गंगा प्रसाद उपाध्याय, **'स्वामी दयानंद'स कांट्रीब्यूशन टू हिंदू सॉलिडैरिटी'** इलाहाबाद, आर्य समाज, 1939 पृष्ठ 93-96।
47. डी. वैबल, **'द आर्य समाज'**, दिल्ली, विकास, 1983, पृष्ठ 110-111।
48. सुषमा सेन, पूर्वोक्त, पृष्ठ 147।
49. धनंजय वीर, **'महात्मा ज्योतिराव फुले–फादर ऑफ आवर सोशल रिवॉल्यूशन** बंबई, पापुलर प्रकाशन, 1965, पृष्ठ 40।
50. उदाहरणार्थ देखें : दयाराम, गिडूमल (सं.) **'द स्टेटस ऑफ वीमेन इन इंडिका'** बंबई, 1889।
51. फिलिप एरीज, **'सेंचुरीज ऑफ चाइल्डहुड'**, न्यूयॉर्क, विंटेज बुक्स, 1972।
52. उदाहरणार्थ देखें : **केनेथ बैलेचेर, 'रेस, सेक्स एंड क्लास अंडर द राज'** दिल्ली, विकास, 1980।
53. **'हिस्ट्री वर्कशाप जर्नल'** नई दिल्ली में अन्ना डेविन का आलेख–'इम्पीरियलिज्म एंड मदरहुड' तथा रजनीकांता दास–'हिस्ट्री ऑफ इंडियन लेबर लेजिसलेशन' कलकत्ता यूनिवर्सिटी, 1941, पृष्ठ-51-54।
54. दयाराम गिडूमल पूर्वोक्त, पृष्ठ 35, 51 एवं 55।
55. तथैव पृष्ठ-248।
56. तथैव पृष्ठ-35।
57. तथैव पृष्ठ-36।
58. हिस्ट्री ऑफ बंगाल, पूर्वोक्त, पृष्ठ 408।
59. वाई. चिंतामणि द्वारा संपादित **'इंडियन सोशल रिफॉर्म'** में संकलित चतुर्थ समाज सम्मेलन, 1890 में दिए गए रानाडे के भाषण का अंश। पृष्ठ 16।
60. सी. एच. हेमसैथ, पूर्वोक्त, पृष्ठ 16-17।
61. गैल ओमवेट : पूर्वोक्त, पृष्ठ 102।
62. तथैव पृष्ठ 107।
63. जुआन लियोवोल्ड, **'द आर्यन थ्यौरी ऑफ रेस'**, आईईएसएचआर, जून 1970, पृष्ठ 270-97।
64. गैल ओमवेट, पूर्वोक्त, पृष्ठ 101-6।
65. दयाराम गिडूमल, पूर्वोक्त, पृष्ठ 122।
66. गैल ओमवेट, पूर्वोक्त, पृष्ठ 101।
67. एस. नटराजन, पूर्वोक्त, पृष्ठ 85-86।
68. तथैव पृष्ठ 86-87।
69. तथैव पृष्ठ 68।
70. सीता राम सिंह **'नेशनलिज्म एण्ड सोशल रिफॉर्म इन इंडिया : 1885-1920'** दिल्ली, रंजीत प्रिंटर्स एंड पब्लिशर्स, पृष्ठ 87।
71. सुमित सरकार, माडर्न इंडिया (एम आई) दिल्ली, मैकमिलन एंड कं. 1983, पृष्ठ 80।
72. तथैव पृष्ठ 84।
73. सीताराम सिंह पूर्वोक्त, पृष्ठ 88।

74. सुमित सरकार, एम आई, पृष्ठ 71-72।
75. तथैव पृष्ठ 72।
76. बी. सी. पाल, **'द फ्रीडम मूवमेंट इन बेंगाल'** फोरवर्ड नं. 1138, 26.12.1926। पृष्ठ 17।
77. सुमित सरकार, एम आई, पृष्ठ 84।
78. कीनेथ जोन्स, पूर्वोक्त, पृष्ठ 99-102।
79. तथैव पृष्ठ 106।
80. तथैव पृष्ठ 216-17।
81. लाजपतराय, पूर्वोक्त, पृष्ठ 138।
82. तथैव
83. डी. वैबल, पूर्वोक्त, पृष्ठ 144।
84. सुमित सरकार, एम आई, पृष्ठ 75।
85. एस. नटराजन, पूर्वोक्त, पृष्ठ 89।
86. सुमित सरकार, एम आई, पृष्ठ 71।
87. तथैव पृष्ठ 74।
88. सुषमा सेन, पूर्वोक्त, पृष्ठ 145।

3. 'राष्ट्र माता' बनती स्त्री

उन्नीसवीं सदी के आखिर तक समाज सुधार आंदोलनों का असर दिखाई देने लगा। हालाँकि रमाबाई सरीखे व्यक्तिगत विद्रोह तब भी नाममात्र को ही दिखाई पड़े। (रमाबाई का विद्रोह शायद इस वजह से सफल हुआ क्योंकि उन्हें उनके परिवार का समर्थन प्राप्त था। इसके अतिरिक्त उन्हें मिशनरी समुदाय का सहयोग भी प्राप्त हुआ जिसने उनके विदेश जाने की व्यवस्था की)। परंतु सार्वजनिक जीवन में विद्रोही स्त्रियों की संख्या में उल्लेखनीय वृद्धि हुई। निरुपमा देवी एवं अनुरूपा देवी जैसी लब्धप्रतिष्ठ उपन्यास लेखिकाओं का उदाहरण बंगाली साहित्य में दिया जाने लगा। वे साक्षरता क्लब की भी सदस्य थीं,[1] यह बात दीगर है कि उनके कृतित्व को 'छोटा' तथा मात्र मनोरंजक कहकर उसकी उपेक्षा की गई। महाराष्ट्र की पहली महिला उपन्यासकार काशी बाई कानितकर ने 1890 के दशक में लेखन प्रारंभ किया तथा ठीक उसी समय महाराष्ट्र की पहली महिला डाक्टर आनंदीबाई जोशी ने अपनी शिक्षा पूरी की।[2] प्रगति के इन लक्षणों के बावजूद जिस माहौल में ये महिलाएँ रहती थीं वह बड़ा रूखा एवं असहिष्णु था। एक बार की बात है, काशीबाई कानिकतर तथा आनंदीबाई जोशी—दोनों सहेलियाँ—जब पहली बार जूते पहनकर तथा छाता लेकर बाहर निकलीं तो उन पर यह कहकर गलियों में पत्थर बरसाए गए कि उन्होंने पुरुष अधिकारवाले प्रतीकों को अपनाकर उनका अपमान करने की हिमाकत की है।[3] 1882 में ताराबाई शिंदे द्वारा लिखित एवं पूना से प्रकाशित पुस्तक 'स्त्री-पुरुष तुलना' को लेकर सत्यशोधक समाज के दो सदस्यों—कृष्णराव भालेकर एवं ज्योतिबा फुले—के बीच गर्मागर्म बहस शुरू हो गई। पुस्तक में स्त्री तथा पुरुष की तुलना करते हुए कहा गया कि धोखेबाजी, मक्कारी, संदिग्ध चरित्र एवं असहिष्णुता के जो अवगुण स्त्रियों में माने जाते हैं, वे समान रूप से पुरुषों में भी मौजूद होते हैं। बहरहाल, ताराबाई शिंदे ने स्त्रियों के पक्ष का गहराई से बचाव करते हुए पुस्तक का उपसंहार करते हुए लिखा कि स्त्रियाँ अपनी दृढ़ इच्छाशक्ति के कारण हमेशा सम्माननीय तथा अग्नि की तरह पवित्र एवं आंतरिक तथा बाह्य दोनों रूपों में सुपात्र मानी जाएँगी। पुस्तक में पुरुषों को शर्मसार किया गया है तथा उन्हें नीचा दिखाने की कोशिश

की गई है।

पुस्तक की भावनाएँ परंपरागत प्रतीत होती थीं लेकिन सुधारवादियों के अंदर भी सत्यशोधक समाज जैसे सुधारवादी संगठन में पुस्तक का बड़ा तिरस्कारपूर्ण स्वागत हुआ : कृष्णराव भालेकर ने नाक-भौं चढ़ाते हुए पुस्तक पर लिखित हमला किया जिसका उत्तर उतनी ही उत्तेजक भाषा में देते हुए ज्योतिबा फुले ने भालेकर पर आरोप लगाया कि वे उस परंपरागत भारतीय परिवार प्रणाली का बचाव कर रहे हैं जिसमें पुरुषों को हर प्रकार की मनमानी करने की छूट तथा स्त्रियों को असहाय तथा घर की चारदीवारी में कैद करके रखने का रिवाज़ है। गेल ओमवेट के अनुसार फुले की दृष्टि में यह "पति-पत्नी के बीच समानता पर आधारित संबंधों का मुद्दा था तथा इसका निहितार्थ परिवार के अंदर पुराने एकाधिकारवादी ढाँचे को ध्वस्त करना था।"[4]

इस बीच पंजाब तथा बंगाल में आर्य समाज तथा ब्राह्मो समाज दोनों ने अनेक पुरुष सुधारकों को भ्रमित करने के उद्देश्य से महिला उपदेशिकाओं को अंडा देनेवाली मछली के रूप में पेश किया। आर्य समाज के लिए यह एक आकस्मिक घटना थी, नतीजतन उनके ढुलमुल ढाँचे में अनेक उपदेशिकाएँ आत्मनियुक्त थीं। हालांकि भक्ति तथा तांत्रिक आंदोलनों के संदर्भ में महिला प्रचारकों को परंपरागत रूप से स्वीकार किया गया, परंतु सुधार पर आधारित आर्य समाज तथा ब्राह्मो समाज जैसे धार्मिक संगठनों के लिए यह बिल्कुल नई बात थी। रमाबाई का ही उदाहरण लीजिए। रमाबाई पहली महिला प्रचारिका थीं जिन्हें महिलाओं की हितैषी होने एवं उनके पक्ष पोषण के लिए प्रसिद्धि मिली परंतु सुधार आंदोलनों के अंदर उन्हें पूरी तरह स्वीकार नहीं किया गया। यही कारण था कि वे धर्मपरिवर्तन कर ईसाई बन गईं।

आर्य समाज की महिला उपदेशिकाओं में से एक माई भगवती ने हरियाणा में एक विशाल जनसभा को संबोधित किया जबकि आम उपदेशिकाओं ने आमतौर पर घर के भीतर प्रवचन किए। उनके भाषण की अक्षरशः रपट दैनिक ट्रिब्यून में प्रकाशित हुई जिसमें कहा गया कि हरियाणा की स्त्रियों पर इस भाषण का जबरदस्त प्रभाव पड़ा : एक संवाददाता ने कहा कि माई भगवती के उपदेश के पश्चात हरियाणा के किसी भी घर में अच्छी तरह पका हुआ भोजन पा लेना कठिन हो गया है। लोग बदहजमी के डर से हरियाणा में ठहरने से कतराते हैं।...[5]

स्त्री उपदेशिकाओं की नियुक्ति ब्राह्मो समाज में काफी विवादास्पद रही। 1881 में मनोरमा मजूमदार नामक महिला अपने ब्राह्मण पति से अपने घर में शिक्षा प्राप्त कर बड़ीसाल ब्राह्मो समाज द्वारा धर्मप्रचारिका नियुक्त की गई। इसके तत्काल बाद एक गर्मागर्म बहस उठ खड़ी हुई कि क्या स्त्रियों को इस प्रकार 'सम्मानित' किया जाए ? यह बावेला निरंतर तीन वर्षों तक मचा रहा। सौभाग्यवश यह मसला एक प्रतिष्ठित एवं प्रभावशाली ब्राह्मण चंडीचरण सेन के हस्तक्षेप से मनोरमा के पक्ष में

सुलझ गया।[6] यद्यपि किसी महिला द्वारा जन-अभियान के संचालन का पहला प्रयास ब्राह्मो समाज द्वारा 1890 में किया गया। कलकत्ता में पर्दा प्रथा के विरुद्ध जन-अभियान की शुरुआत करते हुए ब्राह्मण स्त्रियाँ शहर की गलियों में गाते हुए निकलतीं तथा जहाँ भी लोग इकट्ठा हो जाते वहीं पर वे उन्हें परदा प्रथा की बुराइयों के बारे में संबोधित करतीं।[7]

इन्हीं वर्षों के दौरान स्त्रियों ने राष्ट्रवादी आंदोलनों एवं संगठनों में भाग लेना शुरू किया। हालाँकि काफी हद तक स्त्रियों को अपने आसपास मंडराते पुरुषों के

'हिन्दू लेडीज़ (1900) स्त्रियों के भिन्न परिधानों को दर्शाती यह तस्वीर 'ए सेकंड पैराडाइज़' डबलडे से 1985 में लेकर पुनर्प्रकाशित की गई।

पंडिता रमाबाई अपने स्कूल की युवा स्त्रियों के समूह के साथ।

विरोध का सामना भी करना पड़ा। सन् 1889 के काँग्रेस के बंबई सत्र की रिपोर्ट में कहा गया : "कम से कम दस महिला प्रतिनिधियों ने बंबई काँग्रेस में हिस्सा लिया जिनमें से एक का चुनाव पुरुषों द्वारा एक जनसभा में किया गया जबकि अन्य स्त्रियाँ वीमेंस क्रिश्चियन टेंपेरेंस यूनियन, बंगाल लेडीज एसोसिएशन तथा महिला समाज जैसे अनेक स्त्री संगठनों से आई थीं। इन दस महिलाओं में यूरोपीय, ईसाई (भारतीय मूल) एक पारसी, एक रूढ़िवादी हिंदू तथा तीन ब्राह्मण थीं। पंडिता रमाबाई भी उनमें से एक थीं।[8] वास्तविकता यह है कि इस काँग्रेस सत्र में महिलाओं की सहभागिता मुख्यतया रमाबाई के प्रयासों से ही संभव हुई। चार्ल्स ब्रेडलाफ ने उन्हें तथा अन्य लोगों को सलाह दी कि महिला प्रतिनिधियों को काँग्रेस में अभी से ही शामिल हो जाना चाहिए ताकि जब स्वतंत्र भारत की संसद का काँग्रेस द्वारा गठन हो तो उनके सरोकारों को स्वर मिल सके। रानाडे तथा अन्य अग्रणी समाज सुधारकों ने ब्रेडलाफ के सुझावों का विरोध किया परंतु अकेली रमाबाई ने उनके सुझाव को माना तथा वे अपने प्रयास से सात या आठ महिला प्रतिनिधियों को काँग्रेस के जलसे (अधिवेशन) में शामिल कराने में सफल हुईं।[9]

रिपोर्ट में इस बात का उल्लेख तो किया गया कि महिला प्रतिनिधियों को दरी पर बैठने की अनुमति दी गई परंतु इस तथ्य को छिपा लिया गया कि उन्हें बोलने या कि प्रस्तावों पर वोट देने की इजाजत नहीं दी गई।[10] इस बारे में भ्रम है कि महिला प्रतिनिधियों को काँग्रेस के किस अधिवेशन में सचमुच बोलने की अनुमति दी गई। एक लेखक का कहना है कि सन् 1890 के काँग्रेस अधिवेशन में जिसमें मात्र चार महिला प्रतिनिधि शामिल थीं, उनमें से एक को बोलने या कि अध्यक्ष के

प्रति धन्यवाद देने की आज्ञा दी गई। अपने उद्‌बोधन में उक्त महिला ने अध्यक्ष द्वारा उसे बोलने की अनुमति देने के लिए धन्यवाद दिया तथा कहा कि इससे हम भारतीय स्त्रियों का दर्जा बढ़ गया है।[11] एक अन्य लेखक दस वर्ष बाद की तिथि का उल्लेख करते हुए कहता है कि काँग्रेस अधिवेशन में बोलने वाली प्रथम महिला प्रतिनिधि श्रीमती कादम्बिनी बाई गांगुली थीं जिन्होंने सन् 1900 में कलकत्ता में सम्पन्न काँग्रेस के 16वें अधिवेशन में अध्यक्ष को धन्यवाद देने की रस्म निभाई।[12]

दिलचस्प बात यह है कि काँग्रेस अधिवेशन के माध्यम से स्त्रियाँ अपनी जिन समस्याओं को उठाना चाहती थीं उनमें वेश्यावृत्ति पहला एवं प्रमुख मुद्दा था। इस विषय में उन्होंने जो कुछ कहने की कोशिश की उससे इस समस्या के बारे में उनके राष्ट्रवादी दृष्टिकोण पर रोशनी पड़ती है। सन् 1888 के अधिवेशन में प्रस्ताव पास करके कहा गया कि वेश्यावृत्ति संबंधी कानून के उन्मूलन के प्रयास में उनका समर्थन करनेवाले भारत के ब्रितानी शुभचिंतकों के साथ वे सहयोग करेंगी ताकि भारत में सरकार द्वारा निर्धारित वेश्यावृत्ति का नियमन करनेवाले नियम-कानूनों को समाप्त कराया जा सके (यह मेरा मत है)। यही प्रस्ताव 1892 के अधिवेशन में फिर दोहराया गया।[13] दूसरे शब्दों में, वे भारत में वेश्यावृत्ति के नियमन के लिए बने ब्रितानी कानूनों का पूरी तरह खात्मा चाहती थीं।

'डांसिंग गर्ल' जयपुर (1885) 'ए सेकण्ड पैराडाइज़' डबलडे से लेकर 1985 में पुनर्प्रकाशित।

भारत में वेश्यावृत्ति को कानूनी दायरे में लाने के लिए अँग्रेजों ने पहली बार अठारहवीं शताब्दी के आखिरी दिनों में कदम उठाए। ज़ाहिरानातौर पर उन्होंने ये कदम वेश्याओं के यहाँ अक्सर जानेवाले अँग्रेज सिपाहियों में उत्पन्न सिफलिस जैसे रोगों से निपटने के लिए उठाए। पूरे देश में नियुक्त अँग्रेज सैनिकों की संख्या में वृद्धि के अनुपात में ही वेश्यावृत्ति में तेजी से वृद्धि हुई। छावनी के आसपास के इलाकों में स्थित बाजारों में लाल बाजार (रेडलाइट एरिया) प्रणाली विकसित की गई। जैसे-जैसे वेश्यावृत्ति का बाजार बढ़ा वैसे ही उनकी विधिसम्मत

व्यवस्था के प्रयास किए गए। सुझाव दिया गया कि वेश्यालयों के नजदीक पुलिस निगरानी चौकियाँ स्थापित की जाएँ ताकि वेश्याओं की अनिवार्य चिकित्सा जाँच एवं उनका पंजीकरण किया जा सके। इसके साथ ही यौन रोगों के इलाज के लिए भी अस्पताल खोले जाएँ जिनमें वेश्याओं को बलपूर्वक रखा जाए। कोढ़ियों तथा पागलों को सलाखों के पीछे ठूँसने की गरज से बनाए गए लॉक अस्पतालों का विस्तार करके उन्हें छावनी क्षेत्रों में भी खोला गया ताकि यौन रोगों का उपचार किया जा सके। परंतु उन अस्पतालों की स्थापना समय की आवश्यकता के अनुसार ही हुई। यौन रोगों तथा वेश्यावृत्ति से निपटने के तरीकों को लेकर उनके नैतिक एवं प्रभावी के मुद्दों पर पूरी सदी तक बहस जारी रही : इस प्रकार सौ वर्षों तक लॉक अस्पताल खोले-बंद किए जाते रहे। यह इस बात पर निर्भर करता था कि लॉक अस्पताल के विरोधियों या समर्थकों में से कौन-सा गुट कब, किस समय प्रभावशाली है।[14]

वेश्यावृत्ति विरोधी ब्रिटिश कानून का संगठित विरोध सन् 1864 में शुरू हुआ। इस वर्ष सरकार ने संक्रामक रोग अधिनियम (कांटेजियस डिसीजेस एक्ट) पारित कर वेश्याओं की चिकित्सा जाँच तथा उनका पंजीकरण अनिवार्य कर दिया। अखबारों में खबरें प्रकाशित हुईं कि अनेक वेश्याओं ने पुलिस उत्पीड़न से तंग आकर आत्महत्या कर ली।[15] बंगाल प्रेसीडेंसी में जेलों के ऊपर जारी एक प्रशासनिक रिपोर्ट में कहा गया कि कानून का उल्लंघन करने के जुर्म में औसतन एक दर्जन वेश्याएँ रोजाना गिरफ्तार की गईं।[16] ब्रिटेन में भी इस कानून के विरोध में प्रदर्शन हुए जहाँ मिशनरियों, गैर-परम्परावादियों तथा ईसाइयों ने व्यापक विरोध अभियान चलाते हुए कानून की आलोचना की। उन लोगों का कहना था कि सरकार ने वेश्यावृत्ति को समाप्त करने के बजाय उसे कानूनी जामा पहना दिया है। (इस अभियान पर सती उन्मूलन आंदोलन की छाया पड़ी)। भारत में यह तर्क 1870 के बाद दिया जाने लगा परंतु यहाँ वह

'लखनऊ की एक वेश्या' (1880) सौजन्य 'ए सेकंड पैराडाइज' डबलडे-1985

वेश्यावृत्ति विरोधी कानून के विरुद्ध दिए जानेवाले अनेक अन्य तर्कों में से एक बनकर रह गया। दूसरा एवं मूलतः व्यापक तर्क यह था कि अँग्रेजों ने जो मापदंड निर्धारित किए उनमें वेश्या और वारांगना या वेश्या और 'रखैल' में कोई अंतर नहीं किया गया था। अनेक रखैलों या वारांगनाओं को सभ्य समाज में या कि 'सम्माननीय' समाज में स्थान प्राप्त था। इतना ही नहीं, यह तर्क भी दिया गया कि क्या इस कानून से पुलिस को सभी प्रकार की वेश्याओं या रखैलों को बिना भेदभाव के उत्पीड़ित करने का मौका नहीं मिलेगा। अँग्रेजों को अपने राष्ट्रीय मामलों में यह तर्क अपमानजनक महसूस हुआ अतः उन्होंने वारांगनाओं एवं महिला मित्रों का दर्जा घटाकर उन्हें सामान्य वेश्याओं का दर्जा दे दिया। इस प्रकार पहले जो लोग रखैलों के स्वामी थे, वे उनके ग्राहकों की श्रेणी में आ गए। परिणामस्वरूप कुलीन एवं संभ्रांत लोगों ने महसूस किया इससे उनका रुतबा घट गया है और वे मालिक से ग्राहक बन गए हैं। कुलीनों ने इसे अँग्रेजों का षड्यंत्र माना तथा कहा कि यह कानून जानबूझकर हमें अपमानित करने तथा हमारी नाक धूल में रगड़वाने के उद्देश्य से पारित किया गया है। यद्यपि कुलीनों के साथ-साथ इस बीच राष्ट्रवादी स्वर भी सुनाई पड़े साफतौर पर काँग्रेस के खेमे से, जिसमें काँग्रेस ने अपने अँग्रेज 'शुभचिंतकों' के शुद्धिकरण के तर्कों का समर्थन करने का फैसला किया।

वेश्याओं के सुधार की पहली कोशिश कलकत्ता के माइकल मधुसूदन दत्त द्वारा की गई। श्री दत्त यंग बंगाली ग्रुप के सदस्य थे। उन्होंने वेश्याओं को थिएटर की कलाकार बनाने का प्रस्ताव रखा। अपने प्रस्ताव की मंजूरी के लिए उन्होंने उसे बंगाल थिएटर कमेटी के पास भेजा। इसके बाद व्यावसायिक थिएटर में स्त्रियों की भूमिका अदा करनेवाले पुरुषों का स्थान वेश्याओं ने ले लिया। अनेक वेश्याएँ हीरोइनें बन गईं जिनमें से एक बिनोदिनी बहुत बड़ी अदाकारा के रूप में उभरी।[17] ऐसा लगता है कि दत्ता का अभियान अमृत बाजार पत्रिका में प्रकाशित उस रपट से प्रेरित था जिसने 1869 में बंगाली सुधारवादी तबके में तहलका मचा दिया था। रिपोर्ट के अनुसार कलकत्ता की 90 प्रतिशत वेश्याएँ विधवाएँ थीं जिनमें से अधिसंख्य कुलीन ब्राह्मण (कुलीन ब्राह्मणों में बहुपत्नी प्रथा प्रचलित थी) परिवारों की थीं।[18] हालाँकि रिपोर्ट से काफी बावेला मचा परंतु उसके विरुद्ध सामान्य प्रतिक्रिया यह थी कि आमतौर पर उसे जला दिया गया। हालाँकि विधवाओं के वेश्या बनने के खतरे को विधवा पुनर्विवाह के लिए चलाए गए अभियान के दौरान रेखांकित किया गया था, विद्यासागर ने स्वयं दत्ता के प्रस्ताव का विरोध किया। बंगाल थियेटर कमेटी ने जब दत्ता के प्रस्ताव को मंजूर कर लिया तो विद्यासागर ने बंगाल थियेटर समिति से त्यागपत्र दे दिया। अनेक सुधारकों को चाहे इस बात से तकलीफ़ हुई कि अनेक वेश्याएँ उनकी अपनी या समान जातियों की तथा आर्थिक समुदायों से आई थीं, या कि अनेक सुधारकों की मंशा उन्हें दंडित करने की रही हो, परंतु सच्चाई यह है कि दत्ता कुछ

गिने-चुने समाज सुधारकों में से एक थे जो वेश्याओं के पुनर्वास के लिए सकारात्मक प्रयास करते नज़र आए। ज्यादातर दूसरे सुधारक वेश्याओं के प्रति अपनी घृणा दर्शाने के लिए चिंतित दिखाई पड़े न कि उनकी दशा सुधारने के लिए।

एक ओर जहाँ कानून में वेश्यावृत्ति के दायरे में विस्तार करते हुए वारांगनाओं, तथा मैडमों एवं रखैलों को भी शामिल किया गया, वहीं दूसरी ओर सुधार अभियान ने अपनी ओर से वेश्यावृत्ति की श्रेणी को और अधिक विस्तार दिया। नौटंकी या नाच जैसे समाज में स्वीकृति प्राप्त कृत्य, जो कि पूरे देश में निजी या सार्वजनिक तौर पर किए जाते थे, अब सुधारकों द्वारा अश्लील माने जाने लगे तथा नाचनेवाली लड़कियों को वेश्या कहना शुरू कर दिया गया। नाच पर प्रतिबंध लगाने का अभियान पहली बार मिशनरी प्रभाव वाले संगठन 'लीग फॉर सोशल प्योरिटी एंड टेम्परेंस' द्वारा चलाया गया जिसने सरकार के समक्ष याचिका प्रस्तुत की कि सार्वजनिक समारोहों में सरकार द्वारा प्रायोजित सभी प्रकार के नृत्य-गान (नाच) पर अविलंब रोक लगाई जाए।[19] शताब्दी के अंत तक सुधारकों के साथ-साथ नाच-विरोधी अभियान इतना लोकप्रिय हुआ कि सन् 1897 में न्यायमूर्ति रानाडे ने घोषणा की : 'आज के बाद सभी समाज सुधार संगठन कृतसंकल्प हैं कि वे अपने परिवारों में होनेवाले विवाह या अन्य समारोहों में नाच की अनुमति नहीं देंगे और न ही उन समारोहों में शामिल होंगे जहाँ नाच की व्यवस्था होगी।[20]

अँग्रेजों की नैतिक संवेदना इतनी तीव्र हो गई कि किसी भी प्रकार के भावनात्मक सार्वजनिक उत्सव को देखते ही उनकी त्योरियाँ चढ़ जातीं खासतौर से उत्सव यदि भौतिक हो। होली का त्यौहार इसी श्रेणी में आता था जिसमें लोग मदमस्त होकर उछल-कूद मचाते थे। इसमें हैरानी की कोई बात नहीं कि सातवें राष्ट्रीय समाज सुधार सम्मेलन में सुधारकों ने होली के त्यौहार के शुद्धिकरण का अभियान चलाने का निर्णय लिया। इस अभियान के तहत लोगों को शराब-भंग इत्यादि पीने या कि उत्सव के दौरान नाचने-गाने पर रोक लगाने की कोशिश की गई। 19वीं सदी में अँग्रेजों को अभिव्यक्ति का जो तरीका बेहद नापसंद था तथा जिससे समाज सुधारक भी प्रभावित थे वह था स्त्रियों द्वारा सार्वजनिक शोक प्रदर्शन : राष्ट्रीय समाज सम्मेलन के नौवें अधिवेशन में एक प्रस्ताव पारित कर स्यापा (पंजाब में स्त्रियाँ किसी की मृत्यु के मौके पर छाती पीट-पीटकर तथा चिल्लाकर अपने दुःख को प्रकट करती हैं) को अत्यंत आपत्तिजनक तथा अनुचित प्रथा कहते हुए इसकी भर्त्सना की गई। सम्मेलन में सभी समाज सुधार संगठनों से स्यापा के विरुद्ध अभियान चलाने का आह्वान किया गया।[21]

उल्लेखनीय तौर पर इस संदर्भ में सुधारकों तथा उदार राष्ट्रवादियों ने सुरेंद्रनाथ बैनर्जी को समर्थन दिया। श्री बैनर्जी स्वयं एक राष्ट्रवादी थे तथा उन्होंने वेश्यावृत्ति पर नागरिक स्वतंत्रता की तर्ज पर तर्क प्रस्तुत किए। 1895 में सरकार की ओर से पुलिस को और अधिक शक्ति दिए जाने का कदम उठाया गया ताकि कोई भी

भारतीय सिपाही किसी भी औरत को वेश्यावृत्ति के आरोप में साक्ष्य के बिना भी गिरफ्तार कर सके। इस आशय का एक बिल सरकार द्वारा पेश किया गया। श्री सुरेन्द्रनाथ बनर्जी ने बिल का विरोध करते हुए कहा कि इससे पुलिस की निरंकुशता बढ़ जाएगी तथा इससे व्यक्तिगत आजादी को खतरा उत्पन्न हो जाएगा। उनके विरोध के परिणामस्वरूप बिल में संशोधन किया गया तथा पुलिस अधिकारियों को केवल उसी स्त्री को वेश्यावृत्ति के आरोप में गिरफ्तार करने की अनुमति दी गई जिसके विरुद्ध लिखित तथा स्वतंत्र शिकायतें की गई हों।[22]

मजेदार बात यह है कि इस कानून के माध्यम से भारतीय तथा ब्रितानी पुलिस में जो भेद किया गया उसको नस्लवाद के किसी बड़े प्रतिमान के रूप में नहीं लिया गया। बहरहाल वेश्यावृत्ति को लेकर अँग्रेजों ने जो कुछ कहा या किया, उससे व्यापक असंतोष उभरा। कानून बनाए जाने की आवश्यकता का एक कारण यह था अँग्रेजों को पता चल चुका था कि कलकत्ता तथा बंबई जैसे शहरों में अनेक ऐसी वेश्याएँ हैं जो यूरोपीय हैं। अँग्रेजों की प्रतिक्रिया बंगालियों की प्रतिक्रिया से भिन्न थी। एक ओर जहाँ अँग्रेजों ने यूरोपीय वेश्याओं की जानकारी मिलने पर उस पर बावेला मचाया, वहीं दूसरी ओर बंगालियों को जब पता चला कि अनेक वेश्याएँ कुलीन ब्राह्मण परिवारों की विधवाएँ हैं तो उन्होंने इस पर चुप्पी साध ली। भारत में यूरोपीय वेश्याओं की मौजूदगी अँग्रेजों के मध्य चर्चा का एक अहम मुद्दा बना। अँग्रेज आपस में इस बात पर बहस करते कि इससे उनकी 'नस्लवादी प्रतिष्ठा' को किस हद तक धक्का लगेगा तथा 'अपने' मामलों में अंग्रेजों का दोहरा चरित्र किस हद तक रेखांकित होगा। एक अन्य तकलीफदेह मुद्दा था अँग्रेज सिपाहियों को भारतीय पुरुषों द्वारा चलाए जा रहे चकलों को खत्म करने के लिए विशेष सुविधा दिया जाना। इस मामले में अँग्रेजों की सोच यह थी कि ऐसे चकलों में जाकर अँग्रेज सिपाही गंदी तथा रोगी भारतीय स्त्रियों का शिकार हो जाते हैं।[23]

ब्रिटिश सिपाहियों के व्यवहार को लेकर भारतीयों के मन में उफनता असंतोष का लावा 1890 के दशक की दो घटनाओं पर फट पड़ा। इस दौरान जनाक्रोश को भड़कानेवाली दो घटनाएँ घटीं। पहली घटना सन् 1893 की है। एक अँग्रेज सिपाही ने हम्पन्ना नामक एक रेलवे गेटकीपर को गोली मार कर मौत की नींद सुला दिया। हम्पन्ना का कुसूर सिर्फ इतना था कि उसने उससे (हम्पन्ना से) मिलने आई दो औरतों को ब्रितानी सिपाही द्वारा छेड़े जाने का विरोध किया था। सरकार ने उक्त सिपाही के विरुद्ध तब कार्रवाई की जब हिंदू समाज सुधार एसोसिएशन, मिशनरी-नीत सोशल प्योरिटी ग्रुप तथा *'द हिंदू'* नामक अखबार ने इस मुद्दे को उछाला। यद्यपि उन दोनों औरतों में से एक ने बहुत पुख्ता साक्ष्य दिए परंतु बचाव पक्ष की दलील थी कि औरतों ने सिपाही को ऐसे संकेत दिए जिससे उसे लगा कि वे वेश्याएँ हैं (हम्पन्ना ने उनसे पैसे माँगे थे तथा उन्होंने अँग्रेज सिपाही को इशारा कर दिया)।

बचाव पक्ष वकील ने यह दलील भी दी कि चूँकि हम्पन्ना ने अँग्रेज सिपाही पर डंडे से हमला किया अतः सिपाही ने आत्मरक्षा में गोली चला दी। जज ने सिपाही की युवावस्था पर अपना ध्यान केंद्रित किया तथा जूरी ने उसे बरी कर दिया।[24]

दूसरी घटना सन् 1897 की है। पूना में फैले हैजे की बीमारी से निपटने के तरीके पर काँग्रेसी नेता तथा समाज सुधारक गोपाल कृष्ण गोखले ने प्रतिक्रिया व्यक्त करते हुए अँग्रेजी समाचार पत्र *'मैनचेस्टर गार्जियन'* से एक भेंटवार्ता में कहा : उन्होंने सुना है कि जिन सिपाहियों को हैजे से पीड़ित लोगों के बचाव के लिए भेजा गया था उन्होंने मूर्तियों पर थूका तथा उन्हें तोड़ दिया...इसके साथ ही अस्पताल ले जाने के बजाय सिपाही हैजा पीड़ित स्त्रियों को जाँच के लिए गलियों में घसीट लाए तथा उनके साथ बदसलूकी की। ...मेरे सूत्रों से पता चला है कि दो औरतों के साथ ज्यादती की गई जिनमें से एक ने अपनी लाज बचाने के लिए आत्महत्या कर ली।[25] चूँकि उनके सूत्र अपनी बात की पुष्टि नहीं कर पाए अतः गोखले ने बाद में अपना आरोप वापस ले लिया। सन् 1899 में आक्रोश भड़ाकानेवाली एक अन्य घटना हुई। रंगून में अँग्रेज सिपाहियों ने एक बर्मी स्त्री के साथ सामूहिक बलात्कार किया। अंततः इस मामले में कर्जन के निर्देश पर सरकार हरकत में आई तथा ब्रिटिश सैनिकों को नौकरी से बर्खास्त कर दिया गया। उनकी रेजीमेंट को सजा-नियुक्ति दी गई।[26]

उन्नीसवीं सदी के अंत तक बलात्कार तथा नस्लवाद को आपस में जोड़ दिया गया। हालाँकि इस घालमेल की ओर पहली बार समाज सुधारकों ने उँगली उठाई, परंतु बाद में राष्ट्रवादियों ने इसे अँग्रेजों के खिलाफ हथियार के रूप में प्रयोग किया। बड़े पैमाने पर बंगाल में खतरनाक अँग्रेज सिपाहियों द्वारा बड़ी मात्रा में स्त्रियों पर बलात्कार करने के मामलों से 'अपनी' स्त्रियों को बचाने के लिए हो-हल्ला हुआ। अपने दौर की सबसे जुझारू राष्ट्रवादी महिला सरला देवी घोषाल, जिन्होंने *'भारती'* के संपादक के रूप में 1895 में पद भार ग्रहण किया, अपनी पत्रिका के जरिए, युवाओं को 'भौतिक संस्कृति' में लिप्त होने के लिए तथा अपनी एवं अपनी स्त्रियों का अँग्रेज सिपाहियों द्वारा गलियों तथा थानों में बलात्कार किए जाने से रक्षा करने के लिए, प्रेरित करना शुरू किया।[27] इसी प्रकार की एक अपील एक 'महिला संवाददाता' द्वारा *'संजीवनी'* नामक पत्रिका में भी की गई।[28]

राष्ट्रवादियों द्वारा बलात्कार को साम्राज्यवादी पाशविकता की संज्ञा दिए जाने के बाद इसे स्पष्ट रूप से स्त्री के विरुद्ध हिंसा के बजाय सामाजिक या राष्ट्रीय गौरव को अपमानित किए जाने के रूप में देखा जाने लगा। ऐसा लगता है कि बलात्कार सिर्फ उसे माना जाने लगा जो कि बाहरी लोगों द्वारा किया गया हो। फूलमणि देवी के मामले पर राष्ट्रवादियों के रवैये से उनकी इस सोच की पुष्टि होती है। सन् 1893 में फूलमणि देवी नामक एक ग्यारह वर्षीय बालिका वधू की उसके पति द्वारा बलात्कार किए जाने के कारण मृत्यु हो गई। हालाँकि इस घटना पर समाज, खासतौर से सुधारकों

में तीखी प्रतिक्रिया हुई परंतु राष्ट्रवादियों ने अपनी जुबान बंद ही रखी।

सुधार आंदोलन में पूर्ववर्ती सुधार अभियानों की शैली की आलोचना होनी शुरू हो गई। उदाहरणार्थ, स्वामी विवेकानंद ने बंगाली समाज सुधारकों पर पश्चिमी मूल्यों तथा प्रणालियों का अनुसरण करने तथा संभ्रांत होने का प्रदर्शन करने का आरोप लगाते हुए हमला किया। इसके साथ ही विवेकानंद ने आर्य भारत के गौरव की सराहना तथा उसके बाद पनपी भ्रष्टाचार की संस्कृति की आलोचना की। सन् 1896 में स्वामी विवेकानंद ने 'सामाजिक सेवा के आदर्श' पर आधारित रामकृष्ण मिशन की बंगाल में स्थापना की। उन्नीसवीं सदी के मध्य में समाज सुधारकों द्वारा प्रतिपादित सिद्धांत वाक्य 'विधवा से विवाह करो, मुक्तिदाता कहलाओ' सदी के अंत तक विकसित होकर कानूनी अभियानों के बजाय समाज सेवा का दर्शन बन गया तथा उसी से प्रभावित होकर गोपाल कृष्ण गोखले ने सन् 1905 में सर्वेंट्स ऑफ इंडिया सोसायटी' की स्थापना की ।

इसी प्रकार के परिवर्तन काँग्रेस में भी होने शुरू हुए जहाँ मध्यमार्गियों की, अरविंद घोष, बाल गंगाधर तिलक, रवीन्द्रनाथ टैगोर तथा अनेक अन्य आलोचकों ने बोझ तथा निष्प्रभावी कहकर आलोचना की। व्यापक जन-समर्थन तथा आत्मनिर्भरता के साथ-साथ 'स्वतंत्र' भारतीय अर्थव्यवस्था के विकास के लिए आह्वान किए गए। 1870 के दशक के बाद से ही भारत में ब्रिटिश राज के अभ्युदय के महत्त्वपूर्ण कारण के रूप में राष्ट्रवादी आर्थिक सिद्धांतों की विवेचना शुरू हुई। सुधारकों का मत था कि अँग्रेज बनावटी तौर पर निर्यात प्रचुरता दिखाकर भारतीय हस्तशिल्प को नष्ट कर रहे हैं। तथा भू-राजस्व की अधिक माँग करके कृषि पर बोझ डाल रहे हैं। अपनी इन्हीं अनीतियों के कारण अँग्रेज 'दौलत का दरिया' बहा रहे हैं।[29] परिणामस्वरूप यह दो प्रकार के बड़े अभियानों के रूप में प्रस्फुटित हुआ : पहला यह कि घरेलू हस्तशिल्प को प्रोत्साहन दिया जाए तथा दूसरा अभियान यूरोपीय एवं सरकारी स्वामित्व वाले उद्यमों में अनियमितताओं को रोकने के लिए चलाया गया। रवीन्द्रनाथ तथा अपने दूसरे भाई के साथ मिलकर *'भारती'* की स्थापना करने वाली स्वर्णकुमारी देवी उन औरतों मे से एक थीं जिन्होंने आत्मशक्ति तथा स्वदेशी के आह्वान पर अमल किया। स्वर्णकुमारी देवी ने 1886 में 'साखी समिति' नामक एक महिला संगठन शुरू किया जिसका उद्देश्य विधवाओं को पढ़ाने के लिए प्रशिक्षण देना था ताकि वे आत्मनिर्भर होकर शिक्षा के प्रसार में सहायता कर सकें। उन्हीं वर्षों में उन्होंने महिला शिल्प मेला आयोजित करना शुरू किया जिसमें भारतीय स्त्रियों द्वारा तैयार हस्तशिल्प की बिक्री की गई : इसका उद्देश्य आंशिक तौर पर साखी समिति के लिए धन संग्रह करना तथा आंशिकतौर पर स्वदेशी एवं आत्मशक्ति के संबल के रूप में भारतीय कुटीर उद्योगों का संवर्द्धन करना था।[30] राष्ट्रवादी आंदोलन के मजबूत होने के साथ ही इस प्रकार के वार्षिक मेले राष्ट्रवादी भावना के अंतर्गत सारे देश में लगने शुरू

हो गए। इन मेलों में 'महिला विभाग' की अलग व्यवस्था की गई। यह राष्ट्रवादी महिलाओं की लोकप्रिय गतिविधि हो गई।

स्वर्ण कुमारी देवी 1856-1932

स्वर्ण कुमारी देवी रवीन्द्रनाथ टैगोर की चौथी पुत्री थी। उनका विवाह 13 वर्ष की आयु में ब्राह्मण रीति-रिवाजों के अनुसार हुआ था। उन्हें कविता एवं कहानियाँ लिखने का शौक था। मात्र 18 वर्ष की आयु में उनका पहला उपन्यास दीप निर्माण प्रकाशित हुआ। सन् 1877 में उन्होंने 'भारती' के संपादकमंडल की सदस्यता ग्रहण की तथा सन् 1884 में उसकी प्रधान संपादक बनीं। पाठ्यपुस्तकों, लघु कहानियों तथा नाटकों समेत उन्होंने बंगाली भाषा में कुल 25 किताबें लिखीं। उनके दो उपन्यासों—चिन्नमुकुल तथा फुलेर माला—का क्रमशः 1910 तथा 1913 में अँग्रेजी में अनुवाद किया गया।[1]

सन् 1882 में उन्होंने 'लेडीज थियोसॉफिकल सोसायटी' (महिला ब्रह्मवाद समिति) की स्थापना की जो सदस्यों की कमी के कारण सन् 1886 में बंद हो गई। सन् 1886 में उन्होंने साखी समिति शुरू की ताकि संभ्रांत परिवारों की स्त्रियों को एक-दूसरे से मिलने-जुलने का अवसर मिले और वे समाज सुधार के महान कार्य में स्वयं को समर्पित कर सकें।...समिति का पहला उद्देश्य अनाथों तथा विधवाओं की सहायता करना है। यह दो प्रकार से किया जाएगा।...ऐसे मामलों में जहाँ किसी अनाथ या विधवा का कोई निकट संबंधी न हो, या कि निकट संबंधी उन लोगों की देखभाल करने में समर्थ न हो, साखी समिति उनकी पूरी जिम्मेदारी लेगी...समिति...उन्हें पढ़ाएगी और उनके जरिए स्त्री शिक्षा का प्रसार करेगी। अपनी शिक्षा समाप्त होने के बाद वे जनाना शिक्षा का कार्य अपने हाथ में लेंगे। इस प्रकार से दो उद्देश्यों की पूर्ति हो सकेगी। एक तो हिंदू विधवाएँ हिंदू धर्म की मान्यताओं के मुताबिक सेवा करके अपना जीवनयापन करने में सफल होंगी तथा दूसरे, उनके शिक्षित होने के कारण स्त्री शिक्षा के प्रसार का मार्ग मिल जाएगा।[2] उनकी शिक्षा के लिए आवश्यक धन की पूर्ति के लिए समिति वार्षिक शिल्प मेले आयोजित करेगी जिसमें स्त्रियाँ अपने हस्तशिल्प का प्रदर्शन एवं महिला से महिला को बिक्री कर सकेंगी। स्वर्ण कुमारी देवी उन पहली दो महिलाओं में से एक थीं जिनका 1890 के काँग्रेस सत्र में बंगाल राज्य का प्रतिनिधित्व करने के लिए प्रतिनिधि के रूप में चयन हुआ था। सन् 1927 में कलकत्ता विश्वविद्यालय द्वारा जगत्तारिणी स्वर्ण पदक से पुरस्कृत किया गया तथा सन् 1929 में वह बंग साहित्य सम्मेलन की अध्यक्ष बनीं। उन्होंने तथा उनकी पुत्री हिरण्मयी ने मिलकर हिरण्मयी विधवा उद्योग गृह में एक साथ काम किया।[3]

संदर्भ

1. *लोतिका घोष—पृष्ठ 148*
2. *उषा चक्रवर्ती—पृष्ठ 128*
3. *उषा चक्रवर्ती—पृष्ठ 129*

शताब्दी के अंत तक बंगाली राष्ट्रवाद अनेक रूपों में विकसित हुआ। बी. सी. पाल के अनुसार, इटली के राष्ट्रवादी आंदोलनों से प्रभावित कलकत्ता में अनेक 'गुप्त समितियों के छत्ते' बन गए। उन्नीसवीं सदी के प्रारंभिक वर्षों में ब्राह्मण नेता शिवनाथ शास्त्री ने, जो कि मुखिया (गुप्त समिति के नहीं) थे, ने मूर्तिपूजा, जातिप्रथा तथा बाल-विवाह न होने देने की कसम खाई।[31]

समाज सुधार के प्रति निष्ठा के इस लक्षण के बावजूद, बंगाली राष्ट्रवाद में उग्रवाद तथा पुनरुत्थानवाद महत्त्वपूर्ण कारक के रूप में उभरे। यही समय था जब कलकत्ता में स्त्रियाँ अपने पूर्ववर्ती समाज सुधार तथा मध्यमार्गी राष्ट्रवाद के साथ-साथ पुनरुत्थानवादी तथा उग्रवादी गतिविधियों में लिप्त होने लगीं। ऐसा करनेवाली पहली महिला थीं स्वर्णकुमारी देवी की बेटी सरला देवी घोषाल। सरला देवी बीसवीं सदी के मातृ-केंद्रित राष्ट्रवाद तथा उसके फलस्वरूप क्रांतिकारी आतंकवाद की सूत्रधार थीं। सभी दृष्टिकोणों से सरला देवी एक आत्मनिर्भर तथा विद्रोही महिला थीं। यह सब कुछ जहाँ आंशिकतौर पर उनकी उदारवादी ब्राह्मण पृष्ठभूमि के कारण था, वहीं उन्हें काफी हद तक अपने पारिवारिक विरोध का भी सामना उस समय करना पड़ा जब तेईस वर्ष की आयु में उन्होंने मैसूर में एक कन्या पाठशाला में नौकरी कर ली। उमा चक्रवर्ती के अनुसार, जब सरला देवी से उनके नौकरी करने के लिए अपने परिवार से संघर्ष करने का विवरण पूछा गया तो उन्होंने जवाब दिया कि "वह अपने घर रूपी जेल की कैद से मुक्त होकर पुरुषों की भाँति अपने जीवनयापन का आत्मनिर्भर अधिकार स्थापित करना चाहती थीं।"[32] सही मायने में उनके ये शब्द समकालीन नारीवादियों द्वारा घर की व्याख्या के लिए प्रयोग किए जानेवाले शब्दों से मेल खाते थे–'घर की चारदीवारी में कैद।' (आमतौर पर कैद के स्वरूप का वर्णन मानवीय दशाओं के चित्रण के लिए किया जाता था : बहरहाल ऐसी आम धारणा थी कि पुरुषों को दुनियादारी ने तथा स्त्रियों को घर ने कैद कर रखा है)।

सरला देवी घोषाल (बाद में चौधरानी) 1872-1946

स्वर्ण कुमारी देवी की पुत्री सरला देवी घोषाल की शिक्षा बेठुने स्कूल एवं कॉलेज में हुई तथा बी. ए. में उन्हें कलकत्ता विश्वविद्यालय की ओर से पद्मावती मेडल से पुरस्कृत किया गया। उन्होंने मैसूर के महारानी बालिका विद्यालय में एक वर्ष तक सहायक अधीक्षिका के रूप में कार्य किया तथा तत्पश्चात कलकत्ता लौट आईं। वापस आने के बाद सन् 1895 में वह भारती नामक मासिक पत्रिका की संपादक बन गईं। भारती के जरिए उन्होंने भौतिक संस्कृति अभियान का आयोजन किया जिसमें युवा पुरुषों से अंतरंग दल की स्थापना का आग्रह किया गया ताकि वे अपनी तथा अपनी स्त्रियों की अँग्रेज सैनिकों द्वारा गलियों एवं पुलिस थानों में बेइज्जती करने से रक्षा कर सकें। उन्होंने अपने मित्रों तथा अनुयायियों पर भारत के मानचित्र पर हाथ रखकर सौगंध

खाने तथा देश की स्वाधीनता के लिए अपना जीवन बलिदान करने का संकल्प लेने का दबाव डाला। उन्होंने उनकी प्रतिज्ञा के संकेत स्वरूप उनकी कलाइयों में राखी भी बाँधी।

सरला देवी बंगाल में पुनरुत्थानवादी आंदोलन में गहराई से जुड़ी हुई थीं। उनका स्पष्ट मत था कि वे मैकाले द्वारा प्रचारित इस ऐतिहासिक मिथक को तोड़कर रहेंगी कि बंगाली एक डरपोक कौम है। वे रूसियों के साथ युद्ध में जापानियों की सफलता से भी प्रभावित थीं।[1] सन् 1902 में उन्होंने नौजवानों को प्रतापारित्य व्रत रखने, आत्मरक्षा के लिए तलवारबाजी, कुश्ती तथा मुक्केबाजी का प्रशिक्षण लेने की प्रेरणा दी। सन् 1903 में उन्होंने उदयादित्य व्रत तथा वीराष्टमी व्रत शुरू किए। बाद में इन्होंने दुर्गा पूजा के दूसरे दिन शारीरिक वीरता के प्रदर्शन के लिए आयोजित होने वाली परेड का स्वरूप ग्रहण कर लिया। उपरोक्त दोनों व्रतों की खोज सरला देवी ने की थी। उसी वर्ष उन्होंने मार्शल आर्ट अकादमी खोली जिसमें मुर्तजा द्वारा प्रशिक्षण दिया गया।

सन् 1904 में सरला देवी ने वीराष्टमी के अवसर पर एक रैली आयोजित की जिसमें अनेक प्रतियोगिताएँ हुईं। सभी सफल प्रतियोगियों-चैंपियनों का एक अभिनंदन समारोह हुआ जिसमें पूर्व नायकों के सम्मानस्वरूप तलवार की पूजा की गई। उसी वर्ष उन्होंने कलकत्ता काँग्रेस में 'वंदेमातरम्' गवाकर इतिहास रचा।[2] ...सन् 1905 में सरला देवी की मैमनसिंह सुहृद समिति ने वंदेमातरम् को राष्ट्रीय आह्वान के रूप में प्रयोग करने का पहला प्रयास किया।[3] सन् 1905 में ही उनका विवाह हुआ तथा वे लाहौर चली गईं जहाँ सन् 1910 में उन्होंने भारत स्त्री महामंडल की स्थापना की। मंडल का मुख्य उद्देश्य स्त्री शिक्षा का प्रसार करना था, परंतु पर्दा प्रथा तथा बाल-विवाह उनके मार्ग की प्रमुख बाधाएँ थीं। अतः प्रत्येक प्रांत में शाखाएँ खोलने का प्रस्ताव पास किया गया ताकि धन एकत्र करके शिक्षक नियुक्त किए जा सकें और शिक्षकों को उन लोगों के घरों में भेजा जा सके जो अपनी पत्नियों एवं पुत्रियों को पढ़ाना चाहते थे। यह भी निर्णय लिया गया कि भारतीय स्त्रियों को पढ़ाने के लिए सरल पाठ्य पुस्तकें तैयार की जाएँ, महिलाओं द्वारा तैयार किए हस्तशिल्प की बिक्री के लिए केंद्र खोले जाएँ ताकि स्त्रियाँ अपने इलाज के खर्च को पूरा करने के लिए धन प्राप्त कर सकें।[4]

संदर्भ

1. *जे. सी. केर, पूर्वोक्त पृष्ठ-7*
2. *एम. ई. कूजिन्स, पूर्वोक्त पृष्ठ-56*
3. *सुमित सरकार, पूर्वोक्त पृष्ठ-305*
4. *लोतिका घोष, पूर्वोक्त पृष्ठ-147*

सरला देवी के स्वच्छंद जीवन के प्रयास का अंत बड़ा अप्रत्याशित एवं त्रासद रहा। हुआ यह कि एक रात सरला देवी के कमरे में एक नौजवान घुस आया[33] जिसके

परिणामस्वरूप उन्होंने स्वतंत्र जीवनयापन का इरादा छोड़ दिया तथा घर वापस लौटकर अपनी माँ की साखी समिति तथा शिल्पमेलों में सहायता करने लगीं। बाद में उन्होंने भारती का जिम्मा ले लिया। सरला देवी उन अनेक राष्ट्रवादियों में से एक थीं जिन्होंने सन् 1899 में रेल कर्मचारियों की हड़ताल को समर्थन देने के लिए जबरदस्त अभियान चलाया।[34] उसी दौरान स्वतंत्रता के कानूनी मार्ग का अरविंद घोष द्वारा विरोध करने से प्रभावित होकर सरला देवी ने युवा बंगालियों को अँग्रेजी शासन के विरुद्ध विद्रोह करने के लिए तैयार करने के अभियान में अपने आपको झोंक दिया।

सरला देवी रीति-रिवाजों को बड़ी शिद्दत से मानती थीं। यही कारण था कि उनके अंतरंग दल की स्थापना के आह्वान पर जब अंतरंग दल का गठन हुआ तो उन्होंने दल के प्रत्येक सदस्य के समक्ष भारत के मानचित्र पर हाथ रखकर कसम खिलाई कि वे "देश की स्वाधीनता के लिए अपने जीवन का बलिदान करने के लिए तैयार हैं" इस सौगंध की स्मृति के रूप में प्रत्येक सदस्य की कलाई पर राखी बाँधी गई।[35]

सरला देवी ने सन् 1902 में अपने चचेरे भाई को पत्र लिखा तथा उसे बताया कि उनका मत अब 'भाषण से हटकर लेखन तथा लेखन से हटकर कुछ कारगर कदम उठाने को करता है।'[36] ठीक उसी वर्ष उन्होंने अपने पिता के मकान में एक व्यायामशाला खोली जिसमें प्रोफेसर मुर्तजा द्वारा तलवार तथा लाठी चलाने का प्रशिक्षण दिया गया। मुर्तजा ने अरविंद घोष के गुट के अनेक क्रांतिकारियों को भी प्रशिक्षित किया। इसके बाद सरला देवी ने सदस्यों से निशानेबाजी तथा कुश्ती सीखने की भी अपील की।

इन सब गतिविधियों के पीछे सरला देवी की असली मंशा एक ऐसे राष्ट्रवादी हीरो की खोज थी जो स्थानीय तथा काल्पनिक गुणों से ओतप्रोत हो। इसके लिए उन्होंने हिंदू जमींदार तथा विद्रोही प्रतापादित्य के नाम का चयन किया तथा उसे एक शूरवीर के रूप में प्रस्तुत किया। सरला देवी ने अंतरंग दल के सदस्यों को मुगल सल्तनत से लोहा लेनेवाले बंगाली हिंदू देशभक्त राजकुमार प्रतापादित्य की स्मृति में संकल्प लेने को कहा।[37] सन् 1903 में सरला देवी ने प्रतापादित्य का नाम ऐतिहासिक महापुरुषों की सूची में जोड़ते हुए वीराष्टमी उत्सव (प्रतापादित्य की वीरता को याद करने के लिए) शुरू किया। यह उत्सव दुर्गा पूजा के दूसरे दिन मनाया जाता जिसमें *'उदयादित्य व्रत'* रखा जाता। ऐसे वीरों का नाम लेकर संस्कृत में श्लोक गाए जाते तथा उपस्थित जनसमूह उन्हें दोहराता। इन महापुरुषों में कृष्ण, राम, भीष्म, द्रोण, कर्ण, अर्जुन, भीम, मेघनाद, राणा प्रताप, शिवाजी, रणजीत सिंह तथा प्रतापादित्य के नाम शामिल थे।

रूढ़िवादियों को इससे बड़ी हैरानी हुई। उन्होंने *रंगालय* के सन् 1903 के सितंबर अंक में एक लेख लिखकर सरला देवी के व्यवहार की आलोचना करते हुए उन्हें

'एक कुपात्र हिंदू स्त्री' की संज्ञा दी।[38] रंगालय ने सरला देवी का पूर्वाग्रहपूर्ण विरोध जारी रखते हुए संस्कृत की पुस्तकों में उद्धृत महापुरुषों की पत्नियों तथा माताओं की यह कहते हुए शिकायत की कि आधुनिक बंगाली लड़कियाँ तभी संतुष्ट होंगी जब वे ऐसी भूमिका स्वयं निभाएँगी।'[39]

रूढ़िवादियों की नाराज़गी के बावजूद सरला देवी के खोजपरक तथा सामयिक प्रयासों तथा टोडरमल के राजपूती शौर्य एवं वीराष्टमी त्यौहार तथा प्रतापादित्य व्रत को कलकत्ता में सराहनीय समर्थन जारी रहा। नवयुवकों ने भी सरला देवी की कोशिशें में पूरी दिलचस्पी दिखाई। सन् 1904 में मैमनसिंह सुहृद समिति ने प्रतापादित्य व्रत रखना शुरू किया तथा उसी वर्ष वीराष्टमी त्यौहार में पूर्ववर्ती योद्धाओं के सम्मानस्वरूप तलवार पूजा भी शामिल कर दी गई।[40] मैमनसिंह सुहृद समिति द्वारा सन् 1905 में मनाए जानेवाले दूसरे प्रतापादित्य व्रत की अध्यक्षता सरला देवी ने की तथा सुमित सरकार के अनुसार, उन्हीं के तत्वावधान में राष्ट्रीय आह्वान के रूप में पहली बार 'वंदेमातरम्' का गायन हुआ।[41] बंकिमचंद्र के उपन्यास *'आनन्द मठ'* में पहली बार वंदेमातरम् को समाहित किया गया। प्रतापादित्य व्रत के इस सत्र में आनंद मठ नामक नाटक का मंचन किया गया। ऐसा लगता है कि उपन्यास की नायिका शांति देवी तथा उनके ऐसे ही दूसरे उपन्यास की नायिका देवी चौधरानी सरला देवी की प्रेरणापुंज थीं। उपन्यास के अनुसार शांति देवी तथा देवी चौधरानी दोनों ही विवाहित स्त्रियाँ थीं परंतु संकट की घड़ी में जब उन्हें गृह त्याग करने की आवश्यकता पड़ी तो उन्होंने निस्संकोच होकर घर छोड़ दिया तथा अत्युत्तम कार्य के लिए युद्ध में कूद पड़ीं। शांति देवी ने जहाँ सैनिक की वेशभूषा धारण करके मुगल आक्रांताओं के दाँत खट्टे किए वहीं दूसरी ओर देवी चौधरानी ने सैनिक वेशभूषा तो धारण नहीं की परंतु अपने पति से मिलने के लिए हथियार उठाकर दस्यु सुंदरी बन गईं। संकट काल समाप्त होने के पश्चात दोनों ही स्त्रियाँ बिना किसी खेद के अपने-अपने घरों में लौट आईं। दूसरे शब्दों में कहा जाए तो दोनों स्त्रियों ने समय की माँग के मुताबिक अपने वीरोचित नैसर्गिक धर्म का पालन किया ताकि धर्म अपने नैसर्गिक स्वरूप में पुनर्प्रतिष्ठित हो सके।[42]

इनमें तथा सरला देवी के जीवन में दुर्निवार समानताएँ हैं। न केवल अपनी व्यक्तिगत आजादी के लिए किए गए सरला देवी के प्रयास आगे चल कर राष्ट्रीय आजादी में तब्दील हो गए, किंतु ज्यों ही उनकी कोशिशें फलित होने लगीं, पारिवारिक दबाव के कारण तैंतीस वर्ष की उम्र में उन्हें एक विधुर आर्य समाजी रामभज चौधरी से विवाह करना पड़ा। रामभज चौधरी का चुनाव सरला देवी के परिवार ने स्वयं किया था। इसके पश्चात वे लाहौर में जाकर बस गए। विवाह के बाद सरला देवी को अक्सर देवी चौधरानी कहकर संबोधित किया जाता। इस प्रकार धर्म जैसे विषयों पर बंकिमचंद्र की व्याख्या से सरला देवी जैसी स्त्रियों को अपनी गतिविधियों के लिए

परंपरागत अनुमति मिल गई। ऐसा नहीं है कि सरला देवी जैसी स्त्रियों के लिए बंगाली राष्ट्रवाद ने सदी के अंत तक नई जगह बनाई बल्कि आगे चलकर हम पाते हैं कि राष्ट्रवादी आंदोलनों में भी स्त्रियाँ सक्रिय दिखाई पड़ीं।

सरला देवी के विवाह के वर्ष (1905) में कर्जन द्वारा बंगाल का विभाजन किए जाने से राष्ट्रवादियों का आक्रोश और बढ़ गया। इससे पूर्व सन् 1899 में कलकत्ता कारपोरेशन में किए गए परिवर्तन के परिणामस्वरूप निर्वाचित भारतीय सदस्यों की संख्या घटा दी गई। इतना ही नहीं सन् 1904 में विश्वविद्यालय कानून पारित करके सीनेट के निर्वाचित सदस्यों की संख्या घटा दी गई तथा सरकारी अधिकारियों को अधिकार दे दिए गए कि वे अपने विवेकानुसार कालेजों को विश्वविद्यालय से संबद्ध करने तथा स्कूलों को मान्यता प्रदान करने का निर्णय ले सकते हैं। इसके साथ ही कॉलेजों में न्यूनतम फीस तय करने की कोशिश भी अधिकारियों द्वारा की गई। कर्जन के इन कदमों से बंगाल में सुलगता असंतोष बंगाल के विभाजन के पश्चात बड़े पैमाने पर फूट पड़ा।

हालाँकि बंगाल के विभाजन का सार्वजनिक तौर पर यह तर्क दिया गया कि इससे प्रशासनिक सुविधा होगी क्योंकि बंगाल बहुत बड़ा राज्य है। जहाँ तक असम की बात है, वह चाय, तेल तथा कोयले की बिक्री से अपनी आवश्यकताएँ पूरी कर लेगा। परंतु इस मामले में हुए अंतर-सरकारी संवाद संबंधी दस्तावेजों से यह बात स्पष्ट हो जाती है कि अँग्रेज अपनी व्यवस्था के विरोधियों में फूट डालना चाहते थे। एक दस्तावेज के अनुसार, "बरार को सेंट्रल प्राविंस में मिलाने का हमारा मुख्य उद्देश्य यह है कि इस योजना के अंतर्गत हम फूट डालना चाहते हैं ताकि हमारे शासन के सशक्त विरोधियों की संस्थाएँ कमजोर हो जाएँ।" इसी दौरान अँग्रेजों द्वारा मुसलमानों के लाभ के लिए उन्हें अलग राज्य देने के प्रचार से राष्ट्रवादियों के इन आरोपों को बल मिला कि बंगाल का विभाजन करके अँग्रेज सरकार 'फूट डालो राज करो' की रणनीति अपना रही है तथा मुसलमानों के प्रभाववाले क्षेत्रों को हिंदुओं का प्रभाव क्षेत्र बना कर हिंदु-मुसलमानों में तनाव भड़का रही है। इस मुद्दे को 'राष्ट्रीय अपमान' की संज्ञा दी गई।[43]

हालाँकि विभाजन का विरोध हिंदुओं तथा मुसलमानों ने एकजुट होकर किया, तथा राष्ट्रवादियों ने सरकार विरोधी प्रदर्शनों में निष्ठावान स्वदेशी समर्थक मुसलमानों को शामिल किया गया फिर भी पूर्वी बंगाल में सन् 1906 तथा 1907 में श्रृंखलाबद्ध तरीके से दंगे हुए। इनमें से अधिकांश दंगे मैमनसिंह जिले में हुए जहाँ सन् 1904 में सरला देवी द्वारा शुरू किया गया प्रतापादित्य व्रत मनाया जाता था। दंगाइयों का मुख्य निशाना जमींदार तथा ब्याज पर पैसा देनेवाले साहूकार थे। कई जगहों पर उनके बहीखाते फाड़ डाले गए। चूँकि अधिसंख्य जमींदार तथा साहूकार हिंदू थे इसलिए दंगों से साम्प्रदायिक तनाव और घनीभूत हो गया। हिंदू आत्मरक्षा समूहों

के गान की माँग उठाई जाने लगी तथा अँग्रेज सैनिक-बलात्कारियों का स्थान हिंदू स्त्रियों का मुसलमानों द्वारा बलात्कार किए जाने के भय ने ले लिया। मुस्लिम बलात्कारियों से बचने के लिए स्त्रियों से भी आत्मरक्षा दस्ते गठित करने की अपील की गई।[44]

उत्तर भारत में भी शिक्षित हिंदुओं तथा शिक्षित मुसलमानों द्वारा सरकारी नौकरियाँ हासिल करने की होड़ से तनाव भड़का। मारले-मिन्टो सुधार प्रस्ताव आया जिसके तहत नौकरियों में मुसलमानों के आरक्षण की माँग उठाई गई तथा सन् 1906 में लाहौर में मुस्लिम लीग की स्थापना हुई। लीग की स्थापना के कुछ महीनों बाद रामभज दत्ता तथा सरला देवी ने लाहौर हिंदू सहायक सभा की स्थापना की। इसके पीछे निहितार्थ यह था कि अगर अपने अधिकारों की रक्षा के लिए मुसलमान सांप्रदायिक संगठन खड़ा कर सकते हैं तो हिंदुओं के पास भी ऐसा संगठन होना चाहिए। अगले कुछ महीनों में मुलतान, झंग, स्यालकोट, लायलपुर तथा गुजरांवाला में हिंदू सहायक सभा की स्थापना की गई। इसी दौरान लाहौर में सरला देवी का वीराष्टमी त्यौहार भी मनाया जाने लगा। इस पर टिप्पणी करते हुए *'ट्रिब्यून'* ने लिखा : ''हमें यह जानकर खुशी है कि सभी वर्गों तथा मत-मतांतरों के स्त्री-पुरुष व्यायामशालाओं में एकत्र होकर शक्ति परीक्षण, तलवारबाजी, गतका युद्ध तथा अन्य रोचक कौशल का प्रदर्शन करते हैं तथा इस अवसर पर गाए जानेवाले गीतों में अपने छोटे-मोटे मतभेदों को भुलाकर मातृभूमि की सेवा में एकजुट होकर लग जाने के संदेश दिए जाते हैं।[45]

सन् 1905-08 के दौरान बंगाल में चले स्वदेशी आंदोलन में बड़े पैमाने पर राष्ट्रीय गतिविधियों में स्त्रियों की भूमिका की शुरुआत दिखाई पड़ती है। सन् 1904 से काँग्रेस के मध्यमार्गियों ने विभाजन की योजना के विरुद्ध याचिकाएँ दायर करके, धरना एवं प्रस्ताव पारित कर अभियान चलाया। सन् 1905 के कुछ महीनों तक ये तरीके प्रभावी रहे परंतु आंदोलन की कमजोरी के कारण जुलाई 1905 से विरोध का स्वरूप बदल गया। अगस्त में ब्रितानी सामान के बहिष्कार का निर्णय लिया गया तथा अक्टूबर में विभाजन दिवस मनाया गया जिसमें राखी के आदान-प्रदान के जरिए भाईचारे का संदेश दिया गया। बंगाल के बँटवारे पर शोक प्रदर्शित करने के लिए विभाजन दिवस पर लोगों ने अपने घरों में चूल्हे नहीं जलाए।[46]

अगस्त 1905 के बाद स्त्रियों की सहभागिता की खबरें आने लगीं। कलकत्ता में 24 अगस्त को फेडरेशन हाल की आधारशिला के कार्यक्रम को पाँच सौ स्त्रियों ने देखा। उसी दिन मुर्शिदाबाद जिले में स्थित रामेंद्रसुंदर त्रिवेदी के गाँव में स्त्रियों की एक सभा में बांग्ला लक्ष्मी व्रत कथा हुई। व्रत कथा का उद्देश्य ग्रामीण स्त्रियों में स्वदेशी का संदेश पहुँचाना था। कथा में बताया गया कि किस प्रकार हिंदू-मुसलमानों की आपसी कलह के कारण भाग्यलक्ष्मी बंगाल छोड़कर जाने के लिए उतारू हो गईं परंतु हुसम शाह एवं अकबर ने मिलकर अपनी सहिष्णु नीतियों के कारण उन्हें रोक

लिया। भाग्यलक्ष्मी एक बार फिर रूठ गई हैं क्योंकि अँग्रेज बंगाल का विभाजन कर रहे हैं तथा भाई को भाई से जुदा कर रहे हैं। वे पश्चिम में हिंदुओं को तथा पूर्व में मुसलमानों को एक-दूसरे के खिलाफ भड़का रहे हैं। परंतु बंगाली स्त्री लोकगीतों तथा सालाना रक्षाबंधन एवं आराधन की रस्मों तथा सबसे ऊपर विदेशी सामानों के बहिष्कार की सौगंध ने उन्हें एक बार फिर रोक लिया है। उसके बाद से लक्ष्मी ने हमेशा के लिए बंगाल के सुनहरे खेतों में बसने का फैसला कर लिया है।[47]

ऐसा लगता है कि स्त्रियों को मनाने के प्रारंभिक कदम इसी दौरान उठाए गए। चाहे छोटे पैमाने पर ही सही, स्त्रियों को राष्ट्रवादी आंदोलनों में शामिल होने के लिए इसलिए तैयार किया गया क्योंकि वे राष्ट्रवादियों की पत्नियाँ, बहनें तथा पुत्रियाँ थीं तथा आंदोलन के लिए समर्थन समूह स्थापित कर सकती थीं। मध्यवर्गीय स्त्रियों ने स्वदेशी आंदोलन के लिए धन के साथ-साथ अपने जेवर भी उपलब्ध कराए। ऐसी भी खबर है कि कुछ गाँवों की स्त्रियों ने अपने योगदान के रूप में अंजुलि भरकर अनाज दान किया।[48] इसके साथ ही बड़ीसाल में वृहत मानवीय कार्यों में लिप्त अश्विनी कुमार दत्त की बांधव समिति को स्वदेशी के लिए स्त्रियों ने अपनी बचत पूँजी सौंप दी। (बांधव समिति उन पाँच प्रमुख समितियों में से एक थी जिस पर जनवरी, 1909 में प्रतिबंध लगा दिया गया था। अन्य समितियाँ थीं--व्रती, ढाका अनुशीलन, सुहृद एवं साधना)। खुलान में काली प्रसन्न काव्यनिसनरोद द्वारा दिए गए भाषण के पश्चात स्त्रियों ने अपनी विदेशी चूड़ियाँ तोड़कर फेंक दी, सन् 1907 में बी. सी. पाल ने बंगाल का दौरा किया तथा हबीबगंज एवं भोला नामक शहरों में स्त्रियों की सभाओं को संबोधित किया; उसी वर्ष जब सुरेंद्रनाथ बैनर्जी ने मेमनसिंह जिले का दौरा किया तो स्त्रियों ने उनका जोरदार स्वागत किया।[49]

अगस्त, 1907 में जब विवेकानंद के भाई भूपेंद्रनाथ दत्ता गिरफ्तार कर लिए गए तो उनके सम्मान में एक विशाल महिला सभा आयोजित की गई तथा दो सौ स्त्रियों ने श्री दत्ता के प्रति सम्मान प्रदर्शित करते हुए हस्ताक्षर किए तथा उनकी माता को वह हस्ताक्षर पत्र सौंप दिया। श्री दत्ता के मुकदमे के कानूनी खर्चे की भरपाई के लिए स्त्रियों ने धन भी एकत्र किया।[50] स्वामी विवेकानंद की अनन्य शिष्या भगिनी निवेदिता ने भूपेन्द्रनाथ दत्ता की जमानत ली। सन् 1902 में विवेकानंद की मृत्यु के पश्चात बहन निवेदिता अरविंद गुट के काफी निकट पहुँच गईं और यह भी पता चला कि वे अरविंद की राष्ट्रीय क्रांतिकारी कौंसिल की सदस्य बन गईं। सन् 1905 में उन्होंने रवीन्द्रनाथ तथा हिरेन्द्रनाथ दत्ता के साथ मिलकर काम किया। सन् 1906 की बाढ़ एवं पूर्वी बंगाल में पड़े अकाल के समय तक भगिनी निवेदिता ने सहायता कार्य तथा गाँव-गाँव घूमकर स्वदेशी का प्रचार किया। इस दौरान उन्होंने महिलाओं की सभाएँ आयोजित करके उन्हें अन्य कार्यों के अलावा चरखा कातने की सलाह भी दी।[51] ऐसा दिखाई पड़ता है कि निवेदिता के भाषण से प्रभावित होकर

भगिनी निवेदिता

परदे में रहनेवाली अनेक स्त्रियों ने भी चर्खे खरीदकर उन्हें चलाना शुरू कर दिया। एक अँग्रेज आलोचक ने शिकायत करते हुए लिखा :

"ऐसा दिखाई पड़ता है कि विद्रोह ने जानाना पर अपनी पकड़ मजबूत कर ली है तथा परदे में रहनेवाली हिंदू स्त्रियाँ अपने पतियों तथा पुत्रों पर अपने प्रभाव का व्यापक प्रयोग करती हैं बनिस्बत उन अँग्रेज स्त्रियों के जो दुनियाभर में स्वच्छंद घूमती हैं...मुझे बताया गया है कि बंगाल में छोटी-से-छोटी उम्र यहाँ तक कि अपने माताओं के पास जानाना में रहनेवाले बच्चों को भी राजद्रोह का पाठ पढ़ाया जाता है तथा उन्हें नन्हें संन्यासियों की वेशभूषा में घर-घर जाकर अँग्रेजों के प्रति घृणा फैलाने को प्रेरित किया जाता है।[52]"

ऐसा जान पड़ता है कि तिलक की लोकप्रियता के बावजूद पश्चिमी भारत में स्वदेशी के प्रति स्त्रियों की सहभागिता अपेक्षाकृत कम ही रही और वे जुझारू गतिविधियों में भी कम ही लिप्त देखी गईं। इस आशय की केवल एक ही खबर है कि 6 अक्टूबर, 1905 को स्वदेशी के समर्थन में पूना के शनिवार पेठ स्थित नाथू मंदिर में उच्चवर्गीय 120 ब्राह्मण स्त्रियाँ हल्दी-कुमकुम के त्यौहार पर एकत्र हुईं। वहाँ पर हुई सभा की अध्यक्षता पार्वती बापर ने की। उस सभा में सरस्वती भानु तथा कुमारी भातखंडे ने 'स्वदेशी के प्रश्न' पर अपने-अपने निबंध पढ़े तथा सभा में एकत्र स्त्रियों ने प्रस्ताव पारित कर कहा कि आज के बाद वे काँच की चूड़ियाँ नहीं खरीदेंगी, खनिज तेल से छपे छींट के कपड़े तथा बच्चों के खिलौनों समेत यूरोप में निर्मित कोई भी वस्तु नहीं खरीदेंगी।[53]

पंजाबी राष्ट्रवादियों ने बंगाल के स्वदेशी अभियान का बड़ी गर्मजोशी से स्वागत किया क्योंकि वह पंजाबियों की तर्ज पर ही चलाया जा रहा था। पंजाब के कुछ शिक्षित आर्यसमाजी महानुभावों ने बीस वर्ष पूर्व ही विदेशी वस्त्रों तथा यूरोप में निर्मित अन्य आवश्यक वस्तुओं का परित्याग कर दिया था।[54] तिलक द्वारा पश्चिम भारत

में विदेशी वस्तुओं के बहिष्कार के आह्वान की भाँति ही यह 1895 में शुरू किए गए ऐसे ही आंदोलन का प्रतिरूप था परंतु इस समय इसे अधिक सफलता नहीं मिली। पंजाब के स्वदेशी समर्थकों ने सन् 1890 से ही घरेलू उद्योग-धंधे तथा सरकारी सहायता पर आश्रित न होते हुए आत्मनिर्भर शिक्षा संस्थान खोलने शुरू कर दिए थे। वे चाहते थे कि बंगाल का स्वदेशी आंदोलन भी इसी प्रकार चले किंतु वे उसमें ज्यादा परिवर्तन करा पाने में सफल नहीं हुए।

ऐसा लगता है कि अब स्त्रियों ने स्वदेशी के आह्वान पर आंदोलनों में शामिल होना शुरू कर दिया। सन् 1909 में लाहौर में हुई औद्योगिक प्रदर्शनी में स्त्रियों ने अपना अलग 'महिला खंड' स्थापित किया।[55] सुशीला देवी नामक महिला ने स्यालकोट में स्त्रियों को स्वदेशी आंदोलन में शामिल होने के लिए प्रेरित किया। सुशीला ने स्वदेशी आंदोलन से जुड़ी स्त्रियों की एक सभा आयोजित की जिसमें विचाराधीन कैदी 'कार्यकर्ताओं' के कानूनी खर्चे के लिए धन संग्रह किया गया। हिसार आर्य समाज की महिला सदस्य पूरनी देवी ने पंजाब के अनेक जिलों का दौरा किया तथा स्त्रियों से अपने बच्चों को सरकारी नौकरियों में जाने के बजाय उन्हें अपना निजी व्यवसाय शुरू करने की प्रेरणा दी ताकि वे स्वदेशी वस्तुओं का निर्माण एवं बिक्री कर आत्मनिर्भर सहयोग दे सकें। इसके अलावा पूरनी ने औरतों से अपील की कि वे अपने पुत्रों को जातीय प्रतिबद्धताओं से ऊपर उठाएँ ताकि वे महान बन सकें।[56]

दिल्ली में आज्ञावती नामक जुझारू राष्ट्रवादी कार्यकर्ता के बारे में खबर छपी कि सरकार ने चिंता के स्वर में उसे एक 'अत्यंत सख्त महिला' के रूप में संबोधित किया। ऐसा लगता है कि आज्ञावती ने स्वर्ण कुमारी देवी के विचारों से एक कदम आगे निकलकर कहा, "साखी समिति को विधवाओं को पढ़ाने का प्रशिक्षण देना चाहिए ताकि स्त्रियों में शिक्षा का प्रसार हो और वे आत्मनिर्भर बन सकें।" गृह विभाग की सूचना के अनुसार आज्ञावती ने एक विधवा आश्रम स्थापित किया जिसमें स्त्रियों को राष्ट्रवादी राजनीति का प्रचार करने की शिक्षा दी गई।[57]

उन्नीसवीं सदी के अंत तक विधवाओं की दशा के प्रति मायने बदल गए। मालाबारी के अभियान ने विधवाओं के साथ-साथ बाल-विवाह की समस्याओं पर रोशनी डाली थी : बाल-विवाह की समस्या तो सुधारवादी-पुरुत्थानवादी विवाद में उलझ कर रह गई जबकि विधवाओं की समस्या पर कोई ध्यान नहीं दिया गया। शायद इसका कारण यह था कि कानून बनाने के लिए कोई आंदोलन नहीं चलाया गया। अब तक समाज सुधारकों ने यह महसूस करना शुरू कर दिया कि कानून बनाने से परिवर्तन बहुत कम तथा धीमा होता है। वे स्वर्ण कुमारी देवी के इस मत से सहमत दिखाई पड़े कि अब हमें सेवा तथा आत्मसहायता के कदम उठाने चाहिए। बीसवीं सदी के प्रारंभ में विधवा गृहों तथा अनाथालयों की बाढ़-सी आ गई। इन गृहों तथा अनाथालयों में शिक्षा, प्रशिक्षण तथा रोजगार पर ध्यान दिया गया। सन्

1900 से 1903 के बीच मैसूर तथा मद्रास सहित पूरे देश में विधवाओं को अध्यापिकाओं के रूप में प्रशिक्षित करने की योजना लागू की गई।[58] यह स्पष्ट नहीं है कि उद्देश्यों में यह परिवर्तन क्या इसलिए आया, कि सुधारकों ने यह मानना शुरू कर दिया था कि गैर-बाल बच्चेदार विधवाओं का पुनर्विवाह कोई विकल्प नहीं है या कि सुधारकों में यह मान्यता बलवती होती गई कि किसी भी हालत में विधवाओं के लिए ऐसा विकल्प तैयार किया जाना चाहिए ताकि वे अपनी सहायता स्वयं कर सकें। बहरहाल, उद्देश्यों में पविर्तन का जो भी कारण रहा हो, इसका परिणाम एक नई सार्वजनिक गतिविधि की रचना के रूप में आया और वह था अपने तथा देश के हित में विधवाओं द्वारा समाज सेवा किया जाना।

विधवाओं की दशा सुधारने के लिए चलाए गए अभियान के नए चरण में अनेकानेक विधवाएँ आकर्षित होकर उससे जुड़ गईं जिसके परिणामस्वरूप विधवा सुधार अभियान को नया आयाम मिला। अनेक अन्य सुधार अभियानों की भाँति पूना इस अभियान का भी प्रमुख केंद्र बना। यद्यपि पंडिता रमाबाई ने, जो कि स्वयं एक विधवा थीं, इस मुद्दे पर सन् 1887 में छपी अपनी पुस्तक 'दि हाईकास्ट हिंदू वूमन' में ध्यान आकर्षित किया था तथा विधवाओं के लिए उनके द्वारा स्थापित शारदा सदन टाल्स्टाय के आत्मनिर्भर समुदाय के आदर्श की अवधारणा से प्रेरित था। परंतु विधवा सुधार आंदोलन में जो नाम शिखर पर उभरा वह था डी. डी. कार्वे का। कार्वे वही व्यक्ति थे जिन्हें महाराष्ट्र में विधवाओं के पुनर्वास अभियान का जनक माना जाता था। यद्यपि समकालीन पत्रिकाओं में इस विचार का बहुत कम उल्लेख किया गया। मद्रास में सन् 1907 में स्थापित *'इंडियन लेडीज मैगजीन'* में छपे एक लेख में साफतौर पर कहा गया कि किस प्रकार डी. डी. कार्वे ने सन् 1896 में *'सुधारक'* पत्रिका में घोषणा की कि एक विधवा गृह की स्थापना के लिए 1,000 रुपए का दान देंगे और यदि किसी ने भी कोई सहायता नहीं की तब भी वे इस धन से एक विधवा को भोजन, वस्त्र तथा शिक्षा देने में कामयाब होंगे। इसके फौरन बाद–

> "सुधारक पत्रिका में 'एक विधवा' के हस्ताक्षर से एक पत्र प्रकाशित हुआ। लेखिका ने अपनी बहनों की भलाई के उद्देश्य से उठाए गए श्री कार्वे के कदम की भावना की प्रशंसा करते हुए लिखा : 'यदि श्री कार्वे एक महिला के उत्थान के लिए तैयार हैं तो मुझे पूरा विश्वास है कि मेरी तरह के पाँच-दस अन्य लोग भी सहयोग करने के लिए राजी हो जाएँगे तथा अपनी एक अन्य असहाय बहन के लिए वे खाना बनाने, कपड़े तथा बर्तन साफ करने और आटा पीसने के अलावा अगर जरूरत पड़ी तो उसकी दशा में सुधार लाने के लिए वे घर-घर जाकर भीख भी माँगेंगे। यह एक बड़ी महत्त्वपर्णू अपील या प्रस्ताव था। इस अपील ने सदियों से सुसुप्त पड़ी दुराग्रहपूर्ण भावनाओं को अंदर तक झकझोर

काष्ठ में कुरेदी गई काली और दस भुजाओंवाली दुर्गा की आकृतियाँ। कलाकार : असित पॉलर सौजन्य : सीगुल बुक्स कलकत्ता, 1983

दिया। कुछ ही समय में श्री कार्वे के उल्लेखनीय प्रयास ने वास्तविक स्वरूप ग्रहण कर लिया। कहने के लिए तो वे विधवाएँ थीं, परंतु उन्होंने श्री कार्वे के दाहिने हाथ खड़े पुरुषों की भूमिका निभानी शुरू कर दी। वे श्री कार्वे के महान लक्ष्य की पूर्ति के लिए ऐसा कोई भी पाप करने को तैयार थीं जो एक उच्च जाति हिंदू विधवा कर सकती थी तथा वे श्री कार्वे द्वारा शुरू किए गए पवित्र कार्य के लिए अपना संपूर्ण जीवन लगा देने के लिए तैयार थीं। उन्होंने इतने विशाल महाद्वीप के दूरदराज के क्षेत्रों में जाकर असहाय विधवाओं की ओर से बड़ी मार्मिक अपीलें कीं ताकि उन पुरुषों की आँखें खुल सकें जो अपनी स्त्रियों के प्रति कृतज्ञ थे।[59]''

तो फिर महिलाओं के कल्याण के लिए समर्पित इस पत्रिका में प्रकाशित उस खबर में पंडिता रमाबाई का उल्लेख क्यों नहीं किया गया ? इसका एक स्पष्ट कारण तो यह है कि सन् 1890 के बाद से लगातार वे पुनरुत्थानवादियों के हमले झेल रही थीं। पुनरुत्थानवादियों के हमलों का आंशिक कारण तो यह था कि वे क्रिश्चियन (ईसाई) बन गई थीं और आंशिकतौर पर पुनरुत्थानवादी उनसे इसलिए कुपित थे कि वे अपने धर्मांतरण के बाद मिशनरी गतिविधियों में लिप्त थीं। दूसरी ओर श्री कार्वे हिंदू बने रहे हालाँकि उन्हें भी पुनरुत्थानवादियों का कोपभाजन होना पड़ा। जहाँ तक पंडिता रमाबाई को हाशिये पर डाल दिए जाने के कारणों की बात है,

वस्तुतः उनका रूढ़िवाद विरोधी रवैया तथा उनकी आत्मनिर्भरता ही एक स्त्री के रूप में उनका अवगुण माना गया : मीना कौशाम्बी ने लिखा है कि किस प्रकार रमाबाई ने दूसरे धर्म तथा भाषा के शूद्र से विवाह करने की इच्छा व्यक्त की जबकि वे खुद ब्राह्मण थीं। उनके इस कृत्य ने समकालीन रूढ़िवादियों, खासतौर से महिला मराठियों को उनके प्रति आक्रामक बना दिया जिन्होंने रमाबाई को "अपने पति तथा विवाह को नष्ट करनेवाली तथा अपने अरूढ़िवादी व्यवहार के कारण बाकी समाज को कलंकित करनेवाली स्त्री के रूप में पेश किया।"[60]

इस बीच बंगाल में देवी-केंद्रित राष्ट्रवादी रीतियों को नया आधार मिला क्योंकि राष्ट्रवाद ने क्रांतिकारी आतंकवाद का रूप धारण कर लिया। 1906 में युवा राष्ट्रवादियों ने आत्मशक्ति के नियम की आलोचना करते हुए कहा कि इसका असर बहुत धीरे-धीरे तथा स्थानीय स्तर पर शांतिपूर्ण कार्यों में होता है। इसलिए उन्होंने स्वराज की प्राप्ति के लिए संघर्ष का आह्वान किया।[61] नव विकसित क्रांतिकारी आतंकवादी गुटों में हिंदू राष्ट्रवाद से ओतप्रोत ब्रिटिश-विरोधी भावनाएँ जागृत हुईं जिनमें काली की बार-बार स्तुति की गई। इससे पूर्व सन् 1891 में बंगाल में विवाह की आयु बढ़ाने का विरोध करनेवाले आंदोलनों में विचारधारात्मक प्रयोग के लिए काली पूजाएँ आयोजित की गईं। जब कानून पारित हो गया तो एक निष्ठावान समाज सुधार पत्रिका *'इंडियन स्पेक्टैटर'* ने बड़ी बेरुखी से ताना मारते हुए लिखा : "माता विक्टोरिया ने तो अपना कार्य कर दिखाया परंतु माता काली कुछ नहीं कर पाईं।[62] इसके पश्चात पश्चिम प्रभावित सुधारकों से हिंदू परंपराओं को बचाने के लिए काली की बार-बार स्तुति की गई। अब वह भारतमाता की परित्राणक तथा अपने राष्ट्रवादी पुत्रों का कवच बन गईं। सरला देवी घोषाल, जो कि मेमनसिंह सुहृद समिति से अब तक पूरी शक्ति के साथ जुड़ी हुई थीं, को काली पूजा के लिए आमंत्रित किया जाने लगा क्योंकि काली प्रतापादित्य की इष्ट देवी थीं।[63] नोआखाली में भगवती नाम की एक महिला ने एक गीत लिखा जिसमें कहा गया कि तैंतीस करोड़ भारतीय अथाह समुद्र में तैर रहे हैं तथा रातोंदिन रो-रोकर माता काली से प्रार्थना कर रहे हैं कि "हे माँ ! हमें बचा ले, अगर बंगाल समृद्ध होगा तो हम गंगा में सफेद बकरों की बलि चढ़ाएँगे।"[64]

काली, दुर्गा तथा चंडीपूजा इस आधार पर आवश्यक हो गई क्योंकि अनेक युवा राष्ट्रवादियों की मान्यता थी कि 'माँ' राष्ट्रीय बलिदान का मार्ग सुगम बना देंगी : रवींद्रनाथ टैगोर के गीतावितान में दुर्गा के बारे में कहा गया है कि 'आपके दाहिने हाथ में तलवार चमक रही है जबकि बायाँ हाथ भय दूर करता है; दोनों आँखें मृदु मुस्कान बिखेरती हैं जबकि मस्तक पर स्थित तीसरे नेत्र से ज्वाला निकल रही है।"[65] अनेक लोग माँ काली को भारतमाता के रूप में देखते थे : बंकिमचंद्र ने *आनंदमठ* में कहा—"हे माँ ! यह आपकी ही छवि है जिसकी हम मंदिरों में पूजा करते हैं।"[66]

सन् 1907 में एक संभ्रांत राष्ट्रवादी की पुत्री कुमुदिनी मित्रा ने *'सुप्रभात'* नामक पत्र शुरू किया जिसमें माँ काली, भारतमाता तथा क्रांति के संबंधों को दोहराया गया। पत्र का नाम रवीन्द्रनाथ टैगोर की एक कविता से लिया गया, जिसमें स्वाधीनता के लिए जान देनेवालों को अमर बताया गया था : अपने दूसरे अंक में पत्रिका ने एक कविता प्रकाशित की जिसका शीर्षक था—पूजा का पावन समय। (द आस्पीसियस टाइम फॉर वरशिप) जिसमें कहा गया कि—'माँ की भूख' केवल खून, सिर, कार्यकर्ता, योद्धा, श्रम, नायक एवं भक्तों के दृढ़ संकल्प से ही 'शांत' हो सकेगी।'[67] सन् 1906 में कलकत्ता अनुशीलन के अनेक प्रमुख सदस्यों ने राजनीतिक हत्याओं का पहले ही कई बार असफल प्रयास किया था। उनका क्रांतिकारी साप्ताहिक 'युगांतर' कुछ ही महीनों पूर्व शुरू हुआ था। इस गुट के एक सदस्य हेमचंद्र कानूनगो सैनिक तथा राजनीतिक प्रशिक्षण के लिए बाहर गए। जब वह पेरिस पहुँचे तो वहाँ उन्होंने मैडम कामा समेत अनेक भारतीय क्रांतिकारियों से मुलाकात की। श्री कानूनगो एक बम फैक्ट्री तथा क्रांतिकारी स्कूल की संयुक्त स्थापना के लिए जनवरी, 1908 में वापस कलकत्ता आए। कानूनगो तथा उनके गुट के दो अन्य सदस्यों—खुदीराम बोस तथा प्रफुल्ल चाकी को कैनेडी हत्याकांड में गिरफ्तार कर लिया गया। लेकिन क्रांतिकारियों का मुख्य निशाना किंग्सफोर्ड नामक नस्लवादी मजिस्ट्रेट बच गया।[68] सुप्रभात के मई, 1908 के अंक में प्रफुल्ल चाकी की बड़ी प्रशंसा की गई। प्रफुल्ल चाकी ने गिरफ्तारी के फौरन बाद आत्महत्या कर ली थी। उसके शव के चित्र के साथ एक कविता प्रकाशित की गई जिसमें राष्ट्रवादी क्रांतिकारियों द्वारा नश्वर तथा अमर दोनों रूपों में 'माँ' की पूजा की गई है :—

माँ पूछती है, "हे यात्री !
तुम इस कष्टप्रद मार्ग में
असमय ही क्यों मर गए ?"
वह उत्तर देता है—"हे माँ !
इसमें पीड़ा या शोक की क्या बात है ?
मैं तो मृत्यु से नित्य खेलता हूँ;
मृत्यु मेरी शत्रु नहीं।"
माँ फिर पूछती है—
"हे बालक, तुम किसके प्यारे हो ?
तुम्हारे लिए मैं मर जाती
तुम्हारे स्वर्णिम मुखड़े को देखकर
मुझे खुशी हो रही है।
लेकिन तुम इतने उन्मत्त क्यों हो गए हो,
तुम्हारे कोमल हृदय में भय क्यों नहीं ?"

शव उत्तर देता है–
“इतनी बड़ी दुनिया में अनेक घर हैं
जो मुझे प्यार से पुकार रहे हैं,
अनेक दयालु स्त्रियाँ हैं जो मुझसे
मातृवत् व्यवहार करती हैं।
मृत्यु मेरी दुल्हन और मेरी माँ है !”[69]

दिलचस्प बात यह है कि उन्नीसवीं सदी में बंगाल में दुर्गा एवं काली पूजा खुद भी एक आधुनिक कृत्य माने जाते थे। आशीष नंदी के अनुसार, अठारहवीं सदी के मध्य तथा उत्तरार्द्ध में जब बंगाल में अनेक विपत्तियाँ आईं तो लोगों में यह आत्मबोध पैदा हुआ कि बंगाल की समृद्धि की बागडोर दयालु माँ भगवती के हाथों में है तथा उन्हीं के हाथों में प्रकृति के संचालन की आद्यशक्ति है। एक ओर जहाँ चंडी को प्रकृति की प्रतिमूर्ति के रूप में देखा गया वहीं दूसरी ओर उनके दुर्गा स्वरूप को दैत्यों की संहारक एवं दुष्टों को दंडित करनेवाली माँ काली माना गया। उन्नीसवी सदी के संदर्भ में जो दुर्गा पहले अजानी थीं वही बाद में अत्यंत लोकप्रिय देवी बन गईं तथा दुर्गा पूजा अत्यंत लोकप्रिय सामाजिक एवं धार्मिक त्यौहार के रूप में मनाई जाने लगी। इस प्रकार काली, जो उस समय तक डकैतों, चोरों, ठगों तथा सांकेतिक रूप से वेश्याओं की देवी मानी जाती थीं अब एक देवी के रूप में आगे आ गईं (वेश्याएँ काली को भगवती या कामाग्नि भड़कानेवाली देवी के रूप में पूजती थीं)। दोनों का प्रभाव सबसे पहले ग्रेटर कलकत्ता में दिखाई पड़ा जहाँ वे अपने ज्ञात तथा काल्पित अनुयायियों की इष्ट देवी बनीं।[70] दूसरे शब्दों में, दोनों देवियों की लोकप्रियता शक्ति तथा वर्चस्व की स्थापित व्यवस्था पर आए संकट के समय देखी जा सकती है। अँग्रेजों से मुठभेड़ के समय उत्पन्न संकट की घड़ी में अनुयायियों ने दुर्गा की उपासना की। यह बात यहाँ ध्यान देने योग्य है कि दुर्गा एवं काली की उपासना के पीछे उनकी शक्ति, स्वभाव तथा क्रिया थी : यानी दुर्गा को प्रकृति तथा शक्ति की देवी यानी रक्षिका के रूप में तथा काली को उनके विध्वंसक गुणों के कारण पूजा जाता था। अब यहाँ सवाल यह पैदा होता है कि दुर्गा एवं काली के बढ़ते महत्त्व को किस रूप में देखा जाए क्योंकि इससे पुरुष प्रधान (पितृसत्तात्मक) समाज के ढाँचे में बदलाव तथा तनाव पैदा हो रहा था ?

ऐसे समय में जब सारा ध्यान महिलाओं पर केंद्रित था, काली एवं दुर्गा का बढ़ता महत्त्व मात्र समान घटना नहीं था। आमतौर पर यह दलील दी जा सकती है कि यह बढ़ोतरी मादा शक्ति की प्रभावशाली मिश्रित छवि को उजागर करती है जो वस्तुतः स्त्रीत्व के दोहरे एवं ध्रुवीय दृष्टिकोण को प्रस्तुत करती है। भारत में यह एक सामान्य सोच है कि भारतीय अकाल, महामारी या प्राकृतिक आपदा के समय किसी असीम शक्ति के अवतरित होने की कल्पना करते हैं। सामान्यतया ऐसी

आदि शक्तियों को प्रसन्न करने के लिए भेंट चढ़ाई जाती है तथा साथ-ही-साथ जो स्त्रियाँ अपने पति की सुरक्षा के लिए अपने प्राकृतिक कर्त्तव्यों का निर्वहन नहीं करतीं उन्हें दंडित किया जाता है। दूसरे शब्दों में शक्ति का अवतार बहुत भयानक रूप में दुनिया में दिखाई पड़ा और इसे सीधेतौर पर महिलाओं की विफलता से जोड़ कर देखा गया। जानबूझकर या अन्य तरीके से यह बात मानी गई कि चूँकि स्त्रियों ने अपने पारम्परिक कर्त्तव्यों का सम्यक् निर्वहन नहीं किया और उन्होंने अपनी शक्ति को घर में सहेज कर नहीं रखा, अतः आदि शक्ति को अवतार लेना पड़ा। संकट या दुरवस्था की घड़ी में स्त्रियों को सामूहिकतौर पर दंडित करने के अवसर बार-बार मौजूद रहते। चरित्र हनन इसका प्रमुख उदाहरण है। नंदी का तर्क है कि उन्नीसवीं सदी के पूर्वार्द्ध की प्रथम त्रयी में सती की बढ़ती घटनाओं के पीछे यही कारण था। श्री नंदी के अनुसार, काली को आदिशक्तिस्वरूपा माता के रूप में माना जाने लगा तथा सभी अनुष्ठानों में काली की मौजूदगी को अँग्रेज तथा भारतीय सुधारकों ने हिंदुओं की पतनशीलता की घटना बताया। 'इस नए मनोवैज्ञानिक माहौल' में, ऐसा लगता है कि सती के समय में जो लोकनीति पनपी, वह और पुष्ट हुई तथा विधवाओं के पापों के लिए उन्हें दंडित करने का इसे उचित कारण माना जाने लगा। लोगों में यह अंधविश्वास बढ़ा कि चूँकि पत्नी के रूप में उसने अपने पारंपरिक कर्त्तव्यों का निर्वहन नहीं किया इसीलिए उसके पति की मृत्यु हो गई।[71]

मैडम भिकाजी रुस्तमजी कामा 1861-1936

भिकाजी कामा (मैडम कामा के रूप में विख्यात) भारत तथा विदेशों में क्रांतिकारी आंदोलनों में श्यामजी कृष्ण वर्मा, एस.आर. राणा तथा अन्य लोगों के साथ जुड़ी थीं। अन्य गतिविधियों के अलावा वे रिवाल्वरों की तस्करी में भी लिप्त थीं। क्रिसमस के उपहार के रूप में रिवाल्वर को खिलौनों में छुपाकर भारत भेजती थीं। सन् 1907 में उन्होंने स्टुटगार्ट में सम्पन्न हुई इंटरनेशनल सोशलिस्ट काँग्रेस में भाग लिया जहाँ उन्होंने भारतीय राष्ट्रीय झंडा फहराकर भारत की आजादी का समर्थन करने के लिए काँग्रेस को सहमत किया। सन् 1909 में उनके गुट ने भारत की आजादी के लिए वंदेमातरम् नामक मासिक पत्रिका जिनीवा से प्रकाशित की। पत्रिका का पहला अंक सितंबर 1909 में प्रकाशित हुआ। इस अंक में स्वाधीनता प्राप्त करने के उपाय सुझाए गए थे। स्वाधीनता के लिए त्रिस्तरीय फार्मूला तैयार किया गया जिस पर अमल किया जाना था। पहले उपाय के अंतर्गत लोगों को शिक्षित करना; दूसरे के तहत युद्ध तथा तीसरा उपाय था पुनर्निर्माण का। ''किसी भी राष्ट्रीय आंदोलन को इन तीन स्तरों से होकर गुजरना लाजिमी है। भारत के लिए इतिहास अपना नियम नहीं बदल सकता। पहले स्नान, फिर नाश्ता तत्पश्चात भोजन। यही सब हमारे लिए भी लागू होगा। पहले बुद्धिमत्ता, फिर युद्ध और उसके बाद आज़ादी।''[1] बर्लिन में सन् 1910 में प्रकाशित

एक नए राष्ट्रवादी पत्र 'तलवार' में संपादकीय टिप्पणी में कहा गया, 'वंदेमातरम् गुट की युद्ध संबंधी नीति का इससे खुलासा होता है : वंदेमातरम् गुट ने बड़े उत्साह के साथ अपनी रणनीतिक भूमिका के रूप में सक्रिय प्रतिरोध तथा राजनीतिक हत्या की वकालत की है। उसकी घोषणाओं में किसी भी प्रकार के ह्रास या समझौते का कोई लक्षण दिखाई नहीं पड़ता। हम अपने पाठकों का ध्यान पत्र के दूसरे अंक में प्रकाशित होनेवाले राजनीतिक हत्या संबंधी लेख की ओर आकृष्ट करना चाहते हैं जिसे बड़े ध्यान से पढ़ने की आवश्यकता है।[2] तीसरे अंक में प्रकाशित मैडम कामा के लेख के बाद हम देखते हैं कि 'सक्रिय प्रतिरोध' के तहत की जानेवाली राजनीतिक हत्याओं में सशस्त्र विद्रोह की झलक दिखती है। मैडम कामा ने अपने लेख में कहा : मैं आप सभी देशभक्तों से अपील करती हूँ कि आप ज्यादा-से-ज्यादा समय तक पश्चिम में रहकर सभी प्रकार का भौतिक प्रशिक्षण (जो कि हमारे अपने देश में अनुमित नहीं है) प्राप्त करें। सबसे अधिक महत्त्वपूर्ण है निशानेबाजी क्योंकि वह दिन दूर नहीं जब आपको स्वराज तथा स्वदेश की खातिर हमारी प्यारी भारत भूमि से अँग्रेजों को खदेड़ने के लिए अँग्रेजों पर गोली चलाने का आह्वान किया जाएगा।[3]

वास्तविकता यह है कि मैडम कामा में सशस्त्र प्रतिरोध की भावना अभी हाल में ही जाग्रत हुई है। सन् 1908 में इंडिया हाउस में दिए अपने एक भाषण में उन्होंने कहा : "आप लोगों में से कुछ का कहना है कि एक स्त्री के नाते मुझे हिंसा का विरोध करना चाहिए। हाँ महोदय, कभी मेरे मन में ऐसी भावना थी। तीन वर्ष पूर्व मुझे हिंसा की बात करते हुए भी पीड़ा होती थी...परंतु उदारवादियों की संवेदनहीनता, धोखेबाजी तथा मक्कारी को देखते हुए वह भावना समाप्त हो गई। जब हमारे शत्रु हमें हिंसा के लिए बाध्य करें तो फिर हम हिंसा करने से क्यों बाज आएँ ?"[4]

वंदेमातरम् गुट वी. डी. सावरकर की अभिनव भारत सोसायटी से जुड़ा हुआ था। सोसायटी उग्रवादी हत्याओं को महिमामंडित करती थी। सन् 1909 में इस गुट के एक सदस्य मदनलाल धींगरा ने भारत में एक अँग्रेज ब्यूरोक्रैट कर्जन वाइली की हत्या कर दी थी। धींगरा को फाँसी पर लटका दिया गया। वंदेमातरम् के 1909 के अंक में धींगरा की कार्रवाई की राष्ट्रीय तथा अंतर्राष्ट्रीय परिप्रेक्ष्य में प्रशंसा की गई; धींगरा को महिमामंडित करते हुए अखबार ने लिखा—धींगरा की पिस्तौल की आवाज आयरिश साईस की झोंपड़ी, मिस्र के फल्लाहों के खेतों तथा खान श्रमिकों की अँधेरी खानों में भी सुनाई पड़ी।...[5]

मैडम कामा स्वयं एक अंतरराष्ट्रीयवादी थीं परंतु उनका मत था कि राष्ट्रवाद अंतरराष्ट्रीयवाद से ऊपर है : उन्होंने कहा—दुनिया मेरा देश है तथा हर इंसान मेरा संबंधी। परंतु विश्व में अंतरराष्ट्रीयवाद की स्थापना से पूर्व मैं राष्ट्रों को तरजीह दूँगी।[6] वंदेमातरम् गुट के साथ रहकर उन्होंने महसूस किया कि सारी दुनिया में चलनेवाले राष्ट्रवादी आंदोलन अपनी साम्राज्यवाद विरोधी नीति के कारण एक-दूसरे से जुड़े हैं।

उनका समर वाक्य था : 'एशियाइयों के लिए एशियाई।'

उनका स्पष्ट मत था कि एक देशवासी के रूप में हिंदुओं, मुसलमानों तथा सिखों को चाहिए कि वे अपने-अपने धर्मों को उनके भाईचारे में हस्तक्षेप की अनुमति न दें। 'भारतीय क्रांति' को 'हिंदी क्रांति' के रूप में परिभाषित किया जाना चाहिए। (उनका विश्वास था हिंदी स्वतंत्र भारत की भाषा होगी) तथा क्रांतिकारियों की अवतार पुरुष कहकर प्रशंसा की गई। हिंदू दर्शन में अवतारों का बड़ा महत्त्वपूर्ण वर्णन है।

मैडम कामा ने कहा : 'इस वर्ष एक जुलाई को हमारे महान बलिदानी नामक मदनलाल धींगरा ने अपने जीवन का बलिदान देकर वीरता का अद्वितीय उदाहरण प्रस्तुत किया है। युवा भारत अपनी उच्चतम आशाओं एवं प्रियतम स्वप्नों को साकार होते हुए देख रहा है। भारत कल्कि के दसवें अवतार की प्रतीक्षा कर रहा है जो कि विदेशी दैत्यों का नाश करेगा।'[7] सन् 1913 में मैडम कामा को सरकार द्वारा क्रांतिकारी आंदोलन की मान्यता प्राप्त नेता बताया गया। यह भी कहा गया कि लोग उन्हें देवी काली का पुनरावतार मानकर उनका आदर करते हैं।[8]

एक पारसी टिप्पणीकार ने उनके बारे में कहा : "उनका मन अपने आप में एक बालक की तरह अबोध है परंतु एक युवा स्त्री के रूप में वे एक स्वतंत्र विचारों वाली गर्म मिजाज महिला हैं।"[9] तीन अगस्त सन् 1885 को उन्होंने अधिवक्ता तथा प्रखर राष्ट्रवादी रुस्तम के. आर. कामा से विवाह किया। उनके पति रुस्तमजी कामा सन् 1915 से 18 तक बंबई क्रॉनिकल नामक अखबार के प्रबंधक भी रहे। उनका वैवाहिक जीवन सुखद नहीं था। आमतौर पर उन्हें क्रिकेट खेलने का शौक था तथा सन् 1876 में कुछ महीने तक उन्होंने नर्स के रूप में कार्य किया।

मैडम कामा अकेली ऐसी महिला थीं जिन्हें अँग्रेजी सरकार ने गिरते स्वास्थ्य के कारण 74 वर्ष की आयु में भारत लौटने की इजाज़त दी। उन्हें पारसी जनरल अस्पताल में भर्ती कराया गया जहाँ 13 अगस्त 1936 में एकांतवास में उनकी मृत्यु हो गई।[10]

संदर्भ

1. जे. सी. केर, 'पोलिटिकल ट्रबुल इन इंडिया', 1907-1917 पृष्ठ 103
2. तथैव
3. तथैव पृष्ठ 105
4. प्रोसीडिंग्स ऑफ द होम डिपार्टमेंट, जुलाई 1913 पृष्ठ 6
5. सुमित सरकार, पूर्वोक्त पृष्ठ-145-46
6. मनमोहन कौर पूर्वोक्त पृष्ठ-112
7. जे. सी. केर, पूर्वोक्त पृष्ठ-103
8. प्रोसीडिंग्स ऑफ द होम डिपार्टमेंट्, जुलाई, 1913 भारत सरकार पृष्ठ 6
9. एच. डी. दारुखानवाला, 'पारसी लस्टर आन इंडियन सॉइल', पृष्ठ 29
10. तथैव पृष्ठ 30

एक ओर जहाँ सती की इस 'बीमारी' को सामूहिक उन्माद के उद्घाटित क्षण के रूप में देखा जा सकता है जिसमें पुरुष प्रधान सामाजिक व्यवस्था को अपने ऊपर संकट मँडराता दिखाई पड़ा, इसलिए उसने उस व्यवस्था को बनाए रखने के लिए हिंसक प्रतिक्रिया व्यक्त की, उन्नीसवीं सदी के मध्य में इस संकट को रेखांकित करने के लिए नूतन प्रयास किए गए। दिलचस्प बात यह है कि इस संदर्भ में विधवा की स्थिति कितनी दयनीय हो गई खासतौर से तब जबकि उसे एक खतरनाक रूप में पेश किया गया। विधवाओं के बारे में यह स्पष्ट राय व्यक्त की गई कि पतिविहीन होने के कारण उनकी कामोद्दीपक ऊर्जा खतरनाक हो सकती है इसीलिए अठारह सौ पचास के दशक में विधवा पुनर्विवाह के लिए चलाए गए आंदोलनों में अक्सर इसका उल्लेख किया गया। अभियान को विधवा को कोई पुरुष उपलब्ध कराकर इस ऊर्जा को पुनर्व्यवस्थित करने के रूप में भी देखा जा सकता है। इसके अतिरिक्त यहाँ यह बात उल्लेखनीय है कि विधवा पुनर्विवाह के लिए जो कानून बनाया गया उसके अनुसार विधवा का दूसरा विवाह होने की स्थिति में वह अपने पहले पति की जायदाद से वंचित कर दी गई। यह एक ऐसा नियम था जिसने विधवा की जिंदगी को न केवल उसके पहले पति की मृत्यु के साथ दूभर कर दिया बल्कि पुनर्विवाह के पश्चात उसे उसके नए पति के ऊपर पूरी तरह निर्भर कर दिया। दूसरे शब्दों में, अँग्रेजों द्वारा प्रतिपादित नई भू-संपदा, औद्योगिक एवं सामाजिक नीतियों ने मौजूदा पितृसत्तात्मक ढाँचे को मटियामेट कर दिया जिसके परिणामस्वरूप एक ओर जहाँ पितृसत्तात्मक 'परम्पराओं' की स्थापना के लिए हिंसक प्रतिक्रिया हुई वहीं दूसरी ओर पुरुष प्रधानता को सुधारने के नाम पर उसे पाश्चात्य शैली की ओर मोड़ा गया (और इस प्रक्रिया में स्त्रियों के कुल परम्परागत अधिकारों की बलि दे दी गई)।

एनी बेसेंट 1847-1933

...पुरुष का अधिकार एक स्वीकार्य सिद्धांत बन चुका है, परंतु दुर्भाग्यवश विश्व के विशेष दृष्टिकोण में वह केवल पुरुषों का अधिकार है। ये अधिकार लैंगिक अधिकार हैं न कि मानवीय अधिकार, और जब तक ये मानवीय अधिकार नहीं बनते तब तक समाज एक औचित्यपूर्ण, सुरक्षित नींव पर खड़ा नहीं हो सकता ...स्त्रियों के इन अधिकारों (स्वतंत्रता, संपत्ति, सुरक्षा तथा अन्याय-विरोध) को नकारने का अर्थ है मानवता को नकारना या यह मानने से इनकार करना कि स्त्रियाँ मानवता का एक अंग हैं। यदि स्त्रियों के अधिकारों को नकारा जाता है तो स्त्रियों के अधिकारों की बात करना बेमानी है...या तो सभी मनुष्य के अधिकार समान हों या फिर किसी को कोई अधिकार न हो।

एनी बेसेंट सन् 1893 में भारत आईं तथा उन्होंने नेशनल रिफार्मर नामक पत्र में चार्ल्स ब्रेडलाफ के साथ काम किया। वे ब्रिटिश उपनिवेशवाद की आलोचक बनीं।

वे थियोसॉफिकल सोसायटी (पादरियों की संस्था) की सदस्य बनीं। भारत में वे मद्रास के अडयार क्षेत्र में रहीं जो कि थियोसॉफिकल सोसायटी का मुख्यालय था। उन्होंने सनातन धर्म आंदोलन का समर्थन किया तथा हिंदुओं के बच्चों को संस्कृत पढ़ने तथा आर्य 'सादगी एवं आध्यात्मिकता' अपनाने की वकालत की। अपने इस पुनरुत्थानवादी दृष्टिकोण के बावजूद सहिष्णुता पर आधारित स्त्री-पुरुष के समान अधिकारों में उनका विश्वास था। बुनियादी तौर पर उन्होंने माना कि स्वराज प्राप्ति से पूर्व भारत को स्वयं को शिक्षित करने की जरूरत है, परंतु प्रथम विश्वयुद्ध की शुरुआत के साथ ही उन्होंने 'अपनी सरकार' के लिए अभियान शुरू कर दिया। वे सन् 1914 में काँग्रेस में शामिल हो गईं तथा सन् 1916 में वे होमरूल लीग के संस्थापकों में से एक बनीं। सन् 1917 में उन्हें अँग्रेजों ने भारत रक्षा कानून (डिफेंस ऑफ इंडिया एक्ट) के तहत गिरफ्तार कर लिया। उनकी गिरफ्तारी के विरोधस्वरूप देश-विदेश में व्यापक विरोध सभाएँ हुईं। अमेरिका से राष्ट्रपति विल्सन ने उनकी रिहाई के लिए अँग्रेजों से बातचीत की, भारत में सुब्रमनियम अय्यर ने अँग्रेजों द्वारा उन्हें दी गई 'नाइट' की उपाधि उन्होंने वापस कर दी। इन दबावों के कारण अँग्रेजों ने प्रशासन में भारतीयों की संख्या बढ़ाने की घोषणा की ताकि 'आत्मसंचालक संस्थानों' का विकास हो सके। सितंबर में एनी बेसेंट के साथ-साथ उनके दो सहयोगियों श्री वाडिया एवं श्री अरुण्डेल को भी रिहा कर दिया गया।

उसी वर्ष श्रीमती बेसेंट को काँग्रेस का अध्यक्ष चुना गया और वे काँग्रेस की पहली महिला अध्यक्ष बनीं। उनके प्रभाव में आकर काँग्रेस ने मत व्यक्त किया कि "स्थानीय सरकारों तथा शिक्षा से जुड़ी हुई संस्थाओं में चुनाव का जो मापदंड पुरुषों के लिए अपनाया जाता है, वही मापदंड स्त्रियों के लिए भी अपनाया जाए।" दिसंबर, 1917 में वे मार्गरेट कूजिंस, सरोजिनी नायडू तथा आठ अन्य भारतीय स्त्रियों के साथ श्री मोंटेग से मिलने गईं तथा उनसे स्त्रियों को वोट देने का अधिकार देने की माँग की। स्त्रियों की शक्ति के बारे में उनका नजरिया गांधी जैसा ही था। उनका मत था कि "होम रूल आंदोलन में स्त्रियों की सहभागिता से यह दस गुना अधिक बढ़ गया है। अपनी वीरता, सहनशीलता तथा आत्मबलिदान के स्त्रैण गुणों के कारण उन्होंने आंदोलन को जबरदस्त ताकत दी है।" हालाँकि वे गांधी की राजनीतिक विरोधी थीं। उन्होंने गांधी के असहयोग आंदोलन की आलोचना की तथा उसे विद्रोह का कार्यक्रम मानने से इनकार कर दिया। उनका मत था कि यदि यह सफल हुआ तो देश गर्त में चला जाएगा और जैसी की संभावना थी, अगर विफल हुआ तो देश में 'खूँरेजी तथा दंगे होंगे।' गांधी का विरोध करने के कारण वे होम रूल लीग के अंदर अलोकप्रिय हो गईं इसीलिए उन्होंने सन् 1919 में नेशनल होम रूल लीग की स्थापना की। सन् 1924 में वे होम रूल लीग के एक प्रतिनिधि मंडल का इंग्लैंड में उन्होंने नेतृत्व किया तथा भारत के लिए प्रभुसत्ता-सम्पन्न गृह राज की माँग की। सन् 1925 में एनी बेसेंट

ने एच. एस. गोरी, शिवराव, सी. पी. रामास्वामी अय्यर तथा अन्य लोगों के साथ मिलकर स्वशासन के संविधान का एक प्रारूप तैयार किया। इस मसौदे का समर्थन ब्रिटेन की लेबर पार्टी तथा महात्मा गांधी ने भी किया, परंतु यह कभी भी पारित नहीं हो सका।

संदर्भ

1. एनी बेसेंट, 'स्पीचेज एंड राइटिंग्स' पृष्ठ 70.

ऐसे तत्त्वों के होने के बावजूद जिनमें दुर्गा एवं काली का प्रभाव बढ़ा, स्त्रियों की प्रभावशाली मातृछवि के लिए नई जगह बनी। कई प्रकार से इस छवि की राष्ट्रवादी स्वीकार्यता के बावजूद स्त्रियों के लिए नया स्थान बनाने में दिक्कत आ रही थी। हम पहले ही देख चुके हैं कि बंकिमचंद्र द्वारा प्रतिपादित राष्ट्रवादी भावनाओं पर सरला देवी की कार्रवाइयों को कितनी मान्यता मिली। दुर्गा को 'भारतमाता' से जोड़ने तथा स्वाधीनता के लिए किए जानेवाले संघर्ष में उपनिवेशवादी शासन के विरुद्ध हिंसा फैलाने की काली से बार-बार अनुमति माँगी गई। इसके अलावा इसे इस रूप में भी लिया जा सकता है कि ये दोनों देवियाँ हिंदुओं की रक्षा करें तथा पश्चिमी उपनिवेशवादियों का नाश कर दें।

इस हद तक शक्ति को राष्ट्रवाद से जोड़ना न कवेल अपनी मंजिल आसान करना था बल्कि इसके माध्यम से राष्ट्रवादी संघर्षों में स्त्रियों को खुद भी एक भूमिका निभाने का अवसर मिला। निश्चित तौर पर बंगाली राष्ट्रवाद की मातृकेंद्रित वाग्मिता ज्यों-ज्यों बढ़ती गई, ज्यादा-से-ज्यादा राष्ट्रवादी गतिविधियों में लिप्त होती गईं। इन गतिविधियों में बंगाल के विभाजन का विरोध करनेवाले छात्रों को स्कूल से निकाल दिए जाने पर उनकी सहायता करना, क्रांतिकारियों को शरण देना तथा जंगजुओं के बीच डाकिए के रूप में काम करना शामिल था। कुमुदिनी मित्रा ने स्वयं भी 'शिक्षित ब्राह्मण स्त्रियों' का एक गुट तैयार किया जो भूमिगत क्रांतिकारियों के मध्य सूचनाओं का आदान-प्रदान करता था।[72] लीलावती मित्रा नामक एक ब्राह्मण महिला, जिसने विद्यासागर को 1872 में पारित विशेष विवाह कानून के तहत सन् 1890 के दशक में विधवा पुनर्विवाह कराने में सहायता की, ने क्रांतिकारी छात्रों की सहायता की। उनके पति कृष्णकुमार बोस मित्रा को अँग्रेजों ने स्वदेशी आंदोलन में उनकी सक्रियता के कारण सन् 1908 में देश निकाला दे दिया था। सरकार के इस कदम का विरोध करते हुए लीलावती मित्रा ने सरकार द्वारा दी जानेवाली मासिक गुजारे-भत्ते की आर्थिक सहायता ठुकरा दी। सन् 1909 में अरविंद घोष के जेल से रिहा होने के बाद लीलावती ने उन्हें अपने घर में शरण दी। परंतु सन् 1911 में अपने पति की रिहाई के पश्चात उन्होंने राष्ट्रवादी गतिविधियों से खुद को अलग कर लिया तथा अपना सारा ध्यान ब्राह्मणवाद के प्रसार पर केंद्रित कर लिया।[73] प्रभावती मिर्जा सन् 1930 के दशक

की एक प्रभावशाली मजदूर नेता थीं। वे एक दस वर्षीय लड़की के अनशन से बहुत प्रभावित हुईं। हुआ यह कि उस लड़की का भाई अरविंद गुट का सदस्य था। जब खुदीराम बोस तथा सत्येन बोस को फाँसी पर लटका दिया गया तो तमाम क्रांतिकारियों ने इसके विरोध में उपवास किया। उपवास करनेवालों में वह दस वर्षीय लड़की भी शामिल थी जिसकी चर्चा ऊपर की गई है। तत्कालीन क्रांतिकारियों पर टिप्पणी करते हुए प्रभावती मिर्जा ने कहा : 'बंगाल में सबसे हैरतअंगेज बात यह है कि ज्यादातर उच्चाधिकारियों के बच्चे क्रांतिकारी बन गए हैं, मैं नहीं जानती कि क्यों ?'[74] इस दौर की अनेक स्त्रियों की गतिविधियों से पता चलता है कि ये रूढ़िवादी समाज सुधार तथा राष्ट्रवाद के अलावा पुनरुत्थानवादी कार्यों में लिप्त थीं। कामिनी राय इलबर्ट बिल आंदोलन में लिप्त थीं। वे बैठुने स्कूल में लड़कियों को इकट्ठा करके सभा करतीं तथा कानून के समर्थन में उन्हें बिल्ले पहनने को प्रेरित करतीं परंतु स्कूल छोड़ने के बाद उनकी सारी गतिविधियाँ समाप्त हो गईं। सन् 1909 में अपने पति की मृत्यु के पश्चात कामिनी राय बंग महिला समिति में शामिल हो गईं तथा स्त्रियों के सामाजिक सुधार की अनेक परियोजनाओं पर कार्य किया।[75] अघोरी कामिनी राय एक कन्या पाठशाला चलाती थीं। उन्होंने बाद में एक महिला समाज कल्याण संगठन बनाया जिसे आगे चलकर 'अघोरी कामिनी नारी समिति' के रूप में जाना गया। समिति ने असम के चाय बागान मालिकों द्वारा महिला श्रमिकों के शोषण के विरुद्ध अभियान चलाया। यह ऐसा कार्य था जिसको राष्ट्रवादियों ने सन् 1880 के दशक में पहली बार समर्थन दिया। समिति ने चाय बागान मालिकों द्वारा चोरी के झूठे मामले में फँसाए गए एक भारतीय श्रमिक की रिहाई के लिए चंदा भी इकट्ठा किया।[76]

इस दौर की कुछ स्त्रियाँ जो सक्रिय भी थीं, वे राष्ट्रवादी विचारों एवं अभियानों के प्रसार से अनभिज्ञ थीं। दिलचस्प बात यह है कि इनमें से कुछ स्त्रियाँ सुधारवादी तथा क्रांतिकारी लेखिकाएँ थीं। इनमें नागेन्द्र कला मुस्तफा, मनकुमारी बासु तथा कुमुदिनी राय शामिल थीं जिन्होंने स्त्रियों की नैतिकता एवं कर्त्तव्य तथा स्त्री शिक्षा इत्यादि विषयों पर बांग्ला में कविताएँ, कहानियाँ, नाटक तथा निबंध लिखे तथा उन्हें प्रकाशित भी करवाया।[77] महाराष्ट्र में पंडिता रमाबाई, काशीबाई कानितकर, मैरी भोरे, गोदावरी समस्कर, पार्वतीबाई तथा रुक्मिणीबाई अपने लेखन के जरिए जानी जाने लगी थीं। *इंडियन लेडीज मैगजीन* की संपादक कमला सत्यानंदन एक उपन्यासकार थीं।[78] उत्तर में रामेश्वरी नेहरू ने सन् 1909 में *स्त्री दर्पण* नामक एक मासिक पत्रिका का संपादन किया। रूप कुमारी नेहरू ने एक साथी पत्रिका लड़कियों के लिए प्रकाशित की जिसका नाम था *कुमारी दर्पण*। उसी दौरान महिलाओं की *गृहलक्ष्मी* एवं *चाँद* नामक दो अन्य पत्रिकाएँ भी शुरू हुईं जिनमें से एक का संपादन एक महिला द्वारा किया गया तथा दूसरी पत्रिका में एक महिला मैनेजर थी।[79] सरला देवी, कुमुदिनी मित्रा तथा मैडम कामा ने क्रांति से संबंधित प्रेरक पत्रकारिता पर ध्यान केन्द्रित किया।

इन तीनों ने मिलकर भारत माता का ऐसा चित्र बनाने में सहायता की जो अपनी आजादी के लिए माता काली की प्रतीक्षा कर रहा था। मैडम कामा पेरिस क्रांतिकारी गुट की सदस्य थीं। उन्होंने गुट के अन्य सदस्यों–कृष्णवर्मा, हरदयाल एवं एस. आर. राणा के साथ मिलकर भारत की स्वाधीनता का मासिक मुखपत्र वंदेमातरम् शुरू किया। मैडम कामा कुछ समय तक पत्र की संपादक भी रहीं।[80] हालाँकि सदी के अंत तक आतंकवादियों एवं क्रांतिकारियों ने वंदेमातरम् को राष्ट्रीय आह्वान का रूप दे दिया परंतु अँग्रेजों ने बंकिमचंद्र की इस कविता पर सन् 1909 में प्रतिबंध लगा दिया। प्रतिबंध की प्रतिक्रिया में ही वंदेमातरम् अखबार का प्रकाशन सितम्बर 1909 में शुरू हुआ। मैडम कामा ने सन् 1907 में स्टुटगार्ट में संपन्न हुए सोशलिस्ट अंतरराष्ट्रीय काँग्रेस में वंदेमातरम् का झंडा फहराया।[81] अखबार ने एक ओर जहाँ अँग्रेजों के विरुद्ध सशस्त्र विद्रोह के अंतरराष्ट्रीय विचार को स्वर दिया वहीं दूसरी ओर सारी दुनिया में चल रहे साम्राज्यवाद विरोधी संघर्षों का समर्थन भी किया। अखबार ने भारतीय राष्ट्रवादी संघर्ष में त्रिस्तरीय क्रांति का प्रारूप भी प्रस्तुत किया। साफतौर पर हिंदू प्रतीकों का प्रयोग करते हुए अखबार ने इसे समर्थ हिंदी क्रांति की संज्ञा दी तथा कहा : 'भारत कल्कि के 10वें अवतार की प्रतीक्षा कर रहा है जो कि विदेशी राक्षसों का संहार करेगा।[82] (कल्कि भगवान विष्णु का एक स्त्रैण अवतार था जो धरती पर विध्वंस के लिए हुआ था। काली की ही भाँति कल्कि भी राक्षसों का खून पीती थीं)।

स्त्री शिक्षा की प्रबल समर्थक मैडम कामा का विचार था कि महिलाओं के समर्थन के बगैर भारतीय स्वाधीनता आंदोलन सफल नहीं होगा, अतः राष्ट्रवादियों ने सारे भारत में मैडम कामा के इस आशय से संबंधित बयान जारी किए। यद्यपि 'राष्ट्रीय शिक्षा' भारतीय स्वदेशी आंदोलन का एक प्रमुख अंग थी, परंतु स्त्रियों तथा सर्वसाधारण की उपेक्षा किए जाने के कारण इसकी बार-बार आलोचना हुई।[83] राष्ट्रवादी स्त्रियों के प्रवेश के साथ ही स्त्री शिक्षा आंदोलन को नई दिशा मिली। उन्होंने नारी शिक्षा के नए प्रतिमान निर्धारित किए। अपने प्रारंभ से ही स्त्री शिक्षा आंदोलन ने स्त्रियों को पत्नियों एवं माताओं के रूप में उनकी भूमिका को ध्यान में रखते हुए उन्हें शिक्षा देना शुरू किया। सन् 1904 में एनी बेसेंट ने इसे राष्ट्रीय जरूरत बताते हुए कहा कि लड़कियों की शिक्षा के लिए चलाया जानेवाला राष्ट्रीय आंदोलन राष्ट्रीय भावनाओं से ओतप्रोत होना चाहिए। आंदोलन को 'राष्ट्रीय जीवन में स्त्री के स्थान' की हिंदू अवधारणाओं को अवश्य स्वीकार करना चाहिए।...भारत को सुशिक्षित पत्नियों तथा माताओं की आवश्यकता है, गृहस्थी के निपुण एवं सौम्य शासक की आवश्यकता है, युवाओं के लिए शिक्षित अध्यापकों की आवश्यकता है, पतियों के मददगार सलाहकार की आवश्यकता है तथा मात्र शिक्षित स्नातकों के बजाय रोगियों के लिए कुशल नर्स (परिचारिका) की जरूरत है।[84] इस समय तक भारतीय स्त्रियों में उपरोक्त

गुणों का सर्वथा अभाव था। सन् 1905 के बाद इस तर्क को नया रूप दिया गया। भारतीय माताओं की शक्ति तथा सामर्थ्य को पहचाना गया। माना गया कि शिक्षा उनकी कमजोरी नहीं बल्कि उनका जन्मसिद्ध अधिकार है तथा जो लोग अपनी स्त्रियों को उनके इस अधिकार से वंचित करते हैं वे स्वयं तथा राष्ट्र दोनों पर डाका डालते हैं। क्योंकि भारतीय स्त्रियाँ राष्ट्रमाताएँ हैं। कलकत्ता में सन् 1906 में संपन्न हुए भारतीय समाज सम्मेलन में बोलते हुए सरोजिनी नायडू ने कहा :–

> "शिक्षा नामक शब्द किसी भी भाषा का सबसे भ्रामक शब्द है... 'ज्ञान की प्राप्ति के लिए निर्देश' दिए जाने को शिक्षा की पारम्परिक परिभाषा कहा जा सकता है परंतु शिक्षा एक ऐसा असीम सुंदर अपरिहार्य वातावरण है जिसमें हम जीते, रहते तथा अन्य कार्य करते हैं। क्या कोई मनुष्य किसी दूसरे मनुष्य को ईश्वर प्रदत्त शुद्ध वायु के उसके जन्मसिद्ध अधिकार से वंचित करने की हिम्मत कर सकता है ?...तो फिर कोई भी मनुष्य किसी इंसान को उसके जीवन एवं आजादी की अविस्मरणीय विरासत से कैसे वंचित कर सकता है ? आपके पिताओं ने आपकी माताओं के इस अविस्मरणीय जन्मसिद्ध अधिकार से वंचित करके आपको लूटा है। इसलिए मैं आपको चेतावनी देती हूँ कि आप अपनी स्त्रियों के परंपरागत अधिकारों को बहाल करें क्योंकि जैसा मैंने पहले भी कहा है, आप नहीं असली राष्ट्र निर्माता हम हैं तथा हमारे सक्रिय सहयोग के बिना प्रगति के किसी भी बिंदु पर की जानेवाली आपकी सभी बैठकें एवं काँग्रेसें व्यर्थ होंगी। आप अपनी स्त्रियों को शिक्षित करें और देखें कि राष्ट्र स्वयं अपनी रक्षा कर लेगा क्योंकि यह बात कल भी सत्य थी, आज भी है और रहती दुनिया तक सत्य रहेगी कि "पालना झुलानेवाले हाथ ही विश्व पर शासन करते हैं।"[85]

इसलिए शिक्षा को उस समय मात्र जन्मसिद्ध अधिकार नहीं बल्कि पुत्रों को उनकी माताओं से विरासत में मिलनेवाला गुण माना गया। चूँकि 'राष्ट्रीय जीवन' में भारतीय स्त्रियों का स्थान माता के रूप में था इसलिए मिस्र राष्ट्रीय काँग्रेस की सन् 1910 में सम्पन्न बैठक में मैडम कामा ने सरोजिनी नायडू की उक्ति को दुहराते हुए कहा : 'याद रखिए जो हाथ पालना झुलाते हैं वही चरित्र निर्माण करते हैं' और यह कि वही कोमल हाथ राष्ट्रीय जीवन का प्रमुख कारक है।[86] सरोजिनी नायडू के बयानों का बड़ा उत्साहजनक स्वागत किया गया क्योंकि सन् 1916 तक वे संपूर्ण भारतीय नारियों की बात करती थीं। उन्होंने कहा : मैं दूसरे लिंग यानी पुरुषों की माँ का प्रतिनिधित्व करती हूँ और मैं उन्हें नपुंसक मशीन के बजाय मजबूत आदमी बनाना चाहती हूँ। यह बात मैं भारत की भावी पीढ़ी की माताओं की ओर से कह रही हूँ।[87] उन्हीं वर्षों में सरोजिनी नायडू ने कहा, "चूँकि सारी दुनिया की नारियों

में मातृत्व का नैसर्गिक गुण समान है इसलिए वे बड़ी आसानी से प्रत्येक स्त्री से सखीभाव पैदा कर सकती हैं।''[88] ठीक ऐसी ही बातें सुरेन्द्रनाथ बैनर्जी ने सभी भारतीयों का आह्वान करते हुए कहीं : ''मित्रो आप चाहे किसी भी जाति या वर्ण के हों, आइए हम सब अपने मतभेदों को भुलाकर मातृत्व धर्म के झंडे तले एकजुट हो जाएँ।''[89]

मातृत्व के इस विस्तृत अर्ध-लौकिक दृष्टिकोण के समान ही द्रविड़ समाज सुधारकों का 'उद्देश्यपूर्ण वैज्ञानिक' दृष्टिकोण उभरा जिसका वर्णन पहले अध्याय में किया गया है। बीसवीं सदी के प्रारंभिक वर्षों में 'प्राचीन भारतीय दर्शन' को सुधारकों, पुनरुत्थानवादियों, अतिवादियों, राष्ट्रवादियों तथा निष्ठावानों द्वारा उचित ठहराया गया, परंतु आर्य भारत के विषय में प्रत्येक का दृष्टिकोण भिन्न था। इसी प्रकार 'राष्ट्र की माताओं' के विषय में इस दौरान भिन्न-भिन्न स्वार्थ व्यक्त किए गए। एक ओर जहाँ सरोजिनी नायडू एवं सुरेंद्रनाथ बैनर्जी ने मातृत्व के जैविक-आध्यात्मिक आंतरिक शक्ति का बखान किया गया वहीं दूसरी ओर समाज सुधारकों द्वारा एक 'स्वस्थ नस्ल' के विकास के लिए मातृत्व के जैविक-नस्लवादी हितों की बात कही गई। दूसरा तर्क आर्य ब्रदरहुड कॉन्फ्रेंस सरीखे अनेक समाज सुधार संगठनों से लेकर डफरिन कोष से लाभ उठानेवाली विधवा संगठनों की ओर से दिया गया। इनमें से पहली एक मध्यमार्गी राष्ट्रवादी संस्था थी जबकि दूसरी पूर्णतया निष्ठावान। रानाडे तथा एन. एम. जोशी दोनों ही आर्य ब्रदरहुड कॉन्फ्रेंस के सदस्य थे। कॉन्फ्रेंस की पहली बैठक में जब बाल-विवाह, विधवा-पुनर्विवाह आदि के सुधार की बाबत चर्चा हो रही थी, उसी दौरान एक सदस्य ने घोषणा की :

> ''अब हम मूर्खों के स्वर्ग में ज्यादा दिन तक नहीं रह सकते जहाँ यह विश्वास व्यक्त किया जाता है कि चूँकि एक नस्ल के रूप में हम अब तक वर्तमान समाज व्यवस्था के अंतर्गत बचे हुए हैं अतः हम हमेशा के लिए बचे रहने में सफल होंगे...विलंब से विकसित पशु विज्ञान ने हमें जो सबक सिखाया है वह सख्त, स्पष्ट, गैर समझौतावादी है।...और वह सबक यह है कि पशुओं की वह नस्ल जो बदली हुई परिस्थितियों के अनुकूल अपने को नहीं ढाल सकी वह ज्यादा दिनों तक बची नहीं रह सकती।''[90]

डफरिन कोष की स्थापना भारत में महिला डॉक्टरों के प्रशिक्षण के लिए आर्थिक सहायता उपलब्ध कराने के उद्देश्य से की गई थी। सन् 1886 में कोष से छह लड़कियों को मद्रास मेडिकल कालेज में, 18 लड़कियों को बंबई के ग्रांट मेडिकल कालेज में तथा तीन लड़कियों को कलकत्ता मेडिकल कालेज में सहायता दी गई। सन् 1913 में कोष के एक समर्थक ने कोष के महत्त्व तथा कार्यों का उल्लेख करते हुए *'बांबे क्रॉनिकल'* में एक लेख लिखा और स्पष्ट किया कि 'भारतीय साम्राज्य' के निर्माण के लिए एक 'स्वस्थ नस्ल' का होना आवश्यक है। स्त्रियाँ इस स्वस्थ नस्ल की 'पैदाइश'

के लिए जिम्मेदार हैं; और यह कि अगर लड़के बड़े होकर पुरुष बनते हैं तो लड़कियाँ बड़ी होकर माताएँ बनती हैं।

> "एक स्वस्थ पीढ़ी (नस्ल) के निर्माण की सारी जिम्मेदारी स्त्री के ऊपर है। जन्म से पूर्व किसी बच्चे के शारीरिक तथा मनोवैज्ञानिक विकास की जरूरतों को एक समझदार माँ ही समझ सकती है। वह अपने बच्चे की छवि को आशाजनक रूप से सुंदर से सुंदरतम बनाने का प्रयास करती है और ऐसे बच्चे के पुरुष या माँ के रूप में विकसित होने के लिए उसका सही लालन-पालन कितना जरूरी है, यह बात भारत के लोगों को नहीं मालूम। इसके विपरीत हम पाते हैं कि हमारी स्त्रियाँ गर्भावस्था में परंपरागत कुपोषण की शिकार हैं तथा सफाई के सामान्य नियम से भी अनभिज्ञ हैं। हमारी स्त्रियाँ असह्य प्रसव वेदना तथा शिशु जन्म के दौरान मर जाने के भय से मानसिकतौर पर संतप्त रहती हैं। यहाँ ऐसी स्त्रियाँ हैं जो जच्चा-बच्चा की उचित देखभाल की जानकारी के अभाव में पीड़ा झेलती हैं।...हम सोचेंगे, हम प्रसाधन उपलब्ध कराएँगे, हम मुफ्त शिक्षा देंगे तथा उद्योगों को प्रोत्साहन देंगे परंतु ये सभी भारतीय साम्राज्य की बुर्जी भर होंगे जबकि इसकी नींव के लिए एक 'स्वस्थ नस्ल' की पैदावार बहुत जरूरी है।[91]

नस्ल के स्वास्थ्य की जिम्मेदारी स्त्रियों पर है यह न केवल समाज सुधारकों एवं परोपकारियों की चिंता का विषय था, बल्कि सरकार भी इससे उतनी ही चिंतित थी। सन् 1908 में इंडियन फैक्ट्री कमीशन ने स्त्रियों के काम के घंटे निश्चित करने की आवश्यकता को दोहराते हुए कहा : इससे उन महिला श्रमिकों को, जिन्हें घरेलू जिम्मेदारियाँ भी निभानी पड़ती हैं, सुविधा होगी तथा वे अपने स्वास्थ्य की ओर भी ध्यान दे पाएँगी जिसके फलस्वरूप महिला श्रमिकों के एक स्वस्थ वर्ग का निर्माण हो सकेगा।[92]

अगर महिला श्रमिकों की दशा को लेकर चिंता का इजहार 1880 में बंगाली राष्ट्रवादियों द्वारा किया गया तो 1890 के दशक में ये चिंताएँ दो रूपों में परिवर्तित हो गईं। 1880 के दशक में जहाँ असम के चाय बागानों में यूरोपीय मालिकों की अनियमितताओं तथा जबरन भर्ती एवं शोषण के विरुद्ध अभियान चलाया गया, 1890 के दशक में महिला फैक्ट्री श्रमिकों की दशा को लेकर आवाज बुलंद की गई चाहे उन फैक्टरियों के मालिक किसी भी नस्ल के हों, तथा चिंता व्यक्त करनेवाले भी राष्ट्रवादियों के बजाय पिछलग्गू थे जो यह मानते थे कि श्रमिक वर्ग के स्वास्थ्य का ध्यान रखना स्त्रियों की खुद की जिम्मेदारी है। महिला फैक्टरी मजदूरों के लिए काम के ज्यादा घंटे निर्धारित किए गए और यह भी संकेत दिया गया कि इन्हें स्त्रियों के घरेलू काम से भी ज्यादा समय तक बढ़ाया जा सकता है। इसके अलावा फैक्ट्री

में अधिक देर तक काम करते रहने के कारण महिला मजदूरों की गृहस्थी की जिम्मेदारियाँ प्रभावित हुईं क्योंकि मिलें महीने में केवल दो ही छुट्टियाँ देती थीं। इन्हीं दो छुट्टियों में स्त्रियों को अपनी घरेलू जरूरत की वस्तुओं की खरीदारी करनी पड़ती थी।[93] हालाँकि निष्ठावानों (पिछलग्गुओं) की इस चिंता से स्त्रियों के काम के घंटों में न तो कोई कमी आई और न ही उनकी छुट्टियों में वृद्धि का कोई प्रावधान किया गया, अलबत्ता प्रसव के लिए बेहतर सुविधाओं तथा प्राथमिक देखभाल पर अवश्य प्रकाश डाला गया। बीसवीं शताब्दी के पहले दशक में 'शिशु कल्याण' की सोच विकसित हुई तथा औरतें इसमें सक्रिय भी हुईं क्योंकि फैक्टरी मजदूरों को शिशु कल्याण निधि के रूप में सरकार से सहायता मिलती थी। सरकार का मानना था कि बच्चों की बढ़ती मृत्यु दर का कारण शिशु जन्म से पूर्व या प्रसव के दौरान होने वाली पीड़ा और उसके सही उपचार का अभाव था। अतः गर्भावस्था देखभाल एवं प्रसव के समय उचित पर्यवेक्षण शिशु कल्याण योजना का अंग बन गया।[94]

इस तरह श्रमिक-वर्ग माता की भूमिका स्वस्थ श्रमिक पैदा करनेवाली स्त्री के रूप में परिभाषित की गई। बहस इस बिंदु पर आकर ठहर गई कि मध्यवर्गीय स्त्रियों की भूमिका किस रूप में परिभाषित की जाए। उन्हें मातृभूमि के लिए मातृत्व के नैसर्गिक एवं महत्त्वपूर्ण गुणों से ओतप्रोत स्त्री माना जाए या कि राष्ट्र की माता या ब्रिटिश भारतीय साम्राज्य की माँ के रूप में परिभाषित किया जाए। स्त्रीत्व की प्रकृति के स्वरूप को परिभाषित करने की बहस 1920 के दशक में तब तक जारी रही जब तक कि आंदोलनों में बड़े पैमाने पर स्त्रियों की बढ़ती सक्रियता ने जागृति में परिवर्तन को प्रभावित नहीं किया।

टिप्पणियाँ

1. *वेस्ट बेंगाल डिस्ट्रिक्ट गजेटर,* परिशिष्ट-ए पृष्ठ 733
2. *इकोनोमिक एंड पोलिटिकल वीकली* में मीरा कोसाम्बी का आलेख—'वीमेन, इमेन्सिपेशन एंड इक्वैलिटी : पंडिता रमाबाई'ज कॉन्ट्रीब्यूशन टू वीमेन'ज काज'—वर्ष 23, अंक 44, अक्टूबर, 1988 पृष्ठ-39
3. तथैव, पृष्ठ-41
4. गैल ओमवेट, पूर्वोक्त-पृष्ठ III
5. केनेथ जोन्स, पूर्वोक्त-पृष्ठ 108
6. उषा चक्रवर्ती पूर्वोक्त-पृष्ठ-119
7. तथैव
8. *सोर्स मैटीरियल फॉर ए हिस्ट्री आफ द फ्रीडम मूवमेंट इन इंडिया :* खंड-2 1885-1920, बम्बई, गवर्नमेंट सेंट्रल प्रेस, 1958 पृष्ठ-95

9. मीरा कोसाम्बी पूर्वोक्त-पृष्ठ 48
10. सीताराम सिंह पूर्वोक्त-पृष्ठ-206
11. तथैव
12. *हिस्ट्री आफ द इंडियन नेशनल काँग्रेस,* खंड 1, प्रकाशक एस. चाँद एंड संस, दिल्ली 1969 लेखक : पट्टाभि सीतारमैया, पृष्ठ 114
13. तथैव पृष्ठ-51
14. केनेथ बैलाचेट पूर्वोक्त-पृष्ठ 12-39
15. उषा चक्रवर्ती पूर्वोक्त-पृष्ठ-26
16. तथैव पृष्ठ-28-29
17. उषा चक्रवर्ती पूर्वोक्त-पृष्ठ 32-33
18. तथैव पृष्ठ-17-18
19. केनेथ बैलाचेट पूर्वोक्त-पृष्ठ 157-158
20. सीताराम सिंह पूर्वोक्त-पृष्ठ 287
21. तथैव पृष्ठ-281-82, 286
22. केनेथ बैलाचेट पूर्वोक्त-पृष्ठ 133
23. तथैव पृष्ठ 123-43
24. तथैव पृष्ठ 140-41
25. रंगास्वामी पार्थसारथी (सं.) *वन हंड्रेड इयर्स आफ द हिंदू* मद्रास, कस्तूरी एंड संस, पृष्ठ 112
26. केनेथ बैलाचेट पूर्वोक्त-पृष्ठ 142
27. उषा चक्रवर्ती पूर्वोक्त-पृष्ठ-138
28. उमा चक्रवर्ती पूर्वोक्त-पृष्ठ-62
29. सुमित सरकार एम आई पृष्ठ 86
30. उषा चक्रवर्ती पूर्वोक्त-पृष्ठ 128
31. बी. सी. पाल पूर्वोक्त पृष्ठ 22
32. उमा चक्रवर्ती पूर्वोक्त-पृष्ठ 62
33. तथैव
34. उषा चक्रवर्ती पूर्वोक्त-पृष्ठ 138
35. सुमित सरकार की पुस्तक *'द स्वदेशी मूवमेंट इन बेंगाल'* (एसएमबी) 1903-8, दिल्ली, पीपुल्स पब्लिशिंग हाउस, पृष्ठ 192
36. सुमित सरकार एसएमबी पृष्ठ 470-71
37. उमा चक्रवर्ती पूर्वोक्त-पृष्ठ 63-64
    सरला देवी ने इस चरित्र को नायक के रूप में प्रस्तुत किया क्योंकि वे महसूस करती थीं कि राजपूतों तथा मराठा शूरवीरों-नायकों की भांति बंगाल में भी उसका कोई नायक होना चाहिए। ऐसे लोगों को राष्ट्रवादिता के प्रतीक के रूप में स्वीकार किया गया। उनके नाना रवीन्द्रनाथ टैगोर ने जब यह कहकर आपत्ति की कि प्रतापादित्य तो एक शूद्र था, सरला देवी ने प्रतिवाद करते हुए कहा कि वे उन्हें 'एक आदर्श मानव' के

बजाय बहादुर एवं साम्राज्यवाद विरोधी व्यक्ति मानती हैं।

38. उषा चक्रवर्ती पूर्वोक्त-पृष्ठ 139, कृपया उमा चक्रवर्ती पूर्वोक्त भी देखें।
39. सुमित सरकार एसएमबी पृष्ठ 304-5
40. उमा चक्रवर्ती पूर्वोक्त-पृष्ठ 65
41. सुमित सरकार एसएमबी पृष्ठ 305
42. रोबी (वासुदेव) चटर्जी का अप्रकाशित लेख–'आनंद मठ : उन्नीसवीं सदी का राष्ट्रवादी पाठ' जिसे दक्षिण एशियाई अध्ययन केंद्र, कैम्ब्रिज तथा नेहरू स्मारक संग्रहालय एवं पुस्तकालय में संग्रहीत किया गया।
43. सुमित सरकार एम आई पृष्ठ 106-9
44. सुमित सरकार एसएमबी पृष्ठ 296
45. केनेथ जोन्स पूर्वोक्त-पृष्ठ 268
46. सुमित सरकार एम आई पृष्ठ 112
47. सुमित सरकार एसएमबी पृष्ठ 271-72
48. *'रोल ऑफ वीमेन इन द फ्रीडम मूवमेंट' 185-1947* लेखिका मनमोहन कौर; दिल्ली, स्टर्लिंग पब्लिशर्स 1968 पृष्ठ 97
49. सुमित सरकार एसएमबी पृष्ठ 288
50. मनमोहन कौर पूर्वोक्त-पृष्ठ 97
51. तथैव पृष्ठ 100-1
52. तथैव पृष्ठ 97 (फुटनोट)
53. *सोर्स मैटीरियल फार ए हिस्ट्री ऑफ द फ्रीडम मूवमेंट इन इंडिया,* पूर्वोक्त-पृष्ठ 611-12
54. केनेथ जोन्स पूर्वोक्त-पृष्ठ 259
55. *'इंडियन लेडीज मैगजीन'* वर्ष 10, अंक 6, दिसम्बर, 1909
56. मनमोहन कौर पूर्वोक्त-पृष्ठ 112
57. तथैव पृष्ठ 98-99
58. सीताराम सिंह पूर्वोक्त-पृष्ठ 186-87
59. *इंडियन लेडीज मैगजीन* में प्रकाशित लेख 'ए विजिट टू अनाथ बालिकाश्रम' वर्ष 8 1908-9 पृष्ठ-8
60. मीरा कोसाम्बी पूर्वोक्त-पृष्ठ 48
61. सुमित सरकार एसएमबी पृष्ठ 296
62. सीताराम सिंह पूर्वोक्त-पृष्ठ 88
63. मनमोहन कौर पूर्वोक्त-पृष्ठ 103
64. तथैव पृष्ठ 97-98
65. बंकिमचंद्र तथा रवीन्द्रनाथ टैगोर का उल्लेख करते हुए तानिका सरकार, पूर्वोक्त-पृष्ठ 98
66. तथैव
67. जे. सी. केर की पुस्तक 'पॉलिटिकल ट्रबुल इन इंडिया' 1907-17, दिल्ली, मनोहर रिप्रिन्ट सीरीज पृष्ठ 81

68. सुमित सरकार एम आई पृष्ठ 123
69. जे. सी. केर पूर्वोक्त-पृष्ठ 81
70 आशीष नंदी पूर्वोक्त-पृष्ठ 8-9
71. तथैव
72. मनमोहन कौर पूर्वोक्त-पृष्ठ 97
73. उषा चक्रवर्ती पूर्वोक्त-पृष्ठ 132
74. प्रभावती मिर्जा 'इंटरव्यू' एनएमएमएल, ओरल हिस्ट्री सेक्शन, पृष्ठ 3
75. उषा चक्रवर्ती पूर्वोक्त-पृष्ठ 133
76. तथैव पृष्ठ 124-25
77. सभी उल्लेख उषा चक्रवर्ती द्वारा पृष्ठ 129-41
78. सीताराम सिंह पूर्वोक्त-पृष्ठ 189
79. वीर भारत तलवार का आलेख 'वीमेंस जर्नल्स इन हिंदी' 1910-29 संपादक सांगरी एवं वैद—*'रिकास्टिंग वीमेन'* पूर्वोक्त-पृष्ठ 206-210
80. जे. सी. केर पूर्वोक्त-पृष्ठ 102
81. सुमित सरकार एसएमबी पृष्ठ 173
82. जे. सी. केर पूर्वोक्त-पृष्ठ 103
83. सुमित सरकार एसएमबी पृष्ठ 173
84. एनी बेसेंट *'स्पीचेज एंड राइटिंग्स'* पृष्ठ 73
85. सरोजिनी नायडू *'स्पीचेज एंड राइटिंग्स' मद्रास, जी. ए. नेटसन, 1904, पृष्ठ 18-20*
86. मनमोहन कौर पूर्वोक्त-पृष्ठ 111
87. सरोजिनी नायडू पूर्वोक्त-पृष्ठ 101-2
88. तथैव पृष्ठ 100
89. सुरेन्द्रनाथ बैनर्जी *'स्पीचेज'* कलकत्ता, इंडियन एसोसिएशन खंड 1, पृष्ठ 21
90. आर्यन ब्रदरहुड कान्फ्रेंस रिपोर्ट, 1912
91. 16 अप्रैल, 1913 को *बाम्बे क्रॉनिकल* में प्रकाशित खबर : 'इंडियन वीमेंस' नीड्स द डफरिन फंड
92. *रिपोर्ट ऑफ द इंडियन फैक्ट्री कमीशन, 1988,* दिल्ली, गवर्नमेंट सेंट्रल प्रेस, 1909 पृष्ठ 46-47
93. तथैव
94. भवानी नटराजन, 'चाइल्ड वेलफेयर' श्याम कुमारी नेहरू, पूर्वोक्त-पृष्ठ 65

4. संगठन तथा संघर्ष

उन्नीसवीं शताब्दी के आखिर में समाज सुधार का राष्ट्रवाद से अलगाव शुरू हुआ तथा अगले कुछ वर्षों में यह और अधिक बढ़ा। इस अलगाव की अभिव्यक्ति समकालीनों के लिए भी परिचित बहस के रूप में हुई जो कि सामाजिक तथा राजनीतिक मुद्दों के महत्त्व तथा उनके आंतरिक संबंधों से संबद्ध थी। परिचर्चा में समाज सुधार तथा राजनीति की परिभाषा को लेकर मतभेद थे। एक ओर निष्ठावान समाज सुधारकों की सोच जहाँ यह थी कि राजनीतिक प्रतिबद्धताओं के कारण समाज सुधार में विभाजन हो गया है अतः राजनीति का परित्याग कर दिया जाना चाहिए; वहीं दूसरी ओर अनेक लोगों का मानना था कि सुधार के बावजूद सामाजिक तथा राजनीतिक दोनों ही क्षेत्र महत्त्वपूर्ण हैं तथा इन्हें एक-दूसरे से अलग नहीं किया जा सकता।

अनेक संदर्भों से ज्ञात होता है कि समाज सुधार के क्षेत्र में स्त्रियों से संबंधित विषय छाए हुए थे जबकि राजनीतिक क्षेत्र में ऐसी बात नहीं थी। सन् 1892 में संपन्न हुए छठे राष्ट्रीय सामाजिक सम्मेलन में *'भारत भगिनी'* की संपादक श्रीमती हरदेवी रोशनलाल ने दृढ़तापूर्वक कहा कि राष्ट्रीय सामाजिक सम्मेलन काँग्रेस से 'अधिक महत्त्वपूर्ण' संगठन है क्योंकि यह इस बात पर जोर देता है कि :

> स्त्रियों का सरोकार
> पुरुषों के समान ही है
> साथ-साथ दोनों उठते या गिरते हैं
> वामन या ईश्वर की तरह
> बंधनयुक्त या उन्मुक्त[1]

सरला राय, जो कि स्वयं भी एक सुधारक थीं, के अनुसार, वे तथा गोखले आपस में अक्सर 'सामाजिक तथा राजनीतिक प्रगति के मुद्दे पर चर्चा करते और हमेशा इस बात पर विवाद खड़ा हो जाता कि किस विषय को पहले लिया जाए। वर्षों की बहस के पश्चात अंततः वे इस बात पर सहमत हो गए कि दोनों ही मनुष्य के हाथ एवं पैर की तरह हैं—एक के बगैर दूसरे का काम नहीं चल सकता।'[2] परंतु

अन्य सभी लोग इस सर्वप्रिय नतीजे पर नहीं पहुँचे। सन् 1895 में जब पुनरुत्थानवादियों ने राष्ट्रीय समाज सम्मेलन को काँग्रेस का पंडाल इस्तेमाल करने से मना कर दिया तो समर्पित समजावादी सुधार पत्रिका *'इंडियन स्पेक्टेटर'* ने इस फूट का स्वागत करते हुए लिखा कि बहुत अच्छा हुआ। अब सम्मेलन अपने आप को आत्मनिर्भर संगठन बनाने को विवश होगा जिसके तहत सभी समाज सुधारक एकजुट हो जाएँगे।[3]

राष्ट्रीय समाज सम्मेलन की स्थापना रानाडे द्वारा की गई थी जिसमें उदार (मध्यमार्गी) राष्ट्रवादियों का वर्चस्व था। 1895 में इसका बहिष्कार उदार राष्ट्रवादियों की उग्रवादियों के हाथों पराजय के रूप में नजर आया। सामाजिक बनाम राजनीतिक बहस स्पष्ट रूप से मात्र समाज सुधारकों एवं राष्ट्रवादियों के बीच चलनेवाली बहस नहीं थी, वरन् राष्ट्रवाद तथा दो भिन्न विचारों के मध्य थी कि सामाजिक परिवर्तन अंततः कैसे हों। भारतीय मध्यमार्गियों तथा उग्रवादियों की भिन्न विचारधाराओं पर टिप्पणी करते हुए *'इंडियन सोशल रिफॉर्मर'* नामक पत्रिका ने सन् 1906 में कहा : 'मध्यमार्गियों तथा उग्रवादियों में कोई फर्क नहीं है सिवाय इसके कि दोनों पर सामाजिक तथा राजनीतिक संगठनों का कितना असर है। बंगालियों का कहना था कि राजनीतिक लोकतंत्र के बाद ही सामाजिक लोकतंत्र आया। पत्रिका का कहना था कि इतिहास का फैसला यह था कि सामाजिक स्वतंत्रता ही सदैव राजनीतिक अभिवृद्धि का आधार रही है।[4]

जहाँ तक स्त्रियों के सरोकारों का सवाल है, उपरोक्त बहस, वाद-विवाद के बावजूद दोनों सीमित तथा अनिश्चित रहीं, हालाँकि स्त्रियों की चिंता 1920 के दशक के अंत में फिर उभरी। इस दौर में हम ऐसी कोई सामाजिक बनाम राजनीतिक बहस इस प्रश्न पर नहीं पाते जिसमें स्त्रियों ने अपने लेखों या प्रकाशित भाषणों के माध्यम से उनकी गतिविधियों को किसी प्रकार से प्रभावित किया हो। पूर्व की भाँति, मध्यमार्गियों तथा उग्रवादियों के बीच चलनेवाला विचारधारात्मक युद्ध स्त्रियों को आगे आने से रोक सका हो, ऐसा दिखाई नहीं पड़ता। बहरहाल, अगर पहले का दौर सुधारवादी स्त्रियों में राष्ट्रवाद के प्रभाव को दर्शाता है, वहीं हम पाते हैं कि सन् 1910 के बाद से उग्रराष्ट्रवादी स्त्रियाँ महिला अधिकारों के मुद्दे पर होनेवाले आंदोलनों में ज्यादा सक्रिय नजर आईं। सन् 1913 में क्रांतिकारी आतंकवाद की समर्थक कुमुदिनी मित्रा को बुडापेस्ट में संपन्न हुई इंटरनेशनल वीमेन सफरेज अलायंस काँग्रेस में 'भारतीय स्त्रियों का प्रतिनिधित्व करने के लिए भारतीय प्रतिनिधि' के रूप में आमंत्रित किया गया। इस पर टिप्पणी करते हुए एक मध्यमार्गी महिला पत्रिका *'इंडियन लेडीज मैगजीन'* ने लिखा : 'सुश्री मित्रा को काँग्रेस में भारतीय स्त्रियों द्वारा किए जा रहे कार्यों का ब्यौरा देनेवाला पर्चा पढ़ने के लिए आमंत्रित किया गया। ऐसा लगता है कि भारत का उद्धार अब निश्चित है !'[5]

पुनरुत्थानवादी तथा उग्रवादी महिला सरला देवी अपनी माँ की साखी समिति

के माध्यम से कुछ समय तक समाज सुधार के कार्य में लगी रहीं परंतु शीघ्र ही उन्होंने अपना ध्यान पुरुष केंद्रित राष्ट्रवादी गतिविधियों पर केंद्रित किया। बहरहाल अपने विवाह के पश्चात उन्होंने थोड़ा ध्यान समाज सुधार तथा स्त्रियों के ऊपर भी केंद्रित किया। शायद इसका कारण बंकिमचंद्र की नायिकाओं शांति तथा देवी चौधरानी के चरित्र का उन पर प्रभाव था। सन् 1910 में सरला देवी ने भारत स्त्री महामंडल की स्थापना की। सन् 1917 में ठीक उसी समय जब सरोजिनी नायडू के नेतृत्व में एक प्रतिनिधिमंडल स्त्रियों की दशा में सुधार की माँग करने की श्रृंखला के तहत मांटेग्यू तथा चेम्सफोर्ड की समिति से मिला, सरला देवी ने भारत स्त्री महामंडल की ओर से समिति के समक्ष अपना प्रतिनिधित्व प्रस्तुत किया। सरोजिनी नायडू के नेतृत्व में प्रतिनिधि मंडल का गठन आयरलैंड के तत्कालीन भारत प्रवासी नागरिक एम. ई. कूजिंस द्वारा किया गया था जिसमें चौदह स्त्रियाँ शामिल थीं। प्रतिनिधिमंडल ने माँग की कि "स्त्रियों के लिए बेहतर शैक्षणिक सुविधाएँ, उन्नत स्वास्थ्य तथा प्रसूति सेवाएँ और उनके भाइयों के समान ही वोट देने के अधिकार दिए जाएँ।"[6] सरला देवी ने उसमें जोड़ते हुए कहा कि महामंडल की राय में सरकार को विधवाओं के लिए विशेष शिक्षा संस्थान खोलने चाहिए, हिंदू पत्नियों तथा पुत्रियों के विरासत के अधिकारों की रक्षा करनेवाले कानून बनाने चाहिए तथा सरकार को यह देखना चाहिए कि विद्यालय निरीक्षण समितियों में विदेशी स्त्रियों के बजाय भारतीय स्त्रियों को स्थान दिया जाए। इसके साथ ही उन्होंने महिलाओं के लिए काम के अधिक अवसर उपलब्ध कराने की भी माँग की। जैसा कि यहाँ पर नस्लवाद पर आक्रमण किया गया, उन्होंने भारतीय नस्लवाद को भाँपते हुए माँग की कि "भारतीय पत्नियों के अधिकारों की रक्षा की जानी चाहिए तथा किसी विवाहित भारतीय द्वारा किसी विदेशी स्त्री से विवाह करने को आपराधिक एवं गैरकानूनी करार दिया जाना चाहिए।[7] गुजराती समाज सुधारक दयाराम गिडूमल द्वारा एक भारतीय स्त्री के साथ दूसरा विवाह करने की घटना को ध्यान में रखते हुए ही यह माँग की गई क्योंकि सन् 1890 में बलात्कार के एक मुद्दे पर राष्ट्रवादियों द्वारा दोहरा मापदंड अपनाया गया था।" बहरहाल, सरला देवी की उपरोक्त माँगों से अँग्रेजों को 'अपनी मालिकाना नस्ल' के अलगाव की कितनी गहरी पीड़ा हुई, इस पर भी रोशनी पड़ती है। इससे थोड़ा कम पीड़ादायी मुद्दा आर्थिक है अनेक परिवारों द्वारा अपनी तथा अपने परिवार की आर्थिक समृद्धि के लिए अपने पुरुषों को बाहर भेजने के कारण निवेश का जो उल्लेखनीय घाटा हुआ उससे भी अँग्रेजों की आंतरिक बेचैनी बढ़ी।

सन् 1910-1920 का दशक ऐसा दशक था जिसमें सर्वप्रथम अखिल भारतीय महिला संगठनों के गठन के प्रयास किए गए। जैसा कि हम देख चुके हैं, महिलाओं के प्रारंभिक संगठन शहरी तथा संप्रदायवादी थे और आलोचना की दृष्टि से अनुकूल थे क्योंकि वे आर्यसमाजी या ब्राह्मणवादी थे। उन्नीसवीं सदी के आखिरी तथा बीसवीं

सदी के शुरुआती सालों में बंगाल में बंग महिला समाज एवं अघोरीकामिनी नारी समिति, महाराष्ट्र में सतारा अबलोन्नति सभा, बंगलूर में महिला सेवा समाज, बनारस में भारत महिला परिषद तथा इलाहाबाद में प्रयाग महिला समिति जैसे स्थानीय एवं क्षेत्रीय संगठनों ने अखिल भारतीय संगठनों का समर्थन किया। इनमें से कुछ कार्यशील समाज सुधार संगठन थे जबकि अन्य दूसरे संगठन स्त्रियों की चर्चा के मंच मात्र थे। उदाहरण के तौर पर अघोरीकामिनी नारी समिति का गठन आत्मसहायता के सिद्धांत पर हुआ था जो कि अपने कार्यकर्ताओं को रोगियों की देखभाल करने एवं उनमें शिक्षा के प्रसार का प्रशिक्षण देती थी।[8] दूसरी ओर भारत महिला परिषद ने हिंदू स्त्रियों की जीवन प्रणाली के लिए आचार संहिता बनाए जाने तथा आधुनिक भारत की नागरिक के रूप में उनकी भूमिका जैसे विषयों पर परिचर्चाएँ आयोजित कीं। सन् 1905 में परिषद ने एक गोष्ठी आयोजित की जिसमें एक दर्जन महिलाओं ने निम्नलिखित विभिन्न विषयों पर अपने-अपने पर्चे पढ़े : 'हिंदू पत्नी तथा उसे क्या होना चाहिए', 'स्त्री शिक्षा', 'आधुनिक भारत में स्त्रियों का स्थान', 'मातृपूजा', 'हमारी जाति की जिम्मेदारियाँ', 'गृहस्थ धर्म एवं पतिव्रता', 'ब्रह्मचर्य तथा उसके लाभ', 'वेदोक्त संस्कार', 'शिशु जन्म से संबंध', 'हवन के लाभ', 'बाल विवाह का नुकसानदायक असर' तथा 'आधुनिक युग में भारतीय स्त्री का कर्त्तव्य।'[9]

बड़े पैमाने पर स्त्रियों को एक साथ लाने का पहला प्रयास सन् 1908 में किया गया। मद्रास में महिला परिषद या लेडीज काँग्रेस संपन्न हुई जिसमें समूचे दक्षिण भारत से आईं महिलाएँ शामिल हुईं। इस बैठक में स्त्रियों द्वारा तमिल, तेलुगू, मलयालम, मराठी तथा अँग्रेजी में 19 पर्चे पढ़े गए।[10] इसके दो वर्ष बाद सरला देवी ने अखिल भारतीय महिला संगठन के गठन के इरादे से भारत स्त्री महामंडल की स्थापना की। मंडल की स्थापना स्त्रियों के समान हितों तथा भारत में स्त्रियों की नैतिक, वस्तुपरक प्रगति के उद्देश्य से की गई। इसमें बिना किसी भेदभाव के सभी जातियों एवं वर्णों की स्त्रियों को शामिल किया गया।[11] चाहे इसे यह मानें कि वह समय इस प्रकार के प्रयासों के फलीभूत होने का उपयुक्त समय नहीं था या यह कि उस समय तक सरला देवी अखिल भारतीय पहचान नहीं बना पाई थीं। संगठन बड़े पैमाने पर लाहौर, इलाहाबाद तथा कलकत्ता की मात्र तीन शाखाओं में सिमट कर रह गया। सन् 1917 में एनी बेसेंट, डोरोथी जिन राज दास, मालती पटवर्धन, अम्मू स्वामीनाथन, श्रीमती दादाभाई एवं श्रीमत अम्बुजम्मल ने मिलकर वीमेंस इंडियन एसोसिएशन की स्थापना की। शायद उन स्त्रियों, जिनमें से कुछ ने सन् 1908 में लेडीज काँग्रेस का आयोजन या उसमें सहभागिता की थी, ने ही अब वीमेंस इंडियन एसोसिएशन की सदस्यता ग्रहण की क्योंकि एसोसिएशन का मुख्यालय भी मद्रास में ही था। बेसेंट के बुलंदी पर पहुँच चुके होमरूल आंदोलन के मध्य स्थापित इस एसोसिएशन के बारे में टिप्पणी करते हुए राजकुमारी अमृत कौर ने सन् 1932 में

इसे 'भारत में उदित होनेवाले पहले शुद्ध नारीवादी संगठन' की संज्ञा दी।[12] एम. ई. कूजिन्स के मुताबिक संगठन ने नारी जागृति के विकास को नूतन आयाम दिए, इससे भारतीय नारीवाद की जागरूक एकता उभरी जिसकी शुरुआत सन् 1914 में बेसेंट के भारतीय राजनीति में प्रवेश एवं 'जागो भारत' श्रृंखला के तहत अनेक भाषण देने के साथ हुई।[13] उनके भाषणों में राष्ट्रवाद, स्त्रियों के मुद्दे तथा स्त्रियों एवं पुरुषों दोनों के लिए हिंदू पुनरुत्थानवाद के विषय शामिल थे। सन् 1915 में बेसेंट ने आयरिश होमरूल आंदोलन की तर्ज पर भारत में होम रूल लीग शुरू करने की अपनी इच्छा की घोषणा की तथा उसके लिए समर्थन प्राप्त करने के लिए प्रचार शुरू किया।[14] सन् 1916 में बेसेंट द्वारा लीग की स्थापना से कुछ माह पूर्व ही तिलक ने महाराष्ट्र में अपनी होमरूल लीग शुरू कर दी। लोकप्रियता के शिखर पर पहुँचते-पहुँचते दोनों लीगों में लगभग पचास से साठ हजार के बीच सदस्य बन गए परंतु उनकी पत्रिकाएँ कई लाख लोगों द्वारा पढ़ी जाती थीं।[15] बेसेंट जब अपने दो साथियों वाडिया तथा अरुण्डेल के साथ नजरबंद कर दी गईं तो वे राष्ट्रवादी आंदोलन की निर्विवाद नायिका के रूप में उभरीं। नजरबंदी से अपनी रिहाई के पश्चात एनी बेसेंट दिसंबर सन् 1917 में संपन्न हुए काँग्रेस अधिवेशन की अध्यक्ष चुनी गईं।

अपने अध्यक्षीय भाषण में बेसेंट ने स्त्रियों से होम रूल संघर्ष में भाग लेने के लिए विशेष उल्लेख किया तथा राक्रिय कार्यकर्ता के रूप में उनका उत्साहवर्धन करते हुए उन्हें नारी के रूप में आंदोलन में विशेष भूमिका अदा करने की जिम्मेदारी सौंपी।

कमला देवी चट्टोपाध्याय 1903-1990

कमला देवी चट्टोपाध्याय का जन्म सन् 1903 में हुआ था। वे बचपन में ही विधवा हो गई थीं। उनका दूसरा विवाह सरोजिनी नायडू के भाई हरिश्चंद्र चट्टोपाध्याय से हुआ। कमला देवी ने काँग्रेस की सदस्य के रूप में सन् 1921 में असहयोग आंदोलन में भाग लिया। वे पहली महिला थीं जो सन् 1926 में अपने गृह राज्य मंगलूर से चुनाव में खड़ी हुईं। अपने पुरुष प्रतिद्वंद्वी से वे बहुत कम वोटों के अंतर से हार गईं। उनका प्रतिद्वंद्वी उस क्षेत्र की कई वर्षों से सेवा कर रहा था। कमला देवी बहुत खूबसूरत महिला थीं। विचारवान तथा रोमांटिक भारतीय युवक, जिन्होंने उनके चुनाव अभियान में सहयोग दिया, उन्हें बहुत पसंद करते थे। वे कमला देवी से किस हद तक प्यार करते थे, इसका अंदाजा इसी बात से लगाया जा सकता है कि युवक उन्हें 'नीलकमल की रानी' कहते थे। वे सन् 1926 में अखिल भारतीय महिला सम्मेलन की संस्थापक सदस्यों में से एक थीं तथा सम्मेलन की सक्रिय सचिव के रूप में उन्होंने संपूर्ण भारत में सम्मेलन की शाखाएँ स्थापित कीं। सन् 1929 में उन्होंने अखिल भारतीय महिला सम्मेलन की सदस्य के रूप में प्राग में

संपन्न वीमेंस लीग फॉर पीस एंड फ्रीडम की बैठक में भाग लिया। नागरिक अवज्ञा आंदोलन की पूर्णकालिक कार्यकर्ता बनने के लिए कमला देवी चट्टोपाध्याय ने सन् 1930 में अखिल भारतीय महिला सम्मेलन से त्यागपत्र दे दिया तथा बंबई शहर के आसपास के क्षेत्रों में नमक के खेतों पर छापा मारने की योजना बनाने में जुट गईं। ...''हालाँकि मुझे धारासना में छापा मारने की योजना बनाने की जिम्मेदारी सौंपी गई थी परंतु वह मुझे बहुत अच्छा नहीं लगा क्योंकि छापामार गुट बहुत छोटा था। यहाँ मैं देख रही हूँ कि बंबई में छापा मारने से शहर की लगभग बीस लाख आबादी प्रभावित होगी। मैं इस बात से आश्वस्त थी कि कोई भी ताकत यहाँ तक कि मशीनगनें भी मुझे छापा मारने से नहीं रोक सकेंगी। छापे की पूर्व संध्या पर मुझे गिरफ्तार कर लिया गया परंतु मैंने अपने साथियों तथा व्यापक जनसमूह को अपना यह संदेश पहुँचा दिया कि योजना पर अमल जरूर होना चाहिए। मेरा प्रतिनिधित्व मेरे सात वर्षीय पुत्र ने किया तथा वह बड़े गर्व के साथ बैनर थामे अपनी पहली लड़ाई के नाटक में शामिल हुआ।''[1] अपने मुकदमे के दौरान कमला देवी ने अदालत में नमक बेचने की कोशिश की तथा मजिस्ट्रेट से अपने पद से त्यागपत्र देकर सत्याग्रह में शामिल होने को कहा। उन पर नौ महीने की कैद तथा 170 रुपए का जुर्माना किया गया।[2] 1931 में उनकी रिहाई के बाद हिंदुस्तानी सेवा दल की महिला शाखा के गठन के लिए उन्हें इसका इंचार्ज बना दिया गया। हिंदुस्तानी सेवा दल एक राष्ट्रवादी संघर्षशील संगठन था जो सन् 1924 में शुरू हुआ था। 1932 में कमला देवी को फिर गिरफ्तार कर लिया गया तथा एक वर्ष की कैद की सजा सुनाई गई। इस दौरान वे समाजवादी बन गईं तथा सन् 1934 में काँग्रेस समाजवादी पार्टी में शामिल हो गईं। उन्होंने पार्टी के सन् 1935 में मेरठ में संपन्न हुए पहले अखिल भारतीय सम्मेलन की अध्यक्षता की। सन् 1942 के भारत छोड़ो आंदोलन के दौरान उन्हें गिरफ्तार करके बंगलूर जेल भेज दिया गया।

संदर्भ

1. *कमला देवी इन गैंग (सं.) पूर्वोक्त-पृष्ठ 23*
2. *सूर्यनाथ वी. कामथ, पूर्वोक्त-पृष्ठ 95*

''अदम्य वीरता, सहनशीलता तथा आत्मबलिदान के स्त्री के नैसर्गिक गुणों से ओतप्रोत स्त्रियों की बड़ी संख्या में हमारी सहायता के लिए आगे आने से होमरूल आंदोलन की ताकत दस गुना बढ़ गई है। हमारी लीग के सर्वोत्तम सिपाही तथा सिपहसालार भारतीय स्त्रियों में से ही हैं। मद्रास की महिलाओं को इस बात पर गर्व है कि प्रदर्शन में पुरुषों के रुक जाने के बावजूद वे आगे बढ़ती रहीं तथा उनके द्वारा मंदिरों में की गई प्रार्थना के फलस्वरूप घरों में दुबके लोग बाहर निकलने को विवश हो गए। होम रूल आंदोलन

धर्म से इस प्रकार आलिंगनबद्ध हो गया है कि दक्षिण भारत के महान मंदिरों तथा पवित्र तीर्थ स्थानों पर की गई प्रार्थना की गूँज उनसे बाहर निकलकर गाँव के मंदिरों तक सुनाई पड़ रही है। इतना ही नहीं, साधुओं तथा संन्यासिनियों द्वारा गाँव-गाँव में घूमकर समूचे देश में उसका प्रचार किया जा रहा है।"[16]

सरोजिनी नायडू 1879-1949

सरोजिनी नायडू का जन्म हैदराबाद में एक बंगाली ब्राह्मण परिवार में हुआ था। उनके पिता डॉ. अघोरीनाथ चट्टोपाध्याय शिक्षा शास्त्री तथा जानेमाने वैज्ञानिक थे। उनकी माँ हालाँकि उनके पिता की भाँति विख्यात नहीं थीं लेकिन समझा जाता है कि वे एक कवयित्री थीं तथा सरोजिनी के जीवन पर उनका गहरा प्रभाव था। हैदराबाद से मैट्रिक पास करने के पश्चात सरोजिनी इंग्लैंड गईं जहाँ उन्होंने लंदन के किंग्स कॉलेज एवं गिरटन, कैम्ब्रिज में शिक्षा प्राप्त की। उनके बीमार पड़ जाने के कारण उन्हें सन् 1898 में भारत वापस आना पड़ा। उनका विवाह भी उसी वर्ष हुआ। वे प्रारंभ में राष्ट्रवादी तथा महिला अधिकारों की समर्थक रहीं तथा काँग्रेस, मुस्लिम लीग एवं भारतीय समाज सम्मेलन की सदस्य के रूप में महिला अधिकारों के लिए संघर्षरत रहीं। स्त्रियों के कष्ट निबारण के लिए वे जिन अभियानों में सक्रिय रहीं उनमें विधवा पुनर्विवाह अभियान, स्त्री शिक्षा तथा स्त्रियों की मुक्ति के अभियान प्रमुख थे। सन् 1914 में उन्होंने गांधी जी के साथ स्वेच्छा से कार्य करने की इच्छा जताई। वे उसी साल लंदन में महात्मा गांधी के साथ अपनी मुलाकात का जिक्र करती हैं। गांधी जी से उनके जहाज पर न मिल पाने के कारण सरोजिनी उनका ठिकाना ढूढ़ते हुए लंदन में केन्सिंगटन पहुँच गईं। अंततः जब उन्हें गांधी जी का पता मिल गया तो वहाँ के दृश्य का वर्णन उन्होंने इस प्रकार किया : (उन्होंने देखा) 'खुले दरवाजे में जेल में कैदियों को मिलनेवाला काला कम्बल जमीन पर बिछाकर एक छोटा-सा गंजा आदमी बैठा हुआ है तथा जेल में मिलनेवाले लकड़ी के बर्तन से निकालकर लंगर में बना हुआ खाना खा रहा है। उनके इर्द-गिर्द सूखी मूँगफलियों तथा घटिया आटे के बने बेस्वाद बिस्कुटों के टूटे-पिचके कनस्तर रखे हैं। भारत के लोगों की जुबान पर रहनेवाले ऐसे मशहूर नेता की ऐसी हास्यास्पद तथा अप्रत्याशित दशा देखकर मैं अनजाने में ही जोर से खिलखिलाकर हँस पड़ी। उन्होंने अपनी निगाहें ऊपर उठाईं तथा मुझे देखकर स्वयं मुस्कराते हुए बोले– 'अरे ! तुम जरूर श्रीमती नायडू हो ! ऐसी बेतकल्लुफी की हिम्मत और कौन कर सकता है ?'

वह एक बड़ी एवं दीर्घकालिक दोस्ती की शुरुआत थी। सन् 1917 में नायडू ने स्त्रियों की दशा सुधारने के लिए मांटेग्यू से मिलनेवाले प्रतिनिधिमंडल का नेतृत्व

किया। सन् 1918 में काँग्रेस के बंबई में संपन्न हुए विशेष अधिवेशन में स्त्रियों को वोट देने का अधिकार संबंधी प्रस्ताव पारित कराने में सक्रिय रहीं। सन् 1919 में होम रूल लीग प्रतिनिधिमंडल की सदस्य के रूप में वे इंग्लैंड गईं जहाँ उन्होंने संयुक्त संसदीय समिति के समक्ष गवाही दी तथा स्त्रियों की कठिनाइयों का उल्लेख किया। सन् 1919 में ही वे महिलाओं के सत्याग्रह की प्रचारक बन गईं तथा सारे भारत में घूम-घूमकर सत्याग्रह का प्रचार किया। उन्होंने रौलट एक्ट के विरुद्ध संघर्ष करने के लिए महिलाओं का विशेष आह्वान किया। सन् 1920 में जिनीवा के एक सम्मेलन में उनसे सवाल किया गया कि वे राजनीति में क्यों आईं ? उनका उत्तर था : "मैं सोचती हूँ कि यदि कोई व्यक्ति सच्चा भारतीय है तो उसका राजनीति में दिलचस्पी रखना अपरिहार्य है। हिंदू मुस्लिम एकता के महत्त्व को देखते हुए मैं राजनीति में आई। मैं एक मुसलमान बहुल शहर में रहती हूँ और आप देख ही रहे हैं कि मेरे अनेक मुस्लिम मित्र हैं।...मैंने उनके समस्त राजनीतिक तथा शैक्षणिक आंदोलनों में भाग लिया है। मैंने उनकी सभाओं की अध्यक्षता करने के साथ-साथ मस्जिदों में भाषण भी दिए हैं। यही वे कार्य हैं जिनका स्त्रियों तथा विशेष रूप से पुरुषों पर असर पड़ा। मैंने अपना पहला राजनीतिक भाषण मुस्लिम लीग की एक सभा में दिया।" सन् 1920 में वे असहयोग आंदोलन में शामिल हुईं। सन् 1921 में प्रिंस ऑफ वेल्स के बंबई आगमन के विरोध में भड़के दंगे के दौरान वे दंगाग्रस्त क्षेत्रों में गईं तथा हिंदुओं-मुसलमानों की एकता बनाए रखने के लिए उन्हें समझाया। इसी प्रकार वे मोपला भी गईं जहाँ उन्होंने सरकार की कार्रवाई से भड़के विद्रोह से उपजी तनावपूर्ण स्थिति को शान्त ही नहीं किया बल्कि सरकारी कदम की भर्त्सना भी की। अकाली दल पर लगे प्रतिबंधों के विरोध में निकाले गए अकालियों के जुलूस में 1920 में शामिल होकर उन्होंने अकालियों का समर्थन किया। सन् 1924 में वे दक्षिण अफ्रीका गईं जहाँ उन्होंने पूर्वी अफ्रीकी काँग्रेस की अध्यक्षता की तथा इतिहास विरोधी कानून की आलोचना की। सन् 1925 में वे भारतीय राष्ट्रीय काँग्रेस की पहली भारतीय महिला अध्यक्ष चुनी गईं। सन् 1928 में वे अमेरिका गईं जहाँ कैथरीन मायो की पुस्तक 'मदर इंडिया' पर भाषण दिया। उनके बारे में लिखते हुए भवानी भट्टाचार्य ने टिप्पणी की—'एक बार विश्वशान्ति संगठन की बैठक में, जहाँ सभागार में 70 देशों के झंडे लगे हुए थे, बोलते हुए उन्होंने तपाक से श्रोताओं से पूछा : "भारत का झंडा कहाँ है ?"

सरोजिनी नायडू की सहिष्णुता तथा उनकी उत्तेजक वाकपटुता की बार-बार प्रशंसा की जाती थी। समाज सुधार तथा राजनीति के प्रति प्यार के साथ-साथ उन्हें कविता लिखने का भी शौक था और उन्होंने अँग्रेजी में अनेक कविताएँ लिखीं। कवयित्री होने के नाते उन्हें 'भारत कोकिला' की उपाधि से विभूषित किया गया।

इस प्रकार पुनरुत्थानवाद को पहली बार साफतौर से बेसेंट द्वारा स्त्री एक्टिविज्म से जोड़ दिया गया। ऐसा लगता है कि बेसेंट ने अपने पूर्ववर्ती और बाद में आए अनेक राष्ट्रवादियों एवं समाज सुधारकों की भाँति ही हिंदुत्व के लिए 'धर्म' को महत्त्वपूर्ण मान लिया। हालाँकि यह बात कभी स्पष्ट नहीं हो सकी कि उनकी राय में हिंदुत्व की परिभाषा क्या है। स्त्रैण सक्रियतावाद के बारे में उनकी टिप्पणी बड़ी दिलचस्प है क्योंकि वह स्त्रियों के आत्मबलिदानी स्वभाव पर निर्भर है—एक ऐसी धारा जो उन्नीसवीं सदी से लगातार प्रवाहित थी, हालाँकि इसमें अब तक कई महत्त्वपूर्ण परिवर्तन आ चुके थे। राममोहन राय की नजर में स्त्रियाँ दया की पात्र थीं और उनकी इच्छा थी कि स्त्रियों को जबरन सती बनाने के आतंक से बख्श दिया जाना चाहिए। ऐनी बेसेंट की राय में स्त्रियाँ दृढ़ता तथा शक्ति की स्रोत थीं। स्त्रियों ने राष्ट्रवादी आंदोलन को जो ताकत दी, सरोजिनी नायडू ने भी उसकी प्रशंसा की है। एनी बेसेंट की अध्यक्षता में संपन्न हुई सन् 1917 की कलकत्ता काँग्रेस में स्त्री एक्टिविज्म के विषय पर अपने सारगर्भित संबोधन में सरोजिनी नायडू ने कहा :

> "मैं मात्र एक महिला हूँ और मुझे आप सबसे कहना चाहिए कि जब आपका दिन शुरू हो, या कि अँधेरे में पथ प्रदर्शन के लिए प्रकाश पुंजों की आवश्यकता पड़े, और निष्ठा की राह में आपकी मृत्यु होने पर आपके मानक ध्वजवाहकों की आवश्यकता पड़े, उस समय भारत का स्त्रीत्व आपके ध्वजवाहकों एवं शक्ति संबल के रूप में आपके साथ होगा। और यदि आप मर भी जाती हैं तो याद रखिए चित्तौड़ की पद्मिनी की भावना के सदृश भारत के पुरुषों के दिलों में आपका सम्माननीय स्थान होगा।"[17]

कलकत्ता काँग्रेस ने स्त्री की जागरूकता के अनेक नए संकेत दिए। उदाहरण के तौर पर यह पहली बार हुआ कि काँग्रेस जैसे मंच से राष्ट्रवादी आंदोलन में स्त्रियों की भूमिका को सराहा गया तथा उसे व्यापक एवं पुरुषों की भूमिका से भिन्न बताया गया। हालाँकि बेसेंट तथा नायडू दोनों ने ही यह बात स्पष्ट कर दी कि स्त्रियों की यह भूमिका पूरक है, प्रमुख नहीं। शायद उसे स्त्रियों की निरापद एक्टिविज्म सुनिश्चित करने के लिए औजार के रूप में इस्तेमाल किया गया। निश्चय ही सरोजिनी नायडू द्वारा चित्तौड़ की रानी पद्मिनी का उल्लेख किया जाना समकालीन राष्ट्रवादियों द्वारा किए जानेवाले उल्लेखों के समान ही था, जो पद्मिनी को अक्सर 'असली' छवि के रूप में पेश करते थे। वस्तुतः ऐसा नजर आता है कि पद्मिनी ऐतिहासिक के बजाय एक काल्पनिक स्त्री थी जिसका उल्लेख सोलहवीं सदी की सूफी कविताओं में टोडरमल द्वारा किया गया। अपनी पुस्तक *'एनल्स एण्ड एण्टिक्विटीज ऑफ राजस्थान'* में उन्होंने पद्मिनी को महान वीरांगना तथा रूपवती राजपूत सती बताया है : उन्नीसवीं सदी के उत्तरार्द्ध तथा बीसवीं सदी के प्रारंभिक वर्षों में पद्मिनी वीरांगना हिंदू स्त्री का

प्रतीक बन गईं खासतौर से बंगाल में, और उनका उल्लेख आंशिक तौर पर नवोदित समाज सुधारवादी एवं सक्रिय स्त्री कार्यकर्त्रियों पर आक्रमण के रूप में किया जाता था। इसलिए कहा जा सकता है कि किसी हद तक नायडू द्वारा पद्मिनी का उल्लेख किया जाना तत्कालीन विरोधियों की मंशा पर पानी फेरना था, यह बात दीगर है कि उन्होंने ऐसा जानबूझकर किया या कि अनजाने में।

इसी समय स्त्रियों ने अपने निजी वास्तविक-जीवन की रचना तथा अपनी समकालीन छवियों का निर्माण शुरू कर दिया। अगर सरोजिनी नायडू ने किसी काल्पनिक नायिका का चुनाव किया तो वे खुद अनेक लोगों द्वारा नायिका चुनी गईं। सन् 1917 के कांग्रेस सत्र का उल्लेख करते हुए एम. ई. कूजिन्स ने कहा :

> "मुझे याद आता है कि कलकत्ता काँग्रेस के मंच से शक्ति एवं सम्मान प्राप्त जिन तीन महिलाओं ने मुझे विभिन्न प्रकार से प्रभावित किया वे थीं—अध्यक्ष की आसंदी पर विराजमान श्रीमती बेसेंट, उनकी दाहिनी ओर बैठी महान हिंदू नस्ल की प्रतिनिधि श्रीमती सरोजिनी देवी नायडू तथा बाईं ओर बैठी थीं कट्टर मुसलमानों की पर्दानशीन बेटी तथा मुहम्मद एवं शौकत अली की माता अम्माम बीबी। भारतीय समाज तथा राजनीतिक इतिहास के नए युग में वे तीनों स्त्रियाँ महत्त्वपूर्ण थीं। स्त्रीत्व अपने अंतःपुर से बाहर निकल कर भारतमाता की आजादी के लिए होनेवाले संघर्ष में पुरुषों के साथ भागीदार बनकर कूद पड़ा।[18]

सन् 1930 के सत्याग्रह आंदोलन की अग्रणी स्त्री नेता कमला देवी चट्टोपाध्याय केवल स्वर्गवासी राजस्थानी नायिकाओं की ही कहानियाँ सुन कर बड़ी ही नहीं हुई थीं, बल्कि उन्हें जीवित वीरांगना स्त्रियों का भी उदाहरण दिया गया था। के. पी. रंगाचारी तथा हरिदेव शर्मा के साथ एक भेंटवार्ता में उन्होंने इस बात का उल्लेख किया कि किस प्रकार उनकी माँ उन्हें पंडिता रमाबाई के बारे में, तथा अनेक भारतीयों द्वारा सताए जाने के परिणामस्वरूप ईसाई बन जाने की दास्तान सुनाती थीं। कमला देवी जब नन्हीं बालिका थीं तो उनकी माँ सन् 1910 में उन्हें अपने साथ लेकर एनी बेसेंट से मिलने गईं : मेरी माँ ने श्रीमती बेसेंट से मुझे आशीर्वाद देने को कहा ताकि बड़ी होकर मैं भी उन्हीं की भाँति पूरे लगन और उत्साह से स्त्रियों की दशा एवं अपने समाज में परिवर्तन ला सकूँ। श्रीमती बेसेंट ने बड़े प्यार से अपना हाथ मेरे सिर पर फेरते हुए मुझे आशीर्वाद दिया।[19] कमला देवी की माँ तथा नानी दोनों शिक्षित महिलाएँ थीं। उनकी माँ एक राष्ट्रवादी महिला थीं जिन्होंने *'केसरी'* तथा *'काल'* के लिए चंदा इकट्ठा किया। वे रामकृष्ण परमहंस, रामतीर्थ एवं विवेकानंद से बहुत प्रभावित थीं। उन्होंने अपनी सहेलियों के घर जाकर उन्हें पढ़ाया जबकि उनके पति ने विधवाओं तथा अभावग्रस्त महिलाओं तथा बच्चों की सहायता की।[20]

सन् 1920 के दशक में नारीवादियों की दूसरी पीढ़ी आगे आई जिनमें से अनेक

(1-2-3) राजकुमारी अमृत कौर, लेडी पिरोजबाई फिरोजशाह मेहता और श्रीमती ए. सेनगुप्ता। ये सभी स्त्रियाँ 20वीं सदी के पूर्वार्द्ध में महिलाओं के अधिकारों के लिए होनेवाले संघर्ष के अग्रिम मोर्चे पर रहीं।

अपनी सुधारक माताओं से प्रभावित थीं। सुश्री लज्जावंती की माँ ने अपने आसपास की स्त्रियों के साथ मिलकर वाचनालय चलाया : जिस प्रकार कमला देवी की पढ़ाई में रुचि न होने के बावजूद उनकी माँ ने उन्हें स्कूल जाते रहने या स्कूल में बने रहने की हिदायत दी, ठीक उसी प्रकार सुश्री लज्जावंती की माँ ने भी उनके स्कूल जाने पर बल दिया। लज्जावंती के नाना की तरह ही उनकी माँ भी समर्पित आर्य समाजी थीं। लज्जावंती के नाना की इच्छा थी कि उनकी बेटी लड़कियों के लिए स्थापित कन्या महाविद्यालय में पढ़े, परंतु पारिवारिक दबाव ने उन्हें कालेज जाने से रोक दिया। इसलिए लज्जावंती की माँ ने प्रण किया कि जिस शिक्षा से मैं वंचित रही, उसे अपनी बेटी को जरूर दिलाऊँगी।[21] इसका वर्णन करते हुए कि किस प्रकार उनकी दादी और माँ दादा के सामने उनसे बहस करने की बजाए खामोश रहती

सरोजिनी नायडू एक जनसभा को संबोधित करने के लिए जाते हुए।

थीं और फिर उस पर टिप्पणी करते हुए कहती थीं 'उस जमाने में तो स्त्रियों को गाय की तरह माना जाता था।'

समय सचमुच बदला। लज्जावंती आर्य कन्या महाविद्यालय की प्रधानाचार्या बनीं तथा सन् 1919 में राष्ट्रवादी आंदोलन में शामिल हो गईं। कन्या महाविद्यालय की अनेक पूर्व छात्राएँ राष्ट्रवादी कार्यकर्ता बन गईं जिनमें मेरठ की पार्वती देवी सन् 1920 के नागरिक अवज्ञा आंदोलन में जेल जानेवाली प्रथम महिला थीं।[22] लज्जावंती तथा स्कूल दोनों का उद्देश्य छात्राओं को अच्छी गृहिणी तथा राष्ट्र उपासक बनाना था : (*गृहणि वा देशभक्त*)। रोचक बात यह है कि अपने समय में लज्जावंती ने राष्ट्रवाद के दो सिद्धांत प्रतिपादित किए : पहला विषय था *'देशभक्ति'* (राष्ट्र के प्रति) तथा *'राजद्रोह'* (ब्रिटिश साम्राज्य के प्रति)। राजद्रोह की भावना उनके मन में लाजपत राय, अजीत सिंह, बी. सी. पाल तथा अन्य क्रांतिकारियों का महाविद्यालय में भाषण सुनने के बाद जाग्रत हुई। स्कूल के संस्थापक प्रधानाचार्य देवराज लड़कियों को न तो आंदोलन की कोई बात बताते थे और न ही उन्हें जनसभाओं में जाने के लिए प्रोत्साहित करते थे। यद्यपि उन्हें सुधार सभाओं में देशभक्ति के गीत गाना तथा स्त्रियों की शिक्षा के प्रसार के लिए उपदेश देना सिखाया जाता था।[23] लज्जावंती सन् 1913 में, गांधी जी के भारत आने के एक वर्ष पूर्व, एक बैठक के सिलसिले में कलकत्ता गईं तथा वहाँ उन्होंने बी. सी. पाल से मुलाकात की।[24] सन् 1915 में

राष्ट्रवादी ध्वजारोहण प्रदर्शन। स्थान एवं तिथि ज्ञात नहीं।

गांधी जी ने कस्तूरबा के साथ मिलकर साबरमती आश्रम की स्थापना की जिसमें बड़ी संख्या में स्त्री-पुरुष शामिल हुए। गांधी जी प्रारंभ में गुजरात के स्थानीय आंदोलनों से जुड़े जिनमें 1917 का चंपारण सत्याग्रह, 1918 में लगान (राजस्व) न देने का

राष्ट्रवादी प्रदर्शन। स्थान एवं तिथि ज्ञात नहीं।

खेड़ा सत्याग्रह तथा 1917 में ही मिल मालिकों द्वारा श्रमिकों को 'प्लेग-बोनस' का भुगतान न करने के परिणामस्वरूप अहमदाबाद की कपड़ा मिलों में हड़ताल जैसे आंदोलन शामिल थे। कार्यकर्ताओं का एक समूह चंपारण में कस्तूरबा के साथ कार्यरत रहा। मितिहरवा, बरहरवा तथा मधुबन गाँवों में स्कूल तथा आश्रम खोले गए जिनमें स्त्रियों को पढ़ने-लिखने एवं सूत कातने का प्रशिक्षण दिया जाता था।[25]

गांधी जी को अहमदाबाद की कपड़ा मिल हड़ताल का नेतृत्व करने के लिए अनुसुइया साराभाई लेकर आई थीं। अनुसुइया साराभाई के भाई एक धनी उद्योगपति

नागरिक अवज्ञा आंदोलन के अंतर्गत बंबई में आयोजित बहिष्कार दिवस प्रदर्शन।

तथा कई कपड़ा मिलों के मालिक थे। उन्होंने साबरमती आश्रम के लिए उदारतापूर्वक दान दिया था। अनुसुइया अक्सर साबरमती आश्रम जाती थीं तथा गांधीवादी बन गई थीं। आश्रम से वापस आकर अनुसुइया ने मिल-मजदूरों के बीच काम किया तथा उनके लिए रात्रिकालीन स्कूल खोले।[26] यद्यपि अनुसुइया धनी तथा विशिष्ट जीवन की अभ्यस्त थीं फिर भी उन्होंने मजदूरों के बीच काम करनेवाली प्रथम महिला होने का श्रेय प्राप्त किया। उन्होंने एक अन्य गांधीवादी शंकर लाल बैंकर के साथ मिलकर मिल मजदूरों की भलाई के लिए कार्य किया तथा सन् 1930 में अखिल भारतीय महिला सम्मेलन की सदस्य बनीं। हैरानी की बात यह है कि उनके बारे में बहुत कम ही लिखा गया।

सही मायने में राष्ट्रवादी आंदोलन में स्त्रियों की व्यापक सहभागिता सन् 1919 में रौलट कानून बनने के बाद ही शुरू हुई। राजद्रोही बैठक कानून (सेडिशियर मीटिंग्स एक्ट) के नाम से कुख्यात इस कानून का मकसद शांति के समय में भी नागरिक अधिकारों पर युद्धकालीन पाबंदियाँ लगाना था। इस कानून के अंतर्गत किसी भी व्यक्ति के पास सरकार विरोधी कोई सामग्री (लिखित या प्रकाशित) पाए जाने जैसे छोटे-मोटे 'अपराध' के लिए भी बिना मुकदमा चलाए उस व्यक्ति को जेल भेजा जा सकता था। इस कानून के विरोध में संघर्ष छेड़कर गांधी एक अखिल भारतीय

नेता के रूप में उभरे। उन्होंने सबसे पहले कार्यकर्ताओं को सरकार द्वारा निषिद्ध प्रचार सामग्री की सार्वजनिक बिक्री करते हुए गिरफ्तारी देने का सुझाव दिया, परंतु इसके फौरन बाद उन्होंने अखिल भारतीय हड़ताल के आह्वान को इसमें जोड़ दिया। जो लोग हड़ताल के दिन यानी रविवार को भी काम पर जाते थे, उनके लिए गांधी जी ने व्यवस्था दी कि वे उस दिन अपने मालिकों से छुट्टी लेकर हड़ताल में शामिल हों। युद्ध पश्चात उत्पन्न हुई आर्थिक समस्याओं के दौर में की गई इन हड़तालों का खासतौर से पंजाब में व्यापक असर हुआ और इसके परिणामस्वरूप उपजी अंतर-धार्मिक एकजुटता को देखकर सरकार के कान खड़े हो गए। गांधी जी दिल्ली और पंजाब से दूर चले गए क्योंकि दिल्ली, कलकत्ता तथा समूचे पंजाब में, जहाँ कि लेफ्टिनेंट जनरल ओ' डायर का प्रशासन था, अँग्रेज सैनिक बड़ी निर्ममता से आंदोलनकारियों पर गोलियों की बौछार कर रहे थे। जनरल डायर ने 10 अप्रैल को अमृतसर में मार्शल ला लागू कर दिया तथा उसके तीन दिन बाद यानी 13 अप्रैल को डायर के सिपाहियों ने जलियाँवाला बाग की चारदीवारी में एकत्र निहत्थे लोगों पर बेहिसाब गोलियाँ चलाईं। इसके दूसरे दिन पंजाब के अन्य शहरों—लाहौर, गुजराँवाला समेत आसपास के अन्य शहरों में भी मार्शल ला लागू कर दिया गया तथा बम बरसाए गए। इन घटनाओं से जनमानस स्तब्ध रह गया। सभी प्रकार के धरने-प्रदर्शन बंद कर दिए गए तथा काँग्रेस ने स्वयं को एक गैर सरकारी एजेंसी द्वारा घटना की 'निष्पक्ष' जाँच कराने की माँग तक सीमित कर लिया। दिसंबर, 1919 के काँग्रेस अधिवेशन में हालाँकि मोंटफोर्ड द्वारा किए गए सुधारों के लिए उनके प्रति धन्यवाद प्रस्ताव पारित हुआ परंतु काँग्रेस के प्रतिनिधियों की भावना प्रस्ताव के विपरीत थी। अधिवेशन में सारे देश के प्रतिनिधि आए थे। लज्जावंती के अनुसार, प्रतिनिधि जलियाँवाला नरसंहार स्थल की ओर झुंड-के-झुंड ऐसे चल पड़े मानो वे किसी तीर्थयात्रा पर जा रहे हों।[27] लज्जावंती भी वहाँ इसलिए मौजूद थीं कि स्कूल के प्रधानाचार्य देवराज ने कन्या महाविद्यालय से छात्राओं के एक दल को मुख्य रूप से राष्ट्रीय सामाजिक सम्मेलन में भाग लेने के लिए भेजा था लेकिन उन्होंने उन्हें काँग्रेस अधिवेशन की शुरुआत के समय गीत प्रस्तुत करने के लिए भी कहा था। उन गीतों में ज्यादातर सरला देवी चौधरानी द्वारा तैयार किए गए थे। सरला देवी स्वयं भी वहाँ मौजूद थीं।[28] स्वामी श्रद्धानंद ने जलियाँवाला बाग में मारे गए लोगों के परिवारों की आर्थिक सहायता के लिए एक कोष स्थापित किया था जिसमें अनेक स्त्रियाँ धन संग्रह के कार्य में सक्रिय थीं। सर्वाधिक सक्रिय महिलाओं में एक मोतीलाल नेहरू के भांजे की पत्नी लाडो रानी जुत्शी थीं। लाडो रानी जुत्शी ने काँग्रेस के पंडाल में एक स्टाल लगाई जिसमें कुमारी सभा के सदस्यों द्वारा निर्मित सामानों की बिक्री की गई। कुमारी सभा की स्थापना लाडो रानी जुत्शी ने लाहौर में की थी जिसमें उनकी पुत्रियाँ भी सक्रिय थीं। कुमारी सभा ने राष्ट्रीय भावना से ओतप्रोत 'भारतमाता' नामक नाटक का भी

उसी साल पूर्वाभ्यास किया परंतु नाटक मंचन के दिन गांधी जी के गिरफ्तार हो जाने के कारण उसका मंचन फिर कभी नहीं हो सका।

लाडो रानी के अनुसार, सन् 1919 में लाहौर तथा अमृतसर में भारतीयों तथा अँग्रेजों का पूरी तरह ध्रुवीकरण हो चुका था तथा भारतीयों की ओर से अँग्रेजों के नस्लवाद के विरुद्ध खुलेआम यह कहकर गहरी नाराजी का इजहार किया जा रहा था कि 'हम इसे कतई बर्दाश्त नहीं करेंगे।' गुस्सा इतना ज्यादा बढ़ गया था कि जितना इससे पूर्व कभी भी दिखाई नहीं पड़ा। यही कारण था कि जब दोनों समुदायों के लोग एक-दूसरे से मिले तो झगड़ पड़े। एक बस में किसी अँग्रेजी औरत के साथ हुई अपनी मुठभेड़ के बारे में लाडो रानी बताती हैं कि वे इतनी डरी हुई थीं कि जब वे बस से उतरने लगीं तो उन्होंने उसी समय बस में चढ़नेवाली पंजाबी महिला को 'चेतावनी' दी कि बस में एक अँग्रेजी मेम भी बैठी है, जरा उससे होशियार रहना। उस औरत ने मुझसे कहा कि अगर अँग्रेजन ने मुझे एक भी शब्द कहा तो मैं उसे उठाकर खिड़की से बाहर फेंक दूँगी।[29]

अखिल भारतीय महिला सम्मेलन (दि आल इंडिया वीमेंस कान्फ्रेंस)

सन् 1925 के अंत या सन् 1926 के प्रारंभ में वीमेंस इंडिया एसोसिएशन की संस्थापक सचिव तथा 'स्त्री धर्म' नामक पत्रिका की संपादक सुश्री मागरिट कूजिंस ने एक पत्र लिखा जिसे अनेक महिला संगठनों सहित प्रमुख व्यक्तियों को भेजा गया। उन्होंने पत्र में सारे देश की स्त्रियों को नारी शिक्षा के विषय पर चर्चा करने की दावत दी थी : निस्संदेह ही महिलाओं के लिए अब यह आवश्यक हो गया है कि वे भारत में लड़कियों तथा लड़कों, विशेष रूप से लड़कियों को वर्तमान में दी जानेवाली शिक्षा पर अपना मत स्पष्ट करें। अगर इन विचारों को एक मेमोरैंडम की शक्ल दी जा सके तो यह निश्चय ही भविष्य के प्रति स्त्रियों की सेवा तथा युवा भारत के शैक्षणिक भाग्य के निर्माण के लिए उत्तरदायी व्यक्तियों की सहायता मानी जाएगी।

उन्होंने सुझाव दिया कि उनकी नज़र में इस विषय पर स्त्रियों की सहायता प्राप्त करने का सबसे व्यावहारिक तरीका पत्र लेखन है। उन्होंने महिलाओं से इस परियोजना को सफल बनाने की अपील करते हुए उनसे लिखित, मौखिक तथा सक्रिय समर्थन देने का अनुरोध किया। उनका सुझाव था :

"जहाँ तक लड़कियों की शिक्षा से जुड़ी समस्याओं का सवाल है, ये भिन्न-भिन्न प्रांतों तथा आबादियों में भिन्न-भिन्न प्रकार की हैं। इसलिए यह जरूरी समझा गया कि शैक्षणिक सुधार के लिए प्रत्येक प्रांत तथा उसके प्रत्येक जिले में महिलाओं का एक सम्मेलन होना चाहिए जो स्थानीय निदान सुझाने के साथ-साथ इस मुद्दे पर अखिल भारतीय स्तर पर भी अपनी राय दे। प्रत्येक प्रांतीय सम्मेलन से एक-एक प्रतिनिधि का चुनाव किया जाएगा जो दिसंबर के अंत या जनवरी के प्रारंभ में पूना में होने-

वाले अखिल भारतीय सम्मेलन में भाग लेंगे। प्रतिनिधियों के सम्मेलन में चालीस या उससे अधिक महिलाओं का कर्त्तव्य होगा कि वे आधारभूत (पूर्व में हुए प्रांतीय सम्मेलन) सम्मेलन की प्रत्येक इकाई की कार्यवाही को सिलसिलेवार जोड़कर एक महिलाओं द्वारा शैक्षणिक सुधार पर एक आधिकारिक तथा प्रतिनिधि मेमोरैंडम तैयार करें जिसका बड़े पैमाने पर प्रकाशन किया जाएगा तथा उसे भारतीय शैक्षणिक प्राधिकरणों को भेजा जाएगा।[1]

पूना में हुआ पहला सम्मेलन दर्शनीय रूप से सफल रहा। इसमें 2000 प्रतिनिधियों ने भाग लिया। यह सम्मेलन पूना विश्वविद्यालय के फर्गुसन कॉलेज हाल में हुआ। उद्घाटन दिवस पर ऊपरी दीर्घा छात्रों तथा निचली दीर्घा छात्राओं से खचाखच भरी हुई थी। मुख्य हाल पूरे भारत से आए प्रतिनिधियों से भरा था। सम्मेलन में आई सिफारिशें इस प्रकार थीं : कि प्राइमरी शिक्षा में हाथ का काम, व्यक्तिगत प्रशिक्षण तथा गृह विज्ञान शामिल किया जाए जो आगे चलकर व्यावसायिक प्रशिक्षण के साथ-साथ श्रम की महत्ता पर बल दे; कि कालेज के पाठ्यक्रमों में समाज सेवा, पत्रकारिता, व्यवहार विज्ञान के रूप में राजनीति को शामिल किया जाना चाहिए तथा महिला कालेजों को सक्रिय सहकारी जीवन का केंद्र बनाना चाहिए। एक प्रतिनिधि ने टिप्पणी की : "आज हम अपने जीवन में वसंत के आगमन का अनुभव कर रहे हैं, सम्मेलन हमें खुली हवा में साँस लेने का अवसर प्रदान कर रहा है।" उद्घाटन सत्र नें जहाँ स्त्रियों, युवाओं तथा वृद्धों को आध्यात्मिक सखीत्व से ओतप्रोत किया वहीं परिचर्चा सत्र मेमोरैंडम निर्माण की उपलब्धि का प्रतीक बना।

मेमोरैण्डम में निम्नलिखित बिन्दुओं पर बल दिया गया : (अ) बच्चों की बुद्धिमत्ता का विकास मानवता की सेवा के लिए होना चाहिए। (ब) माध्यमिक स्कूलों में भी गृह विज्ञान, पत्रकारिता, समाज विज्ञान तथा वास्तुकला जैसे विषय पढ़ाए जाने चाहिए। (स) विधि, चिकित्सा, समाज विज्ञान तथा वास्तुकला जैसे विषय पढ़ने के लिए लड़कियों को छात्रवृत्ति देकर प्रोत्साहित किया जाना चाहिए। लोतिका घोष ने कहा : "सामान्य सामाजिक प्रकृति का एकमात्र प्रस्ताव जो सम्मेलन में पारित हुआ वह है बाल-विवाह पर अंकुश लगानेवाले राय साहब हरबिलास शारदा के विधेयक का समर्थन संबंधी प्रस्ताव।"[2] महिलाओं के दूसरे सम्मेलन में इस मुद्दे पर व्यापक एवं विस्तृत बहस हुई कि क्या सम्मेलन को शिक्षा के एकसूत्री संगठन के रूप में काम करना चाहिए या कि इसकी संभावनाओं में वृद्धि की जानी चाहिए। संयोगवश दूसरे मत को बहुमत का समर्थन प्राप्त हुआ और अंततः शारदा विधेयक के समर्थन में अभियान चलाने का निर्णय लिया गया। पटना के तीसरे सम्मेलन में इस निर्णय को मंजूरी दे दी गई तथा शिक्षा के अलावा स्त्रियों की अन्य समस्याओं से निपटने के लिए एक अलग समिति नियुक्त कर दी गई। चौथे सम्मेलन में स्त्रियों के विरासत कानूनों में सुधार के लिए अभियान छेड़ने की चर्चा हुई जिसके परिणामस्वरूप विरासत अधिकारों

में संवैधानिक परिवर्तन की हिमायत करने के लिए सारे देश में बैठकें आयोजित की गईं। चौथे सम्मेलन में ही एक मार्च को महिला दिवस के रूप में मनाने का निर्णय लिया गया और सन् 1931 में लाहौर में पहली बार महिला दिवस मनाया गया।[3] चौथे, पाँचवें तथा छठे सम्मेलनों में स्त्रियों की श्रम दशाओं तथा प्रसूति लाभ कानून बनाने के मुद्दे पर बहस हुई और इसके साथ ही बड़ौदा में शारदा विधेयक को कवच प्रदान किया गया। दूसरे सम्मेलन में सुधार बनाम राजनीतिक संलिप्तता के मुद्दे पर शुरू हुई बहस जारी रही। सम्मेलन के सदस्यों ने पूर्व में निर्णय लिया था कि सम्मेलन को किसी राजनीतिक गतिविधि में लिप्त नहीं होना चाहिए। यह प्रतिबंध अब समाप्त कर दिया गया। सम्मेलन ने वीमेंस इंडिया एसोसिएशन तथा नेशनल काउंसिल ऑफ वीमेन इन इंडिया के साथ मिलकर स्त्रियों को वोट देने के अधिकार दिए जाने से संबंधित एक संयुक्त माँगपत्र तैयार किया। इस सोच को कि स्त्रियों को वोट देने का अधिकार देने से साम्प्रदायिक विद्वेष फैलेगा, साफतौर पर लगातार ठुकराते हुए माँगपत्र को चुनाव समिति (फ्रेंचाइज कमेटी) के समक्ष प्रस्तुत करने का निर्णय लिया गया। सन् 1928 में सम्मेलन ने दिल्ली में लेडी इर्विन गृह विज्ञान कॉलेज खोलने के लिए धन संग्रह शुरू किया तथा सन् 1932 में कालेज की स्थापना को मूर्त्त रूप दिया। सन् 1933-34 में अखिल भारतीय महिला सम्मेलन, इंडियन वीमेंस एसोसिएशन तथा नेशनल काउंसिल ऑफ वीमेन की तीन प्रतिनिधियों को स्त्रियों को वोट का अधिकार दिए जाने के संबंध में संयुक्त संसदीय समिति के समक्ष गवाही देने के लिए लंदन बुलाया गया। अगले तीन वर्षों में सम्मेलन ने भारतीय स्त्रियों की कानूनी अयोग्यताओं को दूर करने के लिए एक आयोग के गठन की माँग को लेकर अभियान चलाया। इसका उद्देश्य आधुनिक परिप्रेक्ष्य में सुधारों की सिफारिश करना था। सम्मेलन ने महिला खान मजदूरों की स्थिति पर एक रिपोर्ट तैयार की जिसका निष्कर्ष यह था कि स्त्रियों को खान के अंदर जाकर काम करने के लिए कानूनीतौर पर रोका जाए। सम्मेलन ने लीग आफ नेशंस तथा भारत सरकार के समक्ष भारत में स्त्रियों के राजनीतिक, सामाजिक तथा शैक्षणिक स्तर पर एक मेमोरैण्डम पेश किया। सन् 1938 में सम्मेलन ने रोशनी नामक एक अँग्रेजी बुलेटिन का प्रकाशन प्रारंभ किया। सन् 1943 के बंगाल दुर्भिक्ष के समय सम्मेलन ने कलकत्ता तथा उसके अन्य जिलों में राहत कार्य किया। विजय लक्ष्मी पंडित की अध्यक्षता में एक 'बाल रक्षा कोष' की स्थापना की गई जिसे विदेशों से विपुल सहायता प्राप्त हुई।

इस समय तक सम्मेलन के अनेक पूर्व सक्रिय सदस्य पूर्णकालिक राष्ट्रवादी जुझारू कार्यकर्ता बन गए तथा उन्होंने उपरोक्त उद्देश्य की पूर्ति के लिए सम्मेलन की सदस्यता से त्यागपत्र दे दिया। संगठन स्वयं भी एक ठोस सुधारवादी ढाँचे में स्थापित हो गया तथा इसने राष्ट्रवादी आंदोलन को नई गति दी। उसी समय स्त्रियों ने बड़ी संख्या में राष्ट्रवादी आंदोलन में भाग लेना तथा काँग्रेस में शामिल होना शुरू किया।

अखिल भारतीय महिला सम्मेलन का मुख्यालय दिल्ली की एक विशाल इमारत में आज भी मौजूद है लेकिन वर्तमान नारीवादी आंदोलनों से उसका लगाव न के बराबर है।

संदर्भ

1. लोतिका घोष, पूर्वोक्त-पृष्ठ 158-59

2. तथैव पृष्ठ 160

3. आर. के. शर्मा, 'नेशनलिज्म, सोशल रिफॉर्म एंड इंडियन वीमेन' जानकी प्रकाशन, पटना, 1981 पृष्ठ 118

सन् 1920-21 में शुरू हुआ नागरिक अवज्ञा आंदोलन जैसे-जैसे आगे बढ़ा, ऐसा लगता है कि राष्ट्रवादियों ने स्त्रियों को संगठित करने की दिशा में गंभीरता से विचार करना शुरू किया। लज्जावंती सन् 1920 में लाजपत राय से मिलने के पश्चात लाहौर में पूर्णकालिक कार्यकर्ता बन गईं। तब तक वे आर्य कन्या महाविद्यालय की प्रधानाचार्या बन चुकी थीं। लाजपत राय की सहायता से उन्होंने चर्खा कातने की कक्षाएँ शुरू कीं। इसी दौरान वे पंजाब प्रांतीय काँग्रेस कमेटी की सदस्य बन गईं। उनके अनुसार, पंजाब में तीन स्त्री संगठनकर्ता थीं और तीनों ही महत्त्वपूर्ण हस्तियों से सम्बद्ध थीं। इनमें से एक थीं केदारनाथ सहगल की पुत्री पूर्णा देवी, दूसरी थीं छबीलदास की पत्नी सीता देवी तथा तीसरी महिला थीं लाला लाजपत राय की पुत्री पार्वती देवी।[30]

सन् 1920-21 के आंदोलन में लाहौर में लज्जावंती ने जिस तरह की स्त्रियों को संस्कारित किया उनका वर्गीकरण बड़ा दिलचस्प है : सर्वप्रथम तो उन्होंने उन स्त्रियों को आंदोलन में भाग लेने के लिए तैयार किया जो लाहौर में पैदा होकर वहाँ पली-बढ़ी नहीं थीं बल्कि बाहर से आकर लाहौर में बस गई थीं। दूसरे, अधिकांश स्त्रियाँ अमीर के बजाय मध्यमवर्गीय परिवारों की थीं। हालाँकि वहाँ सरला देवी जैसी अनेक अमीर स्त्रियाँ भी थीं। मध्यमवर्ग की स्त्रियों के समक्ष बोलते हुए लज्जावंती ने कहा कि बैरिस्टरों की बीवियों की दिलचस्पी तो केवल अपने विदेशी कपड़ों को जलाने तक है। राष्ट्रवादी भावनाओं से ओतप्रोत महिलाओं की संख्या विशाल थी, यह बात दीगर है कि वे 'कम पढी-लिखी' थीं। इसके अलावा उनकी सहभागिता के स्वरूप पर भी पाबंदियाँ थीं। सैकड़ों स्त्रियाँ हाथ में खादी तथा चरखा थामें निकल पड़ीं तथा उन्होंने गली-गली में घूमकर खादी को लोकप्रिय बनाने के लिए जुलूस निकाला। जुलूस में आंदोलनकारी स्त्रियाँ फैशन का मजाक उड़ानेवाले गीत गातीं और जहाँ भी लोग एकत्र होते वहीं विदेशी कपड़ों की होली जलातीं। उल्लेखनीय बात यह है कि इस दौरान उन्होंने न तो शराब की कोई दुकान लूटी और न ही अपनी गिरफ्तारी दी।[31] स्त्रियों के प्रदर्शन को जब सरकार की ओर से रौलट एक्ट (राजद्रोह बैठक कानून) के तहत कानून के उल्लंघन के दायरे में लाने का प्रयास

किया जाता दिखाई पड़ा तो हवेली नाकैन में केवल एक बैठक हुई। हालाँकि बैठक में भाग लेने के लिए महिलाएँ भी जालंधर जैसे दूरदराज के इलाकों से भी आई थीं। बाद में लज्जावंती को पता चला कि बैठक में भाग लेने आई स्त्रियों ने संदेश छोड़ा है कि अगर एक भी औरत को पकड़ा गया तो वे सब-की-सब जेल चली जाएँगी इसलिए उनके किसी निश्चित समय पर लौटने की उम्मीद न करें तथा यदि शाम को उनके वापस आने में देर हो जाए तो भी किसी प्रकार की चिंता न करें।[32] ऐसा लगता है कि स्थानीय काँग्रेस नेतृत्व स्त्रियों के जेल भेजने या न भेजने के मुद्दे पर विभाजित था क्योंकि लाला लाजपत राय ने स्त्रियों को जेल जाने की अनुमति नहीं दी थी। हकीकत यह है कि उन्होंने लज्जावंती को राजद्रोही बैठक कानून का उल्लंघन करने से रोकने का प्रयास किया तथा अपनी बेटी को भी ऐसा करने से रोक दिया।[33]

लाडो रानी जुत्शी, जो कि स्वयं भी सन् 1920-21 में लाहौर की सक्रिय राष्ट्रवादी महिला थीं, ने कानून के उल्लंघन या गिरफ्तारी का कोई उल्लेख नहीं किया। जुत्शी की पुत्रियों ने स्त्रियों के प्रति अपनी माँ की चिंता की एक रोचक घटना सुनाई। ऐसा लगता है कि प्रदर्शनों में भाग लेने के लिए बाहर जानेवाली महिलाएँ अपनी चप्पलें खो देती थीं क्योंकि नंगे पैरों से तेज चलना आसान था। इसलिए लाडो रानी दो-तीन महिला स्वयंसेविकाओं को कपड़े का थैला लेकर जुलूस के पीछे-पीछे चलने के लिए नियुक्त कर देतीं ताकि स्त्रियों द्वारा रास्ते में छोड़ी गई चप्पलों को वे उठाती चलें और उन्हें वापस लाकर जिला काँग्रेस कमेटी के दफ्तर में जमा करा दें। जुलूस की समाप्ति पर प्रदर्शनकारी स्त्रियाँ कार्यालय में जाकर अपनी-अपनी चप्पलें ढूढ़कर पहन लेतीं और अपने घर चली जातीं।[34]

दिलचस्प बात यह है कि लाडो रानी अपनी राजनीतिकरण का श्रेय सरोजिनी नायडू द्वारा लाहौर में दिए गए उस भाषण को देती हैं जिसमें उन्होंने कहा था कि खिलाफत आंदोलन सारे भारत में बहुत तेजी से बढ़ रहा है। सरोजिनी नायडू काँग्रेस के अंदर हिंदू-मुस्लिम एकता की सबसे प्रबल प्रचारिका थीं। वैसे भी उस समय दोनों की एकजुटता काफी मजबूत थी, फिर भी उन्होंने अपने भाषणों को हिंदू-मुस्लिम एकता के लिए स्त्रियों की सहभागिता का यादगार क्षण बनाने के लिए प्रयोग किया। यद्यपि ये क्षण बहुत छोटे होते थे फिर भी उनका प्रभाव बहुत बड़ा होता था। एक घटना से इसकी पुष्टि होती है। कोई चालीस वर्षों बाद लाडो रानी ने इसे महसूस किया। एक बार की बात है सरोजिनी नायडू के घर पर उनके सम्मान में एक दावत हुई। इस मौके पर लेडी जुल्फिकार अली तथा रानी नरेन्द्रनाथ भी मौजूद थीं। सरोजिनी नायडू ने एक-दूसरे का परस्पर परिचय कराते हुए उनसे हाथ मिला दिए।[35]

बंबई तथा कलकत्ता दोनों शहरों में सन् 1920-21 के आंदोलन के दौरान स्त्रियों की सहभागिता पर पंजाब जैसी पाबंदियाँ नहीं थीं। बंबई में स्त्रियों ने शराब की दुकानें लूट लीं तथा सरकार द्वारा शराब के ठेकों के लाइसेंस की नीलामी के अवसर

पर महिलाओं ने टाउन हाल का घेराव कर लिया और नीलामी रोक दी। बंबई की प्रमुख महिला आंदोलनकारियों में सरोजिनी नायडू, उमा कुण्डापुर, नंदूबेन कानुगा, पेरिन कैप्टन (दादाभाई नौरोजी की पौत्री), तथा सरदार वल्लभभाई पटेल की पुत्री मणिबेन शामिल थीं। 13 अप्रैल को (जलियाँवाला बाग नरसंहार की बरसी जिसे अब जलियाँवाला दिवस के रूप में मनाया जा रहा था) को महिलाओं ने बंबई में राष्ट्रीय स्त्री सभा की स्थापना की। यह ऐसा संगठन था जो पूरी तरह राष्ट्रवादी सक्रियतावाद के प्रति समर्पित था। जहाँ तक हमें ज्ञात है, यह इस प्रकार का पहला संगठन स्थापित किया गया। स्त्री सभा की सदस्य बंबई में खादी के प्रचार में व्यस्त हो गईं। इसके साथ ही उन्होंने नवंबर, 1921 में प्रिंस ऑफ वेल्स के भारत आगमन का बहिष्कार करने के उद्देश्य से मिल-मजदूरों के साथ मिलकर बंबई में कपड़ा मजदूरों की हड़ताल करा दी। यद्यपि सभा ने मौलिक रूप से अपना ध्यान बंबई में चर्खा कताई को लोकप्रिय बनाने पर केंद्रित किया परंतु उन्हें जल्द ही इस बात का एहसास हो गया कि बंबई जैसे शहर में जहाँ भारतीय कपड़ा उद्योग का मुख्यालय हो, उनके प्रयास सफल नहीं होंगे। इसके अतिरिक्त स्त्री सभा की कुछ सदस्य कपड़ा मिल मालिकों की रिश्तेदार भी थीं और आगे चलकर उनकी स्थिति विषम हो सकती थी। अतः उन्होंने निर्णय लिया कि खादी वितरण तंत्र की स्थापना अधिक कारगर होगी। खादी वितरण केंद्रों के माध्यम से गाँवों में तैयार किए गए खादी के वस्त्रों की बिक्री तथा इसके लिए प्रदर्शनियाँ भी आयोजित की गईं। सभा की सदस्यों ने घर-घर जाकर भी खादी बेची। सभा की एक सदस्य के अनुसार इन तरीकों से उन्होंने काफी बड़ी मात्रा में खादी बेची तथा साल भर के अंदर ही 25,000 रुपए एकत्र कर लिए। इतना ही नहीं, गांधी जी के हरिजन उत्थान के विचार को साकार करने के लिए सभा ने बंबई के 'जी' वार्ड में हरिजन कक्षाएँ भी शुरू कीं जो सन् 1921 से 1930 तक चलीं।[36] कलकत्ता में बसंती देवी (श्रीमती सी. आर. दास), उर्मिला देवी तथा सुनीति देवी (जिन्होंने कामकाजी स्त्रियों के लिए नारी कर्म मंदिर स्थापित किया था) तीन प्रमुख महिला संगठनकर्त्रियाँ थीं। ये तीनों खादी पहनती थीं और विदेशी कपड़ा बेचनेवाली दुकानों को इतनी फुर्ती से लूट लेती थीं कि उन्हें कलकत्ता के सभ्य लोगों की राह में बाधक बनने के जुर्म में गिरफ्तार कर लिया गया।[37] बसंती देवी की गिरफ्तारी का उल्लेख करते हुए *'अमृत बाजार पत्रिका'* में कहा, ''बसंती की गिरफ्तारी का लोगों पर विद्युत वेग से असर पड़ा।' इसके फौरन बाद एक हजार पुरुषों ने अपनी गिरफ्तारी के लिए स्वयं को पेश कर दिया।[38]

सन् 1921 के काँग्रेस अधिवेशन में 145 महिला प्रतिनिधि शामिल हुईं जिनमें से 131 स्त्रियाँ स्वयंसेविकाएँ थीं तथा 14 स्त्रियाँ विषय समिति की सदस्य थीं।[39] सन् 1922 में बसंती देवी ने चटगाँव में संपन्न हुए बंगाल प्रांतीय काँग्रेस कमेटी के अधिवेशन की अध्यक्षता की तथा सन् 1923 में काँकीनाडा में होने वाले काँग्रेस

वसंती देवी

दुर्गाबाई देशमुख

अधिवेशन से पूर्व उसकी तैयारी के लिए एक विशेष 'बालिका कार्यकर्ता कोर' की दुर्गाबाई (बाद में देशमुख) के नेतृत्व में स्थापना की।[40] सरकार ने नागपुर शहर में काँग्रेस का झंडा लेकर चलने पर प्रतिबंध लगा दिया। इसके विरोध में स्त्रियों ने सन् 1923 में नागपुर ध्वज सत्याग्रह शुरू कर दिया। सरकार की ओर से सन् 1923-24 में डकैतों पर नियंत्रण के नाम पर ग्रामीण किसानों पर अतिरिक्त लेवी लगा दी। इस दंडात्मक कार्रवाई के विरोध में स्त्रियों ने बारसाद सत्याग्रह किया। सरकारी आदेश के विरुद्ध नागपुर में हुए प्रदर्शन का नेतृत्व भक्तिबेन देसाई नामक महिला ने किया।[41]

लज्जावंती ने 1920-21 के आंदोलन में राष्ट्रवादी स्त्रैण भावनाओं के घनत्व का उल्लेख करते हुए कहा कि यद्यपि जितने बड़े पैमाने पर नारियों की सक्रियता 1930 के आंदोलन में दिखाई पड़ी उतनी तो उस समय नहीं थी परंतु जिस लगन और संभावना से वे 1920 के आंदोलन में शामिल हुईं वह सचमुच महान थी।[42] उस समय स्त्रियों में इस महान उपलब्धि का बोध था कि उनके लिए नई जगह बन रही है और यह बोध तमिल राष्ट्रवादी कवि सुब्रमण्या भारती की 1920 में लिखी एक कविता 'स्वाधीनता का नृत्य' में भी परिलक्षित होती है :

नाचो ! खुशियाँ मनाओ !
जो कहते थे कि स्त्रियों का पुस्तक छूना पाप है
वे मर चुके हैं,
जो मूर्ख कहते थे कि वे स्त्रियों को
घरों में कैद कर देंगे
वे अब अपनी सूरत नहीं दिखा सकते।

उन्होंने हमारी जगह घर में दिखाई
जैसे हम कोई बैल हों जो
चारा खाए, पीटा जाए और
मुँह बन्द करके काम करे।
हमने यह सब खत्म कर दिया है
नाचो-गाओ खुशी मनाओ !

वीर भारत तलवार तथा इन्द्राणी चटर्जी ने इस बात का उल्लेख किया है कि सन् 1910 तथा 1920 के दशक में महिलाओं के बीच समानता की बहस किस प्रकार उभरी, विशेष रूप से उन महिलाओं के मध्य जो राष्ट्रवादी तथा महिला अधिकारों के आंदोलनों में सक्रिय थीं। उन्होंन महिला अधिकारों को न केवल राष्ट्रवाद से जोड़ा बल्कि स्त्रियों को पुरुषों के समान अधिकार दिए जाने की माँग का राष्ट्रवादी दलीलों के जरिए बचाव भी किया। 1921-22 के आंदोलन की एक जुझारू महिला उर्मिला देवी ने घोषणा की कि स्वराज का अर्थ है अपना राज तथा स्वाधीनता का अर्थ है अपने आपको शक्ति और ऊर्जा से ओतप्रोत कर लेना, जबकि अमिया देवी ने कहा कि स्वाधीनता दी नहीं जा सकती बल्कि इसे बलपूर्वक छीनना पड़ता है...इस स्वाधीनता की जिम्मेदारी केवल शुभचिंतक पुरुषों पर नहीं है—यदि ऐसा होता तो सिर्फ अधीनता मजबूत होती। जो पुरुष राष्ट्रवादी या तो महिला अधिकारों के विरोधी थे या उनके अधिकारों के लिए लड़ने की चेतावनीपूर्ण वकालत करते थे, उनके समक्ष एक प्रश्नावली रखी गई। जो लोग कहते थे कि स्त्रियों को बराबरी का दर्जा दिया जाना चाहिए उन्हें याद दिलाया गया कि यह दलील आप लोग स्वयं देते थे कि अधिकारों के लिए लड़ना पड़ता है, तथा जो लोग उन अधिकारों की प्राप्ति के लिए क्रमिक तरीके अपनाने का सुझाव देते थे उन्हें भी याद दिलाया गया कि काँग्रेस के जो मध्यमार्गी इस तरह की बात किया करते थे उनकी भी आलोचना हुई है, इस प्रकार के अनेक उदाहरण प्रस्तुत किए गए।[43] इसके अलावा कुछ स्त्रियों ने यह विचार व्यक्त करना शुरू कर दिया कि स्त्रियाँ अगर आजाद होना चाहती हैं तो उन्हें पुरुषों के साथ संघर्ष के लिए तैयार रहना चाहिए। दोनों लिंगों में बराबरी की जहाँ तक बात है, यह स्वयं समानता के सिद्धांत पर आधारित है न कि किसी की दया पर।[44]

इस प्रकार सन् 1920 के दशक तक महिला अधिकारों के लिए दो बिल्कुल भिन्न सिद्धांत प्रतिपादित किए जाते रहे। पहला यह कि चूँकि स्त्रियाँ सामाजिक तौर पर माँ की भूमिका में अधिक उपयोगी हैं इसलिए उनके अधिकारों को मान्यता दी जानी चाहिए, दूसरा यह कि चूँकि महिलाओं की जरूरतें, इच्छाएँ तथा क्षमताएँ पुरुषों के समान हैं इसलिए वे समान अधिकारों की हकदार हैं। पहले सिद्धांत के अनुसार स्त्री-पुरुष की जैविक बनावट में अंतर के कारण इसके गुण भी प्रभावित होते हैं जबकि दूसरे के अनुसार जैविक बनावट का अंतर प्रत्येक लिंग के स्वभाव

का निर्धारण नहीं कर सकता।

इस बीच विदेशों में रहनेवाली भारतीय महिलाओं ने भी राष्ट्रवादी गतिविधियों में लिप्त होना शुरू कर दिया। प्रभावती (कालांतर में मिर्जा), जिन्होंने सन् 1905 में बंगाल के क्रांतिकारियों की सहायता की थी, ने अमेरिका में 'फ्रीडम फॉर इंडिया एंड आयरलैंड' नामक गुट के साथ काम करना शुरू कर दिया। सरला रे की पौत्री रेणुका रे ने इंग्लैंड में ब्रिटिश उपनिवेशवाद विरोधी लीग के साथ काम किया। प्रभावती अपनी डाक्टरेट पूरी करने के लिए सन् 1923 में जर्मनी चली गईं जहाँ उनकी मुलाकात एम. एन. रॉय, वीरेन्द्रनाथ चट्टोपाध्याय तथा अन्य भारतीय क्रांतिकारियों एवं कम्युनिस्टों से हुई। वे सन् 1926 में बनारस में ठहरते हुए कलकत्ता वापस आईं। बनारस में उनके रुकने का मकसद वहाँ के कम्युनिस्ट तथा क्रांतिकारी गुटों से मुलाकात करना था। इन गुटों के माध्यम से वे बनारस में मुजफ्फर अहमद, नजरुल इस्लाम तथा हेमंत कुमार सरकार द्वारा स्थापित वर्कर्स एंडर पीजेंट्स पार्टी के संपर्क में आईं और उन्हीं के साथ काम करना शुरू कर दिया। इन लोगों ने कलकत्ता के मेहतरों (सफाई कर्मचारियों) को संगठित करने का निर्णय लिया तथा उनसे संपर्क स्थापित करने के उद्देश्य से रात-दिन चाय की दुकानों के इर्द-गिर्द चक्कर काटने लगे। मेहतर पहले तो उन्हें देखकर हँसते फिर छेड़ते हुए प्रश्न करते कि 'क्या बात है ! क्या चाय की दुकान से इतना प्यार हो गया है कि सारा-सारा दिन बैठी रहती हो।' बाद में जब मेहतरों की हड़ताल हुई तो इस गुट ने उनकी ओर से कुछ माँगे रखीं। बहरहाल वह हड़ताल विफल हो गई। कुछ समय पश्चात हुई दूसरी हड़ताल के दौरान प्रभावती को गिरफ्तार करके जेल भेज दिया गया। यह हड़ताल आंशिक रूप से सफल रही क्योंकि यह गर्मियों में हुई थी।[45] आनेवाले दिनों में प्रभावती मिर्जा कलकत्ता के सबसे महत्त्वपूर्ण ट्रेड-यूनियन नेताओं में से एक हो गईं तथा प्रभाव गंगा के दोनों ओर छा गया। मजदूर उन्हें माता जी कहकर संबोधित करते थे। ऐसा लगता है कि वह कुछ-कुछ स्त्रीसत्ता जैसी स्थापित थीं क्योंकि उन्होंने दादाओं (गुंडों) की एक गैंग तैयार की थी और अपने इलाके के विभिन्न महत्त्वपूर्ण नाकों पर उन्हें तैनात कर रखा था ताकि यदि कोई अपरिचित व्यक्ति इलाके में दखल देने की कोशिश करे तो फौरन उसकी जानकारी प्रभावती मिर्जा को मिल सके।[46] सन् 1928 में उन्होंने कलकत्ता सफाई कर्मचारी हड़ताल आयोजित की जिसमें स्त्रियों ने बड़ी महत्त्वपूर्ण एवं क्रांतिकारी भूमिका निभाई। तनिका सरकार ने इसका उल्लेख करते हुए लिखा कि किस प्रकार महिला सफाई कर्मचारियों ने पुलिसवालों के ऊपर गंदगी फैंक कर अपने गुस्से का इजहार किया। मेहतरानियों ने अपनी इस कार्रवाई से प्रशासन को चेतावनी दी कि उनके जिस काम को बेहद घटिया समझा जाता है, उसे ताकत के हथियार के रूप में भी प्रयोग किया जा सकता है।[47]

सन् 1920 के दशक में महिलाओं की एवं महिलाओं के बारे में खासतौर से

कामकाजी स्त्रियों के बारे में सोच में बदलाव दिखाई पड़ा। पहले जहाँ उनके बीच काम करने की कोशिशें न्यूनतम तथा विशेषतया सुधारवादी होती थीं, अब सुधारवादी गतिविधियों में संभावना तथा पैमाना दोनों स्तरों पर विस्तार हुआ। स्त्रियाँ श्रमिक आंदोलनों में अब स्त्रियाँ विशेष श्रेणी तथा महत्त्वपूर्ण अधिकारों के साथ महत्त्वपूर्ण भूमिकाओं में दिखाई पड़ने लगीं। पहले जहाँ पत्नी तथा माँ के रूप में उनकी भूमिका पर तवज्जो दी जाती थी वहीं अब इस भूमिका की परिभाषा में निश्चित परिवर्तन दिखाई देने लगा।

सारे देश में महिला संगठनों की संस्था में वृद्धि हुई। वृद्धि के साथ ही स्वंयसेवा की। सरकार ने भी उसी समय भारतीय मजदूर वर्ग की स्थिति में सुधार के लिए अधिक रुचि लेना शुरू किया। सन् 1920 के दशक के दरम्यान जब लेडी विलिंगडन एवं लेडी स्टीफेंस के संरक्षण में नेशनल काउंसिल ऑफ वीमेन इन इंडिया नामक निष्ठावान संगठन का गठन हुआ तो इसकी ऊर्जा का अधिकांश भाग मातृ एवं शिशु कल्याण के लिए स्थापित कर दिया गया। इसकी पटना शाखा ने अकेले ही दो मातृ एवं शिशु कल्याण केंद्रों की स्थापना की जिनका नामकरण क्रमशः लेडी विलिंगडन तथा लेडी स्टीफेंस के नाम पर किया गया। दोनों केंद्रों में दूध और दवाइयों का निःशुल्क वितरण एवं माताओं के लिए मातृत्व लाभ उपलब्ध कराने के साथ-साथ बच्चों को किस प्रकार नहलाया जाए, सफाई, खुराक तथा उपचार इत्यादि का प्रशिक्षण दिया जाता था।[48]

राष्ट्रवादियों ने भी पहली बार स्वास्थ्य एवं सफाई में दिलचस्पी दिखानी शुरू की। लेकिन इस चिंता को एक प्रकार से स्त्रियों द्वारा की गई राष्ट्रीय सेवा के रूप में परिभाषित किया गया न कि केवल उनके लिए। मिसाल के तौर पर चितरंजनदास जब अपनी संपत्ति राष्ट्र के नाम पर छोड़कर मरे तो गांधी, सुरेन्द्रनाथ बैनर्जी, लॉर्ड सिन्हा तथा अन्य न्यासियों (ट्रस्टियों) ने निर्णय लिया कि धन तथा मकान का उपयोग बंगाल में मातृ एवं शिशु कल्याण के लिए किया जाएगा। मकान को अस्पताल की शक्ल में तब्दील कर दिया गया तथा इस उद्देश्य से कि प्रशिक्षित नर्सें कलकत्ता तथा राज्य के अन्य भागों में बस जाएँगी, अस्पताल से सम्बद्ध एक नर्स प्रशिक्षण केंद्र भी खोल दिया गया।

नेशनल काउंसिल आफ वीमेन की तरह चितरंजन सेवा सदन ने न तो मुफ्त दूध उपलब्ध कराया और न ही प्रसूति लाभ। इसके उलट संस्थान को सामाजिक सेवा के आदर्श के रूप में प्रस्तुत किया गया जिसका नियम था कि जो लोग ट्रस्ट की सेवाएँ प्राप्त कर रहे हैं वे इसके बदले में सेवा दानी बनें।

> ''सामान्यतौर पर इस संस्थान का यह उद्देश्य नहीं होगा कि यह उन स्त्रियों को प्रशिक्षण दे जो प्रशिक्षित होकर संस्थान में प्राप्त प्रशिक्षण को अपने जीवन-

यापन का जरिया बनाने को उत्सुक हैं। परंतु संस्थान ऐसी महिलाओं का स्वागत करेगा जो इस बात के लिए तैयार हैं कि वे संस्थान से प्राप्त ज्ञान का उपयोग अपने घर तथा आसपास के लोगों को जानकारी देने में करेंगी ताकि स्त्रियाँ राष्ट्र के निर्माण एवं उत्थान के योगदान में अपना उचित हिस्सा प्राप्त कर सकें।[49]

स्वयं सेवा के माध्यम से सामाजिक सेवा का यह आदर्श लगता है वैधव्य सुधार आंदोलन से लिया गया : उदाहरण के तौर पर, कार्वे के 'गृह' का सहयोग एवं संचालन ऐसी विधवाओं द्वारा किया जाता था जिन्होंने खुद को इसमें अपने आप प्रशिक्षित किया था। इसके अलावा इस गृह की स्थापना इस इरादे से की गई थी कि गृह में प्रशिक्षण प्राप्त विधवाएँ यहाँ से जाने के पश्चात अपनी जानकारी अपने जैसी अन्य अभागी बहनों को भी दें। परंतु गांधी जी के माध्यम से स्वयं सहायता का यह विचार सचमुच लोकप्रिय हुआ और 1920 में विकसित गांधीवादी नारीवाद 1930 के दशक तक एक वृहद नारीवाद का आकार ले सका।

दिलचस्प बात यह है कि राष्ट्रवादी गतिविधि की संभावना को विस्तार देने का सचेतन प्रयास किया गया ताकि 'राष्ट्र निर्माण के अभियान' में निर्धन स्त्रियों को भी शामिल किया जा सके। यह प्रयास प्रशिक्षित स्त्रियों द्वारा अर्थोपार्जन के बजाय समाजसेविका के आधार पर किया गया। उस समय की राष्ट्रवादी स्त्रियों में से एक भी ऐसी नजर नहीं आती जिसने महिला श्रमिकों को संगठित करने का भगीरथ प्रयास किया हो। हालाँकि उनकी ओर से स्वदेशी की तर्ज पर स्त्रियों के लिए रोजगार सृजन के कुछ प्रयास किए गए परंतु ऐसा लगता है कि ये प्रयास पुरुषों की आमदनी में महिलाओं की ओर से कुछ पूरक सहायता के मद्देनजर किए गए न कि जीवनयापन के लिए धन कमाने के उद्देश्य से। मिसाल के तौर पर राष्ट्रीय स्त्री सभा की सदस्यों द्वारा गरीब महिलाओं के लिए बंबई में कक्षाएँ शुरू की गईं जिनमें उन्हें खादी के कपड़ों पर कढ़ाई करना सिखाया जाता था। कढ़ाई किए हुए इन वस्त्रों को अन्य खादी वस्तुओं के साथ लेकर स्वदेशी को लोकप्रिय बनाने के उद्देश्य से स्त्री सभा की सदस्य महिलाएँ फेरी लगातीं। कढ़ाई के काम में लगी अधिसंख्य महिलाएँ अपनी कढ़ाई के जरिए प्रतिमाह पाँच से पंद्रह रुपए तक कमातीं लेकिन ऐसा नहीं नजर आता कि स्त्री सभा की सदस्य उनकी इस अल्प आय को लेकर चिंतित हैं। इसी प्रकार अघोरीकामिनी नारी समिति की पटना शाखा ने सन् 1920 में स्त्रियों के लिए एक औद्योगिक स्कूल की स्थापना की, जिसमें औरतों को हस्तशिल्प सिखाया जाता था। निर्मित वस्तुओं को आनंद बाजार के नाम से लगनेवाली वार्षिक प्रदर्शनी में बेचा जाता था। बिक्री से प्राप्त आय को हस्तशिल्प तैयार करनेवाली स्त्रियों में न बाँटकर धर्मार्थ दान कर दिया जाता था।[50]

दक्षिण भारत में इस समय महिलाएँ राष्ट्रवादी गतिविधियों के बजाय समाज सुधार अभियानों में अधिक सक्रिय नज़र आईं। एम. ई. कूजिन्स इस समय वीमेंस इंडियन एसोसिएशन के लिए काम कर रहे थे। ऐसोसिएशन की शाखाओं की नियमित बैठकें होतीं जिनमें घरेलू अर्थव्यवस्था एवं मानव भौतिकतावाद पर चर्चा के साथ-साथ कुछ धार्मिक पुस्तकें पढ़ी जातीं तथा उनकी व्याख्या की जातीं।[51] यद्यपि उन्होंने सन् 1921 में डॉ. गौर के सिविल मैरिज कानून के समर्थन में प्रचार भी किया परंतु ऐसा लगता है कि उन्होंने अपनी संपूर्ण ऊर्जा को संगठन को मजबूत करने में खर्च करने पर केंद्रित किया क्योंकि उसकी शाखाएँ जाफना तथा रंगून जैसे दूरदराज के क्षेत्रों तक फैली हुई थीं। सन् 1926 तक एसोसिएशन की 65 शाखाएँ खुल गईं जिनकी सदस्य संख्या तीन हजार तक पहुँच गई।[52] ऐसा लगता है कि उन्होंने सन् 1920 के सहकारिता आंदोलन से भी प्रेरणा ली क्योंकि उनकी सलेम शाखा ने एक महिला सहकारी बैंक खोली जिसमें 30 सदस्य थे तथा बैंक की महीने में एक बार बैठक होती थी। इस बैठक में वस्तुतः पाँच या छह स्त्रियाँ ही नियमिततौर से भाग लेती थीं जबकि शेष अपनी प्रतिनिधियों के माध्यम से कार्य करती थीं।[53]

इस प्रकार वीमेंस इंडियन एसोसिएशन पहला ऐसा स्त्री संगठन था जिसने महिला श्रमिकों की माँगों को उठाया तथा इससे जुड़े मध्यमार्गी राष्ट्रवादियों ने पहली बार महिला श्रमिकों को प्रसूति छुट्टी तथा लाभ दिए जाने की माँग उठाई। सच्चाई यह है कि प्रसूति अवकाश की माँग प्रथमतः जमशेदपुर हड़ताल में सन् 1921 में उठाई गई थी परन्तु उसका परिणाम कुछ भी नहीं निकला। अखिल भारतीय ट्रेड यूनियन काँग्रेस (एटक) की स्थापना वर्ष में प्रस्तुत उनके माँगपत्र में एक बार फिर इसका उल्लेख किया गया। रोचक तथ्य यह है कि गांधी एटक में कभी शामिल नहीं हुए जबकि एनी बेसेंट, वाडिया, एन. एम. जोशी तथा मध्यमार्गी राष्ट्रवादियों का समूचा गुट, समाज सुधारकों तथा श्रमिक प्रतिनिधियों ने इसमें भाग लिया। सन् 1924 में बंबई के समाज सुधारक एस. के. बोले लेजिसलेटिव कौंसिल (संविधान परिषद) में एक प्रस्ताव लाए जिसमें सरकार से महिला श्रमिकों को प्रसूति अवकाश तथा अन्य लाभ देने संबंधी कानून बनाने का अनुरोध किया गया था। सन् 1926 में भारत सरकार ने प्रादेशिक सरकारों से इस प्रश्न पर जानकारी एकत्र करने का अनुरोध किया; सन् 1928 में आर. एस. असावले ने बंबई में प्रसूति लाभ संबंधी निजी विधेयक प्रस्तुत किया तथा सन् 1929 में 'बंबई प्रसूति लाभ कानून' पास किया गया। असावले के इस निजी विधेयक का एन. एम. जोशी ने पुरजोर समर्थन किया था। प्रसूति लाभ के प्रश्न को भारत सरकार ने राज्य सरकारों पर छोड़ देने का निर्णय लिया। अतः बंबई कानून का अनुसरण करते हुए मध्य प्रांत में सन् 1930 में, अजमेर-मेवाड़ में सन् 1933 में, मद्रास में सन् 1935 में तथा दिल्ली, बंगाल एवं यू. पी. में क्रमशः सन् 1936, 37 और 38 में कानून पास किए गए।

सन् 1920 के दशक के प्रारंभिक दिनों में वीमेंस इंडियन एसोसिएशन की सदस्य महिला श्रमिकों को रोजगार देनेवाली एक बड़ी कपड़ा मिल में स्त्रियों की दिक्कतों को देखते हुए महिला श्रमिकों की यूनियन बनाने के काम में लगीं। कोई भी महिला श्रमिक मिल में छह महीने तक काम करने के बाद जब गर्भावस्था के कारण काम करने की स्थिति में नहीं रह ज़ाती तो बिना कोई मुआवजा दिए उसे मिल से निकाल दिया जाता। जबकि उस समय उसे अतिरिक्त धन की जरूरत होती।[54] यह भी पता चला कि प्रसूति के बाद महिला जब मिल में दुबारा नौकरी पाना चाहती तो उसे तीन से लेकर 10 रुपए तक की घूस देनी पड़ती। डोरोथी जिनराजदास के अनुसार, स्त्रियों को इस कारण से एकजुट होना पड़ा क्योंकि उन्होंने यह मानना शुरू कर दिया था कि 'सहयोग के माध्यम से ही वे अपनी स्थिति सुधार सकती हैं।'[55]

अरुणा आसफ अली 1906-1995

एक रूढ़िवादी हिंदू बंगाली परिवार में जन्मी अरुणा आसफ अली (या कि अरुणा गांगुली, तब उनका यही नाम था) की शिक्षा लाहौर के सैक्रेड हार्ट कान्वेंट स्कूल में हुई थी। इसके बाद उनकी पढ़ाई नैनीताल के प्रोटेस्टैंट स्कूल में हुई। स्नातक (बी. ए.) बनने के बाद उन्हें कलकत्ता के गोखले मैमोरियल स्कूल में नौकरी मिली। इलाहाबाद में उनकी मुलाकात मशहूर काँग्रेसी नेता एम. आसफ अली से हुई तथा उन्होंने अपने परिवार, माता-पिता के घोर विरोध के बावजूद आपस में विजातीय विवाह कर लिया। उनके परिवार द्वारा उनके तथा आसफ अली के विवाह के विरोधक दो खास कारण थे। पहला कारण तो यह था कि दोनों अलग-अलग धर्मों के थे, दूसरे आसफ अली की उम्र अरुणा की उम्र से दोगुनी से भी अधिक थी। विवाह के समय अरुणा की आयु 19 वर्ष तथा आसफ अली की 42 वर्ष थी। अरुणा आसफ अली का पहला बड़ा राजनीतिक लगाव नमक सत्याग्रह के दौरान दिखाई पड़ा जिसमें उन्होंने न केवल जनसभाओं को सम्बोधित किया बल्कि नमक बनाने के साथ-साथ प्रदर्शनों का नेतृत्व भी किया। अरुणा आसफ अली पर राजद्रोह के बजाय लावारिस इधर-उधर घूमने के आरोप में मुकदमा चलाया गया। अच्छे चाल-चलन के लिए जमानत राशि अदा करने से इनकार करने पर उन्हें एक वर्ष की जेल की सजा सुनाई गई। कुछ माह पश्चात गांधी-इर्विन समझौते के फलस्वरूप अधिसंख्य राजनीतिक कैदियों को रिहा कर दिया गया परंतु चूंकि अरुणा आसफ अली राजनीतिक कैदी नहीं थीं इसलिए उन्हें जेल से रिहा नहीं किया गया। लाहौर जेल में उनकी महिला सहकैदियों ने उनके बगैर अपनी रिहाई ठुकरा दी तथा अंततः गांधी जी के हस्तक्षेप के बाद रिहा हुईं। इस बीच उनकी रिहाई के लिए जन संघर्ष छेड़ा गया जिसके कुछ दिनों बाद अरुणा आसफ अली को रिहा कर दिया गया।

सन् 1932 में उन्हें फिर गिरफ्तार कर लिया गया तथा इस बार उन्हें दिल्ली की जेल में रखा गया। जेल में राजनीतिक कैदियों से होनेवाले दुर्व्यवहार के विरोध में उन्होंने भूख हड़ताल शुरू कर दी। कैदियों की माँगें तो मान ली गईं परंतु अरुणा आसफ अली को अंबाला जेल में स्थानांतरित कर दिया गया तथा वहाँ उन्हें तन्हाई में रखा गया। अपनी रिहाई के पश्चात वे राष्ट्रवादी आंदोलन से 10 वर्षों के लिए अलग हो गईं। सन् 1942 में वे अपने पति के साथ बंबई में होनेवाले काँग्रेस अधिवेश में पहुँचीं और 8 अगस्त को काँग्रेस द्वारा 'भारत छोड़ो' प्रस्ताव पारित होने के अवसर पर मौजूद रहीं। प्रस्ताव पास होने के दूसरे ही दिन जब अधिकतर काँग्रेसी नेता गिरफ्तार कर लिए गए तो अरुणा आसफ अली ने बंबई के ग्वालिया टैंक मैदान पर एकत्र विशाल जनसमूह के मध्य झंडारोहण समारोह की अध्यक्षता की। सभा में आए जनसमूह पर अँग्रेजों ने आँसू गैस के गोले छोड़ने, बर्बर लाठीचार्ज करने के साथ-साथ गोलियाँ भी चलाईं। इसके पश्चात अरुणा आसफ अली भारत छोड़ो आंदोलन की पूर्णकालिक कार्यकर्ता बन गईं तथा गिरफ्तारी से बचने के उद्देश्य से भूमिगत हो गईं। सरकार ने उनकी संपत्ति जब्त करके नीलाम कर दी। वे राम मनोहर लोहिया के साथ काँग्रेस के मासिक पत्र 'इंकलाब' की संपादक बनीं। अखबार के 1944 के अंक में उन्होंने स्वतंत्रता सेनानियों को सलाह दी कि वे बुद्धिजीवियों द्वारा चलाई जा रही हिंसा या अहिंसा की तार्किक बहस के चक्कर में न पड़ें क्योंकि बहस से मौजूदा कड़ी सच्चाई से ध्यान हटेगा।...मैं चाहती हूँ कि देश का प्रत्येक छात्र तथा नौजवान खुद को आनेवाली क्रांति का सिपाही समझे।[2] इस बीच सरकार ने उनकी गिरफ्तारी के लिए पाँच हजार रुपए का इनाम घोषित किया। वे बीमार पड़ गईं तथा उनकी बीमारी की खबर सुनकर गांधी जी ने उन्हें आत्मसमर्पण कर देने का सुझाव दिया। अपने संदेश में गांधी जी ने कहा : मैंने तुम्हें एक संदेश भेजा था कि तुम भूमिगत रह कर नहीं मरोगी। तुम हड्डियों का ढाँचा मात्र बनकर रह गई हो। बाहर आकर आत्मसमर्पण कर दो तथा पुरस्कार की जो राशि तुम्हारी गिरफ्तारी के लिए घोषित की गई है उसे स्वयं जीतो। पुरस्कार राशि को हरिजनों के कल्याण के लिए सँभालकर रखो।[3] बहरहाल अरुणा 26 जनवरी, 1946 को उनकी गिरफ्तारी के वारंट रद्द होने के बाद ही बाहर आईं।

अरुणा आसफ अली को स्वाधीनता आंदोलन की महान बूढ़ी महिला तथा 1942 के आंदोलन की नायिका के रूप में जाना गया। अपने विवाह के पश्चात अरुणा आसफ अली ने अखिल भारतीय महिला सम्मेलन से संबद्ध स्थानीय महिला लीग में भी काम किया। सन् 1954 में उन्होंने राष्ट्रीय भारतीय महिला फेडरेशन (एन एफ आई डब्ल्यू) (भारतीय कम्युनिस्ट पार्टी की महिला शाखा) की स्थापना में भी सहयोग दिया। फैडरेशन को उस समय तक अस्तित्व में रहे सभी महिला संगठनों, जिनमें विशेष रूप से केवल मध्यवर्गीय स्त्रियों की शिरकत थी, के

क्रान्तिकारी विकल्प के रूप में पेश किया गया ताकि उनमें उच्च वर्गों की स्त्रियाँ भी शामिल हो सकें। अंतरराष्ट्रीय समझ बूझ के लिए उन्हें सन् 1992 में नेहरू पुरस्कार से सम्मानित किया गया।

संदर्भ

1. *मनमोहन कौर पूर्वोक्त-पृष्ठ 236*
2. *मनमोहन कौर पूर्वोक्त-पृष्ठ 238*
3. *तथैव*

सन् 1920 के दशक के उत्तरार्द्ध में मजदूर आंदोलनों में महिलाओं की उपस्थिति देखने लायक थी। उस समय न केवल अनेक महिला ट्रेड यूनियन नेता थीं बल्कि महिला कामगारों में संगठित होने की जागरूकता पैदा हुई और श्रमिक आंदोलनों में उन्हें विशेष भूमिका निभाने की जिम्मेदारी सौंपी गई। मणिबेन कारे के रेलवे मजदूरों की समाजवादी नेता के रूप में उभरने तथा उषाबाई डांगे एवं पार्वती भोरे के कपड़ा मजदूरों की कम्युनिस्ट नेता के रूप में आगे आने से बंबई श्रमिक नेतृत्व के विकास का केंद्र बना। सन् 1928-29 की बंबई कपड़ा मिल मजदूर हड़ताल के दौरान होने वाले प्रदर्शनों में स्त्रियों को सबसे आगे रखा गया। इसके पीछे यह सोच थी कि पुलिस महिला कामगारों पर लाठी चार्ज नहीं करेगी। इसके साथ ही स्त्रियों को मिलों का घेराव करने के काम पर भी लगाया गया ताकि कोई स्ट्राइक तोड़नेवाला मिल में प्रवेश न कर सके। हड़ताल के दिनों में महिलाएँ अपने हाथों में झाड़ू लेकर खड़ी हो जातीं। अगर कोई गुमराह मजदूर मिल में प्रवेश करने की कोशिश करता तो पहले तो वे उसे प्यार से समझाने की कोशिश करतीं और अगर वह फिर भी नहीं मानता तो उसे झाड़ू से पीटने में भी वे नहीं झिझकतीं।[56] उन्हीं दिनों कलकत्ता में भी हड़ताल हुई। ऐसा लगता है कि कलकत्ता की स्त्रियाँ प्रताड़ना के हथकंडों से अधिक वाकिफ थीं। शायद इसका कारण उनका प्राचीन एवं समान अनुभव रहा है। महिलाओं में पैदा हुई यह जागरूकता कि विभिन्न वर्गों की स्त्रियों की परिस्थितियाँ तथा जरूरतें भिन्न होती हैं, उनकी इस जानकारी ने भी महिला आंदोलनों को प्रभावित किया चाहे सीमित रूप में ही सही। सन् 1926 में जब शैक्षणिक सुधार के लिए अखिल भारतीय महिला सम्मेलन (ऑल इंडिया वीमेंस कान्फ्रेंस फॉर एजुकेशनल रिफार्म) की स्थापना हुई तो उसके चार्टर में यह माँग जोड़ी गई कि हमें ऐसी शिक्षा चाहिए जो भारतीय स्त्रियों को उनकी घरेलू भूमिका अच्छी तरह से निभाने में सहायक हो तथा इसके साथ ही गरीब स्त्रियों को व्यावसायिक प्रशिक्षण दिए जाने की माँग भी जोड़ दी गई।[57] मध्यवर्गीय स्त्रियों, जिन्होंने कि अखिल भारतीय महिला सम्मेलन का गठन किया था, के मध्य शिक्षा को लेकर जिस तरह की दलीलें दी गईं उसका एक नमूना पूना में आयोजित पहले सम्मेलन की आयोजिका की इस क्षोभपूर्ण टिप्पणी में दिखाई पड़ता है—

"मैं उन्हें राष्ट्रीय स्तर पर शिक्षा के बारे में सोचने के लिए तैयार कर पाऊँगी यह बात मुझे लगभग नामुमकिन लगती है। राजकुमारी से लेकर जमादार की बेटी तक तथा सबसे बड़ी यानी 80 प्रतिशत वाली रैयतों और किसानों की आबादी में भी यही बात लागू होती है। जानबूझकर या अनजाने में दोनों ही तौर पर वे केवल अपने वंशानुगत पेशे के बारे में ही सोचती हैं।

एक नौजवान महिला ने कल इच्छा व्यक्त की कि किसानों के बेटों को मैट्रिक तक पढ़ाई जरूर करनी चाहिए 'वरना उन्हें शिक्षित नहीं माना जाएगा।'... रैयत और किसानों के यही अस्सी प्रतिशत लोग वह आधार तैयार करते हैं जिस पर उच्च वर्ग ऐश करता है। अगर मैट्रिक तक शिक्षा प्राप्त करने की मूर्खतापूर्ण उपासना न त्यागी गई तो भारत फ्रांस जैसी क्रांति के कगार पर खड़ा दिखाई देगा। न केवल लड़कों की मैट्रिक तक पढ़ाई की बात करना बंद होना चाहिए बल्कि लड़कियों के बारे में तो इस सोच को काटकर फेंक देना चाहिए।[58]

अखिल भारतीय महिला सम्मेलन ने सन् 1930 के अपने ग्वालियर सम्मेलन में श्रमिक समस्याओं पर विशेष प्रश्नोत्तर सत्र आयोजित किया तथा सन् 1931 के लाहौर सम्मेलन में अनेक 'श्रम प्रस्ताव' पारित किए। इन प्रस्तावों में कहा गया कि वे सभी फैक्ट्रियाँ, जिनमें ज्यादा तादाद में औरतें काम करती हैं, एक महिला चिकित्सक की नियुक्ति करें ताकि वह स्त्रियों की प्रसव के बाद देखभाल करे। इसके साथ ही प्रत्येक फैक्ट्री में बच्चों के लिए एक 'क्रेच', नर्सरी स्कूल तथा प्रसूति गृह खोला जाए। इसके अतिरिक्त भारत सरकार की ओर से एक केंद्रीय प्रसूति लाभ कानून बनाया जाना चाहिए और प्रत्येक औद्योगिक क्षेत्र में कम-से-कम एक महिला कारखाना निरीक्षिका नियुक्त की जानी चाहिए, स्थानीय प्रशासन उनके लिए खेल का मैदान तथा मजदूरों के लिए बेहतर आवासीय सुविधाएँ उपलब्ध कराए। सरकारी प्रौढ़ शिक्षा योजना के साथ-साथ आधा दिन काम करनेवाली स्त्रियों के लिए अंशकालिक शिक्षा की सुविधा उपलब्ध कराई जाए। सम्मेलन में खानों (कोयला तथा अन्य खदानों) में काम करनेवाली महिला श्रमिकों की दशा के मूल्यांकन के लिए एक जाँच समिति बनाई जाए। इसके समर्थन में नेशनल काउंसिल फार वीमेन इन इंडिया के बंबई में हुए श्रम-सम्मेलन में पास एक मेमोरैंडम भी पेश किया गया। आसनसोल की कोयला खदानों का दौरा करनेवाले व्यक्ति द्वारा तैयार इस मेमोरैंडम में कहा गया कि हालाँकि स्त्रियों को जमीन के ऊपर हल्का काम देने की कोशिश की जा रही है परंतु न तो पुरुष श्रमिक और न ही स्त्रियाँ इस प्रकार के अलगाव के इच्छुक हैं। शायद इसका कारण यह है कि जमीन के अंदर वे 'अनैतिक' कार्यों में लिप्त होते हैं। मेमोरैंडम की समाप्ति इस नेक टिप्पणी से हुई है कि आधुनिक भारत के निर्माण के इस दौर में स्त्री का उपयुक्त स्थान उसका घर है।"[59]

बाल-विवाह निरोधक कानून

जैसा कि बाल-विवाह सम्पादन को रोकने के लिए वांछित है, एतद्द्वारा निम्नलिखित नियम बनाए जाते हैं :

लघु शीर्षक, सीमा तथा प्रादुर्भाव

1. (1) इस कानून को बाल-विवाह निरोध कानून, 1928 के नाम से जाना जाएगा।

(2) यह संपूर्ण ब्रिटिश भारत, ब्रिटिश बलूचिस्तान के साथ-साथ संथाल परगना में लागू होगा।

(3) यह कानून 1 अप्रैल, 1930 से प्रभावी होगा।

परिभाषा

2. इस कानून के अनुसार, जब तक कोई विषय या संदर्भ में विरोध न हो—

(अ) 'बाल' का अर्थ है व्यक्ति यदि वह पुल्लिंग है तो 18 वर्ष की आयु से कम तथा यदि स्त्रीलिंग है तो 14 वर्ष से कम आयु तक 'बाल' की श्रेणी में माना जाएगा।

(ब) 'बाल-विवाह' का अर्थ है वह विवाह जिसमें विवाह करनेवाले दोनों पक्षों में से कोई एक 'बाल' हो।

(स) 'अनुबंध पक्ष' इसका आशय विवाह करनेवाले उन पक्षों से है जिनके मध्य विवाह संस्कार संपन्न हो रहा है।

(द) 'नाबालिग' का मतलब है विवाह करनेवालों में से कोई एक जिसकी आयु अठारह वर्ष से कम हो।

21 वर्ष के ऊपर के वयस्क पुरुष को बालिका से विवाह करने का दंड

3. 18 वर्ष से ऊपर तथा 21 वर्ष से कम आयु वाले किसी भी पुरुष को, यदि वह बालिका के साथ विवाह करता है तो, जुर्माना के दंड का भागीदार होगा जिसकी राशि एक हजार रुपए तक बढ़ाई जा सकती है।

बाल विवाह करने के लिए दंड

4. ऐसा कोई भी व्यक्ति (पुरुष) जिसकी आयु 21 वर्ष से अधिक हो, और वह बाल-विवाह करता है तो उसे साधारण कैद के साथ-साथ जुर्माने का दंड भी दिया जा सकता है जिसकी राशि एक हजार रुपए तक बढ़ाई जा सकती है।

बाल-विवाह से सम्बद्ध माता-पिता, संरक्षक के लिए दंड

5. ऐसा कोई भी व्यक्ति, जब तक वह यह प्रमाणित न कर दे कि उसे ज्ञात

नहीं था कि वह बाल-विवाह है, यदि कसी बाल-विवाह का कार्यान्वयन, संचालन या निर्देशन करता है तो साधारण कैद के दंड का भागीदार होगा जिसकी अवधि एक माह तक बढ़ाई जा सकती है, या कि जुर्माना, जिसकी राशि एक हजार रुपए तक बढ़ाई जा सकती है या कि दोनों दंड एक साथ दिए जा सकते हैं।

6. (1) यदि कोई नाबालिग व्यक्ति बाल-विवाह का अनुबंध करता है, ऐसे नाबालिग का प्रभारी व्यक्ति, चाहे वह माता-पिता, अभिभावक या किसी अन्य क्षमता में, कानूनी या गैर कानूनी, यदि बाल-विवाह को प्रोत्साहन देता है, या करने की अनुमति देता है, या कि लापरवाही के कारण ऐसे विवाह को रोकने में विफल रहता है, दंड का भागीदार होगा, जिसमें अधिकतम एक महीने की कैद या एक हजार रुपए जुर्माना, या कि दोनों दंडों के लिए जिम्मेदार होगा। इसके साथ ही व्यवस्था दी जाती है कि कोई भी स्त्री जेल की सजा की पात्र नहीं होगी।

(2) इस धारा के उद्देश्यों की पूर्ति के लिए, जब तक कि इसके विपरीत साक्ष्य न हों, बाल-विवाह करनेवाले अवयस्क व्यक्ति के संरक्षक को बाल-विवाह होने से रोकने में विफल रहने का दोषी माना जाएगा।

धारा 3 के उल्लंघन के लिए कैद की सजा नहीं

7. जनरल क्लाजेज एक्ट 1897 की धारा 25 या कि भारतीय दंड संहिता की धारा 64 के प्रावधानों के बावजूद किसी अपराधी, को इस कानून की धारा 3 के अंतर्गत फैसला सुनानेवाली अदालत, जुर्माने की राशि का भुगतान न करने की दशा में किसी भी अवधि की जेल की सजा देने में सक्षम नहीं होगी।

इस कानून का न्याय क्षेत्र

8. अपराध प्रक्रिया संहिता 1898 की धारा 190 के प्रावधानों के बावजूद प्रेसीडेंसी मजिस्ट्रेट या जिला मजिस्ट्रेट के अलावा कोई भी अदालत इस कानून के अंतर्गत किए गए अपराध का न तो संज्ञान ले सकती है न मुकदमा चला सकती है।

अपराधों का संज्ञान लेने की विधि

9. कोई भी अदालत इस कानून के अंतर्गत हुए किसी अपराध के बारे में, विवाह संस्कार के एक वर्ष के भीतर हुए अपराध की शिकायत करने से रोकने का संज्ञान नहीं ले सकती।

कानून के अंतर्गत हुए अपराध की प्राथमिक पूछताछ

10. इस कानून के अंतर्गत हुए अपराध का संज्ञान लेने वाली अदालत, यदि दंड प्रक्रिया संहिता 1898 की धारा 203 के अंतर्गत शिकायत को खारिज नहीं करती तो उपरोक्त

संहिता की धारा 202 के अंतर्गत सवयं इसकी जाँच करनी होगी या किसी प्रथम श्रेणी मजिस्ट्रेट के समतुल्य अधिकारी को जाँच करने का निर्देश देना होगा।

शिकायतकर्ता से प्रतिभूति लेने की शक्ति

11. (1) शिकायतकर्ता की जाँच के पश्चात एवं अपराधी को अदालत में हाजिर होने का आदेश देने से पूर्व किसी भी समय, अदालत को बताए गए लिखित कारणों को छोड़कर, शिकायतकर्ता से जमानती के साथ या बिना जमानती के एक सौ रुपए तक का बांड भरने के लिए कह सकती है ताकि किसी प्रकार के मुआवजा के भुगतान में उसका उपयोग किया जा सके और यदि अपराध प्रतिक्रया संहिता 1898 की धारा 250 के अंतर्गत दिए गए बांड भरने के निर्देश का उल्लंघन किया जाता है तो शिकायत रद्द कर दी जाएगी।

(2) इस धारा के अंतर्गत लिए गए बांड़ को अपराध प्रक्रिया संहिता 1898 की धारा के तहत लिया गया माना जाएगा तथा संहिता के अध्याय XIII के नियम लागू होंगे।

यह विधेयक विधानसभा की 23 सितंबर 1929 की बैठक में पास किया गया।
वी. जे. पटेल

अध्यक्ष
विधानसभा
25 सितंबर, 1929

कानून का उद्देश्य एवं कारण

1. इस कानून के दो उद्देश्य हैं। 12 वर्ष से कम आयु की लड़कियों के विवाह को अवैध बनाने का मुख्य उद्देश्य उन्हें विधवा होने से बचाना है। लड़कों तथा लड़कियों के विवाह की न्यूनतम आयु निर्धारित करने का दूसरा उद्देश्य उनके शारीरिक तथा मानसिक विकास के मार्ग की मुख्य बाधा—उनका भौतिक एवं नैतिक पतन—को हटाना है।

2. सन् 1921 की जनगणना रिपोर्ट के मुताबित इस वर्ष 612 ऐसी हिंदू विधवाएँ थीं जिनका विवाह एक वर्ष से भी कम आयु में हुआ था। 2024 ऐसी विधवाएँ थीं जिनका विवाह 5 वर्ष की उम्र में, 87,857 का विवाह 10 वर्ष की आयु में तथा 3,32,024 विधवाओं का विवाह 15 वर्ष से कम आयु में हुआ था। इसका सबसे चौंकानेवाला पहलू यह है कि इनमें से अधिसंख्य विधवाओं को हिंदू परंपराओं एवं रीतिरिवाजों के आधार पर पुनर्विवाह करने से रोक दिया गया है। दुनिया के किसी भी सभ्य या असभ्य राष्ट्र में ऐसी शोचनीय स्थिति नहीं है। और यही वह उपयुक्त

समय है जब कानून ऐसे रीतिरिवाजों की शिकार असहाय लड़कियों की सहायता में आगे आया है।

3. ब्राह्मणों के अनुसार हिंदुओं के कानूनों की सबसे प्राचीन एवं आधिकारिक पुस्तकों में विवाह योग्य न्यूनतम आयु लड़कों के लिए 24 वर्ष तथा लड़कियों के लिए 16 वर्ष निर्धारित की गई है। और यदि कानून का उद्देश्य लड़कियों का कल्याण हो, तो भी कानून उनकी न्यूनतम आयु 16 वर्ष निर्धारित करता है। परंतु हिंदुओं के बीच ऐसे लोग भी मौजूद हैं जिनका मत है कि लड़कियों के रजस्वला होने के पश्चात उन्हें अविवाहित नहीं रहना चाहिए। जैसा कि इस देश में है, कुछ लड़कियाँ 12 वर्ष की उम्र में भी रजस्वला हो जाती हैं, इसलिए कानून हिंदु लड़कियों के वैध विवाह की न्यूनतम आयु 12 वर्ष निर्धारित करता है।

4. बहरहाल, अत्यंत रूढ़िवादी हिंदुओं की भावनाओं का ख्याल रखते हुए और उन्हें स्वीकार्य बनाते हुए अंतरात्मीय कारणों से कानून में व्यवस्था की गई है कि ऐसी स्थिति में 11 वर्षीय हिंदू लड़की को भी विवाह की अनुमति दी जा सकती है। कोई भी हिंदू शास्त्र किसी हिंदू लड़की के रजस्वला होने से पूर्व विवाह की सम्मति नहीं देता, अतः अब समय भी आ चुका है और ऐसी परिस्थितियाँ विकसित हो गई हैं कि समाज सुधार की दृष्टि से आवश्यक तथा असहाय लड़कियों के साथ होने वाली नाइंसाफी को दूर करने के लिए एवं मानवता के व्यापक हित को ध्यान में रखते हुए कदम उठाया जाए इसीलिए 11 वर्ष से कम आयु की लड़कियों के विवाह को अवैध घोषित करने के उद्देश्य से यह कानून बनाया गया है।

5. लड़कों के मामले में शास्त्र विवाह की कोई समय सीमा निर्धारित नहीं करते अतः हिंदुओं के बीच विचारवान सार्वजनिक अवधारणा किसी लड़के के विवाह की न्यूनतम आयु 18 वर्ष निर्धारित करने की होगी। यह देखते हुए कि अनेक हिंदू हमारे इस कानून को घातक मानेंगे, तथा न्यूनतम प्रतिरोध को देखते हुए व्यवस्था की जाती है कि 15 वर्ष से कम आयु के हिंदू लड़के का विवाह अवैध होगा। यद्यपि इंग्लैंड में, जहाँ कि बाल-विवाह की बात कहीं भी सुनाई नहीं पड़ती, यह आवश्यक पाया गया कि विवाह की न्यूनतम आयु तय की जाए जिससे पहले लड़का या लड़की कोई भी विवाह न कर सके।

एम. हरबिलास सारडा

दिलचस्प बात है कि स्त्रियों में संगठित होने की इच्छा तब जागृत हुई जब उन्हें खानों तथा कपड़ा मिलों से बड़े पैमाने पर निकाला जाना शुरू हुआ यानी छँटनी के दौर में उनकी आँखें खुलीं। उस समय कोयला खानें तथा कपड़े मिलें ही दो ऐसे संस्थान थे जहाँ अधिक संख्या में महिला श्रमिकों को रोजगार मिलता था। यह भी देखा गया कि औद्योगीकरण में वृद्धि के साथ ही श्रमिक बाजारों की स्थापना हो

गई और श्रम-शक्ति की आरक्षित सेना का गठन शुरू हुआ। इसके साथ ही स्त्रियों में अनुपस्थिति की प्रवृत्ति भी पनपी। मार्क्स इसे 'गॉस्पेल ऑफ एब्सटेंशन' (गैरहाजिरी की प्रवृत्ति) कहते थे। काम से गैरहाजिरी का उपयोग वे महिलाओं में मितव्ययिता, संयम तथा अपनी वर्तमान एवं भविष्य की श्रमिक पीढ़ियों के प्रति निष्ठा की भावना जगाने में करतीं। अध्ययनों से ज्ञात होता है महिलाओं को मजदूरी के रूप में मिलने वाली राशि ही उन्हें घर से अलग तथा अपनी, पति एवं बच्चों की उपेक्षा करने पर मजबूर करती है जिसके परिणामस्वरूप घटिया वेतन तथा लापरवाह, अविश्वसनीय श्रमिकों की जमात पैदा होती है। मातृत्व की बुर्जुआई विचारधारा ने स्त्री श्रमिकों को भी लपेट लिया। शायद इसका कारण यह था कि औद्योगिक रोजगार से स्त्रियों की छँटनी के मुद्दे के विरोध में कोई वास्तविक बहस नहीं की गई। इसके बजाय 'महिलाओं के काम' की जगह बनाई गई ताकि मध्यवर्गीय तथा गरीब स्त्रियों को उनके पारिभाषिक दैहिक मातृत्व गुणों की वजह से उन्हें ज्यादा-से-ज्यादा काम पर लगाया जा सके। ऐसा प्रतीत होता है कि स्त्रियों की दक्षता को मात्र सेविका, सफाई, भोजन बनाने या पढ़ाने जैसे 'पोषक' कार्यों तक या उन्हें गृहस्थी के परंपरागत कार्यों जैसे खाद्य प्रसंस्करण तथा हस्तशिल्प तक सीमित कर दिया गया। हालाँकि स्त्रियों पर ज्यादा पाबंदी न होने के बावजूद उनके काम की संभावनाएँ सीमित थीं। मिसाल के तौर पर अखिल भारतीय महिला सम्मेलन ने विधि, चिकित्सा, वास्तु एवं सामाजिक विज्ञान पढ़नेवाली स्त्रियों को छात्रवृत्ति देने के लिए तो धन संग्रह किया परंतु भौतिकी या रसायन शास्त्र (केमिस्ट्री) पढ़नेवाली छात्राओं के लिए नहीं। ऐसे समय में जब उभरते राष्ट्रवादी आंदोलन ने स्त्रियों की आवश्यकताओं की वकालत सार्वजनिक रूप से शुरू कर दी थी, तथा स्त्रियों ने स्वयं अपनी सार्वजनिक उपस्थिति के जरिए उनकी स्वीकार्यता के निश्चित मानक तैयार कर दिए, अखिल भारतीय महिला सम्मेलन का तेजी से विकास हुआ तथा सन् 1930 एवं 40 के दशक में वह स्त्रियों के आंदोलन का एकमात्र संगठन के रूप में उभरा। प्रारंभ में इसकी स्थापना जहाँ एकसूत्रीय संगठन के रूप में हुई थी वहीं एक या दो वर्षों के भीतर ही इसने महिलाओं से जुड़े मुद्दों पर अपने दृष्टिकोण का विस्तार किया, यह अलग बात है कि इन मुद्दों पर कोई उल्लेखनीय बहस नहीं हुई। अनेक मुद्दे उठाए गए तथा वे गड्डमड्ड भी हो गए परंतु बुनियादी तौर पर चर्चा रणनीति को लेकर थी। एक ओर जहाँ यह दलील दी जा रही थी कि अनेक मुद्दों को उठाने वाली महिलाओं को साथ लेकर चलने की बजाय स्त्री शिक्षा की आवश्यकता जैसे 'सुरक्षित' विषयों को लेकर चलना श्रेयस्कर होगा वहीं दूसरी ओर स्त्रियों के समस्त मुद्दों को उठाने की माँग की जा रही थी। तत्कालीन बहस में एक प्रश्न यह भी था कि क्या बाल-विवाह के विरुद्ध हरबिलास शारदा के विधेयक के समर्थन में अभियान चलाया जाना चाहिए ? विधेयक में लड़कियों के विवाह की उम्र 10 से बढ़ाकर 12 वर्ष करने का प्रावधान था। विधेयक के समर्थन

का औपचारिक बयान कान्फ्रेंस द्वारा पहले ही जारी किया जा चुका था जिसमें यह चेतावनी भी दी गई थी कि हरिसिंह गौर द्वारा सन् 1924 में लाया गया विधेयक प्राथमिकता देने योग्य है क्योंकि उसमें लड़कियों के विवाह की आयु 10 वर्ष से बढ़ाकर 14 वर्ष करने का प्रावधान था। शारदा के ठंडे बस्ते में पड़े विधेयक ने सारे देश में सभी वर्गों के हिंदू तथा मुसलमानों में विरोध का तूफान खड़ा कर दिया और कई बार तो प्रदर्शनों में इनकी संख्या पचास हजार तक पहुँच गई। विधेयक के विरोध (जैसा कि 1890 में भी हुआ था) में एक बार फिर कहा गया कि हमारे धार्मिक मामलों में सरकार को दखल देने का कोई अधिकार नहीं है। लेकिन इस बार पहले की तरह विदेशी दखल का प्रश्न इतना उग्र नहीं था। विधेयक के विरोधियों का कहना था कि हमारे सामाजिक तथा धार्मिक मामलों की सीमाएँ, हमारे धार्मिक नेताओं की अनुमति के बिना, निर्धारित करने का अधिकार सरकार को कतई नहीं है। इस प्रकार धार्मिक रूढ़िवादिता की नई लहर के परिप्रेक्ष्य में अखिल भारतीय महिला सम्मेलन की बहस सम्पन्न हुई। बहस का क्रम जारी रहते हुए भी शारदा के विधेयक का समर्थन करते हुए अभियान चलाने या न चलाने का मुद्दा दूसरे नंबर पर चला गया। ज्यादा जोर सम्मेलन द्वारा भारतीय महिलाओं के मध्य काम करने के तरीकों पर दिया गया। एक तरफ यह दलील दी जा रही थी कि यदि सम्मेलन ने स्वयं को शारदा विधेयक के संघर्ष में उतारा तो वह अलग-थलग हो जाएगा, जबकि दूसरी ओर यह दलील दी जा रही थी कि विधेयक के पक्ष में संघर्ष करना सम्मेलन के लिए न केवल फायदेमंद होगा बल्कि इससे सम्मेलन द्वारा स्त्रियों के कल्याण के सभी मुद्दों को उठाने की संभावनाएँ बढ़ जाएँगी।

दिलचस्प बात यह है कि परिचर्चा के पश्चात पारित प्रस्ताव (जिसे कमला देवी चट्टोपाध्याय ने तैयार किया तथा रामेश्वरी नेहरू एवं मायादास ने समर्थन दिया) से सामाजिक बनाम राजनीतिक की पुरानी दलील एक बार फिर उभरी परंतु इस बार उसका स्वरूप भिन्न था। अखिल भारतीय महिला सम्मेलन के विस्तार के विरोध में तर्क देते हुए सरला देवी चौधरानी तथा बंगाल की लक्ष्मी कुट्टी ने कहा कि समाज ही राजनीति की अगुआई करेगा। उपन्यास लेखिका अनुरूपा देवी ने कहा कि "शिक्षा के ध्वजवाहकों को प्रत्येक घर में प्रवेश करना सरल होगा, परंतु यदि आप राजनीति या समाज सुधार से सम्मेलन को जोड़ेंगे तो हमारे सभी सदस्यों को संदेह की दृष्टि से देखा जाएगा।"[60]

इस प्रकार, सामाजिक सुधार बनाम आर्थिक सुधार की पुरानी उक्ति ने इस विचार को जन्म दिया कि दोनों का विरोध करना व्यर्थ है क्योंकि दोनों ही एक दूसरे से बुरी तरह जुड़े हुए हैं। हालाँकि न तो सरला देवी ने और न ही लक्ष्मी कुट्टी या अनुरूपा देवी ने अपना नजरिया स्पष्ट किया, यह संभव था कि उनकी नजर में 'सामाजिक' बनाम 'राजनीतिक' विरोध का स्थान अब सुधार के बजाय सामाजिक

सेवा के आदर्श ने ले लिया। संयोगवश एक प्रकार से समझौतावादी स्थिति उत्पन्न हुई जिसके तहत सम्मेलन ने स्त्रियों से संबद्ध सभी मुद्दों से स्वयं को जोड़ने की आवश्यकता को स्वीकार किया तथा फलस्वरूप अपने नाम का विस्तार करते हुए उसे 'अखिल भारतीय महिला' शैक्षणिक एवं समाज सुधार सम्मेलन का नाम दे दिया। परंतु इसके साथ ही राजनीतिक मुद्दों में लिप्त होने से इनकार करते हुए सम्मेलन ने अपने सदस्यों पर राजनीतिक आंदोलनों में भाग लेने पर पाबंदी लगा दी। दो या तीन वर्षों के भीतर यह पाबंदी भी उठा ली गई क्योंकि सन् 1930 के दशक में हुए नागरिक अवज्ञा आंदोलन तथा असहयोग आंदोलन में वैसे भी समूचे देश की लाखों स्त्रियाँ कूद चुकी थीं।

टिप्पणियाँ

1. सीताराम सिंह पूर्वोक्त-पृष्ठ 93, श्रीमती रोशनलाल टेनीसन का उल्लेख कर रही थीं।
2. सरला रे, 'नोट्स ऑन गोखले' सरला रे के पर्चे, नेहरू मेमोरियल संग्रहालय एवं पुस्तकालय, नई दिल्ली
3. सीताराम सिंह पूर्वोक्त-पृष्ठ-88
4. तथैब पृष्ठ 94
5. *'इंडियन लेडीज मैगजीन'*, 'न्यूज एंड नोट्स' वर्ष 7, अंक 10 अप्रैल 1993 पृष्ठ 233
6. एम. ई. कूजिस की पुस्तक *'ए इंडियन वूमनहुड टुडे'*, किताबिस्तान, 1947 पृष्ठ 29
7. सीताराम सिंह पूर्वोक्त-पृष्ठ 206-7
8. उषा चक्रवर्ती पूर्वोक्त-पृष्ठ 1-25
9. वीर भारत तलवार पूर्वोक्त-पृष्ठ 206
10. सीताराम सिंह पूर्वोक्त-पृष्ठ 197-98
11. तथैव पृष्ठ 190-91
12. मनमोहन कौर पूर्वोक्त-पृष्ठ 106
13. राजकुमारी अमृत कौर *'चैलेंज टू वीमेन'*
14. एम. ई. कूजिंस पूर्वोक्त-पृष्ठ 24
15. सुमित सरकार, एमआई, पृष्ठ 151
16. तथैव
17. पट्टाभि सीतारमैया पूर्वोक्त-पृष्ठ 131
18. सरोजिनी नायडू, पूर्वोक्त-पृष्ठ 246
19. एम. ई. कूजिंस पूर्वोक्त-पृष्ठ 58
20. कमला देवी चट्टोपाध्याय, 'इंटरव्यू' एनएमएमएल, ओरल हिस्ट्री सेक्शन, पृष्ठ 6
21. तथैव पृष्ठ 1-2
22. सुश्री लज्जावंती, 'इंटरव्यू' एनएमएमएल ओरल हिस्ट्री सेक्शन, पृष्ठ 3
23. तथैव पृष्ठ 12-15

24. तथैव पृष्ठ 20
25. सीताराम सिंह पूर्वोक्त-पृष्ठ 330
26. पट्टाभि सीतारमैया पूर्वोक्त-पृष्ठ 142
27. लज्जावंती 'इंटरव्यू' पृष्ठ 32
28. तथैव पृष्ठ 31
29. लाडो रानी जुत्शी, 'इंटरव्यू' एनएमएमएल' ओरल हिस्ट्री सेक्शन, पृष्ठ 4
30. लज्जावंती 'इंटरव्यू' पृष्ठ 45
31. तथैव पृष्ठ 46-47
32. तथैव पृष्ठ 52
33. तथैव पृष्ठ 61
34. मनमोहिनी सहगल, 'इंटरव्यू' एनएमएमएल ओरल हिस्ट्री सेक्शन, पृष्ठ 54
35. लाडो रानी जुत्शी, 'इंटरव्यू' पृष्ठ 3
36. कमला देवी चट्टोपाध्याय द्वारा नवंबर 1977 में राष्ट्रीय स्त्री सभा के बारे में मुझे दी गई सूचना
37. आर. के. शर्मा, *'नेशनलिज्म, सोशलरिफॉर्म एण्ड वूमन'* दिल्ली, पृष्ठ 61
38. तथैव पृष्ठ 97
39. तथैव पृष्ठ 60
40. दुर्गाबाई देशमुख 'इंटरव्यू' एनएमएमएल ओरल हिस्ट्री सेक्शन, पृष्ठ 2
41. आर. के. शर्मा, पूर्वोक्त-पृष्ठ 63
42. लज्जावंती 'इंटरव्यू' पृष्ठ 61
43. वीर भारत तलवार, सांगरी एवं वैद पूर्वोक्त
44. इन्द्राणी चटर्जी का अप्रकाशित शोध प्रबंध—बंगाली भद्र महिला—1930-34, जेएनयू-1986 पृष्ठ 91-94
45. प्रभावती मिर्ज़ा 'इंटरव्यू' एनएमएमएल' ओरल हिस्ट्री सेक्शन, पृष्ठ 5-10
46. तथैव पृष्ठ 13-14
47. तानिका सरकार, 'पोलिटिक्स एंड वीमेन इन बंगाल : द कंडीशंस एंड मीनिंग आफ पार्टीसिपेशन, आईईएसएचआर, वर्ष 21, अंक 1, जनवरी-मार्च 1984 पृष्ठ 92
48. सुषमा सेन, पूर्वोक्त-पृष्ठ 312-313
49. *'फोरवर्ड'* देशबंधु चितरंजनदास पर प्रकाशित विशेषांक, जुलाई 1927 पृष्ठ 55
50. सुषमा सेन पूर्वोक्त-पृष्ठ 313
51. भारतीय महिला एसोसिएशन की सलेम शाखा से संबंधित पर्चा, 1918-30 मुथुलक्ष्मी रेड्डी पेपर, एनएमएमएल फाइल सं. 3 पृष्ठ 5
52. मुथुलक्ष्मी पेपर्स, एनएमएमएल फाइल सं. 5 पृष्ठ 7
53. तथैव पृष्ठ 15
54. यूनियनों की राष्ट्रीय परिषद में रंगून में डोरोथी जिनराजदास द्वारा दिया गया भाषण, 11 सितंबर, 1926 के अखबारों में छपी खबरों की कतरन मुथुलक्ष्मी रेड्डी पेपर्स, एनएमएमएल फाइल सं. 5 पृष्ठ 5

55. तथैव
56. 'द टाइम्स ऑफ इंडिया' 28 जुलाई, 1929
57. एआईडब्ल्यूसी पेपर्स फॉर 1927-28 एनएमएमएल माइक्रोफिल्म सेक्शन
58. श्रीमती हूडकोपर द्वारा एम. ई. कूर्जिस को लिखा गया पत्र, एआईडब्ल्यूसी पेपर्स 1930-31 एनएमएमएल माइक्रोफिल्म सेक्शन
59. एआईडब्ल्यूसी पेपर्स फॉर 1930-31 एनएमएमएल माइक्रोफिल्म सेक्शन
60. सुषमा सेन पूर्वोक्त-पृष्ठ 328

5. नारी आंदोलनकारी की छवि का निर्माण

सन् 1927 के संवैधानिक सुधार एक बार फिर राष्ट्रवादियों को एकजुट होकर चीख-पुकार करने का माध्यम बने। हुआ यह कि ब्रिटिश सरकार ने भारत में मांटेग्यू चेम्सफोर्ड समिति द्वारा संवैधानिक सुधार के वादे की जाँच-पड़ताल के लिए गोरों का एक दल भारत भेजा। साइमन कमीशन के बहिष्कार के लिए समूचे भारत में सभाएँ आयोजित की गईं जिसका देश के सभी बड़े राजनीतिक समूहों ने समर्थन किया। इसी वर्ष एक सर्वदलीय सम्मेलन हुआ जिसमें भारत के लिए संविधान के निर्माण का पहला गंभीर प्रयास हुआ। नेहरू रिपोर्ट के नाम से ख्यात (क्योंकि यह रिपोर्ट मोतीलाल नेहरू के नेतृत्ववाले दल द्वारा तैयार की गई थी) इस रिपोर्ट को सन् 1928 के सर्वदलीय सम्मेलन में अंतिम रूप दिया गया। यद्यपि रिपोर्ट में पूर्ण स्वतंत्रता या कि प्रभुसत्तात्मक दर्जा दिए जाने की माँग नहीं की गई थी परंतु रिपोर्ट में स्त्रियों तथा पुरुषों को वयस्क मताधिकार दिए जाने की माँग की गई। सन् 1929 में भारत के तत्कालीन वायसराय लॉर्ड इर्विन ने घोषणा की कि प्रभुसत्तात्मक दर्जा स्वाभाविक रूप से संवैधानिक सुधारों के परिणामस्वरूप ही मिलना संभव हो पाएगा, इसलिए उन्होंने साइमन रिपोर्ट के प्रकाशित होने के बाद एक गोलमेज सम्मेलन बुलाने का वादा किया। काँग्रेस ने इर्विन के प्रस्ताव को इस शर्त के साथ स्वीकार कर लिया कि सम्मेलन की विषयवस्तु को पहले तय कर लिया जाए, आंदोलनकारियों को आम माफी दिए जाने की घोषणा हो तथा गोलमेज सम्मेलन में काँग्रेस को बृहत्तर प्रतिनिधित्व दिया जाए। इर्विन ने इन शर्तों पर विचार करने की माँग ठुकरा दी जिसके परिणामस्वरूप बातचीत टूट गई। सन् 1929 में लाहौर काँग्रेस कमेटी ने पूर्ण स्वराज का प्रस्ताव पारित किया जिसमें नागरिक अवज्ञा आंदोलन को नए सिरे से शुरू करने का सुझाव दिया गया जबकि इसके लिए कार्य-योजना तैयार करने की जिम्मेदारी गांधी जी के नेतृत्व में अखिल भारतीय काँग्रेस कमेटी पर डाल दी गई। जनवरी सन् 1930 में गांधी जी ने इर्विन के नाम एक ग्याहर सूत्री अल्टीमेटम जारी किया जिसमें आम तथा खास सभी माँगें एक साथ उठाई गईं। इन माँगों में—संपूर्ण शराबबंदी, सियासी कैदियों की रिहाई, सेना के खर्च में कटौती एवं सिविल सेवा के अफसरों के वेतन

में कमी, शस्त्र अधिनियम में बदलाव, सीआईडी का सुधार, रुपया स्टर्लिंग की दरें कम करना, टेक्सटाइल सुरक्षा, तटीय जहाजरानी का भारतीयों के लिए आरक्षण, भू-राजस्व में पचास प्रतिशत की कटौती, नमक कानून तथा नमक पर सरकारी एकाधिकार की समाप्ति शामिल थे। इसके एक माह पश्चात गांधी जी ने घोषणा की कि वे नमक सत्याग्रह की शुरुआत के रूप में साबरमती से दांडी (गुजरात का एक तटीय गाँव) तक पैदल यात्रा (मार्च) करेंगे तथा वहाँ गैरकानूनी रूप से नमक बनाएँगे। मार्च की पूर्व संध्या पर गांधी जी ने घोषणा की कि उनके दांडी में नमक कानून तोड़ने के साथ ही सारे देश में नमक का गैरकानूनी निर्माण शुरू कर दिया जाए। इसके साथ-साथ विदेशी वस्त्रों तथा शराब का बहिष्कार किया जाए। इसके अलावा उन्होंने सत्याग्रहियों से अपील की कि प्रत्येक सत्याग्रही 'निहत्था' रहे। इसके साथ ही उन्होंने सत्याग्रहियों को अहिंसक, सत्यनिष्ठ होने के साथ-साथ अपने स्थानीय नेताओं के आदेश का पालन करने की भी हिदायत दी।

दांडी मार्च 12 मार्च को शुरू होकर 6 अप्रैल को समाप्त हुआ। यात्रा के संपूर्ण रास्ते में, जिधर से होकर गांधीजी निकले, स्थानीय अधिकारियों ने त्यागपत्र देना प्रारंभ कर दिया। बीच में गुजरात के बलसाड़ जिले के पाटीदारों ने गांधी जी से अनुमति प्राप्त कर भू-राजस्व का भुगतान ठप्प कर दिया।[1] गांधी जी द्वारा चुने गए 71 दांडी यात्रियों में एक भी महिला को शामिल न करने के कारण राष्ट्रवादी स्त्रियों में खासी नाराजगी उभरी। दादा भाई नौरोजी की पौत्री खुरशीद ने गुस्से से तमतमाते हुए गांधी जी को पत्र लिखा और कहा कि आपकी यह हरकत उचित नहीं है। स्त्री धर्म की संपादक मारग्रेट कूजिंस ने अपनी पत्रिका के माध्यम से गांधी जी के इस कदम का विरोध किया।[2] गांधी जी अपने निर्णय पर दृढ़ रहे परंतु अपने आपको निर्दोष साबित करते हुए उन्होंने दलील दी कि उन्होंने स्त्रियों के लिए मात्र नमक कानून तोड़ने के छोटे-से काम के बजाय 'बड़ी भूमिका' तय की है।[3] कमला देवी चट्टोपाध्याय के अनुसार गांधी जी द्वारा स्त्रियों को अलग रखने का निर्णय मात्र दांडी यात्रा तक ही सीमित था। यह गांधी नहीं अपितु काँग्रेस कमेटी थी जिसने स्त्रियों को नमक सत्याग्रह से अलग रखने का निर्णय लिया था। कमला देवी ने कहा कि दांडी यात्रा के आयोजकों ने जब स्त्रियों की यात्रा में शामिल होने की माँग ठुकरा दी तो वे गांधी जी के पास गईं और उनसे स्त्रियों को दांडी यात्रा में शामिल होने का विशेष आह्वान करने का अनुरोध किया। गांधी जी उनकी बात सुनकर हँस पड़े और कहा कि वे ऐसा कर सकती हैं। फिर भी, कमला देवी के अनुरोध पर उन्होंने एक संक्षिप्त अपील लिखी। इस अपील को लेकर वे काँग्रेस कमेटी में गईं और उसे पढ़ने के पश्चात काँग्रेस कमेटी ने अंततः अपना वीटो वापस ले लिया।[4]

दांडी यात्रा के अंतिम दिन सरोजिनी नायडू उसमें दांडी में शामिल हुईं। नमक सत्याग्रह में गिरफ्तार होने वाली वे पहली महिला थीं। दांडी यात्रा की समाप्ति के

5 अगस्त 1930 को सत्याग्रह में भाग लेने की तैयारी करते हुए बंगाली खेतिहर मजदूर

घंसोली, महाराष्ट्र में नमक तैयार करती आदिवासी स्त्रियाँ

घंसोली, महाराष्ट्र में नमक बनाती कोली लड़कियाँ

मद्रास समुद्र तट पर नमक निर्माण का दृश्य

विले पार्ले बंबई में नमक के बर्तनों के साथ समुद्र से लौटती स्त्रियाँ।

कमला नेहरू, स्वरूपरानी नेहरू तथा अन्य स्त्रियाँ इलाहाबाद, उत्तर प्रदेश में नमक बनाते हुए।

दिन 6 अप्रैल को सारे देश से आए सत्याग्रही स्वयंसेवकों ने नमक कानून तोड़ा। इसके साथ ही सत्याग्रहियों ने संविधान को फाड़ने के अलावा विदेशी वस्त्रों एवं शराब का बहिष्कार शुरू कर दिया। अपना वीटो समाप्त करने के बाद काँग्रेस कमेटी ने सारे देश में सत्याग्रहियों का नेतृत्व करने के लिए महिलाओं का चयन किया। सत्याग्रह

नमक निर्माण : स्थान तथा तिथि ज्ञात नहीं।

आयोजित करने के लिए प्रकोष्ठ बनाए गए तथा उसके मुखिया को तानाशाह (डिक्टेटर) का नाम दिया गया। शायद इसका कारण उस दौर के आंदोलनकारियों पर स्टालिन का प्रभाव रहा हो।

सरोजिनी नायडू, लाडो रानी जुत्शी, कमला नेहरू, हंसा मेहता, सत्यवती, अवंतिकाबाई गोखले, पार्वतीबाई, रुक्मिणी लक्ष्मीपति, पेरिन एवं गोशीबेन कैप्टेन, लीलावती मुंशी, दुर्गाबाई देशमुख तथा कमला देवी चट्टोपाध्याय जैसी कई महिलाओं को डिक्टेटर के रूप में काम करने के लिए चुना गया। चूँकि बड़े पैमाने पर नेताओं की गिरफ्तारी हो रही थी इसलिए ऐसे में किसी भी डिक्टेटर का कार्यकाल बहुत छोटा होता था।

सारे देश की लाखों स्त्रियों ने नमक सत्याग्रह में शामिल होकर नमक बनाना तथा नमक कानून को तोड़ना शुरू किया। वास्तविकता यह है कि इस आंदोलन से राष्ट्रवादी आंदोलन में बड़े पैमाने पर स्त्रियों की सहभागिता दिखाई पड़ी। नमक सत्याग्रह को आमतौर पर भारतीय स्वाधीनता के संघर्ष में पहली बार भारतीय स्त्रियों की व्यापक सहभागिता के रूप में याद किया जाता है। अनेक राष्ट्रवादी महिलाओं पर इसके प्रभाव को रेखांकित करते हुए नमक सत्याग्रह के पहले दिन कमला देवी चट्टोपाध्याय ने अपने सारगर्भित भाषण में इसे एनी बेसेंट, सरोजिनी नायडू तथा मारग्रेट कूजिंस की लय में अत्यंत 'यादगार' क्षण बताया। उन्होंने इस बात पर फिर जोर दिया कि भारतीय स्त्रियाँ विनम्र एवं पराक्रमी हैं। उन्होंने कहा :

> "हालाँकि नमक सत्याग्रह में भाग लेने के लिए कुछ ही महिलाओं का औपचारिक चयन हुआ है, परंतु इसके माध्यम से भारतीय क्रांति ने 6 अप्रैल, 1930 की सुबह पहली अंगड़ाई ली है जो कि शाम ढलते-ढलते संपूर्ण देश में एक विशाल आंदोलन के रूप में फैल गई है।"

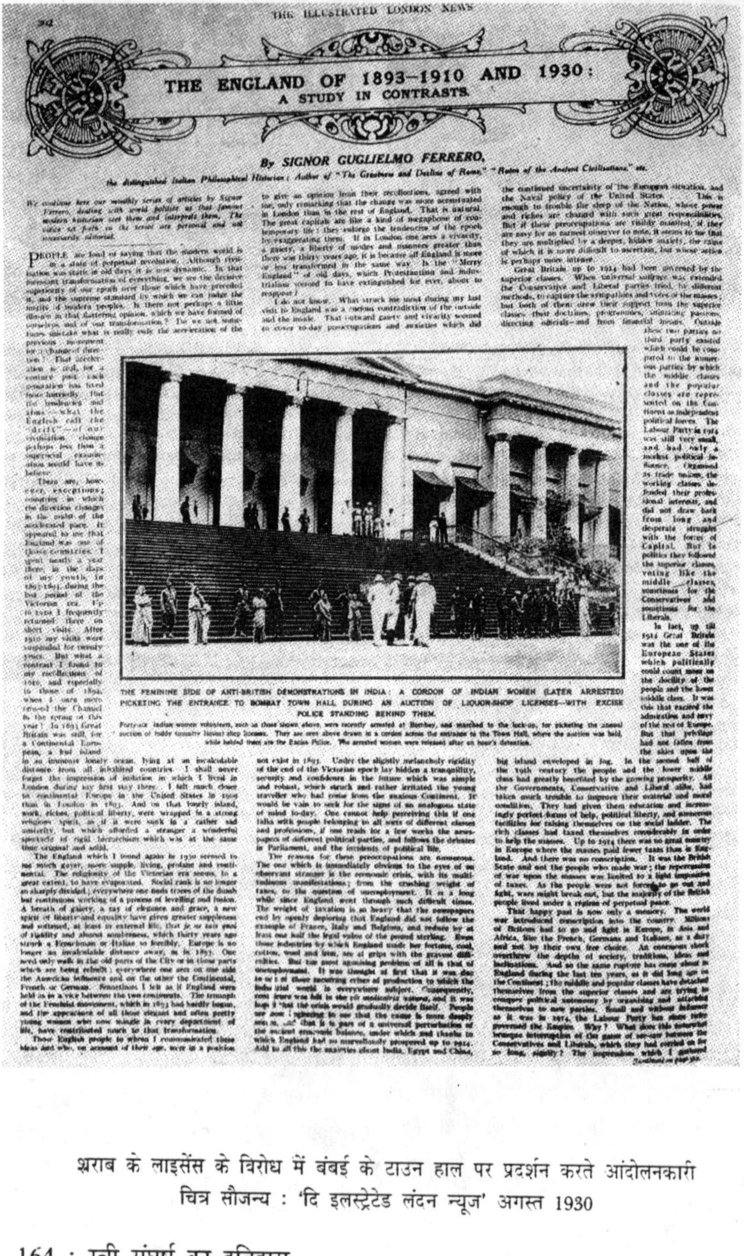

THE ILLUSTRATED LONDON NEWS

THE ENGLAND OF 1893–1910 AND 1930: A STUDY IN CONTRASTS.

By SIGNOR GUGLIELMO FERRERO,

the distinguished Italian Philosophical Historian; Author of "The Greatness and Decline of Rome," "Ruins of the Ancient Civilisations," etc.

THE FEMININE SIDE OF ANTI-BRITISH DEMONSTRATIONS IN INDIA: A CORDON OF INDIAN WOMEN (LATER ARRESTED) PICKETING THE ENTRANCE TO BOMBAY TOWN HALL DURING AN AUCTION OF LIQUOR-SHOP LICENSES—WITH EXCISE POLICE STANDING BEHIND THEM.

Forty-six Indian women volunteers, such as those shown above, were recently arrested at Bombay, and marched to the lock-up, for picketing the annual auction of toddy (country liquor) shop licenses. They are seen above drawn in a cordon across the entrance to the Town Hall, where the auction was held, while behind them are the Excise Police. The arrested women were released after an hour's detention.

शराब के लाइसेंस के विरोध में बंबई के टाउन हाल पर प्रदर्शन करते आंदोलनकारी

चित्र सौजन्य : 'दि इलस्ट्रेटेड लंदन न्यूज' अगस्त 1930

अगस्त, 1930 में उत्तरी कनारा के सिरसी क्षेत्र में चंदन के पेड़ काटकर वन कानून तोड़ते हुए सैकड़ों स्त्रियाँ

शराब लाइसेंस नीलामी के विरोध में बंबई के टाउन हाल पर ब्रितानी सिपाहियों से जूझते सत्याग्रही।

इस अविस्मरणीय दिन हजारों स्त्रियाँ गर्वीले सिपाहियों की तरह लंबे-लंबे कदम उठाती हुईं समुद्र में कूद पड़ीं। परंतु उन्होंने हथियारों की जगह मिट्टी, ताँबे तथा पीतल की गगरियाँ एवं वर्दी की जगह साधारण भारतीय ग्रामीण साड़ी पहन रखी थी।...हजारों जवान तथा बूढ़ी, अमीर तथा गरीब स्त्रियाँ अपने सामाजिक बंधनों को त्यागकर नमक सत्याग्रह में एक साथ कूद पड़ीं।

बिना किसी भय या घबराहट के बहादुरी से वे आगे बढ़ती गईं। वे नमक के छोटे-छोटे पैकेट लेकर गलियों के कोनों पर खड़ी हो जातीं और जोरदार आवाज में चिल्लाकर कहतीं : ''हमने नमक कानून तोड़ दिया है और अब हम आजाद हैं ! है कोई आजादी का नमक खरीदनेवाला ?'' उनकी आवाज व्यर्थ नहीं जाती। उनके आसपास से गुजरनेवाला हर शख्स रुकता, उनके हाथ में सिक्का थमाता तथा नमक की छोटी-सी पुड़िया लेकर गर्व से आगे बढ़ जाता।[5]

पुलिस और सेना के साथ मुठभेड़ का दृश्य

ब्रितानी अफसरों द्वारा गिरफ्तार की जाती हुई घेराव करनेवाली स्त्रियाँ।

संगमनेर गुजराज में प्रभातफेरी का दृश्य।

कमला देवी चट्टोपाध्याय ने स्त्री की जिस छवि को महिमामंडित करने के लिए चुना वह एनी बेसेंट, सरोजिनी नायडू तथा मारग्रेट कूजिंस से भिन्न थी : बेसेंट ने आत्मबलिदानी हिंदू स्त्री का महिमामंडन किया, नायडू ने आत्मबलिदानी भारतीय हिंदू माता का तथा मारग्रेट कूजिंस ने 'महान हिंदू नस्ल' तथा ताकतवर मुस्लिम लोगों के प्रतिनिधियों का गर्वीला महिमामंडन किया परंतु कमला देवी ने आत्मबलिदानी खेतिहर स्त्री का महिमामंडन किया। काँग्रेस की गतिविधियाँ श्रमिक वर्ग की अपेक्षा खेतिहरों के बीच अधिक सक्रिय रहीं। स्त्रियाँ जैसे-जैसे राष्ट्रवादी बनती गईं, उनका रुझान स्वाभाविकतौर पर खेतिहर स्त्रियों की ओर बढ़ा। जैसा कि गांधी जी ने सन् 1920 के दशक के आखिरी दिनों में उन्हें सम्बोधित करते हुए कहा : "पश्चिमी सभ्यता की ऊँचाइयों से उतरकर भारत के मैदानों में आओ; क्योंकि यह प्रश्न भारत की आजादी, स्त्रियों की आजादी, अस्पृश्यता के खात्मे तथा आम लोगों की आर्थिक दशा सुधारने से जुड़ा हुआ है। अपने आप को गाँवों से जोड़ो, ग्रामीण जीवन का सुधार करने की बजाय उसका पुनर्निर्माण करो।"[6]

आंदोलन जैसे-जैसे आगे बढ़ा, सरकार भी चौकन्नी हो गई। गांधी जी की मई में गिरफ्तारी के साथ ही आंदोलन और तेज हो गया। सरकारी पदों पर बैठे भारतीय अधिकारियों के त्यागपत्रों की लहर चल पड़ी। त्यागपत्र देनेवालों में मुथुलक्ष्मी रेड्डी तथा हंसा मेहता भी शामिल थीं। काँग्रेस कार्यसमिति ने राजस्व का भुगतान न करने की इजाजत दे दी इसके साथ ही चौकीदारी कर न देने तथा वन अधिनियम का उल्लंघन करने एवं मई के मध्य में धरसाना में बड़े पैमाने पर नमक संस्थानों पर छापा मारने की संस्तुति भी काँग्रेस द्वारा की गई। सरोजिनी नायडू के नेतृत्व में छापा मार गुट को पुलिस की ऐसी बर्बरता का शिकार होना पड़ा कि उसे देखकर अधिसंख्य पर्यवेक्षक स्तब्ध रह गए। अमेरिकन रिपोर्टर के अनुसार, पुलिस ने पुरुष सत्याग्रहियों को पीट-पीटकर 'लहूलुहान' कर दिया। धरसाना में पहले दिन के छापे का जिक्र करते हुए कमला देवी चट्टोपाध्याय ने बताया कि नमक के बर्तनों की बाड़ लगाकर सत्याग्रहियों को पुलिस द्वारा मुख्य भूमि से अलग कर दिया गया इसलिए सत्याग्रही सारा दिन चिलचिलाती धूप में गर्म रेत पर बैठे रहे। पुलिस ने न केवल सत्याग्रहियों को पानी पीने से मना कर दिया बल्कि प्यास से तड़पते लोगों के बीच पानी की ठेलियाँ भी घुमाईं।[7] शाम को समस्त सत्याग्रहियों को गिरफ्तार कर लिया

गया परंतु भोर होते ही उनका स्थान नए सत्याग्रहियों ने ले लिया। इस प्रकार धरसाना देश की आजादी का प्रतीक बन गया।

अँग्रेजों ने अचानक देखा कि जन रोष बड़े पैमाने पर बड़ी तेजी से बढ़ रहा है और कई क्षेत्रों में तो युद्ध जैसी स्थिति उत्पन्न हो गई है। गुजरात के ग्रामीण अंचलों में राजस्व-विरोधी अभियान बड़े पैमाने पर सफल हो रहा था और ग्रामीण अधिकारी धड़ाधड़ इस्तीफा दे रहे थे। महाराष्ट्र, कर्नाटक तथा मध्य प्रांत में वन सत्याग्रह शुरू हो गया तथा सत्याग्रहियों को प्रशिक्षण देने के लिए जंगलों में प्रशिक्षण शिविरों की स्थापना शुरू हो गई। बिहार तथा बंगाल में चौकीदारी कर के विरोध में अभियान छिड़ा। शराब की दुकानों का घेराव और आबकारी लाइसेंसों की नीलामी रोकने का अभियान शहरों से निकलकर कस्बों तथा गाँवों तक पहुँच गया। व्यापारियों द्वारा सामूहिक रूप से विदेशी वस्त्र न बेचने की सौगन्ध उठाने के बाद विदेशी वस्त्रों के बहिष्कार का आंदोलन बंबई, अमृतसर, दिल्ली तथा कलकत्ता में अभूतपूर्व रूप से सफल रहा।[8]

स्त्रियों को इन गतिविधियों में भाग लेने के लिए प्रेरित करने तथा उनके बीच समन्वय स्थापित करने के लिए महिलाओं के अलग संगठन तैयार किए गए। नए संगठनों में शामिल थे—देश सेविका संघ, नारी सत्याग्रह समिति, महिला राष्ट्रीय संघ, लेडीज पिकेटिंग बोर्ड, स्त्री स्वराज्य संघ तथा स्वयंसेविका संघ।[9] इनमें से अनेक संस्थाओं ने न केवल महिलाओं के प्रदर्शन, जुलूसों का आयोजन किया, बल्कि घेराव, तथा प्रभात फेरी के साथ-साथ स्त्रियों को चर्खा चलाने का प्रशिक्षण देने के साथ-साथ खादी बेचने तथा उसका प्रचार करने का काम भी किया। मिसाल के तौर पर सन् 1931 में बंगाल में स्थापित लेडीज पिकेटिंग बोर्ड के निम्नलिखित उद्देश्य थे : विदेशी वस्तुओं के विरुद्ध संघर्ष, गृह उद्योगों को लोकप्रिय बनाने के साथ-साथ कुटीर उद्योगों के विकास में सहायता खासतौर से खादी कातने एवं बुनाई के मामले में, स्वाधीनता की महानता तथा देशों में समानता के महत्त्व को बताने के लिए जुलूसों का आयोजन, अस्पृश्यता दूर करने की आवश्यकता पर उपेदश, जितना संभव हो सके, अधिकाधिक लोगों को काँग्रेस का सदस्य बनाना तथा भारतीय राष्ट्रीय काँग्रेस एवं उसकी संबद्ध इकाई बंगाल प्रांतीय काँग्रेस कमेटी के दिशा-निर्देशों के अनुसार काम करना इत्यादि। संगठन की सुविधा

नेहरू के सामने स्वयं सेविकाएँ।

के लिए इसे पाँच विभागों में बाँटा गया : घेराव एवं बहिष्कार विभाग, स्वदेशी, प्रचार विभाग, प्रभातफेरी विभाग, रचनात्मक कार्यकर्ता विभाग तथा सामान्य विभाग।[10] बंबई की ज्यादातर कपड़ा मिल महिला श्रमिक देश सेविका संघ में सक्रिय थीं जिस पर सन् 1931 में प्रतिबंध लगा दिया गया। बाकी संगठनों पर इसके एक वर्ष बाद प्रतिबंध लगाया गया।

देश के गाँवों में राजस्व भुगतान न करनेवाले लोगों के प्रति सरकार की प्रतिक्रिया बहुत तीव्र रही। राजस्व भुगतान न करनेवालों की जमीन-जायदाद जब्त करके उसे नीलाम कर दिया गया। जब्त सामान की नीलामी के बहिष्कार में स्त्रियाँ विशेष रूप से सक्रिय रहीं। वे नीलामी स्थल पर धरना दे देतीं और लोगों को नीलामी में भाग न लेने को प्रेरित करतीं। जब्त सामान की नीलामी में कुछ सरकारी कर्मचारियों और अँग्रेजों के प्रति वफादार लोगों ने ही भाग लिया। यही कारण था कि सामान सस्ते दामों में बेच देना पड़ा। जिन लोगों ने नीलामी में सामान खरीदा था उन्हें बहुत जल्द ही इसके लिए खेद व्यक्त करना पड़ा क्योंकि महिला सत्याग्रही सामान खरीदनेवाले व्यक्ति के घर पर अक्सर धरना दे देतीं। बच्चों को गोद में उठाए सत्याग्रही स्त्रियाँ ऐसे लोगों के घर पर तब तक धरना दिए बैठी रहतीं जब तक वे नीलामी में खरीदा गया सामान उसके वास्तविक अधिकृत स्वामी को लौटा नहीं देते। कई बार महिला सत्याग्रही नीलामी में सामान खरीदनेवालों के घरों को कब्जे में लेकर वहाँ भूख हड़ताल पर बैठ जातीं। कुछ जिद्दी खरीदार स्त्रियों की इन कार्रवाइयों से अविचलित रहते, वे उन पर कीचड़ फेंकते और कई बार तो गुंडों को बुलाकर उनकी पिटाई तक करवा देते। वैसे तो स्त्रियों के धरने पर बैठने के एक या दो दिन के अंदर ही लोग शर्मिन्दा हो जाते और सामान वापस कर देते, परंतु कई बार सत्याग्रही महिलाओं को एक महीना तक धरना देना पड़ा।[11]

धरसाना में अपनाई गई अहिंसक प्रदर्शन की रणनीति अब स्त्री सत्याग्रहियों के लिए मानक बन गई क्योंकि सरकार ने इस पर तीखी प्रतिक्रिया करते हुए लाठीचार्ज के साथ-साथ बड़े पैमाने पर गिरफ्तारियाँ की थीं। इस मौके पर राष्ट्रवादी महिलाओं का पुलिस के प्रतिरोध से पहली बारी पाला पड़ा। 1920 के दशक में महिलाओं की विशेष भूमिका शायद यह सोचकर बनाई गई थी कि स्त्री होने के कारण उन्हें शारीरिक यातना का शिकार नहीं बनाया जाएगा और वैसा उस समय हुआ भी, परंतु 1930 के दशक के आंदोलनों में यह मान्यता ज्यादा दिनों तक टिकी नहीं रह सकी। अप्रैल सन् 1930 में जवाहरलाल नेहरू की माता श्रीमती स्वरूप रानी नेहरू के नेतृत्व में हुए महिलाओं के एक प्रदर्शन पर पुलिस ने लाठीचार्ज किया तथा वे लाठी सिर में लगने से बेहोश होकर जमीन पर गिर पड़ीं। दिल्ली में महिलाओं के एक जुलूस पर लाठीचार्ज किया गया जिसमें दस स्त्रियाँ घायल हुईं। बलसाड़ में महिलाओं के एक प्रदर्शन में डेढ़ हजार स्त्रियाँ शामिल हुईं। पुलिस द्वारा लाठीचार्ज किए जाने पर

जुलूस की अगुआई कर रही स्त्री के सिर में लाठी लगी और खून की धारा बह निकली परंतु कुछ ही क्षणों में वह खून से लथपथ साड़ी पहने फिर खड़ी हो गई और प्रदर्शनकारियों का उत्साहवर्द्धन तब तक करती रही जब तक कि दुबारा पिटाई के परिणामस्वरूप वह अचेत होकर गिर नहीं पड़ी। वीरमगाँव की दो सौ महिलाएँ आंदोलनकारियों की प्यास बुझाने के लिए एक मानवीय कृत्य के रूप में पानी लेकर रेलवे स्टेशन गईं। पुलिस उन पर टूट पड़ी और बेरहमी से उनकी पिटाई कर दी।[12] जुलाई 1930 में तिलक की सालगिरह मनाने के लिए हंसा मेहता के नेतृत्व में निकाले गए जुलूस पर लाठीचार्ज किया गया तथा कमला नेहरू, अमृता कौर, मणिबेन पटेल एवं हंसा मेहता समेत लगभग एक सौ स्त्रियों को गिरफ्तार कर लिया गया।[13] मद्रास में पुलिस ने स्त्री सत्याग्रहियों पर लाठीचार्ज के अलावा दूसरे तरीके भी अपनाए। इन तरीकों में से एक था घेराव करनेवाली स्त्रियों पर पानी की तेज धार फेंकना। *'द हिंदू'* नामक अखबार ने अपने 25 जनवरी, 1932 के अंक में लिखा कि "दो महिला कार्यकर्ताओं पर यह तरीका इस्तेमाल किया गया जिसके कारण वे बेहोश हो गईं। पुलिस ने किसी को भी उनकी सहायता के लिए उनके पास नहीं जाने दिया।" बहरहाल जब मद्रास नगर-निगम ने इसका विरोध किया तो यह तरीका त्याग दिया गया।[14] अक्टूबर, 1930 में मध्य प्रदेश में वन कानून का उल्लंघन करनेवाली सत्याग्रहियों पर पुलिस ने गोलियाँ चलाइं जिसके परिणामस्वरूप दो गोंड आदिवासी महिलाओं की मृत्यु हो गई।[15]

इस प्रकार की कार्रवाइयों ने जनमानस को न केवल झकझोर कर रख दिया बल्कि राष्ट्रवादी आंदोलन के प्रति जनता में जोश भी भर दिया। अँग्रेजों के भारत में महिलाओं पर पुलिस की बर्बरता की खबरों से अखबार भरे पड़े थे। समाज सुधार तथा राष्ट्रवादी पत्रिकाओं ने पुलिस की जमकर निंदा की। काँग्रेस के बुलेटिनों में महिलाओं से होनेवाले दुर्व्यवहार पर विशेष लेख छापे गए। अखिल भारतीय महिला सम्मेलन (एआईडब्ल्यूसी) ने सन् 1931 में होनेवाले अपने लाहौर अधिवेशन के लिए एक विशेष रिपोर्ट तैयार की।

गिरफ्तार होनेवाली महिलाओं की संख्या में तेजी से वृद्धि हुई : बंबई में सन् 1930 में चुनावों का बहिष्कार करने वाले 400 स्त्रियों को गिरफ्तार कर लिया गया। उनका घेराव इतना जबरदस्त था कि सरकार को चुनाव एक दिन के लिए टाल देना पड़ा।[16] गिरफ्तार स्त्रियों को सख्त सजा सुनाई गई। मिसाल के तौर पर घर-घर जाकर खादी बेचने के जुर्म में इंदुमती गोयनका को नौ महीने की कैद की सजा तथा होसपेठ में निषेधाज्ञा का उल्लंघन करने के लिए जयलक्ष्मी केशवराव को सात महीने की जेल की सजा सुनाई गई।[17]

सरकार की ओर से बड़े पैमाने पर जारी निषेधाज्ञा को देखते हुए काँग्रेस में सत्याग्रहियों से गिरफ्तारी (कोर्ट अरेस्ट) देने की अपील जारी की। इस अपील पर

अमल करने के लिए ग्रामीण तथा शहरी क्षेत्रों से हजारों स्त्रियाँ दौड़ पड़ीं। सन् 1932-33 में गिरिजाबाई, मनोरमा नाईक तथा अंबाबाई ने उडीपी में विदेशी वस्त्र बेचनेवाली दुकानों का घेराव करके गिरफ्तारी दी। बंतवाल की 65 वर्षीया वृद्धा अंबाबाई कलपाडी तथा 18 वर्षीया लड़की तालचेकर उन दर्जनों महिलाओं में शामिल थीं जिन्होंने दक्षिणी कनारा में गिरफ्तारी दी। गोकोक तालुका के मलिंगन्नवर परिवार की तीन महिलाओं ने सन् 1932 में गिरफ्तारी दी। कुर्ग में दाल्यतंडा मुडम्मा एवं पांडियंडा सीताम्मा ने गिरफ्तारी दी। सावित्री अम्मा होसामनी तथा तीन अन्य स्त्रियों ने हावेरी में गिरफ्तारी दी। इनमें से प्रत्येक को छह महीने के कारावास की सजा दी गई। बीजापुर की गंगूबाई आम्बली को गिरफ्तारी देने पर नौ माह की जेल की सजा सुनाई गई। उपलब्ध सूचनाओं के अनुसार 1930-31 के दौरान लगभग बीस हजार महिला सत्याग्रहियों को गिरफ्तार करके जेल भेजा गया।[18]

जेल जाने की इन घटनाओं का असर यदि कुछ था तो वह यह कि महिलाओं की पूर्ववर्ती अवधारणाएँ तथा राष्ट्रवादी भावनाएँ और घनीभूत हुईं। जेल में गठित राजनीतिक परिचर्चा समूहों के बारे में मारग्रेट कूजिंस कहती हैं कि दुर्गाबाई देशमुख ने उन्हें बताया कि उन्होंने जेल में चर्खा चलाकर सूत कातना किस प्रकार सीखा; मनमोहिनी सहगल तथा मारग्रेट कूजिंस ने इस बात का उल्लेख भी किया कि जेल में विभिन्न वर्गों से आई अनेक जातियों की भिन्न भाषाएँ बोलनेवाली महिला सत्याग्रहियों की एकजुटता देखने लायक थी।[19] यह एकजुटता गैर राजनीतिक महिला कैदियों में कभी दिखाई नहीं पड़ी। कमलादेवी चट्टोपाध्याय ने बताया कि वे तथा कैप्टेन बहनें आर्थर रोड की जेल में साथ-साथ थीं। आर्थर रोड जेल लालबती एरिया (वेश्याओं का क्षेत्र) के पास थी। जेल में अनेक वेश्याएँ भी बंद थीं। जब महिला आंदोलनकारियों को रखने की जगह का जेल में अभाव हो गया तो उन्हें अराजनीतिक महिला कैदियों और यहाँ तक कि वेश्याओं के साथ भी कोठरियों में ठूँस दिया गया। आंदोलनकारियों (राजनीतिक महिला कैदियों ने) ने सामान्य विशेषरूप से वेश्या कैदियों के साथ रहने में स्वास्थ्य के आधार पर आपत्ति जताई इसलिए हमने विरोध प्रदर्शन भी किया।[20] नारीवादी महिलाएँ यह स्पष्ट करने के लिए तत्पर दिखाई पड़ीं कि वेश्याओं से उनका कोई नैतिक विरोध नहीं है अलबत्ता उन्हें वेश्यावृत्ति किए जाने का दुख जरूर है। मारग्रेट कूजिंस उस घटना को दोहराती हैं जब महिला सत्याग्रहियों ने जेल में देवदासियों के एक गुट का गर्मजोशी से स्वागत किया।

राष्ट्रवादी-नारीवादी गतिविधियों में स्त्रियों की संलिप्तता का कुछ हद तक उनके पतियों द्वारा विरोध किया जाना भी शुरू हुआ। कमला देवी चट्टोपाध्याय बताती हैं कि सन् 1930 के दशक में मैसूर में अखिल भारतीय महिला सम्मेलन के अधिवेशन के दौरान उनके तथा सर मिर्ज़ा इस्माइल के बीच किस प्रकार क्लेश हुआ। कमला देवी मिर्जा की पत्नी के बहुत निकट थीं क्योंकि श्रीमती मिर्जा महिलाओं के आंदोलन

में काफी सक्रिय थीं। इस कारण कमला देवी का मिर्जा के घर अक्सर आना-जाना लगा रहता था। अधिवेशन की समाप्ति के बाद मिर्जा ने महसूस किया कि कमला देवी न केवल राजनीतिक संकट वरन् महिलाओं की आजादी का सवाल उठाकर सामाजिक संकट भी पैदा कर रही हैं। कमला देवी के अनुसार, सर मिर्जा इस्माइल यह देख कर चिंतित हुए कि उनकी पत्नी कई मामलों में मनमानी करने लगी है। यद्यपि उनकी पत्नी का यह रवैया उनकी अपनी सोच के कारण था फिर भी इसका इल्जाम उन्होंने कमला देवी के मत्थे मढ़ दिया और मिर्जा ने कमला देवी के अपने घर आने पर रोक लगा दी।[21]

मनमोहिनी सहगल ने यह बात महसूस की कि उनके साथ जेल में बंद ज्यादातर औरतों के पतियों को अपनी पत्नियों के जेल जाने पर गर्व का अनुभव हो रहा था। उन्होंने जेल में अपनी माँ के साथ बंद एक सत्याग्रही स्त्री की घटना को याद करते हुए बताया :

> उसका पति एक दुकान में क्लर्क था। जब उसने सुना कि उसकी पत्नी जेल में है तो उसने किसी आदमी से उसके (पत्नी) पास संदेश भिजवाया कि अब घर लौटने की जरूरत नहीं है। वह भोली-भाली महिला पति के इस संदेश को सुनकर चिंतित हुई तथा रोने लगी। मनमोहिनी सहगल ने बताया कि गेरी गाँ जेल में अ, ब, स, किसी भी श्रेणी में बंद महिला कैदियों की जानीमानी नेता थीं। मेरी माँ ने जब यह खबर सुनी तो उन्होंने किसी आदमी को काँग्रेस के एक बड़े नेता के पास भेजा। साथ ही उन्होंने उस महिला के पति के पास भी संदेश भिजवाया कि उसकी पत्नी ने इतना उत्तम कार्य किया है जिसके लिए उसे (पति को) अपनी पत्नी के पास ऐसा मूर्खतापूर्ण संदेश भिजवाने के बजाय गर्व करना चाहिए। उसने जवाब दिया : ''मुझे अपनी पत्नी पर गर्व तो है मगर उसने यह काम करने से पूर्व मेरी इजाजत नहीं ली।'' वह उस समय जेल गई जब मैं आफिस में था। यही कारण है कि अब मैं उसे वापस लेने को तैयार नहीं हूँ। यह सब कुछ सुनने के बाद हर आदमी ने उसे लताड़ा और कहा : ''तुम्हें ऐसा मूर्खतापूर्ण व्यवहार नहीं करना चाहिए।'' इसके बाद वह अपनी पत्नी से मिलने के लिए नियमित जेल आने लगा।[22]

1930 के दशक में राष्ट्रवादी गतिविधियों में महिलाओं की सक्रियता का एक महत्त्वपूर्ण लाभ यह हुआ कि नारीवाद के संदर्भ में नारीवादी आंदोलनों पर उच्चवर्गीय स्त्रियों का प्रभाव समाप्त हुआ। मिसाल के तौर पर कमला देवी बताती हैं कि अखिल भारतीय महिला सम्मेलन में पहले महारानियों को अध्यक्ष बनाया जाता था। 1930 के दशक में महिलाओं ने महसूस किया कि ऐसी अध्यक्ष मात्र 'मुखौटा' होती हैं जबकि अखिल भारतीय महिला सम्मेलन सक्रिय स्त्रियों का संगठन है इसलिए किसी

सक्रिय महिला को इसका अध्यक्ष बनाए जाने की जरूरत है। इसीलिए सन् 1931 में सरोजिनी नायडू को सम्मेलन का अध्यक्ष चुना गया।[23]

राष्ट्रवाद को लेकर नारीवादियों में मतभेद भी पैदा होने शुरू हुए। नवंबर 1930 से जनवरी 1931 के मध्य जब पहला गोलमेज सम्मेलन आयोजित हुआ तो काँग्रेस ने उसका यह कहकर बहिष्कार किया कि इसमें दोमुँही चर्चा होती है क्योंकि सरकार भारतीयों की सीमित राजनीतिक तथा प्रशासनिक अधिकार देने की बात करती है। जिन थोड़े-बहुत भारतीयों ने गोलमेज सम्मेलन में भाग लिया उनमें से अधिसंख्य उदारवादी थे। बेगम शाहनवाज तथा कमला सुब्बारायन भी उनमें शामिल थीं। ये दोनों ही महिलाओं को चुनाव के लिए आरक्षण देने की हिमायत करनेवाली लॉबी की सदस्य थीं। इनका मत था कि महिलाओं को आरक्षण देने के बाद ही पुरुषों की समानता की जा सकती है। राष्ट्रवादी स्त्रियों ने उनकी इस दलील का विरोध किया तथा राष्ट्रीय स्त्री सभा एवं देश सेविका संघ ने गोलमेज सम्मेलन में बेगम शाहनवाज तथा कमला सुब्बारायन के शामिल होने के विरोध में प्रदर्शन आयोजित किया।[24] परंतु कुछ सप्ताह पश्चात यानी फरवरी सन् 1931 में गांधी जी ने वायसराय लॉर्ड इर्विन के साथ एक समझौते पर दस्तखत करने के साथ ही स्त्रियों का सुर बदल गया। उल्लेखनीय है यह समझौता गांधी जी ने कुछ ही दिनों पूर्व गोलमेज सम्मेलन के पहले दौर में बनी सहमति की आलोचना करने के फौरन बाद कर लिया। अपने बचाव में गांधी जी जो सबसे उपयुक्त दलील दे सकते थे वह यह थी कि उन पर अँग्रेजों से 'सम्मानजनक' समझौता करने के लिए भारतीय उद्योगपतियों की ओर से दबाव डाला जा रहा था क्योंकि अँग्रेजों ने रुई की गाँठों के आयात पर पाँच प्रतिशत अधिभार लगाने का आश्वासन भारतीय कपड़ा मालिकों को दे रखा था। गांधी-इर्विन समझौते का नागरिक अवज्ञा आंदोलन के दौरान गिरफ्तार किए गए कैदियों की रिहाई पर कोई खास असर नहीं पड़ा। गांधी जी द्वारा, पंजाब में अपनी हरकतों के लिए फाँसी की सजा प्राप्त क्रांतिकारी सरदार भगत सिंह की फाँसी माफ कराने के लिए, कोशिश करने से इनकार कर देने पर लज्जावंती को गहरा धक्का लगा।[25]

बेगम शाहनवाज तथा सरोजिनी नायडू दोनों ने दूसरे गोलमेज सम्मेलन में भी भाग लिया परंतु इस बार परिदृश्य पर राष्ट्रवादी-नारीवादी हावी रहे। उन्होंने सम्मेलन में मेमोरैंडम प्रस्तुत करके आरक्षण, नामांकन या विनियुक्ति जैसे सभी रियायती सुझावों को ठुकरा दिया और कहा कि किसी भी प्रकार की तरजीही कोशिश का अर्थ होगा भारतीय स्त्रियों को समान राजनीतिक दर्जा दिए जाने के एकमात्र निर्णय का खुलेआम उल्लंघन।[26]

आमतौर पर ऐसा माना जाता है कि स्वाधीनता संघर्ष में स्त्रियों की बढ़ती सहभागिता गांधी जी के प्रभाव के कारण थी। अब तक गांधी जी एक युग पुरुष

बन चुके थे और जिन क्षेत्रों का दौरा उन्होंने कभी नहीं किया था वहाँ भी लोग उनके नाम से परिचित हो चुके थे। उद्धारक के रूप में उनके आगमन की अफवाहों से तहलका मच जाता। गांधी जी के बारे में लोगों की भावनाएँ किस हद तक उभरीं, इसे मारग्रेट कूजिंस के निम्नलिखित वृत्तान्त में देखा जा सकता है। कूजिंस के अनुसार :

> सफेद बालोंवाली एक दृढ़ एवं शिक्षित खेतिहर वृद्धा अपनी अधेड़ उम्र की बेटी के साथ एक दिन अप्रत्याशित रूप से हमारे जेल के राजनीतिक गुट में आई। उन्होंने अपनी दास्तान सुनाते हुए कहा कि उन्होंने अपने मर्द से सुना है कि स्वराज आंदोलन चलानेवाले गांधी जी खुद भी जेल में हैं। वृद्धा ने कहा कि इतना सुनते ही हम दोनों ने आपस में चर्चा की कि "अगर गांधी जी जेल में हैं तो आओ हम भी वहीं चलें !" उन्होंने दूसरे दिन अपने मर्द के खेतों में जाने का इंतजार किया और जैसे ही वह घर से निकला हम दोनों ने मंदिर में जाकर भगवान की पूजा की तथा सात किलोमीटर की दूरी पर स्थित सबसे नजदीकी कस्बे तक पैदल चलकर विदेशी कपड़ों की एक दुकान का घेराव किया एवं गिरफ्तारी दी। उन्हें संतोष तभी हुआ जब वे जेल में सलाखों के पीछे पहुँच गईं।[27]

स्त्रियों की जुझारू क्षमता की ओर गांधी जी का ध्यान तब गया जब वे दक्षिण अफ्रीका में थे। उन्होंने महसूस किया कि उनके राजनीतिक विचारों का महिलाओं द्वारा व्यापक समर्थन किया गया। गांधी जी के नेतृत्व में छिड़े संघर्ष में स्त्रियाँ जेल गई, कठोर कारावास की सजा भुगती परंतु फिर भी कोई शिक़ायत नहीं की। गांधी जी के अनुसार, उनके सत्याग्रह की अवधारणा के विकास के दो प्रमुख आयाम थे। पहला तो उनकी पत्नी कस्तूरबा और दूसरा दक्षिण अफ्रीका की काली औरतें। कस्तूरबा एक दृढ़ इच्छाशक्तिवाली महिला थीं, जिसे मैंने अपने प्रारंभिक दिनों में महत्त्व न देकर भूल की। लेकिन उनकी उसी दृढ़ इच्छाशक्ति ने अनजाने ही उन्हें असहयोग आंदोलन की कला का मेरा गुरु बना दिया। इसकी शुरुआत मेरे अपने परिवार से ही हुई। जब मैंने सन् 1906 में इसे राजनीतिक क्षेत्र में शुरू किया तो यह सत्याग्रह के वृहद नाम से जाना गया।[28] बिना हैरानी के यह जानना दिलचस्प होगा कि जिस तरह की अपेक्षा उनकी कस्तूरबा से थी वैसी अपेक्षा होने या किए जाने की उम्मीद वे उस समय किसी और से नहीं करते थे।

गांधी ने कहा कि दक्षिणी अफ्रीका के सत्याग्रह आंदोलन में स्त्रियों की सहभागिता ने उन्हें (गांधी को) महिलाओं की आत्मबलिदानी एवं कष्ट सहन करने की असाधारण क्षमताओं का अहसास कराया। आनेवाले वर्षों में गांधी जी ने महिलाओं के अनिवार्य रूप से आत्मबलिदानी स्वभाव को एक सिद्धांत के रूप में प्रतिपादित किया जो कि नैतिक सिद्धांतों के आधार पर अहिंसक युद्ध के लिए सर्वाधिक उपयुक्त था।

"मैंने इन कॉलमों में सुझाव दिया है कि स्त्री अहिंसा का अवतार है। अहिंसा का अर्थ है अपरिमित प्यार जिसका दूसरा अर्थ है पीड़ा सहने की असीम क्षमता। स्त्री, पुरुष की माँ के अलावा इतना बड़ा कष्ट सहने की क्षमता भला और किस में दिखाई पड़ती है ? अपनी इस क्षमता का प्रदर्शन वह नौ महीने तक गर्भ में शिशु को रखने तथा उसे पालने में आनंद का अनुभव करती है... आइए हम उसके प्यार को संपूर्ण मानवता की ओर स्थानांतरित करने दें, उसे यह भूल जाने दें कि वह कभी पुरुष की वासना की शिकार थी या कि हो सकती है। तभी वह पुरुष के साथ उसकी माँ, निर्मात्री तथा मूक नेता होने का गौरवशाली दर्जा प्राप्त कर सकती है। आइए हम शांति के मकरंद की तलाश में युद्धरत विश्व को, स्त्री को शांति का पाठ पढ़ाने दें। वह सत्याग्रह की अगुआ बन सकती है और इसके लिए उसे कोई किताब पढ़ने की जरूरत नहीं है, परंतु एक साहसिक हृदय की आवश्यकता जरूर है जो कि कष्ट उठाने तथा निष्ठा से बनता है।[29]

भारतीय नारी के आत्मबलिदानी स्वभाव के बारे में गांधी की संस्तुति कोई मौलिक नहीं थी क्योंकि उसकी प्रशंसा पहले ही समाज सुधारकों तथा पुनरुत्थानवादियों द्वारा की जा चुकी थी। वस्तुतः उन्होंने नारी स्वभाव का पुनर्रूपण ही किया। समाज सुधारकों ने जहाँ स्त्री की आत्मबलिदानी प्रकृति को सांस्कारिक दबावों के चलते कष्टप्रद रूप में देखा वहीं पुनरुत्थानवादियों ने महिलाओं के संस्कारात्मक बलिदान को हिंदू स्त्री के गौरव की संज्ञा दी, परंतु गांधी ने स्त्री के आत्मबलिदानी स्वभाव को हिंदू संस्कारों से इतर माँ के रूप में भारतीय स्त्रीत्व के विशेष गुणों को परिभाषित किया। गांधी की दृष्टि में स्त्रियों द्वारा शांति और अहिंसा के प्रसार के लिए उनकी गर्भधारण एवं मातृत्व का अनुभव ही विशेष योग्यता है। अगर वे प्रसव की वेदना सह सकती हैं तो वे कुछ भी सह सकती हैं, कोई भी कष्ट उठा सकती हैं।

गांधी के अनुसार, स्त्री-पुरुष के मध्य जैविक भिन्नता जहाँ उनके पुरुषत्व एवं स्त्रीत्व का निर्धारण करती है, वहीं इसका आशय यह भी है कि दोनों अलग-अलग भूमिकाओं के लिए पैदा हुए हैं। ये भूमिकाएँ सदिच्छात्मक एवं समान रूप से महत्त्वपूर्ण हैं। पुरुष की भूमिका जहाँ जीविकोपार्जन की थी वहीं स्त्री की भूमिका गृहिणी एवं माँ के रूप में थी। पहले से जारी मातृत्व के गुणों और भूमिकाओं की बहस और उसके नियमों का गांधी ने यहाँ फिर पुनर्रूपायन किया। गर्मपंथियों तथा पुनरुत्थानवादियों ने जहाँ माँ की छवि को एक प्रताड़ित, जुल्म की शिकार अबला (विदेशी आक्रांताओं के जुल्म की शिकार भारतमाता) तथा माँ को वीर रक्षिका (माँ काली) के रूप में प्रस्तुत किया वहीं सुधारवादी, राष्ट्रवादी नारीवादियों ने माँ की छवि को पालक, समाजनिष्ठ एवं पुरुषों की समर्थक के रूप में पेश किया, गांधी ने माँ

की छवि की रचना आध्यात्मिक तथा नैतिक मूल्यों के समृद्ध भंडार तथा पुरुषों के गुरु के रूप में की। स्त्रियों की दशा सुधारने की पूर्ववर्ती दलीलों के पीछे सोच यह थी कि भारतीय स्त्रियाँ पिछड़ी, नादान तथा आमतौर पर असंतुष्ट हैं। दूसरी ओर गांधी जी ने भारतीय नारी की योग्यता की न केवल प्रशंसा की बल्कि यह भी कहा कि हमें उनसे सीखना चाहिए क्योंकि ऐसे अनेक कार्य हैं जो केवल स्त्रियाँ ही कर सकती हैं। ध्यान देने योग्य बात यह है कि गांधी ने न केवल भारतीय स्त्रियों के बारे में ये विचार व्यक्त किए बल्कि उन्होंने पश्चिमी औरतों, मिसाल के तौर पर अमेरिकी महिलाओं से भी कहा कि अभी उन्हें (अमेरिकी महिलाओं के) भारत की पवित्र सुशील तथा अहिंसक स्त्रियों से बहुत कुछ सीखना चाहिए। उल्लेखनीय है कि ब्रिटिश उपनिवेशवाद का सशक्त विरोध कर सकनेवाले राष्ट्रीय व्यक्तित्व की खोज में गांधी जी ने राजनीतिक तौर-तरीकों को भारतीयता खासतौर से स्त्रियों (उदाहरणार्थ-सत्याग्रह) की ओर मोड़ दिया।

गांधी जी पर एक विचारपूर्ण लेख में मधु किश्वर ने इसका उल्लेख किया है कि उन्होंने सार्वजनिक जीवन में महिलाओं को ऊँचा स्थान दिया, उनमें नया आत्मविश्वास जगाया और नया आत्मविचार यह कहते हुए पैदा किया कि "स्त्रियाँ उदासीनता त्यागकर सुधार के सकारात्मक उद्देश्य की ध्वजवाहिका बन गई हैं।"[30] यहाँ इस बात को जरूर मानना पड़ेगा कि स्त्रियों के बारे में ये विचार गांधी जी ने उस समय व्यक्त किए जब उन्होंने (स्त्रियों ने) न केवल सार्वजनिक व्यावसायिक क्षेत्रों में डॉक्टरों, अध्यापिकाओं एवं समाज सेविकाओं के रूप में सम्मान अर्जित करना शुरू कर दिया था बल्कि किसान-मजदूर आंदोलन जैसे राष्ट्रवादी एवं सुधारवादी आंदोलनों में शामिल होकर सार्वजनिक राजनीतिक ख्याति भी प्राप्त की। यहाँ मेरा इरादा स्त्री आंदोलन में गांधी की भूमिका के महत्त्व को कम करके आँकना नहीं है, गांधी का सबसे महत्त्वपूर्ण योगदान यह था कि उन्होंने सार्वजनिक गतिविधियों में महिलाओं की सहभागिता के औचित्य को सिद्ध करते हुए उसे विस्तार दिया ताकि वे वर्ग एवं सांस्कृतिक बंधनों को तोड़कर आगे बढ़ सकें। इसी समय महिलाओं के स्वभाव और भूमिका के बारे में गांधी की परिभाषा हिंदू पितृसत्ता से गहराई से जुड़ी हुई नजर आई और अक्सर उनका झुकाव महिला आंदोलनों को आगे बढ़ाने के बजाए उन्हें सीमित करने की ओर रहना। यद्यपि गांधी जी बताते हैं कि दक्षिण अफ्रीकी सत्याग्रहों में स्त्रियों की गुणवत्ता को देखकर वे हैरान रह गए। उन्होंने कहा कि मेरे ऊपर राष्ट्रवादी स्त्रियों की ओर से कई वर्षों से लगातार दबाव पड़ रहा था कि मैं स्त्रियों को सार्वजनिक अभियानों में शामिल होने की अपील जारी करूँ। प्रारंभिक वर्षों में गांधी ने स्त्रियों की 'विशेष भूमिका' घर में बताई : एक ओर जहाँ उन्होंने परिवार को सामाजिक परिवर्तन का उद्‌गमस्थल बताते हुए घर के निजी क्षेत्र को सार्वजनिक गतिविधियों की ओर मोड़ा वहीं दूसरी ओर उन्होंने यह बात साफ

कर दी कि सार्वजनिक गतिविधियों के क्षेत्र में स्त्रियों की भूमिका का और अधिक विस्तार गलत होगा। मिसाल के तौर पर उन्होंने कहा कि स्वदेशी आंदोलन में स्त्रियों की भूमिका एक प्रकार से गृह-आधारित ही थी क्योंकि इसमें महिलाओं को चर्खा चलाना तथा मात्र यह देखना होता था कि उसका परिवार खादी पहने। "स्वदेशी का संकल्प तब तक पूरा नहीं हो सकता जब तक उसमें स्त्रियाँ सहायता न करें। केवल पुरुष इस मामले में कुछ नहीं कर सकता। बच्चों पर उनका कोई नियंत्रण नहीं होता, बच्चों को कपड़े पहनाने का काम औरतों का है इसलिए यह आवश्यक है स्त्रियाँ स्वदेशी की भावना से ओतप्रोत हों।"[31]

1920 के दशक के अंतिम दिनों में गांधी ने अपने स्वर में परिवर्तन करते हुए महिलाओं को घर से निकलकर नागरिक अवज्ञा आंदोलन में शामिल होने की अपील की किंतु उन्होंने उनकी सहभागिता को विदेशी दवाओं, शराब की दुकानों की घेराबंदी करने तक सीमित कर दिया क्योंकि गांधीजी की नजर में स्त्रियों को यह कार्य स्वाभाविक रूप से फबता था, इसलिए नहीं कि शराब की दुकानों की वजह से महिलाएँ अपने पतियों की नशाखोरी से त्रस्त थीं बल्कि इसलिए भी कि यह निजी जीवन में नैतिकता एवं शुचिता का मुद्दा था। नमक के मुद्दे को अँग्रेजों के शासन में भारतीयों द्वारा झेली जानेवाली आर्थिक कठिनाइयों के प्रतीक के रूप में लिया गया। चूँकि यह सार्वजनिक जीवन से जुड़ा मुद्दा था इसलिए इसे औरतों द्वारा उठाया जाना ठीक नहीं था। अगर कुछ राष्ट्रवादी महिलाओं ने इस द्वैत (भेदभाव) का विरोध किया तो अन्य स्त्रियों ने महिला घेराव समिति का स्वागत भी किया। हंसा मेहता की दृष्टि में, महिलाओं को स्वदेशी के समर्थन में घर में रहने की पुरानी सोच में बदलाव लाते हुए स्त्रियों को गलियों में निकलकर घेराव करने के लिए प्रेरित करना पूर्ण स्वराज की दिशा में उठाया गया कदम था।[32] वास्तविकता यह है कि समस्त-महिला घेराव टुकड़ियों की रणनीति सबसे पहले श्रमिक आंदोलन के तहत सन् 1928-29 में बंबई की कपड़ा मिलों में हुई आम हड़ताल के दौरान अपनाई गई। कम्युनिस्ट ट्रेड-यूनियन नेताओं ने मिलों के मुख्य द्वारों पर महिला घेराव टुकड़ियाँ इसलिए तैनात करने का निर्णय लिया ताकि कोई सिरफिरा अगर मिल में प्रवेश का प्रयास करे तो उसे रोका जा सके। ऐसा पाया गया कि उस समय बहुत कम ही गुमराह श्रमिक महिलाओं के तानों का सामना कर सके क्योंकि महिलाएँ अक्सर उनके पुरुषत्व को निशाना बनाती थीं। इसके अलावा एक प्रमुख कारण यह भी था कि पुलिस उन दिनों स्त्रियों के साथ हाथापाई करने में उदारता बरतती थी। हमने देखा कि यह प्रारंभिक उदारता बहुत जल्द समाप्त हो गई।

सन् 1930 के दशक तक गांधी के दृष्टिकोण में उल्लेखनीय परिवर्तन आया। उनकी इच्छा थी कि वे कमला देवी के अनुरोध को स्वीकार करते हुए स्त्रियों से नमक सत्याग्रह में शामिल होने की अपील करें। 1930 के दशक के मध्य में नागरिक

अवज्ञा आंदोलन में स्त्रियों की भूमिका की गांधी जी ने सराहना की। गांधी जी ने कहा : "भारतीय स्त्रियों ने परदा फाड़कर फेंक दिया और राष्ट्र के काम के लिए बाहर आ गईं। उन्होंने महसूस किया कि देश उनकी घरेलू देखभाल की जिम्मेदारी के अलावा कुछ और अधिक करने की माँग कर रहा था...[33] गांधी जी ने देखा कि स्त्रियाँ उनकी अहिंसक लड़ाई में निकटता से उनकी नीतियों का अनुसरण कर रही हैं, क्योंकि यह बड़े पैमाने पर कष्ट उठाने का आह्वान था और महिलाओं के अलावा इतनी ईमानदारी से यह कष्ट और कौन उठा सकता था ?[34] गांधी जी का यह दृष्टिकोण समय की माँग और स्त्री के गुणों के अनुरूप था क्योंकि गांधी के विचारों के केंद्र में पीड़ा थी : उनकी आदर्श कार्यकर्ता 'स्वैच्छिक विधवा' थी जो कि 'मानवता के लिए एक उपहार' थी क्योंकि उसने 'कष्ट उठाने में खुशी हासिल करने का सबक सीख रखा था।' गांधी की निगाह में वही असली सती थी न कि वह स्त्री जो अपने पति की चिता में जल जाए :

> 'हमारे पूर्वजों ने सती के उल्लेख में जो विवरण दिया था वह आज भी प्रासंगिक है। उनकी व्याख्या के अनुसार सती वह स्त्री है जो हमेशा अपने पति से ही प्यार करे और उसके प्रति निष्ठावान रहे, पति के जीवन में स्वयं को उसकी निःस्वार्थ सेवा में समर्पित कर दे तथा उसकी मृत्यु के बाद भी मन, वचन एवं कर्म से पूरी तरह पवित्र रहे...अपने सतीत्व का प्रमाण वह औरत नहीं दे सकती जो अपने पति की मृत्यु के पश्चात उसकी चिता की अग्नि में कूद कर भस्म हो जाए बल्कि सतीत्व का प्रमाण वह स्त्री दे सकती है जो विवाह मंडप में सप्तपदी के सात फेरों में बँधने तथा पति की डोली में बैठने के बाद अपने प्यार, बलिदान, आत्मवहेलन के माध्यम से अपने पति, उसके परिवार तथा राष्ट्र के प्रति अपने समर्पण का परिचय दे और अपनी पहचान को पूर्णरूपेण अपने पति के साथ व्यक्त करे, ऐसी औरत संपूर्ण विश्व में अपनी पहचान कायम करना सीख जाती है।[35]

ऐसी किसी भी स्त्री को, जो मन, वचन तथा कर्म से पवित्र न हो, गांधी के आंदोलन में भाग लेने की अनुमति नहीं दी जाती थी। सन् 1925 में बंगाल काँग्रेस समिति ने जब वेश्याओं को अपने झंडे तले संगठित किया तो गांधी जी गुस्से से लगभग पागल हो गए। उन औरतों को गरीबों की सहायता करने, सेवा तथा खादी कताई एवं बुनाई जैसे गांधीवादी 'मानवीय' कार्य करने के लिए कहा गया। गांधी जी की नजर में वेश्याओं द्वारा किया गया ऐसा कार्य धूल-राख के अतिरिक्त कुछ भी नहीं था क्योंकि उन्होंने अभी तक वेश्यावृत्ति के जरिए पैसा कमाने का काम नहीं छोड़ा था। अपने को सुधार कर संन्यासिनियों की भाँति जीवन व्यतीत करने से पूर्व इन वेश्याओं को 'मानवीय कार्यों' में लगाने के विचार को गांधी जी द्वारा

'अश्लील' बताया गया जिन्होंने कहा कि इन औरतों की संगत तो 'चोरों के साथ' से भी बुरी है क्योंकि ये 'समाज की शुचिता का हरण करती हैं।' उन्हें तभी स्वीकार किया जा सकता है जब वे अहम् त्यागकर कष्ट सहने तथा चरखा एवं खादी के जरिए अपना सुधार करने के लिए तैयार हों।[36]

रानी गुडियालू

नागालैंड की उत्तरी कछार पहाड़ियों में रहनेवाली रानी गिडालू नामक महिला नागरिक अवज्ञा आंदोलन में अपनी सहभागिता के कारण बहुत मशहूर हुई। लोग प्यार से उसे 'रानी' कहते थे। रानी गिडालू मात्र तेरह वर्ष की आयु में ही स्वाधीनता संग्राम में कूद पड़ी। स्वाधीनता संग्राम में भाग लेने के लिए रानी को उसके चचेरे भाई जाडोनांग ने प्रेरित किया था। जाडोनांग सन् 1925 में मणिपुर जिले के ग्रामीणों को सत्याग्रह में शामिल होने के लिए संगठित कर रहा था। अँग्रेजों ने सन् 1931 में जाडोनांग को गिरफ्तार कर लिया तथा सरसरी तौर पर उस पर मुकदमा चलाकर उसे फाँसी पर लटका दिया। जाडोनांग के मृत्युदंड के पश्चात आंदोलन की बागडोर गिडालू ने सँभाली तथा उसका मुख्यालय मणिपुर से बदलकर उत्तरी कछार पहाड़ियों में ले आई। उस क्षेत्र में जेलियागोंग नामक आदिवासियों का बाहुल्य था। सन् 1931-32 में गिडालू ने वहाँ नो-टैक्स (कर का भुगतान नहीं) अभियान छेड़ा। कर का भुगतान बंद करनेवाले गाँवों पर अँग्रेजों ने सामूहिक जुर्माना लगा दिया तथा लाइसेंसी और गैर-लाइसेंसी सारे हथियारों को जब्त कर लिया। अँग्रेजों की इस हरकत से आंदोलन ने उग्र रूप धारण कर लिया तथा अनिवार्य ढुलाई लेवी का भुगतान बंद करने के साथ-साथ बेगार भी बंद कर दी गई। अँग्रेजों ने गिडालू की गिरफ्तारी के लिए अनेक हथकंडे अपनाए जिनमें से एक था जेलियागोंग जिले में रहनेवाले आदिवासियों के विवाह का झूठा विवाह प्रस्ताव। गिडालू अपने दल के साथ बराक नदी के सीमांत जंगलों में चली गई। गिडालू को गिरफ्तार करके जेल भेजने से पूर्व ब्रिटिश सरकार ने उसकी खोज के अनेक असफल प्रयास किए।[1]

जैसा कि नागरिक अवज्ञा आंदोलन में शामिल अनेक आदिवासी आंदोलनकारियों के साथ अक्सर होता था, उनके ऊपर काँग्रेस नेताओं द्वारा निर्धारित पाबंदियाँ लागू नहीं थीं, इसीलिए उन्हें राष्ट्रवादी आंदोलन में सम्मानजनक स्थान नहीं दिया गया। मिसाल के तौर पर कम्युनिस्ट इतिहासकारों ने तो गिडालू का अक्सर जिक्र किया परंतु राष्ट्रवादियों या गांधीवादियों ने उसकी चर्चा नहीं की।

संदर्भ

1. *विमला फारूकी एवं रेणु चक्रवर्ती, 'कम्युनिस्ट एंड वीमेन' 'कम्युनिज्म टुडे', 5 नवम्बर, दिल्ली, न्यू एज प्रेस, पृष्ठ 33-34*

कष्ट सहन करना एवं निजता के त्याग का अर्थ है सबके ऊपर होना, नियंत्रण करने के योग्य होना अपना सब-कुछ न्यौछावर करना है। साबरमती आश्रम का सदस्य बननेवाले लोगों को सुबह-शाम ठंडे पानी में बैठाया जाता था ताकि उनका गुस्सा शांत हो सके, विवाहित लोगों से अविवाहितों की तरह रहने यानी ब्रह्मचर्य का पालन करने की अपेक्षा की जाती थी तथा गैर शादीशुदा लोगों से आजीवन कुँवारा रहने तथा किसी के प्यार में लिप्त न होने की अपेक्षा की जाती थी। कोई चालीस वर्षों बाद सुचेता कृपलानी ने एक संस्मरण सुनाते हुए बताया कि एक बार वे गांधी के अनुयायी विनोबा भावे से मिलने वर्धा आश्रम गईं। उन्होंने बताया : ''जब मैं उनके पास ले जाई गई, वे उपवास पर थे। उन्होंने यह उपवास दो युवकों को, जो कि एक-दूसरे के प्यार में आबद्ध थे, आश्रम में रहने देने की अनुमति के पाप के प्रायश्चित्त के रूप में शुरू किया था। दोनों युवक आश्रम में बहुत बुझे-बुझे से रहते। यह सब मुझे अप्रत्याशित-सा महसूस हुआ।[37] वे बताती हैं कि जे. बी. कृपलानी के साथ मेरे विवाह का गांधीजी ने विरोध किया था। गांधी जी ने मुझसे कहा कि जे. बी. के साथ मेरे विवाह का मतलब है मेरी (गांधी की) 'दाहिनी भुजा' को तोड़ देना। मैंने उनसे कहा कि आप यह क्यों नहीं सोचते कि एक राष्ट्रीय कार्यकर्ता के बजाय आपको दो कार्यकर्ता मिल जाएँगे। मेरे विचारों को दरकिनार करते हुए गांधी जी ने कहा : 'मैंने ऐसे अनेक लोगों को देखा है विवाह के पश्चात वे परिवार एवं गृहस्थी के चक्करों में उलझ जाते हैं।' गांधी जी ने जब तक मुझे जे. बी. कृपलानी से विवाह न करने, न मिलने और न ही पत्र लिखने के लिए राजी नहीं कर लिया तब तक वे न केवल खिन्न एवं बेचैन रहे बल्कि अगले दिन वे एक नई मुसीबत लेकर मेरे पास आए। उन्होंने कहा—'अगर तुम नाराज रहा करोगी तो इससे कृपलानी को दुःख होगा, अतः तुम्हें किसी अन्य व्यक्ति से विवाह अवश्य कर लेना चाहिए।'[38] मैंने उनके इस प्रस्ताव को ठुकरा दिया और सन् 1936 में गांधी की अनुमति लिए बिना ही कृपलानी के साथ विवाह कर लिया। बाद में उन्हें माफ कर दिया गया, दोनों ने ब्रह्मचर्य के पालन का संकल्प लिया तथा गांधी जी के साथ कार्य किया। गांधी जी ने स्वयं ब्रह्मचर्य के अपने सिद्धांतों का काफी निकट परीक्षण किया। यह देखने के लिए कि वे स्त्री की कामुक उर्वरता का शमन कर पाते हैं कि नहीं, वे अपनी भांजी के साथ निर्वस्त्र होकर सोते थे।[39] इससे उनकी भांजी को कितना कष्ट हुआ होगा, इसका उल्लेख गांधी जी ने कभी नहीं किया और न ही उन्होंने इसके बारे में अपनी भांजी से कभी कोई पूछताछ की।

ऐसी बात नहीं है कि स्त्रियों की काम-वासना से केवल गांधीवादी ही डरते थे। पुरुष क्रांतिकारियों में इस डर की जड़ें ज्यादा गहरी थीं। ऐसा माना जाता था कि अगर क्रांतिकारी पुरुष स्त्रियों के सान्निध्य में आएँगे तो वे अपने संघर्ष के लक्ष्य से भटक जाएँगे। इसलिए 1920 तथा तीस के दशक में क्रांतिकारी उग्रवादी आंदोलन के दौरान क्रांतिकारियों के लिए कठोरतम नियम बनाए गए थे। इन नियमों में

क्रांतिकारियों के लिए स्त्रियों से दूर रहना अनिवार्य था।[40] भगत सिंह के ऊपर लिखी अपनी किताब में मन्मथनाथ गुप्त पंजाब में कम्युनिस्ट आंदोलन में स्त्रियों की भूमिका की चर्चा करते हुए निम्नलिखित घटना का उल्लेख करते हैं :

> क्रांतिकारी आंदोलन में रोचक घटनाओं की श्रृंखला में एक बड़ी दिलचस्प घटना यह थी कि क्रांतिकारी पार्टी की नीतियों के विपरीत यशपाल की प्रकाशवती से घनिष्ठता (तब तक दोनों ने विवाह नहीं किया था) काफी चर्चित थी। क्रांतिकारी पार्टी के सुप्रीमों (मुखिया) चंद्रशेखर आजाद ने नियमों का उल्लंघन करने के जुर्म में यशपाल को मौत की सजा सुनाई और मृत्युदंड की सजा के क्रियान्वयन का दायित्व वीरभद्र तिवारी को सौंपा। परंतु तिवारी ने इसकी सूचना यशपाल को दे दी जिसके बाद यशपाल वीरभद्र तिवारी के पैरों पर गिर पड़े।[41]

सन् 1977 में लिखते हुए गुप्त कहते हैं कि ''यह अच्छा ही हुआ कि यशपाल बच गए वरना हिंदी साहित्य अपने एक पुरोधा से वंचित हो जाता।'' श्री गुप्त कहते हैं : ''आजाद ने क्रांतिकारी आंदोलन की श्रेष्ठतम परंपराओं के अनुरूप पूरी दृढ़ता से व्यवहार किया। उनके मन में किसी के भी प्रति कोई द्वेष नहीं था।[42] मन्मथनाथ गुप्त प्रकाशवती के विषय में कुछ भी नहीं कहते। दिलचस्प यह है कि सुरक्षा की दरकार केवल पुरुषों को ही होती थी। महिलाएँ खतरनाक नहीं भी होती थीं तो भी उन्हें काम-वासना के डर से खतरनाक माना जाता था। गांधी का स्पष्ट मत यह था कि कृपलानी तभी सुरक्षित रहेंगे जब सुचेता अपनी चाहत किसी अन्य पुरुष की ओर मोड़ें, इसी समय उन्होंने यह भी महसूस किया कि सुचेता ऐसा कर पाने में सक्षम नहीं हैं। ठीक ऐसा ही यशपाल के मामले में हुआ। आजाद ने सजा के लिए यशपाल का चयन तो किया परंतु उन्होंने प्रकाशवती का जिक्र तक नहीं किया। शायद इसका कारण आजाद की यह सोच रही हो कि स्त्री होने के नाते प्रकाशवती अपनी सहायता स्वयं नहीं कर सकती थीं।

इस प्रकार यह परिभाषा केवल उन्हीं स्त्रियों तक सीमित थी जो आंदोलन में अपनी पसंद के कार्यकर्ता के साथ जुड़ी थीं। राष्ट्रवादी आंदोलन में या क्रांतिकारी आंदोलन में केवल उन्हीं स्त्रियों को शामिल किया जा रहा था जो केवल अपने उद्देश्यों के प्रति समर्पित होने को तैयार थीं। इस गुट में एक नए किस्म की नारी सहभागिता विकसित हुई। पहले जहाँ स्त्रियों को शरण देने तथा प्रचार के काम तक मर्यादित किया गया था वहीं अब वे सीधी कार्रवाई तथा कोर ग्रुप की सदस्य बनने के लिए तैयार थीं। सन् 1920 के दशक में अनेक क्रांतिकारी गर्मपंथी काँग्रेस में शामिल हो गए परन्तु 1930 के दशक तक ऐसे कार्यों को लेकर असंतोष उभरा और बंगाल में सीधी सशस्त्र कार्रवाई की चर्चाएँ चलने लगीं। इन गतिविधियों का केंद्र चटगाँव था जहाँ क्रांतिकारियों का एक जत्था तैयार हो चुका था। 18 अप्रैल को उन्होंने पुलिस

तथा उसके सहायक बलों के शस्त्रागारों पर कब्जा करने, टेलीफोन एक्सचेंज तथा तारघर को नष्ट करने एवं यूरोपीय लोगों के क्लब पर बम फेंक कर उनकी हत्या करने का उदाहरण पेश करने की रणनीति बनाई। क्रांतिकारी पुलिस शस्त्रागार पर छापा मारने, टेलीफोन एक्सचेंज में बोर्ड को नष्ट करने में सफल रहे परंतु सहायक बलों के शस्त्रागार में आग लगाने के पश्चात पुलिस के आ जाने से भाग खड़े हुए। अनेक क्रांतिकारी पुलिस के हाथों मारे गए तथा अन्य भाग जाने में सफल रहे।[43]

जैसे ही चटगाँव शस्त्रागार पर छापा मारने की खबर प्रांत में फैली, अनेकानेक लोग उत्साह से भर गए। क्रांतिकारी जत्थे में शामिल होने के लिए रंगरूटों की एक तेज धारा बह निकली। छापामार कार्रवाई की रोमांचक अपील ने युवा स्त्री-पुरुषों को गरमपंथी दल में शामिल होने को उत्साहित किया तथा अब तक जो युवक-युवतियाँ क्रांतिकारियों को गृहरक्षक संदेशवाहक तथा कभी-कभी कामरेडों के रूप में सहायता कर रहे थे, उन्होंने क्रांतिकारी जत्थे में शामिल होने की इच्छा जताई।[44] पुलिस द्वारा अनेक क्रांतिकारियों को गोली मार दिए जाने के प्रतिशोध स्वरूप क्रांतिकारियों ने पुलिस कमिश्नर की हत्या करने का निर्णय लिया तथा अपने गुट के दो सदस्यों दिनेश मजूमदार तथा अनूजा सेन को 25 अगस्त को पुलिस कमिश्नर की कार को बम से उड़ाने की हिदायत दी। मजूमदार का बम तो कार को क्षतिग्रस्त करने में सफल रहा परंतु अनूजा का बम उसके फेंकते ही फट गया जिसके कारण उसकी मौके पर ही मृत्यु हो गई। अगस्त में ही तीन अन्य क्रांतिकारी स्त्रियों को पुलिस ने गिरफ्तार किया जिनमें से एक को सारशबाड़ी नामक स्थान से विस्फोटक पदार्थों के साथ गिरफ्तार किया गया। यह विस्फोटक सामग्री लेकर वे स्त्रियाँ कलकत्ता से मेमनसिंह जिले में जा रही थीं।[45]

अक्टूबर सन् 1931 में सरकार ने एक कानून पास किया जिसके तहत लोगों को हिंसा के लिए उत्तेजित या प्रोत्साहित करनेवाली सामग्री के प्रकाशन पर प्रतिबंध लगा दिया गया। इसके साथ ही सरकार ने एक अध्यादेश जारी किया जिससे किसी भी व्यक्ति को आतंकवादी गतिविधियों में लिप्त होने का संदेह होने पर पुलिस को उसे गिरफ्तार करने या रोके रखने के विशेष अधिकार एवं शक्तियाँ प्रदान कर दी गईं। इसके अलावा संज्ञेय अपराधों की सूची में विस्तार कर दिया गया जिससे क्रांतिकारियों को शरण देनेवाले लोग भी दंड के पात्र बन गए। नवंबर में चटगाँव जिले में आपातकाल की घोषणा कर दी गई और पुलिस तथा सेना को 'आतंकवादियों एवं भगोड़ों' को गिरफ्तार करने की विशेष शक्ति प्रदान कर दी गई। जिला मजिस्ट्रेट को संपत्ति जब्त करने, कुछ स्थानों पर प्रवेश की सीमा का उल्लंघन करने, यातायात व्यवस्था को नियमित करने तथा क्रांतिकारियों की कार्रवाइयों को कारगर बनानेवाले संदिग्ध निवासियों पर सामूहिक जुर्माना लगाने के अधिकार दे दिए गए।[46] सती प्रथा को रोकने के लिए भी यही तरीका इस्तेमाल किया गया था और उस समय यह हद से ज्यादा असरदार रहा था।

प्रीतिलता वाडेदार

मैं उसे तब से जानती हूँ जब हम दोनों बहुत छोटी थीं। हम दोनों एक साथ स्कूल जाती थीं, वह मुझसे एक कक्षा आगे थी। जब हम बड़ी कक्षाओं में पहुँचे तो दोनों बालिका गाइड में शामिल हो गए। हम दोनों परस्पर चर्चा करते कि यह हमारा कर्त्तव्य है कि हम 'दूसरे पक्ष' की सभी जानकारी प्राप्त करें। यह हमारी अपनी ताकत के निर्माण के लिए उपयोगी होगा। हम पहले 'ईश्वर और सम्राट' के प्रति निष्ठावान होने का संकल्प लेना चाहती थीं परंतु हमने अपना संकल्प बदलकर 'ईश्वर और राष्ट्र' के प्रति निष्ठावान होने का व्रत लिया।

प्रीति मुझे बताती कि उसके परिवार के सभी लोग शुद्ध भारतीय जीवन शैली अपनाते हैं। सभी लोग स्वदेशी वस्तुओं का उपयोग करते हैं। उसकी बातें सुनकर मुझे हीनता का बोध होता क्योंकि मेरे परिवार में विदेशी वस्त्रों समेत अन्य विदेशी वस्तुओं का भी इस्तेमाल होता था तथा मेरा परिवार तत्कालीन नजरिए के प्रति निष्ठावान था।

विद्यार्थी जीवन में भविष्य के प्रति हम दोनों का नजरिया स्पष्ट नहीं था। कभी-कभी हम दोनों महान वैज्ञानिक बनने के सपने देखतीं। फिर रानी झाँसी ने अपने उदाहरण के जरिए हमारी कल्पनाओं को भड़काया। कभी-कभी हम निडर क्रांतिकारी बनने की बातें सोचतीं।

कल्पना तथा प्रीति दोनों कालेज के राष्ट्रवादी गुट में शामिल हो गईं तथा वहीं पर लाठी एवं तलवारबाजी का प्रशिक्षण लिया। कालेज के पश्चात कल्पना कलकत्ता विश्वविद्यालय में दाखिल हुई जबकि प्रीति ढाका विश्वविद्यालय चली गई।

छुट्टियों में हम दोनों तथा दो अन्य लड़कियाँ चटगाँव के क्रांतिकारियों के संपर्क में आईं। प्रीति ने उन दोनों लड़कियों पर इसके बावजूद कि वे दोनों स्कूल के दिनों में भी उसकी सहेलियाँ थीं, ज्यादा विश्वास नहीं किया। प्रीति अक्सर कहा करती—"मुझे डर है कि वे दोनों टूट जाएँगी—वे नरमदिल हैं।" वह बुजदिलों से लेशमात्र संपर्क से भी घृणा करती थी।

एक छोटी-सी घटना से प्रीति के अत्यंत सुशील स्वभाव का पता चलता है। सन् 1930 में पूजा के दिनों में उसने मुझे अपने घर पर दावत में शामिल होने के लिए बुलाया। हम दोनों आपस में इस बात पर चर्चा कर रही थीं कि क्या हम दोनों में से कोई एक गोश्त के लिए बकरे की बलि दे सकती है। मैंने कहा, "हाँ, हाँ ! मैं दे सकती हूँ बकरे की बलि। इसमें कोई खास बात नहीं है।" प्रीति ने कहा : "सचमुच इसमें डरने की तो कोई बात नहीं है, परंतु मैं एक निरीह, अबोध जीव की हत्या नहीं कर सकती।" किसी ने यकायक पूछा ! फिर तुम लड़ने के लिए किसकी

तलाश में हो ? उसने फौरन जवाब दिया : "यदि मैं देश की आजादी के लिए अपनी जान देने को तैयार हूँ तो जरूरी हो तो बेझिझक होकर मैं किसी की जान ले भी सकती हूँ, परंतु मैं एक निरीह, अहानिकर निर्दोष जीव की हत्या नहीं कर सकती।" इस घटना के दो वर्षों के भीतर ही अपनी जान देकर उसने साबित कर दिया कि जो कुछ उस समय उसने कहा था उस पर वह खरी उतरी।

प्रीति अपने माता-पिता की अकेली संतान थी। वही उनकी खुशी थी, और अपने बलिदान के बावजूद वह उन्हें प्रिय थी। उसके माता-पिता को उस पर गर्व था।[1]

संदर्भ

1. *कल्पना दत्ता, 'चटगाँव आरमरी रेडर्स-रेमिनी सेंसेज', पीपल्स पब्लिशिंग हाउस, दिल्ली 1945, पृष्ठ-51-6*

बहरहाल उग्रवादी गतिविधियाँ जारी रहीं, बड़ी संख्या में लड़कियाँ क्रांतिकारी गुटों में शामिल हुईं या उन्होंने अपनी मर्जी से खुद को सीधी कार्रवाई में झोंक दिया। दिसंबर सन् 1931 में शांति घोष तथा सुनीति चौधरी नामक दो लड़कियों ने टीपर के जिला मजिस्ट्रेट स्टीपेंस की गोली मारकर हत्या कर दी। यह वही मजिस्ट्रेट था जिसने सरकारी नियमों का महिलाओं के शोषण के लिए सर्वाधिक दुरुपयोग किया था। इला सेन के अनुसार :

> "पर्वतीय इलाकों में किसी भी अच्छे घर की बंगाली लड़की इन मजिस्ट्रेटों की निगाहों से बच नहीं सकती थी। ये लोग उसे पकड़कर उसके साथ ज्यादती करते तथा अपने अधिकारों का दुरुपयोग करते थे। इसलिए दो नवयुवतियों ने मजिस्ट्रेट की हत्या करके इस अपमानजनक स्थिति के खात्मे का नमूना पेश किया। उनका मानना था कि बर्बरता का जवाब उसी की भाषा में दिया जाना चाहिए अतः वे दोनों युवतियाँ निडर होकर मजिस्ट्रेट के दफ्तर में गईं और वहाँ जाकर उसे गोली मारकर ढेर कर दिया। उन्हें मालूम था कि वे गिरफ्तार कर ली जाएँगी परंतु उन्होंने एकदम शांत एवं साहसी रवैये का

स्त्रियों को संबोधित करते गांधी जी

परिचय दिया। इनका साहस उस समय भी बरकरार रहा जब वे फाँसी पर लटकाए जाने के लिए ले जाई जा रही थीं। सारी दुनिया इस 'विद्रोही' घटना से हैरान रह गई तथा उसने इन लड़कियों की कार्रवाई को 'शर्मनाक' कहा परंतु सच्चाई से कोई भी वाकिफ नहीं था। यहाँ तक कि असेम्बली के एक सदस्य ने दूसरे से कहा : "जाओ और जाकर पूछो उन बंगाली लड़कियों से कि उन्होंने ऐसा काम क्यों किया।" शोरशराबे में उनकी आवाज अनसुनी होकर रह गई तथा इस विषय में कोई उचित जाँच भी नहीं कराई गई।[47]

शान्ति घोष तथा सुनीति चौधरी को मौत की सजा सुनाई गई। उन दोनों ने यह काम बीना दास की तरह ही अपनी मर्जी से किया था। बीना दास ने फरवरी 1922 में बंगाल के गवर्नर सर स्टैनली जैक्सन की गोली मार कर हत्या करने की कोशिश की थी। बीना दास छात्रा संघ की सदस्य थी तथा उसकी बहन कल्याणी उसकी सचिव थी। संघ के सदस्यों को दिनेश मजूमदार लाठी-खेला सिखाते थे। श्री मजूमदार खुद भी एक क्रांतिकारी थे। उन्होंने क्रांतिकारियों को प्रशिक्षण देने तथा उन्हें भर्ती करने के लिए एक केंद्र खोल रखा था। कमलादास गुप्ता भी छात्रा संघ की सदस्य थीं। बाद में सन् 1920 में वे युगांतर पार्टी में शामिल हो गईं। पार्टी के नेता रसिकलाल दास ने उनसे कहा कि घर में रहकर क्रांतिकारी कार्य करना संभव नहीं है अतः वे हॉस्टल (छात्रावास) में चली जाएँ। जिस हॉस्टल में वे गईं उसका संचालन बीना तथा कल्याणी दास की माँ करती थीं। छात्रावास महिलाओं की क्रांतिकारी गतिविधियों का केंद्र था क्योंकि कमलादास गुप्ता एवं उनकी पूर्ववर्ती प्रबंधिकाओं–सुहासिनी देवी इत्यादि–ने उसे क्रांतिकारी उद्देश्यों के लिए इस्तेमाल किया। कमला भंडार गृह में बम तथा विस्फोटक सामग्री छिपाकर रखती थीं जबकि सुहासिनी देवी चटगाँव शस्त्रागार पर छापा मारनेवाले क्रांतिकारियों को शरण देती थी।[48]

बीना दास ने गवर्नर को गोली मारने की अपनी योजना का राज़ कमला दासगुप्ता को बताया तथा एक रिवाल्वर उपलब्ध कराने में सहायता करने का अनुरोध किया। चूँकि बीना दास कमला दासगुप्ता के बजाय दूसरे क्रांतिकारी गुट की सदस्य थीं इसलिए कमला ने उन्हें इस काम के लिए अपनी पार्टी के नेताओं से सहायता माँगने की सलाह दी। परंतु बीना दास ने बताया कि चूँकि उनका अपना गुट बिखर गया है, कुछ सदस्य गिरफ्तार हो चुके हैं और शेष छिपे हुए हैं इसलिए उसने (बीना दास) यह काम स्वयं करने का निर्णय लिया। ऐसा उन्होंने खासतौर से इसलिए किया ताकि कोई भी उनकी कार्रवाई की जिम्मेदारी अपने ऊपर न ले। कमला के अनुसार, उन्होंने बीना दास को समझाया और उन्हें ऐसे कार्यों के भयंकरतम परिणाम भुगतने की चेतावनी दी। यह देखने के लिए कि यह अपनी योजना पर अमल कर सकती है कि नहीं, मैंने बीना दास की कठिन परीक्षा ली और जब मैंने देखा कि वह (बीना)

अपने इरादे पर दृढ़ है तो मैंने उसकी सहायता करने का निर्णय लिया। कमला दासगुप्ता ने छात्रावास की लड़कियों से धन लेकर अपने एक पुरुष कामरेड के साथ जाकर बंदूक खरीद लाईं। कामरेड साथी ने बीना दास को बंदूक चलाने का प्रशिक्षण दिया। बीना दास की कोशिश विफल हो जाने के बाद जब उसे गिरफ्तार कर लिया गया और पूछताछ की गई तो उसने किसी अन्य का नाम नहीं बताया। बीना दास को नौ वर्ष के कठोर कारावास की सजा सुनाई गई।[49]

कुछ दिनों के बाद कमलादास गुप्ता स्वयं गिरफ्तार हो गईं तथा उन्हें एक मार्च, 1932 को छह साल की कैद की सजा सुनाई गई। चटगाँव शस्त्रागार पर धावा बोलनेवाले क्रांतिकारियों को भी उसी दिन सजा सुनाई गई थी। सात महीने बाद सितंबर में एक अन्य युवा महिला क्रांतिकारी प्रीतिलता वाडेकर ने अँग्रेजों के पहाड़ताली क्लब पर धावा बोलकर क्लब के मुख्य हाल में बम फेंका। एक व्यक्ति की मौके पर ही मृत्यु हो गई जबकि चार अन्य घायल हो गए। अनेक छापामार भाग गए परंतु प्रीतिलता वाडेकर पुरुष वेश में क्लब के बाहर मृत पाई गई। उसने गिरफ्तार होने के बजाय सायनाइड खाकर जान देना अधिक श्रेयष्कर समझा। प्रीतिलता के पास से एक पत्र बरामद हुआ जिसमें लिखा गया था कि यह हमला एक युद्धक कार्रवाई का अंग है। उसी दिन चार अन्य पर्चे बाँटे गए जिनमें शिक्षकों, छात्रों तथा जनता से ब्रिटिश शासकों तथा यूरोपियों के विरुद्ध संघर्ष छेड़ने की अपील की गई थी।[50]

प्रीतिलता वाडेकर एवं कमलादास गुप्ता दोनों ही बंकिमचंद्र तथा शरत्चन्द्र से प्रेरित थीं। दोनों ने अपनी किशोरावस्था में उनके उपन्यास पढ़े थे। उपन्यास पढ़ते-पढ़ते वे इतनी रोमांचित हो उठतीं कि दोनों ने अपना जीवन देश को समर्पित कर देने का इरादा बना लिया। तानिका सरकार बताती हैं कि बंगाल में जैसे-जैसे क्रांतिकारी आंदोलन में नवयुवतियों की सक्रियता बढ़ी, न कवेल स्त्रियों की गतिविधियों का विरोध बढ़ा बल्कि घर के बाहर उनकी किसी भी कार्रवाई पर अंकुश लगाया जाना शुरू हो गया। रवीन्द्रनाथ टैगोर के उपन्यास **'चार अध्याय'** के अंत में उपन्यास की नायिका कहती है राजनीति में

मंगलूर में एक युवा सम्मेलन के दौरान ध्वजाभिवादन

लिप्त होकर उसने 'भारी भूल' की है। यह ऐसी स्वीकारोक्ति थी जिसका स्वागत करते हुए उपन्यास के नायक ने कहा : "अंततः अब मैं तुम्हें वास्तविक लड़की के रूप में देख रहा हूँ। तुम राजनीति से इस्तीफा दे कर मेरे पास बैठकर मुझे दूध, भात, मछली खिलाओ और स्वयं पंखा झलो। राजनीतिक क्षेत्र में जब तुम बिखरे बाल और चढ़ी हुई गुस्सैल आँखों के साथ दिखाई पड़ती हो तो ऐसा लगता है कि तुम अपना सामान्य जीवन जीने के बजाय एक असंतुलित, अस्वाभाविक जिंदगी जी रही हो।[51] ऐसे शब्दों का प्रयोग स्पष्टतया स्त्री की राक्षसी छवि प्रस्तुत करने की नीयत से किया गया था। बिखरे बाल, चढ़ी हुई गुस्सैल आँखें, असंतुलित, अस्वाभाविक जीवन जैसे शब्दों के प्रयोग कुछ-कुछ काली के स्वरूप का स्मरण कराते हैं और स्त्री की वासना की भूख को प्रतिबिंबित करते हैं तथा इसे घरेलू वासना से अभिभूत करते हैं जिसके तहत स्त्री, पुरुष की सेवा करती है। शरत्चंद्र ने भी अपनी कहानियों में राजनीतिक तथा शिक्षित, पाश्चात्य एवं उन्मुक्त स्त्रियों का चित्रण किया है जो घर से बाहर अपनी भूमिका तलाशती है।"[52]

पाश्चात्य संस्कृति में रंगी भारतीय स्त्रियाँ सारे देश में राष्ट्रवादी स्त्रियों के तिरस्कार की पात्र बन रही थीं। सरोजिनी नायडू तथा बेगम शाहनवाज ने घोषणा की कि भारतीय महिलाओं का आंदोलन पश्चिमी महिलाओं के आंदोलन की तरह केवल 'स्त्रीवादी' नहीं है।[53] वी. रामकृष्ण राव ने सीता एवं सावित्री की छवि के विलुप्त होने पर दुख प्रकट करते हुए पश्चिमी नारीवादियों के रवैये पर नाखुशी का

महिला काँग्रेस कार्यकर्ताओं द्वारा जवाहरलाल नेहरू का स्वागत।

इजहार किया।[54] कार्नेलिया सोराबजी ने पश्चिमी प्रभावग्रस्त भारतीय स्त्रियों की नवीन व्याख्याओं को भी इसके साथ जोड़ दिया।

> 'सन् 1885 के रहनुमा मन से सेवा के लिए मजबूर थे : उन्होंने महिला अधिकारों की बाबत बहुत कम बातें कीं। वे महिलाओं की जरूरतों को ध्यान में रखकर

विजयलक्ष्मी पण्डित लखनऊ के महिला विद्यालय गर्ल्स कॉलेज में राष्ट्रीय ध्वज फहराते हुए।

> आंदोलन के लिए प्रेरित हुए। यह उनकी अंतरात्मा की आवाज थी। सन् 1935 के पश्चात ऐसा लगता है कि वे दिल के बजाय दिमाग से सोचने लगे। सेवा भाव काफी हद तक राजनीति से प्रेरित एवं निर्देशित है...महिलाओं के अधिकार एक नारा बन चुके थे—अधिकार दृष्टि से ओझल हो गए शायद इसका कारण यह था कि पश्चिमी तौर-तरीके बनावटी थे। अँग्रेजी नारीवादियों की जो आखिरी उपलब्धि थी वह हमारा प्रारंभिक बिंदु होनेवाला था। 'एक झटके में अमीर' बनने की प्रवृत्ति ने अनेक सामाजिक बुराइयाँ पैदा कर दीं जो आज तक हमारे साथ हैं।[55]

अँग्रेजी नारीवादियों के साथ सहयोग के मुद्दे पर अखिल भारतीय महिला सम्मेलन (एआईडब्ल्यूसी) के अंदर बहस 1920 के दशक के अंत में प्रारंभ हुई। एलीनर रैथबोन इंग्लैंड की समान नागरिकता के लिए बनी समितियों की राष्ट्रीय यूनियन की अध्यक्ष थीं। यूनियन ब्रिटेन की आंदोलनकारी महिलाओं के मध्यमार्गी गुट का प्रतिनिधित्व करती थी। एलीनर रैथबोन ने अखिल भारतीय महिला सम्मेलन को एक पत्र लिखा

भगत सिंह की समकालीन दुर्गा भाभी जिन्होंने उन्हें लाहौर से भागने में मदद की।

बीना दास जिन्होंने बंगाल के गवर्नर स्टैनली जैक्सन की हत्या की कोशिश की।

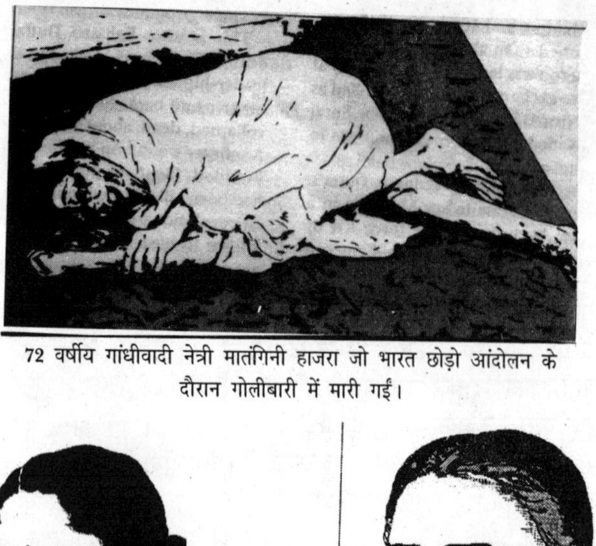

72 वर्षीय गांधीवादी नेत्री मातंगिनी हाजरा जो भारत छोड़ो आंदोलन के दौरान गोलीबारी में मारी गईं।

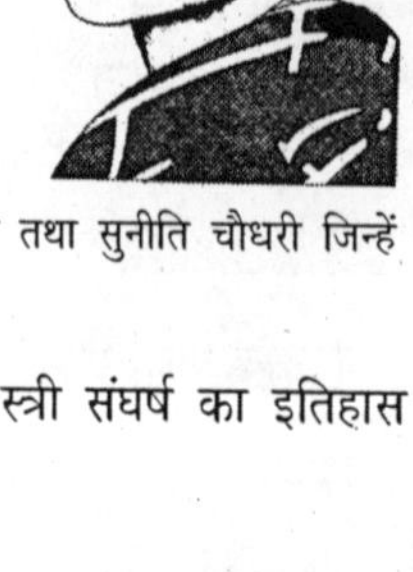

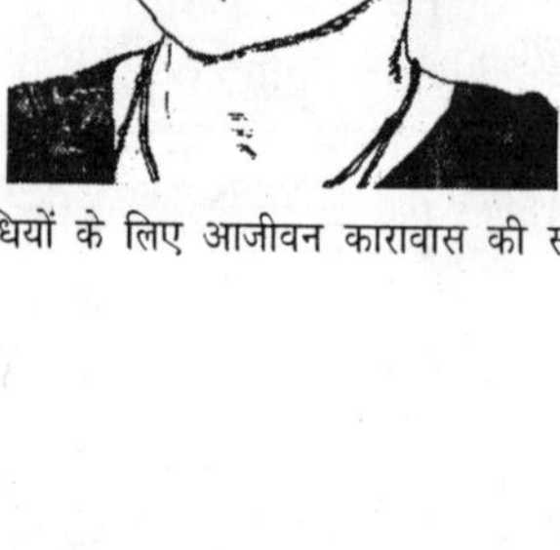

शांतिघोष तथा सुनीति चौधरी जिन्हें आतंकवादी गतिविधियों के लिए आजीवन कारावास की सजा सुनाई गई।

जिसमें बाल-विवाह की बुराइयों के संबंध में एक पुस्तक तैयार करने के लिए दोनों संगठनों को मिलकर काम करने का सुझाव दिया गया था। सन् 1927 में कमलादेवी चट्टोपाध्याय ने रैथबोन के प्रस्ताव का विरोध करते हुए कहा : "हमें यह बात जरूर महसूस करनी चाहिए कि एक जिम्मेदार संस्था के रूप में अखिल भारतीय महिला सम्मेलन को देश के बाहर के किसी संगठन से सहयोग करने के सभी प्रकार परिणामों का ध्यान रखना होगा।"[56] रैथबोन ने यह कदम कैथरीन मेरायो की पुस्तक *'मदर इंडिया'* से प्रभावित होकर उठाया था। उल्लेखनीय है कि मेयो की पुस्तक में हिंदू 'रूढ़िवादिता' पर बड़ी अपमानजनक टिप्पणियाँ की गई थीं जिससे राष्ट्रवादी अत्यंत क्षुब्ध थे।

भारतीय राष्ट्रवादी नारीवादियों के पश्चिमी नारीवादियों से दूरी का कारण अगर मेयो की पुस्तक थी तो दूसरी ओर पश्चिमी नारीवादियों का तिरस्कार भाव इसका दूसरा प्रमुख कारण था। बारबरा रामुसैक ने इस बात का उल्लेख किया है कि एक मध्यमार्गी भारतीय नारीवादी धन्वंती रामाराव ने ब्रिटेन की नारीवादियों द्वारा भारत में सामाजिक सुधार के उद्देश्य से रैथबोन द्वारा आयोजित सम्मेलन में भाग लिया : "रामाराव ने एक बार भारत में अँग्रेज अधिकारियों की बीवियों से मदद ली थी। परंतु धनवंती रामाराव को रैथबोन के इस कथन 'भारतीय समाज की सामाजिक बुराइयों को खत्म करने की जिम्मेदारी अँग्रेज स्त्रियों की है' पर बेहद गुस्सा था। उनका गुस्सा यह देखकर और बढ़ गया कि सम्मेलन की अधिसंख्य वक्ता ऐसी अँग्रेज महिलाएँ थीं जो भारत में कभी नहीं रहीं। धनवंती रामाराव ने सम्मेलन में कहा कि भारतीय स्त्रियाँ पहले ही 'सामाजिक बुराइयों' के प्रति देशव्यापी अभियान चला रही हैं। इसके साथ ही उन्होंने जोड़ा कि—हमें पूरा विश्वास है कि किसी बाहरी की तुलना में हम ज्यादा सफल होंगी क्योंकि विदेशी स्त्रियाँ हमारे सांस्कृतिक ढाँचे से अनभिज्ञ हैं।"[57]

प्रीतिलता वाडेदार की 'आतंकवादी' गतिविधियों का लेखा-जोखा

6 फरवरी, 1932 को "जब बंगाल के महामहिम गवर्नर सर स्टैनली जैक्सन कलकत्ता विश्वविद्यालय में दीक्षांत समारोह को संबोधित कर रहे थे, चटगाँव की मूल निवासी तथा स्नातक छात्रा बीना दास अपनी सीट से उठी और धीरे-धीरे गलियारे की ओर बढ़ी। जब महामहिम से वह थोड़ी ही दूर रह गई तो उसने पिस्तौल निकाल कर तीन गोलियाँ दाग दीं। सौभाग्यवश उसका निशाना चूक गया और इससे पहले कि वह दुबारा गोली चला पाती, विश्वविद्यालय के उपकुलपति सर हसन सुहरावर्दी ने उसे दबोच लिया परंतु फिर भी वह दो गोलियाँ और चला पाने में सफल हो गई परंतु बिना किसी को नुकसान पहुँचाए गोलियाँ हवा में चली गईं।...बीना दास को 9 वर्ष के सश्रम, कठोर कारावास की सजा सुनाई गई।" 1 मार्च, 1932 को चटगाँव शस्त्रागार के हमलावरों को सजा सुनाई गई। 12 लोगों को हत्या का षड्यंत्र करने का दोषी

पाया गया, दो को अपेक्षाकृत कम दोषी पाया गया तथा 16 लोगों को बरी कर दिया गया। आतंकवादी गतिविधियाँ जारी रहीं। "13 जून, 1932 को कैप्टन कैमरोन दालघाट में जब एक खोज पार्टी का नेतृत्व कर रहा था तो उसकी मुठभेड़ निर्मल सेन तथा अपूर्व सेन नामक दो क्रांतिकारियों से हुई जिन्होंने कैमरोन को मौत के घाट उतार दिया। सूर्यसेन प्रीतिलता वाडेदार तथा गिरोह में शामिल एक अन्य लड़की भाग निकलने में सफल रहे।"[1]

यह एवर्ट द्वारा दिया गया विवरण था। अब कल्पना दत्ता का विवरण देखें : "मई 1932 में प्रीति मास्टर दा से मिलने उनके गाँव दालघाट गई थी। गोधूलि के समय कैप्टन कैमरोन के नेतृत्व में एक पुलिस पार्टी ने उनके मकान को चारों ओर से घेर लिया। कैमरोन ने मशीनगन से गोलियाँ चलाईं। हमारी ओर से भी रिवाल्वर से गोलियाँ चलाई गईं। प्रीति इससे पूर्व किसी कार्रवाई में शामिल नहीं हुई थी। परंतु कुछ मिनटों के भीतर ही उसने स्थिति का आकलन करके स्वयं गोलियाँ चलानी शुरू कर दीं। कैमरोन मारा गया परंतु निर्मल दा बुरी तरह घायल हो गए। कैमरोन की टुकड़ी थोड़ी देर के लिए भ्रम में पड़ गई। इसी बीच आदेश हुआ, 'बचो !' वही प्रीति जो कुछ पल पूर्व मजबूती से गोलियाँ चला रही थी, कुछ ही मिनट बाद इतनी नरम पड़ गई कि एक घायल कामरेड को छोड़कर वह भाग नहीं सकी।..."

कैमरोन पर गोली चलाने की घटना के पश्चात प्रीति दूर चली गई। उसके कपड़े घर में पाए गए। हालाँकि वह घर वापस आ गई परंतु पुलिस को उस पर संदेह नहीं हुआ। ऐसी शांत लड़की के क्रांतिकारियों के गुट में शामिल होने का उन्हें स्वप्न में भी अंदाज नहीं था।

मास्टर दा ने संदेश भिजवाया कि उसे कस्बे में महफूज रखा जाए। वह भूमिगत हो गई। 5 जुलाई को खुफिया ब्यूरो का इंस्पेक्टर प्रीति को गिरफ्तार करने गया परंतु प्रीति उसे नहीं मिली। वह मेरे घर आया तथा मुझसे सख्ती से पूछताछ की। उसने कहा—वह कितनी शांत लड़की है। कितनी अच्छी तरह बात करती है। मैं कल्पना भी नहीं कर सकता कि वह अपने अंदर इतना कुछ समेटे हुए है। उसने हमें पूरी तरह मूर्ख बना दिया।[2]

बाद में प्रीति ने 24 सितम्बर, 1932 को पहाड़ताली क्लब पर धावा बोला। इस हमले में मुख्य हाल में बम फेंके गए तथा बंदूकों एवं रिवाल्वरों से गोलियाँ चलाई गईं। उस समय हाल में लगभग 40 लोग मौजूद थे। एक औरत मारी गई तथा चार अन्य घायल हो गए। इससे ज्यादा भी लोग हताहत हो सकते थे परंतु किसी ने अपनी सूझबूझ का परिचय देते हुए बत्तियाँ बुझा दीं। इस अफरा-तफरी में बाकी क्रांतिकारी तो भाग निकले परंतु पुरुष वेशधारी प्रीतिलता वाडेदार हाल से कुछ दूर बाहर मृत पाई गई। उसने गिरफ्तार होने की अपेक्षा सायनाइड खाकर जान देना बेहतर समझा। प्रीति के पास से एक पर्चा प्राप्त हुआ जिसमें लिखा गया था कि यह छापा युद्धक

कार्रवाई का नमूना था। उसी दिन चार प्रकार के अन्य पम्फलेट बाँटे गए जिनमें अध्यापकों, विद्यार्थियों तथा जनता से ब्रिटिश शासकों तथा यूरोपियों के विरुद्ध अभियान छेड़ने की अपील की गई थी।[3]

प्रीति की मृत्यु के विषय में कल्पना दत्ता ने जो कुछ कहा वह इस प्रकार है : "आठ लड़कों ने प्रीति के नेतृत्व में धावा बोला। सभी लड़के सुरक्षित वापस लौट गए परंतु प्रीति फिर कभी नहीं लौटी। उसने क्लब हाउस से लगभग 10 गज की दूरी पर पोटैसियम सायनाइड खाकर अपनी जान दे दी। उसकी छाती में एक नुकीली खपच्ची लग जाने से घाव हो गया था जिससे खून रिस रहा था। उसकी पूरी कमीज खून से तर हो गई थी। क्रांतिकारियों की अर्थी उठाने के लिए बड़ी मात्रा में लोग एकत्र होते। परंतु प्रीति पहली महिला थी जो अपने कारनामों के लिए इतनी विख्यात हुई तथा जिसने कारनामे को अंजाम देते-देते मौत को गले लगा लिया...

प्रीति की कारगुजारियों को देखने के बाद लोग पहली बार इस तथ्य से सहमत हुए कि जो कुछ पुरुषों ने किया है, वही काम भारतीय स्त्रियाँ भी कर सकती हैं। वे भी पुरुषों की भाँति देश के ऊपर अपना जीवन न्यौछावर कर सकती हैं। आतंकवादियों की रणनीति को लेकर चाहे कोई कितनी भी नुक्ताचीनी करे, सारा चटगाँव प्रीति को अपनी 'बहादुर बेटी' के रूप में याद करता है। वे बड़ी श्रद्धा से कहते हैं : "उसने अपने आप को पुलिस के हवाले नहीं किया... ।"[4]

संदर्भ

1. *जे. एम. एवर्ट, डायरेक्टर, इंटेलीजेंस ब्यूरो, होम डिपार्टमेंट गवर्नमेंट आफ इंडिया, कंपाइलर 'टेररिज्म इन इंडिया' 1917-36 गवर्नमेंट सेंट्रल प्रेस, 1973 पृष्ठ 31*
2. *कल्पना दत्ता : 'चिट्टगोंग आरमरी रेडर्स : रेमनीसेंसेज' पीपल्स पब्लिशिंग हाउस, 1945 पृष्ठ 54-55*
3. *एवर्ट, पूर्वोक्त-पृष्ठ 33-34*
4. *कल्पना दत्ता पूर्वोक्त-पृष्ठ 51-52*

ऐसे विचारों की मौजूदगी के बावजूद सभी नारीवादियों या समाज सुधारकों ने इससे सहमति नहीं जताई। 1930 के दशक में रैथबोन ने एक बार फिर अखिल भारतीय महिला सम्मेलन से सहयोग का प्रस्ताव किया। इस बार उनका प्रस्ताव एक ऐसे पूर्णकालिक कार्यकर्ता को नियुक्त करने के खर्च को बाँटने के लिए था जो बाल-विवाह के विरुद्ध अभियान छेड़ने के लिए एकसूत्रीय संगठन खड़ा करने में मदद करे। एआईडब्ल्यूसी की तत्कालीन अध्यक्ष राजकुमारी अमृत कौर ने रैथबोन के प्रस्ताव पर कार्यकारिणी में बिना कोई चर्चा कराए ही ठुकरा दिया। हालाँकि कुछ सदस्यों ने तर्क दिया कि अगर राष्ट्रवादियों द्वारा बिहार के भूकंप पीड़ितों के पुनर्वास के लिए विदेशी सहायता ली जा सकती है तो वे रैथबोन के प्रस्ताव को स्वीकार क्यों नहीं कर सकतीं।[57]

6 फरवरी, 1932 को कलकत्ता विश्वविद्यालय के सभागार में दीक्षांत समारोह को संबोधित करते समय बंगाल के पूर्व गवर्नर सर स्टैनली जैक्सन पर गोली चलाए जाने की घटना के संदर्भ में फौरन बाद दिए गए बीना भौमिक के बयान के संक्षिप्त अंश :

मैं स्वीकार करती हूँ कि मैंने दीक्षान्त समारोह में के आखिरी दिन गवर्नर पर गोली चलाई। इसके लिए मैं पूर्णरूपेण स्वयं जिम्मेदार हूँ। मेरा उद्देश्य मृत्यु को गले लगाना था। मैंने ठान लिया था कि यदि मरना ही है तो इस प्रकार मरूँ कि लोग याद करें। अपने इसी इरादे से मैंने अँग्रेजी सरकार की निर्मम शासन प्रणाली, जिसने हमारे देश को घुट-घुटकर मरने तथा अंतहीन कष्ट उठाने के लिए शर्मिंदगी के साथ जीवित रहने के लिए विवश कर दिया है, के विरुद्ध लड़ते हुए जान देने का फैसला किया।

मैं सोचती रहती थी कि विदेशियों की सरकार के अधीन भारत में घुट-घुटकर एवं आतंक के साये में जीने से बेहतर है कि मैं अपने देश की दुरवस्था के लिए जिम्मेदार किसी व्यक्ति की जान लेकर अपना उच्चतम विरोध दर्ज कराऊँ। मैं सोचती थी कि क्या भारत की किसी बेटी तथा इंग्लैंड के किसी बेटे की जान जाने से भारत के लोग अपनी पराधीनता के पाप तथा उसकी पीड़ाओं से मुक्ति के लिए तथा अँग्रेजों की निरंतर जारी असह्य कार्रवाइयों की समाप्ति के लिए नहीं जागेंगे? यही वह प्रश्न था जो मेरे दिमाग के दरवाजे पर दस्तक दे रहा था। मुझे ऐसा लग रहा था जैसे कोई लगातार मेरे सिर पर हथौड़े मार रहा है जिसे न तो रोका जा सकता है और न ही बचा जा सकता है।

अनेक अध्यादेशों के माध्यम से मार्शल ला लागू करने के सरकार के रवैये से मेरा मन प्रतिशोध से भर गया और ऐसा लगा जैसे ये सारे उपाय हमारी आजादी के सभी स्वप्नों को चकनाचूर करने के लिए किए जा रहे हैं। सरकार के नाम पर मिदनापुर, हिजली तथा मेरे गृह जिले चटगाँव में की गई दमनात्मक कार्रवाइयों तथा सरकारी जाँच रिपोर्टों को प्रकाशित करने से इनकार करने की घटनाओं को मैं अपने मस्तिष्क से निकाल नहीं पाई। मैं एक क्रांतिकारी की पत्नी की उसकी पढ़ाई में बड़े प्यार से मदद करती थी। मैंने उस निरीह लड़की को पति के जिंदा रहते हुए भी विधवाओं जैसा जीवन व्यतीत करते देखा। लगभग विक्षिप्त-सी माँ तथा निरंतर गिरते स्वास्थ्य के कारण अपनी स्मरण शक्ति खोते जा रहे पिता को यह भी मालूम नहीं था कि आखिर उसे किस अपराध के लिए जेल में बंद करके रखा गया है। अपनी बहन के मुकदमे के सिलसिले में अदालत गई। मेरी बहन को ऐसी बैठक में भाग लेने के अपराध में कठोर कारावास की सजा दी गई जो कभी (बैठक) हुई ही नहीं। इसके अलावा उस पर आरोप लगाया गया कि वह एक गैर कानूनी घोषित संस्था की सदस्य है (जो कि वह नहीं थी), तथा उसके

खिलाफ एक पर्चा छाप कर बाँटने को, जो कि उसकी जानकारी में ही नहीं था, और कोई साक्ष्य न होने के बावजूद उसे यह दंड सुनाया गया—यह सब मेरे ख्याल से नाईसाफी थी।...

मैं आप सबको विश्वास दिलाना चाहती हूँ कि मेरे मन में इस धरती के किसी भी प्राणी के प्रति कोई घृणा नहीं है; जहाँ तक पुरुष के रूप में सर स्टैनली जैक्सन तथा महिला के रूप में श्रीमती जैक्सन के बारे में मेरी व्यक्तिगत राय का प्रश्न है मुझे उनसे कोई ईर्ष्या नहीं। परंतु बंगाल के गवर्नर के रूप में वे ऐसी व्यवस्था का प्रतिनिधित्व करते हैं जिसने हमारे देश के तीस करोड़ स्त्री-पुरुषों को गुलाम बना रखा है।

चटगाँव शस्त्रागार पर किए गए क्रांतिकारियों के हमले में शामिल कुछ महिला क्रांतिकारियों की गतिविधियों का लेखा-जोखा :

जनवरी, 1933 में अम्बिका चक्रवर्ती तथा दो अन्य छापामारों पर मुकदमा शुरू हुआ तथा एक फरवरी, 1933 को समाप्त हो गया। अम्बिका चक्रवर्ती को दोषी मानते हुए उसे मौत की सजा सुनाई गई। बाद में उच्च न्यायालय ने जूरी की सलाह पर उसकी सजा को कम करते हुए आजीवन कारावास में बदल दिया। उसी महीने की 16 तारीख को एक सैन्य टुकड़ी ने गरियाला नामक स्थान पर एक घर को चारों ओर से घेर लिया। दोनों ओर से गोलियाँ चलाए जाने के बाद घेरा तोड़कर भागते हुए सूर्यसेन तथा बृजेन्द्र सेन को गिरफ्तार कर लिया गया। सूर्य सेन के पास से शस्त्रागार छापे में चुराई गई एक रिवाल्वर बरामद हुई। कल्पना दत्ता तथा अन्य बच निकले। इसके बाद क्रांतिकारियों की चटगाँव शाखा के तारकेश्वर दस्तीदार अध्यक्ष बने। सूरज सेन को छुड़ाने के लिए सक्रिय तैयारियाँ की गईं। 20 मार्च, 1933 को जेल के पास एक वार्डर से बातचीत करते हुए शैलेश राय को गिरफ्तार किया गया। उनके पास से कुछ पर्चियाँ बरामद हुईं जिनके आधार पर एक गोदाम से एक रिवाल्वर तथा बम बरामद किए गए। 18 मई 1933 को एक सैन्य टुकड़ी ने क्रांतिकारियों के गाहिरा स्थित मुख्यालय को घेर लिया। संक्षिप्त गोलीबारी के बाद तारकेश्वर दस्तीदार, कल्पना दत्ता तथा कुछ अन्य लोग गिरफ्तार कर लिए गए। चुराई गई तीन रिवाल्वरें एवं एक टिन के डिब्बे में बंद बारूद एवं बम बनाने की अन्य सामग्री पकड़ी गई। शस्त्रागार हमले के मामले में तीसरा मुकदमा दायर किया गया जिसमें सूर्य सेन तथा तारकेश्वर दस्तीदार को मृत्युदंड एवं कल्पना दत्ता को आजीवन कारावास की सजा सुनाई गई।

संदर्भ

1. एवर्ट, पूर्वोक्त-पृष्ठ 33-34

यह बहस इतनी महत्त्वपूर्ण थी कि इसका हवाला मुथुलक्ष्मी रेड्डी ने राममोहन राय को जन्म शताब्दी वर्ष में कलकत्ता में अखिल भारतीय महिला सम्मेलन के आठवें वार्षिक अधिवेशन में दिया :

> "अखिल भारतीय महिला सम्मेलन एक अंतरसांप्रदायिक एवं अंतरराष्ट्रीय संस्था है जो नारी जाति तथा देशसेवा के समान हितों के प्रति वचनबद्ध है। महिलाओं का आंदोलन अपने प्रारंभ से ही संभावनात्मक रूप से अंतरराष्ट्रीय रहा है और यह संगठन भी हमारी पूरब तथा पश्चिम की बहनों के संयुक्त विचार-विमर्श एवं सहयोग के कारण ही वजूद में आया।

...यह सच है कि राष्ट्रवाद का स्थान अंतरराष्ट्रीयवाद से पहले है परंतु जब हम किसी अंतरराष्ट्रीय सभा या गोष्ठी में भाग ले रहे होते हैं तो हमारी सहभागिता व्यक्तिगत रूप में नहीं बल्कि राष्ट्र के रूप में होती है...इसलिए जहाँ तक इस सम्मेलन का संबंध है, स्त्रियाँ चाहे वे हिंदू हों या मुसलमान, ईसाई हों या पारसी, निस्संदेह वे सभी केवल नारी जाति एवं राष्ट्रीय हितों के परिप्रेक्ष्य में सोचती हैं न कि अपने वर्ण या समुदाय के हित में। हमें आशा है कि हमारे पुरुष भी बहुत पहले से राष्ट्र से जुड़कर अपनी शक्ति, गौरव तथा सम्मान को महसूस करते हैं न कि समुदायों से।[59]

साम्प्रदायिकता के मुद्दे को अखिल भारतीय महिला सम्मेलन ने अपनी कार्यसूची में 1930 के दशक में शामिल किया। सन् 1932 में सम्मेलन की जिला शाखाओं तथा वार्षिक अधिवेशनों में विधानसभाओं में सांप्रदायिक आधार पर महिलाओं के लिए अलग सीट के आरक्षण के विरोध में अभियान चलाया गया। सम्मेलन की बंबई शाखा ने सूचना दी कि वह दंगा-राहत कार्य में लिप्त है तथा आंध्र प्रदेश शाखा ने जानकारी दी कि वे स्कूलों के प्रबंधकों से यह सुनिश्चित करने के लिए मिली कि स्कूलों में होनेवाली प्रार्थनाएँ सभी धर्मों के लोगों के लिए स्वीकार्य हों तथा वे आंचलिक भाषाओं में लिखी गई हों।[60] सम्मेलन ने सन् 1932-33 में सर अली इमाम की मृत्यु पर शोक प्रकट करने के लिए सारे देश में प्रार्थनासभाएँ (चेहल्लुम) आयोजित कीं। ठीक उसी समय सम्मेलन ने सभी 'देशवासियों' के लिए समान नागरिक संहिता बनाए जाने की माँग उठाई। महिला आंदोलनकारियों ने सरकार से माँग की कि बिना किसी साम्प्रदायिक, धार्मिक या क्षेत्रीय (जाति सहित) भेदभाव के सबके लिए समान नागरिक कानून बनाए जाएँ।[61] बहरहाल इस दौरान उनका सारा ध्यान हिंदू-मुस्लिम एकता पर बल देने के लिए केंद्रित रहा। आम धारणा यह थी कि सांप्रदायिक मनुमुटाव से निजात पाने के लिए एक 'राष्ट्रीय पहचान' का निर्माण आवश्यक है। इसलिए सांप्रदायिक आधार पर बननेवाली पहचान को नामंजूर कर दिया गया।

1940 के दशक तक अखिल भारतीय महिला सम्मेलन के अंदर भी साम्प्रदायिक तनाव दिखाई देने लगा। कमलादेवी चट्टोपाध्याय के अनुसार, काँग्रेस तथा मुस्लिम

लीग के संबंधों में ज्यों-ज्यों कटुता बढ़ती गई, एआईडब्ल्यूसी की मुस्लिम महिलाएँ भी त्यों-त्यों अन्य स्त्रियों से दूर होती गईं। कमला देवी ने बताया : "हमने देखा कि 1941 के बाद से मुस्लिम सदस्यों ने यह महसूस करना शुरू कर दिया कि चूँकि वे एक अलग गुट हैं इसलिए उन्हें सम्मेलन की अन्य सदस्यों से दूर रहना चाहिए।[62] 'हम' और 'वे' की यह प्रवृत्ति राष्ट्रवादी नारीवादिता के प्रारंभ से ही शुरू हो गई थी। सरोजिनी नायडू ने एक मुस्लिम तथा एक हिंदू महिला का हाथ मिलाते समय उसे 'हिंदू-मुस्लिम' एकता के प्रतीक की संज्ञा दी। मारग्रेट कूजिंस तथा मुथुलक्ष्मी रेड्डी जब किसी महिला-विशेष के बारे में बात करतीं तो वे उसे अपने समुदाय की 'प्रतिनिधि' के रूप में संबोधित करतीं। यह बात अलग है कि मारग्रेट कूजिंस उन्हें गौरवशाली तथा रेड्डी 'जागरूक' के विशेषण से नवाजतीं। सन् 1944 के अंत तक अखिल भारतीय महिला सम्मेलन में फूट पड़ गई तथा ज्यादातर मुस्लिम महिला सदस्य छोड़कर चली गईं। भारत के विभाजन के पश्चात उन्होंने पाकिस्तान महिला सम्मेलन का गठन कर लिया।

सन् 1930 के दशक के आखिरी दिनों से नारीवादी आंदोलन के क्षेत्र में कम्युनिस्टों का प्रवेश प्रारंभ हुआ। एम. एन. राय, अवनी मुकर्जी, मुहम्मद शफीक तथा अन्य लोगों ने मिलकर सन् 1920 में ताशकंद में भारतीय कम्युनिस्ट पार्टी की स्थापना की परंतु इसकी वास्तविक स्थापना सन् 1925 में कानपुर में आयोजित भारतीय कम्युनिस्ट सम्मेलन में हुई। उषा बाई डांगे जैसी कम्युनिस्ट महिलाओं ने तीस के दशक के शुरू में ही बंबई की कपड़ा मिलों में महिला कामगारों को बड़े पैमाने पर संगठित करना शुरू कर दिया था और उस समय यह बात शिद्दत से महसूस की गई कि 'महिलाओं को संगठित करना' महिलाओं के लिए आसान है परंतु महिलाओं को स्वतंत्ररूप से संगठित करने के सामूहिक प्रयास स्वाधीनता संग्राम में स्त्रियों की बढ़ती सहभागिता के बाद ही हुए। कम्युनिस्ट तथा राष्ट्रवादी स्त्रियों की पहली संयुक्त सहभागिता राजनीतिक कैदियों की रिहाई के लिए सन् 1930 में चलाए गए अभियान के दौरान हुई। सन् 1939 में सक्रिय महिला कार्यकर्ताओं ने एकजुट होकर काँग्रेस महिला संघ की स्थापना की। बंगाल में काँग्रेस महिला संघ के अन्य घटक थे—एआईडब्ल्यूसी, रैडिकल स्त्री संघ, युगांतर तथा भूमिगत कम्युनिस्ट गुट। उन्होंने *'मंदिरा'* नामक एक पत्रिका के प्रकाशन तथा राजनीतिक कैदियों की रिहाई की माँग करने के लिए नुक्कड़ सभाएँ आयोजित करने का निर्णय लिया। 'राजनीतिक कैदियों की माताएँ' नामक गुट की अलग स्थापना भी की गई। स्वाधीनता संग्राम में महिलाओं की सहभागिता इस कदर बढ़ी कि अखिल भारतीय छात्र महासंघ को एक अलग महिला विद्यार्थी समिति बनानी पड़ी जिसने लखनऊ में सन् 1940 में हुए पहले महिला विद्यार्थी सम्मेलन में भाग लिया।[63]

हालाँकि कम्युनिस्ट पार्टी अब महिला सक्रिय कार्यकर्ताओं को अपने दल में

स्वीकारने लगी थी फिर भी यह बहुत सरल कार्य नहीं था। सुशीला चैन, जिन्होंने कम्युनिस्ट पार्टी की पंजाब इकाई के किसान मोर्चे में काम किया था, ने बताया कि सक्रिय कार्यकर्ता बनने के लिए कैसी-कैसी समस्याओं का सामना करना पड़ा :

> पोलित ब्यूरो के सचिव चैनसिंह चैन ने दो घंटे तक मुझे भाषण देते हुए समझाया कि एक स्त्री के लिए क्रांतिकारी जीवन में राजनीतिक कठिनाइयों का सामना करना कितना दुरूह कार्य है।...
>
> मैंने उनसे पूछा कि क्या कम्युनिस्ट पार्टी ने स्त्री एवं पुरुष में भेद का कोई नीतिगत निर्णय लिया है या कि क्या आपने स्त्रियों को कोई राजनीतिक कार्य नहीं सौंपा। वे पसोपेश में पड़ गए और इस बाबत उन्होंने अन्य राजनीतिक नेताओं से विचार-विमर्श किया।
>
> उन्होंने जेल में बंद एक कॉमरेड के घर मुझे भेजने का निर्णय लिया। उन्हें उम्मीद थी कि शायद मोहब्बत सिंह कॉमरेड के घर की स्त्रियाँ मुझे मेरे इरादों से विमुख होने के लिए प्रेरित कर सकें।
>
> इसके बाद पार्टी की ओर से मुझे एक पत्र मिला जिसमें बताया गया था कि अभी मैं बालिग (वयस्क) नहीं हूँ और कोई भी अविवाहित लड़की 21 वर्ष की आयु में ही बालिग होती है। उन्होंने मुझे सलाह दी कि मैं विवाह कर लूँ क्योंकि अगर मैं विवाह कर लेती हूँ तो मुझे स्वतंत्र मान लिया जाएगा।[64]

इस बीच काँग्रेस तथा अँग्रेजों के मध्य अनेक वार्ताओं के विफल हो जाने के नतीजे में 1930 के दशक में राष्ट्रवादियों में उल्लेखनीय आक्रोश पैदा हुआ जिसे अँग्रेजों ने द्वितीय युद्ध के प्रारंभ होने पर अपनी कारगुजारियों से और हवा दे दी। काँग्रेस ने स्पेन और चीन के साथ एकजुटता दिखाते हुए फासीवादी आक्रमणों की बार-बार निंदा की। 1939 में काँग्रेस ने अँग्रेज़ों से प्रस्ताव किया कि अगर वे (अँग्रेज) युद्ध के बाद भारत में स्वाधीन भारत की राजनीतिक व्यवस्था के लिए निर्णय ले सकने वाली संविधान सभा के गठन के लिए सहमत हों तो कांग्रेस उन्हें अपना पूरा समर्थन देगी। इसके साथ ही काँग्रेस ने यह शर्त भी जोड़ दी केंद्र में तत्काल एवं प्रतिनिधि सरकार की स्थापना की जाए। वायसराय लिनलिथगो तथा कुछ वर्षों बाद विन्सटन चर्चिल ने दोनों प्रस्तावों को ठुकरा दिया। दक्षिण एशिया में यूरोप की हार के बाद उन्होंने मलाया, सिंगापुर तथा बर्मा में कार्यरत भारतीय सैनिकों को दर-दर की ठोकरें खाने के लिए जंगलों और पहाड़ों में छोड़ दिया तथा यातायात के साधनों सहित सारा तामझाम समेट कर उड़ गए।[65] भारत में तैनात सहायक सैन्य टुकड़ियों के जवानों ने क्रूरता का नंगा नाच दिखाया और अपने भारतीय मेजबानों पर जमकर

जुल्म ढाए। इस दौरान हिंसा एवं बलात्कार के अनगिनत मामलों के विरोध में काँग्रेस ने लगातार प्रदर्शन किया परंतु सरकार के कानों में जूँ तक नहीं रेंगी। बर्मा से आयात बंद हो जाने के कारण चावल और नमक की अभूतपूर्व किल्लत हो गई तथा जरूरी चीजों के दाम आसमान छूने लगे। यह सब इसलिए हुआ क्योंकि 8 अगस्त, 1942 के बंबई अधिवेशन में अखिल भारतीय काँग्रेस कमेटी ने विख्यात 'भारत छोड़ो' प्रस्ताव पारित कर दिया था। प्रस्ताव में देशवासियों से अँग्रेजों के खिलाफ बड़े पैमाने पर अहिंसक आंदोलन शुरू करने का आह्वान किया गया था। इसके साथ ही काँग्रेस ने यह अपील भी की कि यदि काँग्रेस के नेता गिरफ्तार कर लिए जाते हैं तो ऐसी स्थिति में "वह प्रत्येक भारतीय जो आज़ादी का दीवाना हो और आजादी के लिए भूखा हो, वह अपना पथ प्रदर्शक, अगुवा, नेता सब कुछ स्वयं होगा।"[66]

9 अगस्त, 1942 को काँग्रेस के नेताओं के गिरफ्तार कर लिए जाने के बाद सारे देश में अँग्रेजों के प्रति विरोध की जबरदस्त लहर चल पड़ी जो कि मूलतः शहरों से शुरू हुई और देखते-ही-देखते सारे देश में फैल गई। बंबई, कलकत्ता, दिल्ली और पटना में हड़तालें हुईं तथा पुलिस एवं सेना के साथ जन-मुठभेड़ें हुईं। अहमदाबाद की कपड़ा मिलों में हुई हड़ताल साढ़े तीन महीनों तक जारी रही। सन् 1942 में हिटलर द्वारा रूस पर आक्रमण कर देने के परिणामस्वरूप कम्युनिस्टों ने 'भारत छोड़ो' आंदोलन का विरोध किया जिससे श्रमिक वर्गों की स्वाधीनता आंदोलन में संलिप्तता कुछ अवरुद्ध हुई परंतु सरकार की उतावली, क्रूरता एवं उत्पीड़न ने बड़ी भूमिका निभाई। सुमित सरकार बताते हैं कि किस प्रकार काँग्रेस की तामलुक में एक भूमिगत समानांतर 'राष्ट्रीय सरकार' चल रही थी। काँग्रेस ने पुलिस द्वारा बलात्कार करने के 14 मामलों की सूची तैयार की जिसमें से एक घटना में एक गाँव में 9 जनवरी, 1943 को 46 औरतों के साथ बलात्कार किया गया था।[67]

हालाँकि भारत छोड़ो आंदोलन में सारे देश की हजारों स्त्रियाँ शामिल थीं जो भूमिगत रहकर समानांतर सरकारों के गठन में सहायता कर रही थीं, 'गैर कानूनी' गतिविधियों में लिप्त होने के कारण अनेक स्त्रियाँ मारी गईं परंतु बंगाल में इसकी तीखी प्रतिक्रिया हुई। यह पता चलने के बाद कि अँग्रेज जापानी हमले के बाद असम तथा बंगाल को बचा पाने में अपनी असमर्थता महसूस कर रहे हैं इसलिए वे छोटा नागपुर की अपनी सुरक्षा पंक्ति से हटने की तैयारी कर रहे हैं, असमियों तथा बंगालियों में व्यापक असंतोष उभरा। कालाबाजारी तथा खाद्यान्न भंडारण की प्रवृत्ति के कारण सन् 1943 में बंगाल में अकाल पड़ गया। इसी के साथ महिलाओं को आत्मरक्षा के लिए तैयार होने के लिए बड़े पैमाने पर प्रेरित किया गया।

बाडीसाल में स्त्री आत्मरक्षा समितियाँ गठित की गईं तथा उन्हें जापानी बमों एवं ब्रिटिश तथा अमेरिकी बलात्कारियों से बचाव के तौर-तरीके समझाए गए। यहाँ उन्हें सबसे पहले लाठी चलाना सिखाया गया। मैमनसिंह जिले के शेरपुर नामक स्थान

पर अनेक गुप्त बैठकें आयोजित की गईं जिनमें फासीवाद के खिलाफ महिलाओं की भूमिका पर चर्चाएँ हुईं। पटना में स्त्रियों ने प्रभात फेरियाँ तथा पोस्टर प्रदर्शनियाँ आयोजित कीं। हुगली, बैली, चिनसुराह, महेशतला तथा समूचे चौबीस परगना जिले में आत्मरक्षा समितियाँ गठित की गईं। कलकत्ता में महिलाओं की अनेक बैठकें हुईं जिनमें आत्मरक्षा समितियों में समन्वय स्थापित करने के लिए एक संगठन समिति की स्थापना का निर्णय लिया गया। इस समिति को महिला आत्मरक्षा समिति का नाम दिया गया तथा इला रीड को उसकी पहली संगठन सचिव नियुक्त किया गया। रेणु चक्रवर्ती के अनुसार :

> इस दौर में स्त्रियों के आंदोलन के तीन मुख्य बिंदु थे। पहला देश की रक्षा, दूसरा—नेताओं की रिहाई एवं राष्ट्रीय सरकार का गठन एवं तीसरा—भूख और मौत से लोगों की सुरक्षा। युद्ध की स्थिति में सर्वप्रथम हमारे लोगों का बचाव जरूरी था। दूसरी ओर खाद्यान्नों की भयावह कमी बंगाल को निगल रही थी। राष्ट्रीय नेता जेलों में बंद थे। उनकी रिहाई तथा हिंदू-मुस्लिम सांप्रदायिक सौहार्द बनाए रखना तात्कालिक आवश्यकता बन गया। इन तीन मुख्य उद्देश्यों की पूर्ति के लिए बड़े पैमाने पर स्त्रियों के आंदोलन की जरूरत महसूस की गई।[68]

ऐसा लगता है जैसे महिला आत्मरक्षा समिति एक अलग किस्म का कम्युनिस्ट वर्चस्ववाला महिला संगठन था। न केवल बंगाल की अधिसंख्य कम्युनिस्ट स्त्रियाँ महिला आत्मरक्षा समिति की पूर्णकालिक सदस्य बन गईं, वरन् यह भी प्रतीत होता है जैसे काँग्रेस महिला संघ और महिला आत्मरक्षा समिति के मध्य कोई होड़ लगी हो। मई, 1943 में जब सुरमा घाटी तथा शिलांग की महिला आत्मरक्षा समितियों का सिलहट में सम्मेलन हुआ तो उसे अखिल भारतीय महिला सम्मेलन, छात्रा महिला समिति तथा महिला आत्मरक्षा समिति ने संयुक्त रूप से आयोजित किया। इस अवसर पर बोलते हुए सीएमएस की 'डिक्टेटर' सुप्रिया पुरकायस्थ ने कम्युनिस्ट अलगाववाद की आशंका जताई जिस पर थोड़ी-बहुत नोंकझोंक भी हुई। स्वाधीनता संघर्ष इतनी तेजी से फैल रहा था कि महिला आत्मरक्षा समिति भी खुद को राष्ट्रीय गतिविधियों से अलग नहीं रख सकी और उसी वर्ष सन् 1943 में 'गांधी रिहाई' अभियान में बड़े पैमाने पर कूद पड़ीं।[69] महिला आत्मरक्षा समिति का बंगाल में इतना मजबूत आधार था कि काँग्रेस की महिलाएँ कम्युनिस्ट स्त्रियों को राष्ट्रवादी आंदोलन से बाहर नहीं कर सकीं।

उस वक्त यानी सन् 1940 के दशक में क्षितिज पर स्वाधीनता का इंद्रधनुष दिखाई दे रहा था और शायद यही कारण था कि स्त्रियों का आंदोलन पूरी तरह से स्वाधीनता संग्राम में तब्दील हो गया और नारी मुक्ति के मुद्दे को भारत की स्वाधीनता के साथ जोड़कर देखा जाने लगा। माना जाने लगा कि स्वाधीनता के साथ ही पुरुष

एवं स्त्री के मध्य मौजूदा असमानताएँ दूर हो जाएँगी तथा स्वतंत्र भारत में सब-कुछ ठीक हो जाएगा। राष्ट्रवादी नारीवादी महिला को नारी मुक्ति के प्रतीक एवं प्रहरी के रूप में देखा जाने लगा। इस दौर में महिला कार्यकर्ता की जो छवि बनी उसमें उस पर किसी प्रकार की सीमा या पाबंदी का प्रश्न नहीं उठाया गया। हालाँकि महिला कार्यकर्ता सिर्फ इसी से संतुष्ट नहीं हो सकीं क्योंकि स्पष्ट रूप से राष्ट्रवादियों, क्रांतिकारी उग्रवादियों तथा कम्युनिस्टों ने नारी सक्रियता के खतरे को अपने-अपने तरीके से महसूस किया और सबने विभिन्न तरीकों से उन पर पाबंदी लगाने की कोशिश की। ऐसा लगता है कि इसके पीछे उनकी मुख्य इच्छा स्त्रियों के अंदर मौजूद काम-वासना से उनको विरक्त करना था। चाहे इसे गांधी के सिद्धांतों के तहत ब्रह्मचर्य पालन के जरिए समाप्त किया जाए या फिर कम्युनिस्टों की इस मान्यता के आधार पर कि, विवाह के पश्चात गृहिणी के रूप में स्त्रियों को कम्युनिस्ट विचारधारा में स्वीकार किया जा सकता है, उनका विवाह के जरिए काम-नियत्रंण किया जाए। कम्युनिस्ट उन महिला कार्यकर्ताओं को अधिक तरजीह देते थे जो पुरुष कार्यकर्ताओं के साथ विवाहित थीं।

ऐसा लगता है कि इस मुद्दे पर नारीवादियों में भी मतैक्य नहीं था। एक ओर जहाँ कुछ का मानना यह था कि दोनों ही समाहृत हैं वहीं दूसरी ओर कुछ का कहना था कि दोनों समान हैं। बहरहाल मंतव्यों में मतभेद की चर्चा हम भारत में सन् 1970 के दशक में उपजी नारीवाद की दूसरी धारा के संदर्भ में आगे चलकर करेंगे।

टिप्पणियाँ

1. सुमित सरकार, एमआई, पृष्ठ 286
2. तथैव
3. 'गांधी आन वीमेन' विषय पर मधु किश्वर का लिखा हुआ आलेख जिसे *'रीडिंग इन दि वीमेंस मूवमेंट-1'* गोष्ठी में बंबई में साइक्लोस्टाइल करके बाँटा गया, पृष्ठ 12
4. कमला देवी चट्टोपाध्याय, 'इंटरव्यू' पूर्वोक्त-पृष्ठ 72-73
5. तथैव
6. मधु किश्वर पूर्वोक्त-पृष्ठ 8
7. कमला देवी चट्टोपाध्याय, बेग में, पूर्वोक्त-पृष्ठ 20-21
8. सुमित सरकार पूर्वोक्त-पृष्ठ 293
9. आर. के. शर्मा पूर्वोक्त-पृष्ठ 76
10. मनमोहन कौर पूर्वोक्त-पृष्ठ 183
11. तथैव
12. आर. के. शर्मा पूर्वोक्त-पृष्ठ 67
13. पट्टाभि सीतारमैया, पूर्वोक्त-पृष्ठ 413

14. *'100 इयर्स ऑफ दि हिंदू'* पृष्ठ 413
15. आर. के. शर्मा पूर्वोक्त-पृष्ठ 75
16. तथैव
17. उषा बाला की पुस्तक *'इंडियन वीमेन फ्रीडम फाइटर्स'*
18. तथैव
19. मारग्रेट कूजिंस पूर्वोक्त-पृष्ठ 5; दुर्गाबाई देशमुख 'इंटरव्यू' पृष्ठ 7; मनमोहिनी सहगल 'इंटरव्यू' पृष्ठ 30-37
20. कमला देवी चट्टोपाध्याय, 'इंटरव्यू' पूर्वोक्त-पृष्ठ 84-85
21. तथैव पृष्ठ 169
22. मनमोहिनी सहगल 'इंटरव्यू' पृष्ठ 37-38
23. कमला देवी चट्टोपाध्याय, 'इंटरव्यू' पृष्ठ 48
24. गैल पियरसन, 'रिजर्व्ड सीट्स—वीमेन एंड दि वोट इन बाम्बे'– *'आईईएसएचआर'* वर्ष 20: अंक : 1, पृष्ठ 53-54
25. लज्जावंती 'इंटरव्यू' पृष्ठ 62-63
26. गैल पियरसन पूर्वोक्त-पृष्ठ 55
27. मारग्रेट कूजिंस पूर्वोक्त-पृष्ठ 65
28. *'100 ईयर्स ऑफ दि हिंदू'* पूर्वोक्त-पृष्ठ 596
29. एम. के. गांधी, *'वीमेन एंड सोशल इनजस्टिस'*, अहमदाबाद, नवजीवन पब्लिशिंग हाउस, 1954 पृष्ठ 26-27
30. मधु किश्वर पूर्वोक्त-पृष्ठ 9
31. तथैव पृष्ठ 11
32. तथैव पृष्ठ 13
33. एम. के गांधी, पूर्वोक्त-पृष्ठ 18-19
34. तथैव
35. तथैव पृष्ठ 119-20
36. मधु किश्वर, पूर्वोक्त-पृष्ठ 7
37. सुचेता कृपलानी, *'सुचेता-एन अनफिनिश्ड आटोबायोग्राफी'*, अहमदाबाद, नवजीवन पब्लिशिंग हाउस, 1978, पृष्ठ 20
38. तथैव पृष्ठ 21-22
39. एम. के. गांधी, *'माई एक्सपेरीमेंट्स विद ट्रथ'*, अहमदाबाद, नवजीवन पब्लिशिंग हाउस
40. कल्पना दत्त, *'चिट्टगाँव आरमरी रेडर्स—रेमिनी सेंसेज'*, दिल्ली, पीपुल्स पब्लिशिंग हाउस, 1945 पृष्ठ 16
41. मन्मथनाथ गुप्त, *'भगत सिंह एंड हिज टाइम्स'*, दिल्ली, लिपि प्रकाशन, 1977 पृष्ठ 122-23
42. तथैव
43. जे. एम. एवर्ट, पूर्वोक्त-पृष्ठ 27-31

44. सुमित सरकार, एमआई पृष्ठ 252
45. कमला दासगुप्ता, 'इंटरव्यू' एनएमएमएल ओरल हिस्ट्री सेक्शन पृष्ठ 10
46. तथैव पृष्ठ 46
47. इला सेन, *'टेस्टामेंट ऑफ इंडिया'*
48. कमला दासगुप्ता, 'इंटरव्यू' पृष्ठ 8-9
49. तथैव पृष्ठ 15-20
50. जे. एम. एवर्ट पूर्वोक्त-पृष्ठ 33-34
51. तानिका सरकार, पूर्वोक्त-पृष्ठ 99
52. तथैव
53. गैल पियरसन, पूर्वोक्त-पृष्ठ 48
54. वी. रामाकृष्णा राव, *'आल्टर स्टेयर्स'*, मद्रास, 1936, पृष्ठ 386
55. कारनेलिया सोराबजी इन श्याम कुमारी नेहरू पूर्वोक्त-पृष्ठ 20-21
56. बारबरा एन. रामुसैक, 'वीमेंस आर्गनाइजेशन एंड सोशल चेंज' इन नौमी ब्लैक ऐनी बेकर कोरेल (सं) *'वीमेन एंड वर्ल्ड चेंज'*, लंदन, सेग पब्लिकेशन्स, 1981, पृष्ठ 205-6
57. तथैव पृष्ठ 206-7
58. तथैव पृष्ठ 210-11
59. मुथुलक्ष्मी रेड्डी, पेपर्स, 'स्पीचेज एंड राइटिंग्स' एनएमएमएल, खंड II पृष्ठ 593
60. एआईडब्ल्यूसी पेपर्स फॉर 1932-33 एनएमएमएल माइक्रोफिल्म खंड
61. तथैव
62. कमला देवी चट्टोपाध्याय, 'इंटरव्यू' पृष्ठ 45-46
63. रेणु चक्रवर्ती, *'कम्युनिज्म एंड दि इंडियन वीमेंस मूवमेंट 1940-50'* दिल्ली, पीपुल्स पब्लिशिंग हाउस, 1980, पृष्ठ 8-16
64. सुशीला चैन का *'मानुषी'* में प्रकाशित मृदुला मुकर्जी द्वारा लिया गया साक्षात्कार
65. सुमित सरकार, एमआई, पृष्ठ 391-92
66. तथैव पृष्ठ 388
67. तथैव पृष्ठ 396
68. रेणु चक्रवर्ती, पूर्वोक्त-पृष्ठ 20-23
69. तथैव पृष्ठ 24-25

6. समकालीन नारीवादी आंदोलन

स्वतंत्रता के पश्चात काँग्रेस ने महिलाओं से किए गए वादों को पूरा करने के अनेक प्रयास किए। इन कोशिशों के तहत सबसे पहले संविधान में स्त्रियों को समान अधिकार दिए जाने की घोषणा की गई। इसके साथ ही महिलाओं को प्रगति के अवसर उपलब्ध कराने के उद्देश्य से उपाय सुझानेवाली अनेक प्रशासकीय इकाइयों का गठन किया गया। हालाँकि ये कोशिशें सरकारी पक्ष की नेकनीयती का नमूना थीं फिर भी आजादी के कुछ वर्षों बाद नारीवादियों को संतोषजनक नहीं लगे। हिंदू कोड बिल का तत्कालीन राष्ट्रपति डॉ. राजेंद्र प्रसाद सहित अनेक प्रभावशाली काँग्रेसजनों ने बड़े पैमाने पर विरोध किया इसलिए इसे कई टुकड़ों में, इसकी कुछ धाराओं को अलग कानून की शक्ल देकर पचास के दशक के मध्य में पारित किया गया। सभी हिंदू व्यक्तिगत कानूनों को एक परिष्कृत, समेकित सार्वभौम कानून के अंतर्गत लाकर समान नागरिक संहिता के निर्माण की माँग 1930 के दशक में उठाई गई। नारीवादियों की इस माँग के मद्देनजर बी. एन. राऊ की अध्यक्षता में एक समिति गठित की गई जिसने सन् 1944 में कोड से संबंधित मसौदा सरकार को सौंपा। बी. एन. राऊ की रिपोर्ट पर स्वाधीनता के बाद भी कोई कार्रवाई नहीं की गई। कार्रवाई तब हुई जब तत्कालीन कानून मंत्री बी. आर. अंबेडकर की अध्यक्षता में एक अन्य समिति की स्थापना हुई। अंबेडकर समिति द्वारा बिल (विधेयक) में विवाह की आयु सीमा बढ़ाने, स्त्रियों को तलाक का अधिकार देने, मुआवजा तथा विरासत के अधिकार के साथ-साथ दहेज को *'स्त्रीधन'* मानने के सुझाव दिए गए। हालाँकि इन सुझावों का नारीवादियों एवं समाज सुधारकों के साथ-साथ अधिसंख्य काँग्रेसजनों ने भी समर्थन किया परंतु राजेंद्र प्रसाद एवं सरदार पटेल का विरोध ही नेहरू के हाथ-पाँव फुलाने के लिए पर्याप्त था। उन्होंने इसे सन् 1955-56 तक तब तक लटकाए रखा जब तक कि इसकी धाराओं को चार भिन्न कानूनों के रूप में पारित नहीं कर दिया गया। जो चार कानून बनाए गए थे वे क्रमशः हिंदू विवाह कानून, हिंदू उत्तराधिकार कानून, हिंदू अल्पवयस्कता एवं अभिभावकत्व कानून तथा हिंदू गोद एवं गुजारा कानून के रूप में जाने गए। नेहरू के इस कदम के विरोध में अंबेडकर ने उनके मंत्रिमंडल से त्यागपत्र दे दिया

निपाणी महाराष्ट्र की महिला बीड़ी श्रमिक।

तथा महिला संगठनों ने काफी चिल्ल-पों मचाई लेकिन सरकार ने समेकित हिंदू कोड की माँग पर अन्य कोई कार्रवाई नहीं की। नारीवादियों की चीख-पुकार भी आहिस्ता-आहिस्ता मंद पड़ गई और मामला समाप्त हो गया।[1]

स्वतंत्र भारत में नारीवादियों में अभूतपूर्व बिखराव आया क्योंकि अब उन्हें अँग्रेजों के समान शत्रु दिखाई नहीं पड़ रहा था। इस दौर में राजनीतिक अलगाव पहले की अपेक्षा अधिक महत्त्वपूर्ण हो गया। इसका कारण शायद यह था कि नारीवादियों ने कभी भी लिंग आधार पर शत्रु की पहचान नहीं की थी। इसका आंशिक कारण एक तो साम्राज्यवादी दमनात्मक कार्रवाइयाँ थीं और दूसरा कारण शायद भारत की बहुआयामी मिश्रित संस्कृति थी जिसमें पश्चिम की तरह लिंग-संबंधों को साफ रूप से परिभाषित नहीं किया गया था। स्वाधीनता-पूर्व के नारीवादियों में से अधिसंख्य

किसी अन्य राजनीतिक दल से जुड़ने के बजाय काँग्रेस सरकार के सदस्य बन गए क्योंकि काँग्रेस स्त्रियों की दशा में सुधार लाने के लिए वचनबद्ध थी। अगर कहीं असंतोष की भावना उभर भी रही थी तो वह बहुत मामूली थी। इसीलिए पचास एवं साठ के दशक में महिला आंदोलनों में खामोशी रही। परंतु सत्तर एवं अस्सी के दशक में शुरू हुए नारी आंदोलन अलग तथा अपने समय के परिवर्तनकारी आंदोलन माने जाते हैं।

देश के विभाजन तथा स्वाधीनता के फौरन बाद खेत श्रमिकों, किसानों कम्युनिस्टों और समाजवादियों में छले जाने की भावना तेजी से उभरी। काँग्रेस की ओर से प्रभावशाली भूमि पुनर्वितरण के वादे को पूरा करने में किए गए विलंब के कारण किसान सभाओं को विरोध की नई स्फूर्ति से भर दिया। यह वह समय था जब भारतीय कम्युनिस्ट चीनी क्रांति के असर को शिद्दत से महसूस कर रहे थे। नतीजतन कम्युनिस्टों ने किसान सभाओं के नेतृत्व में सरकार द्वारा किए गए प्रयासों को अपर्याप्त बताते हुए उसकी आलोचना की तथा बटाईदारों की रैलियाँ, हड़तालें एवं प्रदर्शन आयोजित कराए और भूमि सुधारों की माँग की। इनमें से अधिसंख्य आंदोलनों को सरकार ने खेतिहर नेताओं को गिरफ्तार करके कुचल दिया परंतु यह दमनात्मक कार्रवाई 1948-50 के बटाईदारों के आंधप्रदेश के तेलंगाना आंदोलन में संभव नहीं थी। भारतीय कम्युनिस्ट पार्टी (सीपीआइ) के माओवाद से प्रभावित नेताओं के नेतृत्व में तेलंगाना जिले के कोई ढाई हजार गाँवों को 'आजाद' करा लिया गया। बटाईदारों के कर्जे खत्म कर दिए गए, किसानों को बटाईदारों की ओर से दिया जानेवाला जमीन किराया (हिस्सा) देना बंद कर दिया गया तथा बटाईदारों में भूमि का पुनर्वितरण कर दिया गया। सितंबर, सन् 1948 में भारतीय सेनाओं ने राज्य को अपने कब्जे में ले लिया तथा किसान नेताओं को गिरफ्तार करने के साथ-साथ प्रदर्शनकारी किसानों पर गोलियाँ बरसाईं। सीपीआई को गैर कानूनी संगठन घोषित कर दिया गया जिससे आंदोलन भूमिगत होने को मजबूर हो गया। सीपीआई पर प्रतिबंध लगने के बाद कम्युनिस्टों ने गुरिल्ला (छापामार) युद्ध की रणनीति अपनाई।

तेलंगाना आंदोलन में हड़तालों तथा रैलियों में हजारों स्त्रियाँ सक्रिय थीं। आंदोलन के नेताओं ने असामान्य रूप से पत्नियों की पिटाई जैसी 'स्त्री समस्याओं' पर भी ध्यान केंद्रित किया। आंदोलन के नेता ऐसे पतियों को बेनकाब करने की नीयत से उनकी करतूतों को सार्वजनिक करते। महिलाओं के प्रति तेलंगाना आंदोलन के नेताओं का रवैया बड़ा उदार एवं जिम्मेदाराना था। परंतु जब आंदोलन भूमिगत हो गया तो महिलाओं को छापामार (गुरिल्ला) दस्ते में शामिल होने की आज्ञा नहीं दी गई परंतु उनसे शरण उपलब्ध कराने, संदेशवाहक बनने जैसे सहायक कार्य करने की अपेक्षा जरूर की गई। अपवादस्वरूप अगर कुछ महिलाओं ने गुरिल्लों में शामिल होने की व्यवस्था कर भी ली तो बाद में उन्हें काफी पछतावा हुआ। उन्होंने बताया

कि जब वे गुरिल्ला आंदोलन से निकलकर वापस अपने परिवारों में पहुँचीं तो उन्हें यह कहकर स्वीकार नहीं किया गया कि उन्होंने अपना स्त्रीत्व खो दिया है।[2]

इस दौरान भारतीय कम्युनिस्ट पार्टी के अंदर नीतियों को लेकर मंथन होता रहा और नीतियों में बदलाव की जरूरत महसूस की जाने लगी। किसानों के बजाय पार्टी ने श्रमिक वर्ग को अंदोलन में शामिल होने का निर्णय लिया और सन् 1951 में अपने नुकसान की भरपाई के लिए सीपीआई ने तेलंगाना आंदोलन समाप्त कर दिया। भाकपा की इस कार्रवाई से आंध्र प्रदेश के कम्युनिस्ट बहुत आहत हुए।

तेलंगाना आंदोलन की रोशनी में महात्मा गांधी की सर्वोदय विचारधारा से प्रभावित राष्ट्रवादी नेता विनोबा भावे ने भूदान आंदोलन शुरू किया। इसके तहत उन्होंने बड़े जमींदारों को जमीन दान देने के लिए सहमत करना प्रारंभ किया ताकि उनके द्वारा दान में दी गई जमीन को भूमिहीनों में बाँटा जा सके। उनका आंदोलन तेलंगाना में तो कोई खास उपलब्धि हासिल नहीं कर सका परंतु बिहार में उसे किसी हद तक सफलता मिली। विनोबा भावे सन् 1955 में बिहार पहुँचे तो उनकी मुलाकात भारत छोड़ो आंदोलन के गांधीवादी समाजवादी नेता जयप्रकाश नारायण से हुई। जयप्रकाश नारायण ने भूदान आंदोलन में शामिल होकर अपना शेष जीवन भूदान एवं सर्वोदय के संदेश के प्रचार-प्रसार में समर्पित करने का प्रण किया। बिहार में भूदान आंदोलन को काफी जमीन मिली परंतु उसमें से कुछ तो खेती योग्य नहीं थी, कुछ जमीन खेती योग्य बन जाने के बाद उसके पुराने स्वामियों ने उसे वापस ले लिया और कुछ जमीन ऐसी थी जो भूदान के समय से ही विवादित थी।

उत्तराखंड के उत्तरी पहाड़ी क्षेत्रों में भी भावे के माध्यम से सर्वोदय आंदोलन को पाँव रखने की जगह मिली। विनोबा के निर्देश पर उत्तराखंड में जंगलों की कटाई तथा बढ़ती शराबखोरी पर अंकुश लगाने के प्रयास किए गए। आजादी के बाद इस क्षेत्र में मीरा बहन तथा सरला बहन द्वारा स्थापित किए गए गांधी आश्रम इन प्रयासों के केंद्र बने जिसके परिणामस्वरूप साठ के दशक के पूर्वार्द्ध में महिलाओं का शराब-विरोधी आंदोलन अस्तित्व में आया। सुन्दरलाल बहुगुणा, जिन्होंने शराबखोरी के विरुद्ध अनशन का गांधीवादी अस्त्र उठाया, के नेतृत्व में आंदोलनकारियों ने शराब निर्माताओं तथा विक्रेताओं के विरुद्ध कार्रवाई करने पर ध्यान केंद्रित किया तथा शराब के व्यापक बहिष्कार तथा उपभोग एवं बिक्री पर रोक लगाने में सफलता प्राप्त की। श्री बहुगुणा शराबखोरी के विरुद्ध जनमत तैयार करने में तो सफल हुए परंतु वे क्षेत्र से शराब या शराबखोरी को पूरी तरह नहीं मिटा सके।[3]

प्रस्ताव

जयपुर में दिनांक 16, 17 एवं 18 दिसंबर, 1948 को संपन्न हुए अखिल भारतवर्षीय हिन्दू कोड विरोधी सम्मेलन में निम्नलिखित प्रस्ताव पारित किए गए :

1. जयपुर में संपन्न यह अखिल भारतवर्षीय हिन्दू कोड विरोधी सम्मेलन में प्रस्तावित किया जाता है कि सम्मेलन अन्य कारणों के अलावा निम्नलिखित कारणों से हिन्दू कोड बिल का पुरजोर विरोध करता है और अपील करता है कि इसे वापस ले लिया जाना चाहिए।

(अ) यह बिल हिन्दू कानून की वैदिक एवं शास्त्रीय जड़ों पर प्रहार करता है और यह गंभीर तथा अपरिहार्य रूप से हिन्दू धर्म, हिन्दू संस्कृति और हिन्दुओं के सामाजिक ढाँचे की बुनियादों को नुकसान पहुँचाएगा।

(ब) यह बिल लगभग सम्पूर्ण हिन्दू समाज के ठोस विरोध के बावजूद हिन्दू कानून में आमूल बुनियादी एवं क्रान्तिकारी बदलाव की व्यवस्था करता है।

(स) इस बिल की विवाह, तलाक और विरासत इत्यादि की धाराएँ हिन्दू कानून की हितकर एवं सनातन मान्यताओं का विरोध करती हैं।

(द) विरासत में स्त्रियों की भागीदारी संबंधी नई धारा का उल्लेख किया गया है। इससे न केवल मतभेद बढ़ेंगे, बल्कि हिन्दू परिवार व्यवस्था भी बाधित होगी, जो कि युगों-युगों से पारिवारिक संबंधों के संरक्षण, हिन्दुओं के बीच पारिवारिक सम्पत्ति और पारिवारिक स्थिरता के लिए एक सहकारी संस्थान के रूप में कार्यरत रही।

(य) यह बहुत बड़ा अति विवादास्पद और हिन्दू समाज पर दूरगामी प्रभाव डालनेवाला बिल है इसलिए इसे इससे प्रभावित होनेवाले हिन्दुओं की किसी बड़ी संस्था द्वारा पूर्णरूपेण विचार किए बिना पास नहीं किया जाना चाहिए।

(र) वर्तमान संविधान सभा का चुनाव भारत के लिए संविधान तैयार करने के निश्चित उद्देश्य के लिए हुआ था और यह ज्यादा-से-ज्यादा कोई कामकाजी या तात्कालिक और अविवादास्पद प्रकृति का कानून पास कर सकती है।

(ल) वर्तमान सभा का चुनाव वयस्क मताधिकार के जरिए और अन्य संवैधानिक कारणों से नहीं हुआ है इसलिए इसे, जैसाकि भारतीय राष्ट्रीय काँग्रेस के अध्यक्ष और संविधान सभा के अध्यक्ष ने संकेत किया है, इतने गंभीर महत्व एवं प्रकृति के कानून पास नहीं करना चाहिए।

(व) इस बिल को फिलहाल वापस ले लिया जाना चाहिए तथा इसके प्रावधानों को अगले चुनाव से पूर्व मतदाताओं के समक्ष रखा जाना चाहिए। यदि मतदाता इसे अपनी मंजूरी दे दें तभी इस पर विचार किया जाना चाहिए।

2. यह सम्मेलन यहाँ अपने सुविचारित मत की घोषणा करता है कि :

(अ) सम्पूर्ण हिन्दू समुदाय के विरोध के बावजूद यदि इस बिल के प्रायोजक इसे विधायिका के माध्यम से कोड बिल के रूप में पारित किए जाने पर दबाव डालें तो सभा के सदस्यों से अनुरोध है कि वे सामूहिक तथा व्यक्तिगत तौर पर इसका विरोध करें।

(ब) यदि विधायिका के सदस्य बिल का विरोध करने में समर्थ न हों तो

मतदाताओं को चुनाव में अपना दृष्टिकोण रखने का अवसर दिया जाना चाहिए।

(स) संविधान सभा के अध्यक्ष ने पहले ही इस बात का उल्लेख कर दिया है कि इस बिल को लोकमत जानने के लिए वितरित नहीं किया गया है। यहाँ तक कि रजवाड़ों के सरवराहकारों से भी साक्ष्य नहीं लिए गए हैं क्योंकि हिन्दू कोड उस समय रजवाड़ों में लागू नहीं होनी थी। अब यदि यह बिल रजवाड़ों समेत सम्पूर्ण भारत में लागू होगी तो रजवाड़ों तथा भारत के नागरिकों से लोगों की राय माँगी जानी चाहिए तथा इस संबंध में रजवाड़ों में भी इस पर साक्ष्य जुटाए जाने चाहिए।

(द) यह बिल हिन्दू धर्म में खतरनाक और बेहूदा हस्तक्षेप के इरादे से लाया गया है और यह एक हितकर संविधान के मौलिक सिद्धांतों का उल्लंघन करता है।

3. यह सम्मेलन संविधान सभा को सिफारिश करता है कि नए संविधान में धार्मिक एवं सांस्कृतिक सुरक्षा की पूर्ण और अनुल्लंघ्य गारंटी होनी चाहिए और यह व्यवस्था भी की जानी चाहिए कि विधायिका निजी कानून में हस्तक्षेप न करे।

4. हिन्दू कोड बिल का विरोध करने के लिए सारे देश में बैठकें आयोजित की जानी चाहिए और पत्र तथा तार भेजने के साथ-साथ बिल के विरोध में हस्ताक्षर एकत्र किए जाने चाहिए। सभी प्रस्तावों की सूचना सरकार को दी जानी चाहिए।

5. देश सामाजिक और धार्मिक मामलों से जुड़ी कुछ ऐसी फिल्में दिखाई जा रही हैं जो हिन्दुओं की भावनाओं को आहत करेंगी अतः यह सम्मेलन सरकार से अपील करता है कि वह ऐसी फिल्मों पर प्रतिबंध लगाए।

दरियागंज
दिल्ली

रामावतार पाण्डेय
सचिव
अखिल भारतीय हिन्दू कोड
विरोध समिति

भारतीय कम्युनिस्ट पार्टी में पार्टीलाइन को लेकर साठ के दशक में गुस्सा भड़का। 1962 में भारत-चीन युद्ध के बाद चीन-सोवियत मैत्री टूट गई जिससे कम्युनिस्टों का ध्रुवीकरण हो गया तथा भारतीय कम्युनिस्ट पार्टी का सन् 1964 में विभाजन हो गया। विभाजन के पश्चात भारतीय कम्युनिस्ट पार्टी—मार्क्सवादी (सीपीआई-एम) का गठन हुआ जिसे चीन समर्थक माना गया। सन् 1967 में दोनों पार्टियों ने चुनाव लड़ा। कम्युनिस्ट अब तक दो खेमों में बँट चुके थे। इसी तरह सीटें भी बँट गईं। बाद में पश्चिम बंगाल तथा केरल में कम्युनिस्ट वर्चस्ववाली साझा सरकारें बनीं। सीपीआई-एम के परिवर्तनकामी कामरेडों ने इन सरकारों को संदेह की दृष्टि से देखा। इन लोगों का मानना था कि समय देश के अन्दर क्रांतिकारी उत्थान की माँग कर रहा है। चुनावों के फौरन बाद बिहार के नक्सलबाड़ी गाँव में बटाईदारों का आंदोलन

शुरू हुआ जहाँ जमींदारों की जायदादों पर जबरन कब्जा कर लिया गया। कम्युनिस्टों द्वारा संगठित की गई किसान समितियों के माध्यम से यह आंदोलन बिहार तथा बंगाल के अन्य क्षेत्रों में बड़ी तेजी से फैल गया। पीकिंग रेडियो ने नक्सलबाड़ी को 'आजाद कराया गया क्षेत्र' कहकर प्रशंसा की। भारतीय सरकार ने बड़ी सतर्कता से प्रतिक्रिया व्यक्त की। केरल तथा बंगाल में साझा सरकार में शामिल कम्युनिस्टों के सामने स्थिति को शांत करने की समस्या पैदा हो गई। इस अवसर पर पार्टी की चुप्पी से क्षुब्ध होकर अनेक समर्थकों तथा सीपीआई-एम के अनेक सदस्यों ने पार्टी छोड़ दी तथा क्रांतिकारी छात्र उत्थान, मजदूर आंदोलन खासतौर से खेतिहर मजदूरों के आंदोलन में शामिल हो गए। अनेक इलाकों में बटाईदारों का नया आंदोलन शुरू हो गया। बिहार में वयोवृद्ध माकपा संगठन ए. के. रॉय ने धनबाद जिले में बंधुआ मजदूरों को मुक्त कराने के आंदोलन का नेतृत्व किया तथा कम्यूनों की स्थापना की, आंध्र प्रदेश में तेलंगाना आंदोलन की दूसरी लहर चल पड़ी जिसमें स्त्रियाँ बहुत ज्यादा सक्रिय थीं, केरल में माओवादियों ने मालाबार में 'लाल सेना छावनी' स्थापित करने की कोशिश की। हालाँकि ये कई गुटों में बँटे हुए थे परंतु सरकार एवं मीडिया (प्रेस) ने उन्हें 'नक्सलवादी' के रूप में एकजुट कर दिया और इन लोगों ने आतंकवादी विचारधारा को जन्म दिया क्योंकि 1966-67 से भारतीय माओवादी आंदोलन के भीतर एक 'विध्वंसात्मक धारा' का विकास हुआ। उनका मानना था कि जमींदारों एवं पूंजीपतियों की हत्याएँ करने से क्रांतिकारी उत्थान का मार्ग प्रशस्त होगा।

सन् 1969-70 में सभी माओवादी एकजुट हो गए तथा उन्होंने भारतीय कम्युनिस्ट पार्टी मार्क्सवादी-लेनिनवादी (सीपीआई-एमएल) की स्थापना की। माओवादी आंदोलन का सरकारी दमन एक वर्ष बाद शुरू हुआ तथा सन् 1972 में विध्वंसकारी एवं अविध्वंसकारी सभी खेतिहर कट्टरपंथियों, जुझारू छात्रों तथा अन्य में बिना कोई भेदभाव किए पुलिस तथा सेना ने सबको मौत के घाट उतार दिया। 'सशस्त्र मुठभेड़' की भ्रामक परंपरा की शुरुआत यहीं से हुई। नक्सलवादियों तथा पुलिस के बीच गोलीबारी को 'सशस्त्र मुठभेड़' की शक्ल देकर उसकी आड़ में सरकार ने सभी प्रकार की दमनात्मक कार्रवाइयों को उचित ठहरा दिया।

सन् 1970 के दशक के प्रारंभ में नक्सलवादी आंदोलन अनेक छोटे-छोटे टुकड़ों में बिखर गया। इनमें से अनेक ने क्रांति प्रक्रिया के पुराने विश्लेषण पर सवाल उठाना शुरू किया। इन गतिविधियों से वामपंथियों में आंतरिक कलह तेज हो गई तथा अनेक नई विचारधाराओं एवं आंदोलनों के विकास को बल मिला। अब तक संस्कृति, लिंग, जाति तथा कबीले जैसे उपेक्षित रहे मुद्दों पर ध्यान केंद्रित होना शुरू हुआ। क्रांतिकारी वामपंथियों की देखादेखी समाजवादी आंदोलन में भी नए विचारों एवं आंदोलनों का विकास हुआ यह अलग बात है कि बहुत सीमित दायरे में इनमें राज्य क्रांति, पर्यावरण, ट्रेड-यूनियन तथा लिंग के मुद्दे शामिल थे। इन अनेक नए विचारों एवं आंदोलनों

तेलंगाना में 1946-52 के दौरान गुरिल्ला के रूप में प्रशिक्षित होती स्त्रियाँ।

में स्त्रियों के सर्वाधिक पसंदीदा अभियान महाराष्ट्र में शहद एवं मूल्यवृद्धि-विरोधी आंदोलन तथा गुजरात में सेवा एवं नवनिर्माण आंदोलन थे।

शहद की अधिक पैदावार वाले धूलिया जिले के शहर में शहद आंदोलन शुरू हुआ। यह भील आदिवासी बहुल क्षेत्र है। इस क्षेत्र में ज्यादातर भील आदिवासी भूमिहीन मजदूर हैं। इस क्षेत्र के अधिसंख्य जमींदार गैर आदिवासी थे। वे भीलों से बेगार कराते तथा उन्हें अमानवीय यातनाएँ देते थे। भील आदिवासियों की इस दशा के सुधार की पहली कोशिश एक स्थानीय भजन गायक अंबर सिंह द्वारा की गई। उन्होंने सन् 1977 में आदिवासी सेवा मंडल का गठन किया। अंबर सिंह को जब पता चला कि स्थानीय जमींदारों ने दो भील स्त्रियों के साथ बलात्कार किया है तो उनका खून खौल उठा। जमींदारों की बढ़ती पाशविकता से आदिवासियों को बचाने के उद्देश्य से ही उन्होंने इस संस्था का गठन किया। उसी वर्ष कुछ सर्वोदय कार्यकर्ताओं को शहादा में अमीर किसानों द्वारा भील मजदूरों पर गोली चलाए जाने की घटना का पता चला। इसकी खोजबीन के लिए वे सर्वोदयी शहादा गए। उन्होंने वहाँ पहुँचकर अंबर सिंह से मुलाकात की तथा उनकी सहायता से ग्राम स्वराज्य समिति का गठन किया। थोड़े ही दिनों बाद पुणे तथा बंबई के धुर वामपंथी लोग भी इस समिति में शामिल हो गए। मारिया माइज के अनुसार समिति के सदस्यों ने नक्सलवादियों की 'रक्तपात नीति' की परोक्ष रूप से निंदा की। साथ ही नक्सल-

वादियों की एकाएक जनउत्थान की धारणा की भी आलोचना की गई। उनकी आलोचना का सबसे अहम पहलू था नक्सलवादियों द्वारा जन अभिप्रेरण की उपेक्षा। इसलिए 'जनधारा' शहादा आंदोलन का सिद्धांत वाक्य बन गया।[4]

सन् 1972 में शहादा में श्रमिक संगठन की स्थापना हुई। सन् 1972-73 में देश में पड़े भयंकर सूखे के परिणामस्वरूप फैली भुखमरी ने श्रमिक आंदोलन के तीव्र विकास में सहायता की। आंदोलनकारियों ने खाली पड़ी परती भूमि पर कब्जा करके उस पर खेती करना शुरू कर दिया। इसमें से ज्यादातर जमीन सरकार ने 'वन भूमि' के रूप में आरक्षित की हुई थी। घेराव और सत्याग्रह के माध्यम से संगठन कार्यकर्ताओं ने शहादा में सरकार से सर्वाधिक अकाल सहायता प्राप्त की। इतनी सरकारी राहत महाराष्ट्र के किसी अन्य क्षेत्र में नहीं मिली।

आंदोलन में सक्रिय मजदूरों में महिलाओं ने शुरू से आखिर तक सर्वाधिक महत्त्वपूर्ण भूमिका निभाई। स्त्रियों ने प्रदर्शनों की अगुआई की, नए-नए जोशीले नारे खोज कर लिए तथा लगाए, क्रांतिकारी गीत गाए तथा जनमत तैयार किया। औरतों ने झोंपड़ी-दर-झोंपड़ी जाकर वहाँ मौजूद पुरुषों को संघर्ष के लिए उकसाया तथा श्रमिक संगठनों में शामिल होने की आवश्यकता बताई। जमींदारों के साथ बातचीत में पुरुषों की अपेक्षा स्त्रियाँ अधिक अड़ियल साबित हुईं।[5]

मात्र दो वर्षों के भीतर एक ऐसा आंदोलन उभरा जिसमें हजारों स्त्रियों ने भाग लिया। घरेलू समाज सुधार कार्य से शुरू हुई महिलाओं की गतिविधियाँ इन दो वर्षों में सर्वोदय आंदोलन और तत्पश्चात धुर वामपंथी आंदोलन में तब्दील हो गईं। आंदोलन में स्त्रियों की ताकत या उनका जुझारूपन जैसे-जैसे बढ़ता गया वैसे-वैसे उन्होंने लिंग आधारित मुद्दे भी उठाने शुरू कर दिए। इसका नमूना हम पहले देख चुके हैं और आगे भी बार-बार देखेंगे। जब कोई समुदाय अपने सामुदायिक उत्पीड़न को समझ जाता है और उत्पीड़न को अपने आंदोलन के माध्यम से व्यक्त करने लगता है तो एक-न-एक दिन ऐसी स्थिति अवश्य आ जाती है कि वह लिंग आधार पर किए जाने वाले उत्पीड़न के विरुद्ध प्रश्न उठाने लगता है। दिलचस्प यह है कि पत्नी को पीटने की जिस समस्या को आजादी से पहले कम्युनिस्ट आंदोलन में उठाया गया था, शहादा आंदोलन में भी वही प्रश्न महिला आंदोलनकारियों द्वारा उठाया गया।

मीरा सावदा तथा सुजाता घोटोस्कर के अनुसार पत्नी-उत्पीड़न के पीछे पतियों की नशाखोरी का मुख्य कारण था जिसके परिणामस्वरूप शराब-विरोधी आंदोलन का उदय हुआ। भील आदिवासी औरतें शराब बनानेवाली भट्टियों में जाकर शराब बनाने के सभी बर्तन तोड़ आती थीं क्योंकि उनका मानना था कि इन्हीं दारूखानों में उनके पति आकर शराब पीते हैं और घर जाकर उनकी पिटाई करते हैं। सन् 1972 के अंत में शुरू हुआ शराब विरोधी आंदोलन सन् 1973 में भी जारी रहा। इस बीच

इसकी ताकत कई गुना बढ़ गई। स्त्रियाँ अब जत्थे बनाकर एक गाँव से दूसरे गाँव में जाकर वहाँ चल रही शराब की भट्टियों को तोड़ने लगीं। श्रमिक संगठन ने महिलाओं का एक शिविर आयोजित किया जिसमें करमखेड़ा गाँव की औरतों ने अपनी आपबीती सुनाई। उन्होंने शिविर की स्त्रियों को बताया कि उनके पति रात को दारू पीकर आते हैं और उनकी जमकर पिटाई करते हैं। उन्होंने शिविर में मौजूद महिलाओं से उनके गाँव की शराब भट्टियों को समाप्त करने में मदद भी माँगी।[6]

इतना सुनते ही शिविर में मौजूद स्त्रियाँ तुरंत अपने-अपने स्थान पर खड़ी हो गईं और करमखेड़ा गाँव की ओर प्रस्थान कर दिया। रास्ते में अन्य जितने भी गाँव पड़े सब में से निकलकर औरतें इस यात्रा में शामिल होती गईं। सबसे पहले उन्होंने करमखेड़ा पहुँचकर शराब की सारी भट्टियों को तहस-नहस कर दिया, फिर

महिला बटालियन, तेलंगाना—1941-52

थाने की ओर मुड़ीं। थाने का घेराव करके महिलाओं ने पुलिस निरीक्षक से पूछा कि ये शराब की भट्टियाँ बंद क्यों नहीं की गईं। मीरा सावरा तथा सुजाता घोटोस्कर ने आगे बताया कि "मोआद नामक गाँव में औरतों के जत्थों में घूम-घूमकर सभी दारुखानों की भट्टियाँ एवं बर्तन तोड़ दिए तथा गाँव के गुंडों को आतंकित कर दिया।"[7]

अगले कुछ महीनों में गाँव के अंदर तथा दो गाँवों के बीच में स्त्रियों की समन्वय समितियाँ संगठित की गईं। अगर किसी गाँव की कोई औरत दूसरे गाँव में जाकर

'हमें पानी दो, शराब नहीं' जूनागढ़ (हि.प्र.) में धरने पर बैठी स्त्रियाँ।

बताती कि उसके पति ने उसकी पिटाई की है तो उस गाँव की औरतें पीड़ित महिला के गाँव में जाकर उसके पति की खुलेआम पिटाई कर देतीं और पति से सबके सामने अपनी पत्नी से माफी माँगने को कहतीं। इस प्रकार शहादा आंदोलन शराब की बिक्री एवं शराबखोरी के विरोध से शुरू होकर पत्नी-उत्पीड़कों की पिटाई में तब्दील हो गया। जो मुद्दा अब तक निजी माना जाता था, उसे पत्नी-पिटाई को किसी का घरेलू मामला मान कर टाल दिया जाता था, स्त्रियों के आंदोलन के परिणामस्वरूप अब वह सार्वजनिक बन गया। सच्चाई यह है कि मुख्यधारा के समुदायों की भाँति आदिवासी समुदायों में निजी एवं सार्वजनिक की निशानदेही नहीं थी क्योंकि समाप्ति का स्वरूप दोनों में भिन्न था। इसलिए आदिवासियों में मुख्यधारा की स्त्रियों की तरह कोई घरेलू सुरक्षा कवच नहीं था, न ही उनके मातृत्व गुणों में कोई समानता थी। इसके साथ ही आदिवासी समुदायों में स्त्रियों की कामुकता को नियंत्रित करने का कोई पितृसत्तात्मक डर भी नहीं था। इन्हीं कारणों की वजह से शहादा की औरतों को पितृतंत्र के कुछ मुद्दों को चुनौती देने का काम आसान हो गया।

शहादा में किए गए शराब-विरोधी आंदोलन की कुछ वर्ष पूर्व उत्तरा-खंड में हुए शराब-विरोधी आंदोलन से तुलना बड़ी दिलचस्प है क्योंकि दोनों का शराब के विरोध का तौर-तरीका स्पष्ट है। हालाँकि दोनों में ही शराबियों के बजाय शराब विक्रेताओं के विरोध पर ध्यान केंद्रित किया गया। उत्तराखंड में शराब विरोधी आंदोलन अहिंसा एवं सत्याग्रह पर आधारित था तथा इसमें शराब विक्रेताओं को शर्मसार करके

उनमें उत्तम भावनाएँ जागृत करने का प्रयास किया गया जबकि शहादा आंदोलन में बुनियादी तौर पर शराब विक्रेताओं तथा शराबियों को दंडित करने की कार्रवाई की गई। इन कार्रवाइयों में शराब के अड्डों पर बर्तनों तथा भट्ठियों को नष्ट करने के साथ-साथ गलत रास्ते पर चलनेवाले पियक्कड़ पतियों को सबक सिखाना शामिल था। उत्तराखंड में शराब को जहाँ बुराई की मुख्य जड़ के रूप में देखा गया वहीं शहादा में आंदोलनकारियों ने शराब की बिक्री तथा शराबखोरी के विरोध के साथ-साथ पत्नियों की पिटाई करनेवाले पतियों पर सीधा हमला किया गया। इसके अलावा एक सक्रिय कार्यकर्ता की टिप्पणी, जिसका मीरा सावरा तथा सुजाता घोटोस्कर ने उल्लेख किया है, से पता चलता है कि स्त्रियों का मत था कि पत्नी-उत्पीड़न का कारण पूरी तरह से शराबखोरी ही नहीं था, हमारा विरोध शराब से नहीं बल्कि पत्नियों की पिटाई से था जो कि अपरिहार्य रूप से शराबखोरी का नतीजा था।[8]

पितृसत्ता-विरोधी भावनाएँ जो शहादा आंदोलन में व्यक्त की गईं वे उत्तराखंड में लुप्त रहीं। इसके अनेक कारण हो सकते हैं। उदाहरणार्थ, शहादा एवं उत्तराखंड दोनों आंदोलनों के बीच समय की लंबी दूरी, सामाजिक ढाँचे तथा स्त्री के प्रति सोच में भिन्नता क्योंकि एक परंपरागत जाति समाज था जबकि दूसरा आदिवासी। इसके अलावा दोनों आंदोलनों के आंदोलनकारियों की विचारधारात्मक मत भिन्नता भी एक प्रमुख कारण थी।

इस बीच अहमदाबाद में महिलाओं की ट्रेड यूनियन बनाने की पहली कोशिश की गई। यह कोशिश गांधी जी द्वारा स्थापित टैक्सटाइल लेबर एसोसिएशन (टीएलए) से जुड़े गांधीवादी समाजवादियों की ओर से की गई। सन् 1972 में इला भट्ट ने सेल्फ-एम्प्लायड वीमेंस एसोसिएशन (सेवा) की स्थापना की। सुश्री भट्ट पहले टीएलए की महिला शाखा से जुड़ी हुई थीं। सेवा एक ऐसा संगठन था जो असंगठित क्षेत्र में काम करनेवाली स्त्रियों के लिए बनाया गया था। विभिन्न व्यवसायों में काम करनेवाली इन महिलाओं की दशा काफी शोचनीय एवं आमदनी बहुत कम थी। ये औरतें ज्यादातर घरों में मशीनों की देखभाल या गलियों में फेरी लगाकर सामान बेचती थीं। घरों में ठेकेदार तथा गलियों में पुलिस इन्हें तंग करती थी। इसके अतिरिक्त उनके श्रम को समाजोपयोगी भी नहीं माना जाता था। 'सेवा' का उद्देश्य उन महिलाओं को प्रशिक्षण, तकनीकी सहायता एवं मोलभाव करने की दक्षता के जरिए उनकी स्थिति में सुधार लाना था। इसके साथ-ही-साथ 'सेवा' इनमें गांधी जी के ईमानदारी, मानव मूल्य एवं 'सादा जीवन उच्च विचार' की भावनाएँ भरने के लिए कृतसंकल्प था।[9] अपनी गांधीवादी विचारधारा के कारण 'सेवा' ने 'सहकार' से 'एकाकार' की नीति अपनाई। यह संभव है कि इस नीति के चयन में 'सेवा' (यानी अन्य लोगों की समर्पित देखभाल) के शाब्दिक अर्थ ने भूमिका निभाई हो। वस्तुतः एक ट्रेड यूनियन के रूप में 'सेवा' के पंजीकरण में काफी दिक्कतें आईं क्योंकि भारतीय ट्रेड यूनियन कानून

मूल्यवृद्धि विरोधी प्रदर्शन, गुजरात, 1973

के अंतर्गत किसी यूनियन को अधिकृत मान्यता तभी प्रदान की जाती थी जब वह किसी फैक्टरी विशेष या किसी नियोक्ता विशेष के मजदूरों द्वारा बनाई गई हो। 'सेवा' इसमें से कोई भी शर्त पूरी नहीं करता था। टीएलए के समर्थन से 'सेवा' ने दलील दी कि किसी यूनियन के लिए इन शर्तों को पूरा करना आवश्यक नहीं है। यूनियन का आधार उसके सदस्यों का 'विकास' होना चाहिए। विकास को परिभाषित करते हुए सेवा ने तर्क दिए कि विकास का अर्थ है 'शोषण से मुक्ति, नियमित काम की गारंटी, तथा उन्नत तकनीक सीखने के लिए सदस्यों को अवसर प्रदान करना।' संयोगवश उनकी दलील मंजूर कर ली गई और ट्रेड यूनियन के रूप में 'सेवा' का पंजीकरण हो गया।[10]

दिलचस्प यह है कि सत्तर के दशक में उभरी नारीवादी आंदोलन की कुछ शाखाओं ने 'सेवा' को कोई कारगर संगठन मानने के बजाय उसके सुधारवादी रवैये के लिए 'सेवा' की आलोचना की। 'सेवा' ने स्वयं भी नारीवादियों से दूरी बनाए रखी, शायद इसका कारण यह था कि 'सेवा' उन्हें 'पाश्चात्य' एवं अधिक प्रगतिवादी मानता था। दूसरी ओर शहादा को नारीवादियों ने निश्चित रूप से स्वीकार किया क्योंकि इसका आंशिक कारण पुरुषों की हिंसा पर सीधा हमला था तथा आंशिक रूप से इसका कारण सत्तर के दशक के अंतिम वर्षों के नारीवादियों का इसमें शामिल होना था। थोड़ा अलग रूप में नारीवादियों ने 'सेवा' की अपेक्षा बंबई के मूल्यवृद्धि

महँगाई विरोधी प्रदर्शन, बिहार

विरोधी आंदोलन तथा गुजरात के नवनिर्माण आंदोलन को अधिक महत्त्व दिया क्योंकि उनमें हंजारों स्त्रियाँ सक्रिय थीं।

शहादा समेत महाराष्ट्र के अन्य भागों में पड़े सूखे एवं भुखमरी के कारण ही कीमतें बढ़ीं जिससे शहरी क्षेत्र भी प्रभावित हो गए। सन् 1973 में समाजवादी पार्टी (सोशलिस्ट पार्टी) की मृणाल गोरे तथा माकपा की अहिल्या रांगणेकर ने मिलकर मूल्यवृद्धि विरोधी संयुक्त महिला मोर्चे का गठन किया। जिस प्रकार पूर्व में भुखमरी के दिनों में गरीब ग्रामीण महिलाओं को आंदोलन के लिए तैयार किया गया था उसी प्रकार इस मोर्चे ने भी मुद्रास्फीति के विरुद्ध शहरी स्त्रियों को एकज़ुट होने के लिए प्रेरित किया।[11]

मूल्यवृद्धि विरोधी आंदोलन इतनी तेजी से उभरा कि कुछ ही समय में यह उपभोक्ता सुरक्षा का स्त्रियों का व्यापक आंदोलन बन गया। आंदोलनकारियों ने माँग की कि आवश्यक वस्तुओं की कीमतें तथा उनका वितरण दोनों ही सरकार की ओर से सुनिश्चित किया जाए। इसलिए आंदोलन में प्रदर्शन के नए तरीके खोजे गए जिनमें गृहिणियों को शामिल किया गया और मूल्यवृद्धि के विरुद्ध होनेवाले प्रदर्शनों में उन्होंने बेलन से थालियाँ पीट-पीटकर अपने गुस्से का इजहार किया। प्रदर्शन इतने बड़े होते थे कि उनमें दस से बीस हजार स्त्रियाँ शामिल होकर संसद सदस्यों तथा उद्योगपतियों का घेराव करके उन्हें चूड़ियाँ भेंट करतीं और जमाखोर व्यापारियों के गोदामों पर छापे मारतीं।

इसके तत्काल बाद मूल्यवृद्धि विरोधी आंदोलन फैल कर गुजरात तक पहुँच गया जहाँ इसे सन् 1974 में नवनिर्माण आंदोलन के नाम से जाना गया। नवनिर्माण आंदोलन मूलतः, मूल्यवृद्धि, भ्रष्टाचार एवं कालाबाजारी के खिलाफ चलाया जानेवाला छात्रों का आंदोलन था जिसमें आगे चलकर हजारों स्त्रियाँ शामिल हो गईं और वह एक विशाल मध्यवर्गीय आंदोलन बन गया। नव निर्माण आंदोलन मूल्य वृद्धि के विरोध

से हटकर सरकार की अलोकतांत्रिक एवं रिश्वतखोर प्रवृत्ति को देखते हुए सरकार की सर्वांगीण आलोचना की ओर मुड़ गया। आंदोलन के तौर-तरीकों में आम भूख हड़ताल से लेकर बनावटी अदालतें बनाकर भ्रष्ट सरकारी कर्मचारियों तथा राजनीतिज्ञों की खिल्ली उड़ाना शामिल था। बनावटी अदालतों द्वारा भर्त्सना किए जानेवाले अफसरों तथा भ्रष्ट नेताओं के पुतले जलाए जाते। नए युग के उदय का स्वागत करने के लिए प्रभात फेरियाँ निकाली जातीं। स्त्रियों ने थालियाँ पीट-पीटकर विधानसभा की शोक घंटियाँ भी बजाईं। सन् 1974 के नवनिर्माण आंदोलन को कुचलने में पुलिस को तीन महीने लगे तथा लगभग 90 से 100 लोग मारे गए।[12]

नवनिर्माण आंदोलन के कार्यकर्ता जयप्रकाश नारायण के 'संपूर्ण क्रांति' के नारे से प्रभावित थे। वे सुधार के लिए लड़ने के साथ-साथ राज्य की शक्ति पर अंकुश लगाना चाहते थे क्योंकि उनकी दलील थी कि चूँकि राजनीति भ्रष्ट एवं बदबूदार हो गई है इसलिए अब लोकनीति का समय आ गया है। जाति व्यवस्था तथा धार्मिक रीति-रिवाजों का विरोध, राजनीतिक तथा आर्थिक परिवर्तनों के साथ-साथ सामाजिक तथा व्यक्तिगत संबंधों में परिवर्तन इत्यादि लोकनीति की उनकी परिभाषा के केंद्रीय बिंदु थे। नवनिर्माण आंदोलन का मुख्य लक्ष्य राजनीति में व्याप्त भ्रष्टाचार था इसलिए 'लोक न्याय' के लिए 'लोक अदालतों' के गठन को लोकनीति की रचना के कदम के रूप में देखा गया। इसलिए आंदोलन जातीय, धार्मिक, व्यक्तिगत या पारिवारिक संबंधों के परिवर्तन के महत्त्व पर ज़्यादा जोर देता दिखाई नहीं देता।

बेलन और घी के खाली डिब्बे लेकर महँगाई के विरोध में प्रदर्शन करती स्त्रियाँ

इस प्रकार मूल्यवृद्धि विरोधी और नवनिर्माण आंदोलन को पितृसत्ता विरोधी कहा जाए या नहीं, एक खुला प्रश्न बन गया। दोनों में से किसी एक ने भी यह नहीं पूछा कि घरेलू खर्च में हुई वृद्धि को पुरुषों के बजाय स्त्रियों की चिंता का विषय

क्यों माना जाए। इस मामले में ऐसा लगता है कि उन्होंने शायद यह मान लिया कि परिवार स्त्रियों का क्षेत्र है दोनों में से एक ने भी न तो स्त्रियों की भूमिका को उत्पादक के बजाय उपभोक्ता कहे जाने को चुनौती दी और न ही उन्होंने यह पूछा कि परिवार को उत्पादन के बजाय उपभोक्ता इकाई क्यों माना जाए। इसके अलावा पुरुषों को शर्मसार करने के लिए स्त्रियों द्वारा उन्हें चूड़ियाँ भेंट किया जाना इस बात का प्रतीक तो था कि वे सार्वजनिक तौर पर उनकी कारगुजारियों से खिन्न हैं परंतु पितृसत्ता की इन गतिविधियों से कोई चुनौती दी जाती दिखाई नहीं देती। हालाँकि स्त्रियों की सामूहिक सार्वजनिक गतिविधियों को आमतौर पर पितृसत्ता के लिए खतरे के रूप में देखा जाता है और मूल्यवृद्धि विरोधी आंदोलन तथा नवनिर्माण आंदोलनों में हजारों स्त्रियाँ सार्वजनिक कार्रवाई में लिप्त रहीं। शायद दोनों आंदोलनों ने पितृसत्ता विरोधी विचारों को परोक्ष रूप से फलने-फूलने की अनुमति दी क्योंकि स्त्रियों की अनेकानेक गतिविधियाँ सत्तर के दशक के उत्तरार्द्ध में नारीवादी गतिविधियों के रूप में उभरीं।

नवनिर्माण आंदोलन के उत्थान एवं पतन के वर्षों में ही समकालीन नारीवादी आंदोलन का पहला महिला संगठन प्रोग्रेसिव आर्गनाइजेशन ऑफ वीमेन के नाम से हैदराबाद में स्थापित किया गया। माओवाद को बलात् कुचल दिए जाने के बाद स्त्रियों का यह पहला संगठन था जिसमें माओवादी स्त्रियों को शामिल किया गया और संगठन के भीतर आत्मावलोकन करने की प्रक्रिया शुरू हुई। माओवादी महिलाएँ लिंग आधारों पर जारी स्त्रियों के शोषण को रेखांकित करते हुए महिलाओं को उसके विरुद्ध संगठित करती थीं। माओवादी स्त्रियाँ जहाँ लैंगिक आधार पर स्त्रियों के शोषण के एक सूत्री कार्यक्रम को लेकर चल रही थीं वहीं प्रगतिशील महिला संगठन (पीओडब्ल्यू) ने अपने घोषणापत्र के जरिए स्त्रियों की संपूर्ण समस्याओं के विश्लेषण का प्रयास किया जिसने नारीवाद के उदय का आभास कराया। हम प्रस्तावना में इसका उल्लेख कर चुके हैं कि स्त्रियों के पितृसत्ताविरोधी आंदोलनों से भिन्न समतामूलक विचारों पर आधारित अनेक स्त्री आंदोलन सत्तर के दशक में हुए। प्रगतिशील महिला संगठन (पीओडब्ल्यू) ने नारीवाद में तारतम्य स्थापित किया और बराबरी का विचार उनके घोषणापत्र में स्पष्ट दिखाई देता है :

> भारतीय स्त्री को पुरुष के बराबर की भागीदार एवं जीवन के सभी क्षेत्रों में उसकी सक्रिय सहभागिता की अवधारणा जितनी हैरतअंगेज आज है उतनी पहले कभी नहीं थी। हमारे पास एक ओर हमारा संविधान है जो स्त्रियों को बराबरी का दर्जा देने की बार-बार पवित्र घोषणा करता है तथा इधर-उधर कुछ स्त्रियाँ नेताओं के रूप में दिखाई पड़ती हैं, जबकि दूसरी ओर भारतीय स्त्रियों की भयावह स्थिति दिखाई देती है। रूढ़िवादी संस्कृति स्त्रियों को घर

के अंतःपुर में रहने और सार्वजनिक जीवन में सक्रिय सहभागिता से दूर रहने का उपदेश देती हैं। दूसरी ओर तेजी से बढ़ती पाश्चात्य संस्कृति ने स्त्री को मात्र भोगविलास की वस्तु बना दिया है। कला एवं साहित्य में स्त्रियों के प्रति अश्लीलता आम है। पुरुषों की आक्रामक श्रेष्ठता ने महिलाओं से छेड़छाड़ एवं उससे भी एक कदम आगे बलात्कार की रुग्ण मानसिकता को जन्म दिया है। हममें से अनेक स्त्रियों को अपने जीविकोपार्जन के लिए काम करने की इजाजत नहीं है तथा जो स्त्रियाँ पुरुषों के साथ कंधे से कंधा मिलाकर काम करती हैं उन्हें समान कार्य के लिए समान वेतन नहीं दिया जाता। गृहस्थी का काम करनेवाली स्त्रियों की स्थिति भी ठीक नहीं है। घर की चारदीवारी में कैद होकर सुबह से रात तक कमरतोड़ काम करनेवाली स्त्रियों को न तो किसी प्रकार की आजादी है और न ही कोई सम्मान दिया जाता है।[13]

प्रगतिशील महिला संगठन (पीओडब्ल्यू) के अनुसार स्त्रियों के शोषण के दो बुनियादी ढाँचे थे—लैंगिक आधार पर श्रम का विभाजन तथा वह संस्कृति जिसने इसे प्रतिपादित किया। श्रम विभाजन में भेदभाव के पीछे मंशा यह थी कि स्त्रियों को आर्थिक रूप से पुरुषों पर आश्रित रखा जाए। स्त्रियों के शोषण का दूसरा कारण थी वह सामाजिक बनावट जो स्त्रियों को पुरुषों से हेय प्रमाणित करने के लिए औचित्यपूर्ण सिद्धांत गढ़ लेती थी जिसके तहत कहा जाता था कि स्त्रियों एवं पुरुषों की दैहिक रचना इस प्रकार है कि स्त्रियाँ प्राकृतिक रूप से पुरुषों से कमजोर हैं। कालांतर में दोनों में परिवर्तन आया तथा रूढ़िवादिता एवं बढ़ती पाश्चात्य संस्कृति का प्रभाव दोनों परस्पर विरोधी रूप में सामने आए। परोक्ष रूप से माना गया कि सच्चाई को उजागर करने के साथ-साथ इस प्रकार की परस्पर विरोधी मान्यताओं ने स्त्रियों के मुक्ति आंदोलन की स्थिति पैदा कर दी है। हालाँकि घोषणापत्र में यह बात नहीं कही गई बल्कि इसके बजाय घोषणापत्र में स्त्रियों के शोषण को समाप्त करने की युक्तियों को रेखांकित किया गया। इन उपायों में सबसे पहले

हिमाचल प्रदेश में शराब विरोधी आंदोलन।

'आर्थिक निर्भरता के आधार तथा घर में निजी काम' की प्रवृत्ति पर चोट की गई। दूसरे उपाय के तहत 'समानता की विचारधारा' जो कि समाजवाद में पाई जा सकती थी, के प्रसार की बात कही गई : समाजवादी परिभाषा के तहत कहा गया कि "स्त्रियों को जीवन के सभी क्षेत्रों में सहभागी बनने के लिए प्रोत्साहित किया जाना चाहिए तथा उनकी ऊर्जा का चहुँमुखी विकास होना चाहिए। शोषित वर्गों की विचारधारा के रूप में समाजवाद स्त्रियों को समानता का अधिकार दिलाने के लिए सभी आवश्यक एवं वास्तविक वातावरण तैयार करेगा।[14]

सन् 1975 में महाराष्ट्र में नारीवादी गतिविधियों में अचानक बाढ़-सी आ गई। कुछ नारीवादियों ने इसे आंशिक रूप से संयुक्त राष्ट्र की घोषणा के आलोक में देखा जिसमें वर्ष 1975 को अंतरराष्ट्रीय महिला वर्ग घोषित किया गया था तथा शायद इसलिए भी कि इस घोषणा में स्त्रियों से संबंधित मुद्दों पर रोशनी डाली गई थी। परंतु ऐसा लगता है कि अगर संयुक्त राष्ट्र की यह घोषणा न होती तो भी महाराष्ट्र में नारीवादी गतिविधियाँ संपन्न होतीं क्योंकि महाराष्ट्र में महिलाओं की मुसीबतों में दिलचस्पी की शुरुआत सत्तर के दशक के प्रारंभ में ही हो चुकी थी, इसे हम शहादा एवं मूल्य-वृद्धि-विरोधी आंदोलनों में देख चुके हैं। पीओडब्ल्यू यानी प्रगतिशील महिला संगठन से प्रभावित होकर माओवादी स्त्रियों ने पुणे में पुरोगामी स्त्री संगठना तथा बंबई में स्त्री मुक्ति संगठना का गठन किया। भारत में 8 मार्च को अंतरराष्ट्रीय महिला दिवस के रूप में पहली बार मनाया गया जिसमें पार्टी-आधारित तथा स्वायत्त, दोनों संगठनों ने बंबई में बड़े पैमाने पर भाग लिया। लाल निशान पार्टी ने अपने अखबार का विशेषांक प्रकाशित किया। अगस्त में मराठी समाजवादी पत्रिका साधना में महिला विशेषांक प्रकाशित किया, सितम्बर में दलितों तथा समाजवादियों ने देवदासियों का सम्मेलन आयोजित किया। अक्टूबर, 1975 में माओवादी आंदोलन से पैदा हुए लाल निशान पार्टी, श्रमिक संगठना तथा मागोवा जैसे संगठनों ने पुणे में 'संयुक्त महिला मुक्ति संघर्ष' सम्मेलन का आयोजन किया। इस सम्मेलन में समूचे महाराष्ट्र की स्त्रियों ने हिस्सा लिया जिनमें से कुछ माकपा से संबद्ध थीं तथा शेष अन्य समाजवादी तथा रिपब्लिकन पार्टी से संबद्ध थीं।[15]

सबसे रोचक वह संबंध था जो इन दिनों जाति-विरोधी दलित आंदोलन तथा नारीवाद के बीच स्थापित किया जा रहा था। जनवेदना नामक दलित मराठी अखबार ने स्त्रियों के ऊपर एक विशेषांक प्रकाशित किया जिसका शीर्षक था 'तीसरी दुनिया में स्त्रियों का आधे आसमान पर आधिपत्य।' उपरोक्त शीर्षक चीनी भाषा के एक बयान से लिया गया था जिसका आशय पहली दुनिया के नारीवाद से अपने अलगाव को स्पष्ट करना था; तथा कुछ महीनों के बाद दलित स्त्रियों द्वारा एक नया संगठन तैयार किया गया जिसका नाम रखा गया महिला समता सैनिक दल। अपने नाम के अनुसार इस संगठन ने बराबरी तथा स्त्रियों की जुझारू छवि विकसित करने पर

बल दिया। इस संगठन की एक धुँधली समानता अमेरिका के काले आंदोलन (ब्लैक मूवमेंट) से की जा सकती थी और दल के घोषणापत्र में ऐंजेला डेविस को वास्तव में अपनी बहन बताया। हालाँकि प्रगतिशील महिला संगठन (पीओडब्ल्यू) की भाँति महिला समता सैनिक दल ने भी महिलाओं के यौन-उत्पीड़न का अपने घोषणापत्र में पुरजोर उल्लेख किया परंतु महिला उत्पीड़न के मामले में दल का विश्लेषण पीओडब्ल्यू से मौलिक रूप से भिन्न था। दल ने महिलाओं तथा दलितों के उत्पीड़न का मुख्य कारक धर्म को माना तथा जाति व्यवस्था को भारत में असमानता का स्रोत बताया–

> "लोगों पर जाति का लेबल लगाकर उन्हें सताया जाता है तथा गुलाम बना लिया जाता है। इसलिए जाति व्यवस्था को जब तक जड़ से उखाड़ फेंका नहीं जाएगा तब तक लोगों में भेदभाव करनेवाली जाति-विचारधारा नहीं मरेगी। पूर्ण समानता स्थापित नहीं की जा सकेगी। यह हमारी दृढ़ अवधारणा है। जाति व्यवस्था की रचना स्वार्थी व्यक्तियों द्वारा उनके स्वार्थ की पूर्ति के लिए की गई है हम इसे समाप्त करनेवाले सैनिक बन गए हैं।
>
> ये रीति-रिवाज ही हैं जो धर्म के नाम पर दासता को बढ़ावा देते हैं। यह धर्म ही है जिसने स्त्रियों को गुलाम बना रखा है। धार्मिक पुस्तकें, जो स्त्रियों तथा शूद्रों को निकृष्ट मानकर हमें शिक्षा ज्ञान तथा स्वतंत्रता से वंचित करती हैं, स्वार्थी हैं। ये सभी पुस्तकें पुरुषों द्वारा लिखी गई हैं तथा स्त्रियों को गुलाम बनाए रखा गया है।"[16]

आगे इस घोषणापत्र में जाति उत्पीड़न तथा महिला उत्पीड़न में समानता स्थापित की गई है। महिलाओं के मामले में स्त्रियों तथा पुरुषों के मध्य जाति विभाजन किया गया है जिसमें महिलाओं के उत्पीड़न के लिए उनकी पवित्रता तथा अपवित्रता को आधार बनाया गया है–

> "पतिव्रता का अर्थ है कि एक व्यक्ति यानी केवल अपने पति के प्रति निष्ठावान होना तभी स्त्री की एकल शुद्धता बरकरार रहती है। पारिवारिक पवित्रता पुरुष की एकल निष्ठा के आधार पर नहीं बल्कि स्त्रियों की एकल निष्ठा पर निर्धारित की जाती है इसलिए स्त्रियों को घर के अंदर कैद रखा जाता है। पुरुष जाति ने इसी अंधविश्वास के कारण स्त्रियों के साथ अत्यधिक अन्याय किया है। हमारा यह दृढ़ मत है कि पुरुषों ने केवल अपने यौन सुख के लिए स्त्रियों को आजादी तथा ज्ञान से वंचित रखते हुए उन्हें गुलाम बनाए रखा है।"[17]

प्रगतिशील महिला संगठन (पीओडब्ल्यू) तथा महिला समता सैनिक दल (एमएसएसडी) के घोषणापत्रों में महिलाओं के यौन उत्पीड़न का जिस रूप में उल्लेख

महाराष्ट्र में दीवारों पर लगे पोस्टर।

किया गया वैसा पूर्ववर्ती समाज सुधारवादी तथा नारीवादी महिला समूहों ने, कुछ निश्चित श्रेणी की स्त्रियों मसलन वेश्याओं और देवदासियों को छोड़कर, जिनका कि यौन उत्पीड़न रोका नहीं जा सकता था, कभी नहीं किया। दूसरी ओर पीओडब्ल्यू तथा एमएसएसडी ने सभी स्त्रियों के यौन उत्पीड़न पर चिंता जताई। दोनों संगठनों द्वारा स्त्रियों के यौन उत्पीड़न पर जिस प्रकार चिंता जताई गई वह शुरुआती समकालीन नारीवादी आंदोलन द्वारा व्यक्त चिंताओं से स्पष्टतया भिन्न है—हालाँकि इसे पहले भी और वर्तमान में भी समकालीन आंदोलन के विभिन्न समूहों द्वारा भिन्न रूप से देखा गया। उदाहरणार्थ, प्रगतिशील महिला संगठन ने महसूस किया कि सब प्रकार से पुरुष वर्चस्व इसलिए है क्योंकि स्त्रियाँ आर्थिक रूप से पुरुषों पर निर्भर हैं। दूसरी ओर महिला समता सैनिक दल की सोच थी कि पुरुषों की आधारभूत 'यौन-सुख' की इच्छा ने ही स्त्रियों को गुलाम बनाने के लिए पुरुषों को प्रेरित किया है। इन दो भिन्न विचारों की पृष्ठभूमि में विश्वव्यापी समाजवादी-नारीवादी आंदोलन की यह पुरातन दलील थी कि स्त्रियों एवं पुरुषों की शारीरिक रचना को स्त्रियों के उत्पीड़न का मूल माना जाए या नहीं। प्रगतिशील महिला संगठन का दृष्टिकोण था कि यौन उत्पीड़न मात्र शारीरिक रचनात्मक भेद के कारण नहीं बल्कि इसके पीछे हजारों वर्षों से चला आ रहा स्त्री एवं पुरुष के बीच श्रम का बँटवारा था जिसमें पुरुष की श्रेष्ठता की विचारधारा बलवती हुई। एमएसएसडी का मत था कि स्त्रियों का शोषण उनकी पुनरुत्पादक क्षमताओं के कारण था : "यह आवश्यक नहीं कि स्त्रियों को इसलिए नीचा समझा जाए क्योंकि उन्होंने बच्चों की देखभाल का दायित्व स्वीकार किया है।"

सन् 1975 में आपातकाल की घोषणा ने शैशवकालीन महिला आंदोलन के

विकास को अवरुद्ध कर दिया क्योंकि अनेक राजनीतिक संगठन भूमिगत हो गए, हजारों सक्रिय कार्यकर्ता गिरफ्तार कर लिए गए तथा जो कुछ थोड़े-बहुत आपातकाल का शिकार होने से बचे रह गए उन्होंने अपनी ऊर्जा का इस्तेमाल नागरिक अधिकार समूहों की गतिविधियों में किया। सन् 1977 में आपातकाल (इमरजेंसी) की समाप्ति तथा 1978 में जनता पार्टी की स्थापना के साथ 1970 के दशक के प्रारंभिक एवं बीच के आंदोलनों का नवीनीकरण हुआ तथा सारे देश, मुख्यतया शहरों में नारीवादी संगठन स्थापित किए गए।

नवस्थापित स्त्री संगठनों का उल्लेखनीय पहलू यह था कि उन्होंने अपने-आप को 'नारीवादी' घोषित किया, इस सच्चाई के बावजूद कि उसके अधिकांश सदस्य वामपंथी विचारधारा के थे। वामपंथी नारीवाद को बुर्जुआ एवं भेदभावमूलक मानते थे क्योंकि उन्होंने 'स्वायत्त' होने पर जोर दिया, यह अलग बात है कि उसके ज्यादातर सदस्य अन्य राजनीतिक दलों से संबद्ध थे खासतौर से धुर वामपंथी संगठनों से। विचारधारात्मक मतभेदों के बावजूद उन्होंने तेजी से तारतम्य स्थापित कर लिया। बहरहाल, सभी तीनों संगठन अपनी-अपनी उत्पत्ति एवं पृष्ठभूमि के आधार पर परिभाषित एवं सीमित हो गए।

शुरू के एक या दो वर्ष इन संगठनों को अपने आप को परिभाषित करने में निकल गए। इनके अधिसंख्य सदस्य धुर वामपंथी तथा शहरी मध्यवर्गीय शिक्षित समुदाय से संबद्ध थे। इन्हीं दो कारकों ने सत्तर के दशक के अंतिम एवं अस्सी के दशक के प्रारंभिक वर्षों में नारीवादी आंदोलन को मिश्रित रूप से प्रभावित किया। एक ओर वर्ग आधारित महिला उत्पीड़न पर उल्लेखनीय बहस हो रही थी मसलन स्त्रियों की मुक्ति का मार्ग खोजने तथा उसमें नारीवादियों की अपनी भूमिका क्या हो, इस पर चर्चा हो रही थी, दूसरी ओर नारीवादियों की मौलिक मध्यवर्गीय पृष्ठभूमि ने उन्हें यह सोचने पर मजबूर कर दिया कि उनकी अपनी जरूरतें भारत में रहनेवाली बहुसंख्यक कामकाजी, श्रमिक तथा मेहनतकश वर्गों की स्त्रियों की आवश्यकताओं से कम हैं। नतीजतन उनके अपने

महाराष्ट्र में दीवारों पर लगे पोस्टर।

बंबई में सन् 1982 में अंतर्राष्ट्रीय महिला दिवस के अवसर पर 'वीमेंस लिबरेशन ग्रुप द्वारा' लगाया गया पोस्टर।

दिसम्बर, 1990 में कालीकट में स्त्रियों के आंदोलन पर चौथा राष्ट्रीय सम्मेलन हुआ। इस अवसर पर केरल की राष्ट्रीय समन्वय समिति द्वारा तैयार किया गया पोस्टर।

अनुभवों से चयनित नारीवाद कभी भी 'सत्य' या यहाँ तक कि 'वास्तविक' नहीं हो सका। परिणामस्वरूप श्रमिक वर्ग तथा मध्यमवर्ग की स्त्रियों के उद्देश्यीकरण की आवश्यकता महसूस की गई क्योंकि आत्मचेतना, जो कि घनिष्ठता को सुगम बनाती है, गौण हो गई। इस प्रकार भावनात्मक जरूरतें या इच्छाएँ सार्वजनिक से हटकर व्यक्तिगत क्षेत्र में सीमित हो गईं जिससे निजी-सार्वजनिक का भेद उभरा। इस भेदभाव का नारीवादियों ने परिवार में होनेवाले बलात्कार या हिंसा के विरुद्ध चलाए गए अभियानों में विरोध किया था, यही भेदभाव भिन्न-भिन्न रूपों में इन संगठनों के भीतर भी दिखाई पड़ा।

कुछ वर्षों के भीतर इस तर्क को एक तीसरा नजरिया भी प्रस्तुत किया गया। कहा गया कि महिलाओं के उत्पीड़न का मूल स्त्री-पुरुष की दैहिक रचना में भेद में निहित है। उत्पादन एवं पुनरुत्पादन के तरीकों में ऐतिहासिक बदलाव के कारण

दिल्ली के विभिन्न समूहों का संयुक्त प्रदर्शन।

से शारीरिक भेदभाव महिलाओं को पराभूत करने में महत्त्वपूर्ण हो गया :

नाटक मंडलियों का दिल्ली में प्रदर्शन

"मानव इतिहास का पहला द्वैत था लैंगिक आधार पर श्रम का विभाजन जो स्त्रियों की पुनरुत्पादक योग्यता के कारण उभरा। स्त्रियों के जीवन का बड़ा हिस्सा शिशु जन्म, शिशुओं की देखभाल में बीत जाता है जिससे उनकी गतिशीलता कम हो जाती है और वे गृहिणी मात्र बनकर रह जाती हैं। जैसे-जैसे

वेश्यावृत्ति में जबरन धकेली गई जवान स्त्रियाँ। इन्हें सन् 1976 में उत्तर प्रदेश के एक मकान से छुड़ाया गया।

समाज पहले कृषि, फिर व्यापार और तत्पश्चात उद्योगोन्मुख हुआ, महिलाओं का दायित्व प्रसव, शिशु देखभाल इत्यादि तक सीमित कर दिया गया। स्त्री शरीर पर नियंत्रण का विनियोजन पूंजीवाद के अंतर्गत हमारे उत्पीड़न का सर्वाधिक उल्लेखनीय नमूना है। गैर पूँजीवादी समाज ने जहाँ अपनी जनसंख्या को नियमित करने की जरूरत महसूस की, वहीं पूँजीवाद ने महसूस किया कि श्रमशक्ति को नियमित करने की जरूरत है क्योंकि उत्पादन एवं उपभोग में तालमेल बैठाने के लिए स्त्रियों की पुनरुत्पादक क्षमताओं पर अधिक व्यवस्थित नियंत्रण की आवश्यकता है। पूँजीवादी अर्थव्यवस्था के सुगम संचालन को सुनिश्चित करने के लिए यह बुनियादी जरूरत बन गया क्योंकि अति रोजगार या अल्परोजगार इसके लिए खतरनाक था।[18]

हालाँकि अधिसंख्य नारीवादियों के मार्क्सवाद से संबद्ध होने के कारण उनमें इस बात पर व्यापक सहमति बनी कि महिलाओं के उत्पीड़न के विश्लेषण के लिए एक वस्तुनिष्ठ ढाँचे की स्थापना की आवश्यकता है। नारीवादियों में इस बात पर तीव्र मतभेद उभरे कि आखिर इसका अर्थ क्या है। बहस इस प्रश्न पर शुरू हुई कि क्या महिलाओं के उत्पीड़न का कारण उनका पुरुष एवं परिवार से संबद्ध होना है या कि पुरुषों का स्त्रियों पर नियंत्रण महिलाओं के उत्पीड़न का कारण है। इसके साथ ही बहस में यह भी सवाल उठाया गया कि क्या उनके उत्पीड़न का कारण सामंती सोच है या कि वर्तमान में पूँजीवाद के रूप में अवतरित सामंतशाही नजरिया इसके लिए जिम्मेदार है। क्या परिवार को महिलाओं के उत्पीड़न का तंत्र माना जाए या वर्ग के आधार पर उसमें भेद किया जाए, यानी क्या श्रमिक वर्ग परिवार को मध्यम वर्ग परिवार से बिल्कुल भिन्न रूप में देखा जाए क्योंकि श्रमिक वर्ग पूंजीवाद

गुजरात में अहमदाबाद वीमेंस एक्शन ग्रुप द्वारा लगाए गए पोस्टर।

अहमदाबाद वीमेंस एक्शन ग्रुप द्वारा गुजरात में लगाया गया पोस्टर। तिथि ज्ञात नहीं है।

के उत्पादन का माध्यम बनने में सहायक है जबकि मध्यम वर्ग पूरी तरह शोषित है। इस बहस की पृष्ठभूमि में यह तर्क था कि कितनी दूर, और किन तरीकों से स्त्रियों के अनुभवों में समरूपता स्थापित की जाए और क्या अंततोगत्वा यह वर्ग और कुछ हद तक जातीय, सामुदायिक सीमाओं को तोड़ पाने में सहायक होगा। यह दलील इस मुकाम तक इसलिए पहुँची कि बहस का विषय यह था कि नारीवादी संगठनों की वास्तविक भूमिका क्या थी?

ऐतिहासिक रूप से सन् साठ के दशक के अंत में विप्लवी माओवाद के अभ्युदय एवं सत्तर के दशक के पूर्वार्द्ध में उसके विघटन के अनुभवों ने अनेक आंदोलनकारियों को यह सोचने पर विवश कर दिया कि समाज का क्रांतिकारी कायाकल्प तभी हो सकता है जब विभिन्न दलित समूह जैसे—आदिवासी, उपजातियाँ तथा महिलाएँ संगठित होकर अपना-अपना आंदोलन शुरू करें और बाद में एकजुट होकर अपने समान शत्रुओं से लड़ें। सत्तर के दशक के उत्तरार्द्ध में महिला सगठनों के समक्ष यह प्रश्न था कि स्त्रियों को संगठित करके किस प्रकार उन्हें प्रस्तुत किया जाए। दिलचस्प बात यह है कि नारीवादियों ने यह नहीं माना कि वे स्त्रियों की सही संगठनकर्ता या प्रतिनिधि है, इसके विपरीत यह आम धारणा थी कि यह नारीवादी संगठनों का लक्ष्य नहीं है, यद्यपि इसका निष्कर्ष कई प्रकार से निकाला गया। कुछ नारीवादी गुटों का मानना था कि चूँकि वे शहरी तथा मध्यमवर्गीय हैं इसलिए वे खेतिहर या श्रमिक वर्ग का संगठन नहीं बन सकते। कुछ का विश्वास था कि समाजवादी-नारीवादी सिद्धांत के विकास के लिए स्वायत्तता आवश्यक है, परंतु यह सार्वजनिक संगठनों एवं आंदोलनों के लिए घातक है अतः स्त्रियों को अलग से संगठित नहीं किया जाना चाहिए। अतः नारीवादी समूहों का लक्ष्य यह था कि नारीवादी समस्याओं को सार्वजनिक संगठनों (ट्रेड यूनियनों, किसान समितियों इत्यादि) के माध्यम से उठाया जाए ताकि आगे चलकर ये संस्थाएँ पुरुषों के साथ-साथ स्त्रियों को भी संगठित करने एवं उनके प्रतिनिधित्व की जिम्मेदारी सँभालें। हालाँकि कुछ नारीवादियों ने अचानक यह दलील दी कि समाजवादी-नारीवादी आंदोलन के एक बार शुरू हो जाने के बाद यह स्वाभाविक रूप से अनेक रूपों में उभरकर चारों ओर फैल जाएगा

और यह अपने संगठनों एवं प्रतिनिधियों को स्वयं ही एक ओर फेंक देगा इसलिए नारीवादियों की यह बहस जरूरी नहीं कि वे स्त्रियों को संगठित करके उनका प्रतिनिधित्व करें या न करें।

ये तीनों दलीलें जिस तरह पेश की गईं उससे न तो केई धारणा बनी और न ही कोई सार निकला : कमोबेश जो लोग पहली दो दलीलों की वकालत कर रहे थे वे शुरू से ही धुर वामपंथी परिवर्तनकामी संगठनों में सक्रिय थे और उनकी सोच थी कि वे नारीवादी माँगों के लिए जगह बना रहे हैं, जबकि तीसरी दलील की वकालत करनेवाले न तो पहले किसी संगठन से जुड़े थे और न उस समय जुड़े हुए थे, उनका मत था कि हमारी आंतरिक परिचर्चाएँ हालाँकि स्थापित स्त्री आंदोलन से जुड़ी स्त्रियों की चर्चाओं की तुलना में कम असरदार हैं, फिर भी वे राजनीतिक संगठनों को उन पर ध्यान देने के लिए विवश करेंगी।

जैसा कि नवोदित नारी समूहों में शामिल महिलाएँ विभिन्न वामपंथी क्षेत्रों से आई थीं, उनमें से कुछ की विचारधारा समान थी जो कि अनेक नारीवादियों के लिए असंतोष का कारण बनीं। इसका आंशिक कारण यह था कि इसने स्त्रियों के उत्पीड़न और मुक्ति का कोई समान आधार पेश नहीं किया और दूसरा कारण यह था कि राजनीतिक निष्ठाओं के भिन्न-भिन्न होने के कारण नारीवादी समूहों में परस्पर वादविवाद तथा असहमति के स्वर उभरे जिसका परिणाम यह हुआ कि नारीवादियों के विचारधारात्मक गुट बन गए जिससे बहुसंख्यक-अल्पसंख्यक की समस्या पैदा हो गई। वामपंथियों की गुटीय संकीर्णता, जो कि नारीवादियों को विरासत में मिली थी, ने इन समस्याओं को और घनीभूत कर दिया। वामपंथी नारीवादियों में वैयक्तिक नारीवादियों के उद्देश्यों को लेकर संदेह पैदा हुआ तथा उन्हें नारीवादी आंदोलन के भीतर तथा बाहर अवसरवाद के छा जाने का डर सताने लगा। कुछ ही वर्षों के भीतर नारीवादी आंदोलन के वृहदाकार हो जाने के बाद गुटीय सकीर्णता सचमुच बहुत बड़ी समस्या बन सकती थी, परंतु सत्तर के दशक के उत्तरार्द्ध में वामपंथियों को यह डर सताने लगा कि दलगत गुटबाजी को मान्यता देने से गैर नारीवादियों को यह कहने का मौका मिल जाएगा कि औरतें एक साथ काम कर पाने में सक्षम नहीं हैं। अतः गुटबाजी को विचारों और व्यवहारों में मतभेद मानने के बजाय वैयक्तिक नारीवादियों की 'निजी समस्या' मानकर नजरअंदाज कर दिया गया।

विचारधारात्मक मतभिन्नता जहाँ ज्यादातर नारीवादियों के लिए क्षोभ का कारण थी वहीं कुछ नारीवादियों के लिए सुकून का, क्योंकि उनका मानना था कि इससे नारीवाद में विविधता आएगी और आंदोलन में मौजूद गुटीय संकीर्णता के बावजूद विभिन्न विचारोंवाली स्त्रियों को एक साथ काम करने का आधार तैयार होगा। किसी हद तक यह सत्य भी था क्योंकि बहुसंख्यक नारीवादियों ने विचारधारात्मक समानता की नीति को खारिज करते हुए अनेक असंतुष्टों को आंदोलन से निकाल दिया :

मिसाल के तौर पर दिल्ली में सन् 1979 में स्थापित स्त्री संघर्ष नामक महिला संगठन ने, संगठन के अंदर बड़े पैमाने पर उपजे बहुसंख्यक-अल्पसंख्यक विवाद के मद्देनजर बहुमतवाले गुट ने अल्पमत असंतुष्टों को संगठन से निलंबित करने का विचार बनाया। परंतु कुछ नारीवादियों ने उनके निलंबन का यह कहकर विरोध किया कि नारीवाद को अपनी आंतरिक समस्याओं से निपटने के लिए निलंबन का तरीका नहीं अपनाना चाहिए। हालाँकि गैर निलंबनवादी जीत गए परंतु संकट अनसुलझा ही बरकरार रहा। अल्पसंख्यकों को संगठन में बर्दाश्त तो कर लिया गया परंतु उनके साथ विचार-विमर्श की कभी-कभार प्रतिकात्मक कोशिश ही की गई। अनेक महिला गुटों ने दलगत निष्ठाविहीन या पारंपरिक सांगठनिक ढाँचे से इतर स्वायत्त एवं महिला-मात्र गुट बनाने की मंशा जाहिर की। चूँकि स्वायत्तता की माँग करनेवाले वर्चस्ववादी थे अतः उनकी महत्त्वाकांक्षा और प्रतिद्वंद्विता परिलक्षित हुई। बिना औपचारिक संगठन या कोष के ये अपेक्षाकृत कमजोर साबित हुए और संगठन में विभाजन की स्थिति पैदा हो गई। दलगत आधार पर सत्तर के दशक के अंत में स्थापित होनेवाला एकमात्र महिला संगठन था—महिला दक्षता समिति (एमडीएस) जिसकी स्थापना समाजवादी महिलाओं द्वारा जनता पार्टी के सहयोग से सन् 1979 में की गई।

दलगत राजनीति की आलोचना करनेवाले नारीवादियों की भी कमी नहीं थी। यह आलोचना बड़े पैमाने पर विभिन्न रूपों में सामने आई। कुछ नारीवादी राजनीतिक दलों के तत्कालीन रवैये के आलोचक थे किंतु उनका विश्वास था कि इनमें सुधार संभव है तथा वे नारीवादी लक्ष्यों को पूरा कर सकते हैं। कुछ नारीवादी परंपरागत एवं कट्टरवादी राजनीतिक दलों के आलोचक थे तथा उनका मत था कि वास्तविक रूप से जवाबदेह राजनीतिक दलों का गठन होना चाहिए। हालाँकि कुछ अन्य की दलील थी कि राजनीतिक दलों की रचना कुछ ऐसी है कि वे नारीवादी या सही मायने में समाजवादी उद्देश्यों की पूर्ति कभी नहीं कर सकते। जहाँ इन तीन दलीलों को उदारवादी-सुधारवादियों, वामपंथी तथा स्वैच्छिक संगठनों से सम्बद्ध करके वर्गीकृत किया जा सकता है वहीं इस तर्क के संबंध में क्षेत्रीय भिन्नताएँ भी थीं। देश की राजधानी के रूप में दिल्ली में दलगत राजनीतिक गुटबाजी, मौकापरस्ती तथा तिकड़मबाजी इतनी तेज है कि जिसे देखकर मन ऊबने लगता है; वहाँ भी कमोबेश नारीवाद और दलगत निष्ठा का विरोध किया गया। सत्तर के दशक के उत्तरार्द्ध में दिल्ली में गठित 'समता' या 'स्त्री संघर्ष' नामक नारीवादी संगठनों में से किसी एक में भी कोई ऐसा सदस्य नहीं था जो किसी राजनीतिक दल से जुड़ा हुआ हो। दोनों संगठनों का उदय दिल्ली विश्वविद्यालय तथा जवाहरलाल नेहरू विश्वविद्यालय के नारीवादी संवाद समूहों से हुआ था। उनके सदस्य छात्र राजनीति में तो सक्रिय थे परंतु कोई भी सदस्य किसी राजनीतिक दल में शामिल नहीं हुआ। सच्चाई यह है कि अगर किसी राजनीतिक दल से जुड़ी महिला ने स्त्री संघर्ष में शामिल होना भी

चाहा तो संगठन ने ऐसी महिलाओं का स्वागत नहीं किया।

दूसरी ओर बंबई के प्रारंभिक नारीवादी समूह न तो विश्वविद्यालय-आधारित थे और न ही वे छात्राओं के थे। उनके अधिकांश सदस्य धुर वामपंथी नागरिक स्वाधीनता संगठनों, क्रांतिकारी गुटों एवं स्वतंत्र ट्रेड यूनियनों इत्यादि से संबद्ध थे। चूँकि ये लोग राजनीतिक दलों या संगठनों से जुड़े हुए थे इसलिए उन्हें संगठन तैयार करने, आंदोलन चलाने तथा विचार-विमर्श करने का कुछ अनुभव था। जहाँ ये लोग रूढ़िवादी वाम या दक्षिणपंथी दलों के आलोचक थे वहीं ये वाम एवं समाजवादी संयुक्त मोर्चों पर काम करने में सक्षम थे और इनमें से अधिसंख्य सदस्य परिवर्तनकामी छोटी वामपंथी पार्टियों से संबद्ध थे।

दिल्ली तथा बंबई के स्त्री संगठनों में यह भेद महत्त्वपूर्ण था तथा यह बंबई की महिलाओं द्वारा आयोजित भारत में नारीवादियों-समाजवादियों के पहले राष्ट्रीय सम्मेलन में सन् 1978 में स्पष्ट रूप से दिखाई पड़ा। इस सम्मेलन में कुछ गांधीवादियों सहित लगभग सभी वामपंथी विचारधारावाले दलों से संबद्ध महिलाओं ने भाग लिया। बंबई के बाहर से सम्मेलन में भाग लेनेवालों में दिल्ली की टुकड़ी सबसे बड़ी थी। सम्मेलन में दिल्ली तथा बंबई के नारीवादियों का दबदबा था। दिल्ली की स्त्रियाँ, जिनमें आपसी मतभेद उजागर होने लगे थे, कुछ माह पूर्व से ही एक महिला पत्रिका के प्रकाशन की योजना बनाने के लिए बैठकें करती रही थी। सम्मेलन का एक सत्र उनके प्रस्ताव पर चर्चा करने के लिए तय किया गया। चर्चा के दौरान ऐसा लगा कि सम्मेलन के अधिंसख्य प्रतिभागी सक्रिय कार्यकर्ताओं एवं साधारण कार्यकर्ताओं में कुछ विशिष्टता की बात सोच रहे थे। इस दृष्टिकोण से दो प्रकार की पत्रिकाओं के प्रकाशन की आवश्यकता थी। मसलन एक पत्रिका 'चेतना-जागृति' के लिए तथा दूसरी कार्यकर्ता नारीवादियों के लिए एक बुलेटिन के रूप में। बुलेटिन इसलिए आवश्यक समझा गया ताकि नारीवादियों को एकजुट होने, अपनी गतिविधियों का विवरण देने एवं आंदोलन की रणनीति तैयार करने के लिए एक उचित मंच मिल सके। चूँकि दिल्ली की स्त्रियों ने पत्रिका का प्रस्ताव रखा था इसलिए पत्रिका के प्रकाशन की जिम्मेदारी उन पर थी तथा बुलेटिन के प्रकाशन का दायित्व बंबई की महिलाओं पर था क्योंकि कार्यकर्ता होने के कारण उन्हें अधिक अनुभव था। यह अनुभव उन्हें वामपंथी एवं धुर वामपंथ के अफरा-तफरी भरे दिनों के दौरान हासिल हुआ। हालाँकि ये नारीवादी समूह उन्हीं वामपंथी संगठनों के विभिन्न गुटों से उत्पन्न हुए हैं, फिर भी इनमें से अधिसंख्य स्त्रियाँ वामपंथियों की कुछ हरकतों की आलोचक रही हैं।

इससे भी आगे, न केवल सक्रिय एवं सामान्य कार्यकर्ताओं में दोहरा भेद तैयार किया गया बल्कि चेतना जागृति एवं सिद्धांत प्रतिपादन में भी फर्क किया गया। इस प्रकार त्रि-स्तरीय वर्चस्ववादिता-सिद्धांत प्रतिपादक (नीति-निर्माता), कार्यकर्ता

यौन उत्पीड़न के विरुद्ध दिल्ली में सन् 1982 में विश्वविद्यालय छात्राओं का प्रदर्शन।

(चेतना जगानेवाले) तथा उनके ध्यानाकर्षण योग्य विषय—का विकास हुआ।[19]

इस बीच नारीवादी विचारों का प्रभाव दिखाई पड़ने लगा था। हालाँकि सातवें दशक के उत्तरार्द्ध एवं आठवें दशक के प्रारंभ में होनेवाले स्त्री आंदोलनों में शहरी पृष्ठभूमिवाले समूहों का वर्चस्व था, नारीवादी चेतना जागृति की समान गतिविधियाँ ग्रामीण आंदोलनों में दिखाई पड़ीं। आपातकाल की समाप्ति के पश्चात आंध्र प्रदेश में तेलंगाना आंदोलन का पुनरारंभ हुआ तथा सरकार ने उसे 'अशांत क्षेत्र' घोषित कर दिया। करीम नगर जिले में, जहाँ महिलाएँ सन् 60 के बाद से लगातार भूमिहीन मजदूरों के आंदोलन में संघर्षरत थीं, वहाँ देवम्मा नामक स्त्री के एक जमींदार द्वारा अपहरण एवं उसके पति की हत्या के विरोध में फिर से आंदोलन भड़क उठा। सत्तर के दशक के अंत में हैदराबाद में गठित स्त्री शक्ति संघटना, जिसमें कि ज्यादातर स्त्रियाँ प्रगतिशील महिला संगठन (पीओडब्ल्यू) से आई थीं, ने इस बात का ब्यौरा दिया है कि इस संघर्ष ने किस प्रकार उस क्षेत्र में नारीवादी संगठनों के उदय का मार्ग प्रशस्त किया :

> "ग्रामीणों, जिनमें से अधिकतर स्त्रियाँ थीं, ने जमींदार को घेरकर पकड़ लिया, उसे गधे पर बैठाया तथा उसे अपमानित करते हुए, गाली देते हुए गली-गली घुमाया। पुलिस ने हस्तक्षेप करके भाकपा-माले की सक्रिय कार्यकर्ता लतिका को गिरफ्तार कर लिया। आसपास के गाँवों में एकजुटता प्रदर्शित करते हुए

विरोध जुलूस निकाले गए। बड़ी संख्या में स्त्रियों का राजनीतिकरण होने लगा तथा कृषि श्रमिक संगठन-ऋतु कुली संगम—महिलाओं के एक अलग स्वायत्त संगठन की आवश्यकता महसूस करने पर विवश होना पड़ा तथा सन् 1979 में कोडुरुपाका में पहले स्त्री संगम की स्थापना हुई जिसमें लगभग डेढ़ सौ सदस्य थे।''[20]

स्त्री शक्ति संघटन के अनुसार, स्वतंत्र महिला संगठन की मांग 'स्वयं स्त्रियों' द्वारा उठाई गई। यह माँग उन महिलाओं ने की जो महिला संगम के माध्यम से पत्नी-उत्पीड़न तथा जमींदारों (भू-स्वामियों) द्वारा बलात्कार किए जाने के मुद्दे उठाती रही थीं। सन् 1980 में बंबई में बलात्कार-विरोधी मंच द्वारा आयोजित समाजवादी-नारीवादी सम्मेलन, के अवसर पर 'महिला संगम के विकास' विषय पर पढ़े गए एक पेपर में स्त्री शक्ति संघटन ने कहा :

> 'हमने देखा कि किस प्रकार राजनीतिक दलों से जुड़े महिला संगठन (यहाँ तक कि समाजवादी देशों में भी) राजनीति दलों के विस्तार-मात्र बनकर रह गए हैं। क्रांति के बाद के दौर में महिला आंदोलन सरक कर पृष्ठभूमि में चले गए हैं। यह महत्त्वपूर्ण है कि स्त्री संगठन इस खतरे के प्रति सचेत हों परंतु यह तभी संभव है जब वे यह काम स्वयं को जनमानस एवं क्रांतिकारी आंदोलनों से विलग किए बिना करें।'[21]

महिला उत्पीड़न विरोधी मंच का बंबई में प्रदर्शन।

सन् 1980 के सम्मेलन के दौरान चर्चा का केंद्रीय मुद्दा था स्त्री समूहों की भूमिका तथा राजनीतिक दलों एवं जनसंगठनों से उनका संबंध। इसके साथ ही चर्चा का विषय यह भी था कि स्त्री आंदोलन को किस रूप में विकसित होना चाहिए। बुनियादी तौर पर बहस मार्क्सवादी परंपरा की विभिन्न धाराओं का प्रतिनिधित्व करने वालों के बीच थी। उस समय प्रभावशाली रहे परिसरों के ऊपर पढ़े गए दो पर्चों के संक्षिप्तांश नीचे दिए जा रहे हैं :

> मेरा विश्वास है कि समाजवादी-नारीवादी संगठनों को निम्नलिखित सिद्धान्तों पर काम करना चाहिए :
>
> इन्हें 'स्त्रियों को संगठित' करने की कोशिश नहीं करनी चाहिए, उन्हें 'संगठन केंद्र' बनने का लक्ष्य नहीं बनाना चाहिए या कि नारी आंदोलन के विकास का केंद्र नहीं बनना चाहिए और उन्हें अपने आपको स्त्रियों का जनसंगठन बनने का प्रयास भी नहीं करना चाहिए। ऐसे संगठनों में महिलाओं की यह कहने की एक स्वाभाविक प्रवृत्ति है : 'हम स्त्रियों को अवश्य संगठित करेंगे, हम कामकाजी महिलाओं में अपना जनाधार जरूर बनाएँगे, इत्यादि। मेरा मत है कि यह भूल है। यह सत्य है कि हमें मेहनतकश स्त्रियों के पास जाना चाहिए परंतु प्रश्न उठता है कि कैसे? यह सत्य है कि श्रमिक वर्गाधारित, ग्रामीण निर्धनाधारित आंदोलन जरूर खड़ा किया जाना चाहिए—परंतु कौन खड़ा करेगा इसे और कैसे खड़ा करेगा ?
>
> ये अलग-अलग मुद्दे हैं। संगठन के रूप में मध्यवर्गीय समाजवादी-नारीवादी संगठनों को इस प्रकार के कार्यों का संगठन केंद्र नहीं बनना चाहिए। अनेक राजनीतिक दलों से संबद्ध सदस्य व्यक्तिगत रूप से झुग्गी-झोंपड़ियों में कर रहे होंगे परंतु उनकी यह कार्रवाई उनके प्रेरक राजनीतिक दल, जो कि इस कार्य को उस क्षेत्र में करने के लिए जिम्मेदार हैं, के निर्देशन में होनी चाहिए तथा ऐसे काम किसी मध्यवर्गीय महिला संगठन के प्राधिकरण में नहीं किया जा सकता चाहे उसकी विचारधारा कितनी भी प्रगतिशील या क्रांतिकारी क्यों न हो। इसके बजाय ऐसे कार्य एक खास किस्म के राजनीतिक संगठनों, जनसंगठनों की अपेक्षा सक्रियतावादी संगठनों द्वारा किए जाने चाहिए।
>
> उनका लक्ष्य मेहनतकशों के क्रांतिकारी संघर्षों से जुड़े स्त्रियों की मुक्ति आंदोलन के निर्माण में सहायता करना होना चाहिए—परंतु इस प्रक्रिया में उनकी भूमिका जनता के सामने महिलाओं की मुक्ति की राजनीतिक विचारधारा प्रस्तुत करनेवाली होनी चाहिए, यानी ऐसी विचारधारा जो नारी मुक्ति को क्रांति संघर्ष से जोड़े तथा जहाँ तक संभव हो वह इसे सर्वसाधारण कामकाजी स्त्री-पुरुषों, ग्रामीण स्त्रियों, मध्यम वर्ग, दल एवं यूनियन सक्रियतावादियों में फैलाए।[22] (गैल ओमवेट)

* * * *

> यह प्रश्न पैदा हो सकता है कि एक स्वायत्त संगठन क्यों गठित किया जाए, राजनीतिक ट्रेड यूनियनों में काम क्यों न किया जाए ? इसका उत्तर यह हो सकता है कि यह एक ऐतिहासिक तथ्य है कि ट्रेड यूनियनें महिलाओं की समस्याओं को महत्त्व नहीं देते क्योंकि उन पर पुरुषों का अधिकार होता है और पुरुषों में महत्त्वाकांक्षा बहुत प्रबल होती है।
>
> यह ठीक है, परंतु यह भी सही है कि स्त्रियों के सामने आनेवाली कठिनाइयों तथा तनावों को ऐसे समूहों (महिला समूहों) में ही गहराई से आँका जा सकता है। उदाहरण के लिए छात्रावास, महिला यूनियनें यहाँ तक कि भजन मंडलियाँ भी संघर्ष के केंद्र, अपनी पहचान के उद्गमस्थल हो सकते हैं। हमारे सामाजिक ढाँचे की दबावमूलक क्षमताओं को देखते हुए हमारा तात्कालिक लक्ष्य समदत शोषित वर्गों के सभी खंडों में 'बुद्धिजीवियों' की पहचान करना है। यहाँ बुद्धिजीवी से हमारा आशय पारंपरिक बुद्धिजीवियों से नहीं अपितु उन लोगों से है जो समाज में व्याप्त तनावों को खोज कर उन्हें अभिव्यक्त कर सकें। यह तभी हो सकता है जब उपनिवेशवाद, साम्राज्यवाद तथा हिंदुत्व से आलूदा हमारा ईर्ष्यालु समाज यह समझे कि ऐसा भी दृश्य उभर सकता है।[23] (मंजू उपाध्याय)

लगभग उसी समय बिहार के बोधगया जिले में जयप्रकाश नारायण से प्रभावित छात्र युवा संघर्ष वाहिनी से संबद्ध महिलाओं द्वारा नारीवादी मुद्दे उठाए गए। वाहिनी उन दिनों मंदिर के पुजारियों के विरुद्ध कृषि मजदूरों का संघर्ष चला रही थी। उल्लेखनीय है कि क्षेत्र की अधिकांश भूमि पुजारियों के कब्जे में थी। वाहिनी ने सन् 1980 में 'औरत' नामक एक पोस्टर निकाला। इसमें जयप्रकाश द्वारा सन् 1974 में प्रतिपादित संपूर्ण क्रांति की अवधारणा का उल्लेख किया गया था। इसके तीन आधारभूत सिद्धांत थे। पोस्टर के अनुसार, पहला सिद्धांत यह था कि व्यक्ति तभी बदलेगा जब समाज बदलेगा; दूसरा सिद्धांत यह था कि समाज तब बदलेगा जब व्यक्ति बदलेंगे; तथा तीसरा सिद्धांत था—पुरुष-पुरुष, पुरुष-स्त्री तथा स्त्री-स्त्री के मध्य रिश्तों को बदलना होगा। इसके अलावा मानवमात्र के मध्य सभी संबंध धर्म, नस्ल, रंग तथा लिंग पर आधारित थे।[24] इसके बावजूद, केवल सन् 1979 के वर्ष में ही पुरुष वर्चस्व के मुद्दे उठाए गए जिसके परिणामस्वरूप छात्र युवा संघर्ष वाहिनी ने बोधगया में महिला शिविर आयोजित किया। शिविर में पुरुषों के साथ-साथ स्त्रियों के नाम पर भी भूमि पंजीकरण की माँग उठाई गई।[25]

वाहिनी अन्य संगठनों से इस रूप में भिन्न थी कि उसने महिलाओं का अलग संगठन खड़ा नहीं किया जबकि उसकी अघोषित महिला शाखा में अनेक स्त्रियाँ

महिलाओं को संगठित करने में सक्रिय थीं। वाहिनी की एक सक्रिय कार्यकर्ता चेतना के अनुसार, हालाँकि वाहिनी को स्त्रियों की समस्याओं की समझ तो है परंतु वह उन समस्याओं को इतनी आसानी से नहीं समझ सकती जितनी कि एक महिला अपनी स्वतंत्र सोच के कारण समझ सकती है। ...आमतौर पर लोग यही सोचते हैं कि मैं अवश्य किसी पुरुष के प्रभाव में हूँ। बेझिझक होकर मैं यह बात कह सकती हूँ कि स्त्रियों की समस्याओं के संबंध में वाहिनी की समझ स्वयं स्त्रियों के लिए सिरदर्द बन सकती थी। मिसाल के तौर पर जब विवाह को स्त्रियों के उत्पीड़न का माध्यम कहकर उसकी आलोचना की गई तो वाहिनी के पुरुष आलोचकों ने महसूस किया कि अगर औरतों को सचमुच आजादी दे दी गई तो वे लड़कों के साथ शारीरिक संबंध बनाए जाने का विरोध नहीं करेंगी।[26] दूसरे शब्दों में वाहिनी के कुछ पुरुष कार्यकर्ताओं ने अपनी हमजोली महिला कार्यकर्ताओं को विचारधारात्मक दबाव डाल कर अपने साथ सुलाने की कोशिश की और अनेक ने उनके साथ रातें भी गुजारीं। चेतना ने फुर्ती के साथ अपने वाक्य में यह भी ज़ोड़ दिया कि यह समस्या केवल वाहिनी में ही नहीं है। स्त्रियों को शारीरिक संबंध स्थापित करने की समस्या का सामना समस्त वामपंथी विचारधारावाले संगठनों में भी करना पड़ता है, यह बात अलग है कि उनमें से कुछ स्त्रियाँ ही सार्वजनिकतौर पर इसे कह पाती हैं।

चेतना सहित अनेक नारीवादियों की इस संदर्भ में मुख्य समस्या यह थी कि पुरुष अपनी कामपिपासा को शांत करने एवं महिलाओं को इसके लिए रजामंद करने के लिए विचारधारा को औजार बनाकर इस्तेमाल करते थे। यह समस्या तब भी थी और कमोबेश अब भी है। इस दृष्टिकोण ने स्त्रियों के यौनाचार से संबंधित अन्य प्रश्नों को ढक लिया क्योंकि इसने महिलाओं को यौनाकांक्षा का विषय मानने के बजाय उन्हें भोग्य वस्तु मान लिया। इसके पीछे परोक्ष सोच यह थी कि या तो स्त्रियों में कामवासना की इच्छा नहीं होती या फिर वे विवाह के मामले में ज्यादा समस्याजनक नहीं होतीं। कार्यकर्ताभाव एवं निजी स्वार्थ से जुड़े अन्य प्रश्न भी थे, मसलन, क्या पुरुष कार्यकर्ताओं को स्त्री कार्यकर्ताओं के समक्ष यौनाचार की इच्छा प्रदर्शित करने की अनुमति थी या कि क्या वे इसे रोकेंगे।

कार्यकर्ता उस व्यक्ति को माना जाता था जो अपने सभी स्वार्थों को त्याग कर बहुजन हिताय काम करता था और भारत में एक लंबे अरसे से यही राजनीतिक संस्कृति रही है। यह अलग बात है कि गांधीवादियों, समाजवादियों, कम्युनिस्टों तथा माओवादियों ने इसकी अलग-अलग व्याख्या की। ऐसा माना जाता था कि सभी नारीवादी, चाहे वे किसी भी राजनीतिक दल या विचारधारा से जुड़े हों, अनाश्चर्यजनक रूप से कार्यकर्ता की छवि के बारे में सभी इस मानदंड का पालन करते थे। हालाँकि नारीवादियों में यह विरोधाभास भी उजागर हुआ कि नारी पवित्रता तथा निःस्वार्थता दोनों ही स्त्रियों के शोषण के ढाँचे के अंग थे। महिलाओं के विरुद्ध होनेवाले अत्याचारों

के प्रकारों पर ध्यान केंद्रित कर यौनाचार या स्त्रियों के उत्पीड़न के कम महत्त्वपूर्ण तरीकों को कुछ समय के लिए नज़रअंदाज करके मतभेद की समस्या का हल निकाला गया। इस संदर्भ में, यह महज संयोग ही नहीं है कि समकालीन नारीवादी आंदोलन में दो असरदार आंदोलन 'शुरू' किए गए। पहला आंदोलन चलाया गया दहेज-मृत्यु के विरोध में तथा दूसरा बलात्कार के विरुद्ध चलाया गया। दोनों आंदोलनों में स्त्रियों के विरुद्ध हिंसा के निर्मम स्वरूप पर प्रकाश डाला गया। दोनों आंदोलनों तथा नारीवादियों की नजर में उनके महत्त्व पर विस्तृत चर्चा अगले अध्याय में की गई है।

टिप्पणियाँ

1. इंदुप्रकाश सिंह का अप्रकाशित शोध निबंध : 'डायलेटिक्स ऑफ ला एंड स्टेट्स ऑफ इंडियन वीमेन' समाज व्यवस्था अध्ययन केंद्र, जवाहरलाल नेहरू विश्वविद्यालय, दिल्ली, 1985 पृष्ठ 97-107
2. स्त्री शक्ति संघटन : *'वि वेर मेकिंग हिस्ट्री...लाइफ स्टोरीज ऑफ वीमेन इन दि तेलंगाना पीपुल्स स्ट्रगल'*, दिल्ली, काली फॉर वीमेन, 1987
3. *सेमिनार* पत्रिका में 'चिपको' विषय पर जे. बंद्योपाध्याय एवं वंदना शिवा का आलेख, फरवरी, 1987, पृष्ठ 35
4. *जर्नल ऑफ पीजेन्ट स्टडीज* वर्ष : 3, अंक 4, जुलाई 1976 में मारिया माइज का आलेख : दि शहादा मूवमेंट : ए पीजेंट मूवमेंट इन महाराष्ट्र, पृष्ठ 480
5. तथैव
6. मीरा सावरा तथा सुजाता घोटोस्कर का मधुकिश्वर तथा रुथ वनीता द्वारा संपादित पुस्तक : *'इन सर्च ऑफ आंसर्स : इंडियन वीमेंस' वॉयसेज'* का आलेख–*एन असर्सन ऑफ वूमन पावर,* मानुषी, लंदन, जेड बुक्स, 1984 पृष्ठ 135
7. तथैव पृष्ठ 145
8. तथैव पृष्ठ 144
9. *हॉव* पत्रिका के फरवरी 1989 अंक में पृष्ठ 14 पर प्रकाशित देवकी जैन का आलेख–'दि सेल्फ एम्प्लॉयड वीमेंस एसोसिएशन, अहमदाबाद'
10. तथैव
11. *जर्नल ऑफ पीजेंट स्टडीज* में पृष्ठ 22 पर प्रकाशित गैल ओमवेट का आलेख (पहले साइक्लोस्टाइल पेपर) : 'वीमेन एंड रूरल रिवोल्ट इन इंडिया'
12. विभूति पटेल, *'रीचिंग फॉर हाफ द स्काई'* अंतरराष्ट्रीय प्रकाशन बापड़ा, 1985 पृष्ठ 8-10
13. गैल ओमवेट, *वि विल स्मैश दिस प्रिजन,* लंदन, जेड प्रेस, 1980 अनुसूची-II
14. तथैव
15. गैल ओमवेट से संकलित मानुषी, बायजा, फेमिनिस्ट नेटवर्क पूर्वोक्त
16. गैल ओमवेट पूर्वोक्त-पृष्ठ 174

17. तथैव पृष्ठ 174-75
18. स्त्री संघर्ष का अप्रकाशित घोषणापत्र 1979
19. इन विचारों की व्यवस्था के लिए बंबई में नवंबर, सन् 1980 में संपन्न राष्ट्रीय सम्मेलन में 'भारत में नारी मुक्ति आंदोलन की रूपरेखा' नामक विषय पर गैल ओमवेट द्वारा पढ़े गए पेपर : 'सोशलिस्ट-फेमिनिस्ट आर्गनाइजेशन एंड वीमेंस मूवमेंट' तथा सुजाता घोटोस्कर एवं विभूति पटेल द्वारा पढ़े गए पेपर—'सोशल-फेमिनिज्म एंड दि ट्रेड यूनियन' के अंश तथा स्त्री संघर्ष का घोषणापत्र पढ़े।
20. स्त्री शक्ति संगठन, 'दि वार अगेन्स्ट रेप' मिराण्डा डैविस की पुस्तक *'थर्ड वर्ल्ड, सेकंड सेक्स'*, लंदन, जेड बुक्स, 1984 पृष्ठ 199-200
21. तथैव
22. गैल ओमवेट, 'सोशलिस्ट-फेमिनिस्ट आर्गनाइजेशन एंड दि वीमेंस मूवमेंट' पूर्वोक्त
23. सन् 1980 के राष्ट्रीय सम्मेलन में पढ़ा गया मंजू उपाध्याय का पेपर 'वीमेन एंड दि ट्रेड यूनियन मूवमेंट'
24. छात्र युवा संघर्ष वाहिनी, *औरत,* छोटा नागपुर युवा चेतना प्रकाशन, गिरिडीह, 1980 पृष्ठ 1-2
25. *'इन सर्च ऑफ आंसर्स'* में मणिमाला का आलेख—जमीन केनकर ? जोते ओतकर
26. संघर्ष वाहिनी कार्यकर्ता चेतना से लिया गया मधु किश्वर का साक्षात्कार, *मानुषी,* अंक 27, मार्च-अप्रैल, 1985 पृष्ठ 12

7. दहेज-विरोधी आंदोलन

मैं बंबई की चेंबूर स्थित झोंपड़पट्टियों में पिछले दस महीनों से स्थानीय मुद्दों को उठाने के साथ-साथ बाल-शिक्षा, प्रौढ़ साक्षरता कार्यक्रमों एवं स्वास्थ्य शिविरों में काम करती आ रही हूँ।

पंचशील नगर की झुग्गी बस्ती में मेरे काम करने के दौरान मेरी मुलाकात मलारकोडी नामक एक युवा स्त्री से कराई गई। वह उस बस्ती की तेजतर्रार महिला नेता थी।

कुछ समय पूर्व मलारकोडी अपने ब्वायफ्रेंड (किशोरमित्र) के साथ भागकर मद्रास चली गई। उसके पति ने मद्रास जाकर उससे अच्छा बर्ताव करने का वादा किया तथा मलारकोडी को वापस ले आया। बंबई वापस आने के बाद उसका

सन् 1983 में दिल्ली में हुए दहेज विरोधी प्रदर्शन के बाद का दृश्य।

पति उसे लगातार उसके भाग जाने की घटना याद कराने लगा। वह शराब पीकर उसकी पिटाई करता। उसके सभी पड़ोसी उसकी रोजमर्रा की इन हरकतों से परिचित थे। परंतु इस रविवार को उसकी हरकतों ने घातक मोड़ लिया। वह मर गई।

जब मैंने उसके पड़ोसियों से पूछा कि आप लोगों ने हस्तक्षेप क्यों नहीं किया तो उन्होंने जवाब दिया 'यह उनका घरेलू झगड़ा' था। इससे एक कदम आगे बढ़ता हुआ दूसरा जवाब मिला : 'उसको तो उसके शौहर ने ही मार डाला, फिर हम हस्तक्षेप क्यों करें ?'

मैंने पाया कि वहाँ जितने भी लोग (पुरुष) थे, चाहे वे किसी भी वर्ग, काम या स्तर के हों, सबकी सोच एक जैसी थी। जब हम तिलक नगर के थानाध्यक्ष के पास मलारकोडी का शव लेने पहुँचे, उसने कहा : आप क्यों उठा रहीं हैं यह मुद्दा ? वह एक चरित्रहीन औरत थी वरना कोई भी समझदार पति ऐसी हरकत नहीं करता...बाद में जब मैंने इसकी चर्चा मेरी कक्षा में पढ़नेवाले किसी व्यक्ति से की तो उसने भी वही सांत्वनावादी दलील पेश की : 'अरे, उसके पति ने ही उसे मार डाला, तो फिर आप इस मामले में क्या कर सकती हैं ?[1]

भारत में इस प्रकार का 'पारिवारिक झगड़ा' लगभग सभी जातियों, वर्गों, धर्मों

सन् 1980 में दिल्ली मे दहेत विरोधी प्रदर्शन।

एवं समुदायों में सामान्य बात है। वास्तविकता यह है कि दहेज की शर्त पत्नी-उत्पीड़न का पर्याय बन गया है। यह इतनी जानी-पहचानी करतूत हो गई है कि स्त्रियों के विरुद्ध इस प्रकार की हिंसा महिला आंदोलन का प्रमुख मुद्दा बन गई है।

कम्युनिस्टों तथा वामपंथी पार्टियों तक ने भी क्षोभ के साथ यह बात मानी कि यह कुरीति उनके अपने सदस्यों में भी जारी है। (देखें रेणु चक्रवर्ती) पत्नी-उत्पीड़न का मुद्दा शहादा आंदोलन समेत सारे देश के नारी आंदोलनों का केंद्र-बिंदु बन गया। निकट अतीत से लेकर वर्तमान में भी स्त्रियों के विरुद्ध हिंसा अदृश्य रूप से जारी है तथा अनेक कारणों से स्त्रियाँ इस मुद्दे पर मुँह खोलने से हिचकती हैं।

> मेरे पति ने जब पहली बार कहा कि मैं तुम्हें पीटूँगा तो मैंने सोचा कि वह मजाक कर रहा है। मेरे जीवन में अब तक किसी ने भी मुझसे ऐसे शब्द नहीं कहे थे। जब उसने पहली बार मुझे थप्पड़ मारा तो मैं स्तब्ध रह गई। दूसरी बार उसने मुझे लकड़ी के हैंगर से पीटा, मैंने कहा : 'नहीं, यह सही नहीं हो सकता। यह मेरे साथ नहीं हो सकता !' तीसरी बार उसने चमड़े की पेटी (बेल्ट) से मेरी पिटाई की। पेटी का बकसुआ मेरी नाक पर लगा, मेरे सब्र का बाँध टूट गया। मैं पीड़ा के बजाय अपने पति के रवैये से सहम उठी। मुझे किसी ने भी यह नहीं बताया था कि विवाह में यह सब भी शामिल है। उसने कहा : 'तुम घटिया हो, मूर्ख हो, तुम्हारे अंदर कोई गुण नहीं है। मुझे तुमसे सुंदर लड़की और ढेर सारा दहेज मिल सकता था।'
>
> मैंने प्रतिवाद किया : 'तुम्हीं आए थे मेरी माँ के पास। तुम्हारी ही गर्ज ज्यादा थी। तुमने ही कहा था मेरी माँ से कि तुम्हें दहेज नहीं चाहिए।'
>
> उसने मुझे फिर मारा।
>
> उसने कहा : 'मैं तुम्हारी दवाइयों, कपड़ों तथा अन्य खर्चों के लिए फूटी कौड़ी भी नहीं दूँगा...'
>
> फिर उसने कहा : 'तुम अपने आपको बहुत समझती हो।'
>
> मैंने कहा : 'तुम भी तो अपने को बहुत समझते हो।'
>
> उसने कहा : 'तुम आसानी से इतनी बड़ी हो गई हो। मैं आत्मनिर्मित व्यक्ति हूँ।'
>
> बार-बार की मारपीट तथा एक बार खतरनाक ढंग से हुए झगड़े के बाद मैं उसका घर छोड़कर अपने एक रिश्तेदार के यहाँ चली गई। परंतु हर बार मेरे बच्चों के चेहरे मुझे खींच लेते और अगले दिन या एक दो दिन बाद वापस लौट जाती। एकाध बार मैं अपने बच्चों को भी साथ लेकर पति का घर छोड़ आई लेकिन कोई भी आखिर कितनी देर तक अपने तीन छोटे बच्चों

के साथ किसी रिश्तेदार के यहाँ रह सकता है। इसलिए मैं लौट गई। अगर किसी संबंधी ने हस्तक्षेप करने की कोशिश की तो उसने (पति) रिश्ता तोड़ दिया। नतीजा यह हुआ कि मेरी मदद करनेवाले मित्रों की संख्या कम होती गई। मैं नए दोस्त बनाने से यह सोचकर डरने लगी कि अगर मेरी सहेलियों को पता चलेगा कि मेरा पति मेरी पिटाई करता है तो वे क्या सोचेंगी। इसलिए मैंने एकाकी जीवन व्यतीत करना शुरू कर दिया और मेरे नाम के साथ सामाजिक अछूत का कलंक जुड़ गया।[2]

यद्यपि इस प्रकार की हिंसा की अनगिनत घटनाएँ हैं लेकिन ऐसा कम ही होता है कि महिलाएँ अपने उत्पीड़न को भुलाकर घर छोड़ दे। आंशिक रूप से शायद ऐसा इसलिए होता है कि अनेक परिवारों (खासतौर से मध्यवर्गीय) में किसी महिला की जिंदगी पुरुष के साथ जुड़ी हुई होती है। निम्नलिखित बयान से इसकी एक मिसाल मिलती है : ''मैं बारह या तेरह वर्ष की थी तो मेरा विवाह हुआ लेकिन मुझे ठीक से याद नहीं है कि कब हुई थी मेरी शादी ? वह शुरू से ही मुझे पीटता था। वह दारू पीकर घर आता और मेरी पिटाई करता। उसने मुझे जलाने की भी कोशिश की–वह बड़ी बेरहमी से मुझे लात मारता। मुझे बहुत तकलीफ होती...वह बड़ी क्रूरता से मुझे मारता, यह सब कुछ सत्य है, परंतु फिर भी वह मेरा पति था।''[3]

नारीवादियों के कान वर्षों से दौराए जानेवाले ऐसे पीड़ा के स्वर सुन-सुनकर पक चुके थे। दहेज के विरुद्ध चलाए जानेवाले अभियान के अंतर्गत महिला-कार्यकर्ताओं की पीड़ित महिलाओं से बार-बार होनेवाली मुलाकातों और उनकी व्यथा-कथा सुनकर उन्हें इस बात का पूरी तरह यकीन हो गया था कि इस देश में स्त्रियों को कितने संकटों का सामना करना पड़ता है। नारीवादी स्वयं भी उनकी कोई सहायता कर पाने में स्वयं को लाचार पा रहे थे। अन्न, वस्त्र, शिक्षा, जो कि दैनंदिन जीवन के अंग हैं, इन सबको हासिल करने के लिए लोगों को कितनी कठिनाइयों का सामना करना पड़ता है, इससे जानकार हुए बगैर भारत में रहना असंभव है। यह स्थिति तब और कष्टदायी हो जाती है जब स्त्रियाँ इतनी सारी मुसीबतों के बावजूद अपने पति को अपना भगवान मानती हैं। यानी स्त्री को पुरुष की सुरक्षा करनी ही है चाहे इसके लिए उसे अपनी जान क्यों न देनी पड़े। कुछ परिवारों में सास अपनी बहुओं पर किस-किस प्रकार के जुल्म ढाती हैं इसका अंदाज एक नवविवाहिता द्वारा लिखे तथा मानुषी में प्रकाशित उसके पत्रों को पढ़कर लगाया जा सकता है। उस बेचारी ने विवाह के मात्र दो माह पश्चात ही आत्महत्या कर ली थी। आत्महत्या से पूर्व लिखे गए उसके अंतिम पत्र के कुछ अंश यहाँ उद्धृत किए जा रहे हैं :

मेरे राजा (देवता)

मैं बहुत दूर जा रही हूँ। मुझे माफ कर देना...

जब से मैं आपके घर में आई हूँ, आपके परिवार की कठिनाइयाँ बढ़ गई हैं। मेरा आपके घर आना आपके लिए शुभ नहीं है। इसलिए मैं दूर जा रही हूँ। मैं इस बात की पूरी कोशिश कर रही हूँ कि मैं किसी भी हाल में जीवित न बचूँ क्योंकि मेरे जीवित बच जाने से मेरे साथ-साथ आपका जीवन भी तबाह हो जाएगा। मुझे इलाज के लिए अस्पताल न ले जाना...

मैं अपने साथ मेरे गर्भ में पलनेवाले आपके बच्चे को भी लेकर जा रही हूँ। इसके लिए भी मुझे माफ कर देना। आपकी दुबारा विवाह करने की इच्छा थी। दूसरा विवाह जरूर करना। दहेज में जो कपड़े मैं अपने साथ लाई थी आप उन्हें या तो जला देना या फिर मेरे माता-पिता को वापस कर देना। जो कपड़े मुझे आपके परिवार की ओर से दिए गए थे आप उन्हें प्रेस कराकर नई दुल्हन के लिए रख देना...

नई दुल्हन के आने के बाद उसकी बातों को सुनने की कोशिश करना, उसके साथ झगड़ा मत करना। अगर उसके माँ-बाप आपका ज्यादा ख्याल न रखें तो भी आप खुश रहना। आपको ऐसी बातों को नजरअंदाज करना होगा वरना उसकी जिंदगी भी बरबाद हो जाएगी। अगर वह तुमसे अकेले में कोई बात करे तो उस बात को अपने घर के किसी अन्य सदस्य को मत बताना...

केवल तुम्हारी

तातो[4]

तातो ने आत्महत्या इसलिए कर ली क्योंकि उसका पति तथा सास-ससुर एवं अन्य परिजन कम दहेज लाने के लिए उसे प्रताड़ित करते थे, शादी में भोजन की गुणवत्ता तथा दूल्हे के परिवारवालों को कम उपहार देने के लिए उसे चिढ़ाते थे। हमें इस बात का पता नहीं है कि तातो की आत्महत्या के कुछ ही महीनों बाद शादी करनेवाले उसके पूर्व पति ने दहेज लिया या नहीं। हाँ एक बात तो निश्चित तौर पर कही जा सकती है वह यह कि समकालीन भारत में ऐसे परिवार जो औपचारिक रूप से दहेज की माँग नहीं करते और न लेते हैं, उनकी यह इच्छा बहुत जल्द उजागर हो जाती है कि वधू का परिवार वर के परिवार की देखभाल और उसका स्तर बनाए रखने में अनिवार्यतः सहायता करे।

समकालीन नारीवादी आंदोलन में दहेज के विरुद्ध प्रारंभिक विरोध हैदराबाद

में सन् 1975 में प्रगतिशील महिला संगठन द्वारा दर्ज कराया गया। हालाँकि अनेक बार संगठन द्वारा आयोजित प्रदर्शनों में महिलाओं की संख्या दो सौ तक पहुँच गई, फिर भी उनका विरोध प्रदर्शन पूर्णरूपेण आंदोलन की शक्ल नहीं ले पाया।

लगभग दो वर्षों की खामोशी के बाद दहेज के विरुद्ध नया आंदोलन दिल्ली में शुरू हुआ। यह आंदोलन इस बार महिलाओं के दहेज-उत्पीड़न पर केंद्रित था, खासतौर से हत्या और आत्महत्या के लिए मजबूर करने के विरुद्ध था। यद्यपि दहेज-उत्पीड़न और हत्या के विरुद्ध पंजाब, महाराष्ट्र, कर्नाटक, गुजरात, मध्यप्रदेश, पश्चिम बंगाल सहित भारत के अनेक भागों में विरोध अभियान चल रहे थे, परंतु दहेज एवं दहेज संबंधी अपराधों के विरुद्ध विस्तृत आंदोलन दिल्ली में ही चल रहा था। इसका कारण यह है कि दिल्ली में दहेज के कारण होनेवाली हत्याओं की संख्या अधिक थी। सन् 1979 में दिल्ली स्थित नारीवादी समूह स्त्री संघर्ष ने दहेज का निम्नलिखित विश्लेषण किया :

> एंजेल्स के अनुसार, परिवार में संपत्ति का संबंध निजी संपत्ति अर्जित करने की धारणा के विकास के साथ शुरू हुआ तथा विरासत का सवाल अहम हो गया। एंजेल्स ने इस मान्यता का उपयोग मध्यम वर्गीय परिवारों तथा श्रमिक वर्ग परिवारों में अन्तर करने के लिए किया उनका कहना था कि श्रमिक वर्ग परिवारों के पास अपनी निजी जायदाद नहीं होती इसलिए उनमें विरासत का प्रश्न महत्त्वपूर्ण नहीं था और न ही संपत्ति महिलाओं के उत्पीड़न का कारण बनती थी। ऐसा करते हुए उन्होंने न केवल लैंगिक आधार पर महिलाओं का श्रमविभाजन करने की नीति को महिलाओं के उत्पीड़न का जरिया मानने की भूल की अपितु गर्भ नियंत्रण की आवश्यकता, पितृसत्ता, पूँजीवाद के अंतर्गत स्त्री श्रम शक्ति को संपत्ति मानना, इत्यादि मुद्दे उठाकर निजी संपत्ति तथा विरासत को आपस में गड्डमड्ड कर दिया। जहाँ महिलाओं का उत्पीड़न विरासत के प्रश्न में अंतर्निहित है, वहीं उनके उत्पीड़न के लिए निजी सम्पत्ति का होना पूरी तरह जिम्मेदार नहीं है। भारत में जारी दहेज प्रथा से निजी संपत्ति का संबंध साफ तौर से दिखाई देता है। इसके तहत प्रत्येक दूल्हे की एक निश्चित कीमत ली जाती है जिसका उपयोग वर पक्ष के लोग तात्कालिक तौर पर घरेलू सामान खरीदने, कारोबार को आगे बढ़ाने, छोटे लड़कों को पढ़ाने, तरक्की के लिए रिश्वत देने या परिवार की किसी लड़की के विवाह का दहेज जुटाने में करते हैं। अनेक मामलों में यह परिवार के अंदर तत्काल तो नहीं होता परंतु बाद में यह किसी व्यक्ति विशेष की निजी संपत्ति बन जाता है।[5]

आगे चलकर उनका कहना था कि मौजूदा हालात में दूल्हा पति तरल धन के हस्तांतरण की पाइपलाइन बन गया है। यहाँ यह बात ध्यान देने योग्य है कि

बिकनेवाले दूल्हे को खरीदनेवाले लड़की के पिता का दूल्हे के ऊपर कोई निजी अधिकार नहीं होता, इसके विपरीत दहेज के रूप में किया जानेवाला लेनदेन खून की कीमत चुकाने के लिए होता है। दहेज हत्या पर लगाई गई प्रदर्शनी में उन्होंने दिखाया कि ऐसी दहेज हत्याएँ उन उद्यमशील मध्यमवर्गीय परिवारों द्वारा की जाती हैं जो बहू को मारकर अपने बेटों का दुबारा विवाह करके दहेज में अधिक धन प्राप्त करने की लालसा रखते हैं।

सन् 1980 में दिल्ली में दहेज विरोधी प्रदर्शन।

हालाँकि दिल्ली के समकालीन नारीवादी आंदोलन में महिला दक्षता समिति पहली महिला संस्था थी जिसने दहेज एवं दहेज उत्पीड़न के मुद्दे को उठाया परंतु स्त्री संघर्ष द्वारा चलाए गए अभियान के परिणामस्वरूप दहेज हत्या की चर्चा घर-घर में फैल गई। महिला दक्षता समिति ने दिल्ली में दहेज विरोधी प्रदर्शन आयोजित किया तथा इस मुद्दे पर एक पुस्तिका भी प्रकाशित की। स्त्री संघर्ष ने एक जून 1979 को दिल्ली में रहनेवाली एक युवती तरविंदर कौर की मृत्यु के विरोध में प्रदर्शन आयोजित किया। प्रदर्शनकारी महिलाओं का कहना था कि यह स्वाभाविक मृत्यु नहीं बल्कि उसके ससुरालियों द्वारा तरविंदर कौर की हत्या इसलिए कर दी गई क्योंकि तरविंदर के माता-पिता तरविंदर के सास-ससुर की नित्य प्रति बढ़ती दहेज की माँग को पूरा नहीं कर सके। वास्तव में स्त्री संघर्ष के ऊपर प्रदर्शन करने का दबाव सन् 1978 में गठित इंद्रप्रस्थ महिला कॉलेज नारी समिति द्वारा डाला गया। समिति की सदस्यों ने ही स्त्री संघर्ष की महिलाओं को तरविंदर की हत्या की जानकारी देते हुए उन्हें प्रदर्शन करने का सुझाव दिया। इंद्रप्रस्थ कॉलेज महिला समिति तथा प्रगतिशील छात्र संगठन ने मिलकर स्त्री संघर्ष के बैनर तले 'मार्च' आयोजित किया। प्रदर्शन की खबरें लगभग सभी राष्ट्रीय समाचार पत्रों में प्रमुखता से छपीं जिसके परिणामस्वरूप दिल्ली में दहेज-विरोधी प्रदर्शनों की बाढ़-सी आ गई। सबसे बड़ा प्रदर्शन 12 जून को नारी रक्षा समिति द्वारा पुरानी दिल्ली की तंग गलियों में आयोजित किया गया। इस प्रदर्शन की खबरें सुर्खियों में छपीं।

सन् 1980 में दिल्ली में प्रदर्शन के दौरान अपनी आप बीती सुनाती हुई एक महिला।

अब तक आग लगने से होनेवाली स्त्रियों की मौतों को आत्महत्या के रूप में ही लिया जाता था, यहाँ तक कि इन दहेज-उत्पीड़नों का आत्महत्याओं का कारण बहुत कम माना जाता था। पुलिस समेत किसी ने भी कभी उन मामलों को सूचीबद्ध करने या जाँच करने की जहमत नहीं उठाई। आमतौर पर ऐसे मामलों को पारिवारिक और 'निजी' कहकर नज़रअंदाज़ कर दिया जाता था और इसे राज्य की चिंता का विषय नहीं माना जाता था। बहरहाल दशकों से चली आ रही इस उदासीनता का नारीवादियों ने विरोध किया तथा आग से होनेवाली मौतों को यह कहते हुए कि अनेक औपचारिक 'आत्म-हत्याएँ', आत्महत्याएँ नहीं बल्कि हत्याएँ हैं, दहेज-उत्पीड़न से जोड़ दिया। कुछ मामलों में दहेज हत्या की शिकार महिलाएँ बयान देने के लिए काफी देर तक जीवित रहीं और उन्होंने अपने मृत्यु पूर्व बयान में सास-ससुर द्वारा दहेज के लिए तंग किए जाने का उल्लेख भी किया परंतु पुलिस ने इतनी सुस्त और देर से कार्रवाई की कि हत्यारे साक्ष्य मिटाने में सफल हो गए और हत्या के मामले को आत्महत्या कहकर खत्म कर दिया तथा सारा मामला भुला दिया गया।

बहरहाल, नारीवादियों ने जब इस स्थिति के विरुद्ध यह कहते हुए आवाज बुलंद की कि मृत्यु पूर्व महिला द्वारा दिए गए बयान को साक्ष्य माना जाए और पुलिस के तौर-तरीकों को चुस्त किया जाए तथा समाज हत्यारों का बहिष्कार करे, उनका सामना करे तो कुछ लोगों पर उसका असर हुआ, कुछ लोगों ने सहमति जताते हुए धरने में भी भाग लिया। स्त्री संघर्ष द्वारा किया गया विरोध प्रदर्शन इतना तीव्र था कि तरविंदर कौर की ससुराल पहुँचते-पहुँचते जुलूस तीन गुना बड़ा हो गया। इस जुलूस और प्रदर्शन में न केवल तरविंदर के ससुरालवालों के पड़ोसी अपने बच्चों के साथ शामिल हुए, बल्कि सफाई कर्मचारियों, घरेलू नौकरों तथा आसपास से गुजरने वाले लोगों ने भी उसमें हिस्सा लिया।

राजधानी में सन् 1981 में दहेज मौतों की बढ़ती संख्या के विरोध में प्रदर्शन करते दहेज उत्पीड़न की शिकार युवतियों के माता-पिता।

30 जून को एक अन्य नवविवाहिता कंचन चौपड़ा की हत्या के विरोध में मालवीय नगर के निवासियों ने प्रदर्शन किया। 29 जून की सुबह कंचन अपने मायके गई। उसने अपने माता-पिता को बताया कि उसे बहुत डर लग रहा है। उसके सास-ससुर उससे और अधिक धन लाने की माँग कर रहे हैं। कंचन ने कहा कि मेरी सास पैसा न मिलने पर मुझे मार डालने की धमकी देती है। दोपहर को कंचन का भाई मालवीय नगर थाने गया। उसने कंचन की सास-ससुर और घर के अन्य सदस्यों के नाम दहेज के लिए प्रताड़ित करने की शिकायत दर्ज कराने की कोशिश की। पुलिस ने यह कहकर कि 'यह उनका घरेलू झगड़ा है', शिकायत दर्ज नहीं की। कंचन उसी रात मर गई। अगले दिन मालवीय नगर के लोगों ने कंचन के शोक-संतप्त परिवार के साथ मिलकर मालवीय नगर थाने को घेर लिया और पुलिस से कंचन के ससुरालवालों के विरुद्ध कंचन की हत्या के आरोप में मुकदमा दर्ज करने की माँग की। इस घटना की खबरें छपने के बाद नारीवादी अत्यंत उत्साहित हुए। उन्होंने महसूस किया कि कंचन की मृत्यु ने लोगों को इस सीमा तक उद्वेलित कर दिया है कि अब कार्रवाई जरूर होगी। इस घटना से स्त्रीवादियों को आंदोलन चलाने का मौका मिल गया। इसके फौरन बाद नारी रक्षा समिति ने नारंग नामक एक नौजवान के घर के बाहर प्रदर्शन किया। उसका विवाह प्रेमलता से होनेवाला था। नारंग के माता-पिता ने उसकी शादी से एक दिन पूर्व प्रेमलता के माता-पिता के सामने दहेज की भारी-भरकम माँग रख दी। नारंग के माँ-बाप की बढ़ती दहेज-लोलुपता से क्षुब्ध

होकर प्रेमलता के माँ-बाप ने शादी से दो दिन पूर्व रिश्ता ही तोड़ दिया। उन्होंने नारी रक्षा समिति से संपर्क करके नारंग के घर के बाहर प्रदर्शन करने का अनुरोध किया ताकि उनकी सार्वजनिक भर्त्सना की जा सके।[6] यह एक उल्लेखनीय घटना थी क्योंकि इस प्रकार के प्रचार का प्रभाव पुरुष की अपेक्षा स्त्री पर अधिक होता है। पुरुष के पाप को उसके परिवारवालों पर डालकर जल्दी ही भुला दिया जाता है। इसके बावजूद प्रेमलता का परिवार नारंग को अपमानित करने के उद्देश्य से प्रचार का सामना करने को तैयार था। प्रेमलता के परिवारवालों की दहेज-लोभियों की निंदा करने की इच्छाशक्ति को देखकर नारीवादियों को बड़ी प्रसन्नता हुई।

बहरहाल, कुछ महीनों के आंदोलन के बाद नारीवादियों ने दहेज के मुद्दे को उठाने के लिए लोगों से संवाद का सीधा तरीका खोजने की जरूरत महसूस की। नए तरीके तलाशने के लिए हुई चर्चा के दौरान 'नुक्कड़ नाटक' का सुझाव उभरा। कुछ महीने पश्चात स्त्री संघर्ष ने दहेज और दहेज हत्या पर आधारित अपना पहला नुक्कड़ नाटक 'ओम स्वाहा' खेला। नाटक की कहानी दो महिलाओं की दहेज-हत्या पर आधारित थी।

नाटक की लोकप्रियता इतनी बढ़ी कि सभी क्षेत्रों से समिति के पास नाटक के प्रदर्शन के अनुरोध आने लगे। लोगों ने नारी रक्षा समिति को पत्र लिखकर उनके क्षेत्रों में आने तथा 'नुक्कड़ नाटक' खेलने की प्रार्थना की। नाटक खेलनेवाली अधिकतर महिलाएँ मध्यमवर्गीय थीं। उनकी ओर से पहली बार सक्रिय प्रयास किया गया।

दहेज विरोधी आंदोलन के एक वर्ष बाद अनेक राज्य सरकारों ने दहेज हत्या के विरुद्ध कानून बनाना शुरू कर दिया। वास्तविकता है कि सन् 1978 में तत्कालीन प्रधानमंत्री चौधरी चरण सिंह ने दहेज के लिए महिलाओं के उत्पीड़न को रोकने के लिए संसद के अगले सत्र में विधेयक प्रस्तुत करने के लिए कहा था। उन्होंने यह आश्वासन महिला दक्षता समिति को दिया था। समिति ने दिल्ली के पुलिस महानिरीक्षक से भी मुलाकात की। उन्होंने समिति के विचारों से सहमति जताते हुए एक स्थायी समिति गठित करने की घोषणा की। पुलिस महानिरीक्षक ने महिला दक्षता समिति को आश्वासन दिया कि एक पुलिस अधीक्षक तथा एक उपअधीक्षक के नेतृत्व में गठित स्थायी समिति दहेज-उत्पीड़न के सभी मामले निपटाएगी। बहरहाल दहेज-विरोधी प्रकोष्ठ बनाने में काफी समय लगा। वर्तमान में ये प्रकोष्ठ दहेज हत्या के मामलों को छोड़कर केवल दहेज की माँग और दहेज उत्पीड़न के मामले देखते हैं। व्यावहारिक रूप में ये प्रकोष्ठ विवाह सलाहकार ब्यूरो की तरह काम कर रहे हैं। यह मानी हुई बात है कि भारत में अधिसंख्य स्त्रियों (चाहे वे अकेली हों, तलाकशुदा, भागी हुई या विधवा हों) जब 'पुरुष सुरक्षा' से वंचित हो जाती हैं तो उनकी यही दशा होती है। आश्चर्यजनक रूप से ऐसी स्त्रियाँ समाज के बजाय अपने परिजनों के हाथों उत्पीड़ित होना ज्यादा पसंद करती हैं। मिसाल के तौर पर महिला दक्षता समिति ने दहेज के

दिल्ली में सन् 1980 में विवाह के व्यवसायीकरण के विरोध में प्रदर्शन।

सन् 1982 में दिल्ली में हुए दहेज विरोधी चेतना मंच के प्रदर्शन के दौरान सुस्ताती स्त्रियाँ।

लिए सताई जानेवाली महिलाओं से बात करने पर बड़ा समस्याजनक निष्कर्ष निकाला। समिति का कहना था कि यदि हम दहेज पीड़ित महिला को घर छोड़ने को उत्साहित करें तो समस्या यह पैदा होती है कि आखिर वह रहेगी कहाँ ? क्योंकि यदि वह वापस अपने माँ-बाप के पास जाती है तो अपरिहार्य रूप से अपनी छोटी बहन के विवाह के लिए 'खतरा' बन जाती है। इसका कारण संभवतः यह है कि योग्य लड़कों के माँ-बाप के मन में यह संदेह पैदा होता है कि वधू पक्ष उन्हें उचित दहेज नहीं दे पाएगा। कोई भी मकान मालिक अकेली स्त्री को मकान किराए पर देने का इच्छुक नहीं होता। मकान मालिक के मन में यह डर होता है कि कहीं यह वेश्या तो नहीं, (या कि अकेली औरत उसके घर में

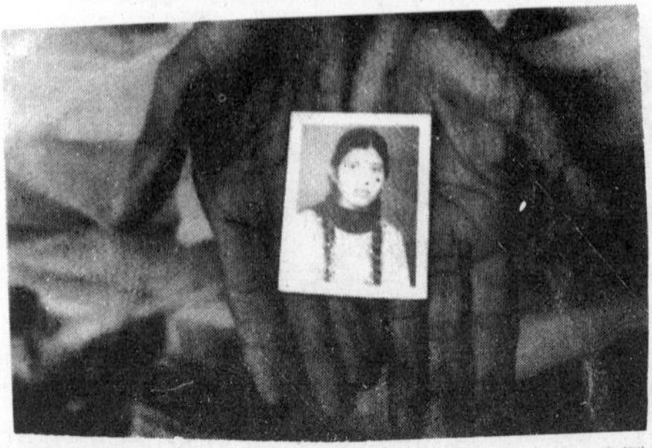

अपनी मृत पुत्री का चित्र दिखाती एक माँ। तिथि ज्ञात नहीं।

वेश्यावृत्ति न शुरू कर दे) चूँकि दहेज-उत्पीड़न की ज्यादातर घटनाएँ संयुक्त परिवारों में होती हैं, इसलिए महिला दक्षता समिति एवं अन्य महिला संगठनों ने नवदम्पतियों को घर छोड़ कर आत्मनिर्भर होने की सलाह देना शुरू कर दिया।

अधिसंख्य नारीवादी दहेज के लिए दुल्हनों को जलानेवाले लोगों के खिलाफ शिकायत दर्ज कराने के बजाय ऐसे लोगों की सामाजिक निंदा करने के प्रति अधिक उतावले दिखाई पड़े यद्यपि उनके पास अन्य विकल्प भी थे। यह कहना पर्याप्त होगा कि दहेज हत्या की अपेक्षा दहेज उत्पीड़न को प्रमाणित कर पाना अधिक सरल है। आग लगने से हुई मौत में यह साबित कर पाना कि यह हत्या है या आत्महत्या या दुर्घटना, बड़ा मुश्किल होता है क्योंकि ऐसे मामलों में सबूत लगभग न के बराबर होता है। ''उसके साड़ी के पल्लू में आग लग गई'' या कि ''दुर्घटना का कारण स्टोव है''—ऐसे मामलों में दो मुख्य साक्ष्य हो सकते हैं : (अ) आग लगने के पश्चात अस्पताल ले जाते समय पीड़ित महिला की जीवित अवस्था में दिया गया मृत्युपूर्व बयान तथा (ब) परिस्थितिजन्य साक्ष्य जैसे पत्र, पड़ोसियों की गवाही इत्यादि। मृत्युपूर्व दिए गए बयानों की पुलिस आमतौर पर अनदेखी कर देती है। तरविंदर कौर के ही मामले को लें, तरविंदर ने बयान दिया कि उसकी सास और ननद ने मिलकर उसे आग लगा दी परंतु पुलिस ने उसके बयान को खारिज कर दिया और हत्या के मामले को आत्महत्या कहकर मुकदमा दर्ज कर लिया। अगर कभी पुलिस पति एवं सास-ससुर के खिलाफ दहेज हत्या के अलग-अलग मुकदमें दर्ज भी करती है तो अक्सर वे अदालतों द्वारा सबूत की कमी के कारण खारिज कर दिए जाते हैं। यह भी कि हादसे की शिकार महिला के मृत्यु पूर्व दिए गए बयान को अदालतें अभियुक्त को हत्या का दोषी मानने का पर्याप्त सबूत नहीं मानतीं। सबसे अधिक चौंकाने वाली बात तो यह है कि ऐसे बयानों को पुलिस भी जाँच-पड़ताल

दहेज हत्यारे के घर के बाहर दीवार पर लिखा गया पोस्टर! 'उसे जला दिया।' तिथि ज्ञात नहीं।

'ओम स्वाहा' का एक अन्य दृश्य

ा पर्याप्त आधार नहीं मानती। त्यारों से रिश्वत लेकर पुलिस दासीन हो जाती है और जाँच में ढेलाई बरतते हुए हत्यारों को ाक्ष्य नष्ट करने का पूरा मौका दे ती है। अनेक मामलों में पीड़ित स्त्री के परिजनों को थाने पहुँचने और पुलिस को रिश्वत दे पाने में इतना विलंब हो चुका होता है कि हत्या/आत्महत्या की कहानी पहले से ही पुलिस तैयार कर चुकी होती है। कोई भी यह प्रश्न कर सकता है कि यदि पुलिस आग लगाकर किसी महिला को मारा जाता स्वयं अपनी आँखों से देख ले तो क्या वह उसे परिस्थितिजन्य साक्ष्य मानेगी ? परिस्थितिजन्य साक्ष्य एकत्र करने के लिए कौन-कौन से तरीके इस्तेमाल करती है पुलिस ? विस्तृत परिस्थितिजन्य साक्ष्य तैयार करने के लिए पुलिस किस प्रकार की कार्रवाई करती है तथा उसके पास इसके लिए क्या जरिए हैं। पुलिस के पास मामले को मजबूत बनाने के लिए अधिक जाँचकर्ता, अधिक डॉक्टर, अधिक मशीनरी क्यों नहीं हैं ? पुलिस इनकी माँग क्यों नहीं करती ?

ऐसा लगता है कि पुलिस बल के लोग भी यह मान चुके हैं कि दहेज-हत्या का मामला उनके अधिकार क्षेत्र से बाहर है। एक बार प्रदर्शनकारियों के साथ चलते हुए पुलिस के एक सिपाही ने पूछा : 'किसलिए हो रहा है यह प्रदर्शन ? जब उसे बताया गया कि प्रदर्शन एक व्यक्ति द्वारा अपनी पत्नी की दहेज के लिए हत्या किए जाने के विरोध में पुलिस कार्रवाई की माँग के लिए किया जा रहा है तो वहाँ मौजूद दूसरा सिपाही तपाक से बोला, 'अगर ऐसा मेरी बहन के साथ हुआ होता तो मैं उसके ससुरालवालों के मकान-दुकान को जलाकर राख कर देता। उसने दिमाग पर जोर डालते हुए अपनी कालोनी में घटी एक घटना का उल्लेख किया जिसमें समाज ने संदिग्ध हत्यारे का मकान फूँक दिया था। पुलिसवालों तथा राजनीतिज्ञों ने महिला संगठनों को अनेक प्रकार से यह सुझाव दिया था कि वे दहेज हत्यारों के खिलाफ कानूनी कार्रवाई करने के बजाय उनके ऊपर 'सामाजिक दबाव' डालें। बहरहाल,

नारीवादियों ने दोनों ही तरीके अपनाए। दहेज-विरोधी प्रदर्शन हमेशा दहेज माँगनेवालों के घर या दुकान के साथ-साथ थानों के बाहर किए गए। अभियुक्त तथा मृतका का नाम ले-लेकर नारे लगाए गए; दहेज उत्पीड़कों का सामाजिक बहिष्कार करने के लिए पड़ोसी-समितियाँ गठित की गईं। दहेज पीड़ित महिला के पति का मुँह काला करके (एक या दो बार) घुमाया गया। दहेज विरोधी सभाएँ आयोजित की गईं जिनमें लोगों ने देहज न लेने-देने की कसमें खाईं। सन् 1982 में दो बातें हुईं जिनसे दहेज हत्यारों के विरोध में चलाए जानेवाले आंदोलन की नई गतिविधियों का पता चलता है। 3 जून को दक्षिण दिल्ली में आग लगने से हुई भारती नरूला की मृत्यु के विरोध में इलाके के लोगों ने भारती के ससुरालवालों के घर पर धरना दिया। गुलमोहर पार्क स्थित कार्मिका नामक वेलफेयर एसोसिएशन (कल्याण परिषद) तथा महिला क्लब के सदस्यों ने घर-घर जाकर 8 जून को होनेवाली सभा में भाग लेने के लिए राजी किया। सभा में निर्णय लिया गया कि (अ) भारती नरूला के पति तथा सास-ससुर का सामाजिक बहिष्कार किया जाए; (ब) मामले में कार्रवाई करने के लिए प्रधानमंत्री को ज्ञापन दिया जाए; (स) दहेज-उत्पीड़न या दहेज-हत्या के मामलों में पुलिस की सहायता करने के इच्छुक व्यक्तियों की सूची बनाई जाए तथा (द) गुलमोहर पार्क में नुक्कड़ नाटकों के माध्यम से दहेज-हत्या के विरुद्ध प्रचार अभियान चलाने तथा समस्या पर चर्चा करने के लिए वकीलों, पुलिस अधिकारियों को बुलाने के लिए बैठकें आयोजित की जाएँ।

इन दबावों के चलते नरूला परिवार को हत्या के आरोप में गिरफ्तार कर लिया गया परंतु उनके विरुद्ध गवाही देनेवाले मुख्य गवाह द्वारा अपना बयान वापस ले लिए जाने के कारण अक्टूबर में उन्हें जमानत पर छोड़ दिया गया।[7]

यद्यपि कुछ अन्य क्षेत्रों के लोगों ने पहले भी दहेज हत्या को नफरत की निगाह से देखते हुए नकार दिया था तथा उसके विरुद्ध उग्र प्रदर्शन भी किया था, परंतु नरूला परिवार के सामाजिक बहिष्कार का निर्णय लोगों की व्यक्तिगत तथा विस्तृत अस्वीकार्यता को अभिव्यक्त करता है। आवश्यकता पड़ने पर मदद देनेवालों की सूची लोगों को उपलब्ध कराने का विचार तथा दहेज समस्याओं पर विचार-विमर्श के लिए बैठकें आयोजित करने के सुझाव का बड़े पैमाने पर स्वागत हुआ तथा क्षेत्र के लोगों ने आत्मजागृति तथा आत्मसहायता के इस उद्देश्य में रुचि दिखाई।

दूसरे, 11 जून को श्यामाप्रसाद मुकर्जी महिला महाविद्यालय की अध्यापिकाओं ने अपनी सहकर्मी अध्यापिका शकुंतला अरोड़ा की 5 जून को आग लगने से हुई मृत्यु के विरोध में दिल्ली में प्रदर्शन किया। शकुंतला ने अपने पति द्वारा की जानेवाली अपनी नियमित पिटाई से तंग आकर आत्महत्या कर ली थी। उसका पति दहेज न मिलने के कारण उसे रोज-ब-रोज मारता-पीटता था। शिक्षिकाओं ने पुलिस आयुक्त बजरंग लाल के कार्यालय के समक्ष प्रदर्शन करके शकुंतला के पति सुभाष अरोड़ा

दिल्ली में दहेज हत्या की शिकार स्त्री की माँ पुलिस कार्रवाई की माँग करती हुई। तिथि ज्ञात नहीं।

के खिलाफ आत्महत्या के लिए मजबूर करने का मामला दर्ज करने की माँग की। सुभाष अरोड़ा दिल्ली के हंसराज कालेज में अध्यापक थे। हालाँकि श्री बजरंग लाल ने उचित कार्रवाई का वादा किया परंतु शकुंतला की मृत्यु की जाँच के लिए कोई कार्रवाई नहीं की गई। जुलाई के मध्य में पश्चिमी दिल्ली के पुलिस उपायुक्त श्यामाप्रसाद मुकर्जी कॉलेज की अध्यापिकाओं से मिले और उन्हें बताया कि सुभाष के विरुद्ध कोई मामला तब तक दर्ज नहीं किया जा सकता जब तक कि उसे किसी ने शकुंतला को मिट्टी के तेल का डिब्बा तथा माचिस देते हुए न देखा हो। इसलिए 17 जुलाई को शिक्षिकाओं ने सुभाष अरोड़ा का सामाजिक बहिष्कार करने तथा दहेज हत्या के घृणित अपराध पर अंकुश लगाने के लिए कमर कस ली। परिणामस्वरूप उन्होंने सबसे पहले मुल्तान नगर स्थित सुभाष अरोड़ा के घर के बाहर प्रदर्शन किया। प्रदर्शन में मुल्तान नगर के ऐसे अनेक निवासी भी शामिल हुए जिन्होंने सुभाष अरोड़ा को अपनी पत्नी की पिटाई करते देखा था। इसके पश्चात प्रदर्शनकारी शिक्षिकाएँ 24 जुलाई को हंसराज कॉलेज गईं तथा वहाँ के अध्यापकों से सुभाष अरोड़ा के विरुद्ध किए जानेवाले आंदोलन में सहयोग करने का अनुरोध किया। चूँकि हंसराज कालेज के शिक्षक अरोड़ा के विरुद्ध कार्रवाई को लेकर उदासीन थे इसलिए वहाँ कुछ भी नहीं हुआ।[8]

इस प्रकार दहेज हत्या के विरुद्ध शुरू हुआ आंदोलन शकुंतला के कार्यस्थल मुकर्जी कॉलेज से शुरू होकर उसकी ससुराल तथा उसके पड़ोसियों तक पहुँच गया। किसी महिला के विरुद्ध किए गए अत्याचार के परिणामस्वरूप उसके कार्यस्थल पर किया जानेवाला यह कोई पहला विरोध प्रदर्शन नहीं था, इससे दहेज हत्या के विरुद्ध चलाए जानेवाले आंदोलन को नई दिशा मिली। इसके अलावा, गुलमोहर पार्क की घटना की तरह, विरोध प्रदर्शन के व्यापक प्रयास किए गए जिसके अंतर्गत पीड़ित महिला के निवास तथा उसके पति के कार्यस्थल तक विरोध प्रदर्शन, धरने इत्यादि आयोजित किए गए। इसके अलावा यह हत्या के बजाय आत्महत्या करने के लिए मजबूर करने की प्रवृत्ति के विरुद्ध व्यापक विरोध प्रदर्शन था। जैसा कि इस घटना से पता चलता है, आत्महत्या के लिए मजबूर करने का साक्ष्य जुटा पाना वस्तुतः असंभव है यही वजह है कि स्त्रियों ने माँग उठाई कि महिला द्वारा की गई खुदकशी

सन् 1980 में नुक्कड़ नाटक 'ओम स्वाहा' का दृश्य।

को ही आत्महत्या के लिए मजबूर करने का सबूत माना जाना चाहिए। स्वाभाविक तौर पर इसके साक्ष्य के रूप में पड़ोसियों के बयान तथा पीड़ित महिला के पत्र इत्यादि को स्वीकार किया जाना चाहिए।

ऐसे मामलों में कानून भी नारीवादियों के क्षोभ का कारण था। एक फैसला, जिस पर महिलाओं को खुशी हुई, कुछ ही दिनों बाद बदल दिया गया। स्त्रियों ने जब इसके विरुद्ध अपनी नाराजगी का इजहार किया तो उस पर अदालत की अवमानना का आरोप ठोक दिया गया। नवंबर 1983 के प्रारंभ में दिल्ली उच्च न्यायालय के न्यायाधीश आर. एन. अग्रवाल ने सत्र न्यायाधीश एस. एम. अग्रवाल द्वारा सुधा गोयल के मुकदमे में दिए गए निर्णय को बदल दिया। सत्र न्यायाधीश एस. एम. अग्रवाल ने अभियुक्तों को हत्या का दोषी पाया था परंतु न्यायमूर्ति आर. एम. अग्रवाल ने अभियुक्त को यह कहकर बरी कर दिया कि अभियोजन पक्ष द्वारा प्रस्तुत साक्ष्य पर्याप्त नहीं हैं। अभियुक्त की रिहाई के विरुद्ध अनेक महिला संगठनों ने 7 नवंबर को दिल्ली उच्च न्यायालय परिसर में प्रदर्शन किया। जनवादी महिला समिति, कार्मिका तथा महिला दक्षता समिति के विरुद्ध अदालत की अवमानना की याचिका दायर की गई। हालाँकि इसके अलावा अन्य कई महिला संगठन भी धरने एवं प्रदर्शन में शामिल थे। जब याचिकाकर्ताओं से पूछा गया कि नेशनल फेडरेशन ऑफ इंडियन वीमेन एवं बहुचर्चित संगठन सहेली को नामजद क्यों नहीं किया गया तो उन्होंने कहा कि वे उपरोक्त तीन को ही जानते थे। न्यायमूर्ति सच्चर तथा न्यायमूर्ति सेन,

सन् 1980 में नुक्कड़ नाटक 'ओम स्वाहा' का दृश्य।

जिन्होंने याचिका की सुनवाई की, ने स्त्रियों के प्रति नरमी बरतते हुए जनवादी महिला समिति की वृंदा करात तथा कार्मिका की सुभद्रा बुटालिया को छोड़ दिया। चूँकि महिला दक्षता समिति की सुमन कृष्णकान्त के वकील ने न्यायाधीशों पर अनेक व्यक्तिगत आक्षेप लगाए इसलिए उन्हें अवमानना का दोषी करार दिया गया।[9]

बहरहाल, इसके पश्चात दहेज मौतों के प्रति न्यायिक रवैया बदलने लगा। दिसंबर 1983 में अपराध कानून (दूसरा संशोधन) पास किया गया। इसके तहत भारतीय दंड संहिता में नई धारा 498-ए जोड़ी गई। इस धारा के अंतर्गत पत्नी के विरुद्ध अत्याचार को गैर-जमानती संज्ञेय अपराध माना गया जिसके तहत जुर्माना तथा तीन वर्ष तक के कारावास की सजा का प्रावधान किया गया। अत्याचार को पुनर्परिभाषित करते हुए इसमें मानसिक तथा शारीरिक उत्पीड़न को भी समाहित किया गया। दूसरे, साक्ष्य कानून की धारा 113-ए में भी संशोधन किया गया ताकि अदालतें आत्महत्या के लिए मजबूर करने के मामलों में हस्तक्षेप कर सकें। तकनीकी तौर पर साक्ष्य जुटाने की शिकायतकर्ता की जिम्मेदारी को कम कर दिया गया। आत्महत्या के मामलों में इसी प्रकार का कानूनी संशोधन दरअसल महिला संगठन भी चाहते थे। अंततोगत्वा अपराध प्रक्रिया संहिता की धारा 174 में संशोधन करके विवाह के सात वर्षों के बाद भी मरनेवाली महिला के शव का पोस्टमार्टम कराना अनिवार्य कर दिया गया। चूंकि अधिकांश दहेज मौतें विवाह के प्रारंभिक वर्षों में ही होती हैं। इसलिए यह संशोधन भी महिलाओं के लिए स्वागतयोग्य था। नवम्बर, सन् 1980

में केंद्रीय सरकार ने एक आदेश के तहत विवाह के पाँच वर्षों के भीतर असामान्य परिस्थितियों में होनेवाली विवाहित स्त्रियों की मृत्यु की जाँच तथा शव-परीक्षण अनिवार्य कर दिया। सितंबर सन् 1980 में हरियाणा सरकार ने पुलिस को आदेश दिया कि वह विवाहित स्त्रियों की असामान्य परिस्थितियों में हुई मृत्यु को हत्या के लिए प्रयुक्त धारा 302 के अंतर्गत पंजीकृत करें। आत्महत्या के लिए मजबूर करने के संदिग्ध मामलों को (परोक्ष रूप से ही सही) भारतीय दंड संहिता की धारा 306 के अंतर्गत दर्ज करने का आदेश भी दिया गया।

सन् 1985 में उच्चतम न्यायालय ने सुधा गोयल के मामले में दिए गए दिल्ली उच्च न्यायालय के निर्णय को उलट दिया। उच्चतम न्यायालय ने सुधा गोयल की सास तथा पति को आजीवन कारावास की सजा सुनाई तथा साक्ष्य के अभाव में उसके देवर को बरी कर दिया। हरदीप कौर (हरदीप कौर तरविंदर कौर की सहेली थी जिसकी हत्या विवाह के कुछ ही दिनों बाद कर दी गई थी) के मामले में उसकी सास को उच्च न्यायालय ने दोषी माना। राजस्थान में उच्च न्यायालय की दो सदस्यीय खंडपीठ ने दो लोगों को दहेज हत्या का दोषी मानते हुए फाँसी की बेमिसाल सजा सुनाई। बहरहाल, ऐसा लगता है कि यह फैसला बदल दिया जाएगा। अंत में, दिल्ली में दहेज उत्पीड़न के एक मामले में मजिस्ट्रेट ने अभियुक्त की जमानत नामंजूर कर दी तथा पीड़ित महिला को निर्देश दिया कि अपने साथ दहेज में लाई हुई सारी चीजें वह वापस ले ले।

मजेदार बात यह है कि दहेज एवं दहेज हिंसा के विरुद्ध चलाए गए आंदोलन में पितृसत्ता विरोधी, पूँजीवादी विरोधी स्त्रियों से लेकर रूढ़िवादी पितृसत्ता की पक्षधर सहित अनेक विभिन्न दृष्टिकोणों वाली महिलाओं ने भाग लिया। यहाँ यह उल्लेखनीय है कि जितने बड़े पैमाने पर पुरुषों में यह भावना विकसित हुई कि 'हमारी पत्नियों की सुरक्षा एवं देखभाल का दायित्व हमारा है', दहेज तथा दहेज हिंसा के विरुद्ध चलाए जानेवाले आंदोलन में यह भावना उस रूप में उतनी मजबूती से दिखाई नहीं पड़ी। आंदोलन में सक्रिय अनेक स्त्रियों ने, जैसा कि स्त्री संघर्ष के विश्लेषण को पहले उद्धृत किया गया है, दहेज हत्या तथा आत्महत्या को पूँजीवाद से उपजी समस्या से जोड़कर देखा। दूसरी ओर उनमें से अधिसंख्य ने इसे नारीवादी विषय मानने के बजाय पितृसत्ता विरोधी मुद्दे के रूप में देखा। युवा स्त्रियों और कभी-कभी युवा पुरुषों को हेय दृष्टि से देखने के बढ़ते हुए विरोध के मद्देनजर कुछ स्त्रियों ने अनुबंधात्मक विवाह पद्धति पर बल देना शुरू किया था कि कुछ ने सार्वजनिकतौर पर यह कहना शुरू कर दिया कि इसी वजह से तो मुझे शादी करना पसंद नहीं। इसके पीछे वे भारत में स्त्रियों की दशा देखकर अपने सपनों को साकार न हो पाने का कारण देखती हैं, वे राजनीतिज्ञों तथा समाजसुधारकों द्वारा बोली जानेवाली परस्पर विरोधी बोलियों से भी चिंतित हैं। अगले अध्याय, जिसमें बलात्कार आंदोलन का उल्लेख

किया गया है, हम इस भेदभाव को स्पष्टतया देख सकते हैं।

टिप्पणियाँ

1. अल्फाई, *'इन सर्च ऑफ आंसर्स'* पूर्वोक्त-पृष्ठ 215-16
2. फ्लाविया, *'माई स्टोरी...आवर स्टोरी ऑफ रिबिल्डिंग ब्रोकन लाइब्ज'* वीमेंस सेंटर, बंबई, नवंबर '84 पृष्ठ 11, 12, 18
3. रोहिणी, सुजाता एस. वी. तथा नीलम सी., *'माई लाइफ इज वन लांग स्ट्रगल'*, प्रतिशब्द, मद्रास पृष्ठ 721 वक्ता एक रेलवे कर्मचारी की विधवा है।
4. *'इन सर्च ऑफ आंसर्स'*, पूर्वोक्त-पृष्ठ 204-5। मृत्युद्वार पर लिखे गए पत्र। पुस्तक के 'फेमिली वायलेंस' नामक खंड में लिए गए 11 पत्रों में से एक रोचक पत्र। इनमें छह पत्र दहेज उत्पीड़न एवं हत्या से संबंधित हैं।
5. स्त्री संघर्ष, 'घोषणापत्र का प्रारूप'।
6. *इन सर्च ऑफ आंसर्स*, पूर्वोक्त-पृष्ठ 213
7. सुभद्रा बुटालिया, 'द एजीटेशन अगेन्स्ट डावरी' *'हाव'* मार्च, 1983 दिल्ली।
8. *टाइम्स ऑफ इंडिया* में दीप्ति का आलेख—'वीमेन लेक्चर्स मोबिलाइज अगेन्स्ट डावरी डेथ्स'।
9. सुभद्रा बुटालिया से मिली सूचना।

8. बलात्कार के विरुद्ध संघर्ष

गृह मंत्रालय के अनुसार सन् 1986 से 1988 के दौरान दर्ज किए गए बलात्कार के मामलों का राज्यवार ब्यौरा

राज्य/केन्द्र शासित क्षेत्र	बलात्कार 1986	बलात्कार 1987	बलात्कार 1988	छेड़छाड़/उत्पीड़न 1986	छेड़छाड़/उत्पीड़न 1987	छेड़छाड़/उत्पीड़न 1988
आंध्र प्रदेश	301	335	455	989	853	1,168
अरुणाचल प्रदेश	9	11	16	6	9	12
असम	354	379	278	139	101	81
बिहार	563	580	623	411	244	182
गोवा	–	12	20	–	10	9
गुजरात	144	159	130	637	663	600
हरियाणा	144	14	90	265	41	153
हिमाचल प्रदेश	52	34	45	117	122	134
जम्मू एवं कश्मीर	187	171	211	899	850	956
कर्नाटक	137	164	184	557	807	843
केरल	133	188	197	494	488	594
मध्य प्रदेश	1,526	1695	एन.ए.	4698	4,871	एन.ए.
महाराष्ट्र	800	781	830	2724	2417	2646
मणिपुर	10	9	9	27	21	24
मेघालय	19	19	10	10	10	18
मिजोरम	46	62	56	29	एन.ए.	30
नागालैंड	8	11	9	–	–	–
उड़ीसा	164	184	180	585	524	554
पंजाब	49	47	49	37	37	21

राजस्थान	598	604	578	939	964	1,072
सिक्किम	5	8	6	6	12	14
तमिलनाडु	231	231	252	750	726	669
त्रिपुरा	38	43	43	26	26	123
उत्तर प्रदेश	1,192	1,291	1,437	1,591	1,795	1,948
पश्चिम बंगाल	503	491	529	304	346	276
अंडमान-निकोबार द्वीपसमूह	2	6	4	22	23	20
चंडीगढ़	4	4	4	1	5	8
दादरा एवं नगर हवेली	—	2	3	5	4	6
दिल्ली	89	103	111	112	95	121
गोवा, दमण दीव	8	—	3	8	—	—
लक्षद्वीप	—	—	—	—	—	—
पांडिचेरी	5	7	5	7	7	7
योग	7,317	7,645	6,367	16393	16060	12,289

- उपरोक्त संख्या मासिक अपराध आँकड़ों पर आधारित तथा अस्थाई है।
- एन. ए. का अर्थ है उपलब्ध नहीं (नॉट अवेलेबल)
- हरियाणा की सन् 1987 की संख्या केवल फरवरी 1987 तक की है।
- छेड़खानी के आँकड़े अलग से उपलब्ध नहीं हैं। बिहार में छेड़खानी के मामलों को भी उत्पीड़न के मामलों में समाहित कर दिया गया है।
- सन् 1987 के अप्रैल से लेकर जून 1987 तक के बिहार के छेड़खानी एवं उत्पीड़न के मामले शामिल नहीं हैं।

स्रोत : पुलिस अन्वेषण ब्यूरो, दिल्ली। *दि इलेस्ट्रेटेड वीकली आफ इंडिया* बंबई, 1990 से साभार अनूदित

बलात्कार भारत में स्त्रियों के साथ बड़े पैमाने पर होनेवाला अपराध है। इसे कई रूपों में एवं वर्गों में बाँटा जा सकता है। उदाहरण के लिए 'जमींदार बलात्कार' को लें। यह ऐसी श्रेणी है जिसके अंतर्गत भूस्वामी अपनी बंधुआ स्त्री श्रमिकों या दैनिक मजदूरी करनेवाले बंधुआ पुरुष मजदूरों की पत्नियों के साथ बलात्कार करने को अपना अधिकार समझते हैं। इसके अतिरिक्त बलात्कारियों की एक अन्य श्रेणी है अधिकारी वर्ग की। इसके तहत अधिकारी अपनी कनिष्ठ स्त्री सहकर्मियों से और कारखाना मालिक अपने कारखानों, गोदामों में काम करनेवाली स्त्रियों से बलात्कार करते हैं। एक और श्रेणी है जिसे 'जाति बलात्कार' की संज्ञा दी जाती है। इस वर्ग

के अंतर्गत ऊँची जातियों के समृद्ध लोग नीची जातियों, दलितों-आदिवासियों आदि की महिलाओं से बलात्कार करते हैं। इसके अतिरिक्त वर्ग बलात्कार, पुलिस बलात्कार एवं सेना बलात्कार की भी श्रेणियाँ हैं। बलात्कार के अन्य कई रूप और भी हैं जिन्हें अभी कानूनी परिधि में लाया जाना शेष है, जैसे वैवाहिक बलात्कार, परिवार के अंदर होनेवाला बलात्कार, अवयस्क बालिका बलात्कार तथा वेश्या बलात्कार इत्यादि।

बलात्कार एक ऐसा अपराध है जिसकी सूचना भारत में सबसे कम दर्ज कराई जाती है। पुलिस अनुसंधान एवं विकास ब्यूरो (नई दिल्ली) द्वारा उपलब्ध कराए गए आँकड़ों के अनुसार, सन् 1972 में सारे देश में बलात्कार के 2,562 मामले दर्ज कराए गए; सन् 1975 में यह संख्या बढ़कर 3,283; सन् 1978 में 3,899 हो गई। आठवें दशक के अंत तक यह संख्या बढ़कर लगभग दुगुनी यानी सन् 1986 में 7,317; वर्ष 1987 में 7,645 हो गई (देखें बाक्स)। अनेक नारीवादियों का मानना है कि बलात्कार के मामलों में इतनी भयावह वृद्धि होने के बावजूद यह संख्या वास्तविक नहीं है। परंतु उनका मानना है कि बलात्कार के मामले में समाज का रवैया बदल रहा है इसलिए बलात्कार के मामलों की रपट दर्ज कराने में अब अधिक औरतें साहस दिखा रही हैं।[1]

बलात्कार ऐसा विषय रहा है जिस पर समकालीन नारीवादी आंदोलनों में अंतरराष्ट्रीय स्तर पर ध्यान केंद्रित किया गया। पहला कारण शायद यह था कि यह स्त्रियों के विरुद्ध पुरुषों द्वारा की जानेवाली अशोभनीय एवं क्रूर हिंसा एवं पुरुषों के पौरुष की अभिव्यक्ति का परिचायक था। दूसरे, क्योंकि बलात्कार एवं उस पर दिए जानेवाले ऐतिहासिक विमर्श स्त्री के प्रति उस दौर में समाज के संबंधों का रहस्योद्घाटन करते हैं तथा तीसरे, स्त्री देह के प्रति सामाजिक दृष्टिकोण का पता चलता है। भारत में बलात्कार का प्रमुख कारण स्त्रियों का दैहिक सौंदर्य रहा है इसीलिए बलात्कार के विरुद्ध अभियान में इसकी महत्त्वपूर्ण भूमिका रही। जैसा कि हम देख चुके हैं, स्वाधीनता पूर्व भारत में राष्ट्रवादी नारीवादी आंदोलनों में अँग्रेज शासकों द्वारा स्त्रियों के प्रति की गई 'ज्यादतियों' का मुद्दा उठाया। स्वातंत्र्योत्तर भारत में वामपंथी तथा धुर वामपंथी लोगों ने भारतीय राज्य तथा 'शासक वर्ग' द्वारा की जानेवाली ज्यादतियों का मुद्दा उठाया। बलात्कारियों की जो दो बड़ी श्रेणियाँ उभरकर सामने आईं उनमें से एक थी पुलिस (सेना एवं सुरक्षा बलों सहित) द्वारा किया जानेवाला बलात्कार एवं दूसरी श्रेणी थी कुलीन वर्गों की जो इसे अपना ईश्वर प्रदत्त अधिकार समझते थे। अनुमानतः ऐसा इसलिए था क्योंकि लोग इन दोनों वर्गों को 'समाज के कमजोर वर्गों' के शोषण का पर्याय मानते थे, इसलिए स्त्रियों के उत्पीड़न के प्रति पुरुषों में जागृति लाना जरूरी समझा गया। इसके साथ ही वर्ग उत्पीड़न के प्रति स्त्रियों में जागरूकता लाना आवश्यक समझा गया। बहरहाल, जैसा कि बलात्कार के विरुद्ध चलाए गए संघर्ष से परिलक्षित होता है, व्यावहारिक रूप से ऐसे मुद्दों

पर अक्सर भिन्न दृष्टिकोण अपनाया गया।

वस्तुतः यह आंदोलन व्यापक स्तर पर पुलिस द्वारा बलात्कार किए जाने के विरुद्ध चलाया गया। विस्तृत तौर पर भारत में पुलिस बलात्कार के दो प्रकार हैं : पहला, सामूहिक बलात्कार की घटनाएँ उस समुदाय या वर्ग में होती हैं जो सामंतों के विरुद्ध संघर्ष में लिप्त होते हैं। दूसरा एकल स्त्री बलात्कार। इसके तहत निर्बल वर्ग की तथा उपेक्षित गुटों एवं समुदायों की स्त्रियों को बलात्कार का शिकार बनाया जाता है। इन वर्गों की महिलाओं के साथ होनेवाली बलात्कार की घटनाएँ किसी प्रतिशोधवश नहीं अपितु पुलिस द्वारा अपने अधिकारों का बेजा इस्तेमाल करने के कारण होती हैं। क्योंकि पुलिस अपने आप को 'ताकतवर' मानती है।

भारत में पुलिस बलात्कार की घटनाओं की संख्या और आवर्तता चौंकानेवाली है। पुलिस रिकार्ड के अनुसार सरकारी कर्मचारियों द्वारा बलात्कार की एक-दो घटनाएँ ग्रामीण तथा आदिवासी क्षेत्रों में प्रतिदिन होती हैं।[2] सच्चाई यह है कि बलात्कार की घटनाओं की असली संख्या इससे कहीं अधिक है परंतु उनके बारे में रिपोर्ट दर्ज न कराए जाने के कारण उनका पता नहीं चल पाता। इक्का-दुक्का जो रिपोर्टें दर्ज भी कराई जाती हैं उनमें सामूहिक बलात्कार या सामूहिक बलात्कार का कोई जिक्र नहीं होता। अगर अपंजीकृत घटनाओं की खोजबीन की जाए तो उनकी संख्या बलात्कार की पंजीकृत घटनाओं की संख्या से बहुत अधिक निकलेगी।

सन् 1970 के दशक के उत्तरार्द्ध में गठित अनेक नए नारीवादी संगठन पुलिस बलात्कार तथा जमींदार बलात्कार की घटनाओं से भिज्ञ थे क्योंकि दोनों, खासतौर से पुलिस बलात्कार के विरुद्ध उन्होंने माओवादी आंदोलन के दौरान आवाज उठाई थी। नए नारीवादी संगठन अभी अपने गठन की प्रक्रिया में ही लिप्त थे कि सन् 1978 में हैदराबाद में पुलिस बलात्कार की बीभत्स घटना हुई। अनेक पुलिसवालों ने रमीज़ा बी नामक एक मुस्लिम महिला को पकड़ कर उसके साथ सामूहिक बलात्कार किया और जब उसके रिक्शा चालक पति ने विरोध किया तो वहशियों ने उसकी हत्या कर दी। इस घटना से क्षुब्ध लगभग 22 हजार हैदराबादियों ने रिक्शा चालक के शव को थाने के बरामदे में रखकर थाने का घेराव कर लिया । सड़कें जाम कर दी गईं तथा थाने में खड़ी कुछ साइकिलों में आग लगाने के साथ-साथ भीड़ ने टेलीफोन के तार काट दिए और थाने की इमारत पर जमकर पत्थरबाजी की। भीड़ से निपटने के लिए दो बटालियन सशस्त्र पुलिस बुलाई गई। राजनीतिक दलों के लोग भी आंदोलनकारियों के साथ हो लिए तथा अगले दिन विपक्ष ने मुख्यमंत्री का घेराव किया। मुख्यमंत्री के घेराव के परिणामस्वरूप पुलिस ने भीड़ को तितर-बितर करने के लिए गोली चलाई जिससे स्थिति और बिगड़ गई। गोलीबारी के विरोध में हैदराबाद में 'संपूर्ण बंद' आयोजित किया गया। सोलह क्षेत्रों में कर्फ्यू लगा दिया गया तथा पुलिस द्वारा गोली चलाए जाने से हैदराबाद और सिकंदराबाद में नौ लोग

मारे गए एवं अस्सी घायल हुए। संघर्ष जारी रहा। इस बीच प्रशासन द्वारा सेना बुला ली गई फिर भी आंदोलनकारी टस से मस नहीं हुए और स्थिति तभी काबू में आई जब राज्य में राष्ट्रपति शासन लागू करने तथा रमीजा बी के साथ हुए बलात्कार और उसके पति की हत्या की जाँच के लिए आयोग नियुक्त करने की घोषणा की गई।[3]

अनेक नारीवादियों को हैदराबाद के संघर्ष के रूप में उम्मीद की बड़ी किरण दिखाई पड़ी। उन्हें लगा कि पुलिस बलात्कार एवं 'व्यापक मुद्दा' बन सकता है, किंतु अभी यह स्पष्ट नहीं था कि किस आधार पर क्योंकि अखबारों ने ऐसा संकेत दिया कि बलात्कार एवं हत्या को लेकर आंदोलन शुरू में जितना उग्र था, आगे चलकर वह दरकिनार कर दिया गया। जाँच आयोग ने अपनी रिपोर्ट में पुलिस कर्मियों को दोषी ठहराया परंतु सत्र न्यायालय ने उन्हें छोड़ दिया। इस फैसले का विरोध कुछ महिला संगठनों द्वारा किया गया : स्त्री शक्ति संघटन ने हैदराबाद में तथा विमोचना एवं महिला अधिवक्ता एसोसिएशन ने बंगलूर में इस फैसले के विरुद्ध प्रदर्शन किया। उन्होंने सत्र न्यायालय के निर्णय के विरुद्ध उच्च न्यायालय तथा उच्चतम न्यायालय में अपील की। मामला अभी तक लंबित पड़ा हुआ है।

सातवें दशक के उत्तरार्द्ध में सक्रिय अनेक नारीवादी संगठन धुर वामपंथी दलों से संबद्ध थे। इसमें हैरान होने की कोई बात नहीं कि पुलिस बलात्कार ऐसा पहला मुद्दा था जो उनके द्वारा उठाया गया। उन्होंने उसके जरिए न केवल वर्ग एवं लैंगिक अवधारणाओं को एकीकृत किया, बल्कि एक तरह से यह उनके लिए 'सुरक्षित' मुद्दा था।

सन् 1979 में पुलिस तथा जमींदार/मालिक बलात्कार के विरोध में महिलाओं ने संगमेनर, पटियाला तथा कर्नाटक के मालूर गाँव में प्रदर्शन किया तथा कामरूप में सेना द्वारा महिलाओं के बलात्कार के विरोध में गुवाहाटी में रैलियाँ आयोजित की गईं। झारखंड आंदोलन के एक अंग के रूप में सामूहिक बलात्कार के विरोध में संथाल परगना में अभियान चलाया गया। दिल्ली के नारीवादी गुट स्त्री संघर्ष को संथाल परगना में सन् 1979 के मध्य में हुई बलात्कार की घटनाओं की जाँच करके रिपोर्ट पेश करने के लिए कहा गया। अनुसूची देखें

सन् 1987 में दिल्ली में घरेलू हिंसा के विरुद्ध नुक्कड़ नाटक का दृश्य।

इन घटनाओं के विरोध में होनेवाले आंदोलन अलग-थलग ही रहे। सन् 1980 में महाराष्ट्र में हुए पुलिस बलात्कार के मामले में न्यायालय के फैसले के विरोध में चार वरिष्ठ वकीलों ने एक खुला पत्र लिखा जिससे महाराष्ट्र के महिला संगठनों को आंदोलन छेड़ने का मौका मिला। मथुरा बलात्कार कांड के नाम से जानी जानेवाली यह घटना कई वर्षों पूर्व हुई थी जिसमें स्थानीय पुलिसवालों ने सत्रह-अठारह वर्ष की मथुरा नामक लड़की को थाने ले जाकर उसके साथ बलात्कार किया था।

मथुरा के परिवार तथा ग्रामीणों के दबाव के चलते पुलिसकर्मियों के खिलाफ मुकदमा दर्ज किया गया जिन्हें सत्र न्यायालय ने बरी कर दिया। उनके विरुद्ध उच्च न्यायालय में अपील की गई और अंततः उच्चतम न्यायालय ने उन्हें बरी कर दिया। बचाव पक्ष के वकील ने पुलिस कर्मियों की ओर से दलील दी कि चूँकि मथुरा का एक पुरुष मित्र है और वह पतिता है इसलिए उसे बलात्कार नहीं कहा जा सकता। वकीलों द्वारा लिखा गया खुला पत्र उच्चतम न्यायालय द्वारा इस दलील को स्वीकार करने के विरोध में था।

फरवरी, 1980 में वकीलों द्वारा लिखे गए इस खुले पत्र से प्रेरित होकर बंबई के नारीवादी संगठन, फोरम अगेन्स्ट रेप (जो अब खुद को फोरम अगेंस्ट आप्रेसन आफ वीमेन) बलात्कार विरोधी मंच ने मामलों को दुबारा खुलवाने का निर्णय लेते हुए देश के समस्त स्त्री संगठनों को अंतर्राष्ट्रीय महिला दिवस (8 मार्च) पर प्रदर्शन आयोजित करने के लिए पत्र लिखा। इस पर अमल करते हुए देशभर के नारीवादी संगठन पहली बार किसी राष्ट्रव्यापी अभियान के समन्वय में शामिल हुए। एक ओर जहाँ आठ मार्च को प्रदर्शन की तैयारी की जा रही थी वहीं दूसरी ओर कुछ नारीवादियों ने मथुरा से मिलने की कोशिश की ताकि यह पता चल सके कि इस मुद्दे पर मुद्दई के अपने विचार क्या हैं? बंबई के बलात्कार विरोधी मंच की दो स्त्रियाँ मथुरा

सन् 1982 में दिल्ली में पुलिस मुख्यालय के बाहर पुलिसकर्मी आजाद सिंह भारद्वाज की गिरफ्तारी की माँग करती महिलाएँ। कहा गया कि वह बलात्कार और हत्या के कई मामलों में लिप्त था।

से मिलीं और उन्होंने पाया कि हालाँकि मथुरा को अभियान चलाने पर तो कोई आपत्ति नहीं थी परंतु उसका मानना था कि अब इस मामले में कुछ होनेवाला नहीं। हालाँकि मथुरा की सहमति पाकर उन्हें कुछ राहत हुई परंतु अनेक स्त्रियों को यह सोचकर बड़ी शर्म महसूस हुई कि हम एक ऐसे आंदोलन में कूदनेवाले थे जिसमें आंदोलन के मुख्य विषय की सोच का पता ही नहीं था। इससे एक भिन्न रूप में प्रतिनिधित्व का प्रश्न पैदा हुआ—अनेक के लिए पीड़ादायी भी—कि जब तक हम बलात्कार की शिकार महिला से मिलकर उसके विचार न जान लें तब तक आंदोलन चलानेवाले हम कौन होते हैं ? मान लीजिए उसके ऊपर आंदोलन शुरू कर दिया जाता तो इससे एक बार फिर उसकी बदनामी नहीं होती।

इसके साथ ही एक अन्य प्रश्न भी खड़ा हुआ : मान लीजिए अगर मथुरा इस मुद्दे को दुबारा उठाए जाने के प्रति उदासीन होती तो क्या नारीवादी संगठन जो कि इतनी व्यापक तैयारी कर चुके थे, उसे छोड़ देते ? मथुरा के मामले को दुबारा उठाने के लिए तथा मुकदमे को नए सिरे से चलाने के लिए नारीवादियों ने देशभर में प्रदर्शन, तथा सप्ताह-भर चलनेवाली अनेक कार्रवाइयाँ की थीं जिनके तहत प्रदर्शनियाँ, नुक्कड़ नाटक, नुक्कड़ सभाएँ इत्यादि आयोजित की थीं। इस प्रश्न पर तेजी से विचारात्मक मतभेद उभरा : अनेक नारीवादियों का मत था कि न्यायालयों के निर्णय सार्वजनिक महत्त्व के थे इसलिए पीड़ित महिला की इच्छाओं के आधार पर उसे इतनी आसानी से नजरअंदाज नहीं किया जा सकता। अन्य आंदोलनकारियों का मानना था कि मथुरा की इच्छाओं का आदर होना चाहिए और अगर हम इसे

अंतरराष्ट्रीय महिला दिवस पर सन् 1982 में स्त्री संघर्ष द्वारा लगाया गया पोस्टर।

न्यायिक निर्णय मानकर इसके विरुद्ध आवाज नहीं उठाएँगे तो ऐसे निर्णयों की बाढ़ आ जाएगी।

राहत की बात यह थी कि नारीवादियों ने इन प्रश्नों को ठंडे बस्ते में डालकर अपना ध्यान आंदोलन पर केंद्रित किया। सात शहरों में नारीवादी संगठनों ने बलात्कार विरोधी मंच के प्रस्ताव से सहमति जताते हुए आठ मार्च को बंबई, दिल्ली, नागपुर, पुणे, अहमदाबाद, बंगलूर और हैदराबाद में महिलाओं ने जबरदस्त प्रदर्शन आयोजित किए। प्रदर्शनकारियों ने मथुरा बलात्कार कांड की दुबारा सुनवाई किए जाने, भारतीय दंड संहिता (आईपीसी) की व्यावहारिक धाराओं के क्रियान्वयन बलात्कार संबंधी कानून में परिवर्तन करने की माँगें उठाईं। दिल्ली तथा बंबई दोनों ही शहरों में नारीवादियों की संयुक्त कार्रवाई समितियाँ गठित की गईं जिसमें समाजवादियों, वामपंथी दलों—विशेष रूप से छात्रों ने अभियान के संचालन के लिए समन्वय समितियाँ गठित कीं। इस प्रकार बलात्कार विरोधी आंदोलन भारत में नारीवाद के उत्थान के रूप में उभरा। 1978 में जो तंत्र शुरू हुआ था वह अब मजबूत और विस्तृत आकार ले चुका था तथा कार्रवाई के लिए समन्वय के रूप में प्रयुक्त होने लगा था : ठीक इसी दौर में, संयुक्त कार्रवाइयों के माध्यम से नारीवाद मुख्यधारा के राजनीतिक सक्रियतावाद के रूप में सामने आया।

बहरहाल, समन्वित कार्रवाई बहुत अधिक दिनों तक चलनेवाली नहीं थी। शहरों में इसके गतिरोध के अनेक कारण थे। सबसे पहली और प्रमुख विवशता थी साधनों की कमी। इसके चलते दूर-दराज के नारीवादी संगठनों से तालमेल रख पाना एवं संवाद कायम करना असंभव था। कुछ हद तक इश्तहारों, पोस्टरों इत्यादि के माध्यम से संवाद कायम करने की कोशिश की गई तथा कभी-कभार दौरे भी किए गए। बहरहाल, किसी उल्लेखनीय सीमा तक समन्वय सचमुच संभव नहीं था।

शहरों में भी संयुक्त कार्रवाई आसानी से बरकरार नहीं रखी जा सकी। इसका कारण विभिन्न नारीवादी संगठनों की पहचान और उनकी राजनीति प्रतिबद्धता के साथ-साथ उनका भिन्न-भिन्न दृष्टिकोण एवं विश्लेषण था। इसलिए महसूस किया गया कि संयुक्त कार्रवाई को अपरिहार्य रूप से अमली जामा तभी पहनाया जा सकता है जब संगठनों को स्वतंत्र रूप से काम करने के लिए छोड़ दिया जाए। परंतु सन् 1980 का अभियान समकालीन नारीवादी आंदोलन में संयुक्त कार्रवाई का पहला प्रयास था और इस प्रकार की अधिक उदारता उस समय नहीं बरती जा सकती थी। मुझे दिल्ली की 17 मार्च की वह घटना अभी तक याद है जिससे हमारी स्थिति बड़ी विचित्र हो गई थी। हुआ यह कि राष्ट्रीय भारतीय महिला महासंघ ने 17 मार्च को मथुरा कांड की समीक्षा की माँग करते हुए उच्चतम न्यायालय के बाहर धरना दे दिया। राष्ट्रीय भारतीय महिला महासंघ (एन एफ आई डब्ल्यू) बलात्कार तथा यौन-उत्पीड़न के विरुद्ध स्थापित संयुक्त कार्रवाई समिति का दिल्ली स्थित सदस्य

था। महासंघ ने उच्चतम न्यायालय पर धरने से पूर्व समिति को विश्वास में नहीं लिया था। ठीक इसी समय अखिल भारतीय महिला सम्मेलन, बंबई के बलात्कार विरोधी मंच तथा एन एफ आई डब्ल्यू ने उच्चतम न्यायालय में अलग-अलग पुनरीक्षण याचिकाएँ दाखिल कीं जिसके कुछ ही दिनों बाद यानी 21 मार्च को महाराष्ट्र सरकार ने वाद दायर किया।

इस बीच पुलिस बलात्कार के विरुद्ध धरने-प्रदर्शन आयोजित किए जाने की खबरें सारे देश से मिलती रहीं। इनमें से कुछ ही प्रदर्शन एवं धरने नारीवादियों द्वारा आयोजित किए गए थे। अप्रैल में छात्राओं ने पटना में एक रिक्शा चालक की पत्नी बचिया के साथ बलात्कार किए जाने के विरोध में धरना दिया और देश के दूसरे भाग यानी राजस्थान के विजयनगर क्षेत्र में ग्रामीणों ने थाने का घेराव करके उस पर पत्थर बरसाए क्योंकि थानाध्यक्ष ने एक विधवा के साथ 'ज्यादती' की थी। प्रतिशोधस्वरूप पुलिस ने क्रुद्ध ग्रामीणों पर लाठीचार्ज किया और स्थिति तभी काबू में आई जब उच्चाधिकारियों ने घटनास्थल पर पहुँच कर घोषणा की कि थानेदार को निलंबित करके उसके विरुद्ध जाँच के आदेश दे दिए गए हैं। मई में क्रुद्ध भीड़ में बाँकुड़ा थाने पर हमला किया तथा एक लड़की के उत्पीड़न के विरोध में आसपास के कुछ मकानों एवं दुकानों में आग लगा दी। भीड़ पर आँसू गैस के गोले छोड़े गए, सोलह लोगों को गिरफ्तार किया गया और क्षेत्र में अनिश्चितकालीन कर्फ्यू लगा दिया गया। जून में उत्तरकाशी जिले की टुंडा तहसील के उपजिलाधिकारी का घेराव किया गया क्योंकि उसने अस्पताल में भर्ती एक 22 वर्षीय महिला के साथ बलात्कार करने का प्रयास किया था। घेराव तभी समाप्त हुआ जब गढ़वाल मंडल के आयुक्त ने उपजिलाधिकारी कस्बे के स्थानांतरण का आदेश दिया।[4]

पटना में सन् 1988 में महिला विरोधी हिंसा के खिलाफ प्रदर्शन।

ऐसा लगता है कि असामान्य रूप से ये आंदोलन नारीवादियों द्वारा पुलिस बलात्कार के विरुद्ध ग्रामीण इलाकों में चलाए गए क्योंकि इसके विपरीत अधिकतर अभियान दहेज मौतों के विरुद्ध उन शहरों में चलाए गए जहाँ नारीवादी सक्रिय थे। बहरहाल, हुआ यह कि नारीवादियों के इन अभियानों को अखबारों में जगह मिली और उसके चलते पुलिस द्वारा किए जानेवाले बलात्कार की समस्या को नए तरीके

से स्वर प्रदान किया गया। पुलिस बलात्कार तथा उसके विरुद्ध चलाए जानेवाले आंदोलनों को अखबारों में जिस प्रमुखता से छापा उससे बलात्कार का मुद्दा देशव्यापी रोष तथा राजनीतिक महत्त्व का बन गया। इसके बाद राजनीतिक पार्टियाँ भी बलात्कार विरोधी आंदोलन में कूद पड़ीं।

पुलिसकर्मियों ने जब जून में माया त्यागी को बागपत (उ. प्र.) से गिरफ्तार कर उसके साथ सामूहिक बलात्कार किया और उसे नंगा करके गलियों में घुमाया तो महिला संगठनों ने इस कदर हो-हल्ला किया कि तत्कालीन गृहमंत्री ज्ञानी जैल सिंह को दस महिला सांसदों के साथ बागपत जाना पड़ा। गृहमंत्री ने घटनास्थल का दौरा करने के बाद मामले की न्यायिक जाँच का आदेश दिया। गृहमंत्री के दल के बागपत में रहते हुए ही लोकदल ने घटना के विरोध में बड़ा जबर्दस्त प्रदर्शन किया। घटना का हवाला देते हुए सरहदी गांधी खान अब्दुल गफ्फार खान ने उसी दिन कहा : 'ऐसी घटनाओं पर व्यापक आर्थिक दंड से ही अंकुश लग सकता है।' लगभग एक सप्ताह के अंदर ही संसद में महिलाओं के साथ होनेवाले बलात्कार एवं अन्य अत्याचारों की बढ़ती घटनाओं पर गर्मागर्म बहस हुई। बहस में भाग लेते हुए अनेक संसद सदस्यों ने माया त्यागी कांड को मुद्दा बनाकर गृहमंत्री के इस्तीफे की माँग की तथा सुझाव दिया कि मौत की सजा फिर से लागू की जाए। इस बहस में सबसे बुद्धिमत्तापूर्ण सुझाव बाबू जगजीवन राम ने दिया। उन्होंने कहा कि बलात्कार संबंधी कानून में फेरबदल करते हुए सबूत पेश करने की जिम्मेदारी महिला के बजाय बलात्कारी अभियुक्त पर डाली जाए। श्री जगजीवन राम ने कहा कि वर्तमान कानून अँग्रेजों के जमाने से चला आ रहा है तथा 'यह देश की वर्तमान स्थितियों से मेल नहीं खाता।'

इस बहस के एक दिन बाद बागपत में भारतीय कम्युनिस्ट पार्टी की प्रस्तावित बैठक पर प्रतिबंध लगा दिया गया परंतु कुछ दिनों बाद जब लोकदल के लगभग नौ सौ कार्यकर्ताओं ने बागपत में गिरफ्तारी देने की योजना बनाई तो उन्हें यह जानकर बड़ी मायूसी हुई कि निषेधाज्ञा समाप्त कर दी गई है। अगले दिन अखिल भारतीय काँग्रेस कमेटी सहित लगभग 30 पार्टी-आधारित संगठनों ने बागपत बलात्कार के विरोध में धरना दिया। धरने में माया त्यागी के गाँव की कुछ स्त्रियों सहित बागपत, बड़ौत, छपरौली और आसपास के क्षेत्रों की हजारों स्त्रियों ने भाग लिया। धरने के बाद बागपत में रैली हुई और वहाँ से उन्होंने प्रधानमंत्री निवास की ओर प्रस्थान किया। प्रधानमंत्री निवास पर निषेधाज्ञा का उल्लंघन करने के लिए तेईस महिलाओं को गिरफ्तार कर लिया गया।[5]

लगभग उसी समय हरियाणा में हुई बलात्कार की एक अन्य घटना स्थानीय निवासियों के धरने के कारण सुर्खियों में आ गई। लगभग पाँच हजार लोगों ने डबवाली में शीला देवी नामक महिला के साथ हुए बलात्कार एवं कथित हत्या के विरोध में प्रदर्शन किया। शीला देवी जिला मजिस्ट्रेट के यहाँ कार्यरत एक अर्दली की पत्नी

स्त्री संघर्ष के सदस्यों द्वारा सन् 1981 में दिल्ली में बलात्कार संबंधी धारा 304 पर खेले गए नुक्कड़ नाटक का दृश्य।

थी जिसके साथ एक सिपाही ने थाने में बलात्कार किया था। पुलिस द्वारा प्रदर्शनकारियों पर गोली चलाए जाने के परिणामस्वरूप 22 लोग घायल हो गए। इस बार हरियाणा सरकार ने मुस्तैदी दिखाते हुए डबवाली थाने की पुलिस को लाइनहाजिर करते हुए सिरसा पुलिस लाइन भेज दिया। गोली चलाने की घटना की न्यायिक जाँच के साथ-साथ सरकार ने सिपाही के विरुद्ध बलात्कार का मामला दर्ज करने, डबवाली पुलिस के खिलाफ हत्या की कोशिश का मामला दर्ज करने, तथा प्रदर्शनकारियों के विरुद्ध गैर कानूनी रूप से थाने का घेराव करने, अवैध आग्नेयास्त्रों का इस्तेमाल करने और हत्या का प्रयास करने का मामला दर्ज करने का आदेश दिया। डबवाली घटना से क्षुब्ध सिरसा के दुकानदारों ने कस्बे में एक दिवसीय हड़ताल की। सभी दुकानें बंद कर दी गईं और जब मुख्यमंत्री भजनलाल सिरसा होकर डबवाली जा रहे थे तो सिरसा में उनकी कार पर पत्थर बरसाए गए। लोकसभा में एक बार फिर शोरशराबेवाला दृश्य उपस्थित हो गया। विपक्ष ने जब डबवाली के मुद्दे को उठाना चाहा तो कॉंग्रेस के सदस्यों ने शोर मचाकर उनकी आवाज दबा दी। यही कोशिश विपक्षी सदस्यों द्वारा सत्तारूढ़ दल के सदस्यों के बोलते समय की गई। भारतीय जनता पार्टी (भाजपा) जिसने पहले गृहमंत्री के त्यागपत्र की माँग की थी, ने डबवाली के लोगों की जान, माल और सम्मान की रक्षा न कर पानेवाली हरियाणा सरकार के इस्तीफे की माँग की। भाजपा की दिल्ली शाखा ने चोरी-डकैती की बढ़ती घटनाओं एवं शहरों में महिलाओं पर होनेवाले हमलों के विरोध में एक सप्ताह तक अभियान चलाया।[6]

इस मामले को आखिरी रंग दिया विनोदी राजनेता राजनारायण ने। उन्होंने जनता (एस) के नेतृत्व से यह कहते हुए त्यागपत्र दे दिया कि वे महिलाओं के मान-सम्मान की रक्षा करने के लिए संघर्ष शुरू करने जा रहे हैं और अगर तीन अगस्त तक सरकार हरियाणा में उचित कार्रवाई नहीं करती तो वे तीन अगस्त से अनिश्चितकालीन भूखहड़ताल पर बैठ जाएँगे। तीन अगस्त को प्रातःकाल अखबारों में इंदिरा गांधी का राजनारायण के नाम एक पत्र प्रकाशित हुआ जिसमें प्रधानमंत्री ने नाराजगी जताते हुए राजनारायण से बागपत जैसी घटनाओं का 'राजनीतिक लाभ उठाने से बाज आने को कहा था।' प्रधानमंत्री के पत्र से विचलित हुए बिना उन्होंने अपनी चिकित्सा जाँच कराई तथा हवन करने के पश्चात भूख हड़ताल पर बैठ गए। पाँच फुट से थोड़ा अधिक कद के गोलमटोल राजनारायण का वजन उस समय 82.5 किलोग्राम था जो एक दिन के उपवास के पश्चात चार किलो घट गया।[7]

इस प्रकार, कुछ ही महीनों के भीतर बलात्कार के विरुद्ध चलाए जानेवाले अभियान में न केवल मध्यमार्गी राष्ट्रीय पार्टियाँ शामिल हो गईं बल्कि उन्होंने उसे उठाया भी। वर्ग और लिंगाधारित शक्ति के आधार पर होनेवाली बलात्कार संबंधी नारीवादियों की बहस को दरकिनार करते हुए राजनीतिक दलों ने जिम्मेदाराना रुख अपनाते हुए बलात्कार को महिलाओं के सम्मान के उल्लंघन की संज्ञा दी और उन्होंने महिलाओं की 'सुरक्षा' की माँग उठाई। रूढ़िवादी वामपंथी बुर्जुआ संगठनों के साथ काम करते हुए नारीवादियों ने महसूस किया मध्य एवं दक्षिणपंथी पार्टियों के शोर शराबे में उनकी आवाज डूब कर रह गई है इसलिए उन्होंने संघर्ष की दूसरी प्रक्रिया

हिंसा विरोधी पास्टर के बारे में समझाती सबला संघ की एक सदस्य, दिल्ली 1982

अपनाई जिसमें बड़ी संख्या में राजनीतिक समूह शामिल हुए परंतु ठीक उसी समय नारीवादियों ने स्वयं को नैतिक एवं रणनीतिक आधार पर दबाव में महसूस किया।

राजनारायण की भूख हड़ताल के फ़ौरन बाद सरकार ने बलात्कार के तत्कालीन कानून में संशोधन के लिए संसद में विधेयक पेश किया। यह विधेयक सरकार द्वारा महिला संगठनों की बलात्कार विरोधी कानून में परिवर्तन करने की माँग मान लिए जाने तक लंबित पड़ा रहा। विधि आयोग को नए कानून का मसौदा तैयार करने की हिदायत दी गई जिसे तैयार करने में विधि आयोग ने कई महीने लगा दिए परंतु जब कानून तैयार हुआ तो उसके मसौदे को पढ़कर ज्ञात हुआ कि यह कानून उन्हीं सुझावों पर आधारित है जो महिला संगठनों ने आयोग को दिए थे। चूँकि नारीवादी आंदोलनों में अधिक तवज्जो पुलिसिया बलात्कार पर दी गई थी इसलिए कानून की ज्यादातर धाराएँ हिरासती बलात्कार को परिभाषित करने के लिए रखी गईं तथा इसे अन्य प्रकार के बलात्कार से अधिक खूँखार अपराध की श्रेणी में रखा गया। नए कानून में बलात्कार की अनेक किस्मों, मसलन सरकारी कर्मचारियों, मालिकों, वरिष्ठ अधिकारियों को विस्तार से परिभाषित किया गया तथा इसके साथ ही सामूहिक एवं गैंग बलात्कार को भी एकल बलात्कार की श्रेणी में शामिल कर दिया गया। कानून में हिरासत में हुए बलात्कार के लिए अनिवार्य रूप से दस वर्ष के कारावास का दंड निर्धारित किया गया और मुकदमे की सुनवाई कैमरे के सामने करने के साथ-साथ साक्ष्य प्रस्तुत करने का भार अभियुक्त पर डाल दिया गया।

इस प्रकार कानून में विभिन्न श्रेणियों के बलात्कार को संहिताबद्ध कर दिया गया, यह बात दीगर है कि पारिवारिक बलात्कार को हिरासती बलात्कार की श्रेणी

8 मार्च सन् 1981 को दिल्ली के निकट महिलाओं के प्रति हिंसा पर हुई परिचर्चा का एक दृश्य।

में रखने से इनकार कर दिया गया। अगर इस कानून में किसी प्रकार का झुकाव था तो यह कि इसमें स्वाधीनता पूर्व भारत में विवाहित या अविवाहित लड़कियों की सहमति की जो उम्र, यानी विवाहित लड़कियों की सोलह वर्ष से कम तथा अविवाहित लड़कियों के साथ पंद्रह वर्ष से कम आयु में किया गया सहवास संवैधानिक रूप से बलात्कार माना जाएगा, नए कानून में भी यह बात दोहराई गई।

रोचक तथ्य यह है कि बलात्कार के मामले में कानून में किए गए इस विवादास्पद अंतर को कोई चुनौती नहीं दी गई, हालाँकि नारीवादियों ने विवाहित तथा अविवाहित लड़कियों के बलात्कार के मामले में किए गए अंतर पर आधे-अधूरे मन से विरोध दर्ज कराया। थोड़ा-सा आगे बढ़कर देखें तो कानून में बनाई गुई मुकदमे की सुनवाई की धारा, जिसके तहत सुनवाई कैमरे के सामने की जानी थी, पर भी विवाद उभरा। नागरिक स्वतंत्रतावादियों, वामपंथियों तथा कुछ नारीवादियों का मानना था कि कैमरे के सामने सुनवाई होने से बलात्कार के मुकदमों पर सार्वजनिक चौकसी रखना असंभव हो जाएगा इसलिए यह धारा खतरनाक है, जबकि जो लोग सुनवाई के कैमरे के समक्ष किए जाने के समर्थक थे उनकी दलील थी कि इस प्रकार से सुनवाई किए जाने से कम-से-कम महिलाओं को मुकदमे के दौरान उत्पीड़न तथा अपमान से तो बचाया जा सकेगा।

जो धारा सर्वाधिक विवाद और क्षोभ का कारण बनी वह थी साक्ष्य प्रस्तुति दायित्व धारा। इसमें कहा गया कि अगर कोई महिला यह साबित कर दे कि अमुक समय एवं स्थान पर जबरन संभोग किया गया तो अभियुक्त अगर इसका निराकरण न कर दे तो उसे अपराधी माना जाएगा। इस धारा पर फौरन चीख-पुकार शुरू हो गई कि यह धारा उस संवैधानिक सिद्धांत का उल्लंघन करती है जिसके अंतर्गत कहा गया है कि कोई भी व्यक्ति तब तक निर्दोष है जब तक उसका अभियोग साबित न हो जाए। समाचार पत्रों में इसके विरोध में अनेक तल्ख लेख लिखे गए जिनमें से कुछ में कहा गया कि इससे किसी प्रतिशोधी औरत द्वारा किसी निर्दोष पुरुष को फँसाने का रास्ता साफ हो गया है।

साक्ष्य संबंधी धारा को लेकर इसी प्रकार का विवाद थोड़ा भिन्न रूप में नारीवादियों में भी उभरा। बलात्कार संबंधी कानून पेश किए जाने के कुछ माह पश्चात बंबई में सन् 1980 में समाजवादी-नारीवादी सम्मेलन आयोजित किया गया। इस सम्मेलन में बिल की सिफारिशों, मुख्यतया इस धारा पर चर्चा के लिए एक विशेष सत्र निर्धारित किया गया। अधिवक्ता समूह तथा स्त्री संघर्ष जैसे अनेक महिला संगठनों ने प्रस्ताव किया कि साक्ष्य जुटाने का उत्तरदायित्व न केवल हिरासत में हुए बलात्कार के मामले में वरन हर प्रकार के बलात्कार के मामले में एक जैसा हो। वर्तमान कानूनों के तहत अदालतें जिस किस्म के सबूत माँगती हैं उससे अभियोग साबित कर पाना लगभग असंभव हो जाता है। अनेक मामलों में बलात्कार तभी साबित होता है जब बलात्कार की शिकार महिला के शरीर पर जबरन बलात्कार किए जाने के भौतिक

निशान पाए जाएँ। अन्य सदस्यों के साथ-साथ स्त्री शक्ति संगठना की सदस्यों ने इसका विरोध करते हुए कहा कि यदि इस धारा को बलात्कार के सभी मामलों पर विस्तारित किया गया तो इससे पुलिस को पुरुष कार्यकर्ताओं को बलात्कार के झूठे मुकदमों में फँसाने का अवसर मिल जाएगा, कुछ सदस्यों ने इस पर प्रतिक्रिया व्यक्त करते हुए कहा कि अगर सरकार कार्यकर्ताओं को फँसाना ही चाहे तो उसके पास किसी भी कानून के तहत पर्याप्त शक्ति है।

बहस के दौरान नोंक-झोंक एवं उत्तेजना बढ़ती गई। एक पक्ष की स्त्रियों ने दूसरे पक्ष की स्त्रियों पर नारीवादी-विरोधी होने तथा बलात्कार के परिणामों को कम करके आँकने का आरोप लगाया जबकि दूसरे पक्ष की स्त्रियों ने पहले पक्ष पर आरोप लगाया कि वे बुर्जुआ विचारों की हैं और उनका बड़े राजनीतिक मुद्दों एवं जमीनी सच्चाइयों से कोई सरोकार नहीं है। कोई चार-पाँच घंटे की बहस के पश्चात मत-विभाजन किया गया जिसमें साक्ष्य उत्तरदायित्व संबंधी धारा की विस्तार विरोधी महिलाएँ प्रबल बहुमत से जीत गईं। उनका हौंसला इतना बुलंद हो गया कि उन्होंने दुबारा बहस कराने और एक बार फिर मत-विभाजन की माँग कर दी। जब दूसरी बार मत-विभाजन कराया गया तो विस्तार विरोधी फिर जीत गए परंतु इस बार उनकी जीत का अंतर बहुत कम था। दूसरी बार मत-विभाजन के पश्चात अनेक स्त्रियों ने फिर बहस शुरू करने की इच्छा जताई क्योंकि एक बार फिर उनकी मंशा बदल गई। बहरहाल समयाभाव के कारण चर्चा दुबारा नहीं शुरू कराई जा सकी।

दिलचस्प बात यह थी कि दिल्ली की नारीवादियों ने धारा के विस्तार के पक्ष में वोट दिया था, लेकिन दिल्ली के गुटों में मतभेद होने के कारण उन्होंने एक साथ मिलकर वोट नहीं दिया। दिल्ली की नारीवादियों में से एक होने के कारण मैं याद कर सकती हूँ और कह सकती हूँ कि हमें चाहे थोड़ा ही सही, इस बात का सन्तोष था कि दिल्ली के सदस्यों में मत-विभाजन के दौरान सहमति थी। किसी अन्य क्षेत्र की सदस्य या नारीवादी संगठन में ऐसी सहमति दिखाई नहीं पड़ी और यही वजह थी कि उन्होंने अलग-अलग मतदान किया। बंबई का बलात्कार विरोधी मंच ऐसा ही एक समूह था इसके कुछ सदस्यों ने एक पक्ष में, कुछ ने दूसरे पक्ष में मत दिया और कुछ सदस्य मतदान के समय अनुपस्थित रहे।

संसद में कानून पेश करने के बाद उसे दोनों सदनों की चयन समिति के पास भेज दिया गया। चयन समिति ने विभिन्न धाराओं पर साक्ष्य एकत्रित करने के लिए देशव्यापी दौरा करने में लगभग दो वर्ष बिता दिए। संयोगवश सन् 1983 में एक लघु आकार में कानून पास कर दिया गया। उसमें हिरासत में हुए बलात्कार के मामले में साक्ष्य प्रस्तुति उत्तरदायित्व की धारा तो समाहित की गई परंतु महिला समूहों एवं विधि आयोग की अनेक सिफारिशों को (अनुसूची देखें) छोड़ दिया गया। सम्मेलन के समय तक संयुक्त कार्रवाई अभियान काफी मंद पड़ चुका था इसलिए कानून

सन् 1983 में दिल्ली में मानवता और एकजुटता की अपील करती महिला कार्यकर्ता।

को जल्दी पास कराने की कोई कोशिश नहीं की गई।

सरकार ने नारीवादियों की मंशा भाँपकर उनकी माँगों पर फौरन कार्रवाई की। लेकिन शायद यह सबसे बड़ा कारण था कि जिससे उनका आंदोलन मंद पड़ गया। बहुप्रचारित किस्म का उनका अभियान जिस गति से मुख्यधारा का राजनीतिक मुद्दा बना, सच्चाई यह है कि यह नारीवादियों को आत्मसात करने की बजाय उनके संयुक्त अभियान से शुरू हुआ जिसमें नारीवादियों के पतन में योगदान किया इसके अलावा मुद्दे की प्रकृति, बलात्कार के मामले में सामाजिक मान्यता तथा ऐसे देश में चिकित्सा साक्ष्य जुटाने की मजबूरी जहाँ केवल बड़े शहरों में ही ऐसे साक्ष्य जुटा पाने की तकनीकी सुविधाएँ उपलब्ध हैं, इत्यादि ने नारीवादियों को बलात्कार प्रमाणित करने के लिए साक्ष्य जुटाने में भयावह बाधाएँ खड़ी कर दीं। अन्ततः उन तमाम पक्षों ने जिन्होंने नारीवादियों को हिरासत में बलात्कार का मुद्दा उठाने के लिए बाध्य किया, उनके अभियान को चलाए रख पाने में अनेक कठिनाइयाँ पैदा कर दीं क्योंकि नारीवादी शक्ति संपन्न लोगों से लड़ने में समर्थ नहीं थे। हाल ही बिहार में हुई सामूहिक बलात्कार की एक घटना में जिस डॉक्टर ने पीड़ित महिलाओं का स्वास्थ्य परीक्षण किया, उसने कहा कि ऐसा लगता है कि इनमें से कुछ महिलाओं के साथ बलात्कार किया गया है परंतु उसके पास ऐसा कोई चिकित्सकीय तरीका नहीं था जिससे यह साबित किया जा सके कि बलात्कारी कौन थे। सन् 1980 में किया गया हिरासती बलात्कार विरोधी अभियान इसलिए भी कमजोर पड़ गया क्योंकि बलात्कारी की पहचान के लिए वीर्य परीक्षण कराने के सुझाव को पूरी तरह भुला दिया गया। माया त्यागी के बलात्कारियों

को घटना के आठ वर्षों बाद बमुश्किल तमाम सन् 1988 में तब सत्र न्यायालय द्वारा दोषी माना जब आंदोलनरत संगठनों ने अपने निरंतर संघर्ष के माध्यम से माया त्यागी कांड को घर-घर में पहुँचा दिया। इसके अलावा इन आठ वर्षों में मामले को अभी केवल पहले पायदान तक पहुँचाया जा सका था, इस बात का कोई भरोसा नहीं कि आगे चलकर उनका अभियान कहाँ ठहरेगा।

बलात्कार के संबंध में सन् 1990 में बंबई में हुई राष्ट्रीय बैठक के बाद बलात्कार की विभिन्न घटनाओं का विवरण

केस 1 : ग्रामीण महिला श्रमिक आंदोलन (तमिलनाडु)

एक निर्माण श्रमिक को जबरदस्ती कमरे में ले जाया जाता है और उसके साथ बलात्कार कर दिया जाता है। अपने साथ हुए बलात्कार की जानकारी वह ग्रामीण महिला मुक्ति आंदोलन को देती है। संस्था उसके मामले को ग्राम पंचायत में ले जाती है। ('हमारी रणनीति है कि पुलिस में कभी मत जाओ') बलात्कार की शिकार महिला से पूछकर पंचायत ने मुआवजे के रूप में बलात्कारी की जायदाद का एक भाग उसे दिला दिया गया। उससे यह भी पूछा गया कि क्या वह बलात्कारी के साथ विवाह करने को राजी है, उसने इंकार कर दिया।

बहरहाल, आमतौर पर, संस्था के अनुभव के अनुसार, बलात्कारी से कहा जाता है कि वह पीड़ित महिला से विवाह करे, इसके बाद संस्था बलत्कृत महिला की सहमति लेती है, अगर वह इच्छुक हुई तो ग्रामीण महिला मुक्ति आंदोलन की स्त्रियाँ उसका विवाह आयोजित कराती हैं। कभी-कभी ऐसी स्त्रियाँ बलात्कारी की दूसरी पत्नी के रूप में उसके साथ जीवन निर्वाह करती हैं। स्त्रियाँ सोचती हैं कि बलात्कार के बाद वे इज्जत के साथ नहीं रह सकतीं, कोई भी उनके साथ विवाह करने को राजी नहीं होगा और वे सामाजिक अछूत बनकर रह जाएँगी अतः बलात्कारी के साथ विवाह करना श्रेयस्कर है। इस बारे में प्रश्न उठाया गया कि कोई महिला अपने बलात्कारी के साथ विवाह कैसे कर सकती है। महिला ने उत्तर दिया : चूँकि बलात्कार के बाद वह सामाजिक रूप से अस्वीकार्य हो जाती है, वह उसी गाँव में नहीं रह सकती इसलिए "यही उत्तम है कि वह उसके साथ विवाह करके उसे शर्मिन्दगी से बचाने के लिए कहीं दूर ले जाए। हम उसके साथ स्टांप पेपर पर समझौता करके उससे इस बात का वचन लेते हैं कि विवाह के पश्चात वह महिला के साथ मार-पीट या दुर्व्यवहार नहीं करेगा।" कई मामलों में बलात्कार की शिकार स्त्रियाँ अन्य कोई विकल्प न देखकर आत्महत्या कर लेती हैं। "यहाँ तक कि तमिल फिल्मों में भी 'सम्मान' का मुद्दा अत्यंत महत्त्वपूर्ण होता है इसलिए फिल्म के अंत में बलात्कारी उस औरत से विवाह कर लेता है—यही ये संदेश है।"

केस 2 : एल्फिस्टन कॉलेज बलात्कार, बंबई

कालेज द्वारा आयोजित एक डाँडिया रास में एक छात्रा के साथ उसके छह अन्य छात्र साथी बलात्कार कर देते हैं। लड़की का पिता उसे फौरन कॉलेज से निकाल लेता है तथा इस बात से इनकार कर देता है कि उसके साथ कभी बलात्कार किया गया। उसने कहा–कुछ लड़कों ने उसके साथ 'छेड़खानी' की थी। अन्य छात्रों ने इस मामले को तूल देते हुए हंगामा किया और उसके विरोध में परीक्षाओं का बहिष्कार कर दिया। अखबारों ने भी इस मामले को हाथोंहाथ लिया और सुर्खियों में इसकी खबरें प्रकाशित कीं। बलात्कारी गिरोह के मुखिया तथा तीन अन्य छात्रों को कॉलेज से निकाल दिया गया (हालाँकि वह अब भी कॉलेज आता जाता है) और उन्होंने अन्यत्र किसी कॉलेज में प्रवेश ले लिया। नारी समूहों ने इस मामले को उठाने का भरसक प्रयास किया परंतु लड़की के परिवारवालों ने कहा कि उसे खामोश कर दिया गया है और अब वह खोज पाने योग्य नहीं है।

केस 3 : दहानू (महाराष्ट्र) के माकपा कार्यकर्ताओं द्वारा काश्तकारी संगठन की कार्यकर्त्री का बलात्कार

पार्टी कार्यकर्ताओं द्वारा बलात्कार का यह मुद्दा काश्तकारी संगठन की एक सक्रिय कार्यकर्त्री के मामले में प्रकाश में आया जिसमें माकपा कार्यकर्ताओं द्वारा उसके साथ बलात्कार किया गया तथा पार्टी ने उनके विरुद्ध कोई कार्रवाई नहीं की। हालाँकि इस मुद्दे को स्त्री एवं पुरुष संगठनों के कार्यकर्ताओं द्वारा बार-बार उठाया गया परंतु इसका कोई संतोषजनक हल नहीं निकला। माकपा की दहानू इकाई ने इसकी जिम्मेदारी लेने से इनकार कर दिया, महिलाओं तथा अन्य संगठनों ने इसके विरोध में मोर्चा सँभाला, तथ्य-निर्धारण रपट जारी की परंतु फिर भी इसका न तो माकपा पर कोई असर पड़ा और न ही न्यायिक मशीनरी पर।

इसके साथ बलात्कार के अन्य मामलों पर हुई परिचर्चा के परिणामस्वरूप जो व्यापक प्रश्न उभरे वे निम्नवत् हैं :

– किसी को कानूनी सहायता लेनी चाहिए या नहीं ?

– विरोधाभासी माँगें उठने पर नारी समूहों को उन पर कैसे अनुक्रिया करनी चाहिए ?

– वैवाहिक, पारिवारिक या नाबालिग बलात्कार मामलों में हमारी क्या प्रतिक्रिया होनी चाहिए ?

– सामूहिक-राजनीतिक-साम्प्रदायिक बलात्कार से कैसे निपटना चाहिए ?

– मौजूदा कानूनों के तहत हम कैसे कार्य करें ?

– कानूनी उपचार की अपेक्षा अन्य असरदार वैकल्पिक रणनीति क्या स्थापित हो सकती है ?

— *यदि औरत मुकदमा दर्ज न कराना चाहे तो नारीवादी समूहों को क्या करना चाहिए ?*

— *क्या हमने बलात्कार की शिकार स्त्रियों के लिए सलाह, संकट केंद्र या सहायता केंद्र स्थापित करने की दिशा में कोई प्रगति की है ?*

— *हमारे विरोध का स्वरूप कितना प्रभावशाली रहा ?*

एक अन्य हिरासती बलात्कार (जिसे सुमन रानी के केस के नाम से जाना गया) के मामले में अभी हाल में ही उच्चतम न्यायालय द्वारा दिए गए निर्णय से पता चलता है कि किस प्रकार कानून में वर्णित धाराओं की मनमानी व्याख्या की गई। नारीवादियों की अथक लड़ाई के बाद सन् 1980 में बलात्कार कानून में जो संशोधन किया गया उसके अनुसार यह स्पष्ट किया गया था कि हिरासती बलात्कार के मामले में बलात्कारी को अनिवार्य रूप से दस वर्षों की कैद की सजा दी जाए, किंतु यदि पीठ को ऐसा प्रतीत हो कि सजा घटाने के पर्याप्त और विशेष कारण हैं तो वह उसे घटा भी सकती है। ये कारण और परिस्थितियाँ क्या हो सकते हैं, इसका अंदाज कोई भी लगा सकता है। बहरहाल, कानून एक घटना का जिक्र करते हुए कहता है कि यदि बलात्कारी तथा बलात्कार की शिकार महिला में सौहार्दपूर्ण संबंध कायम हो जाएँ और वे एक-दूसरे से विवाह करने की इच्छा जताएँ और अदालत अगर ठीक समझे तो उनके संबंधों को एक मौका देने के लिए सजा की अवधि घटा सकती है।

बहरहाल उच्चतम न्यायालय द्वारा दी गई इस व्यवस्था से कानून पारित करने का पूरा औचित्य ही प्रथम दृष्टव्य समाप्त हो जाता है। न्यायमूर्ति पांडियन की पीठ के अनुसार, सुमन रानी के बलात्कारियों—प्रेमचंद तथा खुशीराम की सजा 'व्यवहार' के कारण घटा दी गई थी : जब न्यायमूर्तियों से इस व्यवहार की व्याख्या करने का अनुरोध किया गया तो उन्होंने कहा कि चूँकि महिला ने प्रथम सूचना रिपोर्ट (एफआईआर) दर्ज कराने में पाँच दिन लगाकर गलती की है इसलिए बलात्कारियों की सजा आधी की जा सकती है। सच्चाई यह है कि अभियुक्तों ने बलात्कार करने के बाद सुमन रानी को बस में चढ़ा कर उसके गाँव भेज दिया और जब तक वह लौटकर संबद्ध थाने का पता लगाकर उसमें रिपोर्ट दर्ज कराती इस दौरान पांच दिन बीत गए। नारीवादियों को उद्वेलित करनेवाला सबसे बड़ा कारण यह था कि जब नारीवादियों ने कानून पारित होने से पूर्व सारा जोर इस बात पर दिया था कि बलात्कार के मामले में बलात्कारी के चरित्र और व्यवहार को कोई मूल्य नहीं दिया जाएगा क्योंकि बलात्कार किसी भी रूप में उचित नहीं है, उनकी सारी भागदौड़ को यहाँ भुला दिया गया। इसके अतिरिक्त यह भी उल्लेख किया गया था कि चरित्र एवं व्यवहार को उस स्थिति में उपयोग में लाया जाए जब यह पता चले कि अमुक औरत

चरित्रहीन है और उसकी 'अवैध' शारीरिक संबंध करने की आदत है इसलिए कोई भी व्यक्ति ऐसी औरत के साथ कानून का उल्लंघन करके जबरन बलात्कार करने को आजाद है। दूसरे शब्दों में यह माना गया कि कोई भी औरत अपने प्रेमियों का चयन करने के लिए स्वतंत्र नहीं है, और यदि वह फिर भी ऐसा करती है तो आपको इस बात की अनुमति है कि आप जिस प्रकार से भी चाहें उसे सजा दे सकते हैं।

नारीवादी आंदोलन के लिए यह करारा झटका था क्योंकि बड़ी मेहनत-मशक्कत के बाद सन् 1980 में यह उपलब्धि हासिल की जा सकी—चाहे आंशिक रूप में ही सही—कि बलात्कार के मामले में अभियुक्त के चरित्र एवं व्यवहार को अव्यावहारिक माना जाएगा। महिला संगठनों ने सुमन रानी के केस में उच्चतम न्यायालय के निर्णय के विरोध में तूफानी प्रतिक्रिया व्यक्त करते हुए धरने दिए, बैठकें आयोजित कीं और उच्चतम न्यायालय के बाहर कानून का पुतला जलाया। राष्ट्रीय मोर्चा सरकार ने मुस्तैदी दिखाते हुए बलात्कार कानून में साक्ष्य के नियमों से संबंधित एक अन्य संशोधन करने का वचन दिया। परंतु कानून के कार्यान्वयन एवं व्याख्या का प्रमुख प्रश्न अनुत्तरित ही रहा। इस प्रकार बलात्कार के प्रत्येक मामले ने इस मुद्दे को और पेचीदा बना दिया और जनचेतना जगाने के लिए हमें और अधिक जागरूक होकर प्रयास करने की आवश्यकता से अवगत कराया।

अंततोगत्वा यह कहना ठीक नहीं होगा कि सन् 1980 के अभियान से कुछ हासिल नहीं हुआ। पहली बात तो यह कि यह पहली औपचारिक संयुक्त कार्रवाई थी जिसने अन्य अभियानों का आधार तैयार किया और वाम तथा लोकतांत्रिक नारीवादी समर्थक लॉबी के विकास में इससे मदद मिली। दूसरे इस अभियान से बलात्कार के मामलों से परदा हट गया जिससे भारत में लोगों को बलात्कार की प्रकृति एवं सीमाओं की जानकारी मिली। तीसरे, हमारे अभियान के कारण बलात्कार की मौजूदा श्रेणियों में सामूहिक बलात्कार की श्रेणी को समाहित करने एवं उसे विशेष कानूनी मान्यता दिलाने में सहायता मिली। एक तरह हाल के सुमन रानी मामले ने 1980 में शुरू किए गए आंदोलन के संबंध में उठाए गए मुद्दों पर न केवल एक बार फिर ध्यान केंद्रित किया, बल्कि इसने बलात्कार के स्वरूप और समस्या पर नए सिरे से बहस छेड़ने की पृष्ठभूमि तैयार की। उल्लेखनीय है कि आज सर्वाधिक महत्त्वपूर्ण चर्चा का विषय केवल पति या प्रेमी के चयन की आजादी ही नहीं है, बल्कि यह बलात्कार की परिभाषा का भी प्रश्न है। पति या प्रेमी के चुनाव की आजादी का मुद्दा विशेष रूप से हिरासती बलात्कारों की जाँच के दौरान उभरा। उदाहरणार्थ, दिल्ली में, पीपुल्स यूनियन ऑफ डेमोक्रेटिक राइट्स (पीयूडीआर) ने अपनी जाँच में पाया कि हिरासती बलात्कार के मामले वे थे जिनमें लड़कियाँ अपने प्रेमियों के साथ घर से भाग गईं और ऐसी लड़कियाँ वे थीं जिनके परिवारवालों ने उनके विवाह की अनुमति नहीं दी। जब वे 'जोड़े' दुबारा शहर में वापस आए तो पुलिस ने उनके

भाग जाने के अपराध में उन्हें पकड़ लिया और प्रेमी एवं प्रेमिका को थाने में अलग कर दिया गया और इसी दौरान पुलिस ने ऐसी भगोड़ी लड़कियों के साथ बलात्कार कर दिया[8] चयन की आजादी की यह रोचक दिशा है : इससे पूर्व इस मुद्दे पर ज्यादातर दलीलें वेश्याओं के मामले में दी जाती थीं।

बलात्कार की परिभाषा को लेकर आजकल जो सर्वाधिक रोचक प्रश्न उठाए जा रहे हैं वे बलात्कार की संभोगीय परिभाषा की दिशा में सीमित हैं। एक ओर, अगर स्त्री के जननांग का भीतरी भाग किसी पुरुष के लिंग के बजाय जबरन लकड़ी या बोतल इत्यादि घुसाने से क्षतिग्रस्त हुआ हो तो यह 'बलात्कार' की श्रेणी में न आकर 'उत्पीड़न' की श्रेणी में आता है जिसके लिए हल्की सजा का प्रावधान है। सच्चाई यह है कि पुलिस की रिपोर्टों (बाक्स देखें) के अनुसार उत्पीड़न अधिक सामान्य अपराध है। दूसरी ओर, मिसाल के तौर पर, अगर कोई पुरुष अपना लिंग जबरन किसी स्त्री के मुँह में डालता है तो इसे संभोग नहीं माना जाता है और यह भी एक प्रकार से उत्पीड़न की श्रेणी में गिना जाता है। हालाँकि दोनों ही सर्वाधिक हिंसक कृत्य हैं। इसलिए नया मुद्दा यह है कि कामुक अपराधों की श्रेणियों में अंतर करने के लिए जननेंद्रियों की बजाय इसका निश्चित सिद्धांत हिंसा होना चाहिए।

वर्तमान में ये मुद्दे कार्रवाई के बजाय चर्चा का विषय हैं। नारीवादी कब, कैसे और किस रूप में इसे संशोधित करने की कोशिश करेंगे या बलात्कार के मामले में किस प्रकार का नया आंदोलन वे खड़ा करेंगे यह एक खुला प्रश्न है।

टिप्पणियाँ

1. *इलेस्ट्रेटेड वीकली ऑफ इंडिया* के 28 जनवरी–3 फरवरी के अंक में 'बलात्कार' पर राधा राज्याध्यक्ष द्वारा लिया गया फ्लाविया अविन्स का साक्षात्कार।
2. पुलिस अनुसंधान एवं विकास ब्यूरो, नई दिल्ली द्वारा '1983 में दर्ज बलात्कार के मामले' से लिए गए भारत में बलात्कार के आँकड़े।
3. दो अप्रैल से बारह अप्रैल 1978 के मध्य *'दि टाइम्स ऑफ इंडिया, स्टेट्समैन, इंडियन एक्सप्रेस तथा पैट्रियट* में छपी बलात्कार संबंधी खबरों का ब्यौरा।
4. सन् 1980 में विभिन्न अखबारों में छपे 4-5 अप्रैल को पटना एवं विजयनगर में हुए प्रदर्शन, दो मई को बाँकुड़ा तथा 30 जून को गढ़वाल में हुए प्रदर्शन के समाचार।
5. 2, 6, 11-12, 18-19 जुलाई 1980 को छपी खबरें।
6. 17-21 जुलाई को विभिन्न अखबारों में छपी खबरें।
7. राजनारायण के निर्णय की खबर 29 जुलाई को, इंदिरा गांधी का पत्र 4 अगस्त को तथा राजनारायण का वजन घटने की खबर 5 अगस्त, 1980 को छपी।
8. पीपुल्स यूनियन फॉर डेमोक्रेटिक राइट्स, *कस्टोडियल रेप,* दिल्ली, मार्च 1990

परिशिष्ट : अ

संथाल परगना में सामूहिक बलात्कार

जो कहानी हम आपको बताने जा रहे हैं वह कोई नई नहीं है। हम सभी बलात्कार के भय के साए में जीते हैं। शहरों तथा गाँवों में लड़कियों से कहा जाता है कि वे अँधेरा होने के बाद बाहर न जाएँ, किसी सुनसान जगह पर कभी न जाएँ, जब भी जाएँ हमेशा पुरुषों की सुरक्षा में जाएँ। हममें से अनेक के साथ बलात्कार इसलिए नहीं होता क्योंकि हमने सुरक्षा के बदले में अपनी आजादी दे दी है। क्या हमें हमेशा चारदीवारी में ही रहना है ? आदिवासी औरतों के लिए ये गुफाएँ 'हमारी' सभ्यता के प्रतीक हिंदू एवं मुस्लिम दोनों समुदायों के लोगों ने बना रखी हैं। क्षेत्र के अधिकांश गैर-आदिवासियों के लिए आदिवासी दूसरे दर्जे के निकृष्ट जीव हैं : जिनकी जमीन पर कब्जा किया जा सकता है, जिनकी संपत्ति लूटी जा सकती है, जिन्हें एक ओर धक्का देकर उनकी हँसी उड़ाई जा सकती है। जहाँ तक आदिवासी स्त्रियों का प्रश्न है, उनसे वेश्यावृत्ति कराई जा सकती है, उनके साथ बलात्कार किया जाता है, उनकी पिटाई करके निकाल दिया जाता है यानी आप उनके साथ हर प्रकार का व्यवहार कर सकते हैं। आदिवासी स्त्रियों की जिंदगी में ऐसी घटनाएँ न केवल बिहार, बल्कि देश के अन्य भागों में भी होती हैं। ट्रक भर-भरकर आदिवासी औरतों को घरेलू या निर्माण कार्यों के लिए नियमित तौर पर पंजाब, दिल्ली या त्रिपुरा भेजा जाता है जहाँ उन्हें बंधुआ या गुलामों की तरह रखा जाता है, अनेक स्त्रियों के ठेकेदारों ने तो कई वर्षों से उन्हें मजदूरी भी नहीं दी है।

बंधुआ मजदूरी करानेवाले एक गिरोह का अभी हाल में ही त्रिपुरा में पर्दाफाश करके सरकार द्वारा बंधुआ महिला आदिवासी श्रमिकों को मुक्त कराकर उनके गाँव भेजा गया। सरकारी सक्रियता का यह पहला लक्षण था जो त्रिपुरा में दिखाई पड़ा—ऐसी कार्रवाई करनेवाला शायद बिहार अंतिम राज्य हो। हम जितने भी अधिकारियों से मिले उनमें से किसी एक ने भी आदिवासियों के प्रति हमदर्दी नहीं दिखाई, सत्य तो यह है उनमें से अधिकांश ने बलात्कार की घटनाओं से इनकार करते हुए पिटाई एवं उत्पीड़न के मामलों को भी स्वीकार नहीं किया। हमारी पुलिस

गैर कानूनी हिरासत एवं बलात्कार के जरिए कानून की धज्जियाँ उड़ाने में पहले से ही कुख्यात है, लेकिन आदिवासी क्षेत्रों में पुलिस ज्यादतियाँ इतने बड़े पैमाने पर होती हैं कि उन्हें विश्व रिकार्ड की गिनीज बुक्स में स्थान दिया जा सकता है। इन ज्यादतियों का एकमात्र बहाना भूमि समस्या है।

परंपरागत रूप से संथाल परगना में सारी भूमि संथालों एवं सौरी पहाड़ियों की है लेकिन सीमापार बिहार, बंगाल और उड़ीसा से आए दीकुओं (गैर-आदिवासी महाजन, जमींदार) ने सैकड़ों वर्षों से आदिवासी जमीन पर कब्जा कर रखा है। ब्रिटिश शासन के दौरान दीकुओं के आदिवासी क्षेत्रों में आने एवं उसकी जमीन बचाने के लिए कभी-कभार कोशिशें की गईं। अँग्रेजों ने यथासंभव सन् 1872 में नियम बनाकर गैर-आदिवासियों का संथाल परगना में भू-स्वामित्व निषिद्ध कर दिया। बाद में इस नियम को कानून के रूप में पारित कर दिया गया जो आज तक बरकरार है। इस कानून को कभी भी उचित तरीके से लागू नहीं किया गया। बड़े पैमाने पर इसका कारण ब्रिटिश तथा भारतीय सरकार दोनों द्वारा इसका कार्यान्वयन है। कानून के क्रियान्वयन के लिए संथालों के पास सरकारी बंदोबस्त के दौरान भूमि-स्वामित्व के कागज दिखाना जरूरी हैं। परंतु संथाल इन कागजों का महत्त्व नहीं समझते। उनके पास भू-स्वामित्व संबंधी कागजात कभी नहीं रहे और उनके अलिखित कानून पंचायतों द्वारा निर्धारित किए जाते हैं। एकमात्र लोग जो ऐसे कागजों एवं कानूनों का उपयोग करते थे, और करते हैं वे दीकू हैं—जो यह जानते हैं कि इन कागजों को कहाँ से प्राप्त किया जाता है और कब पेश किया जाता है। इसलिए संथाल परगना की अधिकतर जमीन पर ऊँची जाति के हिंदुओं एवं कुछ मुसलमानों का नियंत्रण है जिन्होंने झूठे नामों पर नकली कागजात बनवा रखे हैं।

भूमि पुनर्प्राप्ति का आदिवासी आंदोलन

चूँकि संथालों के पास अपना भू-स्वामित्व प्रमाणित करने के कागजात नहीं थे इसलिए उन्होंने अपनी जमीन वापस लेने के लिए जबरन खेती करने जैसे तरीके अपनाए। यह आंदोलन सन् 1977 के अंतिम दिनों में शुरू किया गया जब एक आदिवासी पार्टी झारखंड मुक्ति मोर्चा ने संथाल परगना में आमूल परिवर्तनकारी कार्यक्रम चलाया। मोर्चा के निर्देश पर संथालों ने उन जमीनों पर, जो कानूनी रूप से उनकी ही होनी चाहिए थीं, जबरन खेती-बाड़ी शुरू कर दी। संथालों द्वारा भूमि वापस लेने की प्रत्येक कोशिश के दौरान उनका बड़े पैमाने पर दमन किया गया जिसमें पुलिस द्वारा चोरियाँ, आगजनी तथा बलात्कार इत्यादि किए गए। पुलिस ने पुरुषों से संबंधित प्रत्येक संपत्ति को नष्ट कर दिया—और इस संपत्ति में आदिवासियों की स्त्रियाँ भी शामिल थीं।

कानून एवं व्यवस्था : संथाल परगना में एक मंद स्वर

यह कोई दुर्घटना या हैरानी की बात नहीं है कि ऐसी दमनात्मक कार्रवाइयाँ केंद्रीय रिजर्व पुलिस (सीआरपी) द्वारा की जाती हैं जो कभी भी सौ से कम नहीं होतीं। प्रत्येक सब-डिवीजन (तहसील) में इतनी ज्यादा सीआरपी तैनात करने का सरकार के पास क्या औचित्य है ? सरकार के पास रटे-रटाए जवाब 'कानून एवं व्यवस्था के लिए' के अलावा और कोई बहाना नहीं है। संथाल परगना में लोग दबी जुबान से एक कहावत कहते हैं--कहावत यह है कि पुलिस की दीर्घकालिक दमनात्मक कार्रवाइयाँ खेत-खलिहान सबको नष्ट कर देती हैं और व्यक्ति के जन्मसिद्ध अधिकारों—इज्जत से जीने की आजादी, कानून एवं राज्य द्वारा सुरक्षा—के अंतिम बिंदु को भी नष्ट कर देती हैं।

दमन के परम्परागत तौर-तरीकों में से एक बलात्कार के रूप में जाना जाता है। यह अत्याचार का सबसे चटपटा मसाला है। परंतु गुणवत्ता के आधार पर यह चोरी, आगजनी तथा घायल करने से भिन्न है। अन्य तीन तरीके जहाँ पूरे समुदाय के विरुद्ध अपनाए जाते हैं, वहीं बलात्कार केवल एक लिंग, औरत के साथ होता है। प्रथम दृष्ट्या यह समझ पाना मुश्किल है कि जब औरतें किसी घटना के लिए प्रत्यक्षतः जिम्मेदार नहीं होतीं तो उनके साथ इतने बड़े पैमाने पर बलात्कार क्यों किया जाता है।

प्रत्येक पुरुष प्रधान (पितृसत्तात्मक) समाज की विचारधारा में इसका एकमात्र स्पष्टीकरण यह है कि समुदाय को प्रताड़ित-अपमानित करने के लिए स्त्रियों के साथ बलात्कार किया जाता है और यह महिला के माध्यम से किया जानेवाला पुरुष का अपमान है। खेत, मकान इत्यादि की तरह स्त्रियाँ भी पुरुष की परंपरागत संपत्ति मानी जाती हैं इसलिए बदला लेने के लिए इस संपत्ति को नष्ट करने के उद्देश्य से स्त्री का शीलहरण किया जाता है। स्त्रियाँ एक भिन्न प्रकार की विषयवस्तु हैं : यानी जिनका बिना किसी दोष के बलात्कार के माध्यम से अपमान किया जा सकता है ताकि उनके जरिए स्त्री के पति, परिवार तथा समुदाय को अपमानित किया जा सके।

असरदार समुदायों द्वारा निर्बल वर्गों के दमन के लिए बलात्कार के बड़े पैमाने पर उपयोग के पीछे यही नज़रिया है। बहरहाल, संथाल परगना में भिन्न लैंगिक एवं सांस्कृतिक रीति-रिवाज हैं। संथाल समाज में चूँकि बलात्कार कभी भी सामान्य नहीं रहा इसलिए स्त्रियों को कभी बलात्कार का भय नहीं सताया। संथाल आदिवासी औरतों में विवाह पूर्व शारीरिक संबंध स्थापित करने की प्रथा है इसलिए वे उन्मुक्त होकर अन्न तथा लकड़ी बेचने के लिए बाजारों में जाती हैं तथा खेतों में काम करते समय वे अपनी पसंद के पुरुष से विवाह कर लेती हैं और इच्छानुसार उनसे

तलाक भी ले लेती हैं। परंतु जमींदारों, महाजनों (दीकुओं) के साथ शारीरिक संबंध स्थापित करना वर्जित है और संथाल आदिवासी समुदाय में ऐसे संबंधों पर हिंसक प्रतिक्रिया होती है।

गैर-आदिवासियों के लिए यह निषेध एवं आदिवासी स्त्रियों की खुली कामुकता के बीच का विरोधाभास चौंकानेवाला है। आदिवासी स्त्रियों की यह स्वच्छंदता दीकू नैतिकता के लिए खतरा है—चाहे वे हिंदू हों, मुसलमान हों या ईसाई। दीकू स्त्रियों की तरह संथाली औरतें न तो औरत होने पर शर्मिन्दा होती हैं और न ही उनको वासना का भय सताता है। दीकू उनकी इस स्वच्छंदता से घृणा करते हैं और कहते हैं कि वे चरित्रहीन औरतें हैं। वे संथाल स्त्रियों के साथ बलात्कार करके उन्हें डराते और शर्मिंदा होने के लिए मजबूर करते हैं। दीकू संथालों की अवमानना और आदिवासी समुदाय के प्रति अपनी घृणा का इजहार करने के लिए उनकी स्त्रियों के साथ बलात्कार करते हैं।

कच्चे घरों की चारदीवारी में रहनेवाली सुरक्षाविहीन संथाल स्त्रियाँ दीकुओं के आपादमस्तक घमंड की स्वाभाविक शिकार हैं। गाँव-गाँव में घूमकर वे एक ही बात कहती हैं—'बेइज्जती किया...जबरदस्ती किया...।'

संथाल परगना के गोड्डा सब-डिवीजन (तहसील) में एक गाँव है बैलडीहा। इसमें लगभग 300 परिवारों में केवल एक स्थानीय महाजन, जोकि राजपूत है। शायद उसका नाम भगवान सिंह है जो कि बस्ती में रहता है—को छोड़कर बाकी सारे संथाल आदिवासी हैं। उसके पास कुछ बीघे जमीन थी जिस पर वह खेती-बाड़ी करता था। विवाद इसी भूमि पर शुरू हुआ। नवंबर के अंत में एक दिन संथालों ने उसकी जमीन जोत ली :

> हमने नवंबर के अंत तक खेती की परंतु सीआरपी के जवान दिसंबर के अंत में आए। हमें पता नहीं चला कि वे आ रहे हैं। मैं अपने घर में मसाला पीस रही थी तभी मुझे मेरे द्वार पर शोर सुनाई पड़ा। कोई हमारी गायों को ले जाने के विरोध में चिल्ला रहा था। अभी यह देखने के लिए मैं बाहर निकली ही थी कि सीआरपी के लोग पकड़कर मुझे बाहर ले गए। उन्होंने मेरी सास को घर से बाहर निकालने के बाद मेरे बच्चे को फर्श पर पटक दिया। चार लोगों ने बारी-बारी से मेरे साथ बलात्कार किया और दो लोग दरवाजे पर निगरानी रखते रहे। उन्होंने मुझे बार-बार पीटा...वे हमारा सारा अनाज और गायें लेकर चंपत हो गए...

सीआरपी के लोग बैलडीहा में शाम को 4 बजे आए और रात को लगभग 8-9 बजे वापस गए। उनकी संख्या लगभग डेढ़ सौ थी। पाँच घंटे तक लूटपाट

मचाने, आगजनी और बलात्कार करने के दौरान वे 5-6 के गुटों में इस घर से उस घर तक गए, स्त्रियों एवं बच्चों को पीटने तथा युवतियों से बलात्कार करने से पूर्व उन्होंने मर्दों को गाँव से बाहर निकाल दिया और उनमें से उन्नीस लोगों को गिरफ्तार कर लिया। एक बूढ़ी औरत को इतनी निर्ममता से पीटा गया कि वह आज तक रातोंदिन अपनी चारपाई पर पड़े-पड़े सिसकती और सीआरपी के लोगों को कोसती रहती है। इस घटना के लगभग सवा साल बाद हम उससे मिलने गए। वह हमसे कुछ दूर हटते हुए हाथ जोड़कर बोली : "मैंने कुछ नहीं किया ...मुझे मत छुओ, मुझ पर रहम करो...मुझे मारो मत... ।"

एक अन्य औरत सोना सोरेन के अभी कुछ ही दिनों पहले बच्चा पैदा हुआ था। सीआरपी के पाँच लोगों ने उसकी योनि पर घूँसे मारे और उसके साथ बलात्कार किया। 20 दिनों बाद वह 10 जनवरी को मर गई।

फुलकी मेम्ब्रम नामक आदिवासी स्त्री को बड़ी बुरी तरह पीटा गया और बलात्कार किया गया। घटना के बाद से वह लगातार मूर्च्छित अवस्था में रही। उसे असह्य सिरदर्द होता था। वह एक वर्ष बाद जनवरी 1980 में मर गई।

पुलिस को बुलानेवाला बूढ़ा महाजन आज भी बस्ती में रहता है। गाँव में ऐसा कोई व्यक्ति नहीं है जो उससे घृणा न करता हो और जिसको उसने नुकसान न पहुँचाया हो। हालाँकि वह वहाँ लगातार रह रहा है, अपने खेत देखने जाता है, अपनी घोड़ागाड़ी से बाजार जाता है पूरे समुदाय को उजाड़नेवाले इस व्यक्ति को कोई कुछ नहीं कहता।

पकड़िया, 17 मार्च, 1979

बैलडीहा के तीन महीने बाद उसी गोड्डा सब-डिवीजन (तहसील) के पकड़िया गाँव में उसी प्रकार की घटना दोहराई गई। 17, 18, 19 मार्च, 1979 को हुई पुलिस बर्बरता के आतंक और संथाल परगना के साहूकारों के साथ उनकी मिलीभगत की चर्चा घर-घर गूँज रही है।

बुनियादी तौर पर यह घटना गोड्डा सब-डिवीजन के दो गाँवों सरायकीता और पकड़िया से जुड़ी हुई है। परंतु पुलिस दमन इतना बढ़ा कि उसने केड़वार, बखड्डा, फुलवरिया, गंगा रामपुर, दिघ्घी, बिसाहा तथा राजौन अन्य सात गाँवों को भी अपनी चपेट में ले लिया।

संथाल इतिहास की यह वीभत्स कहानी ही इस घटना के केंद्र में है, जिसके तहत विवाद की शुरुआत संथाल भू-मालिकों और बटाईदारों के बीच झड़प से हुई। यह शक्ति प्रदर्शन 1.5 बीघा जमीन को लेकर शुरू हुआ। जमीन के असली मालिक संथाल थे परंतु उस पर एक ब्राह्मण का कब्जा था और हरिजन उसे जोतते थे। यह जमीन पकड़िया गाँव की सरहद पर सरायकीता गाँव की थी।

सोलह मार्च की शाम को लगभग सात बजे तीनों पक्ष फसल काटने के लिए पहुँचे। संथाल हरिजनों के साथ थे और ब्राह्मण के साथ आई थी पुलिस की छह सदस्यी टुकड़ी जिसमें एक हवलदार तथा पाँच सिपाही थे। ध्यान देने योग्य है कि पुलिस बिना किसी वारंट तथा औपचारिक आदेश के आई थी क्योंकि गोड्डा के एसडीओ (उप जिलाधिकारी) उस दिन अनुपस्थित थे। इसके बावजूद उन्होंने फसल कटाई शुरू करते ही संथालों पर गोलियाँ चलाईं। एक ग्यारह वर्षीय बच्चा बड़ी हैरानी से गोलियों की सनसनाहट देख ही रहा था कि उसके हाथ की दो उंगलियाँ उड़कर दूर जा गिरीं। एक व्यक्ति के मरने तथा अनेक के घायल हो जाने के बाद संथाल भाग खड़े हुए और दो मील दूर जाकर पुनः इकट्ठा हुए।

बस्ती फूँक दी गई

शाम होते-होते सारे पकड़िया में आग लगा दी गई। संथालों का साथ देनेवाले हरिजनों पर अपना गुस्सा उतारने के लिए ब्राह्मणों ने कथित तौर पर हरिजन बस्ती में आग लगा दी। इसके पश्चात उन्होंने अपने घरों में भी आग लगा दी और दावा किया कि संथालों ने जलते हुए तीरों से हमारे घरों में आग लगा दी। संथाल इस आरोप से इनकार करते हैं और हरिजन उनका समर्थन करते हैं। संथालों के तीरों की मार 150 गज की होती है जबकि घटनास्थल से उनके घर की दूरी दो मील है।

इस प्रकार शुरू हुआ पुलिस का चिरपरिचित दमन चक्र, एक ऐसा ऑपरेशन जो तीन दिनों तक खिंच गया।

17 तारीख को तड़के सीआरपी के ट्रक पकड़िया गाँव में इकट्ठा होने लगे। सुबह नौ बजे तक वहाँ ढेर सारी पुलिस पहुँच चुकी थी। हालाँकि सारे संथाल गाँव छोड़कर खेतों और पहाड़ियों में जाकर छिप गए थे, परंतु हरिजन अभी बस्ती में ही थे। उन्हें बड़ी निर्ममता से पीटा गया और उनकी थोड़ी बहुत जो भी संपत्ति थी उसे लूटकर उसमें आग लगा दी गई। उनकी झोंपड़ियों के झुलसे हुए दरवाजों को आग में ठेल दिया। संथालों की खाली पड़ी झोंपडियों का भी वही हाल किया गया।

संथालों की खोज में सीआरपी और ब्राह्मणों ने अनवरत सघन खोज अभियान चलाया। अगले दो दिनों में वे फैलकर आसपास के गाँवों में पहुँच गए और उनके हाथ जो कुछ भी आया उसे नष्ट कर दिया। यहाँ यह सोचना बेमानी है कि वह संपत्ति निर्दोष ग्रामीणों की थी।

केड़वार

सीआरपी के लोग सबसे पहले केड़वार आए। वहाँ आदिवासी आंदोलन का एक नेता रहता है। ज्यादातर ग्रामीण गाँव छोड़कर भाग गए थे परंतु कुछ स्त्रियाँ रह

गई थीं। उनके साथ बलात्कार किया गया।

बखड्डा गाँव की ओर भाग रही पाँच स्त्रियों की एक टुकड़ी को सीआरपी ने पकड़ लिया। औरतों ने बताया : ''हमने सुना कि सीआरपी आ रही है इसलिए हम गाँव छोड़कर भागीं...लेकिन उन्होंने हमें पकड़ लिया। आठ लोगों ने हमें घेर लिया। दो लोगों ने मुझे जमीन पर लिटा कर हमें पकड़े रखा और दो अन्य ने बलात्कार किया। बारी-बारी से उन सबने हमारे साथ कुकर्म किया। उन्होंने हमारे जेवर उतार लिए। इसके बाद हम भाग कर तीन दिनों तक छिपे रहे। वहाँ न दाना था और न ही पानी...

बखड्डा

''उन्होंने मेरे बच्चे को मुझसे छीनकर जमीन पर पटक दिया। मेरा बेटा अभी सिर्फ छह दिन का ही था। उन्होंने मुझसे कहा कि अपनी जननेन्द्रिय दिखाओ और धमकी दी कि अगर मैंने उनके आदेश का पालन नहीं किया तो वे मेरी योनि में डंडा घुसेड़ देंगे। सीआरपी दोपहर के समय केड़बार से बखड्डा आई थी। उनकी संख्या लगभग 150 थी। उन्होंने गाँव को घेर लिया। इस उम्मीद में कि अगर हमारी संख्या अधिक होगी तो शायद सुरक्षित रहें, हम सब पीपल के एक पेड़ के नीचे इकट्ठा हो गईं। सीआरपी के लोग उनके पास आकर अकड़ते हुए बोले : 'कोई धर्मशाला है यह ?'

एक-एक करके हमारे जेवर उतार लिए गए। हमारे घरों को तोड़ दिया गया और पुलिस ने हमारे बर्तन, अनाज सब लूट लिए। सीआरपी जो चीज चुराना नहीं चाहती थी उसे उसने तोड़ दिया। लगभग सभी औरतों के साथ बलात्कार किया गया, किसी के साथ दो लोगों ने, किसी के साथ तीन लोगों ने और किसी-किसी के साथ तो पाँच-पाँच लोगों ने मुँह काला किया।

केवल दो स्त्रियाँ अपने घर में रह गई थीं। उन्हें भी मारा-पीटा गया और उनकी इज्जत लूटी गई। सीआरपी के लोग जिस समय आए, मैं अपने बच्चे को दूध पिला रही थी। उन्होंने मुझे यह कहते हुए पकड़ लिया कि 'तू आ गई वापस सरायकीता को लूटकर ?' मैंने उनसे कहा कि मैं अपनी छाती से चिपके हुए बच्चे को लेकर सरायकीता कैसे जा सकती थी ? उन्होंने बगैर कुछ कहे सुने मेरी पिटाई शुरू कर दी और कबूलने के लिए जोर दिया !''

सीआरपी वालों को झगड़ते देखकर उसकी जवान लड़की भाग गई। मारंगमाई अपनी बेटी को खोजने के लिए आठ दिनों तक जंगलों में भटकती रही।

''हमें न वह मिली और न ही उसकी लाश...''

परिशिष्ट : ब

बागपत बलात्कार कांड

बागपत कांड ने विभिन्न दलों के राजनीतिज्ञों को इस प्रकार झकझोर दिया था कि वे आश्चर्यजनक रूप से नारी के सम्मान को लेकर चीख-पुकार मचा रहे थे। संसद के अंदर सांसद गला फाड़कर बलात्कारियों को पीटने उन पर संगसारी करने और उन्हें मृत्यु दंड देने के लिए चिल्ला रहे थे। वहीं चरणसिंह, जिन्होंने मुख्यमंत्री रहते हुए उत्तर प्रदेश में भारतीय प्रशासनिक सेवा की महिला अधिकारियों को परिपत्र (सर्कुलर) निकालकर काम करने के लिए मना कर दिया था, आज स्त्रियों के ऊपर होनेवाले अत्याचारों के विरोध में छाती पीट रहे थे। जो जनता पार्टी संथाल परगना में सामूहिक बलात्कारों के मुद्दे पर खामोश रही वही अब महिलाओं के उत्पीड़न की भर्त्सना कर रही थी। बताया जाता है कि राजनारायण को यह कहते सुना गया कि जब से इंदिरा गांधी सत्ता में वापस आई हैं तब से देश में चारों ओर 'बलात्कारों की लहर' चल रही है। स्त्रियों का उत्पीड़न एवं बलात्कार न रोक पाने के कारण उन्होंने श्रीमती गांधी के इस्तीफे की माँग की।

काँग्रेसियों ने कहा कि क्या श्री राजनारायण नारायणपुरा एवं बस्ती की घटनाओं को भूल गए ?

जहाँ तक काँग्रेस का सवाल है, बलात्कार को लेकर जिस तरह से बातें कहीं गईं उससे मुद्दा जरूरत से ज्यादा गरमा गया—इसके आगे उनके इतिहास में तेलंगाना, बैलडीला, 1974 की रेलवे हड़ताल के दौरान हुए बलात्कार...गोड्डा की घटनाएँ.. सब फीके पड़ गए।

बलात्कार केवल सम्मान का मुद्दा नहीं

भारतीय राजनीतिज्ञों का शब्दकोश हमेशा सीमित रहा है। भाजपा से लेकर काँग्रेस-आई तक सभी बात-बात में 'सम्मान और उत्पीड़न' की बात करते हैं। वे कहते हैं—'स्त्री का अपमान करना देश का अपमान है—वे कहते हैं 'महिला का सम्मान देश का सम्मान है।' इसके बाद भी यही वह देश है जहाँ स्त्रियों को वेश्यावृत्ति के लिए विवश किया जाता है, उन्हें बंधुआ/गुलामी करने के लिए बेचा जाता है, दहेज के लिए मार डाला जाता है और पति, सास एवं देवर उनके साथ इसी देश में बलात्कार करते हैं। हाल में ही एक व्यक्ति ने आत्महत्या कर ली क्योंकि उसकी पत्नी के साथ बलात्कार कर दिया गया था। दो महीने पूर्व एक महिला ने अपने साथ हुए बलात्कार के बारे में पति को बताने के बजाय आत्महत्या कर ली। अनेक परिवारों ने अपनी बहनों, बेटियों और बहुओं को बलात्कार हो जाने के बाद घर से निकाल दिया। अगर आपने कोई जुर्म नहीं किया है तो आपका

सम्मान कोई कैसे छीन सकता है ? सिर्फ इसी देश में कोई सरकार अपने पुलिस, केंद्रीय रिजर्व पुलिस बल एवं सीमा सुरक्षा बल के जवानों को सामूहिक बलात्कार की इजाजत देती है। अगर यही सम्मानजनक कार्रवाई है तो हम ऐसे सम्मान पर थूकते हैं।

हमारे लिए बलात्कार घृणित एवं अपमानजनक कार्रवाई है—यह हमारे इंसान होने को, हमारे स्त्रीत्व को नकारता है—यह पुरुष शक्ति का अंतिम एवं सबसे घटिया प्रदर्शन है।

बलात्कार : कानून एवं व्यवस्था की समस्या नहीं है

विपक्ष कहता है कि काँग्रेस-आई के राज में कानून एवं व्यवस्था की स्थिति बिगड़ी है। काँग्रेस-आई कहती है कि 'दिग्भ्रमित तत्त्व' बलात्कार का इस्तेमाल 'पुलिस को हतोत्साहित' करने के लिए कर रहे हैं। दोनों ही इस बात पर सहमत हैं कि यह दलगत राजनीतिक समस्या है। परोक्ष रूप से दोनों मानते हैं कि पुलिस बलात्कार की समस्या का समाधान कर सकते हैं।

इस पर भी बैलडीला या संथाल परगना की स्त्रियाँ, रमीजा बी, मथुरा या माया त्यागी को इस प्रश्न से कुछ लेना-देना नहीं कि कौन सत्ता में है—काँग्रेस-आई या जनता। वे तो पुलिसबालों की परछाईं को भी भय और वासना का पर्याय मानती हैं। जिस दिन कोई व्यक्ति पुलिस सीआरपी या बीएसएफ की वर्दी अपने तन पर धारण करता है और उसके हाथ में लाठी या बंदूक आ जाती है, वह स्वयं को पिटाई, उत्पीड़न और बलात्कार के लिए अधिकृत मानने लग जाता है। यह वह अधिकार है जो उसे सरकार द्वारा प्रदत्त है, और उत्पीड़न, आगजनी एवं बलात्कार के मामलों में वह अपने इस अधिकार का प्रयोग करता है। यह कानून का रखवाला ही है जो बलात्कार करता है; श्रमिक-वर्गों की झोंपड़ियों एवं खेतिहर मजदूरों के गाँवों में कानून एवं व्यवस्था का मतलब है पुलिसिया अत्याचार !

दशकों से अगणित बार हमारे इतिहास ने इस सच्चाई को दोहराया है—हम बहाने बनाकर इससे नहीं लड़ सकते, जैसा कि राजनीतिज्ञ बार-बार यही कहते हैं—यह झूठ है। अगर आज हम अपने सत्य को उनके झूठ में बदलने की अनुमति दें तो आठ मार्च को लड़ाई लड़कर हमने जो कुछ भी हासिल किया है सब खो जाएगा।

9. आठवाँ दशक

बलात्कार तथा दहेज हत्या के विरुद्ध चलाए गए अभियानों के अनुभव ने नारीवादियों को अपने तौर-तरीकों एवं नीतियों की बाबत प्रश्न करने के लिए पहले की अपेक्षा अधिक बड़े पैमाने पर मजबूर कर दिया। यह जानने के बाद कि नवनिर्मित कानूनों एवं उनके कार्यान्वयन में किसी भी तरह का कोई संबंध नहीं है, नारीवादियों ने अपेक्षाकृत अधिक चिंतित होकर सोचना शुरू कर दिया कि सरकार ने बड़ी आसानी से उनकी माँगों को दरकिनार कर दिया जिससे उनके मन में एक बार फिर यह प्रश्न उभरा कि कानून में परिवर्तन की माँग पर केंद्रित उनका अभियान व्यर्थ चला गया। इससे एक ओर यह निर्णय लेने की सोच बलवती हुई कि व्यक्तिगत मुद्दे उठाए

महिलाओं के प्रति बढ़ती हिंसा के विरोध में छात्रा युवा संघर्ष वाहिनी ने राजस्थान से दिल्ली तक मार्च निकाला। यह दृश्य सन् 1980 में हरियाणा के गुड़गाँव जिले का है।

जाएँ और विभिन्न अदालतों के माध्यम से उनका निदान किया जाए चाहे इस कार्य में कितना भी समय लगे। दूसरी ओर, नारीवादी अपने आंदोलन के पुराने तौर-तरीकों यानी जन-अभियान, प्रदर्शन, नुक्कड़ नाटक इत्यादि से, यह सोच कर दूर भागने लगे कि जब तक वे महिलाओं की व्यक्तिगत समस्याओं को हल करने का कोई सार्थक तंत्र विकसित नहीं कर लेतीं तब तक पूर्व प्रकार के आंदोलनों का प्रभाव सीमित ही रहेगा। आठवें दशक के पूर्वार्द्ध में अनेक शहरों में महिला केंद्रों की स्थापना की गई जिनमें कानूनी सहायता, स्वास्थ्य सुरक्षा तथा सलाहकार सेवाएँ उपलब्ध कराई गईं। उनमें से एक या दो केंद्रों ने रोजगार उपलब्ध कराने की कोशिश भी की परंतु साधनों के अभाव में ये योजनाएँ अधिक दिनों तक नहीं चल सकीं।

हालाँकि सहायता, सलाहकार सेवा, स्वास्थ्य सुरक्षा तथा रोजगार देनेवाले महिला केंद्र बीसवीं सदी के प्रारंभ में भी कार्यरत थे परंतु ये नए केंद्र अनेक महत्त्वपूर्ण कारणों से उनसे भिन्न थे। प्रथमतः अधिकतर पूर्ववर्ती केंद्रों ने अपना ध्यान एक या दो मुद्दों पर ही केंद्रित किया था जबकि नए केंद्रों ने एक-दूसरे से जुड़ी स्त्रियों की समस्याओं की संपूर्ण श्रृंखला को हल करने में सहायता पहुँचाने का प्रयास किया। दूसरे, पहले के महिला केंद्र समाज कल्याण की विचारधारा के अंतर्गत स्थापित किए गए थे जबकि आठवें दशक में स्थापित महिला केंद्र शुद्धतः नारीवादी विचारधारा पर स्थापित किए गए : उदाहरणार्थ, पूर्ववर्ती केंद्रों ने जहाँ अपना ध्यान स्त्रियों को स्वास्थ्य एवं प्रसूति तथा बाल अनुरक्षण सेवाएँ उपलब्ध कराने मात्र पर केंद्रित किया, नए केंद्रों ने स्त्री के स्वास्थ्य को अधिक विस्तृत परिप्रेक्ष्य में देखा तथा महिलाओं को न केवल उनकी स्त्री रोग संबंधी जानकारियाँ उपलब्ध कराईं बल्कि सामाजिक ढाँचे को ध्यान में रखते हुए ऐसा तंत्र स्थापित करने की बात भी सोची जिसमें स्त्रियाँ अपनी बीमारियों का इलाज स्वयं कर सकें। तीसरे, पूर्ववर्ती महिला केंद्रों में जहाँ स्त्रियों की समस्याओं को पूर्व परिभाषित तरीकों से उठाने की नीति अपनाई, वहीं नए केंद्रों ने अधिक लचीला वैयक्तिक संपर्क का रास्ता चुना : उदाहरण के लिए, पूर्ववर्ती महिला केंद्रों ने वैवाहिक जीवन की कठिनाइयों को समझा-बुझाकर

अपने अधिकारों की माँग करती महिला अध्यापिकाएँ। तिथि ज्ञात नहीं।

हमें क्या चाहिए ? 'इन्साफ'! दहेज के लिए कथित तौर पर की गई जसवंती की हत्या के विरोध में प्रदर्शन करती महिलाएँ। तिथि ज्ञात नहीं।

दूर करना अत्यधिक श्रेयस्कर समझा, नए केंद्रों ने समस्याओं के निदान के लिए संबद्ध स्त्री तथा पुरुष दोनों से बातचीत की उसके पश्चात उन्हें पुनर्मिलन या तलाक का सुझाव दिया।

अंततोगत्वा, नव-स्थापित महिला केंद्रों ने स्त्रियों की समस्याओं के निदान के लिए सखीत्व की नारीवादी अवधारणा को अमल में लाने की कोशिश की। इसके साथ-साथ उन्होंने स्त्रियों में मित्रता के पारम्परिक स्वीकार्य स्वरूप के आधार पर इन अवधारणाओं को पुनर्परिभाषित करने का प्रयास भी किया। मिसाल के तौर पर, दिल्ली तथा कानपुर दोनों स्थानों पर इन केंद्रों का नाम शुद्धतः भारतीय संदर्भ में सखीत्व को प्रतिबिंबित करते हुए रखा गया। दोनों ने ही महिला मित्र की पारंपरिक अवधारणा पर तवज्जो देते हुए तथा उसकी नूतन व्याख्या करते हुए दिल्ली में स्थापित महिला केंद्र का नाम सहेली तथा कानपुर में सखी केंद्र रखा गया।

दिल्ली की नारीवादियों ने अपने केंद्र का नाम जानबूझकर सहेली इसलिए रखा क्योंकि इसका संबंध विनोदप्रियता से है, तथा अपने नाम के माध्यम से उन्होंने यह संकेत देने का प्रयास भी किया कि उनका सरोकार केवल महिलाओं की परेशानियों से ही नहीं बल्कि वे उनके साथ अपने खेलकूद एवं खुशी के क्षण भी बाँटना चाहती हैं। इस विचार का निहितार्थ भारत में स्त्रियों के जीवन की सकारात्मक अवधारणा खासतौर से उनकी उत्सवीय स्वरूप एवं रचनात्मकता को बराबरी का दर्जा देना था। अपनी इसी सोच से प्रभावित

नारी मुक्ति संघर्ष सम्मेलन रैली, पटना, 1988

होकर सहेली ने सन् 1983 में सारे भारत की स्त्रियों की कार्यशाला ओयाजित की जिसमें गीत, नृत्य, नाटक तथा चित्रकारी के विविध सत्र संपन्न हुए। क्योंकि अधिसंख्य महिलाओं ने यह सोचकर कि रचनात्मकता मुक्तिदायक होती है, अपनी मर्जी से तथा स्वयं इसका अनुभव करने की नीयत से कार्यशाला में भाग लिया था, उन्होंने देखा कि ऐसे आयोजनों से एकता एवं घनिष्ठता बढ़ती है और अपनी समस्याओं को शब्दों की अपेक्षा गीत एवं नृत्य के मनोरंजक माध्यम से उठाया जा सकता है। परिचर्चाएँ, वार्तालाप, लिखित बयान तथा इस प्रकार के अनेक कार्य अब सार्वजनिक संदर्भ में 'राजनीति' का प्रतिनिधित्व करने लगे। दूसरी ओर नृत्य एवं गीत के माध्यम से समस्याओं को उठाने के व्यक्तिगत तथा सांस्कृतिक तरीके का गर्मजोशी से स्वागत हुआ।

इसके अच्छे तथा बुरे दोनों पहलू थे। अच्छा पहलू, जो शायद अधिक स्पष्ट है, यह था कि नृत्य, गीत तथा किसी सीमा तक चित्रकारी भी, संवाद कायम करने का लघुतम मार्ग था, जिसने नोंक-झोंक की सामान्य व्यवस्था को उलटते हुए सारे वर्गजन्य अवरोध ध्वस्त कर दिए क्योंकि श्रमिक या खेतिहर ग्रामीण स्त्रियों से नाच-गाना सीखनेवाली ज्यादातर औरतें अक्सर उच्चवर्गीय होती थीं। इस बीच इन भोलीभाली स्त्रियों के मन में यह विचार स्फुटित हुआ कि नारीवाद के लिए किया गया उनका न्यूनतम योगदान भी मूल्यवान एवं महत्त्वपूर्ण है। इसके अतिरिक्त स्त्रियों की अभिव्यक्ति के पारंपरिक-परिभाषित स्वरूप पर बल देने से लोक संस्कृति को औपचारिक मान्यता मिली जिससे भारतीय नारीवादियों के मन में क्षेत्रीय, कबीलाई तथा राष्ट्रीय पहचान बनाने की भावना जागृत हुई। इसके साथ-ही-साथ विभिन्न सांस्कृतिक रीति-रिवाजों से परिचित होने के बहाने उन्हें नारीवादी संदर्भ में प्रयोग करने की अनुमति भी मिली।

इस प्रकार नारीवादी आंदोलन में मैत्री के नूतन संबंधों का विकास हुआ जिससे समस्त वर्गीय बंधन एवं सांस्कृतिक भेदभाव समाप्त हो गया। हालाँकि किसी हद तक मित्रता में साम्य नहीं रहा क्योंकि मध्यमवर्गीय स्त्रियाँ इस मित्रता को कर्त्तव्य की भावना से देखती थीं जबकि निर्धन ग्रामीण स्त्रियों ने इसे शुद्धरूपेण सम्मान की भावना से निभाया। इस सबके बावजूद आंदोलन के अंदर वैयक्तिकता की नूतन भावना परिलक्षित हुई जिसके तहत पति द्वारा प्रताड़ित पत्नियाँ, बलात्कार या दहेज उत्पीड़न की शिकार नवयुवतियाँ, महिला स्वयंसेविकाएँ, छात्राएँ, गृहिणियाँ तथा दक्ष महिलाएँ भी नारीवादी आंदोलन में शामिल हो गईं।

संवाद का मौखिक तथा सांकेतिक भेद इसका बुरा पहलू था जो कि अधिक जटिल था। सार्वजनिक-राजनीतिक क्षेत्र में संवाद के मौखिक स्वरूप को नजरअंदाज कर दिए जाने से राजनीतिक तथा व्यक्तिगत सोच के मध्य भेदभाव की उत्पत्ति को बल मिला इसलिए एक-दूसरे को कोई जानकारी उपलब्ध नहीं कराई इसलिए

राजनीतिक जीवन में व्यक्तिगत विचारों एवं नैतिक मान्यताओं को स्थान प्राप्त नहीं हो सका। सच्चाई यह है कि संवाद के सांकेतिक तरीकों से सीखे गए सबक को संवर्द्धित करना आवश्यक नहीं समझा गया। इसी तरह मौखिक संवाद का दायरा इतना सीमित था कि नारीवादी विचारों का विकास अवरुद्ध हो गया जिसके परिणामस्वरूप राजनीतिक जीवन पर इसका प्रभाव कम हो गया। इसीलिए नारीवादी राजनीति स्वयं भी अधिक दिनों तक कायम नहीं रह सकी। आगे चलकर इसका परिणाम यह हुआ कि नारीवादी प्राचीन रूढ़िवादी राजनीतिक विचारों एवं तौर-तरीकों की घातक प्रवृत्ति की ओर अग्रसर हुए। मिसाल के तौर पर महिला केंद्रों में कानूनी सहायता एवं स्वास्थ्य आरक्षण की कोशिश के रूप में महिलाओं को व्यक्तिगत रूप से उन वकीलों तथा चिकित्सकों के संपर्क में रहने की सलाह देने की कोशिश की गई, जो पहले से ही काम के बोझ से लदे पड़े थे और ऐसे लोग अक्सर नारीवादी कानूनी, चिकित्सकीय दृष्टिकोण या व्यवहार विकसित करने में समर्थ नहीं थे। न केवल 'अपना काम स्वयं करो' का विचार कभी कोई जगह पा सका बल्कि मुसीबत के दौरान स्त्रियों के साथ जो रवैया अख्तियार किया गया उससे नारीवादियों के सामने 'मामलों' की बाढ़ आ गई।

अस्सी के दशक में प्राचीन कहावतों, वीर रस की कविताओं तथा लोक-कथाओं की पुनर्व्याख्या के माध्यम से समाज में पारंपरिक रूप से स्वीकृत स्त्रियों के स्थान का लेखा-जोखा तैयार करने की नए सिरे से कोशिश की गई : मुख्यधारा की धार्मिक तथा सांस्कृतिक पुस्तकों की आलोचना के साथ-साथ वैकल्पिक पुस्तकों तथा प्रथाओं की खोज की गई। इसके साथ ही भारत में स्त्रियों की प्रतिरोधी क्षमताओं की ऐतिहासिक या नीति-विशेष खोजने की कोशिश हुई। भारतीय नारीवादी आंदोलन की उत्पत्ति के समय से ही कुछ हद तक पंरपरा के प्रति दिलचस्पी मौजूद थी : नुक्कड़ नाटक *ओम स्वाहा* (दहेज हत्या के विरुद्ध पहली बार यह नाटक दिल्ली में सन् 1979 में शुरू किया गया और समूची दिल्ली के साथ-साथ देश के अन्य भागों में भी उसकी प्रस्तुति हुई) तथा *मुलगी जाली हो।* 'एक लड़की पैदा हुई है', सन् 1979-80 में बंबई में एक साथ शुरू हुआ तथा पूरे महाराष्ट्र में इसका प्रदर्शन किया गया। दोनों नाटकों में परंपरागत गीतों एवं नृत्य का प्रयोग किया गया, जबकि नारीवादियों द्वारा लगाई गई प्रदर्शनियों में पारंपरिक छवि प्रस्तुत की गई। बहरहाल, इस मोड़ पर नारीवादियों का उद्देश्य भारतीय समाज में स्त्रियों को जन्म से लेकर जवानी, विदाह, प्रसूति, कार्य, बुढ़ापा तथा मृत्यु इत्यादि सभी रूपों में, हेय समझा जाना साबित करना था। इसके साथ ही उनकी कोशिश रूढ़िवादी समाजवादी-नारीवादी ढाँचे में स्त्रियों पर की जानेवाली परंपरागत टिप्पणियों की खोज भी थी। इसके विपरीत अस्सी के दशक में नारीवादियों ने अपनी सोच बदली और स्त्रियों की कठिनाइयों से हटकर महिलाओं की शक्ति के पारंपरिक स्रोतों पर केंद्रित हो गई। कुछ नारीवादियों ने इस

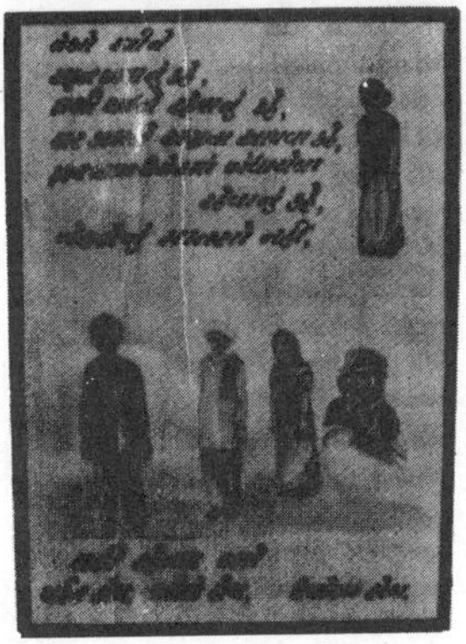

सभी पोस्टर अहमदाबाद वीमेंस एक्शन ग्रुप द्वारा तैयार किए गए हैं।

कार्य के लिए स्त्री वीरांगनाओं को चिह्नित करना शुरू किया ताकि बाद में स्त्रियों को उनका उदाहरण देकर लड़ाई के लिए तैयार किया जा सके। इसी कोशिश के अंतर्गत काली की छवि को एक बार फिर से रेखांकित किया गया। माँ भगवती का यह सबसे सशक्त क्रोधी नारी स्वरूप है। दिलचस्प बात यह है इस संदर्भ में नृत्यांगना चंद्रलेखा ने अपनी नृत्य नाटिकाओं में काली की रक्त-पिपासु छवि को हटा दिया परंतु ध्वंस के शस्त्रास्त्रों का प्रदर्शन यथावत रखा ताकि भारत के विभिन्न धार्मिक समुदायों की भावनाओं को प्रतिबिंबित किया जा सके। इस प्रकार काली की पुनर्व्याख्या उनके कामोद्दीपक स्वरूप से हटकर अकामुक तथा अहानिकर रूप में की गई। काली को इस रूप में प्रस्तुत करने की तीव्र आलोचना वामपंथियों द्वारा की गई और काली की छवि को इस रूप में प्रयोग करने का इरादा त्याग दिया गया क्योंकि इससे स्त्रियों के प्रति पुरुषों के रवैये का खुलासा होता था (बुनियादी तौर पर इसे खतरनाक माना गया)।

एक साजिश के तहत जब सन् 1984 में श्रीमती इंदिरा गांधी की हत्या कर दी गई तो काँग्रेसियों ने उन्हें देवी माता के रूप में दर्शाने की योजना बनाई जिसके अंतर्गत सारे देश में इंदिरा गांधी के चित्रोंवाले बड़े-बड़े पोस्टर लगाए गए और उन्हें राष्ट्रमाता के रूप में प्रचारित करते हुए कहा गया उनके कृतघ्न बच्चों ने उनकी हत्या कर दी। चित्र में उनकी हथेली से खून टपकता हुआ दिखाया गया था। जिस श्मशान भूमि पर उनका अंतिम संस्कार किया गया उसे 'शक्ति स्थल' का नाम दिया गया। इस प्रकार इंदिरा गांधी अपनी मृत्यु के पश्चात चंद्रलेखा की काली से अधिक शक्तिशाली नारी प्रतीक बन गईं।

परंपरावाद में रुचि ने जहाँ कुछ नारीवादियों को नारीवादी प्रतीक तैयार करने के लिए प्रेरित किया, वहीं अन्य की रुचि उन तरीकों को परिभाषित करने में की जिनके कारण साधारण स्त्रियों को अपने पति, परिवार तथा समाज में विचार-विमर्श करके परंपरागत स्थान मिला। उदाहरणार्थ, विशेष ध्यान उन तौर-तरीकों पर दिया गया जिनके तहत स्त्रियों ने खासतौर से गर्भावस्था में देवी का दर्जा प्राप्त किया और इसके लिए अगर वे अपने पति या परिवार से लड़ाई न करतीं तो शायद उन्हें वह स्थान न मिल पाता। हालाँकि यह नीति सामान्यतया गर्भवती महिलाओं द्वारा गर्भावस्था के दौरान विशेष खुराक हासिल करने के लिए अपनाई गई, उन स्त्रियों की संख्या भी प्रसारित करने की शुरुआत हुई जिन्होंने अपने शराबी पतियों को सुधारने तथा घरेलू खर्च के लिए धन प्राप्त करने की नीति भी अपनाई जिसे स्त्रियों को कुछ सीमा तक शक्ति प्राप्त करना कहा गया। पारंपरिक स्त्रियों की रणनीतियों की खोज नारीवादी आंदोलन में उनके साहस और उल्लास, आविष्कार कौशल या भारतीय स्त्रियों की शक्ति को पहचानने के लिए मनाए गए समारोह में विकसित हुई। राजस्थान के तिलोनिया नामक स्थान पर एक शिविर आयोजित किया गया जो उत्सव या मेले

देश के विभिन्न क्षेत्रों की महिलाओं द्वारा विभिन्न विषयों पर बनाए गए पोस्टर

में परिवर्तित हो गया। शिविर में बलात्कार, पत्नी-पिटाई, असमान मजदूरी इत्यादि विषयों पर चर्चा हुई। एक ओर नाच, गाना, मनोरंजन का सत्र आयोजित किया गया तो दूसरी ओर नारीवादियों के लिए लाभप्रद परंपरागत नारी उपकरणों की जाँच की गई।

स्त्रियों के प्रतिरोध की ऐतिहासिक मिसालों की खोज ने नारीवादियों को सुदूर तथा निकट अतीत में झाँकने को बाध्य किया। उन्होंने देखा कि आम आंदोलनों में सामाजिक परिवर्तन के लिए स्त्रियों ने क्या भूमिका अदा की और इसके साथ-साथ उन्हें यह भी ज्ञात हुआ समकालीन नारीवाद के तहत पहले किस प्रकार के आंदोलन चलाए गए। इस संदर्भ में दो आंदोलनों का उल्लेख करना अधिक रोचक होगा : पहला है भूमिहीन मजदूरों का तेलंगाना आंदोलन और दूसरा उत्तर भारत के पहाड़ी क्षेत्रों—गढ़वाल तथा कुछ हद तक कुमाऊँ में वन संरक्षण के लिए चलाया गया अभियान जिसे चिपको आंदोलन के रूप में लोकप्रियता मिली।

सत्तर के दशक के उत्तरार्द्ध में तेलंगाना में स्थापित होनेवाले महिला संघ का प्रसार आठवें दशक में भी जारी रहा। उनकी विचारधारा धुर वामपंथी तथा रुख सुधारवादी था क्योंकि एक ओर उन्होंने जमींदारों तथा सरकार के विरुद्ध होनेवाले संघर्षों में भागीदारी की तो दूसरी ओर सहकारी समितियों की स्थापना की जिसके माध्यम से वे सरकार से कुछ लाभ प्राप्त कर सके। ठीक उसी समय हैदराबाद के नारीवादी समूह स्त्री शक्ति संघटना ने तेलंगाना आंदोलन में शामिल स्त्रियों के अनुभवों की विशेषता का उल्लेख करते हुए उनकी कहानियाँ मौखिक रूप से सुनानी शुरू कर दीं। इसी प्रकार की कोशिश बंबई में भी शुरू हुई जिसके तहत महिला कपड़ा मिल श्रमिकों के संघर्ष की कहानियाँ रोहिणी बानाजी तथा सुजाता घोटोस्कर द्वारा सुनाई गईं। उल्लेखनीय है कि रोहिणी बानाजी तथा सुजाता घोटोस्कर उन दिनों बंबई में ट्रेड यूनियन रिसर्च ग्रुप तथा नीलम चतुर्वेदी कानपुर में सखी केंद्र की स्थापना में लिप्त थीं।[1] यद्यपि दोनों आंदोलनों का इतिहास भिन्न था क्योंकि तेलंगाना आंदोलन बंबई के कपड़ा मिल आंदोलन से काफी बड़ा था; दोनों ही उस नूतन चेतना के अंग थे जो नारीवादी आंदोलन के दौरान विकसित हुई। यह चेतना उन रणनीतियों के परिणामस्वरूप विकसित हुई जो स्त्री, विशेष रूप से खेतिहर तथा श्रमिक स्त्रियों को केंद्र में रखकर बनाई गई थी। हालाँकि चिपको आंदोलन की शुरुआत सातवें दशक के मध्य में ही हो गई थी तथा उसमें बड़ी संख्या में स्त्रियाँ शामिल हुईं परंतु उसकी थोड़ी या न के बराबर ही चर्चा उस समय के नारीवादी आंदोलन के रूप में की गई। बहरहाल, अस्सी के दशक के प्रारम्भ में नारीवादियों ने चिपको आंदोलन को महिला आंदोलन के रूप में मनाना शुरू किया तथा पर्यावरण से महिलाओं के विशेष लगाव के सिद्धांत को अग्रसारित करना शुरू किया।[2] चिपको आंदोलन की अग्रणी महिला कार्यकर्ताओं के साक्षात्कार लिए गए तथा उन पर बहुत सारे लेख

तैयार किए गए। इसका परिणाम यह हुआ कि आंदोलन के अंदर स्त्रियों की भूमिका तथा उनकी समस्याओं के प्रति नई चेतना जागी और इधर-उधर बिखरे महिला मंडलों (सरकार द्वारा प्रयोजित ग्राम तथा जनपदस्तरीय महिला संगठन) को अनुप्राणित किया गया। इसके साथ ही कुमाऊँ अंचल में, जहाँ कि चिपको आंदोलन उतना तेज नहीं था, शहादा आंदोलन की तर्ज पर शराब-विरोधी आंदोलन शुरू किया गया जिससे नशाबंदी के प्रति 'महिला जागृति' आई।

आठवें दशक के प्रारंभ तक नारीवाद गतिविधियों की अनेक श्रृंखलाओं में विभक्त हो गया। इन गतिविधियों में शामिल थे—झोंपड़पट्टी सुधार कार्य से संबंधित साहित्य का प्रकाशन, दृश्य-श्रव्य सामग्री निर्माण, रोजगार-सृजन योजनाएँ, स्वास्थ्य शिक्षा तथा ट्रेड यूनियनों की स्थापना इत्यादि। राजनीतिक क्षेत्रों के अंदर नारीवाद के विरुद्ध अवरोधक हालाँकि तेजी से ध्वस्त हो रहे थे और अब भी 'नारीवाद' को बड़े पैमाने पर बुराई की दृष्टि से देखा जा रहा था, फिर भी स्त्रियों के मुद्दों को उठाने की आवश्यकता को पहले की अपेक्षा अधिक मान्यता प्राप्त हुई। दक्षिण भारत में महिला श्रमिक यूनियनों को संगठित करने के नूतन प्रयास किए गए। उल्लेखनीय है कि मध्यमार्गी ट्रेड यूनियनों के समर्थन से एनी बेसेंट के नेतृत्व में महिला श्रमिकों को एकजुट करने के प्राथमिक प्रयास बीसवीं सदी के पूर्वार्द्ध में दक्षिण भारत में ही किए गए थे। रोचक तथ्य यह है कि 'सेवा' नामक संस्था की तरह ही ये सारे प्रयास असंगठित क्षेत्र में किए गए। बहरहाल, ये यूनियनें 'सेवा' से अलग किस्म की थीं जो काम की अपेक्षा जीवनस्तर में सुधार के लिए चलाए गए अभियानों से प्रकट हुईं। बिहार में जब सरकार ने खनन उद्योग के आधुनिकीकरण के कारण महिला खान-मजदूरों की छंटनी कर दी तो धुर वामपंथी ट्रेड यूनियन नेता ए. के. रॉय ने छंटनी के विरुद्ध अभियान चलाने का प्रयास किया; छंटनी के विरोध में इसी प्रकार की कोशिश नारीवादियों ने बंबई में कपड़ा मिल श्रमिकों को संगठित करने के लिए की। दोनों प्रयास असफल रहे। इसका आंशिक कारण तो यह था कि महिला श्रमिक पुरुष श्रमिकों की भाँति अपने 'काम के अधिकार' के प्रति आश्वस्त नहीं थीं और असफलता का दूसरा कारण उपरोक्त दोनों उद्योगों का पतन था जिससे महिलाओं

सन् 1980 में महिलाओं के बारे में लगाई गई एक प्रदर्शनी के बारे में समझाते हुए एक महिला कार्यकर्ता। प्रदर्शनी के बाद स्त्रियों के विरुद्ध हिंसा के खिलाफ प्रदर्शन भी किया गया।

को बेरोजगारी का भय सता रहा था। इसीलिए वे 'प्रत्येक परिवार को एक रोजगार' चाहे वह पुरुष को ही क्यों न मिले, की न्यूनतम माँग के प्रति एकजुट हुईं। यद्यपि नारीवादियों ने इस माँग के विरोध में दलील दी कि इसमें पुरुष प्रधानता की बू आती है, और कहा कि अगर एक परिवार को एक रोजगार देने की माँग उठाई ही जाती है तो वह रोजगार किसी स्त्री को क्यों नहीं दिया जाता, उनकी दलीलें अनसुनी कर दी गईं क्योंकि वे दलीलें यथार्थवादी की अपेक्षा आदर्शवादी थीं।

बंबई के मुक्त व्यापार क्षेत्र (फ्री ट्रेड जोन) में दक्ष महिला श्रमिकों को संगठित करने के प्रयास किए गए परंतु बड़े पैमाने पर असफल रहे। इसका आंशिक कारण यह था कि माइक्रो-चिप उत्पादन जैसे उद्योगों में महिला श्रमिकों की कार्यावधि बहुत छोटी होती है और आंशिक कारण यह था कि ऐसे उद्योगों में अभी ट्रेड-यूनियन संस्कृति का विकास होना शेष था।

इन अनुभवों के परिणामस्वरूप नारीवादियों ने यह निष्कर्ष निकालना शुरू किया कि गरीब स्त्रियाँ उनके सामने आनेवाले कार्य संबंधी मुद्दों या समस्याओं की अपेक्षा अपने परिवार की जीवन दशा सुधारने के मुद्दे पर अधिक जुझारू थीं। इस संदर्भ में छत्तीसगढ़ खान कर्मचारी श्रमिक संघ का उदाहरण ध्यान देने योग्य है। श्रमिक संघ ने जब स्त्रियों के लिए उत्तम आवास, बच्चों के लिए स्कूल और परिवार के लिए स्वास्थ्य केंद्र बनाए जाने की माँगें उठाईं तो महिला खानकर्मी बड़ी फुर्ती से यूनियन के झंडे के नीचे एकजुट हो गए। आठवें दशक के प्रारंभिक वर्षों में, यानी सन् 1981-82 में बंबई में हुई आम हड़ताल के दिनों में जब कपड़ा मिल श्रमिकों की पत्नियों ने हड़ताल के समर्थन में प्रदर्शन किया तो सार्वजनिकतौर पर यह बयान दिया गया कि श्रमिकों के जीवन के साथ-साथ उनके परिवारों का भी ध्यान रखा जाए। उसी दौरान नारीवादियों ने यह बात भी नोट की कि अगर स्त्रियाँ एक बार सामाजिक परिवर्तन के लिए चलाए गए आंदोलन में शामिल हो जाती हैं तो वे स्त्री के रूप में उनके सामने आनेवाली समस्याओं को वे अपने परिवार के अंदर भी उठाना शुरू कर देती हैं। जैसा कि हमने देखा, बीसवीं सदी के प्रारंभ से ही स्त्रियाँ सभी आंदोलनों का आधार रही हैं परंतु इस आधार को मान्यता दिलाने के लिए बड़े पैमाने पर आवाज केवल समकालीन नारीवादी आंदोलन द्वारा ही उठाई गई।

शहरों में रहनेवाले नारीवादियों में अब तक इतना आत्मविश्वास पैदा हो चुका था कि उन्होंने दूर-दराज के अपरिचित क्षेत्रों में जाकर वहाँ कार्यरत अन्य समूहों की गतिविधियों से समन्वय स्थापित करने के लिए सोचना शुरू किया। इस प्रक्रिया की उल्लेखनीय शुरुआत महाराष्ट्र में हुई जहाँ समूचे राज्य के महिला संगठन वामपंथी तथा समाजवादी दलों के सहयोग से संयुक्त कार्रवाई के लिए साझा मंच बनाने में सफल हुए जिसके फलस्वरूप सन् 1983 में नारी संघर्ष मंच के बैनर तले स्थानीय तथा जनपदस्तरीय साझा कार्रवाई मोर्चे गठित किए गए। विभूति पटेल इस बात का

उल्लेख करती हैं कि हालाँकि उनकी पार्टी के नेताओं ने अलग पार्टी निर्माण कार्य का निर्देश दिया था परंतु उनके निर्देश के बावजूद स्थानीय कार्यकर्ताओं ने अन्य लोगों के साथ मिलकर महिलाओं के मुद्दों पर कार्य किया। इसका उल्लेख वे महाराष्ट्र की स्वतंत्र समाज सुधार परंपरा एवं वामपंथी गतिविधियों के संदर्भ में करती हैं।

यह स्थिति उन क्षेत्रों में अधिक जटिल थी जहाँ न तो ऐसी गतिविधियों की परंपरा थी या ऐसे क्षेत्र जहाँ नारीवादी विचारधारा पहली बार अंकुरित हो रही थी।

सन् 1987 में अरवल, बिहार में महिला मजदूरों की यूनियन के प्रदर्शन में शामिल स्त्रियाँ।

छत्तासगढ़ खान मजदूर संघ की स्त्रियाँ अपनी यूनियन का स्थापना दिवस मनाते हुए।

मिसाल के तौर पर कानपुर में सन् 1977 में स्वदेशी पोलीटैक्स फैक्ट्री को बंद कर दिए जाने के विरोध में प्रदर्शन कर रहे कपड़ा मिल मजदूरों पर जब पुलिस ने गोलियाँ चलाईं तो सभी दलों के कार्यकर्ता पुलिस कार्रवाई के विरोध में मजदूर संगठनों के संघर्ष में उनका साथ देने के लिए एक साथ खड़े हो गए। एक अग्रणी सक्रिय नारीवादी की पुत्री नीलम चतुर्वेदी के मन में नारीवाद के प्रति रुचि तब जागी जब वे सन् 1978 में बंबई में स्वदेशी आंदोलन को समर्थन देनेवाली स्त्रियों से मिलीं। उन्होंने कानपुर में धीरे-धीरे श्रमिक वर्ग की स्त्रियों के साथ काम करना प्रारंभ किया तथा अनौपचारिक रूप से माकपा की ट्रेड यूनियन शाखा सीटू से जुड़ गईं। नीलम चतुर्वेदी ने जब माकपा नेताओं के साथ कानपुर में यूनियन की महिला शाखा खोलने की संभावनाओं के संदर्भ में चर्चा की तो उन्होंने नीलम का उत्साहवर्धन किया और इसके परिणामस्वरूप विमल रणदिवे ने स्वयं कानपुर आकर नीलम के साथ इस मुद्दे पर चर्चा की। इस दौरान विमल ने नीलम को चेतावनी भी दी कि नारी मुक्ति का संघर्ष क्रमिक तौर पर लड़ा जाना चाहिए और बलात्कार जैसे विभाजक मुद्दों को उठाने से बचना चाहिए क्योंकि ऐसे मुद्दे 'पारिवारिक समस्याएँ' थे। नीलम चतुर्वेदी ने इसके बावजूद जब ऐसे मुद्दों को उठाने के साथ-साथ श्रमिक-वर्ग संगठनों के वर्चस्ववादी ढाँचे पर सवाल करना जारी रखा और सन् 1980 में बंबई में संपन्न हुए नारीवादी सम्मेलन में इस विषय को सार्वजनिक रूप से उठाया तो माकपा ने उन्हें आदेश दिया कि या तो वे अपने इस कृत्य के लिए क्षमा याचना करें या इस बात की घोषणा करें कि उनका सीटू या कामगार महिला समिति से कोई नाता नहीं है। नीलम चतुर्वेदी ने दूसरा विकल्प चुनते हुए सीटू से संबंध समाप्त कर दिया।[3]

किरण शाहीन के समक्ष यह समस्या अधिक पीड़ादायी रूप में व्यक्तिगत स्तर

पर उभरी। किरण का पुरुषमित्र (ब्वायफ्रेंड) भारतीय कम्युनिस्ट पार्टी (भाकपा) का सदस्य था जबकि वह स्वयं जयप्रकाश नारायण की छात्रयुवा संघर्ष वाहिनी की महिलाओं के नारीवादी विचारों के प्रति आकर्षित थी। छात्र युवा संघर्ष वाहिनी से उसका परिचय कॉलेज में ही हो गया था। सच्चाई यह है कि कम्युनिस्टों तथा जेपी-प्रभावित संगठनों के मध्य मतभेद की परंपरा बहुत पुरानी रही है। इसका कारण यह था कि चौथे दशक के अंत में जब विनोबा भावे और जयप्रकाश नारायण के नेतृत्व में भूदान आंदोलन चल रहा था, उन्हीं दिनों कम्युनिस्टों द्वारा चलाए गए आक्रामक आंदोलनों को अँग्रेजों द्वारा कुचला जा रहा था। उस समय न तो विनोबा भावे ने और न ही जयप्रकाश नारायण ने न तो कम्युनिस्टों का समर्थन किया और न ही उनके प्रति कोई हमदर्दी दिखाई। इसी प्रकार छात्र युवा संघर्ष वाहिनी का आंदोलन उस दौर में शुरू हुआ जब नक्सलवादी आंदोलन का दमन एवं बिखराव जारी था। अनेक कम्युनिस्टों ने सोचा कि जेपी का आंदोलन जानबूझकर कम्युनिस्टों का स्थान भरने एवं कम्युनिस्ट-विरोधी मंच बनाने की नीयत से शुरू किया गया है। जेपी से जुड़ी छात्र युवा संघर्ष वाहिनी की सफलता भारतीय कम्युनिस्ट पार्टी के लिए विशेष खतरा बन कर उभरी क्योंकि चौथे दशक तक बिहार उसका मजबूत गढ़ था जो कि अब ध्वस्त होने के कगार पर था। भाकपा ने छात्र युवा संघर्ष वाहिनी के आंदोलन की व्यापक आलोचना शुरू कर दी। किरण ने आंदोलन की अनेक सक्रिय सदस्यों तथा वाहिनी की स्त्रियों से मिलने के बाद महसूस किया कि :

> यद्यपि नेतृत्व प्रतिक्रियावादी हो सकता है परंतु आंदोलन तो किसी भी हाल में प्रतिक्रियावादी नहीं हो सकता। जब मैंने यह बात अपने बाल सखा (ब्वायफ्रेंड) को बताई तो वह आगबबूला होकर मुझ पर बरस पड़ा। उसने मुझे लड़कियों से दूर रहने को कहा और खुद उन पर हमला करना शुरू कर दिया। उसकी इस हरकत से मुझे बड़ी मायूसी हुई। पहले मैं महसूस करती थी कि वह सही है क्योंकि उसके पास तर्क थे और मेरे पास कोई तार्किक विकल्प नहीं था। परंतु जब वह मेरे प्रश्नों का तर्क सम्मत उत्तर नहीं दे पाता तो मैं यह सोचकर हैरान होती कि मैं भावनात्मक तथा बौद्धिक रूप से उसके ऊपर निर्भर कैसे हो सकती थी, यह निर्भरता खोखली थी। जब मैंने अपना प्रभाव दिखाना शुरू किया तो वह भड़क उठा और मेरे फैसले स्वयं लेने लगा। हालाँकि मैं उसकी हरकतों पर रोष व्यक्त नहीं कर सकी क्योंकि मेरी पारिवारिक ज़िंदगी इतनी खोखली थी कि मैं उससे रिश्ता नहीं तोड़ सकती थी। लेकिन उसकी कार्रवाइयों से मेरे अंदर नाराजगी पैदा होनी शुरू हो गई।[4]

सन् 1978 में किरण ने बिहार में पहला महिला प्रिंटिंग प्रेस खोला। मधु सिंह के सहयोग से उसने हिंदी में मासिक महिला अखबार प्रकाशित किया। कुछ वर्षों

बंबई कपड़ा मिल हड़ताल, 1981-82

पश्चात वह छात्र युवा संघर्ष वाहिनी की महिला शाखा में शामिल हो गई। यहाँ यह बात जोर देकर कही जा सकती है कि वाहिनी की महिला शाखा कम्युनिस्ट विरोधी नहीं थी, यह बात दीगर है कि वाहिनी का नारीवाद स्त्रियों के प्रति कम्युनिस्टों के रूढ़िवादी रवैये से भी दो कदम आगे था।

इस मोड़ पर नारीवादी आंदोलन के विस्तार एवं प्रसार की प्रक्रिया शुरू हुई। यह व्यावसायिक तथा मुद्दा-आधारित समूहों के रूप में विकसित होता हुआ विशिष्ट तथा संगठनात्मक पहचान के रूप में उदित हुआ। नारीवाद से प्रभावित प्रारंभिक व्यवसाय थे—पत्रकारिता, शिक्षा तथा चिकित्सा। नारीवादी आंदोलन शुरू होने के फौरन बाद अँग्रेजी भाषा के बड़े अखबारों ने नारीवादी विषयों पर लिखने के लिए एक या दो महिला पत्रकारों की नियुक्ति की। इससे महिला पत्रकारों का एक जाल उभरा जो आठवें दशक के मध्य में बंबई में औपचारिक रूप से महिला पत्रकार समूह के नाम से जाना गया। इस समूह का उद्देश्य मुख्यधारा की पत्रकारिता यानी 'घटनाओं' की खबरें देने से अलग हटकर 'नारी विषयों' जैसे दहेज, बलात्कार या सती प्रथा की विशेष खबरें छापना था। यहाँ नारीवादी खबरों के मामले में, न केवल उनके विश्लेषण या घटना की प्रकृति के बारे में, अपितु उसकी उद्देश्यपरकता, विचारों, भावनाओं तथा खबर से जुड़े संबंधों की खबरें देने में अपरिहार्य रूप से बदलाव दिखाई पड़ा।

एकजुटता के लिए प्रदर्शनी करती कपड़ा मजदूरों की पत्नियाँ।

प्रारंभिक नारीवादी समूहों की स्थापना में लिप्त स्त्रियाँ स्वयं अकादमिक थीं जिन्होंने महिलाओं के जीवन के विभिन्न पहलुओं का अध्ययन इस उद्देश्य से किया कि आगे चलकर नारीवादी आंदोलन के विकास में यह

कपड़ा मजदूरों के लिए हुए प्रदर्शन में गिरफ्तारी देते हुए।

काम आएगा। बहरहाल, 'स्त्रियों का अध्ययन; वास्तव में आठवें दशक में बुनियादी तौर पर स्वतंत्र अनुसंधान संस्थाओं के माध्यम से प्रारंभ हुआ जिनमें दिल्ली का 'सेंटर फॉर वीमेन्स डवलपमेंट स्टडीज' (सीडब्ल्यूडीएस) प्रमुख है। विश्वविद्यालय स्तर पर अनुसंधान कार्यों को आर्थिक सहायता उपलब्ध कराने के प्रयास बंबई के एसएनडीटी महिला विश्वविद्यालय द्वारा भी किए गए जिसने महिला अनुसंधान एकांश की स्थापना की। आठवें दशक के मध्य में उन्होंने सीडब्ल्यूडीएस के साथ संयुक्त रूप से वार्षिक महिला अध्ययन सम्मेलन आयोजित करना प्रारंभ किया। महिलाओं के अध्ययन में इतनी तीव्र रुचि जागी कि केंद्रीय सरकार की एक संस्था-विश्वविद्यालय अनुदान आयोग—महाविद्यालय स्तर पर महिला अध्ययन को पाठ्यक्रम के रूप में शुरू करने की योजना बना रहा है। जैसे-जैसे इसका प्रसार हुआ, यह एक अलग क्षेत्र बन गया तथा नारीवादी व्यवहारों की सूचना देने का इसका प्राथमिक नारीवादी सिद्धांत पृष्ठभूमि में चला गया। इससे एक प्रकार की विरोधाभासी स्थिति उत्पन्न हो गई। महिला अध्ययन केंद्रों में नारीवादी गतिविधियों के लिए अधिक महत्त्वपूर्ण जानकारियाँ उपलब्ध कराई गईं, इसमें कोई दो राय नहीं हैं किंतु इस दौरान वे स्वयं गतिविधियों से कट गईं। आज महिला विषयक अध्ययन अपने-आप में ही एक गतिविधि बन गया है। फिर भी स्त्री शक्ति संगठन जैसी कुछ नारी संस्थाएँ हैं जो कार्यकर्ता-भाव से नारीवादी अनुसंधान, सिद्धांत एवं व्यवहार को समेकित करने का प्रयास करती हैं।

महाराष्ट्र के सिरका इलाके में सन् 1982 में यूनियन की स्थापना को लेकर चर्चा करती वेश्याएँ।

यद्यपि नारीवाद का प्रभाव शैक्षणिक एवं पत्रकारिता की अपेक्षा चिकित्सा के क्षेत्र में कम असरदार रहा, फिर भी यह सिद्धांत एवं व्यवहार की दृष्टि

उत्तम सेवा शर्तों की माँग को लेकर पुणे की घरेलू नौकरानियों ने सन् 1982 में हड़ताल कर दी।

से अन्य दोनों से अधिक निकट रहा। एक ओर नारीवादी चिकित्सा व्यवहार को बदल पाने में असहाय थे, भ्रूण परीक्षण की नवीनतम तकनीक के दुरुपयोग के विरुद्ध चलाए गए उनके असफल अभियान की भाँति ही बहुराष्ट्रीय कंपनियों द्वारा भारत जैसे 'विकासशील' राष्ट्र को दवाइयों का डलाव क्षेत्र (डम्पिंग जोन) बनाए जाने के विरुद्ध चलाया गया उनका आंदोलन भी विफल हो गया। दूसरी ओर, मेडिको फ्रेंड्स सर्किल तथा वालंटरी हैल्थ एसोसिएशन ऑफ इंडिया जैसे क्रांतिकारी संगठनों ने इन अभियानों के दौरान महिला संगठनों के साथ कंधे-से-कंधा मिलाकर कार्य किया तथा दोनों ने संयुक्त रूप से स्त्री स्वास्थ्य से संबंधित मुद्दों पर विश्लेषण तथा आंदोलनात्मक रणनीति—दोनों तैयार कीं। इस तरह, मिसाल के तौर पर, अस्सी के दशक के मध्य में शुरू किए गए बहुराष्ट्रीय दवा कंपनियों के भारत को डम्पिग जोन बनाने के इरादे के विरुद्ध अभियान में नारीवादियों की यह बात समझ में आई कि किस प्रकार बहुराष्ट्रीय दवा कंपनियाँ गरीब देशों में अपनी 'साम्राज्यवादी' गतिविधियाँ चला कर पैसा बना रही हैं, और यह भी कि किन मजबूरियों में विकासशील गरीब राष्ट्र उन्हें उन दवाओं को अपने देश में बेचने की अनुमति दे रहे हैं जिनका दवा निर्माता कंपनी के 'अपने देश' में कोई बाजार नहीं है। ठीक इसी समय परिवर्तनकामी चिकित्सा संगठनों के सहयोग से नारीवादी स्त्रियों के अन्य मुद्दों से कहीं अधिक जानकारी स्वास्थ्य के मामले में महिलाओं को उपलब्ध कराने में कामयाब हुए। इस प्रकार अन्य अभियानों की अपेक्षा इस अभियान में स्वास्थ्य संगठनों के सहयोग से नारीवादियों द्वारा अनेक रणनीतियाँ प्रयोग में लाई जा सकीं। मिसाल के तौर पर, सन् 1986-87 में भ्रूण-परीक्षण के विरुद्ध चलाए गए अभियान में नारीवादी औषधि नियंत्रक के समक्ष अपनी दलील पेश करने तथा उन्हें राष्ट्रीय स्तर पर ऐसे मामलों की सुनवाई करने के लिए बाध्य करने में सफल रहे; नारीवादी औषधि नियंत्रक के समक्ष उन डॉक्टरों तथा चिकित्सा केंद्रों की सूची प्रस्तुत करने में भी कामयाब रहे जो अपने मरीजों को ऐसी दवाइयाँ देने से पूर्व उनके दुष्प्रभाव के बारे में चेतावनी नहीं देते थे जिसके परिणामस्वरूप गर्भवती स्त्रियों द्वारा दवा की खुराक ले लेने के पश्चात उनके भ्रूण के विकास पर असर पड़ता था तथा विकलांग एवं पागल बच्चे पैदा होने का खतरा बढ़ जाता था। अंततः नारीवादी यह दर्शाने में भी सफल रहे

कि दवा के समर्थन में डॉक्टरों द्वारा दिया गया प्रमाण निष्पक्ष नहीं था क्योंकि दिल्ली साइंस फोरम ने रहस्योद्घाटन किया कि ये प्रमाणपत्र उन सुनवाइयों के परिणामस्वरूप जारी किए गए जो ऐसी दवाइयाँ बनानेवाली कंपनियों द्वारा कारों में करवाई गईं।

इस तरह आठवें दशक के मध्य तक नारीवाद न केवल भिन्न प्रकार के अनेक क्षेत्रों में फैल गया और पेशागत एवं मुद्दा आधारित समूहों के रूप में विकसित हुआ, इसके अंदर नारीवादियों की तीन बड़ी धाराएँ भी विकसित हुईं जिन्हें क्रमशः उदारवादी, वामपंथी एवं परिवर्तनकामी नारीवादियों के रूप में परिभाषित किया जा सकता है। उदारवादी धारा ने बुनियादी तौर पर राजनीति के उन पहलुओं में सुधार की माँग उठाई जिनसे विशेष रूप से स्त्रियाँ प्रभावित होती हैं। वामपंथी धारा ने महिलाओं के उत्पीड़न के मुद्दे पर ध्यान केंद्रित किया और उस समूची व्यवस्था पर विश्लेषणात्मक दृष्टि दौड़ाई जिसके अंतर्गत स्त्रियों का उत्पीड़न संभव होता है तथा सामाजिक परिवर्तन के लिए अलग-अलग आंदोलनरत समूहों को एकजुट होने का आह्वान किया ताकि समाज का क्रांतिकारी कायाकल्प किया जा सके। परिवर्तनकामी नारीवादियों ने समाज में स्त्रीत्व तथा पुरुषत्व के बुनियादी ध्रुवों के विकास को परिभाषित करने की ओर ध्यान केंद्रित किया और इस कार्य में स्त्रियों की शक्ति तथा रचनात्मकता के पारम्परिक स्रोतों का प्रयोग किया।

रिहा हुए मजदूर नेताओं का स्वागत करते हुए कपड़ा श्रमिक।
राजनांदगाँव, म. प्र. नवम्बर 1984

बहरहाल, व्यवहार में अक्सर तीनों धाराएँ एक-दूसरे से किसी हद तक समानांतर चलती दिखाई देती हैं, और अगर इस दूसरे रूप में देखा जाए तो यह तर्क दिया जा सकता है कि तीनों धाराएँ अलग-अलग होते हुए भी नारीवादियों तथा आंदोलन—दोनों से जुड़ी हुई पाई जा सकती हैं। मिसाल के तौर पर, सरकार के समक्ष माँग प्रस्तुत करनेवाले अनेक नारीवादी अभियानों को उदारवादी धारा से जोड़ा जा सकता है जबकि जाति विरोधी, श्रमिक वर्ग तथा भूमिहीन मजदूरों के आंदोलनों को एक-दूसरे से जोड़ने के प्रयास तीनों धाराओं की स्त्रियों द्वारा किए गए, ठीक उसी तरह जिस प्रकार स्त्रियों के पारंपरिक स्थान की पुनर्व्याख्या के प्रयास किए गए।

नारीवादी आंदोलन के उदय के साथ ही शुरू हुई राजनीतिक स्पष्टीकरण एवं भेदभाव की प्रक्रिया काफी जटिल थी। समकालीन भा''तीय नारीवादी आंदोलन अपने

जन्म से ही समरसता विहीन था तथा नारीवादी विचारों की विभिन्न धाराएँ उसमें पहले से ही विद्यमान थीं। ठीक उसी समय इस जरूरत पर बल दिया गया कि स्त्रियों को अपने राजनीतिक मतभेद भुलाकर संयुक्त कार्यक्रम हाथ में लेना चाहिए चाहे यह कितना भी सीमित क्यों न हो। गुटबाजी, दूर और पुनर्मिलन की समस्या सामाजिक परिवर्तन के लिए चलाए गए लगभग सभी लोकतांत्रिक आंदोलनों में एक जैसी थी तथा उनकी व्यक्तिगत एवं सामूहिक सोच में मतैक्य नहीं था। इस समस्या को

मजदूर किसान यूनियन, अरवल, बिहार की एक महिला कार्यकर्ता।

'व्यक्तिगत समस्या' कहकर खारिज कर दिया गया हालाँकि इन समस्याओं के राजनीतिक परिणामों को लेकर विभिन्न समूहों में अक्सर जोरदार चर्चा होती रही। अस्सी के दशक के मध्य तक इन समस्याओं को समस्या के रूप में मानने की काफी जागृति आ चुकी थी और उस समय यह महसूस किया गया कि पूर्व में किस प्रकार से इन्हें एकीकृत किया गया अब वैसा नहीं किया जा सकता।

दुःख की बात यह है कि नारीवाद के अंदर व्यक्तिगत तथा सामूहिक संबंधों के महत्त्व को तब पहचाना गया जब असहमति, और नोंकझोंक न्यूनतम स्तर पर पहुँच गई और बड़ी मात्रा में पीड़ा तथा विद्रूपता के अंश छोड़ गई। इसका अर्थ यह हुआ कि समस्याओं को या तो इस स्तर तक आंशिक तौर पर उठाया गया कि उनका सम्बद्ध व्यक्तियों या समूहों पर कोई प्रभाव नहीं पड़ा या जब सीधी मुठभेड़ हुई तो समस्याओं को आरोपों के रूप में व्यक्त किया गया जिसने व्यक्तियों या समूहों को रक्षात्मक रवैया अपनाने पर मजबूर कर दिया इसलिए समस्याएँ हल होने के बजाय और घनीभूत हो गईं।

सन् 1989 के आम चुनावों के लिए बेंगलूर की महिला संस्था विमोचना द्वारा प्रकाशित पर्चे का सारांश

सभी महिला मतदाताओं से

विमोचना कोई राजनीतिक पार्टी नहीं है। फिर आम चुनावों के समय हम आपके पास क्यों आए ? 1979 में पहली बार राजनीतिक प्रक्रिया में हमने इसलिए हस्तक्षेप किया ताकि महिलाओं के मुद्दों को उठाकर उन्हें राजनीतिक एजेंडा में शामिल किया जाए। हमने उस समय आपसे कहा था कि आप ऐसे प्रत्याशियों को चुनें जो दहेज, बलात्कार, यौन-उत्पीड़न, प्रेस द्वारा शोषण, शरण, ईंधन, पानी इत्यादि मुद्दों, जिस पर अनेक राजनीतिज्ञ चुप्पी साधे हुए हैं, के विरुद्ध आवाज उठाएँ।

उसके बाद से हम थोड़ा आगे बढ़े हैं। महिलाओं के मुद्दे अधिक स्पष्ट रूप में 'दृष्टिगोचर' होने लगे हैं। अब हम राजनीतिक प्रक्रिया का अनिवार्य अंग बन चुके हैं—स्त्रियों को राजनीतिक तथा राष्ट्रीय मुख्यधारा में शामिल करने की घोषणा के बगैर कोई भी भाषण या घोषणापत्र पूर्ण नहीं हो सकता। फिर हमें एक बार फिर आपके पास आने की आवश्यकता क्यों पड़ी ?

शायद इसलिए क्योंकि हम सभी जानते हैं कि झूठे वादे और खोखले नारों के इस दौर में राजनीतिक दल भारत में स्त्रियों के एक बड़े वर्ग की सच्ची समस्याओं से आँखें मूँदे रहते हैं। इस बार इस पर्चे के माध्यम से हम आपसे यह कहना चाहते हैं कि आप राजनीति वादों के पाखंड का भंडाफोड़ कर दें। सभी पार्टियाँ महिलाओं को राजनीति में पूरा प्रतिनिधित्व देने की बातें बढ़-चढ़कर करती हैं तथा उनमें से

कुछ ने थोड़ा आगे निकलकर इस चुनाव में स्त्रियों को 30 प्रतिशत आरक्षण देने का वादा भी किया है। कितनी पार्टियों ने अब तक इस वादे को पूरा किया ? वास्तविकता यह है कि इस वर्ष महिला प्रत्याशियों की संख्या खतरनाक रूप से घटी है।

हम आपसे इस आडंबर को बेनकाब करने का अनुरोध करते हैं क्योंकि हम सभी जानते हैं कि हमारे अधिसंख्य 'प्रतिनिधि' गलियों में जो उपदेश देते हैं उस पर अपने घरों में शायद ही कभी अमल करते हों। वे बड़ी चतुराई से निजी मामलों को सार्वजनिक नैतिकता से अलग कर देते हैं। आज पत्नी-उत्पीड़क तथा बलात्कारी स्त्रियों को बराबरी का दर्जा देने की बात कर सकते हैं, माफिया गिरोहों के मुखिया इंसाफ की बातें कर सकते हैं, कट्टरपंथी धर्मनिरपेक्षता की बातें कर सकते हैं...स्त्रियों और 50% मतदाताओं के रूप में अपने मताधिकार का प्रयोग हम ऐसी राजनीतिक संस्कृति को बदलने के लिए कर सकते हैं। आइए हम निम्नलिखित सरीखे 'नेताओं' के खिलाफ कड़ा रुख अपनाएँ :

- जियाडर रहमान अंसारी, केंद्रीय वन राज्यमंत्री, भारत सरकार। इन्हें हिमाचल प्रदेश की महिला कार्यकर्ता मुक्ति दत्ता के साथ बलात्कार करने का प्रयास करने के आरोप में लिप्त पाए जाने के बावजूद लोकसभा का टिकट दिया गया।
- कालवी, राजस्थान के जनता दल नेता, जिन्होंने सन् 1988 में रूपकँवर नामक एक जवान विधवा को उसके पति के साथ जिन्दा जलाने के घृणित कृत्य का खुल्लमखुल्ला समर्थन किया।
- मार्क्सवादी कम्युनिस्ट पार्टी के 19 कार्यकर्ता। इन लोगों को महाराष्ट्र के दहानू जिले में आदिवासियों के साथ कार्यरत काश्तकारी संघटना नामक संगठन की युवा महिला कार्यकर्ता के साथ सामूहिक बलात्कार करने के सिलसिले में गिरफ्तार किया गया।
- सूर्यदेव नारायण सिंह, बिहार के माफिया सरगना। इन्हें जनता दल के वरिष्ठ नेता चंद्रशेखर का विश्वासपात्र समर्थक माना जाता है।
- एच. के. एल भगत। सन् 1984 में इंदिरा गांधी की हत्या के बाद भड़के सिख विरोधी दंगों में दंगा पीड़ित विधवाओं ने सिखों का कत्लेआम मचाने के लिए सीधे भगत को जिम्मेदार ठहराया। हरिकिशनलाल भगत आज भी केंद्रीय मंत्री के रूप में बरकरार हैं तथा काँग्रेस (इ) नेता हैं।
- आर. एल. जालप्पा। ये डोड्डाबल्लापुर के जनता दल नेता हैं। इन पर एक वकील की हत्या करने का आरोप है।
- डॉ. वेंकटेश। ये जनता दल के पूर्व सांसद हैं तथा वर्तमान में काँग्रेस (इ) की टिकट पर बैठामंगला क्षेत्र से कर्नाटक विधानसभा का चुनाव लड़ रहे हैं। इन्होंने अपनी पत्नी तथा बच्चे को न केवल घर से निकाल दिया, बल्कि

अदालत के आदेश के बावजूद उन्हें मुआवजा नहीं दिया। इनके विरुद्ध अपनी पत्नी की हत्या की कोशिश करने का मुकदमा भी न्यायालय में विचाराधीन है।

यह सूची अंतहीन है...

विडंबना यह है कि ऐसे कृत्यों में लिप्त किसी भी राजनीतिक दल यानी मार्क्सवादी कम्युनिस्ट पार्टी, जनता या कि काँग्रेस (इ) ने ऐसे गंभीर अपराधों में लिप्त व्यक्तियों के विरुद्ध किसी प्रकार की जाँच कराना उचित नहीं समझा। इससे भी बड़ी विडंबना तो यह है कि इन अपराधों को अपराध ही नहीं माना जाता। पत्नी को घर से निकाल दिए जाने को 'व्यक्तिगत' घरेलू समस्या समझा जाता है। ऐसे में खामोश रहकर समाज भी 'राजनीति के अपराधीकरण' को मौन स्वीकृति दे देता है।

– *ऐसे प्रत्याशियों का अपने क्षेत्रों में आप बहिष्कार कर दें जो सार्वजनिक मंच पर खड़े होकर स्त्रियों को बराबरी का दर्जा देने की बात करते हैं और अपनी निजी जिंदगी में महिलाओं का शोषण और उनके अधिकारों का उल्लंघन करते हैं।*
– *आप ऐसे उम्मीदवारों का समर्थन करें जिनके बारे में आश्वस्त हों कि चुने जाने के बाद वे महिलाओं के विरुद्ध होनेवाली हिंसा के मुद्दे पर सकारात्मक दृष्टिकोण अपनाएँगे।*
– *उन प्रत्याशियों को समर्थन दीजिए जो वास्तव में सार्वजनिक तथा निजी जीवन में अपने कथन पर अमल करते हैं।*

यह छोटा परंतु प्रारंभिक कदम है।

आइए हम अपनी अंतरात्मा की आवाज पर वोट दें और राजनीति में अंतरात्मा को वापस लाएँ।

नवंबर, 1989

विमोचना
महिला अधिकार फोरम
पो. बॉ. 4605

नारीवादी आंदोलन को जिस प्रकार से व्यक्तिगत या सांगठनिक महत्त्वाकांक्षाओं की पूर्ति के लिए इस्तेमाल किया गया उससे अनेक प्रकार की बुराइयों को पनपने का मौका मिला और ऐसी स्थिति में यह सोच पैदा हुई कि अब एकता की तलाश करना न केवल निरर्थक है बल्कि इसकी कोशिश प्रतिगामी भी है। इससे आंदोलन को कई प्रकार से क्षति हुई क्योंकि इसने अलगाववाद के खुल्लमखुल्ला प्रदर्शन का मार्ग प्रशस्त कर दिया। इस दिशा में प्राथमिक कदम बड़े पैमाने पर उन दलगत राजनीतिक महिला संगठनों द्वारा उठाए गए जिन्होंने परस्पर मतभेदों की अभिव्यक्ति

दिल्ली की दलित स्त्रियों के संगठन का प्रदर्शन

पंजाब समस्या के जनवादी निदान के लिए दिल्ली में प्रदर्शन

बलात्कार विरोधी मंच की स्त्रियाँ मथुरा बलात्कार केस की दुबारा सुनवाई की माँग करती हुईं, मार्च, 1980 बंबई।

के लिए एक-दूसरे के खिलाफ इश्तहारबाजी की। वामपंथियों ने जहाँ स्वायत्त नारीवादी संगठनों पर अपने अखबारों, इश्तहारों तथा अन्य प्रकाशनों के जरिए हमला किया, वहीं समाजवादी महिला संगठनों ने परोक्ष रूप से वामपंथियों पर आंदोलन को विभाजित करने का आरोप लगाते हुए आक्रमण के लिए ध्यान केंद्रित किया लेकिन सच्चाई यह है कि वे महिलाओं के आंदोलन का 'नेता' बनने तथा प्रतिनिधित्व के लिए वामपंथियों से संघर्षरत थे। वामपंथी तथा समाजवादी नारीवादी संगठनों से अधिक सतर्क तथा कुशाग्र स्वायत्त नारीवादी समूहों ने अन्य महिला संगठनों पर सार्वजनिक रूप से तो हमला नहीं किया परंतु उन्होंने अपनी अलग पहचान बनाने की दिशा में ध्यान जरूर केंद्रित किया। अतः पूर्व की विचारधारात्मक प्रस्तुति की अपेक्षा विभिन्न नारीवादी व्यवहारों का प्रतिनिधित्व करनेवाले संगठन खड़े हो

सन् 1989 में मदुराई में एक प्रदर्शन में शामिल पेन्नुमाई इयक्कम की कार्यकर्ता।

गए।

दुर्भाग्यवश, इन संगठनों के निर्माण का कारण यह था कि आंदोलन के बजाय संगठनात्मक आवश्यकताओं को अधिक महत्त्व दिया जाने लगा और संगठन की पहचान को इस रूप में देखा गया कि समाज में उसकी पकड़ कितनी मजबूत है। आत्महित को समय की माँग के रूप में देखने के साथ ही आंदोलन में ईर्ष्या तथा नौकरशाही दोनों प्रवेश कर गए। अगर कोई अंतर था तो बस यह कि कुछ व्यक्तिगत आत्महित की दिशा में कार्यरत थे तो कुछ नारीवादी संगठनात्मक स्वार्थों की पूर्ति में प्रयासरत थे। नारीवादी आंदोलन में एक भोंडी विभाजक रेखा खिंच गई। एक ओर के नारीवादी सोच रहे थे कि संगठनात्मक पहचान को पुख्ता करने से स्तालिनवाद को बढ़ावा मिलेगा जबकि दूसरी ओर के नारीवादियों का मानना था कि एकात्मकवाद आत्मश्लाघा का मुखौटा मात्र है। आगे चलकर जो समस्या पैदा हुई वह थी 'विकासात्मक

दहेज के लिए मार डाली गई अपनी बेटी की फोटो दिखाते शाहजहाँ बेगम उर्फ 'आपा'।

गतिविधियों' के लिए आर्थिक सहायता प्राप्त करने की। अनेक विकासशील देशों में यह समस्या समान है। सामाजिक आंदोलनों में लिप्त संगठनों में आर्थिक सहायता प्राप्त करने की होड़ लग गई जिससे असहमति एवं विद्रूपता प्रकट हुई।

सांगठनिक पहचान को बढ़ावा देनेवाली नौकरशाही की हालत उस समय बड़ी दयनीय हो गई जब विश्लेषण, माँगों तथा रणनीतियों को लेकर होनेवाला संघर्ष यह मानकर ठप्प कर दिया गया कि 'अन्य' संगठनों का दरवाजा किसी भी तर्क के लिए बंद हो चुका है और ऐसे में किसी किस्म की चर्चा करना केवल समय की बरबादी है। अभियान क्षेत्रों के निर्धारण, समय तथा भाषण के लिए स्थान, किस प्रकार के बैनर लगाए जाएँ और संगठन किस रूप में जुलूस निकालें इन सबको लेकर संघर्ष दुगुना हो गया। इससे भी बुरी बात यह थी कि संगठनों के मध्य एक प्रकार का श्रम का विभाजन विकसित हुआ इसलिए इनके मध्य हित-क्षेत्रों का बँटवारा उपलब्धियों या हितों की समानता पर किसी प्रकार की चर्चा के बगैर ही हो गया।

इसका परिणाम यह हुआ कि स्वायत्त नारी संगठनों ने, दलगत-राजनीतिक संगठनों से भिन्न होने के आधार पर जो जगह बनाई थी उस पर अन्य महिला संगठनों ने कब्जा कर लिया। इसके अलावा आठवें दशक के प्रारम्भ में आंदोलनात्मक गतिविधियों से दूर होने के कारण स्वायत्त महिला संगठनों ने न केवल दलगत-राजनीतिक महिला संगठनों के लिए स्थान रिक्त किया बल्कि अखबारों में भी उनकी उपस्थिति

अपनी बेटी कंचन की दहेज के लिए 1982 में दिल्ली में की गई हत्या के विरुद्ध हुए प्रदर्शन में श्रीमती सत्या रानी चड्ढा।

नगण्य रही।

इस बीच, स्त्री विषयों को इतनी व्यापक मान्यता मिली कि मध्य तथा दक्षिणपंथी पार्टियों ने भी महिला मोर्चों की स्थापना की। अस्सी के दशक में होनेवाले आंदोलनों में स्त्रियों की भूमिका को अधिक महत्त्व दिया जाने लगा यद्यपि यह श्रमिक आंदोलनों की अपेक्षा किसान आंदोलनों में अधिक उल्लेखनीय रहा। महाराष्ट्र में एक स्वतंत्र किसान नेता शरद जोशी के किसान आंदोलन को विशेष मजबूत आधार मिला। आगे चलकर गैल ओमवेट तथा चेतना जैसी स्थानीय नारीवादियों के सहयोग से यह आंदोलन और विस्तृत हुआ। इसके परिणामस्वरूप आंदोलन के भीतर पत्नी उत्पीड़न तथा घरेलू आय पर नियंत्रण की हिस्सेदारी जैसे 'स्त्री विषयों' को उठाया जाना प्रारंभ हुआ। इससे जहाँ पार्टियों के शिखर नेतृत्व में स्त्रियों को शामिल किया जाना शुरू हुआ वहीं सन् 1990 के स्थानीय चुनावों में राजनीतिक दलों ने सफलतापूर्वक महिला प्रत्याशियों को मैदान में उतारा। बिहार में अनेक मार्क्सवादी-लेनिनवादी गुटों को एकजुट करने का अभियान शुरू हुआ। जिसकी परिणति सन् 1984 में इंडियन पीपुल्स फ्रंट (आईपीएफ) की स्थापना के रूप में हुई। फ्रंट ने अस्सी के दशक में जबरदस्त किसान आंदोलन का नेतृत्व किया। स्त्रियों को संगठित करने की दिशा में एक बार फिर विशेष ध्यान केंद्रित किया गया। आईपीएफ के अभियानों में लगभग पचास हजार स्त्रियों ने हिस्सा लिया। इसके साथ ही विभिन्न स्वायत्त नारी संगठनों से संपर्क स्थापित करने की दिशा में कदम उठाए गए जिसका परिणाम यह हुआ कि अनेक अन्य महिला संगठनों के सहयोग से आईपीएफ ने अप्रैल सन् 1988 में पटना में राष्ट्रीय स्तर का नारीवादी सम्मेलन आयोजित किया।

इसी दौरान धुर दक्षिणपंथी दलों ने महिलाओं के मध्य अपना आधार सुदृढ़ करना प्रारंभ किया। सन् 1982 में महाराष्ट्र आधारित कट्टरपंथी हिंदूवादी संगठन शिव सेना ने अपनी महिला शाखा की स्थापना की जिसका प्रमुख प्राथमिक कार्यक्रम मुस्लिम-विरोधी प्रचार करना था। रोचक तथ्य यह है कि शिव सेना की महिलाओं ने वैसी ही दलीलें देनी शुरू कीं जैसी दलीलें लगभग सौ वर्ष पूर्व दी गई थीं और उनका काफी देर तक असर रहा था। उनका तर्क था कि मुसलमानों की जन्मदर इस तेजी से बढ़ रही है कि एक दिन उनकी आबादी हिंदुओं से बड़ी हो जाएगी। सचमुच वह दिन कभी नहीं आया।

इससे भी अधिक रोचक—और चिंताजनक—गतिविधियाँ उन दिनों दिल्ली, राजस्थान तथा पश्चिम बंगाल के कुछ भागों में हुईं जहाँ मारवाड़ियों द्वारा वित्तपोषित राणी सती संगठन के तत्वावधान में सन् 1982-83 में सती (विधवा का पति की चिता में बैठकर जलना) के महिमामंडन में उपेदश दिए गए। देश के अनेक भागों में महिलाओं द्वारा प्रदर्शन किए गए जिनमें स्त्रियों को सती होने का 'अधिकार' देने की माँग उठाई गई। दिल्ली में सती मंदिरों का संचालन करनेवाली एक संस्था को

एक अन्य मंदिर बनाने के लिए नगर निगम ने भूमि मंजूर की परंतु नारीवादी संगठनों द्वारा हो-हल्ला मचाने के बाद तत्कालीन प्रधानमंत्री श्रीमति इंदिरा गांधी ने भी उनका समर्थन करते हुए भूमि आबंटन को रद्द कर दिया।

नारीवादियों या महिला अधिकारों के विरुद्ध इसी किस्म के विरोधी आंदोलन परंपरावादियों के कुछ वर्गों द्वारा चलाए गए। इन आंदोलनों में बड़ी शाइस्तगी से नारीवादी-विरोधी प्रवचन करते हुए सांस्कृतिक या धार्मिक स्वायत्तता की माँगें उठाई गईं। इस आंदोलन को शुरू करने का कारण था नारीवाद का प्रसार और परिवारों में महिलाओं पर पड़नेवाला नारीवाद का प्रभाव। उदाहरणार्थ, जिस प्रकार का वैयक्तिक समर्थन कार्य महिला केंद्रों द्वारा किया गया उससे उन्हें लोगों के जीवन में घुलने-मिलने का मौका मिला इसलिए यह उनके द्वारा पूर्व में चलाए गए आंदोलनों से अधिक खतरनाक था। अनाश्चर्यजनक रूप से इससे सार्वजनिक तथा निजी बैर को बढ़ावा मिला जिससे नारीवादियों को क्षुब्ध परिवारों द्वारा उनके ऊपर व्यक्तिगत तथा अदालत एवं पुलिस के माध्यम से किए गए हमलों का सामना करना पड़ा।

बहरहाल, जहाँ पूर्व में नारीवादियों पर किए जानेवाले हमलों से लोगों के मन में उनके प्रति हमदर्दी पैदा होती थी वहीं आठवें दशक के मध्य से ऐसे हमलों को नारीवाद की निंदा का औजार बनाया जाने लगा। दिलचस्प बात यह है कि नारीवादियों के विरुद्ध दी जानेवाली दलीलें उन दलीलों से मेल खाती हैं जो उन्नीसवीं शताब्दी में समाज सुधारकों के विरुद्ध दी गई थीं : यह कि उनका पश्चिमीकरण हो गया है, कि वे उच्चवर्गीय हैं तथा शहरी हैं। इसलिए वे परंपरागत 'भारतीय' समाज के लिए अछूत और असहिष्णु हैं। पहले और अब भी ऐसी दलीलें दी जाती हैं कि नारीवादियों का सुधार करनेवाले समाज के किसी बड़े वर्ग का प्रतिनिधित्व नहीं करते अतः सरकार को उनकी माँगें ठुकरा देनी चाहिए। बहरहाल, उन्नीसवीं सदी, जबकि नारीवादी-विरोधियों ने अपने प्रतिनिधियों के मंच का गठन नहीं किया था, से अलग बीसवीं सदी के आठवें दशक में लगभग सभी राजनीतिक दलों के पास अपने-अपने महिला संगठन थे जो 'भारतीय स्त्रियों' की इच्छाओं का प्रतिनिधित्व करने का दावा करते थे।

वस्तुतः इसका परिणाम यह हुआ कि 'भारतीय नारी' कई टुकड़ों में विभक्त हो गई जिसका सबसे महत्त्वपूर्ण भाग साम्प्रदायिक पहचान के रूप में उभरा। कहने का तात्पर्य यह कि पहले जहाँ नारीवादियों ने महिलाओं का वर्गीकरण जाति, वर्ग तथा तत्पश्चात क्षेत्र एवं संस्कृति के आधार पर किया वहीं नारीवादियों के विरोध में चलाए जानेवाले आंदोलन में सांप्रदायिक भेदभाव किया जाने लगा जिससे भारतीय स्त्रियाँ एक दूसरे को मुसलमान, ईसाई, हिंदू कहकर संबोधित करने लगीं। किसी भी समुदाय की स्त्री की दशा को सुधारने के लिए किए जानेवाले प्रयासों को न केवल उनकी सांप्रदायिक स्वायत्तता में हस्तक्षेप माना गया, बल्कि 'धर्म खतरे में है'

का नारा बुलंद करके सदियों से चले आ रहे कानूनों पर भी मजहबी हमले किए गए। अँग्रेजों के समय से ही भारत में धर्मनिरपेक्षता को सरकारी मान्यता के रूप में व्याख्यायित किया गया तथा धर्म पर आधारित अनेक कानून बनाए गए परंतु इन कानूनों को कभी भी नागरिक कानूनों के अंतर्गत प्रदत्त अधिकारों का अतिक्रमण करने के लिए इस्तेमाल नहीं किया गया। परंतु आठवें दशक के मध्य में ऐसा हुआ। मुसलमान धार्मिक नेताओं के दबाव में आकर सरकार ने ऐसा कानून पास कर दिया जिसके तहत तलाकशुदा और बेसहारा मुस्लिम औरतों को अपने पतियों से गुजारा भत्ता माँगने के अधिकार से वंचित कर दिया गया। यह सब कैसे हुआ तथा इस पर नारीवादियों की क्या प्रतिक्रिया रही इसकी चर्चा हम अगले अध्याय में करेंगे।

टिप्पणियाँ

1. स्त्री शक्ति संघटना *'वि वर मेकिंग हिस्ट्री...'* पूर्वोक्त, रोहिणी पी. आर., सुजाता एस. वी., नीलम सी., *'माई लाइफ इज वन लांग स्ट्रगल'* पूर्वोक्त
2. वंदना शिवा एक ज्वलंत उदाहरण– *'स्टेचिंग एलाइव; वीमेन, इकोलॉजी एंड सरवाइवल इन इंडिया'* दिल्ली, 1988 काली फॉर वीमेन
3. नीलम चतुर्वेदी, साक्षात्कार, 10 दिसम्बर, 1987
4. किरण शाहीन साक्षात्कार, 5 मार्च, 1986

10. पर्सनल लॉ और सांप्रदायिक पहचान

अनाश्चर्यजनक रूप से, स्वाधीनता-पूर्व एवं पश्चात के नारीवादी आंदोलनों ने परिवार एवं घर को स्त्रियों के जीवन को प्रभावित करनेवाले प्रमुख एवं महत्त्वपूर्ण नियामक तंत्र के रूप में देखा। सातवें दशक के उत्तरार्द्ध में नारीवादियों ने दहेज को स्त्रियों के उत्पीड़न एवं दहेज हत्याओं को स्त्रियों के विरुद्ध होनेवाली हिंसा के सबसे क्रूरतम कृत्य के रूप में देखा। आठवें दशक के पूर्वार्द्ध में स्त्रियों के परिवार से एवं परिवार के भीतर संबंधों की पड़ताल के दौरान विवाह, तलाक, संपत्ति एंव मुआवजा इत्यादि से संबद्ध कानूनों की जाँच करने की जरूरत महसूस हुई क्योंकि भारत में धार्मिक तथा सामुदायिक आधार पर इसके अलग-अलग कानून हैं। इसके चलते विभिन्न 'पर्सनल लॉ' का अनुसंधान अनिवार्य हो गया। (यहाँ यह जानना रोचक है कि 'पर्सनल' शब्द को जब कानून के साथ जोड़ दिया जाता है तो उसका अर्थ है भिन्न धार्मिक

दंगों के दौरान हैदराबाद का एक दृश्य

समुदायों का भिन्न पारिवारिक कानून)।

नारीवादियों के लिए पर्सनल लॉ का मुद्दा विशेष विवादास्पद सन् 1985 की उस घटना के बाद बना जिसे 'शाहबानो केस' के रूप में जाना जाता है। 23 अप्रैल को उच्चतम न्यायालय की मुख्य न्यायाधीश चंद्रचूड़ की अध्यक्षतावाली पाँच सदस्यीय संविधान पीठ ने व्यवस्था दी की शाहबानो नामक 75 वर्षीय महिला अपराध प्रक्रिया संहिता की धारा 125 के अंतर्गत अपने पति से गुजारा-भत्ता पाने की हकदार है। शाहबानो के वकील पति मोहम्मद अहमद खान ने विवाह के लगभग आधी शताब्दी पश्चात उसे तलाक दे दिया। दस वर्ष पूर्व शाहबानो के पति द्वारा भारी दबाव दिए जाने के कारण शाहबानो को अपने बच्चों के साथ पति का मुख्य घर छोड़कर एक दालान में रहने को विवश होना पड़ा। इस घटना के दो वर्ष बाद तक शाहबानो के पति ने उसे रुपये 200/- मासिक का भुगतान किया परंतु एक दिन अचानक यह रकम देना बंद कर दिया। सन् 1978 में शाहबानो ने इंदौर के मजिस्ट्रेट की अदालत में अपराध प्रक्रिया संहिता की धारा 125 के अंतर्गत एक प्रार्थना पत्र प्रस्तुत किया जिसमें मजिस्ट्रेट से गुहार की गई कि वे उसके पति को गुजारा-भत्ता देने का आदेश दें। मोहताजी की हालत में स्त्री को निराश्रय से बचाने के उद्देश्य से बनाई गई इस धारा के अंतर्गत बेसहारा, परित्यक्ता या तलाकशुदा स्त्रियों को अपने पतियों से सहायता प्राप्त करने का अधिकार है बशर्ते कि वे (पति) स्वयं मोहताज न हों। इस धारा के प्रावधानों के अंतर्गत मोहताजी/अभाव को इसी तरह परिभाषित किया गया है। इस धारा के अंतर्गत मुआवजे की अधिकतम सीमा रुपये 500/- मासिक है जो कि निश्चित रूप से जीवनयापन एवं आवास के लिए पर्याप्त नहीं है। शाहबानो ने अधिकतम राशि की माँग इस आधार पर की कि वह स्वयं इतनी बूढ़ी हो चुकी है कि अपने गुजारे के लिए वह कोई काम भी नहीं कर सकती। दूसरे शब्दों में धारा 125 के अंतर्गत उसे यह दिखाना जरूरी था कि वह मोहताज़ थी तभी वह अपने पति से गुजारे-भत्ते का दावा कर सकती थी।

शाहबानो की याचिका अभी लंबित ही थी कि उसके पति ने तीन बार तलाक कहकर उसे तलाक देने का फैसला कर लिया। कुरान के मुताबिक यह तलाक का सबसे सरल रूप है।[1] इसके साथ ही उसने न्यायालय में 3000/- रुपए जमा कराए और कहा कि विवाह के समय मंजूर की गई मेहर की रकम को वह वापस कर रहा है। बहरहाल, शाहबानो ने कहा कि मेहर का मतलब है दुल्हन को 'सम्मानस्वरूप' दी जानेवाली राशि, और यह राशि चांदी के तीन हजार सिक्कों की थी। इस बीच मजिस्ट्रेट ने व्यवस्था दी कि शाहबानो धारा 125 के तहत गुजारे-भत्ते की हकदार है परंतु गुजारे की रकम तय की महज 25 रुपए महीना। शाहबानो ने मध्यप्रदेश उच्च न्यायालय में अपील की जिसने राशि बढ़ाकर 179.20 रुपए प्रतिमाह कर दी। इसके बाद मोहम्मद अहमद खान उच्चतम न्यायालय गए और अपील की कि उच्च

पाकिस्तानी नारीवादियों के साथ सन् 1986 में एकजुटता का इजहार करती भारतीय महिलाओं के राष्ट्रीय परिसंघ की कार्यकर्ता।

न्यायालय ने निर्णय देने में अपने अधिकार क्षेत्र का अतिक्रमण किया है तथा शरीयत द्वारा निर्धारित मुस्लिम पर्सनल लॉ का उल्लंघन किया है। इसके समर्थन में उसने अनेक दलीलें दीं जिनमें कहा गया : एक, मुसलमान होने के नाते वह इस्लामिक कानून से बँधा हुआ है; दो, पति से गुजारा-भत्ता प्राप्त करने का मामला विवाह और तलाक के कानून से जुड़ा हुआ है जो कि उसके मामले में मुस्लिम पर्सनल कानून के अंतर्गत आता है इसलिए शाहबानो की याचिका को सिर्फ इसी कानून के तहत देखा जाए किसी अन्य कानून के तहत नहीं तथा तीन, अगर विवाह, तलाक तथा गुजारा-भत्ता इत्यादि पर्सनल कानून की परिधि में आते हैं तो आपराधिक कानून को तस्वीर में दाखिल नहीं होना चाहिए। इन दलीलों के समर्थन में शाहबानो के पति ने मुस्लिम पर्सनल लॉ बोर्ड से हासिल किए अनेक दस्तावेज पेश किए जिनमें कहा गया था कि शरीयत के तहत कोई भी शौहर अपनी बीवी को तलाक देने की तीन महीने की मियाद से ज्यादा गुजारा-भत्ता देने को बाध्य नहीं है। (इद्दत की मुद्दत) : इसके तथा अपनी पूर्व-पत्नी को मेहर की रकम लौटाने के बाद उसके (बीवी) के प्रति शौहर के तमाम फर्ज़ पूरे हो जाते हैं। इसके अलावा शरीयत का इस बात से कोई सरोकार नहीं कि इद्दत की अवधि के बाद औरत अपना गुजारा कैसे करती है, इसलिए यह सवाल न्यायालय की परिधि से बाहर है।

इस समय तक यह मामला उच्चतम न्यायालय में विचाराधीन था, इसलिए अभाव के आधार पर गुजारा-भत्ता (धारा 125) तथा तलाक के आधार (जो कि पर्सनल

सहेली द्वारा दिल्ली में सन् 1985 में लगाए गए पोस्टर।

लॉ के तहत आता है) पर गुजारा-भत्ता देने का सवाल गड्डमड्ड हो गया। इसकी रोशनी में नागरिक तथा अपराधिक कानून का भेद भी गड्डमड्ड हो गया : ठीक इसी समय आपराधिक कानून को गुजारा-भत्ते की सीमा से बाहर कर दिया गया। अंततोगत्वा इस आधार पर कि पर्सनल लॉ का इससे कोई सरोकार नहीं है, महिला मोहताजी की पूरी समस्या अपने आप ही न्यायालय की परिधि से बाहर हो गई।[2]

अगर मोहम्मद अहमद खान की याचिका पर उच्चतम न्यायालय अपने निर्णय में इन बिंदुओं को नकार देता तो यह मामला शायद इतना विवादास्पद नहीं होता। न्यायालय के लिए भी ऐसा कर पाना कठिन था क्योंकि एक ओर ये बिंदु उसके सामने तर्क के रूप में रखे जा रहे थे और दूसरी ओर शाहबानो का वकील उन्हें अपनी दलीलों से काट रहा था। इस प्रक्रिया में शाहबानो के वकील ने कुरान की दो आयतों के हवाले से यह साबित कर दिया कि कुरान में सक्षम व्यक्ति के लिए गुजारा-भत्ता देने को उसका फर्ज़, करार दिया गया है। किसी भी सूरत में, न्यायमूर्ति चंद्रचूड़ की अध्यक्षतावाली पाँच सदस्यीय संविधान पीठ ने इसके आगे बढ़कर धर्म के नाम पर स्त्रियों के साथ किए जानेवाले अत्याचारों पर कठोर टिप्पणी करते हुए सरकार को समान नागरिक संहिता बनाने का सुझाव दे डाला।

पर्सनल लॉ के प्रश्न पर प्रधानमंत्री को न्यायमूर्ति वी. आर. कृष्ण अय्यर द्वारा 28 फरवरी, 1986 को लिखे गए खुले पत्र के संक्षिप्त अंश

धारा 125 सचमुच एक ऐसा धर्मनिरपेक्ष प्रावधान है जो सभी युवतियों को उनके पति द्वारा तलाक दे दिए जाने के पश्चात, चाहे वे किसी भी धर्म की हों, को दरिद्रता के बोझ, अभाव, जो कि उन्हें जीवनयापन के लिए वेश्यावृत्ति की ओर उन्मुख कर सकता है, से बचाने के उद्देश्य से बनाया गया है। यह प्रावधान संविधान के अनुच्छेद 15 का विस्तार है जो सभी स्त्रियों पर समान रूप से लागू होता है। मुस्लिम महिलाओं को अपने वालदैन तथा वक्फ बोर्ड (जो स्वयं ही तंगी में हैं) से गुजारा-भत्ता पाने की भ्रामक वैकल्पिक व्यवस्था स्पष्ट एवं व्यापक रूप से भेदभावपूर्ण है। इस प्रतियोगिता में आप हिंदू, पारसी एवं ईसाई स्त्रियों को रख सकते थे और उन्हें अपने भरण-पोषण के लिए अपने-अपने धार्मिक न्यासों का मुँह ताकने के लिए कह सकते थे। इसके लिए आपने मुस्लिम स्त्रियों को ही क्यों चुना ? धारा 125 के तहत गुजारे-भत्ते के आवेदनों के आंकड़ों का अध्ययन करने से यह साफ पता चलता है कि तलाक की ज्यादातर शिकार मुस्लिम स्त्रियाँ ही होती हैं।

आप बड़ी आसानी से इसकी सराहना कर सकते हैं कि इस धारा का किसी निजी कानून के अंतर्गत भरण-पोषण की जिम्मेदारी से कोई संबंध नहीं है। इसका न्याय क्षेत्र भिन्न है, इसका न्यायशास्त्र भिन्न है तथा इसके मानदंड एवं प्रक्रिया भिन्न हैं। एक की जड़ें पारिवारिक कानून में हैं तो दूसरे की जन व्यवस्था तथा सामाजिक न्याय में। दोनों के मध्य यदि कोई भ्रम है तो वह है न्यायिक महाजाल का दोषी होना। अपराध प्रक्रिया संहिता की धारा 125 अँग्रेजी अंगूरी बेल का सम्माननीय संसद द्वारा विस्तारित रूप है। इक्कीसवीं शताब्दी प्रगतिशीलता की दिशा में तेजी से आगे बढ़ने की माँग करती है न कि छठी शताब्दी की पुरातनपंथी मान्यताओं से अभिभूत होकर पीछे हटने की। धारा 125 सुख, शांति एवं सामाजिक स्वास्थ्य के विपरीत जरूरतमंद परित्यक्ताओं को जीवनयापन की जरूरतें पूरी करने के साथ-साथ उन्हें नैतिक खतरे तथा गृहविहीन होने से बचाती है। यह धारा हमारे गणतंत्र के धर्मनिरपेक्ष मूल्यों पर आधारित है। जिसकी संविधान के अनुच्छेद 25 में स्पष्ट व्याख्या की गई है। अनुच्छेद 25 राज्य को जन-व्यवस्था नैतिकता तथा स्वास्थ्य की आवश्यकताओं के परिप्रेक्ष्य में कानूनी प्रावधान करने की शक्ति प्रदान करता है। यह मानना कि धारा 125 किसी धर्म के लिए है या उसके विरुद्ध है, कानून के उद्देश्यों एवं संभावनाओं का विकृत खाका खींचना है। संविधान के अनुच्छेद 25 की प्रेरणा से जनकल्याण, नैतिकता एवं स्वास्थ्य के संवैधानिक सरोकार के आधार पर बनाई गई धारा का यह कहकर कि 'धर्म खतरे में है' विरोध करना मछली की पूँछ में पलीता लगाने के समान है। कट्टरपंथियों की धमकियों का मुँहतोड़ जवाब देने के लिए उच्चतम न्यायालय द्वारा

दिए गए तीन निर्णय पर्याप्त हैं। सुधार विरोधी हिंदू या मुसलमान पुरुषों को उच्चतम न्यायालय द्वारा की गई कानून की सकारण व्याख्या और उठाए गए कदमों को स्वीकार करना चाहिए।

सच है, भारत के कुछ अयातुल्लाह और उनके राजनीतिक मुख्तियारों की शोर मचाने की आदत बन गई है कि अगर मुसीबतजदा औरतों को सहायता दी गई तो जैसे इस्लाम का बेड़ा गर्क हो जाएगा सत्य का कैसा मजाक है यह ! मेरी जानकारी के अनुसार, सैकड़ों उदारवादी मुसलमानों तथा मुस्लिम एवं अनेक अन्य महिला संगठनों ने शाहबानो के निर्णय का जोरदार स्वागत किया तथा संवैधानिक प्रक्रिया के तहत उस फैसले को उलट देने का उन्हें अत्यंत दुःख हुआ। मोटी चमड़ीवाले कुछ कर्कश प्रतिक्रियावादी कट्टरपंथियों को आम स्त्रियों का एकमात्र प्रतिनिधि मानकर उन्हें प्रतिष्ठित करना एक बड़ी भूल होगी। कृपया समय रहते इस सच्चाई को जान लें कि महिलाओं की प्रतिष्ठा दाँव पर है। संसद में धर्म के ठेकेदारों के प्रतिनिधियों के समक्ष जिस प्रकार प्रधानमंत्री ने आत्मसमर्पण कर दिया और उनके शोर शराबे से डर कर वे गूंगे-बहरे हो गए हैं और उन्हें एक बड़े समुदाय की गहरी भावनाएँ दिखाई-सुनाई नहीं पड़ रही हैं, इसे देखकर मुसलमानों में बेहद मायूसी और महिलाओं में संपूर्ण खामोशी है।

इसे देखते हुए हिंदू सांप्रदायिकता खतरनाक रूप से बढ़ रही है। पारा चढ़ रहा है। दोनों ओर के कट्टरपंथी इस काम में व्यस्त हैं। राजनीतिक उद्देश्य पारदर्शी होना चाहिए। मैं आपसे प्रार्थना करता हूँ कि धर्मनिरपेक्षता के स्थायित्व को समाप्त न होने दें।

मैं आपको बताना चाहता हूँ कि यह विधेयक कुरान तथा वक्फ के संविधान के प्रति पाप है। अनेक इस्लामी विद्वानों का मानना है कि कुरान में इस बात का स्पष्ट उल्लेख है कि तलाक देनेवाले पतियों के लिए अपनी तलाकशुदा पत्नियों को गुजारा-भत्ता देना इद्दत की अवधि के पश्चात भी अनिवार्य है। मैं आपको एक बार फिर बताना चाहता हूँ कि वक्फ बोर्ड एक धार्मिक तथा धर्मादा न्यास है जो कि धर्मप्रिय मुसलमानों द्वारा पवित्र कार्यों के निष्पादन तथा आध्यात्मिक शांति के लिए स्थापित किए गए हैं। वक्फ बोर्डों के कोष का किसी अन्य व्यक्ति की परित्यक्ता बीवी को गुजारा-भत्ता देने के लिए इस्तेमाल करना पाप है। अनेक वक्फ बोर्ड खुद ही निर्धन हैं और ऐसे में उन्हें वंचित एवं परित्यक्ता पत्नियों का संरक्षक बनाना एक धोखा है। यह सारी प्रक्रिया एक कानूनी तमाशा है ? हमारी महान संसद को कृपया निष्प्रभावी मत बनाइए। आपके मंत्री अंसारी महोदय उच्चतम न्यायालय के न्यायाधीशों का संसद में पहले ही बहुत अपमान कर चुके हैं।

भारतीय महिलाओं, मानवाधिकार के रक्षकों, धर्मनिरपेक्ष परिवर्तनवादियों तथा संविधान विशेषज्ञों की ओर से विनम्र निवेदन करते हुए मैं अंत में आपसे कहना चाहता हूँ कि :

शाहबानो के मामले में उच्चतम न्यायालय के निर्णय को मृत्यु के मुँह में झोंकने के लिए लाया गया यह विधेयक बहुआयामी अन्याय का अत्यंत दुर्भाग्यपूर्ण राजनीतिक नमूना है। यह विधेयक हमारे गणतंत्र के धर्मनिरपेक्ष सिद्धांतों के प्रति अन्याय है; यह महिलाओं के मौलिक अधिकारों के प्रति अन्याय है अतः मानवाधिकारों का उल्लंघनकारी भी है; यह हमारे संविधान में अनुच्छेद 14, 21, तथा 25 में वर्णित समानता के सिद्धांतों के प्रति अन्याय है; यह मुस्लिम महिलाओं तथा राज्य की मानवतावादी आत्मा को कट्टरपंथियों के हाथों बेचना जैसा दंडात्मक अन्याय है, यह अन्याय है पवित्र कुरान के प्रति जो मोहताजी में मजलूम महिलाओं को गुजारे-भत्ते के भुगतान का हामी है; यह इक्कीसवीं शताब्दी के प्रति भी अन्याय है जो हमें ऐसे शोरोगुल करनेवाले कट्टरपंथियों का, जिनका कि मुस्लिम प्रबुध वर्ग और स्त्रियों के एक बड़े वर्ग पर न्यूनतम प्रभाव है, वोट खरीदने के लालच में छठी शताब्दी की ओर पीछे धकेलना है; यह अधिकारातीत अन्याय है वक्फ कानून के प्रति क्योंकि वक्फ ऐसे न्यास नहीं हैं जो गैर जिम्मेदाराना तलाकों के रूप में की जानेवाली व्यक्तिगत बुराइयों की देखभाल करें, यह अन्याय है पारिवारिक एकता के प्रति क्योंकि यह निकट संबंधियों के मध्य मुकदमेबाजी की उर्वरा से परिपूर्ण है। यह अन्याय है कानून के यथार्थपूर्ण कार्यान्वयन के प्रति क्योंकि, स्पष्ट कहें तो, विधेयक में किए गए प्रावधान परित्यक्ता को अभाव की स्थिति में अनेक मामलों में भिक्षावृत्ति या खैरात की तलाश में भटकने को विवश करते हैं; यह अन्याय है राष्ट्रीय स्थायित्व के प्रति क्योंकि हमारी सरकार की धर्मनिरपेक्ष विश्वसनीयता खतरे में पड़ जाएगी। भारत का न्यायप्रिय समाज आज इसकी इजाजत नहीं देता।

बुनियादी तौर पर उच्चतम न्यायालय के निर्णय का निम्नलिखित निष्कर्ष निकाला जा सकता है : पहला, उसने धारा 125 तथा शाहबानो के वकील डैनियल लतीफ द्वारा उद्धृत कुरान की दो आयतों के माध्यम से मुस्लिम पर्सन लॉ दोनों ही के अंतर्गत शाहबानो के अपने पति से गुजारा-भत्ता पाने के अधिकार को कायम रखा।[3] दूसरा, न्यायालय ने माना कि धारा 125 सभी धार्मिक बंधनों से मुक्त है यानी यह विभिन्न धार्मिक समुदायों के, जिससे कि विवाहित दंपत्ति संबद्ध है, पर्सनल लॉ (व्यक्तिगत कानूनों) से ऊपर है। तीसरा, उच्चतम न्यायालय ने स्त्रियों के साथ परंपरागत रूप से किए जानेवाले अनुचित व्यवहार की आलोचना करते हुए हिंदू विधि निर्माता मनु एवं पैगम्बर की उक्तियों को उद्धृत करते हुए उन्हें परंपरागत अन्याय का प्रतीक बताया। अंत में न्यायालय ने सरकार से अनुरोध किया कि वह समान नागरिक कानून बनाए क्योंकि समान नागरिक संहिता के निर्माण का संवैधानिक वादा केवल सरकार की पहलकदमी से ही पूरा किया जा सकेगा।

धारा 125 की बहाली तथा पर्सनल लॉ को अनुचित बताकर उसकी आलोचना

करना, दोनों ही कोई नई चीज नहीं है। धारा 125 के अंतर्गत मुस्लिम महिलाओं के गुजारा-भत्ता के अधिकार को उच्चतम न्यायालय अपने दो पूर्व निर्णयों में पहले भी बहाल रखा है। इनमें से एक निर्णय सन् 1979 में बाई ताहिरा बनाम अली हुसेन फिसाली के मामले में दिया गया तथा दूसरा सन् 1980 में फुजलुम्बी बनाम के खादर अली के मामले में।[4] ये दोनों निर्णय मुख्य न्यायाधीश न्यायमूर्ति कृष्ण अय्यर द्वारा दिए गए थे तथा दोनों में उन्होंने मुस्लिम पर्सनल लॉ में न्यायिक सुधार किए जाने की आवश्यकता पर जोर दिया था। पूर्व में दिए गए दोनों ही फैसलों के बाद के निर्णय की 'किसी भी सूरत' की दलील नहीं दी गई थी क्योंकि इससे गलत अर्थ निकलता : मिसाल के तौर पर, यह तय कर लेने के बाद कि धारा 125 मुस्लिम पर्सनल लॉ के अनुरूप ही है, यह कहना अनावश्यक था कि 'किसी भी सूरत में' धारा 125, अपराधिक कानून का अंग होने के कारण धार्मिक 'बंधनों' से मुक्त है। दूसरी ओर, धारा 125 को पर्सनल लॉ से ऊपर मानते हुए उसे कायम रखने का निर्णय कर लेने के बाद शरीयत की व्याख्या करना फिजूल था। जब निर्णय में यह व्यवस्था दे ही दी गई कि धारा 125 तथा शरीयत दोनों एक जैसे हैं तो ऐसे में समान नागरिक संहिता की माँग करना निश्चय ही विडंबनापूर्ण है और जिन कारणों से यह सुझाव दिया गया वे कारण भी इस व्यवस्था का खंडन करते प्रतीत होते हैं :

> लगता है इस विश्वास को आधार मिल गया है कि यह मुस्लिम समुदाय के ऊपर है कि वह अपने व्यक्तिगत कानून (पर्सनल लॉ) में सुधार की पहल करें। *एक समान नागरिक संहिता के निर्माण से राष्ट्रीय एकता के उद्देश्य को पूरा करने में सहायता मिलेगी तथा इससे परस्पर विरोधी विचारधाराओंवाली कानून के प्रति विभिन्न निष्ठाओं को समाप्त करने में मदद मिलेगी।* कोई भी समुदाय इस मामले में *अनावश्यक* छूट देकर बिल्ली के गले में घंटे बाँधने की मूर्खता नहीं करेगा...विभिन्न मत-मतांतरों के लोगों को साझा मंच पर लाने में होनेवाली कठिनाइयों को हम समझते हैं। अगर संविधान का कोई मतलब है तो पहल करनी ही होगी। (जोर देकर कहा गया)[5]

इसे इस प्रकार लें, स्पष्ट रूप से यह निष्कर्ष निकालना संभव था कि न्यायाधीश यह कह रहे थे कि मुस्लिम पर्सनल लॉ बुरा है, परंतु 'मुस्लिम समुदाय' अनुचित कानूनों को महत्त्व देता है, इसलिए कोई (इस मामले में राज्य) उस पर औचित्य थोपे। इसी प्रकार यह नतीजा निकालना भी आसान था कि यह दबाव केवल न्याय के लिए ही नहीं बल्कि 'राष्ट्रीय एकता' के लिए भी डाला जाना चाहिए। और इससे यह निष्कर्ष निकालना भी सरल था कि राष्ट्रीय एकता के लिए आवश्यक है कि मुसलमान इस्लाम तथा इस्लामी कानूनों (पर्सनल लॉ) के प्रति अपनी 'वफादारी' कम करें।

पुरानी दिल्ली में स्त्रियों के बीच मतभेद पैदा करने के लिए धर्म के प्रयोग के विरोध में प्रदर्शन हुआ।

इस निर्णय की विभिन्न आधार पर व्यापक आलोचना की गई। सबसे ऊपर, नारीवादियों, उदारवादियों एवं धर्मनिरपेक्षतावादी उच्चतम न्यायालय के फैसले की आलोचना इस आधार पर कर रहे थे कि इसने धर्म और व्यक्तिगत कानून का मुद्दा खड़ा कर दिया जो कि अनिवार्यतः धर्मनिरपेक्ष, आपराधिक कानून का मामला था। इससे भी आगे बढ़कर कुछ नारीवादियों ने कहा कि पर्सनल लॉ के साधारण मुद्दे और ये महिला अधिकारों को किस रूप में कितना प्रभावित करते हैं, से निपटने के बजाय निर्णय ने केवल मुस्लिम पर्सनल लॉ पर ध्यान केंद्रित किया। इस निर्णय पर टिप्पणी करते हुए मधु किश्वर ने अपने एक लेख के उपसंहार में लिखा :

'न्यायमूर्ति चंद्रचूड़ ने इस प्रकार मुस्लिम पुरुष और इस्लाम को अलग-थलग करने की कवायद में, बुनियादी तौर पर महिला अधिकारों के मुद्दे को अनावश्यक रूप से मुस्लिम समुदाय पर हमला करने के अवसर में बदल दिया।'[6]

मुस्लिम धार्मिक नेताओं में इस दृष्टिकोण पर मतैक्य था कि उच्चतम न्यायालय के निर्णय ने उनके समुदाय पर हमला किया है। उलेमाओं ने एक फतवा जारी कर कहा कि यह इस्लाम की शिक्षा के विरुद्ध है। इस फतवे को इस कदर प्रचारित किया गया कि कुछ ही महीनों में इस मुद्दे ने 'इस्लाम खतरे में है' का दावा करते हुए साम्प्रदायिक संघर्ष का रूप धारण कर लिया। मुस्लिम संप्रदायवादियों ने माँग

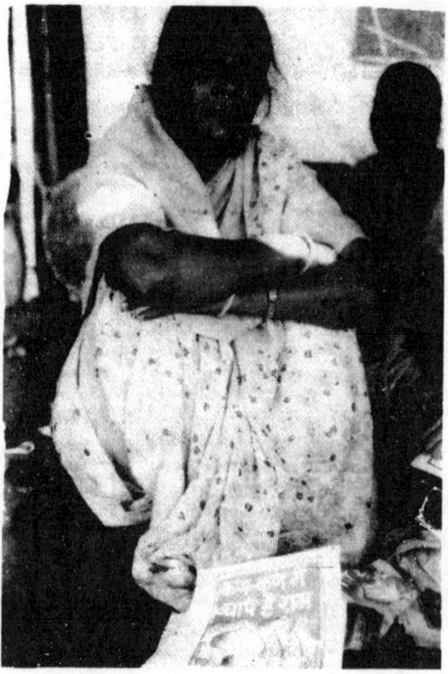

सांप्रदायिकता विरोधी मार्च में अयोध्या में विश्राम करती एक महिला कार्यकर्ता।

की कि उच्चतम न्यायालय के निर्णय को बदला जाए तथा मुसलमान स्त्रियों को धारा 125 से अलग किया जाए; इस होड़ में कूदते हुए हिंदू संप्रदायवादियों ने उच्चतम न्यायालय के निर्णय का स्वागत किया और खुशी का इजहार करते हुए तर्क दिया कि इससे हमारी उस सोच को समर्थन मिलता है कि मुसलमान 'रूढ़िवादी' और 'राष्ट्रविरोधी' हैं।'

अगस्त 1985 में मुस्लिम महिलाओं को धारा 125 की परिधि से बाहर निकालने की नीयत से संसद में एक विधेयक आया। यह विधेयक मुस्लिम लीग के सांसद जी. एम. बनातवाला द्वारा लाया गया था। इसे शाहबानो के उस मुकदमे की प्रतिक्रियास्वरूप में प्रस्तुत किया गया जिसे नारीवादियों का समर्थन प्राप्त था तथा उच्चतम न्यायालय उस पर अपना निर्णय देनेवाला था। विधेयक उच्चतम न्यायालय के निर्णय के एक माह पूर्व सदन में पेश किया गया। सरकार ने बनातवाला के विधेयक का विरोध करने का फैसला करते हुए अपने मुसलमान मंत्री आरिफ मुहम्मद खान से कहा कि वे विधेयक का संसद में इस आधार पर विरोध करें कि धारा 125 मोहताजी रोकने के उद्देश्य से बनाई गई है इसलिए वह किसी भी समुदाय के निजी कानूनों में कोई हस्तक्षेप नहीं करती। बहरहाल आरिफ मुहम्मद खान ने सरकारी संदेश से अलग लाइन लेते हुए शरीयत की मानवीय आधार पर व्याख्या करने की जोरदार तकरीर की।

मुस्लिम उदारवादियों, नारीवादियों तथा समाज सुधारकों ने सारे भारत, खासतौर से महाराष्ट्र में, धारा 125 के समर्थन तथा बहुपत्नी-विरोध एवं मुस्लिम स्त्रियों को गुजारा-भत्ता देने और उनके अधिकारों में सुधार की माँग को लेकर अभियान शुरू किया। उसी समय क्रोधित उलेमाओं ने आरिफ मुहम्मद खान के तर्कों को यह कहते हुए निरस्त कर दिया कि वह एक नासमझ आदमी है और उसे शरीयत की व्याख्या करने का कोई अधिकार नहीं है। इसके साथ ही वे निर्णय को उलटने तथा बनातवाला के विधेयक के समर्थन में चलाए गए व्यापक अभियान में बाजे-गाजे के साथ शामिल हो गए। एक लाख से अधिक मुसलमानों ने बंबई में तथा लगभग इतने ही लोगों ने भोपाल में प्रदर्शन किया। इसके साथ-साथ सारे देश में प्रदर्शनों की झड़ी लग गई : हैदराबाद में बंद आयोजित किया गया। लखनऊ में मुस्लिम पर्सनल लॉ बोर्ड ने घोषणा की कि असली मुसलमानों को अपने घावों पर मरहम लगाने के लिए अदालतों में जाने के बजाय उनके द्वारा स्थापित की जानेवाली शरीयत अदालतों में आना चाहिए। इन प्रदर्शनों के विरोध तथा निर्णय के समर्थ में मात्र कुछ सौ लोगों ने प्रदर्शन किया। उच्चतम न्यायालय के फैसले का अनुमोदन करनेवाले लोगों पर हमले किए गए। नवम्बर में कोल्हापुर (महाराष्ट्र) में स्थापित तलाक मुक्ति मोर्चा ने पूरे महाराष्ट्र में निर्णय के पक्ष में पोस्टर प्रदर्शनी लगाने तथा मार्च आयोजित करने की योजना बनाई परंतु उसे अपना कार्यक्रम बीच में ही स्थगित करने को विवश होना पड़ा क्योंकि

अनेक स्थानों पर प्रदर्शनकारियों पर हमले किए गए। मिराज़ में उन्हें काले झंडे दिखाए गए, परमणी में चार सौ लोगों की भीड़ ने उन्हें धमकी दी, नांदेड़ तथा जलगाँव में उन पर पत्थर बरसाए गए और अहमद नगर में तो इंतहा ही हो गई। लगभग दस हजार लोगों की भीड़ ने उन्हें घेर लिया और काले झंडे दिखाने के साथ-साथ उन पर पत्थर बरसाए गए और उन्हें अपना शेष मार्च समाप्त करने के लिए मजबूर कर दिया गया।

यह मुद्दा इतना गर्म क्यों हो गया, इसे समझने के लिए उस परिप्रेक्ष्य में झाँकना होगा जिसमें यह खड़ा हुआ। अस्सी के दशक में समूचे भारत में हिंदू-मुस्लिम तथा हिंदू-सिख दोनों प्रकार की सांप्रदायिक हिंसा दिखाई पड़ी। नवंबर, 1984 के दंगे खासतौर से चौंकानेवाले थे। श्रीमती इंदिरा गांधी की हत्या को काँग्रेस (इ) द्वारा न केवल सांप्रदायिक मुद्दे के रूप में देखा गया बल्कि दोषियों को सजा देने और यहाँ तक कि दंगे में पुलिस तथा राजनीतिज्ञों की भूमिका की भी कोई जाँच नहीं की गई। राज्य की निगाह में हिंदू सांप्रदायिकता की बढ़ती मान्यता को देखते हुए इसे उत्तर प्रदेश में शुरू किए गए रामजन्म भूमि आंदोलन में और अधिक घनीभूत कर दिया गया।

अक्टूबर, 1984 में अपेक्षाकृत एक नए सांप्रदायिक हिंदू संगठन विश्व हिंदू परिषद ने एक बृहद पूर्णकालिक आंदोलन शुरू किया और माँग की कि अयोध्या में बाबरी मस्जिद प्रांगण को भगवान की राम की जन्मभूमि घोषित किया जाए तथा उस स्थान पर मंदिर बनाया जाए। मंदिर-मस्जिद में पूजा-नमाज के प्रश्न पर उन्नीसवीं सदी के उत्तरार्द्ध में ही विवाद शुरू हो गया था और इस मुद्दे पर न्यायालय में लंबित निर्णय के आधार पर पूरे परिसर में ताला बंद कर दिया गया। इस संबंध में एक 'हिंदू' वकील द्वारा फिर वाद स्थापित करने से मामला फिर जीवित हो गया। इसी बीच विश्व हिंदू परिषद (वी.एच.पी.) ने सन् 1984 में अयोध्या में मंदिर को 'मुक्त' कराने के उद्देश्य से दो लाख लोगों का जबरदस्त पैदल मार्च आयोजित किया तथा सन् 1985 में समूचे हिंदीभाषी क्षेत्र में सैकड़ों हवन-यज्ञ आयोजित किए जिनके माध्यम से माँग की गई कि मस्जिद के अहाते में रामजन्म भूमि मंदिर बनाया जाए। विश्व हिंदू परिषद के नेतृत्व में होनेवाले आंदोलन की बढ़ती शक्ति और चुनौतियों को देखते हुए अनेक मुसलमान धार्मिक नेताओं ने यथास्थिति बहाल रखने के उद्देश्य से बाबरी मस्जिद एक्शन कमेटी की स्थापना की।

बाबरी मस्जिद मुद्दे तथा शाहबानो के मुकदमे को एक साथ जोड़कर इसे भारतीय मुसलमानों पर हिंदू सांप्रदायिकता के जबरदस्त हमले के रूप में देखा गया। बाबरी मस्जिद एक्शन कमेटी तथा जनता पार्टी के नेता सैयद शहाबुद्दीन को शाहबानो के मुकदमे में उच्चतम न्यायालय द्वारा दिए गए निर्णय के विरोध में तीन लाख मुसलमानों के हस्ताक्षरोंवाली याचिका दायर करने तथा बाबरी मस्जिद आंदोलन शुरू करने के

कारण जबरदस्त ख्याति मिली।[7] दिसंबर, 1985 में हुए विधानसभा चुनावों में शहाबुद्दीन ने अपने प्रतिद्वंद्वी तथा किशनगंज क्षेत्र से काँग्रेस (इ) उम्मीदवार को बुरी तरह पराजित किया। हालाँकि काँग्रेस (इ) ने इस सीट पर कब्जा करने तथा मुस्लिम वोटों को अपने पक्ष में लाने के लिए जमात-उल-उलेमा-ए-हिंद के सचिव को अपना उम्मीदवार बनाया और उनका समर्थन करने के दो सौ उलेमाओं को उतार दिया।

एक फरवरी, 1986 को फैजाबाद के जिला मजिस्ट्रेट, जिनके समक्ष बाबरी मस्जिद-रामजन्म भूमि मुकदमा लंबित था, ने आदेश दिया कि मंदिर में हिंदुओं को पूजा करने के लिए उसका ताला खोल दिया जाए। विश्व हिंदू परिषद ने 'विजय जुलूस' निकालकर जश्न मनाया। मुसलमानों ने इसके प्रतिशोध स्वरूप 'मातमी जुलूस' निकाला और दोनों समुदायों में झड़पें इतनी तेज हो गईं कि उनकी परिणति दिल्ली, श्रीनगर और मध्यप्रदेश के अनेक भागों में दंगों के रूप में हुई। पाकिस्तान में भी दंगे हुए। किशनगंज की पराजय और मुस्लिम समुदाय की निगाहों में अपनी धरती विश्वसनीयता के मद्देनजर चिंतित कांग्रेस (इ) धारा 125 के अंतर्गत मुस्लिम महिलाओं के संरक्षण के लिए दिए गए अपने आश्वासन से पीछे हटती नजर आई और उसने घोषणा की वह निर्णय की समीक्षा तथा बनातवाला द्वारा लाए गए विधेयक की तर्ज पर नया विधेयक पेश करने का विचार कर रही है। अनेक लोगों ने इस घोषणा को राजनीतिक फायदे के लिए काँग्रेस द्वारा मुस्लिम महिलाओं के हितों की बलि दिए जाने की सनक बताया। अनेक मुस्लिम सुधार समूहों तथा महिला संगठनों ने फौरन प्रतिक्रिया व्यक्त करते हुए सरकार को इस घोषणा को वापस लेने का अनुरोध किया परंतु उन्हें कोई सफलता नहीं मिली। 25 फरवरी को संसद में मुस्लिम महिला (तलाक पर अधिकार संरक्षण) विधेयक प्रस्तुत कर दिया गया। विधेयक के प्रावधानों के अनुसार तलाकशुदा मुस्लिम स्त्रियों को धारा 125 की परिधि से बाहर कर दिया गया और दलील दी गई कि इद्दत की तीन महीने की मुद्दत (अवधि) के बाद उनके पतियों की

राम जन्मभूमि आंदोलन के विरुद्ध प्रदर्शन, दिल्ली 1989

शाहबानो के साथ एकजुटता का इजहार, दिल्ली, 1985

भरण-पोषण की जिम्मेदारी खत्म हो जाती है। इसके पश्चात उनके अनुरक्षण का दायित्व उनके माता-पिता/परिवार और उनके विफल रहने पर स्थानीय वक्फ बोर्ड पर है।

विधेयक प्रस्तुत किए जाने के साथ ही जबरदस्त हंगामा हुआ। यह सुनकर कि विधेयक को 25 फरवरी को संसद में पेश किया जाएगा, जनवादी महिला समिति, महिला दक्षता समिति, राष्ट्रीय भारतीय महिला महासंघ तथा दहेज विरोधी चेतना मंच की 150-200 स्त्रियों ने उसी दिन संसद के समक्ष गिरफ्तारी दी। 26 फरवरी को श्री आरिफ मुहम्मद खान ने धारा 125 पर सरकार के बदले रवैये के विरोध में ऊर्जा राज्यमंत्री के पद से त्यागपत्र दे दिया। उनकी पत्नी रेशमा आरिफ खान भी विधेयक विरोधी आंदोलन में शामिल हो गईं।

मुस्लिम महिला (तलाक पर अधिकार संरक्षण) विधेयक 1986 पर दिल्ली के महिला संगठनों द्वारा पारित किए गए प्रस्ताव का सार

22 मार्च, सन् 1986 को प्रातः 10 बजे कार्मिका द्वारा आयोजित यह जनसभा, जिसमें अनेक अकादमीशियन, वकील, पत्रकार, डॉक्टर, शिक्षक तथा समाज सुधारक सम्मिलित हुए, निम्नलिखित प्रस्ताव करती है :

हम लोकसभा में हाल ही में प्रस्तुत मुस्लिम महिला (तलाक पर अधिकार संरक्षण) विधेयक, 1986 का सख्त विरोध करते हैं। यह विधेयक मुस्लिम महिलाओं

के लिए गुलामी का परवाना तथा सभी स्त्रियों की प्रतिष्ठा के लिए अपमानजनक है। यदि कोई संपन्न व्यक्ति अपनी पत्नी का परित्याग कर उसके भरण-पोषण से इनकार करता है तो तलाक दी गई स्त्री के भरण-पोषण की व्यवस्था और उसे प्राप्त करने के अधिकार को अपराध प्रक्रिया संहिता तलाक देनेवाले व्यक्ति की नस्ल, रिवाज इत्यादि का बिना कोई भेदभाव किए संवैधानिक सुरक्षा प्रदान करती है। इस कानून का उद्देश्य, जैसा कि हम सभी जानते हैं, तलाकशुदा स्त्री को निराश्रय या मोहताजी से बचाना है, क्योंकि ऐसी स्थिति अनेक सामाजिक समस्याओं को जन्म देती है। निश्चय ही दुनिया का कोई धर्म स्त्रियों के वंचित तथा उपेक्षित वर्ग के शोषण की वकालत नहीं करेगा। पवित्र कुरान अपनी आयत II. 241 में इसकी स्पष्ट व्याख्या करते हुए कहता है : और तलाकवालों के लिए भी मुनासिब तौर पर नानो-नफ्त है। यह वाजिब है परहेजदारों पर। मौ. अहमद रज़ा खान साहब, कुरान की एक बड़ी तर्जुमेकार हस्ती ने इस आयत का तर्जुमा इस प्रकार किया है : 'तलाक शुदा औरत को उचित गुजारा-भत्ता दिया जाना चाहिए। खुदा के खौफ से डरनेवालों के लिए यह लाजिम है।'

यह दुर्भाग्यपूर्ण है कि कुछ निहित स्वार्थी लोगों ने इस अत्यंत मानवीय मुद्दे को मजहबी रंग दे दिया है। सत्तारूढ़ दल के सांसद, जिन्होंने अपने चुनाव घोषणापत्र में स्त्रियों के अधिकारों की सुरक्षा का वादा किया था, अब अपनी बात से पूरी तरह मुकर गए हैं। हम पूछते हैं : 'क्या चुनावी वायदे महज दिखावा है ?' जनता के साथ विश्वासघात करने के लिए क्या उन्हें माफी नहीं माँगनी चाहिए ?

कट्टरपंथियों की यह दलील कि उच्चतम न्यायालय को पवित्र कुरान की व्याख्या करने का कोई अधिकार नहीं है, पूरी तरह गलत है। मुसलमानों के संहिताबद्ध कानून जैसे डिसालूशन ऑफ मुस्लिम मैरिज एक्ट, 1939 में यह व्यवस्था पहले ही कर दी गई है कि अदालत कुरान के प्रासंगिक प्रावधानों का अवलोकन कर सकती है। शाहबानो के मामले में उच्चतम न्यायालय द्वारा दिए गए निर्णय को महान मुस्लिम न्यायविदों– इमाम जफर तथा इमाम शफाई का समर्थन प्राप्त है जो कि मुस्लिम दुनिया की हस्तियों के रूप में स्वीकार किए जाते हैं।

हम सरकार से अपील करते हैं कि वह इस मुद्दे पर उदार तथा मानवीय दृष्टिकोण अपनाए क्योंकि इसके दूरगामी परिणाम होंगे, यहाँ तक कि राष्ट्र की एकता के लिए खतरा भी हो सकता है। हम भारत के माननीय प्रधानमंत्री तथा संसद से अपील करते हैं कि वे इस विधेयक को निरस्त कर दें क्योंकि यह मानव अधिकारों के विरुद्ध है। अगर यह विधेयक पारित हो गया तो महिलाओं के साथ-साथ देश भी पचास बरस पीछे चला जाएगा क्योंकि आखिरकार स्त्रियाँ, चाहे वे मुस्लिम हों, सिख, हिंदू, ईसाई या पारसी, देश की कुल जनसंख्या के आधे के बराबर हैं।

मुस्लिम महिला संरक्षण विधेयक का विरोध जनसभाओं, प्रदर्शनों, समेकित मीडिया अभियानों जैसे अनेक तरीकों से किया गया। बहरहाल, दिलचस्प बात यह है कि विधेयक-विरोधी अभियान, पूर्व के बलात्कार-विरोधी तथा दहेज-विरोधी अभियानों की भाँति एकीकृत संयुक्त बैनर के नीचे नहीं चलाया गया। इसके बजाय विधेयक विरोधी अभियान में विभिन्न विचारधाराओं एवं पहचानवाले समूह शामिल हुए। मिसाल के तौर पर दिल्ली में आयोजित की जानेवाली जनसभाएँ कार्मिका तथा महिला दक्षता समिति जैसे विभिन्न महिला संगठनों द्वारा अलग से आयोजित की गईं। दूसरी प्रदर्शनी के लिए दिल्ली के विभिन्न महिला समूहों ने भिन्न-भिन्न ब्लाक गठित किए। स्वायत्त महिला संगठनों ने एकजुट होकर 7 मार्च को प्रदर्शन आयोजित किया जिसमें माँग की गई कि महिलाओं के मुद्दों का सांप्रदायीकरण बंद हो तथा समान नागरिक संहिता बनाई जाए। संपूर्ण भारत में समाजवादियों, माओवादियों तथा समाज सुधारकों के स्वायत्त समूहों का एक लचर गठजोड़ स्थापित किया गया ताकि विधेयक के विरोध में सामूहिक हस्ताक्षर अभियान चलाया जा सके। भारतीय कम्युनिस्ट पार्टी तथा मार्क्सवादी कम्युनिस्ट पार्टी के प्रभाववाले महिला संगठनों ने एक अलग गठजोड़ कर 18 अप्रैल को एक रैली आयोजित की और संसद सदस्यों को एक संयुक्त ज्ञापन दिया जिसमें उनसे विधेयक के विरोध में वोट देने की अपील की गई। विधेयक के विरोध के लिए उदारवादी, नारीवादी, प्रगतिशील तथा मुसलमानों के विभिन्न गुट बनाए गए।

उपरोक्त पहले तीन संगठनों ने जहाँ अलग-अलग विचारधारात्मक संगठनों की स्थापना की विद्यमान आवश्यकता को रेखांकित किया, वहीं अंतिम संगठन ने विवशता दिखाई जिसने शाहबानो केस के मुस्लिम समर्थकों को सांप्रदायिक रंग देने के लिए बाध्य कर दिया। राम जन्मभूमि आंदोलन का गैर-मुस्लिम, खासतौर से हिंदू संगठनों द्वारा कोई उल्लेखनीय विरोध न किए जाने के कारण मुसलमानों के एक बड़े वर्ग में पहले की अपेक्षा अधिक आक्रामक सोच पैदा हुई। ऐसे अनेक मुसलमानों ने, जिन्होंने पहले अपने पर्सनल लॉ में परिवर्तन के लिए अभियान चलाया था, वही अब इसके कट्टर समर्थक बन गए। उनमें से एक थे मुस्लिम पर्सनल लॉ के विशेषज्ञ डॉ. ताहिर महमूद। हालाँकि उन्होंने अपनी पुस्तक में पहले मुस्लिम विवाह तथा तलाक कानून में सुधार तथा समान नागरिक संहिता की वकालत की थी, परंतु पुस्तक के संशोधित संस्करण में उन्होंने समान नागरिक संहिता बनाए जाने की आवश्यकता वाला अध्याय निकाल दिया और विधेयक का स्वागत किया। इसमें हैरानी की कोई बात नहीं कि जिन मुसलमानों ने पहले विधेयक का विरोध किया था अब वही अपने समुदाय में अलग विधेयक विरोधी गुट बनाने को मजबूर हो गए। मिसाल के तौर पर शुद्धतः विधेयक के विरोध के उद्देश्य से स्थापित मुस्लिम महिला अधिकार संरक्षण समिति ने अपनी सदस्यता को केवल मुसलमानों तक सीमित कर दिया और मुस्लिम

पुरुषों को तो उसमें शामिल होने की इजाजत तो दी परंतु मुस्लिम-महिलाओं को इससे वंचित कर दिया।

अनेक स्वायत्त महिला संगठनों के लिए उनका यह फैसला स्वीकार करना कठिन था क्योंकि इस विचार को वैधता मिलती प्रतीत हुई कि महिलाओं के अधिकार के मुद्दे को परिभाषित करने का अधिकार केवल उनके धार्मिक समुदाय को ही है। इसके बजाय यह दलील दी जानी चाहिए थी कि धर्म तथा अधिकार दोनों अलग-अलग मुद्दे हैं तथा महत्त्वपूर्ण हैं। इसके साथ ही दो अन्य दलीलों को कुछ समर्थन देते हुए कहा गया कि महिला संगठनों को यह ध्यान रखना चाहिए कि : एक, कि महिलाओं की सामान्य श्रेणी जैसी कोई चीज नहीं है क्योंकि उन्हें जाति, वर्ग तथा समुदाय के रूप में विभाजित किया जाता है, इसलिए अधिकारों की परिभाषा भी इन्हीं भिन्नताओं पर आधारित होनी चाहिए तथा दूसरी यह कि अलग-अलग महिला संगठनों के हित भी अलग-अलग हैं इसलिए ऐसा कोई 'वास्तविक' आधार नहीं है जिस पर वे एक साथ मिलकर कार्य कर सकें।

बहरहाल, जैसा कि पिछले पृष्ठों पर दर्शाया गया है, जिस स्थिति में शाहबानो के निर्णय के विरोध में आंदोलन शुरू किया गया और जो स्वरूप उसने धारण किया, वह अनुक्रिया की ऐसी तर्ज—या प्रति अभियान—के रूप में था जो किसी हद तक पहले ही तय कर दिया गया था। ऐसे समय में जबकि हिंदू सांप्रदायिकता उत्थान पर थी और उसके विरोध में कोई आंदोलन विकसित नहीं हो रहा था, शाहबानो तथा रामजन्मभूमि आंदोलन की समरूपता ने विधेयक के मुसलमान विरोधियों, चाहे वे सुधारवादी रहे हों, नारीवादी या माओवादी, पर अपनी मुस्लिम पहचान बनाए रखते हुए धारा 125 के अंतर्गत मुस्लिम महिलाओं के अधिकारों को बरकरार रखने के लिए कोई उपाय खोजने के लिए सख्त दबाव डाला। इसकी एक रोचक तुलना 1930 के दशक की स्थिति से की जा सकती है। अखिल भारतीय महिला सम्मेलन तथा अन्य महिला संगठनों की समान नागरिक संहिता बनाने की माँग पर हिंदुओं तथा मुसलमानों के बीच साम्प्रदायिक मतभेद पैदा हो गए, मुस्लिम स्त्रियों ने अपने पर्सनल लॉ में परिवर्तन की माँग करने का दबाव महसूस किया। मोटे तौर पर उन्होंने जो मांग की वह यह थी कि शरीयत को मजबूत किया जाए क्योंकि रिवायती कानून स्त्रियों के साथ बुरा बर्ताव करते हैं : 'मुस्लिम महिला संगठनों ने पारंपरिक कानूनों की निंदा की क्योंकि इनका उनके अधिकारों पर उल्टा प्रभाव पड़ता है और माँग की कि उनके ऊपर मुस्लिम पर्सनल लॉ (शरीयत) लागू किया जाए।'[8]

सन् 1937 में मुस्लिम पर्सनल लॉ (शरीयत) कार्यान्वयन कानून पास कर दिया गया। इसके तहत बगैर यह सोचे कि मुस्लिम परंपराएँ तथा रीति-रिवाज क्या कहते हैं, शरीयत में उद्धृत विवाह, तलाक, भरण-पोषण, विरासत और वसीयत उत्तराधिकार कानून सभी मुस्लिम स्त्रियों पर लागू कर दिया गया।

मुस्लिम महिला विधेयक, 1986 के विरुद्ध प्रदर्शन

सन् 1856 के विधवा पुनर्विवाह कानून की भाँति ही शरीयत (कार्यान्वयन) कानून ने जहाँ मुस्लिम स्त्रियों को बेहतर अधिकार प्रदान किया वहीं उसने कुछ के अधिकारों में कटौती भी कर दी। मिसाल के तौर पर शरीयत (कार्यान्वयन) कानून ने केरल के मापिल्ला समुदाय में मातृकुलता पर आधारित अतियासंतान कानून को खत्म कर दिया।

दिलचस्प है कि सन् 1986 के मुस्लिम महिला विधेयक, जिसने मुस्लिम स्त्रियों के अपने पति से गुजारा भत्ता पाने (जो कि किसी हद तक धारा 125 के तहत दिया गया था) के अधिकार को समाप्त कर दिया, ने कुछ नए अधिकार भी उन्हें प्रदान किए जो कि अन्य गैर-मुस्लिम महिलाओं को प्राप्त नहीं हैं, वह है वक्फ बोर्ड से गुजारा-भत्ता पाने का अधिकार। वक्फ बोर्ड वह संस्था है जो सामुदायिक आधार पर प्राप्त भूमि (जो कि धर्मादा कार्यों या सामुदायिक हित के लिए दी जाती है) की देखभाल करती हैं। शाहबानो के मामले में दिए गए निर्णय के विरोध में होनेवाले आंदोलन का एक सबसे विडंबनापूर्ण नतीजा यह था कि विधेयक के कानून बन जाने की सूरत में निचली तथा उच्च अदालतों द्वारा तलाकशुदा मुस्लिम स्त्रियों को वक्फ बोर्ड से भरण-पोषण भत्ता प्राप्त करने के लिए अधिक राशि के भुगतान संबंधी निर्णयों की बाढ़-सी आ गई।

इस व्यवस्था से विधेयक के कानून के रूप में पारित हो जाने का औचित्य किसी भी हालत में सिद्ध नहीं होता। इसके जरिए मुसलमानों पर धारा 125 के तहत

अपनी पत्नियों को छोड़ देने या तलाक देने से डरने की जो छोटी-सी बाध्यता थी, सरकार ने वह भी समाप्त कर दी। इस कानून ने मुसलमानों द्वारा अपनी पत्नियों को बड़ी आसानी से तलाक देकर उन्हें दर-दर की ठोकरें खाने के लिए मजबूर कर देने के कृत्य को संवैधानिक बना दिया। इसके अतिरिक्त धारा 125 की समाप्ति से न केवल मुसलमानों को अपनी बीवियों के साथ निजी कानून के तहत ज्यादती करने की छूट मिल गई, बल्कि इसने विभिन्न समूहों या समुदायों को महिलाओं से सम्बद्ध अपराध करने से पहले कानूनी भय को भी समाप्त कर दिया। यहाँ यह उल्लेख करना विशेष रूप से महत्त्वपूर्ण है कि यह आंदोलन भी ठीक वैसे ही किया गया जैसे सती प्रथा को कानूनी रूप देने के पहले आंदोलन किया गया था।

मुस्लिम महिला (संरक्षण) विधेयक का इतना उग्र विरोध होने के बावजूद इसे संसद में 6 मई, 1986 को सारी रात की बहस के पश्चात पारित कर दिया गया। काँग्रेस ने बिना इस बात का ख्याल रखे कि विधेयक पर उसके सदस्यों की निजी राय क्या है, व्हिप जारी कर दिया कि उसके सभी सांसद विधेयक के पक्ष में मतदान करें। यह भी पहली बार हुआ कि मुस्लिमों से संबंधित मामले पर व्हिप जारी किया गया।

मुसलमान महिलाओं के भरण-पोषण के अधिकार के लिए आंदोलनरत नारीवादियों के लिए यह कड़वा सबक था। इससे जहाँ यह पता चलता है कि किस प्रकार कोई समुदाय बड़ी आसानी से 'समुदाय खतरे में है' की दुहाई देकर अपनी दकियानूसी सोच को पूरे समाज पर थोप देता है जिसमें स्त्रियों पर नियंत्रण को सर्वोपरि स्थान दिया जाता है। इसके साथ-ही-साथ नारीवादियों का इस सच्चाई से भी सामना हुआ कि भारतीय राष्ट्रराज्य (रामजन्मभूमि आंदोलन) पर कोई कार्रवाई न करके किस प्रकार सांप्रदायिकता को संरक्षण देता है और हिसाब बराबर करने के लिए मुस्लिम रूढ़िवादिता को रियायत देने की गरज से धारा 125 जैसे समान कानूनों को समाप्त करके निजी कानून लागू करने की इजाजत देता है। इस आंदोलन से पूर्व, नारीवादियों ने इस आधार पर कि निजी कानून (पर्सनल लॉ) स्त्रियों के उत्पीड़न में सहायक है अतः इन्हें समाप्त करके समान नागरिक संहिता बनाने की माँग उठाई थी। मौजूदा निजी कानूनों के विरुद्ध उठाए गए दो कदमों को नारीवादियों की ओर से देशव्यापी समर्थन एवं प्रचार मिला। इनमें से एक थी ईसाई निजी कानून (पर्सनल लॉ) के विरुद्ध मैरी राय की याचिका तथा मुस्लिम पर्सनल लॉ के खिलाफ शहनाज शेख की याचिका। आठवें दशक के प्रारंभ में किसी समय उच्चतम न्यायालय में प्रस्तुत की गई शहनाज शेख की याचिका में कहा गया था कि मुस्लिम पर्सनल लॉ को संविधान की धाराओं 13, 14 तथा 15 (जो कि समानता की गारंटी देती हैं तथा लिंग, धर्म या नस्ल के आधार पर भेदभाव को निषिद्ध करती हैं) को उल्लंघनकारी घोषित किया जाए। मुस्लिम कट्टरपंथियों तथा परंपरावादियों की ओर से शहनाज शेख पर याचिका वापस

लेने के लिए भारी दबाव डाला गया परंतु उन्होंने याचिका वापस नहीं ली। इस याचिका ने अखबारों का ध्यान इस कदर खींचा कि नारीवादियों को इसे मिलनेवाले प्रचार को देखकर डर लगने लगा कि कहीं इसका उल्टा असर न हो। शाहबानो के मामले में दिए गए निर्णय के पश्चात याचिका में उठाए गए मुद्दे गुमनामी में खो गए। इसके परिणामस्वरूप आंदोलन पर्सनल लॉ की तीखी आलोचना करते हुए एक समान नागरिक संहिता बनाए जाने की दिशा में आगे बढ़ा।

उसी दौरान आंदोलन ने कुछ मुद्दे रेखांकित किए जो कि आनेवाले दिनों में नारीवादियों के लिए अत्यंत महत्त्वपूर्ण थे। सबसे पहला प्रश्न था धर्मनिरपेक्षता का, उसकी परिभाषा तथा व्यवहार का, विशेषतया राज्य के संदर्भ में और आमतौर पर धार्मिक स्वतंत्रता से उसके रिश्तों का। मुस्लिम महिला विधेयक के विरोधियों ने धर्मनिरपेक्षता का कमोबेश एक ऐसा आलंकारिक उदारवादी लोकतांत्रिक सिद्धांत प्रतिपादित किया जिसके तहत धर्म को राजनीति से दूर रखने, व्यक्ति के अधिकारों की धार्मिक परिभाषा न करने तथा किसी व्यक्ति के अधिकारों में बिना कोई कटौती किए धार्मिक आचरण की स्वतंत्रता की वकालत की गई। मिसाल के तौर पर मुस्लिम महिला अधिकार सुरक्षा समिति की जोया हसन ने कानून की आलोचना करते हुए कहा कि धर्मप्राण व्यक्तियों के अधिकारों को बड़े पैमाने पर सीमित करनेवाले इस कानून को किसी भी सूरत में धर्मनिरपेक्ष नहीं कहा जा सकता। दूसरी ओर समिति द्वारा तैयार किए गए ज्ञापन में समिति ने तर्क दिया कि राजनीतिक या चुनावी फायदे के मद्देनजर सांप्रदायिक या धर्मान्ध लोगों को दी जानेवाली अल्पकालिक रियायत से 'हमारे समाज के धर्मनिरपेक्ष स्वरूप को खतरा पैदा हो जाएगा।[9] नारीवादियों, समाज सुधार तथा धुर वामपंथी गुटों द्वारा तैयार की गई संयुक्त हस्ताक्षर याचिका में इससे भी आगे दलील दी गई कि सभी व्यक्तिगत कानूनों के अंतर्गत महिलाओं को पुरुषों से हेय माना गया है और वे असमानता के परिचायक हैं इसलिए धर्म केवल मानव एवं ईश्वर के मध्य संबंधों का संचालक होना चाहिए न कि पुरुष-पुरुष एवं पुरुष-स्त्री के रिश्तों का।[10]

इसके विपरीत धर्मनिरपेक्षता की शासकीय परिभाषा बिल्कुल भिन्न दिखाई पड़ती है। प्रधानमंत्री राजीव गांधी के अनुसार 'धर्मनिरपेक्षता प्रत्येक धर्म का दूसरे धर्म के समानांतर चलने का अधिकार है। प्रत्येक धर्म को उसका अपना निजी धर्मनिरपेक्ष कानून रखने की अनुमति देकर हम इसे मंजूर करते हैं।'[11] अगर उनके इस कथन को मात्र मूर्खता कहकर नकार न दिया जाए तो इससे केवल यही अर्थ निकलता है कि राजीव गांधी की दृष्टि में धर्मनिरपेक्षता का मतलब है व्यक्तिगत कानून (पर्सनल लॉ)—शायद इस आधार पर कि यहाँ धर्म की जो व्याख्या दी गई है वह मानवीय आधार पर (न कि ईश्वर एवं मानव के मध्य) धर्मनिरपेक्ष है। यानी धर्म ही धर्मनिरपेक्षता का प्रतिपादक है।

मुस्लिम महिला विधेयक, 1986 के विरुद्ध प्रदर्शन

उनके कथन का दूसरा अर्थ यह था कि सभी धर्मों को कानून के अंदर प्रतिनिधित्व का अधिकार है और वास्तव में उन्हें अपना निजी कानून बनाने का भी हक है। एक हद तक जहाँ ये अधिकार नए नहीं थे, व्यक्तिगत कानून का जो सर्वोच्चता उन्होंने प्रदान की उससे औपनिवेशिक धर्म-आधारित पारिवारिक कानूनों के निर्माण की एक बार फिर पुष्टि हुई और संवैधानिक वायदों के समानांतर व्यक्तिगत कानूनों का समान अधिकार का लाभ उठाने का विकल्प खुला रखा।

नारीवादी जिस दूसरे बड़े मुद्दे से जूझ रहे थे वह था प्रतिनिधित्व या प्रतिनिधित्वता का सवाल। हालाँकि मुस्लिम महिला अधिकार संरक्षण समिति की स्थापना आंशिक तौर पर इस मुद्दे को समर्थन देने (धारा 125 तथा शाहबानो को पूर्ण समर्थन देने) के उद्देश्य से की गई थी, तथा मैरी राय और शहनाज शेख दोनों ही महिलाओं को सीधा प्रभावित करनेवाले पर्सनल कनूनों में सुधार की माँग कर रही थी, फिर भी यह दलील दी गई कि उन दोनों में से एक ने भी 'सच्ची' मुस्लिम महिलाओं की 'सच्ची' भावनाओं का प्रतिनिधित्व नहीं किया। शाहबानो पर इतना अधिक दबाव डाला गया कि वर्षों की लड़ाई के बाद उसे प्राप्त अधिकार को उसने छोड़ दिया और उच्चतम न्यायालय से कहा कि न्यायालय ने उसकी याचिका को मंजूर करते हुए जो निर्णय दिया है वह उसका विरोध करती है और न्यायालय द्वारा दिए गए गुजारे-भत्ते का शपथपूर्वक त्याग करती है। जैसा कि बलात्कार-विरोधी आंदोलन में

हुआ, 'समुदाय' के उपदेश के आगे स्त्रियों की समस्याएँ और जरूरतें दृश्य से ओझल हो गईं। उससे भी बुरा हश्र इस आंदोलन का हुआ और आनेवाले आंदोलनकारियों को इससे सबक लेना चाहिए कि 'सच्ची औरत' के नवनिर्मित प्रतीक ने व्यक्तिगत स्त्री का गला घोंट दिया। आठवें दशक के समकालीन नारीवादी आंदोलन के इतिहास में नारीवादियों के विरुद्ध 'सच्ची औरत' का यह नुस्खा बड़े पैमाने पर पहली बार इस्तेमाल किया गया और चौंकानेवाली बात यह है कि ऐसा सांप्रदायिक-रूढ़िवादी वर्चस्व के तहत किया गया। सती विरोधी आंदोलन से शुरू होकर मुस्लिम महिला विधेयक विरोधी आंदोलन के बीच की कष्टदायी यात्रा, धर्म-निरपेक्षता का मुद्दा, धार्मिक प्रतिनिधित्व तथा भारतीय राष्ट्र-राज्य और यहाँ परिभाषित 'सच्ची औरत' का प्रतीक इत्यादि सारे मामले आगे चलकर और अधिक व्यापक हो गए और इन सबका प्रयोग नारीवादियों की पिटाई करनेवाली छड़ी के रूप में किया गया।

टिप्पणियाँ

1. इस्लाम द्वारा अनुमित तलाक के अनेक तरीकों में से एक सबसे आसान तरीका, जिसमें पति-पत्नी में से कोई भी तीन बार 'मैं तुम्हें तलाक देता हू', कहने से तलाक हो जाता है।
2. इस खंड में दी गई अधिकांश जानकारी विभिन्न राष्ट्रीय दैनिक समाचारपत्रों की कतरनों के आधार पर तैयार की गई है। उनका हवाला सिर्फ उनमें छपी खबरों के लिए दिया गया है।
3. उच्चतम न्यायालय ने अपने निर्णय में कुरान की जिन आयतों का उल्लेख किया है उन्हीं को आरिफ मुहम्मद खान ने शरीयत की मानवीय पढ़ाई की दलील देते हुए उद्धृत किया है। वे हैं :

आयत 241

वलीअल मुतल्लकाते मता उन	तलाकशुदा स्त्रियों को गुजारा-भत्ता (दिया जाना चाहिए)
बिल मारूफे हक्कान	एक उचित (पैमाने पर) कर्त्तव्य
अलल मुत्तकीन	है यह तलाक देनेवालों का

आयत 242

कज़ालेका यूषा इयानुल्ला हो	खुदा ने भी ऐसा ही किया
लाकुम अयातीही ला अल्लकुम	इसके साफ दस्तखत कराएँ
तकलून	आपके लिए : ताकि आप इसे समझ सकें।

(जैसा कि एआईआर 1985 सुप्रीम कोर्ट 945 तदनुसार एस. सी. 945 के रूप में उद्धृत)

4. एआईआर 1979 एस. सी. 362 तथा एआईआर एस. सी. 1730
5. एस. सी. 945 पैरा 32
6. *मानुषी* (वर्ष 6 : अंक-2) जनवरी-फरवरी 1986 में प्रकाशित मधु किश्वर का लेख—शाहबानो विवाद : महिला पक्षधर या मुस्लिम विरोधी
7. देखें *इंडिया टुडे* जनवरी 31, 1986 'दि मुस्लिम : ए कम्युनिटी इन टरमॉयल'
8. मुस्लिम पर्सनल लॉ (शरीयत) कार्यान्वयन कानून 1937 की भूमिका
9. *मेनस्ट्रीम* वर्ष 24, अंक 27, 8 मार्च, 1986 में प्रकाशित मुस्लिम महिला अधिकार सुरक्षा समिति का ज्ञापन
10. याचिका के प्रारंभिक बयान के अंश
11. *मीडियास्टोर्म* द्वारा बनाई गई फिल्म 'इन सेकुलर इंडिया' की पटकथा

11. सती विरोधी आंदोलन 1987-88

सितंबर, 1987 में राजस्थान के एक गाँव में हुई सती की एक घटना से इस आंदोलन की शुरुआत हुई। इस आंदोलन के दौरान बड़ी गर्मागर्म बहस हुई। इस बहस में न केवल हिंदू स्त्रियों के प्रति होनेवाले अच्छे-बुरे बर्ताव के मुद्दे उठाए गए बल्कि धार्मिक पहचान, सामुदायिक स्वायत्तता तथा भारत के बहुआयामी, विविध समाज में कानून एवं राज्य की भूमिका के प्रश्न भी उठे। बहस में दी गई अनेक दलीलें नई नहीं थीं। भारत में सामाजिक परिवर्तन (नारीवादी आंदोलन की वर्तमान स्थिति सहित) के जटिल इंद्रजाल में क्या-क्या रहस्य छिपे हुए हैं, यह चर्चा के स्वरूप से स्पष्ट था।

चर्चा के दौरान ग्रामीण तथा शहरी, परंपरा एवं आधुनिकता, अभिनंदनीयता तथा समरूपता, राज्य एवं धार्मिक समुदायों, अध्यात्मवाद एवं यथार्थवाद वगैरह के मध्य दोहरे विरोध की दुहाई दी गई। इस विरोध की दुहाई का (सती के समर्थन एवं विरोध में) अलग-अलग प्रभाव पड़ा क्योंकि दोनों पक्षों के विरोध का सजातीय कारण था। पहले पक्ष को जहाँ ग्रामीण, पारंपरिक समुदायों का प्रतिनिधि माना गया तथा जो स्वयं को भारतीय राष्ट्र-राज्य की समाजीकरण की नीतियों से स्वयं को बचाने के लिए संघर्षरत था, वहीं दूसरे पक्ष को समाज के संभ्रांत, शहरी तथा आधुनिक वर्ग का प्रतिनिधि माना गया। यह पक्ष राज्य पर ऐसे समुदायों, जिनका कि सती प्रथा से कोई संबंध नहीं था, में हस्तक्षेप के लिए दबाव डाल रहा था। इस प्रकार वह नागरिक समुदाय पर अपना नियंत्रण बढ़ाने के लिए राष्ट्र-राज्य को समर्थन-प्रोत्साहन दे रहा था।

सती की घटना के कुछ सप्ताहों के भीतर, सती-विरोधी अभियान के प्रारंभ होते ही इन दलीलों को अग्रसारित करना शुरू कर दिया गया। हालाँकि इन तर्कों को 1986-87 में मुस्लिम महिला विधेयक के समर्थकों द्वारा पहले भी इस्तेमाल किया जा चुका था, परंतु सती के मामले में हुई बहस के दौरान ये दलीलें जिस रूप में सामने आईं उससे इस बात का पता चलता है कि दलील कितनी शक्तिशाली होकर उभरी। उदाहरणार्थ, पूर्ववर्ती आंदोलन में यह दलील विधेयक-समर्थकों द्वारा अग्रसारित

रूप कँवर के जलाए जाने का दिल्ली में सन् 1987 में विरोध।

जलाए जाने से पूर्व युवा विधवा अपने पति के शव के साथ बैठी है। यह चित्र सीतापुर से एक निजी पारिवारिक अल्बम से लिया गया।

की गई परंतु सती आंदोलन में यह सती समर्थक तथा 'बाहरी' (अखबारों में छपे लेखों की शृंखला के रूप में) दोनों समूहों द्वारा आगे बढ़ाई गई। ये दलीलें सबसे पहले दिल्ली के हिंदी-अँग्रेजी भाषा के राष्ट्रीय दैनिक अखबारों जैसे *जनसत्ता* (जनवरी, 29.9.87), *इंडियन एक्सप्रेस* (आशीष नंदी, 5.10.87) तथा *स्टेट्समेन* (पैट्रिक डी.

निजी पारिवारिक अलबम से लिया गया सती का दृश्य

हैरीगन 5.11.87) द्वारा दी गई। इन तीनों लेखकों ने अपने-अपने लेखों के माध्यम से इन दलीलों को एक प्रकार से बाहरी आधार प्रदान किया इसलिए उन शहरी, आधुनिक तथा समाज के संभ्रांत वर्गों द्वारा भी इनकी वकालत की जाने लगी जिन्होंने पहले इस पर हमला किया था।

बनवारी, आशीष नंदी तथा पैट्रिक हैरीगन ने अपने-अपने लेखों में भारतीय नारीवादी आंदोलन की आलोचना करते हुए जो दलीलें पेश कीं, शायद उनका सर्वाधिक चौंकानेवाला बिंदु यह था कि उन्होंने भारती नारीवादियों को आधुनिकता का एजेंट होने का आरोप लगाया। लेखकत्रय के अनुसार, नारीवादी एक ऐसे समाज पर बाजार-प्रभावित समानता और आजादी का दृष्टिकोण थोपने की कोशिश कर रहे थे जिसने आत्म-बलिदान का सर्वोत्तम उदाहरण पेश किया तथा जिसके कारण उन्हें समाज में आदर मिला, परंतु आज उनकी गरिमा एवं गौरवशाली छवि को निहित स्वार्थी बाजारी शक्तियों द्वारा क्षति पहुँचाई जा रही है। इसके अलावा इन तीनों ने समानता एवं आजादी के कृशकाय बाजार-प्रभावित दृष्टिकोण पाश्चात्य संस्कृति के प्रभाव की उपज के रूप में परिभाषित किया इसलिए भारतीय नारीवादियों पर पश्चिमपरस्त, उपनिवेशवादी, सांस्कृतिक साम्राज्यवादी तथा परोक्ष में पूँजीवादी विचारधारा का पोषक होने का आरोप लगाया।

हालाँकि भारतीय नारीवादियों को अस्सी के दशक में भी ऐसे हमलों का शिकार होना पड़ा था, परंतु वर्तमान हमला अपनी प्रकार का सबसे बड़ा हमला था क्योंकि

राजस्थान में रथ पर बैठाकर ले जाई जाती हुई सती की पेंटिंग, राजस्थान, 1987

यह ऐसे समय में किया गया जब यह ऐसी विचारधारा को कानूनी जामा पहनाता प्रतीत हुआ जिसके अंतर्गत किसी स्त्री के अपने पति के साथ मर जाने के कृत्य को सर्वोत्तम कार्य कहकर उसकी प्रशंसा की गई जबकि सती की घटना को अधिकांशतः हत्या की घटना के रूप में देखा जाना शुरू हो गया था। ऐसे आरोपों से भारतीय नारीवादियों का क्षुब्ध होना स्वाभाविक था क्योंकि वे अपने कृत्यों से पहले ही अनेक प्रकार से यह साबित कर चुके थे कि वे साम्राज्यवाद तथा पूँजीवाद-विरोधी हैं। इनमें से अधिसंख्य नारीवादियों में इस हमले से वर्षों पूर्व ही 'पश्चिमी नारीवादी' लक्ष्यों और तौर-तरीकों की भरपूर आलोचना की थी। सबसे दुखद पहलू यह तथ्य था कि इन लेखकों में से किसी एक ने भी खुद को इस प्रश्न का उत्तरदायी नहीं माना कि देवराला में क्या हुआ तथा क्या हो रहा है, इनमें से एक ने भी यह जानने की कोशिश नहीं की कि रूपकँवर किन परिस्थितियों में जीवित रही या कि किन परिस्थितियों में वह मर गई।

ऐसी बात नहीं है कि सितंबर, 1987 में ही भारतीय नारीवादियों की सती समस्या से पहली बार मुठभेड़ हुई हो। इस समस्या से उनकी मुठभेड़ सन् 1983 में पहले भी हो चुकी थी। सन् 1983 में दिल्ली में सती प्रथा की विचारधारा को प्रचारित करने के लिए मारवाड़ियों से आर्थिक सहायता प्राप्त राणी सती सर्व संघ नामक संगठन अभियान चला रहा था। राणी सती सर्व संघ (आरएसएसएस) पहले से ही राजस्थान एवं दिल्ली में सती मंदिरों का संचालन कर रहा था। सन् 1983

में संघ ने दिल्ली में एक भव्य मंदिर के निर्माण के लिए भूमि की मंजूरी प्राप्त की। सरकार से मिली इस स्वीकृति के उपलक्ष्य में एक समारोह आयोजित किया गया जिसके अंतर्गत नवनिर्माणाधीन सती मंदिर स्थल तक जुलूस निकाला गया जिसमें बड़ी संख्या में स्त्रियों-पुरुषों ने भाग लिया। दिल्ली के नारीवादियों को जब इस योजना की भनक लगी तो उन्होंने जुलूस के रास्ते में समानांतर-प्रदर्शन करने का निर्णय किया। उनका प्रदर्शन सांकेतिक रूप से विफल रहा। नारीवादियों के विरोध प्रदर्शन की विफलता का आंशिक कारण यह रहा कि उनके पास लोगों को इस कार्यक्रम के बारे में जानकारी देने का पर्याप्त समय नहीं था जिसकी वजह से नारीवादियों की अपनी संख्या भी अपेक्षातीत नहीं रही। दूसरा कारण शायद यह था कि यह पहला मौका था जब उन्हें बड़ी विषम परिस्थितियों में स्त्रियों के इतने बड़े समूह से जूझना पड़ा। यह इतना दुरूह कार्य था कि इस प्रदर्शन की जान ही निकल गई। बहरहाल, इससे भी अधिक कष्टप्रद था जुलूसवालों का तौर-तरीका जिसके तहत उन्होंने अधिकार की भाषा में कहा कि हिंदू तथा स्त्री होने के नाते उन्हें इस बात का अधिकार मिलना चाहिए कि वे सती होने के साथ-साथ उसकी पूजा तथा सती के पक्ष में प्रचार कर सकें। इसी दौरान उन्होंने स्त्रियों की शक्ति का प्रदर्शन करते हुए नारीवादी नारे लगाए जैसे–*'हम भारत की नारी हैं, फूल नहीं चिंगारी हैं।'* प्रदर्शन में शामिल महिलाओं (नारीवादियों) को यह देखकर गहन दुःख हुआ कि उनके अपने शब्दों को ही उनसे छीनकर आज उन्हीं के विरुद्ध प्रयोग किया जा रहा है।[1] इस अनुभव ने दो भिन्न प्रतिक्रियाओं को जन्म दिया : पहली यह कि नारीवादियों ने सती की अस्मिता, सती मंदिरों तथा भारत में सती-धर्म के प्रतिपादकों के विषय में अनुसंधान करने का संकल्प लिया; दूसरी प्रतिक्रिया थी गैर-मुठभेड़कारी रास्ते तलाश करने की जिससे सती की विचारधारा को दफनाया जा सके। बहरहाल, दोनों ही प्रतिक्रियाओं ने सती के विषय में अध्ययन, उसके विस्तार तथा सती की परंपराओं से निपटने की आवश्यकता पर बल दिया।

चाहे इन कारणों से या कि सती के समर्थन में कोई अन्य जन-अभियान न चलाए जाने से, 1987 में रूपकँवर की मृत्यु तक यह मुद्दा धुँधलाया ही रहा। ऐसा माना जाता है कि भारत में सती की हर वर्ष औसतन एक घटना जरूर होती थी, फिर क्या कारण था कि जितना उग्र रूप इस घटना ने धारण किया उतना इससे पूर्व की अन्य घटनाओं ने नहीं ? केवल चार महीने पहले पाली जिले के बागड़ा गाँव में पुलिस ने बनवारी नामक महिला को सती होने से रोका और घटना का नजारा देखने आई लगभग बीस हजार लोगों की भीड़ को पुलिस ने तितर-बितर कर दिया।[2] दो वर्ष पूर्व मार्च, 1985 में पुलिस ने जयपुर जिले में सती की एक अन्य घटना को रोका तथा प्रस्तावित सती स्थल पर एकत्र लगभग तीस हज़ार लोगों की भीड़ को तितर-बितर करने के लिए पुलिस ने आँसू गैस के गोले छोड़े तथा लाठीचार्ज

किया।[3] इनमें से किसी भी एक घटना में पुलिस के हस्तक्षेप को लेकर उसके विरुद्ध कोई आंदोलन नहीं हुआ। फिर भी, रूपकँवर की मृत्यु, जिसे किसी ने नहीं रोका, सती के समर्थन एवं विरोध के व्यापक आंदोलन का कारण बनी। ऐसा तभी हुआ जब इस मुद्दे को लेकर अभियान चलाया गया और साबित किया गया कि रूपकँवर का मामला अन्य घटनाओं से भिन्न है। सती की कोशिश किए जानेवाले अन्य क्षेत्रों के विपरीत देवराला अपेक्षाकृत अधिक विकसित गाँव था। रूपकँवर की ससुराल के लोग हालाँकि ज्यादा अमीर तो नहीं थे, फिर भी संपन्न कहे जा सकते थे। रूपकँवर के ससुर जिले के एक स्कूल में प्रधानाध्यापक थे तथा वह खुद भी स्नातक (ग्रेजुएट) थी। एक राजपूत परिवार के नाते उनका प्रभावशाली राजपूतों तथा मुख्यधारा के राज्यस्तरीय राजनीतिज्ञों से उनका संपर्क था।

रूपकँवर का विवाह उसके पति की मृत्यु से कुछ समय पूर्व ही हुआ था। उसके दहेज में अन्य वस्तुओं के अलावा तीस तोला सोना भी शामिल था। उसका पति दिमागी बीमारी से पीड़ित था तथा लगभग छह महीने तक ही वे साथ-साथ रहे। पति की मृत्यु के बाद रूपकँवर को सती 'बनाने' का निर्णय लिया गया अतः इस आशय की घोषणा अग्रिम रूप से कर दी गई क्योंकि सती एक दर्शनीय घटना है। जो साक्ष्य सामने आए वे उसकी हत्या की ओर संकेत करते थे : उसके एक पड़ोसी ने कहा कि वह भागकर घुड़साल में छिप गई परंतु उसे खींचकर बाहर निकाल लिया गया और नशे के ढेर सारे इंजेक्शन लगा दिए गए। इसके बाद उसका दुल्हन की तरह श्रृंगार करके उसे चिता पर बैठा दिया गया और लकड़ियों तथा नारियल के टुकड़ों के ढक दिया गया। चिता को अग्नि उसके नाबालिग देवर ने दी।[4]

यह पता चलने के बाद कि अखबारवाले घटनास्थल का दौरा करने के लिए आ रहे हैं, रूपकँवर को सती बनानेवाले कार्यक्रम के आयोजक सामने आ गए। प्रेसवालों के देवराला पहुँचने पर सती स्थल के स्वयंभू रक्षकों ने गालियों तथा लात-घूँसों से उनका स्वागत किया। दूसरे शब्दों में, उनकी योजनाओं से साफ पता चलता था कि वे किसी भी स्थिति से निपटने के लिए तैयार थे। यह भी हो सकता था कि उन्होंने खुद लड़ने का मन बना रखा हो; क्या सचमुच वे किसी युद्ध की उम्मीद में थे ? सरकार के रवैये को देखते हुए इस दृष्टिकोण को कुछ बल मिलता है।

प्राप्त खबरों से इस आशय का संकेत मिलता है कि स्थानीय प्रशासन को सती की योजना की जानकारी थी; फिर भी उसने घटनास्थल की ओर एक पुलिस जीप रवाना कर अपने 'कर्त्तव्य' की इतिश्री मान ली। पुलिस जीप भी थोड़ी दूर जाकर बीच रास्ते से वापस लौट आई। इस भगदड़ के बाद तीन दिन तक खामोशी रही, उसके बाद कहीं एक सरकारी प्रतिनिधि ने देवराला का दौरा किया।[5] इससे भी अधिक चौंकानेवाला सरकारी सामान्य रवैया था। ऐसा नहीं था कि सरकार किसी मुद्दे को टालने की नीयत से उसमें आलस्य और विलंब कर रही थी, बल्कि सरकार की उद्विग्न

सन् 1982 में दिल्ली के कुछ रूढ़िवादी स्त्री-पुरुषों ने सती के समर्थन में जलूस निकाला।

करनेवाली निष्क्रियता में दो सप्ताह से अधिक का समय बीत गया तब कहीं जाकर राज्य या केंद्र सरकार के किसी प्रवक्ता ने इस मुद्दे पर कोई बयान दिया। जबरन सती बनाने के तमाम सबूत और बढ़ते जनरोष के बावजूद किसी भी व्यक्ति को गिरफ्तार नहीं किया गया। इस बीच रूपकँवर को नशे का इंजेक्शन लगानेवाला डॉक्टर भी अदृश्य हो गया।

रूपकँवर को जिंदा जला देने के फौरन बाद घटनास्थल एक लोकप्रिय तीर्थस्थल बन गया जहाँ झुँझुनू की भाँति चढ़ावा का सामान तथा स्मृतिचिह्न (जैसे अपने पति के सिर पर हाथ रखे आग की लपटों के बीच मुस्कराती रूपकँवर की फोटो) बेचने वाली अनेक दुकानें खुल गईं। भक्तिगीतों की आडियो कैसेटों की बिक्री इन दुकानों पर तुरत-फुरत शुरू हो गई। उसके ससुर, गाँव के कुछ महत्त्वपूर्ण लोगों एवं सती धर्म रक्षा समिति नामक नवस्थापित संगठन के सदस्यों ने मिलकर राणी सती सर्व संघ की तर्ज पर एक न्यास (ट्रस्ट) स्थापित किया ताकि सती स्थल का रखरखाव और चंदा इकट्ठा किया जा सके। सती स्थल पर पूजा के लिए देश में उपलब्ध आधुनिक तकनीक का इस्तेमाल किया गया। वाहन खड़ा करने के लिए पार्किंग स्थल तथा यातायात नियंत्रण के लिए कार्यकर्ता नियुक्त कर दिए गए। सती स्थल के पास एक कंट्रोल टॉवर बना दिया गया तथा सारे क्षेत्र में लाउडस्पीकर लगा दिए गए। कंट्रोल टॉवर से तीर्थयात्रियों तथा ट्रस्ट के सदस्यों के लिए सूचनाएँ प्रसारित की जाने लगीं। खाने-पीने की चीजों की दुकानें तथा तीर्थयात्रियों के लिए आवास उपलब्ध

कराने की जिम्मेदारी महाजनों ने सँभाली। यद्यपि इस बात की कोई जानकारी हासिल नहीं हो सकी कि ट्रस्ट या दुकानदारों ने कितना पैसा बनाया, लेकिन अपुष्ट सूचना के अनुसार तीन सप्ताहों के भीतर ट्रस्ट ने कोई पचास लाख रुपया इकट्ठा किया।[6] सती एक बड़ा व्यापार है। नारीवादियों तथा समाज सुधारकों की माँगों के बावजूद यह राशि जब्त नहीं की गई।

सती स्थल का उपासना केंद्र के रूप में परिवर्तित हो जाना तथा उसके आसपास संबंधित वस्तुओं की बिक्री के लिए दुकानें खुलने जैसी गतिविधियाँ सती के व्यापारिक पक्ष के लिए कोई नई, विशेषतया आधुनिक नहीं हैं, परंतु जिस पैमाने पर तीर्थस्थल की गतिविधियों का तकनीकीकरण हुआ है वह सचमुच आधुनिक है। कुमकुम संघारी ने इसे उद्धृत करते हुए लिखा है कि किस प्रकार महलों जैसे भव्य सती मंदिरों में सती की अनुकृति के रूप में स्त्री को मृत व्यक्ति के साथ चिता पर बैठा दिखाकर सती धर्म या सती की 'पूजा' के लिए लोगों को प्रेरित कर उनका व्यवसायीकरण किया गया क्योंकि इन मंदिरों से कुछ दूरी पर अनेक ऐसे सती-स्मारक पत्थर मिल जाएँगे जो उपेक्षित हैं तथा जिनकी कोई पूजा नहीं की जाती।[7]

दूसरे शब्दों में, सती उपासक भौतिकतावाद-विरोधी समाज पर नारीवादियों द्वारा समानता के बाजार-प्रभावित सिद्धांत थोपने का आरोप लगानेवालों की इस घटना नें पोल खोल दी। देवराला की घटना ने सती उपासक समाज की ऐसी घृणित भौतिकतावादिता का रहस्योद्घाटन किया जो लाभार्जन की दृष्टि से 'बलिदान' का उत्पादन करता है।

आगे चलकर नारीवादियों को सती के विषय में अनेक नाखुशगवार जानकारियाँ मिलीं कि किस तरह स्त्रियों के मुद्दों को शक्ति प्राप्त करने के लिए इस्तेमाल किया जाता है। सुदेश वैद ने दर्शाया है कि किस प्रकार आजादी के बाद शेखावटी अंचल (जहाँ देवराला स्थित है) में अपने खोए हुए अधिकारों को पुनः प्राप्त करने के लिए सती या सती धर्म की 'परंपरा' गढ़ी गई। (दिलचस्प तथ्य यह है कि सन् 1947 के बाद होनेवाली सती की तीन चौथाई घटनाएँ इसी क्षेत्र में हुईं)। मूलतः छोटे रजवाड़ों और जागीरदारोंवाले इस क्षेत्र में सन् 1846 में सती को गैरकानूनी घोषित करने का समर्थन किया गया था। स्वाधीनता के पश्चात रजवाड़ों की समाप्ति तथा आगे चलकर भूमि की जमींदारी एवं जागीरदारी व्यवस्था के उन्मूलन तथा इसके साथ-साथ हुए भूमि सुधारों के परिणामस्वरूप क्षत्रियों एवं बनियों की ताकत एवं प्रभाव खत्म हो गया। पूर्व रजवाड़ों तथा बड़े जमींदारों के नवनिर्मित संगठन क्षत्रिय महासभा की ओर से सबसे पहले भूमि सुधार विरोधी संघर्ष छेड़ा गया। क्षत्रिय महासभा जब जागीरदारी व्यवस्था को बहाल कराने में सफल हो गई तो छोटे जमींदारों ने भूस्वामी संघ नामक संगठन बनाकर क्षत्रियों जैसा आंदोलन शुरू किया।

दोनों संगठनों ने वीरता की अपनी 'राजपूती' परंपरा की दुहाई दी जिसके अंतर्गत

दिल्ली में सन् 1982 में सती समर्थक जलूस का घेराव।

लोग हिंदू परंपरा की रक्षा करते हुए युद्ध के मैदान में दुश्मन को मार डालते थे या स्वयं मर जाते थे जबकि स्त्रियाँ घरों में इस परंपरा की रक्षा में (जौहर या सती होकर) अपनी जान दे देती थीं। राजपूती शान का बखान करने के लिए लड़ाकू नवरूढ़िवादी हिंदुओं ने केसरिया वेशभूषा में हाथ में लाठी लिए लगभग दस हजार राजपूतों का एक जुलूस निकाला। इसके साथ ही सती का सच्ची राजपूती पहचान के रूप में महिमामंडन शुरू हुआ। स्वाधीनता के पश्चात सती की पहली घटना सन् 1954 में हुई जिसके फौरन बाद झुँझुनू के प्राचीन सती स्मारक का नवनिर्माण एवं विस्तार किया गया। झुंझुनू में सालाना 'सती मेला' लगना प्रारंभ हो गया।[8]

सती के इस महिमामंडन को बनियों, खासकर मारवाड़ियों का आर्थिक एवं सामाजिक समर्थन प्राप्त था। महाजनों तथा मारवाड़ियों ने ही प्राचीन सती स्मारकों की खोज करके उनका जीर्णोद्धार कराया। इसके साथ ही उन्होंने राणी सती सर्व संघ की स्थापना की जो आजकल सारे भारत में 105 सती मंदिरों का संचालन करता है। इसलिए यह कहा जा सकता है कि महाजनों तथा राजपूतों के पारस्परिक हितों को सती के माध्यम से पूरा करने का नया नुस्खा मिल गया।

रूप कँवर को सती किए जाने के विरुद्ध दिल्ली में सन् 1987 में प्रदर्शन।

राजपूतों द्वारा सन् 1950 में अपनी पहचान के रूप में किए गए सती के प्रयोग और सन् 1987 की इस घटना में रोचक समानता है। रूपकँवर की अर्थी पर जयपुर में सती धर्म रक्षा समिति की स्थापना की गई जिसके कर्ताधर्ता शहरी लोग थे, जिनमें से अनेक व्यापारी तथा बुद्धिजीवी थे। समिति के सदस्यों में ऐसे अनेक बड़े

सती के विरुद्ध 15 संगठनों का संयुक्त कार्रवाई फोरम, दिल्ली, 1987

भू-स्वामी भी थे जिनका ग्रामीण तथा शहरी दोनों क्षेत्रों में खासा असर था। देवराला ट्रस्ट के साथ-साथ इस समिति ने भी घोषणा की कि रूपकँवर की मृत्यु के दसवें दिन सती स्थल पर चुनरी महोत्सव आयोजित किया जाएगा। ऐसा लगता है कि इस क्षेत्र में स्त्री की मृत्यु के पश्चात चुनरी दफनाए जाने की परंपरा रही है परंतु इससे पहले कभी उसे 'महोत्सव' नहीं कहा गया।

जयपुर के नारीवादियों ने इस आयोजन को रोकने के लिए उच्च न्यायालय में एक याचिका दायर की तथा माननीय उच्च न्यायालय ने चुनरी महोत्सव को रोकने का राज्य सरकार को आदेश दिया। हालाँकि महान्यायवादी ने घोषणा की कि चुनरी महोत्सव पर रोक लगाई जाएगी, परंतु कुल मिलाकर बस इतनी कार्रवाई राज्य सरकार द्वारा की गई कि उसने वाहनों को एक निश्चित स्थान पर रोक दिया परंतु लोगों को बिना समूह बनाए एक-एक करके वहाँ जाने और जुलूस में शामिल होने की छूट दे दी। लगभग पाँच सौ पुलिसकर्मियों को सादे कपड़ों में सती स्थल के मार्ग में तैनात कर दिया गया जिससे भीड़ को किसी प्रकार का भय नहीं हुआ।[9] महोत्सव संपन्न हुआ। कुछ देर तक शोक व्यक्त करने की रस्म अदायगी के पश्चात सती स्थल पर परंपरागत वेश-भूषा में एकत्र पुरुषों ने विजय समारोह मनाया और गर्व से छाती ताने अनेक लोगों ने नारे भी लगाए। सती स्थल राजनीतिक रैली स्थल के रूप में परिवर्तित हो गया था। सती स्थल पर एकत्र लोगों ने तलवारबाजी के करतब दिखाकर रणक्षेत्र जैसा माहौल तैयार कर दिया था। इन लोगों ने समारोह के अनुकूल भक्ति गीत गाने के बजाय मुख्य धारा के राजनीतिक नारों की तर्ज पर नारे लगाए। मधु किश्वर तथा रुथ वनीता ने दर्शाया है कि तीन समूहों द्वारा ये नारे लगाए गए।

(1) नारे नेताओं के महिमामंडन के लिए बनाए नारों की तर्ज पर आधारित थे : जैसे, *'सती हो तो कैसी हो ? रूपकँवर जैसी हो'* यह नारा इस तर्ज पर है : *'देश का नेता कैसा हो ? राजीव (या क. ख.) गांधी जैसा हो।'*

(2) विजयी नारे– *'एक, दो, तीन, चार, सती माता की जय-जयकार !'*

(3) हिंदू संप्रदायवादी आंदोलन से अनूदित नारा जैसे *'देश धरम का नाता*

सती विरोधी मार्च में शामिल दिल्ली के स्कूली छात्र-छात्राएँ।

है, सती हमारी माता है।' यह नारा *'देश धरम का नाता है, गाय हमारी माता है।'* पर आधारित है।[10]

यद्यपि अनेक ऐसे कानून विद्यमान हैं जिनके अंतर्गत सती के उद्भावकों एवं लाभार्जकों को दंडित किया जा सकता था, परंतु राज्य सरकार ने कोई कार्रवाई नहीं की क्योंकि इसका एक बड़ा कारण यह था कि यह मुद्दा राजपूत समुदाय की पहचान से जुड़ा था तथा राजपूत समाज में प्रभावशाली हैं। वास्तविकता यह है कि राज्य स्तर के अनेक राजनीतिक सती स्थल के प्रति अपना सम्मान व्यक्त करने के लिए सती स्थल की ओर दौड़ पड़े। इनमें शामिल थे—जनता पार्टी के राज्य प्रमुख, राजस्थान के विधायक तथा भारतीय जनता पार्टी के नेता तथा लोकदल का एक सदस्य, राजपूत सभा के कार्यकारी अध्यक्ष एवं काँग्रेस के पूर्व विधायक।[11] यानी मध्य से दक्षिणपंथी सभी बड़ी राजनीतिक पार्टियों के लोग वहाँ गए, यह जानने के लिए कि वहाँ क्या हुआ, बल्कि इसलिए कि इसके माध्यम से उन्होंने राजपूती 'परंपरा' के प्रति निष्ठा प्रदर्शित की ताकि इस रास्ते से राजपूत वोटों पर भी अपना दावा जताया जा सके। इसके पीछे हिंदू वोट प्राप्त करने की भावना काम कर रही थी और दोनों के पीछे बहुसंख्यक-अल्पसंख्यक राजनीति, जाति तथा सांप्रदायिक प्रतिनिधित्व का प्रश्न था।

जिस प्रक्रिया के तहत यह सब कुछ हुआ, वह चौंकानेवाली है क्योंकि यह

"तुम्हें सत् चढ़ गया है'—दिल्ली-1987

अखिल भारतीय लोकतांत्रिक महिला संगठन की कार्यकर्ता वृन्दा करात रूप कँवर के सती विरोधी प्रदर्शन में

भारत में सांप्रदायिक स्थापना पर प्रकाश डालती है तथा दिखाती है कि किस प्रकार लैंगिक मुद्दे इसके केंद्र में आ सकते हैं। नीति-निर्धारक एवं बौद्धिक स्तर पर सती समर्थकों की एक बड़ी दलील यह होती थी कि यदि राज्य लोगों (जनता) का प्रतिनिधित्व करता है तो राजपूत ऐसे लोग थे जिनके यहाँ सती एक विचारधारा एवं परम्परा थी इसलिए इसे मान्यता प्रदान कर संवैधानिक बनाया जाए। बुनियादी तौर पर यह दलील दी गई कि सती को संवैधानिक बनाने का अर्थ है राजपूतों को जानबूझकर अलग-थलग करने का प्रयास। उदाहरण के लिए, सती विरोधियों को इस रूप में पेश किया गया है मानो वे इसकी आड़ लेकर राजपूतों पर हमला करनेवाले हों। इस दलील की व्यापक अपील सती के विरुद्ध अभियान चलानेवाले नारीवादियों को साफ समझ आने लगी क्योंकि हम जितने भी राजपूतों से मिले, उनमें से अधिसंख्य ने सती का बचाव ही किया। उन्होंने बिना किसी अपवाद के पूछा कि सती को मुद्दा क्यों बनाया जा रहा है और बिना किसी अपवाद के उन्होंने देखा कि यह अभियान राजपूतों के विरुद्ध चलाया जा रहा है।

इन दोनों दलीलों को दो अन्य समूहों द्वारा एक कदम और आगे ले जाया गया। पहला, बनारस तथा पुरी जैसे बड़े हिंदू मंदिरों के मुख्य पुजारियों ने बयान जारी कर कहा कि सती न केवल राजपूत संस्कृति के सर्वोत्तम तत्वों का प्रतिनिधित्व करती है, बल्कि यह हिंदू की प्रतीक है तथा इसे शास्त्रीय मान्यता प्राप्त है। सती

को संवैधानिक बनाए जाने की आवश्यकता को दोहराते हुए उनकी दलील का मुख्य मकसद यह जताना था कि ऐसे मुद्दे पुजारियों के अधिकार क्षेत्र में आते हैं न कि राज्य के अधिकार क्षेत्र में। इसी दौरान उन्होंने कहा कि सती विरोधियों की वजह से 'हिंदुत्व खतरे में' है।

दूसरा समूह शिवसेना की अगुवाई वाला धुर दक्षिणपंथी हिंदू राष्ट्रवादियों का था। शिवसेना सती समर्थक आंदोलन में सक्रिय थी तथा 'हिंदुत्व खतरे में' की तर्ज पर प्रदर्शनों का आयोजन कर दलील देती कि राज्य खासतौर से हिंदुओं के प्रति पक्षपातपूर्ण रवैया अख्तियार कर रहा है क्योंकि वह अल्पसंख्यक समुदाय की माँगों पर अमल करने को लालायित दिखती है परंतु बहुसंख्यकों के बारे में ऐसा करने में अनिच्छुक दिखाई देती है। (यहाँ मुस्लिम महिला विधेयक को विशेष रूप से उद्धृत किया गया)।

धर्म-निरपेक्षता तथा धार्मिक प्रतिनिधित्व के मामले में भारतीय राज्य की लोकतांत्रिक परिभाषा हमेशा अस्पष्ट रही है। वास्तव में जो नई बात है वह यह है कि दोनों धाराएँ एक हद तक साथ-साथ चलती हुई आगे चलकर एक हो जाती हैं। इसलिए परस्पर विरोधी विचारधाराओंवाले धार्मिक समुदायों को 'उचित' प्रतिनिधित्व देने के लिए धर्मनिरपेक्षता अपरिहार्य हो गई है। अतः यह कहा जा सकता है कि विभिन्न धार्मिक रामुदायों के 'अराली' प्रतिनिधि उनके कट्टरपंथी नेता हैं न कि उनके सुधारक। वैसे भी चुनावी राजनीतिक आधार तैयार करने के लिए तथा

कॉलेज की लड़कियों का 1987 में दिल्ली में सती के विरुद्ध प्रदर्शन।

राज्य से मान्यता प्राप्त करने के लिए लोगों को सांप्रदायिक आधार पर सहमत करना एक असरदार राजनीतिक औजार बन गया है। मध्यमार्गी जनता पार्टी के दो राजनीतिज्ञों—सैयद शहाबुद्दीन तथा कल्याण सिंह-कालवी के इतिहास पर नजर डाली जाए तो पता चलता है कि किस प्रकार राजनीति के मुख्यधारा संप्रदायीकरण के लिए स्त्री को 'प्रतीक' के रूप में प्रयोग किया जा सकता है। उल्लेखनीय है कि इन दोनों नेताओं की राजनीति औरतों के मुद्दों के माध्यम से चमकी तथा इन्हें कट्टरपंथी सांप्रदायिक नेता के रूप में महत्त्व मिला। सैयद शहाबुद्दीन को जहाँ मुस्लिम महिला विधेयक पर हुए संघर्ष के कारण ख्याति मिली वहीं कालवी सती समर्थक आंदोलन चलाने के कारण लोकप्रिय हुए। शहाबुद्दीन आजकल अपनी निजी राजनीतिक पार्टी के मुखिया हैं जबकि श्री कालवी जनता दल के चुने हुए प्रतिनिधि हैं।

प्रतिनिधित्व, राजनीति तथा राज्य के प्रश्न सन् 1987-88 में नारीवादियों के समक्ष नए रूप में उभरे। धार्मिक कट्टरवादिता, जिसे हम दुनियाभर में पाते हैं, न केवल स्त्रियों के उत्पीड़न को नियमित करती है, बल्कि स्त्रियों को उनके खुद के उत्पीड़न के प्रति भी प्रोत्साहित करती है। स्त्री-समर्थक आंदोलन ने बड़ी संख्या में स्त्रियों को जातिवादी (राजपूत) तथा धार्मिक (हिंदू) आधार पर सहमत होने के लिए तैयार कर लिया। कहने का तात्पर्य यह कि उन्होंने उन स्त्रियों को राजी किया जो उनकी माँगों से प्रत्यक्षतः प्रभावित होती दिखाई पड़ीं। इससे उन्हें यह दावा करने में सुविधा हुई कि वे ही हिंदू स्त्रियों की 'वास्तविक' इच्छाओं का प्रतिनिधित्व करती हैं। इसके साथ ही उन्होंने नारीवादियों पर हिंदू स्त्रियों की इच्छाओं का असली प्रतिनिधि न होने का आरोप भी लगाया। इससे नारीवादियों की स्थिति बड़ी विचित्र हो गई : वे ऐसी स्त्रियों के हितों की वकालत करती नज़र आईं जिनकी कि वे प्रतिनिधि ही नहीं हैं और जो अपने हितों को भिन्न रूप में परिभाषित करती हैं।

इस संदर्भ में परंपरा बनाम आधुनिकता की दलीलें इस रूप में दी जाने लगीं जैसे इनके माध्यम से नारीवादियों को अलग-थलग करना हो। आधुनिकता की पृष्ठभूमि इतनी सफलता से तैयार की गई कि नारीवादियों की इस दलील के बावजूद कि सती का उपयोग 'परंपरा' के निर्माण के लिए किया जा रहा है, उनके तर्कों को ठुकरा दिया गया। परंपरा को ऐसे ऐतिहासिक तथा आत्माधिकारिक रूप में परिभाषित किया गया कि उसने इस तथ्य को निगल लिया कि प्रचार के आधुनिक तौर-तरीकों, आधुनिक दलीलों तथा आधुनिक दृष्टिकोण से सती को जाति तथा सांप्रदायिक पहचान की बहाली के लिए इस्तेमाल किया जा रहा है। यानी सती का प्रयोग मतदाता समूहों के सुधार एवं राज्य के अंतर्गत जाति एवं सांप्रदायिक प्रतिनिधित्व के लिए किया जा रहा है।

सबसे बुरी बात यह थी कि स्त्रियों का शहरी-ग्रामीण एवं परम्परावादी-आधुनिक के मध्य ध्रुवीकरण हो जाने से प्रश्नों एवं अंतर्दृष्टि की सारी श्रृंखला ही ठुकरा दी

ाधवा दहन के विरुद्ध सबला महिला संघ का दिल्ली में सन् 1987 में नाटक।

गई। मिसाल के तौर पर, सती आंदोलन के प्रति स्त्रियों के समर्थन पर नजदीकी से निगाह डालें तो स्पष्ट होता है कि इसका मापदंड दोहरा है, यानी कई मायनों में यह सती की पूजा के प्रति आकर्षित दिखाई पड़ता है और कई मायनों में सती की वास्तविक प्रथा के प्रति।

दूसरे, सती-समर्थक प्रदर्शन के लिए रजामंद की गई स्त्रियों से जब उनकी राय पूछी गई तो उन्होंने स्पष्ट किया कि वे इस मुद्दे से प्रत्यक्षतः प्रभावित नहीं हैं। उनकी विधवा की छवि स्पष्टतया गौण रही। वैधव्य के संदर्भ में सती को स्त्री-पुरुष के विचारधारात्मक संबंधों की परंपरा में सती को जिस प्रकार गौरवान्वित किया गया उससे न केवल हिंदू विधवाओं की वास्तविक अभावग्रस्त जीवन स्थितियाँ प्रच्छन्न हो गईं बल्कि इससे उनकी गुलामी का मार्ग प्रशस्त हो गया क्योंकि यदि विधवा स्त्री सती के आदर्शों के अनुसार स्वयं को जलाने के लिए तैयार न हो तो इससे अच्छा उसका भाग्य और क्या होगा कि या तो वह अपने परिवार की नौकरानी बनकर जिए या फिर मंदिर की ?

नारीवादियों को यह देखकर गहरा आघात लगा कि किस प्रकार परंपरा एवं आधुनिकता, भौतिकतावाद एवं अध्यात्मवाद, ग्रामीण तथा शहरी के मध्य हुए स्त्रियों के ध्रुवीकरण ने स्त्रियों के प्रति स्नेह एवं करुणा के सभी प्रश्नों को दरकिनार कर दिया। इससे भी बुरा, शायद बीमार वह तरीका था जिसने इन ध्रुवीकरणों के दबाव में उन्हें उस स्थिति में ला खड़ा किया जिसका वे पहले विरोध कर चुकी थीं। ऐसी ही एक स्थिति थी तीन प्रकार से की गई सरकार के हस्तक्षेप की माँग—प्रथम, यह कि रूपकँवर

'उत्सर्ग सम्मान' विचारधारा की आलोचना करते हुए दिल्ली में 1987 में सती विरोधी मार्च।

के सास-ससुर तथा जिस डॉक्टर ने उसे नशे का इंजेक्श लगाया, पर हत्या का आरोप लगाया जाए; दूसरा, वे सभी लोग, जिन्हें रूपकँवर की मौत से राजनीतिक या आर्थिक लाभ पहुँचा, दंडित किए जाएँ तथा तीसरे, धर्म के नाम पर स्त्रियों के प्रति होनेवाले अपराधों के महिमामंडन पर प्रतिबंध लगाते हुए नया कानून बनाया जाए।

इस प्रकार की माँगों, विशेषतया राज्य से अपनी माँगों के संदर्भ में, नारीवादियों का उतावलापन समकालीन नारीवादी आंदोलन के प्रारंभ से ही रहा है और वस्तुतः उनके सभी अभियानों में यह उतावलापन उनकी ऊर्जा का शाश्वत स्रोत रहा है। शायद इसी उतावलेपन के कारण दिल्ली की सती के विरुद्ध स्थापित संयुक्त कार्रवाई समिति की उपसमिति द्वारा तैयार किए गए विधेयक के प्रारूप को न तो कभी संसद के पटल पर रखा गया और न ही उसे सांसदों में वितरित किया गया। इसके बजाय सरकार को अपना विधेयक (जो कि वह विपक्ष के हंगामे को देखते हुए) लाई, जिसमें सती को आत्महत्या के रूप में परिभाषित किया गया था और इस आत्महत्या की कोशिश करनेवाले जिस पहले व्यक्ति को दंडित किया जाना था वह स्त्री स्वयं थी।

हममें से अधिसंख्य ने सती के विरुद्ध चलाए गए अभियान में नारीवाद के विरोध को शक्तिशाली रूप में उभरते देखा जिससे आंदोलन को गहरा धक्का लगा। फिर भी हमारी परिभाषाओं के प्रति उसने जो चुनौतियाँ हमारे सामने प्रस्तुत कीं उससे हमें मूल्यवान आत्मावलोकन का अवसर मिला : विभिन्न गुट तथा समुदाय जिस रूप में स्वयं को देखते हैं उसे समझने की बड़ी और मिश्रित समझ पैदा करना' यह कि शुद्ध विरोधी नजरिए से राज्य को सत्ता का बुत मानना वह भी विशेषतया विपत्ति के क्षणों में, सहायक नहीं है क्योंकि हमारे लिए यह कहना महत्त्वपूर्ण है कि हमारे सामाजिक प्रशासन में अपनी आवाज बुलंद करने का हमें भी अधिकार है। तीसरे, प्रतिनिधित्व का अर्थ मात्र संख्या का प्रदर्शन करना नहीं बल्कि अपनी आवाज में आवाज मिलाने के लिए प्रचुर मात्रा में स्त्रियों को प्रोत्साहित करना है जो किसी हद तक नारीवादी तथा अन्य संबद्ध आंदोलनों में परिलक्षित होना प्रारंभ हुआ है। उदाहरणार्थ, सती का विरोध अनेक स्रोतों से पैदा हुआ : दक्षिणपंथी हिंदू सुधारवादी परंपरा तथा स्वामी अग्निवेश जैसे एकाकी वामपंथी हिंदू सुधारकों—दोनों ने इसका विरोध किया। तथ्य यह है कि स्वामी अग्निवेश ने देवराला जाकर धरना दिया तथा बनारस एवं पुरी मंदिरों के मुख्य पुजारियों को चुनौती दी कि वे सती को शास्त्रसम्मत 'मान्यता' के मुद्दे पर उनके साथ शास्त्रार्थ करें। उनकी चुनौती ठुकरा दी गई। कुछ गांधीवादी गुटों ने भी इसका विरोध किया। उन्होंने उड़ीसा में लगभग 10,000 लोगों की एक रैली निकाली तथा पुरी मंदिर के मुख्य पुजारी का घेराव करके उनके दृष्टिकोण पर हिसाब देने को कहा परंतु पुजारी ने कोई जवाब नहीं दिया। महाराष्ट्र के जाति-विरोधी आंदोलन ने भी सती के विरोध की घोषणा की। अंततः राजस्थान में भी ग्रामीण स्त्रियों ने बड़ी संख्या में रूपकँवर की मृत्यु का महिमामंडन करने, उसकी

मौत पर सरकारी निष्क्रियता तथा सती के विरोध में प्रदर्शन किया।

इनमें से अधिसंख्य कार्रवाइयाँ उस समय समन्वित नहीं थीं क्योंकि नारीवादियों के साधन समन्वय की अनुमति नहीं देते थे। एक प्रकार से समन्वय सचमुच जरूरी भी नहीं था क्योंकि स्त्रियों की अन्य समस्याओं की भाँति सती की समस्या सिर्फ अभियान चलाकर हल नहीं की जा सकती थी। इस संदर्भ में शायद सबसे मूल्यवान आत्मावलोकन था वह सूझबूझ पैदा करना जिसके तहत प्रतिक्रिया दर्ज कराने के उद्देश्य से विशिष्ट अल्पकालिक अभियान जरूरी थे। नारीवाद की जड़ें अब पूरे देश में अनेक प्रकार से फैल रही हैं।

टिप्पणियाँ

1. नन्दिता हक्सर तथा शीबा छाछी द्वारा दिसंबर, 1983 में किया गया मेरा उल्लेख
2. *इंडियन एक्सप्रेस,* 10.5.1987
3. *हिंदुस्तान टाइम्स,* 6.3.1985
4. *स्टेट्समैन,* 18-20.9.1987
5. *टाइम्स ऑफ इंडिया,* 17.9.1987
6. तथैव
7. कुमकुम संघारी का *सेमिनार,* सं. 342, फरवरी, 1988 में प्रकाशित लेख—'परपेट्रेटिंग द मिथ'
8. सुदेश वैद, 'पॉलिटिक्स ऑफ विडो इमोलेशन', *सेमिनार, फरवरी 1988*
9. *हिंदुस्तान टाइम्स,* 17.9.1987
10. *मानुषी* सं. 42-3, 1987 में मधु किश्वर तथा रुथ वनीता का लेख : 'रूपकँवर का जलाया जाना।'
11. *टाइम्स ऑफ इंडिया* 17.9.1987

12. सुरक्षित पर्यावरण के लिए संघर्ष

आठवें दशक के अंत में भारत में पर्यावरण की स्थिति पर जारी दूसरी नागरिक रपट (सीएसई रिपोर्ट) इंगित करती है कि :

> संभवतः ग्रामीण निर्धन स्त्रियों को छोड़कर कोई अन्य समूह पर्यावरण के विनाश से इतना प्रभावित नहीं है। उनके प्रत्येक दिन की शुरुआत सूर्योदय के साथ ही ईंधन, चारा तथा पानी की तलाश यात्रा से होती है। इससे कोई अंतर नहीं पड़ता कि स्त्रियाँ बूढ़ी, जवान या गर्भवती हैं; रोजमर्रा की दुष्कर घरेलू ज़रूरतें उन्हें पूरी ही करनी पड़ती हैं। वानस्पतिक स्थितियाँ जैसे-जैसे बिगड़ती जाती हैं, इन गरीब महिलाओं की ईंधन तलाश यात्रा और अधिक लंबी तथा

वन-विनाश पर जूनागढ़ हिमाचल प्रदेश में विचार-विमर्श

थकाऊ होती जाती है। गरीबी और पर्यावरणीय विनाश में जकड़ा इन गरीब ग्रामीण महिलाओं की मेहनत की दाद देनी होगी।[1]

भारत सरकार ने सन् 1952 में ही पर्यावरण को वानस्पतिक रूप से संतुलित करने के उद्देश्य से भारत के भौगोलिक भू-भाग के 33 प्रतिशत क्षेत्र में वन लगाने का लक्ष्य रखा था।[2] हाल में ही सातवीं पंचवर्षीय योजना के प्रारंभ में सरकार ने इसे दोहराते हुए कहा : 'देश के भौगोलिक भू-भाग के 33 प्रतिशत क्षेत्र में वन लगाने के कार्य को उच्च प्राथमिकता दी जाएगी जो कि वर्तमान में मात्र 23 प्रतिशत है। जिन क्षेत्रों में अभी तक यह लक्ष्य प्राप्त नहीं किया जा सका है, उनमें वृक्षारोपण कार्यक्रम को सघन बनाया जाएगा...'[3] दूसरे शब्दों में, यह लक्ष्य कभी प्राप्त नहीं किया जा सका।

वर्तमान में भारत कुल वर्षा का दसवाँ हिस्सा ही उपयोग करता है, बड़े क्षेत्रों में जल सारणी घटी है, उच्च तकनीकवाली परियोजनाएँ जैसे–बाँध, जलाशय एवं नहर व्यवस्था–जिस पर सरकार ने अधिक बल दिया है–भी पर्याप्त सिंचाई या बाढ़ एवं सूखे की स्थिति जो कि भारत में गरीबों को हर साल प्रभावित करती है, से निपटने में कारगर साबित नहीं हुई है।

इसके परिणामस्वरूप स्त्रियों की स्थिति और अधिक दयनीय हुई है। ग्रामीण स्त्रियों को ईंधन, चारा और पानी की खोज में अधिक समय लगाकर ज्यादा दूर तक भटकना पड़ता है। कई बार तो इन्हें 2 से 8 किलोमीटर तक पैदल चलना पड़ता है जिससे उन्हें न केवल मजदूरी के लिए कम समय मिलता है बल्कि प्रतिदिन सामान्यतया 14-15 घंटे काम करना पड़ता है।

काम के बोझ का इतना भारी दबाव स्वास्थ्य पर स्वाभाविक रूप से घातक असर डालता है। इसके साथ ही तंग कमरों में खराब स्टोव पर खाना बनाने के परिणामस्वरूप स्त्रियों को अनेक बीमारियाँ लग जाती हैं। गरीबी की दशा में ईंधन की कमी अक्सर स्त्रियों को शीघ्र खाना बनाने के लिए मजबूर करती है–अस्वास्थ्यकर एवं कच्चा भोजन–स्त्रियों तथा उनके परिवार दोनों की सेहत खराब करने में सहायक हैं।

इन्हीं उत्पीड़नात्मक खामियों के परिणामस्वरूप चिपको तथा अचिपको आंदोलनों का आविर्भाव हुआ। सुरक्षित तथा बुद्धिमत्तापूर्ण पर्यावरण के लिए संघर्ष का भारत में लंबा इतिहास रहा है। इनमें सर्वाधिक ख्याति प्राप्त हैं तिलरी तथा टेहरी गढ़वाल के ग्रामीण जिन्होंने सन् 1930 में टिहरी के राजा द्वारा बनाए गए वन कानून के विरोध में धरना दिया। हालाँकि राजा द्वारा चलाए गए दमनचक्र के चलते अनेक लोगों की मृत्यु हो गई तथा कुछ घायल हुए, फिर भी उन्हें वनोपज के उनके पारंपरिक अधिकार को प्राप्त करने में सफलता मिली। हालाँकि चिपको

आंदोलन का सूत्रपात जानेमाने पर्यावरणविद् सुंदरलाल बहुगुणा एवं चंडीप्रसाद भट्ट ने किया था परंतु स्त्रियों ने इसे 'अपना' आंदोलन मानते हुए मोर्चा खोला।

चिपको आंदोलन का नामकरण हिंदी भाषा के शब्द 'चिपको' के आधार पर हुआ, जिसका अर्थ है चिपक जाना। पेड़ों को गिरने या कटने से बचाने के लिए लोग पेड़ों से चिपक जाते थे। चिपको का वास्तविक इतिहास इससे भिन्न है। दूसरी नागरिक रिपोर्ट के अनुसार, यह आंदोलन सन् 1973 में एक सुबह तब शुरू हुआ जब चमोली जिले के सुदूर पहाड़ी कस्बे गोपेश्वर में इलाहाबाद की खेल सामान बनानेवाली फैक्ट्री के लोग देवदार के दस वृक्ष काटने के उद्देश्य से पहुँचे। शुरू में गाँववालों ने उनसे अनुरोध किया कि वे पेड़ न काटें, परंतु जब ठेकेदार अड़े रहे तो ग्रामीणों ने चिह्नित वृक्षों का घेराव कर लिया तथा उनसे चिपक गए। पराजित ठेकेदारों को विवश होकर वापस जाना पड़ा। इसके कुछ सप्ताह बाद इन्हीं ठेकेदारों ने रामपुर फाट नामक गाँव में पेड़ काटने की कोशिश की परंतु चंडीप्रसाद भट्ट के नेतृत्व में ग्रामीणों ने वहाँ पहुँच कर उनकी कोशिश को एक बार फिर विफल कर दिया।

इस आंदोलन में स्त्रियों का प्रवेश एक वर्ष बाद सन् 1974 में हुआ। जोशीमठ से लगभग 65 किलोमीटर दूर स्थित रेनी गाँव के लोगों ने सुना कि उनके पास वाला जंगल नीलाम होने जा रहा है। चंडीप्रसाद भट्ट उन दिनों उस क्षेत्र का दौरा कर रहे थे। पता चलते ही वे रेनी गाँव पहुँचे और ग्रामीणों को गोपेश्वर में मिली चिपको की सफलता से अवगत कराया।

बहरहाल, पुरुषों ने सबसे पहले इस कार्रवाई के प्रति कस्बे में मौजूद अधिकारियों से विरोध दर्ज कराने का निर्णय लिया। जिस समय वे लोग विरोध प्रदर्शन कर रहे थे, ठेकेदार अपना सारा ध्यान वृक्षों को शीघ्रातिशीघ्र गिराने में लगाए हुए था। कस्बे की महिलाओं को हालाँकि चंडीप्रसाद भट्ट तथा गाँव के पुरुषों ने स्त्रियों को औपचारिक रूप से इस बैठक में शामिल नहीं किया था फिर भी उन्हें कमोबेश इसकी जानकारी अवश्य थी। ठेकेदारों द्वारा पेड़ काटे जाते देखकर स्त्रियों ने स्वतंत्र कार्रवाई करने का फैसला किया। 50 वर्षीया विधवा गौरा देवी के नेतृत्व में स्त्रियों ने अपने गाँव के पीछे स्थित जंगल को जानेवाला मार्ग अवरुद्ध कर दिया। रास्ता जाम किए हुए स्त्रियाँ गा रही थीं :

यह जंगल हमारा मायका है
हम अपनी पूरी ताकत से इसे बचाएँगी

और ठेकेदार के लोग वापस जाने के लिए विवश हो गए।

सन् 1975 में स्त्रियों ने एक बार फिर गोपेश्वर के निकटवर्ती गाँव में वृक्षों से चिपक कर उनका कटान रोका। इसे आगे बढ़ाते हुए उन्होंने कुछ सरकारी आवासों का घेराव किया क्योंकि वहाँ पर ईंधन के लिए नए वृक्षों को काटा जानेवाला था।

घेराव तभी समाप्त हुआ जब जिलाधिकारी ने उन्हें इन वृक्षों की सुरक्षा का आश्वासन दिया।

कुछ ही वर्षों में चिपको आंदोलन समस्त चमोली जिले के साथ-साथ टिहरी गढ़वाल के कुछ क्षेत्रों में भी फैल गया जिसके अग्रणी मोर्चे पर महिलाएँ थीं। इस आंदोलन में स्त्रियों के प्रवेश के साथ ही उन्होंने विरोध दर्ज कराने के एक-से-बढ़कर-एक नायाब तरीके खोज लिए। मिसाल के तौर पर, हेनवाल घाटी में स्त्रियों ने अनानास के वृक्षों की खुदाई के विरोध में धरना दिया तथा पेड़ों को लगे 'घावों' को मिट्टी तथा छालों से भर दिया। वृक्षों की रक्षा तथा उनके घावों पर मरहम लगाने के लिए किए गए प्रत्येक धरने ने स्त्रियों को प्रकृति के अधिक निकट खड़ा कर दिया और उनमें यह विश्वास पैदा हुआ कि ये प्राकृतिक स्रोत उनके 'अपने' हैं तथा इनका शोषण एवं विनाश के बजाय इनकी सुरक्षा तथा संरक्षण किया जाना चाहिए।

आंदोलन के प्रसार के साथ ही महिलाओं ने संगठित होने तथा संघर्ष को तेज करने की जरूरत महसूस की। श्री चंडीप्रसाद भट्ट के ग्राम स्वराज्य मंडल की सहायता से अनेक गाँवों में महिला मंगल दल की स्थापना की गई। इनमें से अनेक ने जंगलों तथा खेतों में होनेवाली गतिविधियों का नियंत्रण तथा निर्णय का अधिकार प्राप्त करने का दावा किया। इस क्षेत्र में श्रम का विभाजन इस प्रकार किया गया था कि पुरुषों पर पशुओं की तथा स्त्रियों पर खेत में काम करने की जिम्मेदारी थी। रेनी तथा आसपास के गाँवों में फसलों की सुरक्षा को लेकर दल की सदस्यों तथा पुरुष-प्रभावित पंचायत में विवाद शुरू हो गया। पशुओं को चराते समय पुरुष खेतों से आदतन घास काट लेते। इस बीच जानवर फसलों को कुचल डालते या चर लेते। दल ने फसलों की सुरक्षा के लिए खेतों के इर्दगिर्द दीवार बनाने का निर्णय लिया। क्षुब्ध पुरुषों ने इस मामले को लेकर पंचायत की बैठक बुलाई। पंचायत ने दल की इस हिमाकत पर गुस्से का इजहार किया तथा कहा कि ऐसे मामलों का निर्णय केवल वही कर सकते थे। बहरहाल, स्त्रियों ने कहा कि चूँकि खेतों की देखभाल उनके (स्त्रियों) जिम्मे है इसलिए खेतों या फसलों के बारे में सिर्फ वही फैसला करने की हकदार हैं। पंचायत-दल के एक अन्य झगड़े का उल्लेख करते हुए सीएसई रिपोर्ट में कहा गया कि :

> एक गाँव में स्त्रियों द्वारा तैयार किए गए घास के मैदान (चरागाह) से घास के विभाजन को लेकर महिलाओं की सरपंच से लड़ाई हो गई। सरपंच के परिवार की एक महिला ने महिला मंगल दल की इजाजत लिए बिना घास उठाकर ले गई। सामान्यतया घास ले जाने के लिए दल प्रतिदिन एक घर का नाम पुकारता है ताकि घास का बराबर बँटवारा सुनिश्चित किया जा सके।

> गाँव की स्त्रियों ने बिना बारी के घास ले जाने के लिए सरपंच का सख्ती से विरोध किया। बदले में सरपंच ने दल के खिलाफ मुकदमा ठोक दिया। जिला मजिस्ट्रेट को महिलाओं की ओर से किए गए सामूहिक विरोध को देखते हुए मुकदमा निरस्त करना पड़ा...[4]

यह कहने की जरूरत नहीं कि पुरुष इन कार्रवाइयों को पसंद नहीं करते थे। गोपा जोशी के अनुसार, रेनी गाँव के पुरुषों ने स्त्रियों को प्रताड़ित करना शुरू कर दिया :

> गाँव के मर्दों की ओर से स्त्रियों का उत्पीड़न उसी दिन से शुरू हो गया जब गौरा देवी ने गाँव की 27 अन्य स्त्रियों के साथ मिलकर ठेकेदार के कर्मचारियों तथा वन विभाग के कुछ कर्मचारियों समेत 60 लोगों को रेनी जंगल में जाकर 2415 पेड़ काटने से रोक दिया। जिस समय स्त्रियाँ जंगल की ओर जानेवाले संकरे रास्ते को जाम कर रही थीं, पुरुषों ने उन्हें सब प्रकार की धमकियाँ दीं और बाद में नशे में धुत होकर स्त्रियों के साथ बदसलूकी करने की कोशिश की। स्त्रियाँ टस से मस नहीं हुईं तथा उन्होंने बदसलूकी का बहादुरी से मुकाबला किया। अंततः एक आदमी ने गौरा देवी के मुँह पर थूक दिया। वह औरत फिर भी शांत भाव से अडिग रही...

जूनागढ़ जिले के सरकारी कर्मचारियों का घेराव करती स्त्रियाँ।

गौरा देवी अपने इरादे के प्रति दृढ़ थी। ठेकेदार ने अपने आदमियों को जंगल में जाने देने के लिए गौरा देवी को रिश्वत देने की कोशिश की। जब उसने ठेकेदार के प्रस्ताव को ठुकरा दिया तो वन विभाग के कर्मचारियों ने पुलिस बुलाने की धमकी दी। ठेकेदार ने कुछ ग्रामीणों के साथ मिलकर गौरादेवी की गिरफ्तारी से संबंधित लोकगीत तैयार किया...वे लोग सारी रात यह लोकगीत गाते रहे तथा एक साथ मिलकर नाचते रहे...

गाँव को काली सूची में डलवाने के लिए चिपको महिला कार्यकर्ताओं पर आरोप लगाया जाने लगा। गाँव के पुरुष कहते हैं कि चूँकि स्त्रियों के व्यवहार के कारण गाँव को काली सूची में डाल दिया गया है, अब जवानों को, जिनमें से अधिसंख्य फौज में हैं, कहीं नौकरी नहीं मिलेगी और गाँव में नमक और मिट्टी के तेल जैसी आवश्यक वस्तुओं की आपूर्ति भी नहीं की जाएगी... कार्यकर्ताओं को शांति का दुश्मन बनाया जाने लगा...[5]

कुछ समय पूर्व हुई एक कांफ्रेंस में प्रस्तुत अपने निबंध में चंडीप्रसाद भट्ट ने स्वीकार किया कि सन् 1975 का रेनी गाँव का स्त्री कार्यकर्तावाद उनके लिए आँख खोलनेवाला था क्योंकि इसके बाद ही उन्होंने महसूस करना शुरू किया कि गढ़वाल में पुरुषों की अपेक्षा स्त्रियों के लिए जंगल कितने अधिक महत्त्वपूर्ण थे। इसके पश्चात उन्होंने तथा बहुगुणा, दोनों ने स्त्रियों के साथ मिलकर काफी उल्लेखनीय कार्य किए। भट्ट की अध्यक्षता वाला दसौली ग्राम स्वराज्य वन-विकास शिविरों का नियमित आयोजन करता है जिसमें स्त्रियाँ भी बैठकों की अध्यक्षता करती हैं। वे स्त्रियों को बायोगैस प्लांट तथा धुआँरहित स्टोव प्राप्त करने में सहायता करते रहे क्योंकि ये ऐसी चीजें थीं जिनकी अधिकाधिक स्त्रियाँ माँग कर रही थीं।

चिपको आंदोलन के प्रारंभ एवं विकास की भाँति ही उत्तराखंड में सुरक्षित पर्यावरण के लिए भी आंदोलन विकसित हुआ। ऐसी उम्मीद की गई कि दो आंदोलन समान संस्कृति और समस्याओं वाले दो क्षेत्रों को एकजुट कर सकते हैं और किसी हद तक अल्मोड़ा के वानिकी आंदोलन और गढ़वाल के शराब विरोधी आंदोलन (जिसकी चर्चा हम बाद में करेंगे) के माध्यम से ऐसा हुआ भी। बहरहाल गढ़वाल की स्त्रियों का चिपको आंदोलन जहाँ लकड़ी की ठेकेदारी के विरुद्ध किया गया वहीं अल्मोड़ा में उनका आंदोलन खनन के विरोध में था। सोमेश्वर घाटी का खीराकोट गाँव कोसी नदी के ऊपर तथा पहाड़ियों की निचली सतह पर बसा हुआ है। गाँव में लगभग 150 परिवारों की आबादी है। गाँव के ऊपर गाँव का जंगल है तथा उसके ऊपर सरकारी आरक्षित जंगल है। कई वर्षों से खीराकोट से पुरुषों का सघन पलायन हुआ है। इस क्षेत्र की एक सक्रिय कार्यकर्ता राधा भट्ट के अनुसार कोई 500 पुरुषों में से गाँव में अब 25-30 ही रह गए हैं। बहरहाल इससे महिलाओं

को अपनी तरह से संगठित होने का साधन मिल गया, कई वर्षों पूर्व कानपुर के एक ठेकेदार ने सरकार से खड़िया-मिट्टी की खुदाई का पट्टा लिया था। पत्थर को सड़क तक लाने के लिए उसे खीराकोट के बाहरी छोर से उन रास्तों से होकर गुजरना पड़ता था जिनका इस्तेमाल ग्रामीण अपने खेतों की जुताई के लिए, पानी, ईंधन या चारा लाने के लिए करते थे। देवकी जैन के अनुसार :

> ठेकेदार पहले इस भार को मजदूरों से ढुलवाता था। उसको यह व्यापार बहुत महँगा लगा, इसलिए उसने पावर मिल लगाने का निर्णय किया। मिल की क्षमता अधिक होने के कारण खान से ज्यादा बड़ी मात्रा में पत्थर मँगाने की आवश्यकता महसूस की गई। इसके चलते मालवाही पशु के रूप में गधों का इस्तेमाल किया गया। खान से सड़क तक आने-जानेवाले गधों के इस कारवाँ ने उन तंग गलियारों पर कब्जा कर लिया जिससे होकर स्थानीय आबादी, खासतौर से स्त्रियाँ अपने खेतों में आती-जाती थीं।...[6]

स्त्रियों ने पाया कि उनके द्वारा इस्तेमाल किए जानेवाले जंगल में जानेवाले मार्ग पर न केवल टट्टुओं की आवाजाही से भीड़ बढ़ गई है, बल्कि जंगल में जाने के लिए उनका रास्ता भी अवरुद्ध हो गया है। इसके साथ ही उन्होंने यह भी देखा कि खान का कचरा उनके संरक्षित वन को नष्ट कर रहा है। वर्षा के दिनों में खदान की यह 'धूल' बहकर खेतों में पहुँच जाती है तथा उनमें पत्थर की तरह जम जाती है जिससे खेतों की जुताई असंभव हो जाती है। प्रारंभ में स्त्रियों ने गाँव के पुरुषों से अनुरोध किया कि वे ठेकेदार से बात करें। जब उन्होंने देखा कि ठेकेदार उनकी बात सुनने को तैयार नहीं है तो उन्होंने खानों में काम करना बंद कर दिया और अपने खेतों की सुरक्षा के लिए उनके इर्दगिर्द दीवारें बना दीं। ठेकेदार ने प्रतिक्रियास्वरूप उनके खिलाफ अदालतों में मुकदमें दायर कर दिए तथा अनेक लोगों को डरा-धमकाकर कमजोर कर दिया गया। बहरहाल, स्त्रियों ने अदालती लड़ाई लड़ने के लिए पुरुषों पर दबाव डाला तथा इस काम के लिए प्रत्येक परिवार से धन एकत्र किया। इस बीच सीधी कार्रवाई के तहत उन्होंने गलियारों को काटकर सँकरा कर दिया ताकि मालवाही गधे उन रास्तों पर ठीक से आ-जा न सकें। खान के ठेकेदार ने इसे देखते हुए स्त्रियों पर मुकदमा ठोक दिया जिसकी प्रतिक्रिया में स्त्रियों ने अवरोध को और अधिक सघन करते हुए भौतिक रूप से फुटपाथों पर कब्जा कर लिया। ठेकेदार एक बार फिर अदालत गया। स्त्रियों ने भी खान में काम बंद करने के लिए पुरुषों पर दबाव डाला। एक स्त्री ने कहा : 'हम खान श्रमिकों को पकड़कर बैठा लेंगे और उन्हें खान में खुदाई नहीं करने देंगे।' दूसरी स्त्री ने कहा : 'हमने मर्दों से कहा कि तुम पहले हमें मारकर पहाड़ की चोटियों पर दफना दो तभी पहाड़ को हाथ लगा सकते हो।' तीसरी महिला ने अपने उद्गार इन शब्दों में व्यक्त किए : 'उनकी खुदाई

हमारी जिंदगी तबाह कर रही है, हमारे बच्चों के भविष्य से खिलवाड़ कर रही है हम उन्हें कैसे खुदाई करने दें ?'

ठेकेदार ने स्त्रियों को कुचलने के लिए अनेक उपक्रम किए। उसने स्त्रियों को डराने के लिए भाड़े के गुंडे बुलाए तथा उनके घरों पर पत्थर बरसाए। एक पहाड़ी सक्रिय महिला कार्यकर्ता के पुत्र की कपड़े की दुकान में आग लगा दी गई। जब ठेकेदार के सभी हथकंडे विफल हो गए तो उसने स्त्रियों को खानों में हिस्सा देने के नाम पर रिश्वत देने की कोशिश की। इसके बाद उसने बाहर से मजदूर बुलाए परंतु स्त्रियों ने उन मजदूरों को काम नहीं करने दिया। इन मजदूरों में ज्यादातर नेपाली थे। इस बीच अदालतों में स्त्रियों की लड़ाई जारी रही। लगभग दो वर्षों के बाद जिला मजिस्ट्रेट ने गाँव का दौरा करने और होनेवाले नुकसान को अपनी आँखों से देखने की रजामंदी दी। मौका-मुआयना करने के बाद जिलाधिकारी इतने द्रवित हुए कि उन्होंने फौरन मुकदमा निरस्त करने की सिफारिश कर दी और स्त्रियाँ मुकदमा जीत गईं। सन् 1982 के आखिरी दिनों में औपचारिक रूप से अंततः बंद कर दी गईं।

> खीराकोट की स्त्रियाँ नुकसान की भरपाई करने में जुट गईं। उन्होंने गड्ढों को भरकर खेत के चारों ओर सुरक्षा दीवार बना दी ताकि पहाड़ से बहकर आनेवाला कचरा उनके खेतों को क्षतिग्रस्त न कर सके। पंचायत की जंगल भूमि पर देवदार के पेड़ लगा दिए। परंतु उनका सबसे बड़ा पुरस्कार है इस अंचल के पिथौरागढ़ और झिरौली क्षेत्र में होनेवाला आंदोलन जो कि खीराकोट में हुए धरने की चिंगारी से भड़का।[7]

विश्व पर्यावरण दिवस पर सकलाना गढ़वाल में सन् 1986 में जनसभ

एक अन्य घटना में खीराकोट की स्त्रियों ने महसूस किया कि वे स्वयं अपने पर्यावरण को क्षति पहुँचा रही हैं क्योंकि उन्होंने तथा आसपास के गाँवों की स्त्रियों ने गाँव के जंगल में चीड़ के पेड़ों की छँटाई कर दी है। इसका नतीजा यह हुआ कि गाँव में चीड़ के पत्तों की कमी हो गई जिसका प्रयोग वे जानवरों के बिछौने के रूप में करती थीं। राधा भट्ट के अनुसार :

उन्होंने (स्त्रियों ने) आपस में बैठकर तय किया कि ईंधन के लिए तोड़ी जानेवाली चीड़ की टहनियों को वे खुद तथा अन्य गाँवों की स्त्रियाँ भविष्य में नहीं तोड़ेंगी ताकि उनके गाँव के जंगल की रक्षा की जा सके। उनका मानना था कि अगर चीड़ के पेड़ बड़े हो जाएँगे तो उनकी पत्तियाँ बड़ी आसानी से उनके घरों के आसपास ही उपलब्ध होंगी तथा अगर चीड़ के पेड़ों की ठीक तरह से रक्षा की गई तो ईंधन के लिए लकड़ी भी पेड़ों को बिना नष्ट किए मिल जाएगी। उन्होंने अपनी मंशा पूरे गाँव में जाहिर कर दी तथा स्त्रियाँ इसके लिए राजी भी हो गईं। इसके लिए उन्हें महिलाओं की कोई औपचारिक बैठक भी नहीं बुलानी पड़ी। यह काम उन्होंने जलाशयों से पानी लेने के लिए आते-जाते समय किया।

जनसभा को संबोधित करती एक महिला कार्यकर्ता।

इस प्रकार चार वर्षों के अनवरत प्रयासों तथा स्त्रियों के सामूहिक नेतृत्व के परिणामस्वरूप खीराकोट गाँव के ऊपर चीड़ का एक सुंदर जंगल देखा जा सकता है। जंगल ने स्त्रियों को अपने जानवरों के नीचे बिछाने के लिए सूखी पत्तियाँ उपलब्ध कराना प्रारंभ कर दिया है। यह नेतृत्व थकने के बजाय अपेक्षाकृत अधिक उत्साही नज़र आता है। सन् 1983 के पहले महीने में उन्होंने मर्दों को भी अपने प्रयासों में शामिल कर लिया। जंगल के चौकीदार को वेतन देने के लिए गाँव के प्रत्येक घर ने एक रुपया महिना देना मंजूर कर लिया स्त्रियाँ यह धन इकट्ठा करके गाँव के जंगल के युवा चौकीदार के हवाले कर देतीं।[6]

गढ़वाल तथा कुमाऊँ अंचल में चिपको आंदोलन से करीब से जुड़ा हुआ है शराब-विरोधी आंदोलन। इन क्षेत्रों में कार्यरत कार्यकर्ताओं ने स्थानीय लोगों के साथ चर्चा में पाया कि पुरुषों की शराबखोरी स्त्रियों के लिए बड़ी समस्या पैदा कर रही थी। अनेक क्षेत्रों में इसकी परिणति बड़े पैमाने पर

जनसभा के दौरान एकत्र चिपको आंदोलन की स्त्रियाँ।

पत्नियों की पिटाई के रूप में हुई। अन्य क्षेत्रों में, हालाँकि ज्यादातर पुरुष रोजगार की तलाश में गाँव से बाहर चले गए थे परंतु जो थोड़े-बहुत गाँव में शेष रह गए थे वे अपने परिवार की आमदनी को शराब पर बरबाद कर रहे थे। इससे न केवल पुरुषों के स्वास्थ्य पर असर पड़ा (क्योंकि ज्यादातर शराब अवैध होती थी) बल्कि स्त्रियों को अपने घरेलू खर्च में कटौती भी करनी पड़ी। स्त्रियों को उनके शराबी पति पीटते तो थे ही, उन्हें गृहस्थी चलाने के लिए अपने भोजन में भी कमी करनी पड़ी।

पुरुषों में शराबखोरी की समस्या की पुष्टि उत्तराखंड संघर्षवाहिनी द्वारा भी की गई। वाहिनी इस क्षेत्र में आंदोलन संबंधी जानकारियों के आदान-प्रदान में सक्रिय थी। सन् 1977 में स्थापित यह वाहिनी चिपको आंदोलन में भी सक्रिय रही तथा इसके कार्यकर्ता गाँव-गाँव जाकर सूचनाएँ एकत्र तथा प्रसारित करते थे। इसके साथ ही उन्होंने नेटवर्क स्थापित करने की गर्ज से नैनीताल से *'जंगल के दावेदार'* और *'नैनीताल समाचार'* नामक दो अखबार भी निकाले। सन् 1983 में वाहिनी ने अल्मोड़ा में एक विशाल जनसभा का आयोजन किया जिसमें गढ़वाल तथा कुमाऊँ के लोगों ने अपनी समस्याओं पर विचार-विमर्श किया। इस सभा में शराबखोरी एक बड़ी समस्या के रूप में उभरी। यह पहला अवसर नहीं था जब लोगों, खास तौर से स्त्रियों ने इस समस्या की शिकायत की। उमा भट्ट के अनुसार उत्तराखंड में शराब की बिक्री के विरोध में एक लंबा संघर्ष 1965-71 के बीच चलाया गया।

शराब की बिक्री तथा उत्पादन के विरुद्ध संघर्ष समाज सुधार तथा राष्ट्रवादी आंदोलन के प्रारंभ के समय से ही जारी है। इन आंदोलनों के परिणामस्वरूप स्वाधीन भारत में अनेक क्षेत्रों में नशाबंदी की घोषणा की गई। नशाबंदी पर अनेक प्रकार की प्रतिक्रियाएँ हुईं जिनके विस्तार में जाने की जरूरत यहाँ नहीं है। बहरहाल, हमारे लिए जो महत्त्वपूर्ण है वह यह देखना है कि शराब-विरोधी आंदोलन में स्त्रियाँ कैसे और कब शामिल हुईं और किस प्रकार यह मुद्दा अनेक परिवर्तनकामी आंदोलनों, विशेषतया जनजातीय तथा पहाड़ी आंदोलनों में महत्त्वपूर्ण बन कर उभरा। उदाहरणार्थ, झारखंड में नशाबंदी को सुधार के बड़े अंग के रूप में देखा गया क्योंकि आदिवासियों की जमीन छिनने में शराब की बड़ी भूमिका थी। आमतौर पर हिंदू जमींदार आदिवासियों को एक बोतल बढ़िया शराब देकर बदले में उनसे उनकी जमीन के अधिकार पर दस्तखत करा लेते। इसलिए कार्यकर्ताओं ने महसूस किया कि इस गैरकानूनी काम पर अंकुश लगाने के लिए जरूरी है कि आदिवासियों को महुआ समेत सभी प्रकार की शराब न पीने के लिए सौगन्ध दिलाई जाए। पहाड़ी क्षेत्रों, खासकर उत्तराखंड में पुरुष अपना सारा पैसा शराब पर खर्च कर देते और परिवार के भरण-पोषण के लिए एक कौड़ी भी नहीं छोड़ते।

सन् 1965 से 71 के बीच उत्तराखंड में चला शराब-विरोधी आंदोलन इतना

व्यापक था कि सरकार को कुछ क्षेत्रों में नशाबंदी घोषित करनी पड़ी परंतु इसके बावजूद वह (सरकार) शराब का पूरी तरह सफाया नहीं कर सकी क्योंकि 'सुरा' जैसे आयुर्वेदिक टॉनिकों में भी अल्कोहल का प्रयोग होता है। हालाँकि इन टॉनिकों में अल्कोहल की अनुमानित मात्रा 20 प्रतिशत होती है किंतु कुछ सर्वेक्षणों से ज्ञात हुआ कि सुरा की कुछ किस्मों में 80 प्रतिशत तक अल्कोहल होता है। जाहिर है इनका प्रयोग चिकित्सा के लिए तो नहीं ही होता।

फरवरी सन् 1984 की बात है। अल्मोड़ा जिले के चौखुइया ब्लॉकांतर्गत बासभीवा गाँव के ग्रामीणों ने नकली/अवैध शराब के साथ एक आदमी को पकड़ लिया। हालाँकि गाँववालों ने इसकी शिकायत स्थानीय अधिकारी से की परंतु उसने कोई कार्रवाई नहीं की। बाद में इसका भेद खुला कि उसने कार्रवाई क्यों नहीं की। करता भी कैसे ? वह खुद ही तो लाता था तस्करी करके वह शराब। गाँववालों ने एक दिन उस अफसर का घेराव कर लिया। अधिकारियों ने बदले में एक कार्यकर्ता को मार डालने की धमकी दे डाली। इसके बाद वाहिनी ने एक जनसभा आयोजित की जिसमें निर्णय लिया गया कि एक अल्कोहल-विरोधी (शराब-विरोधी) आंदोलन शुरू किया जाए। गाँव-दर-गाँव जहाँ कहीं भी शराब मिली उसे फेंक दिया गया, शराब के बर्तन और दुकानें तोड़ दिए गए। कई मामलों में शराब विक्रेताओं को पकड़ कर उनसे सार्वजनिक तौर पर माफी मँगवाई गई तथा भविष्य में फिर कभी ऐसा न करने का वचन लिया गया। इन अभियानों के पहले मोर्चे पर स्त्रियाँ थीं। उन्होंने शराब-विरोधी आंदोलन की मशाल हमेशा जलाए रखी। हिमाचल प्रदेश में औरतों के जत्थे शराब की दुकानों को बंद कराकर वहाँ एक चौकीदार खड़ा कर देते और अगर उन्हें किसी प्रकार का खतरा महसूस होता तो वो ढोल बजाकर और गाने गाकर आसपास बिखरी अपनी (बहनों) अन्य महिला कार्यकर्ताओं को इसकी सूचना दे देते। स्त्रियों ने शराबियों तथा शराब विक्रेताओं को शर्मसार करने की तरकीब भी अपनाई। अक्सर उनका मुँह काला करके या गलियों-कस्बों में उन्हें नंगा घुमाया जाता। उदाहरणार्थ,

गोसाईंपुरी में पुलिस द्वारा गिरफ्तार किए गए शराब ठेकेदार।

भोपाल में सन् 1985 में वर्षा से बचने की कोशिश करते प्रदर्शनकारी।

सातवें दशक के प्रारंभिक वर्षों में महाराष्ट्र के धुलिया जिले में औरतों ने शराब के बर्तन तोड़ दिए, पत्नियों की पिटाई करनेवाले पुरुषों की झाड़ू से पिटाई की गई तथा पत्नियों की फिर पिटाई न करने का उनसे वायदा लिया गया। इसके साथ ही उन्होंने उन लोगों को पकड़ा जो अपनी बीवियों की पिटाई करते थे या उनका उत्पीड़न करते थे। उनके गले में जूतों की माला डालकर उन्हें गधे की पीठ से बाँधकर सारे गाँव में घुमाया गया।

एक ओर जहाँ ईंधन, पानी, चारे की कमी से जुड़े पर्यावरणीय सक्रियतावाद में ग्रामीण स्त्रियों के योगदान का लंबा इतिहास है, वहीं सन् 1984 की भोपाल त्रासदी से गैस पीड़ित महिलाओं के व्यापक आंदोलन का उदय हुआ है। दो और तीन दिसंबर, सन् 1984 की रात को बहुराष्ट्रीय अमेरिकी कंपनी यूनियन कार्बाइड के स्वामित्व वाले भोपाल कीटनाशक संयंत्र से लगभग 20 टन मिक (मिथाइल आइसोसायनेट) गैस बह गई। कई हजार लोग उसी रात मर गए तथा हजारों लोग इसका खुलासा होने के बाद मर गए। आज के सरकारी आंकड़े 4000 से अधिक के मरने तथा 50,000 लोगों के नपुंसक होने की बात स्वीकार करते हैं। हम यहाँ नपुंसक शब्द का प्रयोग कर रहे हैं क्योंकि उस समय तक मिक के स्वास्थ्य पर पड़नेवाले असर के बारे में ज्यादा जानकारी नहीं थी। विशेषज्ञों का मानना है कि इस बारे में जानकारी जुटाने में बीस वर्ष लगेंगे।

'रात का कातिल' के रूप में कुख्यात यह त्रासदी तड़के हुई और चूंकि यह गैस निर्गंध तथा अदृश्य है इसलिए अनुमानतः भोपाल के लगभग सारे पुराने शहर में गैस फैल गई थी। यह इलाका शहर की सबसे घनी बस्ती वाला तथा निर्धन भाग है। सबसे ज्यादा प्रभावित हुए झुग्गी-झोंपड़ी वाले कस्बे

पुलिस थाने से बाहर आते भोपाल के कार्यकर्ता।

भोपाल गैस त्रासदी के पीड़ितों का कलेक्ट्रेट के बाहर राहत की माँग को लेकर 1985 में प्रदर्शन।

तथा फैक्टरियों से जुड़े झोंपड़पट्टियों में सस्ते मजदूर के रूप में रहनेवाले गरीब लोग।

इस त्रासदी के फौरन बाद का शहर का नजारा शोरोगुल से भरा हुआ था। उसकी कोई भी सेवा इतनी बड़ी दुर्घटना से निपटने के साधनों से लैस नहीं थी। अस्पतालों में इस बात को लेकर शोर-शराबा बढ़ रहा था कि वहाँ किसी भी डॉक्टर को मिक गैस के उपचार की जानकारी नहीं थी। सभी प्रकार के लोगों का शहर में तांता लग गया : राहत कार्यकर्ता से लेकर सक्रिय कार्यकर्ता तक, यूनियन कार्बाइड के अधिकारियों, चिकित्सा विशेषज्ञों और गैस पीड़ितों को मुआवजा दिलाने के लिए हस्ताक्षर कराते वकील इत्यादि प्रकार के लोग इनमें शामिल थे।

यह बात स्पष्ट हो जाने के बाद कि मुआवजे का मुकदमा बहुत बड़ा होने जा रहा है, अमेरिका तथा भारत को शामिल करते हुए, राहत, चिकित्सा सहायता तथा पुनर्वास इत्यादि सभी कार्यों को मुकदमेबाजी के नजरिए से देखा जाने लगा। केंद्र सरकार ने हस्तक्षेप करते हुए कहा कि वह—और केवल वह—ही पीड़ितों की ओर सारे मामले का संचालन करेगी। इस डर से कि अगर जानकारी लीक हो गई तो दूसरा पक्ष झूठी सूचना उपलब्ध करा देगा, सारी चिकित्सा सूचनाओं को सरकारी गोपनीयता कानून के अंतर्गत गुप्त रखा गया। चिकित्सा जानकारी के दस्तावेजीकरण को भी इसी श्रेणी में रखा गया। बहरहाल राहत और पुनर्वास कार्य राज्य सरकार के जिम्मे डाल दिया गया। चूँकि यह एक बड़ा लक्ष्य था इसलिए राज्य की नौकरशाही में व्यापक असंतोष उभरा जिसे गैस पीड़ितों को दंडित करने का अवसर मिल गया।

यूनियन कार्बाइड भारत छोड़ो—दुनिया छोड़ो प्रदर्शन, भोपाल, 1985

प्रारंभ से ही केवल गैस पीड़ित महिलाएँ ही राहत, चिकित्सा तथा सूचना संबंधी अभियान में सर्वाधिक सक्रिय रही हैं। प्रारंभिक वर्षों में प्रदर्शनों में स्त्रियों और पुरुषों का अनुपात क्रमशः 60 एवं 40 होता था

यूनियन कार्बाइड के खिलाफ 1985 में जनवादी महिला समिति का प्रदर्शन।

परंतु जैसे-जैसे समय बीतता गया यह अनुपात बढ़कर 80-20, यहाँ तक कि 90-10 भी हो जाता था। इसका जो कारण बताया गया वह यह था कि सबसे पहले पुरुषों को काम पाना होता था इसलिए गृहिणियों के रूप में स्त्रियों के पास पर्याप्त समय था—किसी भी हाल में उनका समय उनके अनुकूल था।

हालाँकि इस दलील में आंशिक सच्चाई है लेकिन उसकी वैधता सीमित है। ज्यादातर गैस पीड़ित महिलाएँ स्वयं श्रमिक थीं। इनमें से अनेक पर गैस त्रासदी के बाद अपने परिवार के भरण-पोषण की जिम्मेदारी आ गई। आगे चलकर गैस पीड़ितों का संगठन, जो सन् 86 के बाद के आंदोलन के मुख्य सूत्रधार के रूप में उभरा, वह गैस पीड़ित उन महिलाओं का संगठन था जो वहाँ सरकारी पुनर्वासीय प्रशिक्षण केंद्र में सिलाई केंद्रों में कार्यरत थीं। ये केंद्र सरकार द्वारा सन् 1985 में खोले गए और इन्होंने लगभग 2,000 स्त्रियों को प्रशिक्षण दिया। एक वर्ष बाद सरकार ने घोषणा की कि वह इन केंद्रों को बंद करने जा रही है। इसके विरोध में स्त्रियों ने इन केंद्रों पर कब्जा कर लिया और उनका यह विरोध खत्म होने में एक महीना लग गया जिसकी परिणति भोपाल गैस पीड़ित महिला उद्योग संगठन की स्थापना के रूप में हुई।

रोजगार की निरंतरता सुनिश्चित करने के अभियान से शुरू हुए इस संगठन ने सभी गैस पीड़ितों के पुनर्वास तथा राहत के लिए स्थानीय अभियान भी चलाया। इसके बाद उसने राहत के लिए अदालत का दरवाजा खटखटाया। सन् 1989 में उच्चतम न्यायालय के निर्देश पर जब भारत सरकार यूनियन कार्बाइड के साथ एक शर्मनाक समझौता करती दिखाई पड़ी तो संगठन ने समझौते के विरोध में व्यापक अभियान शुरू किया जिसके अंतर्गत

जहरीली गैस कांड विरोधी मोर्चे का भोपाल में 1985 में प्रदर्शन।

भोपाल गैस पीड़ित महिला उद्योग संगठन का उच्चतम न्यायालय के बारह प्रदर्शन।

प्रदर्शनों, मुकदमेबाजी, प्रचार तथा अभिप्रेरण इत्यादि रणनीतियाँ प्रयोग की गईं। सन् 1989 के अंत में केंद्र में नई सरकार के चुनाव के साथ ही संगठन को एक बड़ी सफलता हाथ लगी जिसके अंतर्गत उसे सरकार की ओर से राहत राशि के रूप में तीन वर्षों के लिए 360 लाख रुपए मंजूर किए गए। इसके साथ ही सारी चिकित्सा जानकारी प्रसारित कर दी गई तथा यूनियन कार्बाइड के विरुद्ध मुकदमे को पुनः खोलने की संगठन की दलील को सरकार का समर्थन पाने में भी सफलता मिली।

दुखद रूप से उच्चतम न्यायालय ने सन् 1992 में समझौते की बहाली का निर्णय दिया जिसमें यह महत्त्वपूर्ण प्रावधान किया कि यह समझौता यूनियन कार्बाइड के विरुद्ध दायर सिर्फ सिविल सूट पर ही लागू होता है। इसलिए आपराधिक अभियोग के अंतर्गत हुए नुकसान की भरपाई तथा पर्याप्त न्याय पाने के लिए न्यायालय का दरवाजा खुला है। मुआवजे का उचित वितरण सुनिश्चित करने की असली, सचमुच असली लड़ाई यहीं से शुरू हुई।

टिप्पणियाँ

1. *दि सेकंड सिटीजन'स रिपोर्ट ऑन दि एनवायरमेंट,* दिल्ली, पर्यावरण अध्ययन केंद्र, 1987 तद्नुसार सीएसई रिपोर्ट
2. बी.बी. वोहरा की पुस्तक *'दि ग्रीनिंग ऑफ इंडिया',* दिल्ली, इनटैक्ट एनवायरमेंट सीरीज,

1985 पृष्ठ 1

3. *'दि एप्रोच टू दि सेवंथ प्लान'* से उद्धृत, पूर्वोक्त-पृष्ठ 1
4. सीएसई रिपोर्ट, पूर्वोक्त-पृष्ठ 183-84
5. मधु किश्वर तथा रुथ वनीता की पुस्तक *'स्लैंडर्ड? बाय दि कम्युनिटी इन रिटर्न'* में गोपा जोशी, पूर्वोक्त-पृष्ठ 125
6. देवकी जैन, *मानुषी* अंक 6, 1980
7. सीएसई रिपोर्ट, पूर्वोक्त-पृष्ठ 178
8. राधा भट्ट पूर्वोक्त

चित्र के लिए आभार

इस पुस्तक की परियोजना के शैशवकाल में अनेक वर्षों के दौरान चित्र तथा रेखांकन **एकत्र** किए गए। अनेक महानुभावों ने हमें इसके लिए सामग्री तथा चित्र भेजे परंतु **अपनी** पहचान छुपा गए। ऐसा ही कुछ छायाकारों के मामले में भी हुआ। हालाँकि **इन** सज्जनों को ढूढ़कर चित्र के लिए उनका आभार व्यक्त करने का हमने अनवरत **प्रयास** किया फिर भी सबको खोज पाना हमारे लिए संभव नहीं रहा। अगर हमारे कृपालु पाठक उन सज्जनों को तलाशने में हमारी सहायता करें तो हमें प्रसन्नता होगी और पुस्तक के अगले संस्करण में उनके द्वारा भेजे गए चित्रों के साथ हम उनका परिचय भी प्रकाशित कर सकेंगे। निम्नलिखित व्यक्तियों/छायाकारों द्वारा अपने रेखांकन/छायांकन **को** प्रकाशित करने की अनुमति प्रदान करने के लिए हम अत्यंत आभारी हैं :

अहमदाबाद वीमेंस एक्शन ग्रुप (अवाग) पृष्ठ 110-11, 146
बायजा महिला पत्रिका, पृष्ठ 154
भोपाल गैस पीड़ित महिला उद्योग संगठन, पृष्ठ 189 (दाएँ) शेबा छाछी पृष्ठ –109, 115-16, 118-21, 122-25, 129 (बाएँ) 130-35, 144 (मध्य एवं निम्न) 147 (नीचे), 148, 156 (ऊपर एवं नीचे बायें) 157-58, 160, 162, 164-66, 169-70, 172-73 (नीचे दाएँ) 175-177, 189 छत्तीसगढ़ महिला जागृति संगठन, पृष्ठ 150, 152 (नीचे)
छाया दातार पृष्ठ 96
ईव्स वीकली पृष्ठ 112 (नीचे दायें), 144 (ऊपर बायें) 151 (नीचे दाएँ) 152 (ऊपर)
फोरम अगेन्स्ट दि ऑप्रेसन ऑफ वीमेन, पृष्ठ 112 (नीचे दाएँ)
हिंदुस्तान टाइम्स पृष्ठ 129 (दाएँ), 189 (बाएँ)
जागोरी/आभा भैया पृष्ठ 178-80
ए. जी. कृष्णा मेनन पृष्ठ 186
नैनीताल आरकाइव्स ऑफ इंडिया (नादं) पृष्ठ 7, 98
नेशनल फेडरेशन ऑफ इंडियन वीमेन पृष्ठ 161
नेहरू स्मारक संग्रहालय एवं पुस्तकालय (एनएमएमएल) पृष्ठ 7, 26, 34, 39, 42,

46, 48, 55-56, 58-63, 65, 75-79, 84, 86-88

विभूति पटेल, पृष्ठ 106-7, 147 (ऊपर)

पैट्रियट पृष्ठ 142

पेन्नूरमाई अइयक्कम पृष्ठ 156 (नीचे दायें)

पीपुल्स एसोसिएशन फॉर हिमालयन एक्शन रिसर्च (प्रहार) पृष्ठ 187

प्राइवेट फेमिली कलेक्शन पृष्ठ 173 (ऊपर एवं नीचे बाएँ)

स्त्री शक्ति संगठना पृष्ठ 100

सहेली 162 (नीचे)

मारिया सोडरबर्ग पृष्ठ 149, 153

अभिषेक श्रीवास्तव पृष्ठ 188

विमोचना पृष्ठ 108

इसके साथ ही निम्नलिखित पृष्ठों पर जो रेखांकन/छायांकन प्रकाशित किए गए हैं उनका संदर्भ नीचे दिया जा रहा है।

- पृष्ठ 16-17, 22-23 पर प्रकाशित चित्र *वीमेन इन इंडिया* अमरको बुक एजेंसी, दिल्ली द्वारा सन् 1973 में पुनर्प्रकाशित पुस्तक में मैरी फ्रांसिस बिलिंगटन से साभार
- पृष्ठ 33-35, *सेकंड पैराडाइज़,* डबलडे, 1985 से साभार
- पृष्ठ 38-39, 89 *इंडिया'ज फ्रीडम स्ट्रगल* से
- पृष्ठ 43 पंडिता रमाबाई की पुस्तक *'दि हाई कास्ट हिंदू वूमन* से
- पृष्ठ 44 सिग्गल बुक्स कलकत्ता द्वारा 1983 में प्रकाशित असित पॉल की पुस्तक (सं) *वुडकट प्रिंट्स ऑफ नाइनटींथ सेंचुरी कलकत्ता* से

निम्नलिखित दस्तावेज भारतीय राष्ट्रीय अभिलेखागार के सौजन्य से शामिल किए गए :

(क) सती विनियमन XVII ए. डी. एक्ट 1829-बंगाल कोड (4 दिसंबर 1929)

(ख) सती प्रथा उन्मूलन के विरोध में 19 दिसंबर, 1829 को हिंदुओं की याचिका

(ग) हिंदू विधवाओं के पुनर्विवाह के मार्ग की सभी बाधाओं को दूर करनेवाला विधेयक

(घ) बाल-विवाह रोकने के लिए विधेयक

(ङ) 16, 17-18 दिसंबर, 1948 को जयपुर में हुए अखिल भारतीय हिंदू कोड सम्मेलन में पारित प्रस्ताव

निम्नलिखित पृष्ठों पर प्रकाशित चित्रों के छायाकारों का नाम ज्ञात न होने के कारण उनका परिचय नहीं दिया जा रहा है :

101-2, 104, 109 (ऊपर बाएँ तथा दाएँ) 151 (ऊपर बाएँ तथा दाएँ और नीचे दाएँ) 182-83

अखबारों की राय में

प्रस्तुत पुस्तक भारत में स्वाधीनता-पूर्व एवं स्वातंत्र्येतर महिला आंदोलन का लयात्मक इतिहास है। इसमें उन्नीसवीं सदी के प्रारंभ से आज तक के स्त्री-संघर्ष को समाहित किया गया है। इसमें बताया गया है कि किस प्रकार महिलाओं के मुद्दे शुरू-शुरू में समाज सुधार आंदोलनों के अंतर्गत पुरुषों द्वारा उठाए गए और आगे चलकर राष्ट्रवादी आंदोलन में शामिल स्त्रियों द्वारा स्वयं उठाए जाने लगे। चित्रों, नए-पुराने दस्तावेजों, पत्रों के अंशों तथा अनौपचारिक लेखन को समाहित करते हुए लेखिका स्त्रियों की बढ़ती सहभागिता तथा प्रारंभिक महिला संगठनों की स्थापना का सूचीयन करती है; वह राष्ट्रवादी तथा सुधार आंदोलनों के दौरान सतह पर उभरे 'स्त्रियों के मुद्दों' का परीक्षण करती है तथा स्वाधीनता पश्चात छठे तथा सातवें दशक में पुनः उभरने से पूर्व उनके अचानक लुप्त हो जाने की भी बारीकी से जाँच करती है। समकालीन आंदोलन की प्रकृति, बलात्कार, दहेज, पर्यावरण, कार्य तथा स्वास्थ्य जैसे मुद्दों के प्रकार, ये मुद्दे किस प्रकार लिए गए, इनकी दिशा तथा उद्देश्य, पश्चिमी आंदोलनों से इनकी भिन्नता, स्वायत्त महिला संगठनों की भूमिका और राजनीतिक विशेषतया वामपंथी दलों से उनके रिश्तों इत्यादि महत्त्वपूर्ण प्रश्नों को इस पुस्तक में उठाया गया है। सरल एवं सुग्राह्य भाषा में लिखित यह पुस्तक दर्शनीय रूप से समृद्ध तथा सूचनाओं का ऐसा खजाना है जो विभिन्न वर्गों के पाठकों को रुचेगी।

"...यह कुमार की इस खूबी की परिचायक है कि वह अपने विषय के संबंध में ईमानदार तथा स्पष्टवादी हैं। उनकी पुस्तक...एक रोचक ऐतिहासिक सर्वेक्षण एवं भव्य चित्रों के साथ-साथ अनेक झिलमिलाती लड़ियाँ पिरोये हुए है। पुस्तक इस दकियानूसी कहावत कि 'भारत में नारीवाद एक अप्रासंगिक पश्चिमी आयात है जो पथभ्रष्ट भारतीय स्त्रियों द्वारा किया गया है" पर जबरदस्त प्रहार करती है।

दि इंडिपेंडेंट ऑन संडे

"...एक खरीदी तथा संग्रह की जाने लायक पुस्तक...

इंडियन रिव्यू ऑफ बुक्स

"प्रस्तुत पुस्तक ने भारतीय स्त्रियों के आंदोलन के विभिन्न रूपों एवं गहराइयों से पाठकों का परिचय कराने का अद्भुत कार्य किया है। यह विद्यार्थियों, अभिभावकों तथा स्त्रियों के कार्य सहित भारत के संपूर्ण इतिहास के विषय में अधिक जानकारी प्राप्त करने के इच्छुक बच्चों के लिए एक अपरिहार्य पुस्तक है।"

इंडिया करेंट्स मैगजीन

राधा कुमार एक शोध विदुषी एवं एक कार्यकर्ता हैं जिन्होंने देश-विदेश के अनेक अखबारों में खूब लिखा है। डॉक्टरेट के लिए उनके शोध निबंध का नाम है—'बंबई की भारतीय महिला श्रमिक।' उन्होंने हेलसिंकी सिटीजन्स एसेंबली, प्राग, चेकोस्लोवाकिया के साथ भी काम किया। फिलहाल वह एक अमेरिकी फेलोशिप पर एक ऐसी पुस्तक पर कार्य कर रही हैं जो विभाजन के दृष्टिकोण को विवाद के राजनीतिक निदान का परीक्षण करती है।

दि बुक रिव्यू लाइब्रेरी ट्रस्ट के सहयोग से प्रकाशित

●●●